Zeugnisverweigerungsrechte und strafprozessuale Ermittlungsmaßnahmen

STUDIEN ZUM INTERNATIONALEN, EUROPÄISCHEN UND ÖFFENTLICHEN RECHT

Herausgegeben von Eibe Riedel

Band 17

PETER LANG
Frankfurt am Main · Berlin · Bern · Bruxelles · New York · Oxford · Wien

Bernd Neumann

Zeugnisverweigerungsrechte und strafprozessuale Ermittlungsmaßnahmen

PETER LANG
Europäischer Verlag der Wissenschaften

Bibliografische Information Der Deutschen Bibliothek
Die Deutsche Bibliothek verzeichnet diese Publikation in der Deutschen Nationalbibliografie; detaillierte bibliografische Daten sind im Internet über <http://dnb.ddb.de> abrufbar.

Zugl.: Mannheim, Univ., Diss., 2005

D 180
ISSN 1430-5380
ISBN 3-631-54585-1

www.peterlang.de

Meinen Eltern

Freiheit ist über Silber und Gold
Inschrift des Rathauses von Basel

Vorwort

Diese Untersuchung wurde im Sommersemester 2005 von der Fakultät für Rechtswissenschaft und Volkswirtschaftslehre – Abteilung Rechtswissenschaft der Universität Mannheim als Dissertation angenommen.

Der Arbeit liegt die Gesetzeslage bis zum 30. Juni 2005 zu Grunde. Die Novellierung der strafprozessualen Regelungen zur akustischen Wohnraumüberwachung konnte daher nur schlaglichtartig beleuchtet werden. Rechtsprechung und Literatur sind bis Anfang Juli 2005 berücksichtigt worden.

Besonderen Dank schulde ich meinem Doktorvater Prof. Dr. Jürgen Wolter für die fachlichen Anregungen, Gespräche und seine vielfältige Unterstützung während meiner Assistentenzeit und danach. Herrn Prof. Dr. Werner Geisler danke ich für die zügige Erstellung des Zweitgutachtens.

Mein Dank gilt auch Herrn Prof. Dr. Eibe Riedel, der mich während des Studiums fachlich und menschlich sehr gefördert hat. Ich danke ihm für die Aufnahme der Arbeit in seine wissenschaftliche Reihe.

Durch die Gewährung eines Stipendiums in der Studienzeit hat es mir die Friedrich-Naumann-Stiftung ermöglicht, dass ich mich auf Seminaren mit interessanten Themen auch außerhalb des juristischen Alltags auseinandersetzen konnte.

Schließlich danke ich all denen, die in unterschiedlicher Weise zum Gelingen der Arbeit beigetragen haben: den Kollegen am Lehrstuhl, meinen Freunden und nicht zuletzt meinen Eltern.

Mannheim, im August 2005 *Bernd Neumann*

Inhaltsverzeichnis

Eternal Vigilance is the Price of Freedom
Thomas Jefferson

A. Vorbemerkung

I. Gegenstand der Untersuchung

Es wird unternommen, die Frage zu klären, inwieweit die Zeugnisverweigerungsrechte von Angehörigen des Beschuldigten und von Personen in Vertraulichkeitssphären bei heimlichen und offenen strafprozessualen Ermittlungsmaßnahmen zu berücksichtigen sind. Ausgangspunkt für die Überlegungen ist der Schutzzweck der §§ 52 ff. StPO. Nur vor diesem Hintergrund erscheint es möglich, eine einheitliche und stimmige Gesamtkonzeption der Zeugnisverweigerungsrechte bei den Ermittlungsmaßnahmen zu entwickeln. Dabei ist im Hinblick auf die heimlichen Ermittlungsmaßnahmen eine andere Perspektive nötig: Während die §§ 52 ff. StPO vom Grundgedanken her auf den Rollenkonflikt des Zeugnisverweigerungsberechtigten zugeschnitten sind, wird dieser Konflikt dem Angehörigen oder Berufsgeheimnisträger bei der akustischen Wohnraumüberwachung, dem Abhören von Telefonaten und ähnlichen Eingriffen gar nicht bewusst. Hier ist vom Rollenkonflikt zu abstrahieren und eine Regelung zu finden, die die hinter §§ 52 ff. StPO stehenden Freiheitsrechte im Strafverfahren zur vollen Geltung bringt.
Es existieren bereits umfangreiche Gutachten, die die Frage des Schutzzweckes der Zeugnisverweigerungsrechte behandeln. Die Übertragung dieser Schutzzwecküberlegungen auf heimliche Ermittlungsmaßnahmen ist aber ungeklärt, wie auch die Entscheidung des *Bundesverfassungsgerichts* zur akustischen Wohnraumüberwachung gezeigt hat.
Zunächst wird die *ratio legis* der Zeugnisverweigerungsrechte der Angehörigen betrachtet. Nach der Schutzzweckuntersuchung ist zu klären, ob eine Neufassung des Katalogs von § 52 StPO geboten ist. Für die Personen nach § 53 StPO wird bezüglich des Schutzzwecks nach den einzelnen Berufen differenziert. Anschließend werden Zeugnisverweigerungsrechte für weitere Berufsgruppen diskutiert, um schließlich einen Gesetzentwurf zu § 53 StPO zu konzipieren.
Nun folgt eine Bestandsaufnahme der Zeugnisverweigerungsrechte bei Ermittlungsmaßnahmen nach geltender Gesetzeslage. Dabei werden vornehmlich heimliche Ermittlungsmaßnahmen betrachtet. Im Zentrum steht dabei die Entscheidung des *Bundesverfassungsgerichts* zur akusti-

schen Wohnraumüberwachung. Ausgehend davon ist die Stärkung des Allgemeinen Persönlichkeitsrechts von Zeugen im Strafverfahren durch Einführung von Zeugnisverweigerungsrechten zu erwägen.
Den Schwerpunkt der Analyse bildet die Frage, inwieweit bereits *de lege lata* – etwa durch Analogien zu bestehenden Normen – dem Schutzzweck von Zeugnisverweigerungsrechten hinreichend Rechnung getragen werden kann.
Die nicht immer korrigierbaren Bruchstellen und die Unvollständigkeit der heutigen Regelung erfordern neue Vorschriften. Im Wesentlichen wird dabei auf den Regelungsentwurf des Mannheimer Arbeitskreises Strafprozessrecht und Polizeirecht (ASP) aus dem Jahr 2002 zurückgegriffen.

II. Sicherheit und Freiheit

In der vergangenen Zeit ist das Phänomen zu beobachten, dass die Eingriffsermächtigungen in der Strafprozessordnung ausgedehnt werden[1]. Dies geht naturgemäß zu Lasten der bürgerlichen Freiheitsrechte. Freiheit ohne Sicherheit ist illusorisch, doch Sicherheit ohne Freiheit sicherlich nicht erstrebenswert. Diese Dialektik von Sicherheit und Freiheit kommt plastisch in der Anordnung der Artikel der Europäischen Menschenrechtskonvention zum Ausdruck: Art. 5 EMRK schreibt das Recht des Bürgers auf Sicherheit fest, während der folgende Art. 6 EMRK die Verfahrensrechte des Beschuldigten betont.
Auch wenn die Gesellschaft von Schreckensvisionen eines „Sykophantenstaates" oder einer Überwachungsgesellschaft *Samjatinscher* oder *Orwellscher* Prägung[2] weit entfernt sein mag, so ist jegliche Beschränkung von Freiheitsrechten grundsätzlich problematisch und darf nicht unkritisch hingenommen werden. Sie bedarf stets einer Rechtfertigung.

---

1 Vgl. insbesondere das Gesetz zur Verbesserung der Bekämpfung der Organisierten Kriminalität vom 4. Mai 1998 (BGBl. I, S. 845), das DNA-Identitätsfeststellungsgesetz vom 7. September 1998 (BGBl. I, S. 2648) und das Gesetz zur Änderung und Ergänzung des Strafverfahrensrechts (StVÄG 1999) vom 2. August 2000 (BGBl. I, S. 1253). Bayerns Innenminister *Beckstein* fordert die Einführung der optischen Wohnraumüberwachung, vgl. *Mannheimer Morgen* vom 7. Juli 2003, S. 1.

2 Vgl. den im Jahre 1920 entstandenen Roman „Wir" des russischen Schriftstellers *Jewgenij Samjatin*, dessen Thema *George Orwell* in seinem Werk „1984" aufgreift. Der gläserne Bürger ist bei *Samjatin* buchstäblich Wirklichkeit geworden: Die Häuser sind durchsichtig; der Umfang zulässiger Privat- und Intimsphäre des Bürgers wird vom Staat bestimmt.

Ob dabei das von Politikern so beliebte Schlagwort der Bewahrung der „inneren Sicherheit“ wirklich tragfähig ist, bleibt zweifelhaft. Es steht vielmehr häufig zu befürchten, dass die Verbesserung des objektiv messbaren Sicherheitsstandards weit hinter der Illusion eines bloß trügerischen Sicherheitsgefühls zurückbleibt[3]. Im Gegenteil scheint der Politik häufig die Befriedigung dieses oberflächlichen Sicherheitsgefühls ein besonderes Anliegen zu sein, wie das hektische Schnüren von so genannten Sicherheitspaketen[4] nach dem 11. September 2001 gezeigt hat, obwohl die messbaren Erfolge höchst umstritten sind[5]. Dagegen wird in solchen Regelungen eine Demontage des Rechtsstaats gesehen.

---

3 Diese Tatsache wurde der Welt in drastischer und dramatischer Weise durch den Anschlag auf die *Twin Towers* des *World Trade Centers* am 11. September 2001 vor Augen geführt. Trotz eines hochdotierten Geheimdienstapparates mit weitgehenden Befugnissen lassen sich derartige Vorkommnisse nicht verhindern.

4 Zu den Gesetzesänderungen gehören: Die Streichung des Privilegs für Religionsgemeinschaften im Vereinsrecht, vereinfachte Datenbeschaffungsmöglichkeiten für das BKA, neue Befugnisse für MAD und BND wie Auskunftserhebungsrecht bei Finanzinstituten, Reformierung des Pass- und Ausweisrechts (nach Erlass eines Gesetzes dürfen biometrische Daten in Ausweisdokumenten erscheinen), Erleichterung der Ausweisung von Ausländern. Positiv zu bewerten ist allerdings Art. 22 II des Terrorismusbekämpfungsgesetzes, nach dem eine Befristung der Maßnahmen erfolgt und eine Evaluation zwingend vorgeschrieben ist.

5 Die Sachverständigen hielten bei der Anhörung vor dem Deutschen Bundestag nur eine einzige Maßnahme im Rahmen der Terrorbekämpfung für wirklich geeignet, während sie alle anderen als unwirksam verwarfen und sich dahingehend äußerten, dass diese Maßnahmen den Terrorakt des 11. September 2001 nicht hätten verhindern können. Derartige subjektive Einschätzungen sind freilich empirisch nicht zu belegen. Bereits die Feststellung einer Gefahr im Sinne des Polizeirechts bei Bedrohungen durch Terrorismus bereitet erhebliche praktische Probleme. Dies verdeutlicht die Kontroverse innerhalb der Rechtsprechung zum Gefahrenbegriff bei der Rasterfahndung. Das *OLG Frankfurt*, NVwZ 2002, 626 lehnt eine Gefahr wegen mangelnder Zeitnähe und wegen nicht ausreichender Wahrscheinlichkeit in Bezug auf Terroranschläge in Deutschland im Gefolge des 11. Septembers 2001 ab, während das *OLG Düsseldorf*, NVwZ 2002, 629 auf Grund der Möglichkeit eines großen Schadens die Gefahr bejaht. Vgl. zur Diskussion, ob dem Bundeskriminalamt eine Initiativ-Ermittlungs-Kompetenz ohne konkreten Anfangsverdacht zugewiesen werden sollte: *Burghard*, Kriminalistik 2001, 691. Ebenso wenig Gesetz ist bislang die Einführung einer zentralen Referenzdatei für biometrische Daten geworden.

Die moderne Psychologie belegt, dass der Mensch zu Kontrollfiktionen neigt. Gefahren, mit denen man täglich konfrontiert ist, werden in ihrer tatsächlichen Bedeutung unterschätzt, während andere weit weniger bedrohliche Gefährdungspotentiale überhöht dargestellt werden[6]. Dies ist damit zu erklären, dass man jene als beherrschbar erlebt, während diese jeglicher Einflussnahme entzogen sind. Die begründete und statistisch begründbare Furcht, Opfer eines Verkehrsunfalls werden zu können[7], tritt beispielsweise subjektiv hinter die weitgehend irrationale Angst vor einem terroristischen Milzbrandanschlag zurück. Bedauerlicherweise beeinflussen aber gerade derartige Augenblicksstimmungen und verzerrte Wahrnehmungen das sicherheitspolitische Denken in nicht unerheblichem Maße. Dadurch wird die Kontrollillusion wieder hergestellt – ohne dass dies häufig etwas an der wirklichen Bedrohungsqualität zu ändern vermag. Die Nebenwirkungen werden dabei bewusst in Kauf genommen und sind bleibend. Klar ist daher, dass Anlassgesetze niemals eine durchdachte konzeptionelle Gesetzgebung ersetzen können. In einer offenen Gesellschaft darf es nicht das Ziel sein, Gefahrenquellen auf

---

Dass im Kampf gegen den Terrorismus Menschenrechte erheblich tangiert sind, beweist ein Appell der Nichtregierungsorganisation *amnesty international.* Unter der Überschrift „Gerechtigkeit für die Häftlinge von Guantánamo!" fordert *amnesty international* die USA auf, die rund 650 Gefangenen auf Guantánamo Bay nach zwei Jahren Haft endlich gemäß internationalem Recht zu behandeln, ihnen faire Prozesse zu ermöglichen und diejenigen, denen keine Straftaten zur Last gelegt werden könnten, unverzüglich freizulassen und zu entschädigen. Dabei wird auf ein Urteil des Bundesberufungsgerichts in San Francisco vom Dezember 2003 hingewiesen, das entschieden hatte, dass den Häftlingen rechtlicher Beistand zustehe und sie nicht unbefristet inhaftiert bleiben dürften. Eine Umsetzung lasse noch auf sich warten. *Amnesty international* kritisiert insbesondere die menschenunwürdigen Haftbedingungen und Verhörmethoden und außerdem die Einstufung der Gefangenen als „unrechtmäßige Kombattanten". Die USA weigerten sich beharrlich, den rechtlichen Status durch ein unabhängiges Gericht prüfen zu lassen. Damit verletzten die USA die Dritte Genfer Konvention über die Behandlung von Kriegsgefangenen (vgl. *amnesty news*, Heft 1, Februar 2004, S. 8).

6 Vgl. zum Ganzen: *Frey/Hoyos/Stahlberg*, Angewandte Psychologie, S. 156 f.

7 In der Europäischen Union sterben jedes Jahr rund 8.000 Fußgänger und Fahrradfahrer an den Folgen von Verkehrsunfällen. Weitere 300.000 Menschen werden verletzt (*Frankfurter Allgemeine Zeitung* vom 10. Februar 2003, S. 9).

Kosten der Freiheit vollständig zu eliminieren, sondern mit der gebotenen Rücksichtnahme auf die Grundrechte der Bürger zu minimieren[8].

---

8 Zu dem ewigen Konflikt zwischen Wahrheitsfindung und Wahrung individueller Rechte vgl. *Görtz-Leible*, Beschlagnahmeverbote, S. 72 ff.

B. Zeugnisverweigerungsrechte im Strafprozessrecht

I. Einleitung

Mit der Norm des § 100 d III StPO, eingefügt in die Strafprozessordnung durch das Gesetz zur Verbesserung der Bekämpfung der Organisierten Kriminalität vom 4. Mai 1998[9], hat der Gesetzgeber zum ersten Mal die Zeugnisverweigerungsrechte bei genuin kommunikativen Grundrechtseingriffen geregelt. Insgesamt erscheint die Berücksichtigung der Zeugnisverweigerungsrechte bei Ermittlungsmaßnahmen in der StPO und relevanten Nebengesetzen nicht widerspruchsfrei gelungen. Während sich besonders im Beschlagnahmerecht mit § 97 StPO eine sehr ausführliche und umfassende Regelung findet, die von § 95 II S. 2 StPO und § 108 II StPO flankiert wird, fehlt eine solche Privilegierung etwa bei der Telefonüberwachung gem. § 100 a StPO, beim Verdeckten Ermittler nach § 110 a StPO und auch bei der polizeilichen Beobachtung gem. § 163 f StPO. Auf wenige Fallgruppen beschränken sich die Vorschriften des G-10-Gesetzes[10].

Ein sachlicher Grund für diese Differenzierung erschließt sich jedenfalls nicht auf den ersten Blick, zumal die Maßnahmen nach § 100 a StPO und § 110 a StPO in ihrer Intensität für den betroffenen Dritten einer Beschlagnahme nicht nachstehen. Eine Unterscheidung wird nicht nur hinsichtlich der Maßnahmen, sondern sogar noch in personaler Hinsicht getroffen: Die unterschiedliche Behandlung der Zeugnisverweigerungsberechtigten nach §§ 52 I, 53 a I StPO auf der einen Seite und aller Berufsgeheimnisträger gem. § 53 I StPO in § 100 d III StPO auf der anderen steht im Gegensatz zur weitgehenden Gleichstellung dieser Gruppen in § 97 StPO.

Eine Binnendifferenzierung zwischen den einzelnen Berufsgeheimnisträgern nehmen §§ 100 g, 100 h[11] StPO vor: Ausgenommen von dem Auskunftsanspruch hinsichtlich von Telekommunikationsverbindungs-

---

9 BGBl. I, S. 845.

10 Vgl. hierzu insbesondere § 3 II S. 4 G-10-Gesetz, wonach Abgeordnetenpost von Mitgliedern des Deutschen Bundestages und der Parlamente der Länder auch nicht in eine Maßnahme einbezogen werden darf, die sich gegen einen Dritten richtet.

11 §§ 100 g und 100 h StPO ersetzen § 12 FAG, der zum 31. Dezember 2001 außer Kraft getreten ist. Auch diese Vorschriften sind bis zum 31. Dezember 2007 befristet (vgl. Gesetz zur Verlängerung der Geltungsdauer der §§ 100 g, 100 h StPO v. 09.12.2004, BGBl. I, S. 3231).

daten sind gem. § 100 h II S. 1 StPO nur der Geistliche, der Abgeordnete und der Verteidiger.
Schon dieses kurze Schlaglicht auf die jetzige Rechtslage zeigt, dass von einer stimmigen Gesamtkonzeption kaum die Rede sein kann.

1. §§ 52 I, 53 I, 53 a I StPO als maßgebliche Normen – Methodischer Ausgangspunkt

Bevor eine kritische Würdigung der Ermittlungsmaßnahmen im Einzelnen erfolgen kann, muss zunächst die *ratio legis* der Zeugnisverweigerungsrechte ermittelt werden. Ohne den Schutzzweck zu kennen, lassen sich nämlich Ausweitungen oder Einschränkungen der Zeugnisverweigerungsrechte bei Ermittlungsmaßnahmen nicht begründen[12].
Häufig wird die Frage nach der Berechtigung von Zeugnisverweigerungsrechten bei Ermittlungsmaßnahmen vorrangig aus dem Schutzzweck von §§ 52 I, 53 I StPO beantwortet[13]. Wenn man aber mit der h.M. den Grund für die §§ 52 ff. StPO in der Rücksichtnahme auf den Konflikt sieht, den Beschuldigten nicht belasten zu müssen, dann lässt es sich nicht mehr allein mit der *ratio* der §§ 52 ff. StPO erklären, warum bei heimlichen Ermittlungsmaßnahmen Zeugnisverweigerungsrechten Bedeutung eingeräumt werden sollte. Ähnlich liegt es bei § 81 c III StPO[14]. Die §§ 52 ff. StPO betreffen nämlich die spezifische Konfliktsituation des Zeugen bei der Aussage. Diese ist dadurch gekennzeichnet, dass der Zeuge eine bewusste Entscheidung treffen kann, ob er sein Wissen mitteilen will oder nicht. Bei heimlichen Ermittlungsmaßnahmen hingegen hat er diese Wahl nicht: Die Inkriminierung des Beschuldigten durch den Zeugnisverweigerungsberechtigten – etwa durch Aussagen am Telefon, die von den Strafverfolgungsbehörden abgehört werden – erfolgt schließlich in Unkenntnis der wahren Lage. Die Konfliktsituation wird vom Zeugnisverweigerungsberechtigten nicht aktualisiert, was § 52 I StPO gerade voraussetzt. Auch die körperliche Untersuchung unterscheidet sich signifikant von der Situation einer Zeugenaussage. Zur Mitwirkung durch eine Aussage kann der Zeuge letztlich nicht gezwungen werden, während er hingegen eine Untersuchung

---

12 *Paeffgen*, FS-Rieß, S. 415 bezeichnet die *ratio legis* der Zeugnisverweigerungsrechte als „archimedischen Punkt“ in der Systembetrachtung für die Ermittlungsmaßnahmen.

13 Vgl. *Wolter/Schenke/Zöller*, Zeugnisverweigerungsrechte, S. 325 ff., der den Schutzumfang allein aus der *ratio* von §§ 52 I, 53 I StPO bestimmen möchte.

14 A.A. *Bialek*, Zeugnisverweigerungsrecht, S. 78.

zu dulden hat. Daher ist neben dem Schutzzweck von §§ 52 I, 53 I, 53 a StPO möglicherweise auf die Zielrichtung, Intensität und Grundrechtsbeeinträchtigung der einzelnen Ermittlungsmaßnahme abzustellen. Beide Ansätze schließen sich gegenseitig begriffsnotwendig allerdings nicht aus, sondern können ergänzend herangezogen werden.

2. Paradigma des Sedlmayr-Falls

Ein Aspekt dieses Problems tritt deutlich im so genannten *Sedlmayr-Fall*[15] hervor: Dort steht im Zentrum der Lösung durch den *Bundesgerichtshof* die Frage, ob ein Aushorchen eines Zeugnisverweigerungsberechtigten durch eine V-Person eine Situation schafft, die mit einer Vernehmung vergleichbar ist. Die methodische Vorgehensweise lässt sich also folgendermaßen charakterisieren: Es wird implizit von dem Normalfall des § 52 I StPO ausgegangen, der eine offene Vernehmung voraussetzt. Nun wird nach einer Strukturähnlichkeit zwischen einer Zeugenvernehmung und dem Einsatz von V-Personen gesucht. Ob die Zeugnisverweigerungsrechte der Betroffenen im *Sedlmayr-Fall* eine Rolle spielen, hängt dann davon ab, inwieweit man eine Parallele zu § 52 I StPO zieht. Verneint man die Vergleichbarkeit mit dem *Bundesgerichtshof*, so liegt die Lösung auf der Hand. Zeugnisverweigerungsrechte können keine Berücksichtigung finden. Die entscheidende Frage, ob nicht etwa § 52 I StPO selbst Ausdruck eines höheren Rechtsprinzips ist, gerät dabei jedoch aus dem Blickfeld. Stattdessen wird § 52 I StPO in einer derartigen Interpretation selbst zur alleinigen Richtschnur. Bezeichnenderweise greift im Gegensatz zum *Bundesgerichtshof* das *Bundesverfassungsgericht* in einem *obiter dictum* zum *Sedlmayr-Fall* auf das *fair-trial*-Prinzip zurück, um die Zulässigkeit der Beweisgewinnung durch die V-Person zu beurteilen. Wörtlich führt es aus: „Die (...) Missachtung des Vertrauensverhältnisses zwischen einem Beschuldigten und seinem Angehörigen i. S. des § 52 StPO enthält einen Verstoß gegen das Prinzip eines fairen Verfahrens, da der in verschiedenen Vorschriften des Strafverfahrensrechts garantierte Schutz eines Angehörigenverhältnisses (vgl. §§ 52 I und III, 97 I, 100 d III 3, 252 StPO) zu den rechtsstaatlich unverzichtbaren Erfordernissen eines fairen Verfahrens zählt."[16] Damit löst sich das *Bundesverfassungsgericht* von der Fokussierung auf § 52 StPO als Fixpunkt zur Beurteilung von Zeugnisverweigerungsrechten, da die anderen Vorschriften nun gleichberechtigt

---

15 *BGH*, JZ 1995, 841 ff.
16 *BVerfG*, NStZ 2000, 490.

neben § 52 I StPO genannt und auf das *fair-trial*-Prinzip bezogen werden. Das Bemühen wird deutlich, einen verallgemeinerungsfähigen Schutzzweck für alle Zeugnisverweigerungsrechte zu formulieren.

3. Einheitlicher Schutzzweck

Damit wird aber fraglich, ob der Schutzzweck der Zeugnisverweigerungsrechte überhaupt allein aus den §§ 52 ff. StPO gewonnen werden kann oder ob nicht die Konzentration allein auf §§ 52 ff. StPO geradezu zwangsläufig zu einer Perspektivverkürzung führen muss. Vielversprechender erscheint demnach auf den ersten Blick ein systematischer Ansatz: Der Schutzzweck der Zeugnisverweigerungsrechte sollte sich aus einer Gesamtschau aller Normen der StPO und anderer relevanter Gesetze bestimmen lassen, die dem Schutz der Zeugnisverweigerungsrechte dienen. Auf diese Weise könnte man vom spezifischen Regelungsfeld der jeweiligen Normen abstrahieren und ein allgemeines Prinzip destillieren.

Bei einer derartigen Gesamtschau stellt sich jedoch ein methodisches Problem, welches mit den vorhergehenden Überlegungen Berührungspunkte aufweist: Eine solche Analyse kann nur dann von Erfolg gekrönt sein, wenn eine einheitliche *ratio* den einzelnen Regelungen zu Grunde liegt und diese darüber hinaus auch noch widerspruchsfrei verwirklicht ist. Wie bereits betont, bietet sich dem Betrachter im Gegenteil eine Vielzahl von unterschiedlichen, wenig aufeinander abgestimmten Regelungen dar. Es werden bedeutsame Unterschiede in der Schutzgewährleistung von §§ 52 ff. StPO und etwa § 97 StPO hervorgehoben[17]. Ein Reformbedarf wird angesichts der zahlreichen Probleme und Streitstände nicht abgestritten[18]. Es ist darüber hinaus nicht unwahrscheinlich, dass dem mehr als einhundertjährigen Wirken des Gesetzgebers unterschiedliche Konzeptionen des Schutzzweckes von Zeugnisverweigerungsrechten zugrunde lagen.

4. Problemstellung

Die apriorische Annahme der systematischen Widerspruchsfreiheit kann also leicht zu Zirkelschlüssen führen und die Sicht auf die – möglicher-

---

[17] Näher *Bringewat*, NJW 1974, 1742; *Görtz-Leible*, Beschlagnahmeverbote, S. 211 ff.

[18] Reformvorschläge finden sich etwa bei: *Wolter/Schenke*, Zeugnisverweigerungsrechte, S. 3 ff.

weise divergierenden – *rationes legis* verstellen[19]. Ein Beispiel mag dies illustrieren: Beim Zeugnisverweigerungsberechtigten werden Beweisstücke beschlagnahmt, während dieser nicht anwesend ist. Hier gerät die herrschende Meinung in Begründungsnöte, wenn sie den Konfliktansatz als einheitliche *ratio* zur Erklärung der Zeugnisverweigerungsrechte durchhalten möchte. Ein psychologischer Konflikt besteht nämlich nicht[20].
Vor diesem Hintergrund könnte man resignierend die Bestimmung eines einheitlichen Schutzzwecks als undurchführbar verwerfen oder als subjektive Entscheidung abtun[21]. Eine Antwort auf die Vexierfrage nach der *ratio legis* von §§ 52 ff. StPO erscheint dann illusorisch. Dennoch sollte aus diesem Befund nicht voreilig der Schluss gezogen werden, dass es sich bei der Berücksichtigung der Zeugnisverweigerungsrechte in der StPO und in anderen Gesetzen um voneinander isoliert zu sehende Einzelverbürgungen handele, deren Gewährung in das rechtspolitische Belieben des Gesetzgebers gestellt sei. Es darf nicht verkannt werden, dass der Schutz der Zeugnisverweigerungsrechte etwa bei § 81 c III StPO oder § 97 StPO nämlich der Absicherung der Aussagefreiheit des Zeugen dient[22]. Das Zeugnisverweigerungsrecht nach den §§ 52 ff. StPO würde illusorisch, wenn die relevanten Informationen durch die genannten oder andere Ermittlungsmaßnahmen erhoben werden könnten[23]. Somit sind all diese Regelungen doch wiederum auf die §§ 52 ff. StPO rückbezogen. Wenigstens dies ist allen Normen gemeinsam.

---

19 Problematisch erscheint daher der Ansatz *Bialeks*, Zeugnisverweigerungsrechte, S. 78 ff., die *ratio legis* von § 52 I StPO durch einen Abgleich mit den Schutzzwecken von §§ 81 c, 97 StPO bestimmen zu wollen. Andererseits sieht *Rogall*, Beschuldigte, S. 65 für § 52 I StPO und § 81 c III StPO einen gemeinsamen Schutzzweck.

20 Zutreffend: *Wolter/Schenke/Gärditz/Stuckenberg*, Zeugnisverweigerungsrechte, S. 122 f. A.a.O. wird vorsichtig die Möglichkeit erwogen, dass man unter Umständen die Beschlagnahme in diesem Fall als Ersatzvornahme der verweigerten Herausgabe sehen könnte, die gem. § 95 II S. 2 StPO rechtswidrig ist. Diese Deutung wirkt aber konstruiert und trägt daher nicht.

21 In diese Richtung *Görtz-Leible*, Beschlagnahmeverbote, S. 71.

22 S. *Wolter/Schenke/Gärditz/Stuckenberg*, Zeugnisverweigerungsrechte, S. 111 m.w.N. auch zur Gegenmeinung. So ausdrücklich für die Beschlagnahmefreiheit *BVerfGE* 20, (162), 188 (Spiegel-Urteil).

23 Diese Feststellung bedeutet aber nicht zwangsläufig, dass die Vertrauensverhältnisse zwischen den Zeugnisverweigerungsberechtigten und dem Beschuldigten im Rahmen von Ermittlungsmaßnahmen sakrosankt wären.

II. Folgerung

Aus dieser Beobachtung ergibt sich für das weitere Vorgehen Folgendes: Statt den Weg einer Gesamtbetrachtung zu wählen, scheint es gerechtfertigt zu sein, bei der Untersuchung in erster Linie die §§ 52 I, 53 I, 53 a I StPO einer Analyse zur Ermittlung ihres Schutzzwecks zu unterziehen. Schließlich ist die Zeugenaussage des Angehörigen, des Berufsgeheimnisträgers bzw. dessen Hilfsperson der Grundfall. Dabei kommt es aber entscheidend darauf an, zu ermitteln, welche Rechtspositionen durch die §§ 52 ff. StPO bewahrt werden sollen.

In einem weiteren Schritt kann dann von der Aussagesituation des Zeugen abstrahiert werden. Ist die für schützenswert erachtete Rechtsposition isoliert, so muss ihr auch bei Ermittlungsmaßnahmen Rechnung getragen werden. Nicht erheblich ist dann, ob die Strafverfolgungsbehörden Ermittlungseingriffe verdeckt oder offen durchführen. Nur die Betroffenheit der in Rede stehenden Rechtsposition zählt. Sie ist der Geltungsgrund für die Zeugnisverweigerungsrechte. Dieser manifestiert sich dann in mannigfacher Gestalt im Rahmen der einzelnen Regelungen.

Durch die konkrete Problemstellung, die zu den unterschiedlichen Vorschriften geführt hat, wird die Angriffsrichtung auf die betroffene Rechtsposition verändert. Diesen Zusammenhang der Zeugnisverweigerungsrechte hat das *Bundesverfassungsgericht* in seinem *obiter dictum* zutreffend zum Ausdruck gebracht, auch wenn man möglicherweise dem *fair-trial*-Prinzip als Geltungsgrund skeptisch gegenüberstehen mag.

Die Sichtweise des *Bundesgerichtshofes* hingegen berücksichtigt nicht ausreichend den Prinzipiencharakter der Zeugnisverweigerungsrechte. Methodisch sucht er etwa in der *Sedlmayr*-Konstellation mit seinem vernehmungsrechtlichen Ansatz nach einer Vergleichbarkeit der Sachverhalte einer Zeugenaussage und dem Gespräch mit einer V-Person. Im Grunde genommen bedient er sich der Mittel einer Analogiebildung, ohne den Mut aufzubringen, nach dem Sinn hinter den §§ 52 ff. StPO zu fahnden. Somit bleibt die Sichtweise notwendigerweise auf die §§ 52 ff. StPO beschränkt. Dies ist eine weitere wesentliche Feststellung aus einer Analyse des *Sedlmayr*-Urteils.

Für die vorliegende Betrachtung ist noch einem weiteren Punkt Beachtung zu schenken: Es bedarf der Klärung, inwieweit die §§ 52 ff. StPO verfassungsmäßig gebotene und damit zwingende Regelungen hinsichtlich der geschützten Rechtsgüter darstellen oder inwieweit die Gewährung von Zeugnisverweigerungsrechten in das politische Ermessen oder gar Belieben des Gesetzgebers gestellt ist. Dieser verfassungsrechtlich unantastbare Schutzzweck ist entscheidend. Er gibt nämlich den Mindeststandard an, den der Gesetzgeber bei der Regelung der Zeugnisverweigerungsrechte nicht unterschreiten darf. Ist dieser Mindeststandard nicht verwirklicht, dann muss den Zeugnisverweigerungsrechten durch verfassungskonforme Auslegung Geltung verschafft werden. Dies hat das *Bundesverfassungsgericht* wiederholt getan[24].

---

24 Zur Problematik der so genannten verfassungsunmittelbaren Zeugnisverweigerungsrechte vgl. *Baier*, JR 1999, 495 ff.

C. Schutzzweck des § 52 I StPO

I. Terminologische Vorbemerkung

Im Rahmen dieser Arbeit werden die Personen nach § 52 I StPO als Angehörige bezeichnet. Vereinzelt wird diese Terminologie in Frage gestellt. Vorzugswürdig sei „Zeugnisverweigerungsrechte aus persönlichen Gründen“[25]. Richtig ist, dass der Angehörigenbegriff in der StPO etwa in §§ 81 d I S. 2, 87 IV S. 2, 98 II S. 1,106 I S. 2, 286 I S. 2 StPO ebenso wie in § 11 I Nr. 1 StGB eine umfassendere Bedeutung als in § 52 I StPO hat. Die StPO bezeichnet aber im direkten Regelungszusammenhang selbst die Personen nach § 52 I StPO als Angehörige (vgl. hierzu § 55 I StPO und § 61 StPO). Die Terminologie der StPO ist in diesem Punkt also uneinheitlich. So lange man aber von Angehörigen im Sinne von § 52 I StPO spricht, ist keine Verwechslungsgefahr gegeben, und es sollte an der Gesetzesbezeichnung festgehalten werden.

II. Psychologisches Faktum der Konfliktlage

Vorherrschend ist die Auffassung, dass dem Zeugen eine vernehmungsbedingte Konfliktlage erspart werden soll. Dieser Konflikt ergibt sich danach aus der Wahrheitspflicht des Zeugen einerseits und dem widerstreitenden Solidaritätsgefühl für den Angehörigen andererseits[26]. Konsequenterweise nehmen die Vertreter dieser These an, dass § 52 I StPO allein dem Zeugenschutz diene[27]. Hierfür spricht, dass nach der gesetzlichen Konzeption dem Zeugen die alleinige Dispositionsbefugnis über die Aussage zusteht[28]. Das Zeugnisverweigerungsrecht ist also ein höchstpersönliches Recht[29]. Auf die tatsächlich empfundene subjektive

---

[25] So *Bialek*, Zeugnisverweigerungsrecht, S. 31. Von Angehörigen i.S.d. § 52 I StPO spricht die überwiegende Literatur, vgl. etwa: *Hellmann*, Strafprozessrecht, Rn. 27; *Kühne*, Strafprozesslehre, Rn. 474; *Schlüchter*, Strafverfahren, Rn. 484 ff.

[26] *BGH*, wistra 1989, 31; *BGH*, JZ 1995, 842 (Sedlmayr); KK-*Senge*, § 52, Rn. 1; *Eisenberg*, Beweisrecht, Rn. 1241; *Fezer*, Strafprozessrecht, Fall 15, Rn. 3; *Gollwitzer*, JR 1995, 470; *Hilger*, FS-Hanack, S. 214; vgl. auch *Binder*, Rechtsprobleme, S. 69; *Roxin*, Strafverfahrensrecht, § 26, Rn. 14; *Schäfer*, Praxis des Strafverfahrens, Rn. 666; *P. Schmitt*, Berücksichtigung, S. 67.

[27] *BGHSt.* 11, 213, (217); *BGH*, JZ 1995, 843 (Sedlmayr). Teilweise wird dieser Ansatz aber auch auf den Schutz des Familienfriedens erweitert *BGHSt.* 38, 96, (99).

[28] Vgl. *Bialek*, Zeugnisverweigerungsrecht, S. 47.

[29] Vgl. *Hanack*, JZ 1971, 126.

Konfliktlage soll es dagegen im Sinne eines effektiven Schutzes nicht ankommen[30]. Als Argument für diese Sichtweise lässt sich anführen, dass der Katalog des § 52 I StPO bestimmte Vertrauensverhältnisse typisiert, ohne dass ein wirkliches Vertrauensverhältnis im Einzelfall bestehen müsste[31]. Allerdings mag das gesetzgeberische Leitbild in der Praxis nicht selten durch andere Beweggründe durchbrochen sein: Angehörige können durch den Angeklagten eingeschüchtert worden sein oder die

---

30 Vgl. *Rengier*, Zeugnisverweigerungsrechte, S. 8 m.w.N. Von diesem Standpunkt ist der BGH auch nicht in seiner Sedlmayr-Entscheidung abgerückt: Dort wird zwar die Auswirkung eines Zeugnisverweigerungsrechts nach § 52 I StPO mit der Begründung verneint, dass *in concreto* kein Konflikt vorliege. Diesem Judikat liegt aber eine Sachverhaltsgestaltung zugrunde (Aushorchung von Angehörigen durch V-Leute), in der ein solcher Konflikt nach der Meinung des BGH schlechthin ausgeschlossen ist. *Friedrichs*, Verwertungsverbote, S. 58 hält die Argumentation des BGH für „wenig überzeugend und wirklichkeitsfremd".

31 Dies räumt auch *P. Schmitt*, Berücksichtigung, S. 62 ein; vgl. noch *Wolter/Schenke/Gärditz/Stuckenberg*, Zeugnisverweigerungsrechte, S. 121 f.: theoretische, aber praktisch nicht durchführbare Alternative zur Typenbildung wäre nach ihrer Ansicht die Glaubhaftmachung eines Konflikts nach § 56 StPO. Ähnliche Regelungen existieren nach 62. DJT (1998), Beschlüsse V, L 69 f. in einigen skandinavischen Ländern, so dass die Praktikabilität einer derartigen Norm nicht von vornherein angezweifelt werden kann. Der Deutsche Juristentag hat sich im Übrigen gegen eine solche Regelung ausgesprochen (a.a.O.). In jedem Fall ist der Katalog des § 52 I StPO überarbeitungsbedürftig. Insbesondere die Gruppe der nichtehelichen Lebensgemeinschaften steht im Zentrum der Diskussion. Für die Aufnahme der nichtehelichen, verschiedengeschlechtlichen und sogar der gleichgeschlechtlichen Lebensgemeinschaften in § 52 I StPO plädiert etwa *Widmaier*, L 34. (Beziehungen von Gleichgeschlechtlichen genießen nur dann den Schutz gem. § 52 I Nr. 2 a StPO, sofern eine Lebenspartnerschaft nach dem Lebenspartnerschaftsgesetz vorliegt oder nicht mehr besteht. Gleichgeschlechtliche Paare, die keine derartige Lebenspartnerschaft eingehen, haben dagegen kein Zeugnisverweigerungsrecht.) Hier können in der Tat Wertungswidersprüche bestehen, wenn man bedenkt, dass die Partner einer langjährigen Lebensgemeinschaft kein Zeugnisverweigerungsrecht haben, während dieses sogar einem ehemaligen Schwager zugebilligt wird. Dieses dogmatische Problem stellt sich in der Praxis allerdings nicht in dieser Schärfe, da wenigstens die Partner einer verschiedengeschlechtlichen nichtehelichen Lebensgemeinschaft im Regelfall gem. § 56 StPO auch entgegen den Tatsachen glaubhaft machen können, dass sie verlobt sind. Diesen Ausweg beschreibt etwa *Steinmeister*, ZRP 1996, 219. Weiterhin soll die enge Lebensgemeinschaft geschützt werden – zur Konkretisierung und Begründung s. Alternativ-Entwurf Zeugnisverweigerungsrechte, S. 36 ff.

Wiedergabe des Durchlittenen ist für Opferzeugen psychisch nicht zu leisten; manchmal mögen sie sogar schlichtweg die wiederholte und lange Anfahrt zum Gericht scheuen[32]. Dennoch ist es nicht zu verneinen, dass im Gros der Fälle ein aktueller Konflikt besteht. § 52 I StPO zieht den Kreis der Zeugnisverweigerungsberechtigten sehr weit. Der Gesetzgeber nahm zum Schutz der Wahrheitsfindung in Kauf, dass auch einer größeren Personenzahl ein Zeugnisverweigerungsrecht zusteht, bevor im Konfliktfall ein Meineid geschworen würde[33].

Doch der konfliktbezogene Ansatz ist nicht unproblematisch. Zum einen wird isoliert auf Zeugeninteressen abgestellt[34]. Es lässt sich aber noch ein weiterer gewichtigerer Einwand anführen: Das Bestehen einer Konfliktlage ist zunächst einmal ein psychologischer Befund. Daraus kann methodologisch noch nicht zwingend gefolgert werden, dass dies den normativen Grund für § 52 I StPO darstellt. „Vertrauensverhältnisse bilden sich überall; sie alle und wäre es auch nur das zwischen Freund und Freund, sind dem Ideale nach unantastbar (...).“[35]

Folgendes soll nicht verkannt werden: Dass der Gesetzgeber durch § 52 I StPO die Grenzen der Zumutbarkeit für den Zeugen abstecken wollte, ist ein möglicher Schluss[36]. Teilweise wird davon ausgegangen, dass er durch die Vermeidung entsprechender Konfliktsituationen seinen Schutzpflichten gegenüber den Zeugen Rechnung tragen wollte[37]. Dagegen spricht aber ein Blick auf die Motive: Dort wurde als Hauptzweck der Schutz der Wahrheitsfindung gesehen. Vom Bestehen der Konflikt-

---

32 *Friedrichs*, Verwertungsverbote, S. 16 f. m. Hinweis auf *KG*, NJW 1966, 605. Wie sie zutreffend bemerkt, kann sich gerade der als Schutzvorschrift für das Opfer gedachte § 252 StPO in sein Gegenteil verkehren, wenn das Opfer der psychischen Belastung einer weiteren Befragung nicht standhält.

33 Hahn, Materialien, S. 107.

34 Kritisch auch *Rengier*, Zeugnisverweigerungsrechte, S. 9.

35 *Leonhard*, ZStW 26 (1906), 446. Vgl. dazu auch *Jansen*, Zeugnisverweigerungsrecht, S. 187 ff.

36 *Görtz-Leible*, Beschlagnahmeverbote, S. 84.

37 *Görtz-Leible*, Beschlagnahmeverbote, S. 77. Dies wird später (S. 81) dahingehend eingeschränkt, dass nicht jeder Konflikt *per se* die Anerkennung eines Zeugnisverweigerungsrechts rechtfertigen könne. Es müsse vielmehr „ein untrennbarer funktionaler Zusammenhang zwischen der Einhaltung der Verschwiegenheit/Treue des Zeugen und der Erfüllung der spezifischen Schutzaufgabe bestehen. Ein solcher kann nur dann angenommen werden, wenn der pflichttragende Zeuge bei der Ausführung der Schutzaufgabe eine gewichtige Rolle/Funktion einnimmt, d.h. entscheidend zu ihrer Realisierung beiträgt.“ Vgl. auch S. 84, Fn. 22.

lage kann also noch nicht zwingend darauf geschlossen werden, dass diese verhindert werden soll[38]. Auch das materielle Strafrecht erkennt nur bestimmte Fälle der Angehörigenprivilegierung an. Wenn man sich damit begnügt, bloß auf den Rollenkonflikt hinzuweisen, weicht man der Frage nach dem normativen Substrat von § 52 I StPO aus.

III. Ausfüllung der Konfliktlage

Zu prüfen ist nun, welche Prinzipien, Individualrechte oder Allgemeininteressen als Gegengewicht gegen die Strafverfolgungsinteressen in die Waagschale zu legen sind und es rechtfertigen, den (typisiert angenommenen) Konflikt des Angehörigen durch ein Zeugnisverweigerungsrecht zu berücksichtigen. Den folgenden Ansätzen ist gemeinsam, dass sie sich um eine normative Konkretisierung bemühen, ohne zirkulär pauschal auf die Konfliktlage zu verweisen. Die Rechtsprechung ist geteilt und betont einmal diesen und einmal jenen Aspekt des Schutzzwecks. Wegen dieser Uneinheitlichkeit wird auf eine Einzelanalyse der Rechtsprechungsansicht verzichtet und sie vielmehr bei den einzelnen Theorien berücksichtigt.

1. *Fair-trial*-Ansatz

Teilweise wird ausschließlich der *fair-trial*-Grundsatz gem. Art. 2 I, 20 III GG, 6 III EMRK herangezogen, um den Schutz des Angehörigen vor einem Rollenkonflikt zu begründen[39]. Es wird argumentiert, der Zeuge würde bloßes Objekt der Strafverfolgung und eines absolutierten Wahrheitsanspruchs, wenn er gegen Menschen auszusagen hätte, mit denen er besonders verbunden ist. Dies bedeutet insofern einen Fortschritt gegenüber der herrschenden Meinung, als der psychologische Befund des Rollenkonflikts auf ein normatives Fundament gestellt wird. Der Begriff des *fair trail* umfasst verschiedene Prozessgrundrechte in ihrer Gesamtheit

---

[38] Die Gefahr eines naturalistischen Fehlschlusses deuten *Wolter/Schenke/Gärditz/Stuckenberg*, Zeugnisverweigerungsrechte, S. 122 an (vgl. auch a.a.O, S. 123 f.). Problematisch, aber repräsentativ für viele ist daher folgende Aussage von *Dahs/Langkeit*, StV 1992, 494: „Schon die Existenz des § 52 StPO beweist, daß der Gesetzgeber der Konfliktlage eines Zeugen, dessen Angehöriger Beschuldigter in einem Strafverfahren ist, ganz besondere Bedeutung beimißt (...)". S. auch *P. Cramer*, Zeugnisverweigerungsrecht, S. 30.

[39] *Bialek*, Zeugnisverweigerungsrecht, S. 93 f.; s. insbesondere auch *BVerfG*, NStZ 2000, 490 in seinem bereits zitierten *obiter dictum*.

und hat – ähnlich wie Art. 2 I GG – eine Auffangfunktion[40]. Das Prinzip eines fairen Verfahrens ist das oberste Gebot des gesamten Strafprozessrechts[41]. Man kann daher formulieren, dass alle Rechte der Beteiligten im Prozess durch den *fair-trial*-Grundsatz gedeckt sind, die auf Grund verfassungsrechtlicher Normen zwingend beachtet werden müssen. Ebenso wie der Begriff der Gerechtigkeit ist er formaler Natur und muss im Einzelnen materiell konkretisiert werden[42]. Naturgemäß ist der *fair-trial*-Ansatz daher selbst nicht scharf konturiert. Der Aussagewert einer Ableitung der *ratio* von § 52 I StPO aus dem *fair-trial*-Grundsatz bleibt deshalb begrenzt. In der Rechtsanwendung hätte man überdies das Problem, dass das einfache Gesetzesrecht stets auf seinen Bestand im Hinblick auf das Fairnessgebot geprüft werden müsste. Dies könnte im Ergebnis dazu führen, dass vielfach Einzelwertungen des Strafverfahrensrechts durchbrochen würden und im ungünstigsten Fall sogar die Rechtssicherheit bedroht ist[43]. Insbesondere vermag es der Rückgriff auf das *fair-trial*-Prinzip nicht zu leisten, den verfassungsmäßig gebotenen Kern der Zeugnisverweigerungsrechte herauszuschälen. Unbewiesen bleibt die Behauptung, dass es sich bei den Zeugnisverweigerungsrechten tatsächlich um grundrechtliche Verbürgungen handelt, die unter dem Schutz des Fairnessprinzips stehen. Dies wird vielmehr einfach vorausgesetzt[44] und damit apodiktisch postuliert.

2. Differenzierende Grundströmungen

Bei § 52 I StPO, dem Zeugnisverweigerungsrecht der Angehörigen, stehen sich des Weiteren verschiedene interessensorientierte Ansätze gegenüber. Einmal wird der Schutz des Zeugen, andererseits der Schutz des Beschuldigten betont. Im Vordringen befindlich ist die Meinungsgruppe, die die *ratio* des § 52 I StPO in der Wahrung von Allgemeininteressen sieht. Häufig werden verschiedene Deutungen miteinander

---

40 Dies lässt sich auch an der Charta der Grundrechte der Europäischen Union erkennen, in der statt auf einzelne Justizrechte in Art. 47 S. 1 auf den Grundsatz des fairen Verfahrens Bezug genommen wird.

41 *Roxin*, Strafverfahrensrecht, § 11, Rn. 9.

42 Ausdruck des *fair-trial*-Gebotes ist beispielsweise der *nemo-tenetur*-Grundsatz: vgl. *BVerfGE* 109, (279), 324.

43 S. etwa *Frisch*, FS-Bruns, S. 391; *Kunkis*, DRiZ 1993, 185 ff.

44 In diesem Sinn kritisch auch *Rogall*, NStZ 2000, 493 zu *BVerfG*, NStZ 2000, 489 f.

kombiniert[45], wobei zwischen dem primären Schutzzweck und den sekundären Schutzzweckreflexen unterschieden wird. Bei den Angehörigen sollte zweckmäßigerweise zwischen zwei Gruppen differenziert werden. In diese erste Kategorie fallen Zeugen, die selbst von der Straftat nicht betroffen sind. Sie haben von der Straftat des Beschuldigten etwa durch dessen Mitteilung erfahren. Davon sind die so genannten Opferzeugen abzugrenzen[46]. Sie sind selbst Opfer eines Delikts durch ihren Angehörigen geworden.

3. Erklärungsansatz durch den historischen Gesetzgeber – kurzer geschichtlicher Abriss[47]

Ausgehend von der Unterscheidung des römischen Rechts wurden durch das *ius commune* Vernehmungsverbote für Aussagen von Verwandten und Ehegatten rezipiert, die wegen ihrer verminderten Glaubwürdigkeit als ungeeignete Zeugen (*testes inidonei*) galten. Zugunsten der Wahrheitsfindung wurden allerdings Ausnahmen statuiert. Eine bedeutende Zäsur markiert in der zweiten Hälfte des 19. Jahrhunderts die veränderte Auffassung, dass Verwandte nicht mehr Vernehmungsverboten zu unterwerfen seien, sondern ihnen das Recht zustehe, das Zeugnis abzulegen oder zu verweigern. Das Zeugnisverweigerungsrecht wurde mit der Konfliktlage des Zeugen begründet, der einer Pflichtenkollision ausgesetzt sei. Die Vermeidung dieses Rollenkonflikts des Angehörigen war allerdings nicht der individuellen Situation des Zeugen geschuldet, sondern sie sollte vielmehr dem Erhalt der öffentlichen Ordnung dienen.
In der RStPO wird die Anerkennung von Zeugnisverweigerungsrechten für die Angehörigen ebenfalls mit der Konfliktlage begründet[48].

4. Erklärung des § 52 I StPO aus kollektiver Perspektive

Im Folgenden sollen Ansätze untersucht werden, die den Schutzzweck von § 52 I StPO aus kollektiver Sicht entwickeln.

---

45 Vgl. etwa: *Fezer*, Strafprozessrecht, Fall 15, Rn. 3; *P. Schmitt*, Berücksichtigung, S. 67 f.; *Sternberg-Lieben*, JZ 1995, 844 und insbesondere *Rengier*, Zeugnisverweigerungsrechte, S. 74 f.

46 Eine ähnliche Differenzierung nimmt *Bialek*, Zeugnisverweigerungsrecht, S. 68 ff., 83 f vor.

47 Zur Geschichte der Zeugnisverweigerungsrechte: *Wolter/Schenke/Gärditz/Stuckenberg*, Zeugnisverweigerungsrechte, S. 100 ff. m.w.N. sowie *Jansen*, Zeugnisverweigerungsrecht, S. 38 ff.

48 *Hahn*, Materialien, S. 98.

a) Schutz der Familie als Institution im Allgemeininteresse (Art. 6 I GG)

Vereinzelt erfolgt in neuerer Zeit eine Ableitung des Schutzzwecks von § 52 I StPO direkt aus Art. 6 I GG[49]. Das innerfamiliäre Vertrauensverhältnis dürfe gerade deshalb nicht belastet werden, weil die Familie unter dem besonderen staatlichen Schutz des Grundgesetzes stehe. Dabei treten nicht die Individualinteressen der Familienmitglieder in den Blickpunkt, sondern die Familie als Institution. Unbestritten spielt die Familie als Keimzelle jeder Gesellschaft[50] eine wichtige Funktion. Zuzugeben ist dieser Ansicht zudem, dass bei uneingeschränkter Zeugnispflicht durchaus eine Gefährdung von Ehe und Familie als möglich erscheint[51]. Gerade der staatliche Druck auf einen Ehepartner gegen den anderen aussagen zu müssen, würde beispielsweise das Vertrauensverhältnis schwer belasten. Zwar werden die Institutionen Ehe und Familie nicht formal in ihrer Rechtsstellung beeinträchtigt (wie etwa durch Eheverbote). Allerdings gehört zum Schutzbereich von Art. 6 I GG eben auch die materielle Gewährleistung, dass Ehe und Familie als Lebensformen bewahrt bleiben. Sie dürfen nicht zu leeren Hülsen ohne Kern denaturiert werden.

Gegen diesen Interpretationsansatz lassen sich indes gewichtige Gegenargumente anführen. Der Personenkreis von § 52 I StPO ist nicht identisch mit den Grundrechtsträgern aus Art. 6 I GG; es besteht nicht einmal in jedem Fall eine Verwandtschaft im Sinne des BGB[52]. Auch wenn man den Schutzbereich von Art. 6 I GG nicht auf die Kleinfamilie beschränkt[53], sondern weiter fasst[54], so ist selbst dann nicht das Verlöbnis durch Art. 6 I GG (Ehe) geschützt[55].

---

49 *Sternberg-Lieben*, JZ 1995, 847, *Rengier*, Zeugnisverweigerungsrechte, S. 10; ähnlich *Kühne*, Strafprozesslehre, Rn. 474; *P. Schmitt*, Berücksichtigung, S. 53; teilweise zustimmend *Weigend*, Gutachten, C 67 f., Fn. 229; ablehnend: *Paeffgen*, FS-Rieß, S. 420 f.; s. auch Alternativ-Entwurf Zeugnisverweigerungsrechte, S. 37.

50 So ausdrücklich zur Begründung: *Wach*, GS 66 (1905), 6.

51 A.A. *Bialek*, Zeugnisverweigerungsrecht, S. 66.

52 Deshalb ist es missverständlich von den „verwandtschaftlichen Beziehungen" zwischen dem Beschuldigten und den Angehörigen nach § 52 I StPO zu sprechen, so aber etwa: *Schäfer*, Praxis des Strafverfahrens, Rn. 666.

53 *BVerfGE* 48, 327 (339); *Maunz/Dürig/Herzog/Scholz*, GG, Art. 6, Rn. 16; *v. Münch/Kunig*, Art. 6. Rn. 7.

54 AK-*Richter*, GG Art. 6 Rn. 15a; *Pieroth/Schlink*, Grundrechte, Rn. 642 ff.

55 *Pieroth/Schlink*, Grundrechte, Rn. 641.

Hinzu kommt, dass an den strafprozessualen Verlöbnisbegriff geringere Anforderungen als an ein Verlöbnis nach BGB gestellt werden[56]. Teilweise wird sogar anerkannt, dass trotz bestehender Ehe ein strafrechtliches Verlöbnis gem. § 52 I StPO bestehen kann, falls die Ehe kurz vor der Scheidung steht und der Noch-Ehepartner eine Scheidung nicht mehr verhindern kann[57].
Ein solches Verständnis von § 52 I StPO lässt sich jedenfalls nicht widerspruchsfrei mit Art. 6 I GG in Einklang bringen[58]. Nach der restriktiven Interpretation von Art. 6 I GG fällt die Schwägerschaft aus dem Gewährleistungsbereich heraus. Hinzu kommt, dass § 52 I StPO sogar die Schwägerschaft dann noch schützt, wenn die Ehe nicht mehr besteht. Gemeinsame Kinder können allenfalls ein Bindeglied zwischen den Geschiedenen bilden, aber wegen der engen Auslegung des Art. 6 I GG nicht zwischen den Schwagern[59]. Ebenso ist es im Fall der ehemaligen Verwandtschaft denkbar, dass der Schutz durch Art. 6 I GG nicht mehr gegeben ist, beispielsweise bei Adoption.
Überhaupt nicht in dieses Verständnis einordnen lässt sich die Anerkennung eines Zeugnisverweigerungsrechtes für gleichgeschlechtliche Partner. Die Partnerschaft steht nämlich nicht unter dem Schutz von Art. 6 I GG[60]. Diese Beispiele belegen, dass der Schutzumfang von § 52 I StPO weiter gezogen ist als die Gewährleistung von Art. 6 I GG. Eine solche Inkongruenz deutet darauf hin, dass Art. 6 I GG zumindest nicht die einzige Grundlage für die Regelung des § 52 I StPO darstellt. Art. 6 I GG kann demnach allenfalls als Erklärung für den Schutzzweck von § 52 I StPO nur für wenige Angehörigengruppen in Betracht kommen. Sieht man aber den Schutzgedanken von Art. 6 I GG als vorrangige Erklärung für die *ratio* der Zeugnisverweigerungsrechte nach § 52 I StPO an, so leuchtet nicht ein, warum Gruppen außerhalb der Gewährleistung des Art. 6 I GG die gleichen Privilegien genießen sollten.

---

56 S. *Bialek*, Zeugnisverweigerungsrecht, S. 32 ff.

57 *LG Duisburg*, NJW 1950, 714. *Füllkrug*, StV 1986, 37 m.w.N. zu befürwortenden Stimmen in der Literatur; a.A. *BGH*, NStZ 1983, 564 m. Anm. *Pelchen*, NStZ 1983, 564 f. Diese überwiegende Rechtsprechungsansicht wird allerdings vom Bundesverfassungsgericht gestützt; s. den Nichtannahmebeschluss des 2. Senats 3 1987-07-21 2 BvR 744/87.

58 Vgl. auch die Darstellung bei *Flum/Wieland*, JuS 1991, 948 f.

59 Vgl. *Bialek*, Zeugnisverweigerungsrecht, S. 65.

60 Ausführlich dazu und zu weiteren Problemen des Lebenspartnerschaftsgesetzes s. *Braun*, JZ 2002, 23 ff.

Aber die Gruppe der Zeugnisverweigerungsberechtigten in § 52 I StPO wurde nicht nur über den Anwendungsbereich von Art. 6 I GG hinaus erweitert. Sogar Personen, die dem Schutzbereich von Art. 6 I GG unterfielen, wurden im Gegensatz dazu teilweise von der Gewährleistung ausgenommen: Nichteheliche Kinder[61] waren zu dieser Zeit gem. Art. 6 IV GG bereits den ehelichen gleichzustellen. Mit dem systematisch verfehlten Argument, dass nichteheliche Kinder gem. § 1589 II BGB a. F. nicht mit dem Vater verwandt seien, wurde eine Subsumtion unter § 52 I Nr. 3 StPO verworfen[62]. Die Problematik eines verfassungsimmanenten Zeugnisverweigerungsrechts wurde vollkommen übersehen. Diese Ungleichbehandlung lässt sich nicht mit dem Argument überspielen, dass der Familienbegriff einer Wandlung unterworfen war – relevant für die Schutzzweckanalyse ist nämlich ausschließlich das normative Fundament des Grundgesetzes.
Aber selbst unter historischen Gesichtspunkten kommen Zweifel auf, ob die Familie tatsächlich so im Fokus des Regelungsinteresses des Gesetzgebers stand, wie dies durch den auf Art. 6 I GG verweisenden Ansatz insinuiert wird. Nach den Grundsätzen der juristischen Methodenlehre muss der Zweck einer Vorschrift durch die Norm selbst verwirklichbar sein. Ein Auseinanderfallen von Zweck auf der einen Seite sowie Geeignetheit, Erforderlichkeit und Angemessenheit auf der anderen Seite lässt es mehr als fraglich erscheinen, ob dieser Zweck auch der Vorschrift zugrunde liegt. Dies soll nur kurz skizziert werden. Die Norm müsste geeignet sein, ihren Schutzzweck zu erfüllen, nämlich Ehe und Familie zu schützen.
Der Verfassungsgeber ging dabei von den bürgerlich-rechtlichen Instituten aus. Dieses tradierte Verständnis war im ausgehenden 19. Jahrhundert noch stärker verwurzelt. Es ist sehr fraglich, warum der Gesetzgeber der RStPO Geschiedenen und den Schwagern Zeugnisverweigerungsrechte hätte einräumen sollen. Ehe und Familie nach seinem Verständnis waren gescheitert: Im konkreten Fall gab es nichts mehr zu retten[63]. Im Gegenteil barg die Privilegierung von Geschiedenen die Gefahr in sich,

---

61 S. *BGH*, NJW 1968, 1789 f. *BGH*, JR 1969, 192 f. mit zweifelhaften Ausführungen zu der Bedeutung von Art. 6 V GG mit zustimmender Anmerkung von *Eb. Schmidt*, JR 1969, 193 f.

62 *BGH*, NJW 1968, 1790.

63 Vgl. auch *Gössel*, GA 1991, 488, der gerade wegen der Existenz von § 52 I Nr. 2 und 3 StPO die Erklärung von § 52 I StPO durch Rückgriff auf die „Familienbanden“ ablehnt.

dass die Ehe mit ihren Rechten und Pflichten abgewertet würde[64]. Hätte er die Institute der Ehe und Familie in seinem Sinne stärken wollen, so wäre die Anerkennung der Zeugnisverweigerungsrechte für die Geschiedenen und die Schwager der Scheidungsparteien kontraproduktiv. Hinzu kommt, dass das so genannte Zerrüttungsprinzip bei der Ehescheidung erst seit 1977 existiert. Seit dem Erlass des BGB wurde nach dem Verschuldensgrundsatz entschieden. Ähnliches galt zur Zeit des Erlasses der RStPO[65]. Gerade bei der Ermittlung der Eheverfehlungen kam es häufiger als heute zu Belastungen und Konflikten. Ingesamt ist es zutreffend, wenn festgestellt wird, dass nach einer Scheidung die Missbrauchsgefahr des Zeugnisverweigerungsrechts etwa durch Vorenthaltung entlastender Informationen höher ist[66].

Plausibel ist auf den ersten Blick die Annahme, dass der eheliche Gedankenaustausch nicht vor Furcht wegen einer möglichen Scheidung behindert würde[67]. Dieses Argument hat allerdings keine psychologische Überzeugungskraft: Wer das Scheitern seiner Ehe für möglich oder sogar wahrscheinlich hält, wird sich hüten, inkriminierende Tatsachen einem eventuell rachsüchtigen Partner zu offenbaren. Somit kann nicht aus der Rücksichtsnahme des Gesetzgebers auf die gescheiterte Ehe geschlossen werden, dass er damit generell die Institute von Ehe und Familie stützen wollte. Auch hat der historische Gesetzgeber diesen Schutzzweck in den Motiven nicht hervorgehoben. Diese Diskrepanz zwischen Art. 6 I GG und der vermeintlichen *ratio* des § 52 I StPO als Schutz der Institution Familie besteht heute genauso[68].

Bei Angehörigenverhältnissen nach § 52 I StPO wird nach geltender Rechtslage nicht darauf abgestellt, ob die Beziehung intakt ist. Teilweise wird daraus gefolgert, dass es dem Gesetz nicht auf die wirklich vorhandene Familienbande ankomme und somit der Schutz von Ehe und Familie als ratio des § 52 I StPO ausscheiden müsse[69]. Diese Sichtweise geht aber wohl zu weit. Zum einen schützt Art. 6 I GG Ehe und Familie natürlich auch dann, wenn die zwischenmenschlichen Beziehungen der Be-

---

64 Parallel ist die Diskussion um die Einführung des Partnerschaftsgesetzes verlaufen.

65 *Schwab*, Familienrecht, Rn. 287 ff.

66 Alternativ-Entwurf Zeugnisverweigerungsrechte, S. 39.

67 *Görtz-Leible*, Beschlagnahmeverbote, S. 85.

68 Vgl. dazu: *Bialek*, Zeugnisverweigerungsrecht, S. 64. Dies gilt auch in Bezug auf die ehemals Verschwägerten i.S.d. § 52 I Nr. 3 StPO, vgl. *Gössel*, FS-Bockelmann, S. 805.

69 Vgl. *Gössel*, FS-Bockelmann, S. 805.

teiligten schlecht sind. Zum anderen bedient sich der Gesetzgeber in § 52 I StPO der Technik der Typenbildung. Einzelabwägungen oder Generalklauseln wären bei der Feststellung des Kreises der Zeugnisverweigerungsberechtigten hinderlich. Dies wird schon dadurch unterstrichen, dass trotz des klaren Wortlauts immer wieder versucht wird, verfassungsimmanente Zeugnisverweigerungsrechte zu konstruieren[70]. Zudem ist eine valide Beweisaufnahme über die nötige Enge einer Beziehung kaum denkbar, was zu einer Aufweichung der Rechtssicherheit führen könnte. Bei einer aus der Sicht des Angeklagten ungünstigen Bewertung wäre damit zu rechnen, dass Rechtsmittel eingelegt werden. Die Typenbildung ist also eine rechtsstaatlich gebotene Regelungstechnik, die auch aus prozessökonomischen Gründen vorzugswürdig erscheint. Hieraus lässt sich also kein Argument hinsichtlich der *ratio* der Zeugnisverweigerungsrechte ableiten.

Zudem ist die Erforderlichkeit von § 52 I StPO im Hinblick auf den Schutz von Ehe und Familie fraglich: Vor der Belastung durch Bestrafung will § 52 I StPO sicherlich nicht schützen. Dies wäre mit dem Rechtsstaatsprinzip aus Art. 20 III GG unvereinbar.

An der Angemessenheit der Regelung bezüglich der Verlobten kann zumindest gezweifelt werden. Nicht jede Verlobung führt zur Eingehung einer Ehe und Begründung einer Familie. Gerade angesichts der Missbrauchsmöglichkeit des Verlobungstatbestands[71] ist es unverständlich, warum die Strafverfolgungsinteressen derart weit zurücktreten sollten.

Der Angehörige kann sogar das entlastende Zeugnis verweigern. Dadurch kommt es im Extremfall zu einem Fehlurteil, das die Familie objektiv sehr belastet[72]. Hieraus könnte man sogar folgern, dass der Angehörige aussagen muss, aber gegen dessen Willen nur entlastende Umstände verwertet werden dürfen[73]. Bei dieser Konstruktion könnte der

---

70 Ebenso häufig findet sich die Forderung, § 52 I StPO zu erweitern. In diese Richtung etwa *Steinmeister*, ZRP 1996, 218 f. sogar für enge Freunde. Sie verweist darauf, dass etwa die Hälfte der Falschaussagen von Zeugen von Freunden des Beschuldigten stammen (a.a.O. m.N.).

71 *Kühne*, Strafprozesslehre, Rn. 474, berichtet, dass in Gerichtsverfahren gegen Zuhälter häufig die Hauptbelastungszeuginnen als Verlobte ausgegeben werden; s. dazu auch *Füllkrug*, StV 1986, 37. Zur Glaubhaftmachung der Verlobung (ggf. über eine eidliche Versicherung gem. § 56 S. 2 StPO) s. *BGH*, MDR 1986, 98 bei *Holtz*; vgl. auch *Paeffgen*, FS-Rieß, S. 417, Fn. 20.

72 In diese Richtung bereits: *Gössel*, FS-Bockelmann, S. 805.

73 Es wäre theoretisch durchaus möglich, nur entlastenden Prozessstoff ohne Wahrheitsverkürzung in die Hauptverhandlung einzuführen: Ein Ermittlungs-

Staat viel besser seine Schutzpflicht aus Art. 6 I GG wahrnehmen[74]. Dieses Argument ist aber wiederum einzuschränken, da in einem freiheitlichen Staat der Bürger seine Angelegenheiten selbst besorgen muss und für den Schutz seiner Interessen weitgehend selbst verantwortlich ist.

Hinzuweisen ist auch auf den nicht seltenen Fall, in dem das Opfer als Zeuge gegen seinen Angehörigen vernommen werden soll. Hier legt es die Schutzpflicht des Staates besonders nahe, gerade im Interesse der Institution der Familie eine Aussagepflicht für den Zeugen zu fordern. Ansonsten wird gerade der Unfriede in der Familie stabilisiert[75]. In dieser Fallgestaltung geht das Argument ins Leere, das von der Typizität einer freiwilligen entlastenden Aussage durch den Angehörigen ausgeht[76].

Außerdem könnte es bei einer rein auf die allgemeinen Interessen bezogenen Bestimmung des Schutzzwecks als sinnvoll erscheinen, bei gewissen Straftaten, die in besonderem Maß das öffentliche Interesse gefährden, kein Zeugnisverweigerungsrecht zuzulassen. Zu nennen wären etwa schwere Staatsschutzdelikte oder Straftaten in einem terroristischen Zusammenhang. Wenn § 52 I StPO ausschließlich die Familie als Institution im Allgemeininteresse schützen wollte, dann könnte sich die Familie in diesem Fall nicht auf Art. 6 I GG berufen[77], da vorrangige Allgemeininteressen zu berücksichtigen sind. Eine solche Auffassung ist

---

richter nimmt die Zeugenaussage des Angehörigen auf, der nur verpflichtet wird, bestimmte Tatsachen und Wahrnehmungen im Prozess zu offenbaren. Allerdings würde eine derartige Vernehmungspraxis einen unverhältnismäßigen Aufwand erfordern und zahlreiche weitere praktische Probleme aufwerfen. Ungeklärt bleibt beispielsweise, wie dem Zeugen Fragen gestellt werden sollen, die er unverfänglich beantworten kann und wie die Vollständigkeit der Zeugenaussage gewährleistet werden sollte. Eine Möglichkeit wäre, dass etwa ein Protokoll aus der Vernehmung mit dem Ermittlungsrichter mit den den Angehörigen entlastenden Punkten angefertigt würde, was aber einen eklatanten Eingriff in den Mündlichkeitsgrundsatz darstellen würde. Daher ist dieses Argument nur sehr eingeschränkt zur Ablehnung der *ratio* aus Art. 6 I GG tauglich.

74 *Eb. Schmidt*, JZ 1958, 597 argumentiert ausdrücklich mit dem fehlenden Schutz der Familie durch den Staat in einer solchen Konstellation.

75 S. dazu ausführlich *Bialek*, Zeugnisverweigerungsrecht, S. 68 ff. und Beispiele S. 67.

76 *Wolter/Schenke/Gärditz/Stuckenberg*, Zeugnisverweigerungsrechte, S. 117 f. weisen zutreffend auf die Schwäche dieses „Normfall-Arguments“ hin.

77 Mit ähnlichem Ansatz: *Bialek*, Zeugnisverweigerungsrecht, S. 68 und S. 67 (Beispiel Nr. 3).

allerdings nicht haltbar, da die Gewährleistung des Art. 6 I GG eben nicht nur im Allgemeininteresse besteht.
Dies ergibt sich daraus, dass Art. 6 I GG nicht bloße Institutsgarantie, sondern auch ein Grundrecht ist[78]. Der Grundrechtscharakter folgt aus Absatz 2 und als *argumentum e contrario* aus Absatz 3. Hinzu kommt, dass Art. 6 I GG im Umkehrschluss aus dem Wortlaut des Art. 18 I GG nicht verwirkbar ist. Daher erschiene es als unzulässige Schutzbereichsverkürzung, Allgemeininteressen bei schweren Straftaten grundsätzlich den Vorrang vor Art. 6 I GG einzuräumen.
Verfassungstheoretisch lässt sich ein weiteres Gegenargument anführen: Bei einem Konflikt zwischen Werten von Verfassungsrang ist im Verfahren der so genannten praktischen Konkordanz ein Ausgleich zu suchen[79]. Auf der einen Seite steht Art. 6 I GG, auf der anderen Seite der Anspruch auf Verwirklichung von materieller Gerechtigkeit (Rechtsstaatsprinzip, Art. 20 III GG)[80]. Der Ausgleich ist so vorzunehmen, dass keinesfalls eines der beiden Rechtsgüter vollständig hinter das andere zurücktreten muss. Im Fall von § 52 I StPO ist es vorstellbar, dass allein die Zeugenaussage eines Angehörigen die Klärung der Schuldfrage ermöglicht. In einem solchen Fall kommt aber Art. 20 III GG wegen § 52 I StPO nicht mehr zur Geltung. Regelmäßig wird der Angehörige von seinem Recht Gebrauch machen, um den Beschuldigten zu schützen. Eine solche Konsequenz ist umso erstaunlicher, wenn man bedenkt, dass Art. 6 I GG im Fall des Angehörigen als Entlastungszeuge nicht in seinem Wesensgehalt verletzt ist. Wenigstens dann müsste eine Aussagepflicht in Hinblick auf Art. 20 III GG bestehen. Dies wird etwa durch die Verpflichtung der Staatsanwaltschaft gem. § 160 II StPO unterstrichen, nicht nur belastende, sondern auch der Entlastung des Beschuldigten dienende Umstände zu ermitteln. Ferner können belastende Aussagen nicht in den Kernbereich von Art. 6 I GG fallen. Ansonsten hätte der Staat wegen Art. 1 I 2 GG die Pflicht, derartige Aussagen zu unterbinden oder nicht zu verwerten. Für einen Grundrechtsverzicht wäre zu klären, ob ein Angehöriger allein überhaupt über das Grundrecht des Art. 6 I GG dispositionsbefugt sein kann. Art. 6 I GG ist jedenfalls nicht in seinem Kernbereich betroffen. Bei einer anderen Bewertung wäre sogar ein möglicher Freiheitsentzug durch das Urteil oder die Untersuchungs-

78 *Jarass/Pieroth*, Grundgesetz, Art. 6, Rn. 1.
79 Grundsätzlich für das Konfliktfeld von Wahrheitserforschung und Individualrechten ebenso *Görtz-Leible*, Beschlagnahmeverbote, S. 75.
80 Dazu etwa *BVerfGE* 33, 376, (383).

haft[81] problematisch. Wie oben betont, soll § 52 I StPO nicht die Wahrheitsfindung erschweren[82]. Diese Überlegungen demonstrieren, dass sich Art. 6 I GG thematisch nur schwer auf die Prozesssituation anwenden lässt: Die Institution der Ehe und Familie als solche ist nicht in ihrer rechtlichen Struktur betroffen. Das Anliegen, durch die Zuerkennung von Zeugnisverweigerungsrechten keinen Unfrieden in Familien zu tragen[83], wäre jedenfalls nicht geeignet, die legitimen Strafverfolgungsinteressen einfach hintanzustellen.
Ein weiterer Aspekt darf nicht unberücksichtigt bleiben: Die Verfolgung von Straftaten steht im besonderen Interesse der Gemeinschaft. Wenn man die Funktion von § 52 StPO nur aus einem kollektiv verstandenen Art. 6 I GG heraus erklären will, so ist unklar, warum Art. 6 I GG überhaupt Vorrang vor dem Rechtsstaatsprinzip gem. Art. 20 III GG genießen sollte. Es erschiene folgerichtig, dem Rechtsstaatsprinzip absolute Priorität einzuräumen, da durch vereinzelte Zeugenaussagen das Institut von Ehe und Familie wohl kaum ins Wanken gebracht werden könnte, ungesühnte Straftaten hingegen ein erhebliches gesellschaftliches Gefährdungspotential abgeben würden[84].
Die Ableitung von § 52 I StPO aus Art. 6 I GG ist daher nicht stimmig.

b) Bewahrung der Familienehre als kollektives Schutzgut

Teilweise wird der Aspekt betont, dass § 52 I StPO die Familienehre schützen soll[85]. Der Staat hat gem. Art. 6 I GG eine Schutzpflicht gegenüber Ehe und Familie. Das Stigma eines Strafurteils führt nicht selten zur sozialen Ausgrenzung der Angehörigen. Bereits die Aufklärung familienbezogener Straftaten – etwa im Bereich der Sexualdelikte – und vor allem die Gerichtsverhandlung können diesen Effekt haben[86]. Trotzdem ist diese Theorie abzulehnen: Zum einen muss man den Begriff der

---

81 *Paeffgen*, FS-Rieß, S. 420.

82 Ähnlich argumentieren: *Wolter/Schenke/Gärditz/Stuckenberg*, Zeugnisverweigerungsrechte, S. 118.

83 Vgl. die Formulierung bei *Kühne*, Strafprozesslehre, Rn. 474.

84 Diesem Vorwurf setzt sich nicht aus, wer wie *Görtz-Leible*, Beschlagnahmeverbote, S. 73 in § 52 I StPO einen Ausfluss von Art. 6 I GG in gemeinschaftsbezogener individueller und gemeinschaftsbezogener Richtung erblickt.

85 *Peters*, JR 1968, 430.

86 Vgl. als aktuelles Beispiel die so genannten „Wormser Kinderschänderprozesse".

Familienehre als nicht fassbar genug ansehen[87], wenn auch die Beleidigung einer Familie durchaus nach §§ 185 ff. StGB strafbar sein mag. Mehr Gewicht hat andererseits der Einwand, dass § 52 I StPO jedenfalls nicht dazu dient, die unter Umständen ehrbeeinträchtigende Bestrafung als solche zu verhindern[88]. Außerdem besteht nach § 171 b GVG die Möglichkeit, bei der Gerichtsverhandlung die Öffentlichkeit auszuschließen. Zusätzliche Abhilfe kann die Anwendung von § 68 a I StPO schaffen[89]. Dennoch entstehende Belastungen des Familienrufs durch das Strafurteil sind im Gegensatz zu anderen Rechtsordnungen in vollem Umfang zu tragen[90]. Aus diesem Grund kann nach dem Tod des Beschuldigten kein Zeugnisverweigerungsrecht zugunsten anderer Personen bestehen, wie die neuere Rechtsprechung[91] zu Recht annimmt. Mithin kann der Schutz der Familienehre nicht vorrangiger Zweck des § 52 I StPO sein.

c) Schutz der Familie in ihrer Gesamtheit

Vereinzelt wird die Auffassung vertreten, dass § 52 I StPO die Familie in ihrer Gesamtheit schütze[92]. Unter Familie wird dabei der ganze Angehörigenkreis in § 52 I StPO verstanden. Sicherlich können belastende Zeugenaussagen von Personen, die in einer gewissen Nähebeziehung zur

---

87 Zu den Schwierigkeiten, den Ehrbegriff materiellrechtlich zu bestimmen: *Wessels/Hettinger*, Strafrecht BT/1, Rn. 464.

88 Vgl. auch *Bialek*, Zeugnisverweigerungsrecht, S. 72; s. auch a.a.O. Fn. 248 m. N. zum Schweizer Recht, wo zur Vermeidung immaterieller Nachteile teilweise ein Zeugnisverweigerungsrecht gewährt wird.

89 Skeptisch hinsichtlich der Schutzwirkung von §§ 171 b GVG, 68 a I StPO *Wolter*, Nichtverdächtige, S. 62. Zu § 68 a StPO vgl. auch *Rautenberg*, L 46. Das Tatbestandsmerkmal der Unerlässlichkeit werde von der Rechtsprechung so extensiv interpretiert, dass die Wahrheitserforschung einseitig auf Kosten der Zeugeninteressen profitiere. Der Deutsche Juristentag hat deshalb die Rechtsprechung in einem Beschluss dazu aufgerufen, von ihrer bisherigen Linie abzuweichen und einer restriktiveren Auslegung des § 68 a StPO den Vorzug zu geben, s. 62. DJT (1998), Beschlüsse II 2 d, L 65.

90 *Bialek*, Zeugnisverweigerungsrecht, S. 72 mit Hinweis auf das Schweizer Recht.

91 *BGH*, NStZ 1992, 195.

92 Vgl. etwa *Friedrichs*, Verwertungsverbote, S. 18, die als Schutzzweck von § 52 I StPO die Bewahrung der „familiären Beziehungen“ hervorhebt; *A. Hesse*, DuD 1998, 166; *Kühl*, JuS 1986, 117; ablehnend: *Fischer*, JZ 1992, 573.

Kernfamilie stehen, den dortigen Familienfrieden bedrohen[93]. Für diese Theorie lässt sich etwa die frühere Behandlung des Zeugnisverweigerungsrechts durch die Rechtsprechung in verbundenen Verfahren anführen[94]. Wurde der mitbeschuldigte Angehörige rechtskräftig verurteilt, starb er oder wurde das Verfahren eingestellt, so behielt der Zeuge später dennoch das Zeugnisverweigerungsrecht, obwohl eine Konfliktlage nicht mehr vorliegen konnte[95]. Das Zeugnisverweigerungsrecht des Angehörigen entfaltete somit einen Schutzreflex[96] für den Mitbeschuldigten, der nicht Angehöriger i.S.v. § 52 I StPO war[97]. Ein solcher Schutzreflex, der sich nachteilig auf die Wahrheitsfindung auswirkt, lässt sich nur dann rechtfertigen, wenn die *ratio* des § 52 I StPO eine derartige Ausdehnung zwingend gebietet[98]. Das Zeugnisverweigerungsrecht bestand nach dieser Interpretation auch nicht im ausschließlichen Interesse des vormals beschuldigten Angehörigen, der in einem späteren Verfahren gegen einen vorher Mitbeschuldigten als Zeuge aussagen musste und sich nicht einmal mehr auf § 55 I 1. Alt. StPO stützen durfte[99]. Mittlerweile hat der *Bundesgerichtshof* diese Sichtweise aufgegeben und erkennt eine Fortwirkung des Zeugnisverweigerungsrechts nicht mehr an, sofern dem Angehörigen daraus keine Nachteile erwach-

---

93 S. *Bialek*, Zeugnisverweigerungsrecht, S. 50 f.; *Dahs/Langkeit*, StV 1992, 494 f. mit Fallbeispiel; *Rengier*, NStZ 1998, 48.

94 Zu weiteren Konstellationen mit Rechtsprechungsnachweisen: *Fischer*, JZ 1992, 570; *Rudolphi*, NStZ 1998, 472 ff.

95 Zu diesem Argument: *Fischer*, JZ 1992, 573 f.; s. auch *Gollwitzer*, JR 1993, 216 f., der aber selbst im Fall des Todes des Beschuldigten davon ausgeht, dass bei dem Angehörigen weiterhin ein Konflikt besteht. Die Belastung des Angehörigen wiege dann aber nicht so schwer, wie die mögliche Beeinträchtigung der Wahrheitsfindung, wenn der Nichtangehörige in den Genuss des Rechtsreflexes von § 52 I StPO gelange.

96 S. *Gollwitzer*, JR 1993, 215. Kritisch *Dahs/Langkeit*, StV 1992, 493: Ihrer Ansicht nach ist es problematisch, die Position des nichtangehörigen Mitbeschuldigten als bloßen Rechtsreflex zu bezeichnen.

97 Vgl. *BGH*, NStZ 1992, 195 f.

98 *BGH*, NStZ 1992, 193.

99 S. dazu *BGH*, StV 1981, 117; *BGH*, StV 1984, 405; kritisch: Anfrage des 1. Strafsenats vom 25.2.1991 beim 2., 3., 4. und 5. Strafsenat, NStZ 1992, 197 bei *Widmaier*; *Gollwitzer*, JR 1993, 216. Anders wäre allerdings zu entscheiden, wenn man der Selbstbezichtigungsfreiheit eine Nachwirkung auch über den rechtskräftigen Abschluss des Verfahrens hinaus zubilligen würde. Dies denkt *Gollwitzer*, a.a.O, an. Vgl. auch *Widmaier*, NStZ 1992, 196. Vgl. darüber hinaus das Beispiel bei *Fischer*, JZ 1992, 573.

sen können[100]. Dafür hat insbesondere die angesprochene Inkongruenz zwischen § 55 I 1. Alt. StPO und § 52 I StPO gesorgt: Während der rechtskräftig verurteilte Täter in einem späteren Verfahren aussagen muss, kann sich ein Angehöriger des Täters immer noch auf das Zeugnisverweigerungsrecht gem. § 52 I StPO berufen[101]. Damit ist die extensive Interpretation des § 52 I StPO durch die frühere Rechtsprechung kein tragfähiges Argument mehr, den Schutz der Familie in ihrer Gesamtheit als *ratio legis* anzunehmen. Formal hält der *Bundesgerichtshof* trotz der Rechtsprechungsänderung am Familienfrieden als Schutzzweck fest[102].

Er betont, dass die familiären Beziehungen durch die Rechtsordnung häufig Belastungen ausgesetzt seien, die die Angehörigen hinzunehmen hätten. Im Gegensatz zum Zivilprozess, wo man gem. § 384 Nr. 2 ZPO bereits die Aussage bei einer lediglich zur Unehre eines Angehörigen gereichenden Angabe verzweigen darf, werde wegen der höheren staatlichen Interessen in § 55 I 2. Alt. StPO das Auskunftsverweigerungsrecht nur dann gewährt, wenn eine mögliche Strafbarkeit eines Angehörigen in Rede stehe[103]. Das wird ausdrücklich in den Motiven erwähnt[104]. Gerade dieses Argument macht aber im Unterschied zur Auffassung des *Bundesgerichtshofes* deutlich, dass der Bewahrung des Familienfriedens im Strafverfahren eben nicht ein solch hoher Stellenwert zugebilligt werden kann, dass er das Zeugenprivileg in § 52 I StPO zu erklären vermag. Diese Ansicht vertritt aber folgerichtig der 1. Strafsenat noch in einer Anfrage[105] im Rahmen von § 136 I GVG. Hinzu kommt, dass das Zeugnisverweigerungsrecht im anderen Prozess bei Verfahren, die nie-

---

100 *BGH*, NStZ 1992, 195; vgl. zur Kritik an der früheren Rechtsprechung *Eb. Otto*, NStZ 1991, 220 ff. Skeptisch steht dieser Rechtsprechungsänderung *Hassemer*, JuS 1992, 706 gegenüber.

101 S. Anfrage des 1. Strafsenats vom 25.2.1991 beim 2., 3., 4. und 5. Strafsenat, NStZ 1992, 197 f. bei *Widmaier*; *Widmaier*, NStZ 1992, 199 f. (Stellungnahme vom 15.3.1991 zur Anfrage des 1. Strafsenats); *Gollwitzer*, JR 1993, 216.

102 *BGH*, NStZ 1992, 196.

103 Gegen dieses Argument werden zu Recht zwei grundsätzliche Einwendungen vorgebracht: Zum einen mangelt es an einer Vergleichbarkeit von Zivil- und Strafprozess, weil die Interessenslagen grundlegend verschieden sind. Zum anderen bleibt unklar, warum zur Auslegung nicht auf die Parallelnorm des § 52 StPO im Zivilrecht, nämlich § 383 I Nr. 1 – 3 ZPO rekurriert wird; vgl. *Dahs/Langkeit*, StV 1992, 494.

104 *Hahn*, Motive S. 107.

105 Anfrage des 1. Strafsenats vom 25. Februar 1991 beim 2., 3., 4. und 5. Strafsenat, NStZ 1992, 198 bei *Widmaier*.

mals verbunden gewesen sind, selbst dann nicht bestehe, wenn der Angehörige abstreitet und der parallel angeklagte Mittäter größtenteils geständig sei[106]. Die Bedrohung des Familienfriedens unterscheidet sich hier aber nicht von den verbundenen Verfahren. Von Angehörigen eines Opfers wurde verlangt, wahrheitsgemäß dem Familienfrieden Abträgliches offen zu legen; § 61 Nr. 2 StPO a. F. [107] schützte sie davor nicht[108]. Jene Theorie ist jedoch noch unter verschiedenen weiteren Gesichtspunkten problematisch. Wie oben dargestellt besteht zwischen einigen Angehörigen i. S. d. § 52 I StPO keine verwandtschaftliche Beziehung nach dem BGB[109]; erst recht fallen sie nicht unter den Gewährleistungsumfang von Art. 6 I GG. Wenn § 52 I StPO tatsächlich die Familie in ihrer Gesamtheit schützen wollte, dann bliebe unklar, warum der Regelungsbereich derart weit ausgedehnt wird. Der Schutz geht damit sogar über die Großfamilie hinaus. Außerdem ist es schwer zu begreifen, weshalb das Gesetz einer Person nach § 52 I StPO die Entscheidung überlassen sollte, ob sie mit ihrer Aussage den Familienfrieden gefährden

---

106 Anfrage des 1. Strafsenats vom 25. Februar 1991 beim 2., 3., 4. und 5. Strafsenat, NStZ 1992, 198 bei *Widmaier*. Auf S. 198 f. wird konsequenterweise auch die Frage erörtert, ob ein materieller, formeller oder gemischter Beschuldigtenbegriff vorzuziehen sei, um zu ermitteln, wann der Angehörige auch in einem anderen Verfahren schweigen darf. Nur im Bereich der Zeugnisverweigerungsrechte nimmt der BGH im Strafverfahren einen so genannten materiellenformellen Beschuldigtenbegriff an. Die Initiative des 1. Strafsenats a.a.O. geht dahin, auch in diesem Bereich einen formellen Beschuldigtenbegriff zu etablieren. Danach käme eine Zeugnisverweigerung nur dann in Betracht, so lange die Verfahren verbunden sind. Nach Abtrennung hilft dann dem Angehörigen nur noch § 55 I 2. Alt. StPO. Diesem Vorschlag ist etwa der 5. Senat nicht gefolgt: vgl. die entsprechende Stellungnahme des 5. Senats, NStZ 1992, 201 bei *Widmaier*. *BGH*, NStZ 1992, 195 lässt diese Frage bewusst offen. S. zu der Diskussion um den Beschuldigtenbegriff auch *Rengier*, StV 1988, 467 und insbesondere *Prittwitz*, NStZ 1986, 64 ff. S. weiterhin *Fezer*, JZ 1996, 603.

107 § 61 Nr. 2 StPO ist durch Art. 3 1. JuMoG v. 24.08.2004 (BGBl. 1, S. 2198) gestrichen, weil gleichzeitig die Regelvereidigung in § 59 StPO zum 01.09.2004 abgeschafft wurde.

108 Anfrage des 1. Strafsenats vom 25. Februar 1991 beim 2., 3., 4. und 5. Strafsenat, NStZ 1992, 197 bei *Widmaier*.

109 Gem. Art. 51 EGBGB gilt der Begriff der Verwandtschaft und Schwägerschaft des BGB auch für die Strafprozessordnung.

will. Ein Verbot der Zeugenaussage wäre jedenfalls effektiver gewesen[110].
Gerade eine derartige Vorschrift wäre geeignet, innerfamiliäre, wohl nicht selten mit Drohungen oder sogar Gewaltanwendungen verbundene „Diskussionen" über die Ausübung des Zeugnisverweigerungsrechts zu vermeiden, die das Familienklima sehr belasten können[111].
Dieser Ansatz vermag dann keine befriedigenden Erklärungen anzubieten, wenn der Familienzusammenhalt nicht von außen, sondern von innen bedroht ist. Häufig wird die letztere Alternative ausgeblendet und nur auf die Situation abgestellt, in der ein Familienmitglied zuvor inkriminierende Tatsachen preisgegeben hat[112]. Ebenso wichtig ist aber die Fallgestaltung, dass sich ein Angehöriger gegenüber dem Zeugen einer Straftat schuldig gemacht hat. Insbesondere dann könnte eine Aussagepflicht des Zeugen dem Schutz des Familienfriedens unter Umständen besser dienen als die Berufung auf das Zeugnisverweigerungsrecht. Das gilt nämlich dann, wenn Konflikte durch staatliches Eingreifen behoben werden können. Hierbei ist nicht nur an die disziplinierende Wirkung eines Strafurteils zu denken, sondern auch an andere Maßnahmen – etwa Mittel der Sozialarbeit. § 52 I StPO würde in einer solchen Konstellation eine im Hinblick auf den unterstellten Schutzzweck kontraproduktive Wirkung entfalten[113].
Mit dem Eintritt dieser negativen Folge ist insbesondere dann zu rechnen, wenn das Opfer gegen einen Angehörigen in der Hauptverhandlung aus Scham keine Aussage machen möchte[114]. Maßnahmen der Sozialarbeit können aber erst dann eingeleitet werden, wenn die Tatsachen bekannt sind. Solchen Argumenten trägt der Gesetzgeber in § 52 II S. 2 2.

---

110 Anfrage des 1. Strafsenats vom 25.2.1991 beim 2., 3., 4. und 5. Strafsenat, NStZ 1992, 197 bei *Widmaier*. S. bereits *Eb. Schmidt*, JZ 1958, 597. So in ähnlichem Zusammenhang: SK-StPO-*Rogall*, Vor § 48 Rn. 140; zustimmend: *Wolter/Schenke/Gärditz/Stuckenberg*, Zeugnisverweigerungsrechte, S. 119 f.

111 So zu Recht: *Paeffgen*, FS-Rieß, S. 417, Fn. 20.

112 Vgl. beispielsweise *Spelthahn*, Zeugnisverweigerungsrecht, S. 41 f.

113 A.A. *Spelthahn*, Zeugnisverweigerungsrecht, S. 44.

114 Nach der allgemeinen Auslegung von § 252 StPO würde die Geltendmachung des Zeugnisverweigerungsrechts in der Hauptverhandlung außer bei einer vorhergehenden richterlichen Vernehmung zu einem Verwertungsverbot der im Ermittlungsverfahren gewonnen Beweise führen. Diesem Dilemma entgeht die Rechtsprechung, indem sie § 252 StPO als für den Zeugen disponible Rechtsnorm ansieht, vgl. *BGH*, JZ 1990, 47 f., insoweit zustimmend: *Ranft*, NJW 2001, 1305 ff.

Halbsatz StPO dadurch Rechnung, dass der nichtbeschuldigte Elternteil die Entscheidung über die Ausübung des Zeugnisverweigerungsrechts nicht treffen darf[115]. In dieser Situation wäre eine gesetzlich geregelte Alleinvertretung denkbar gewesen[116].
Das BGB kennt diese Alleinvertretung in Fällen, in denen beide Elternteile die Vertretung gemeinsam ausüben, etwa bei Meinungsverschiedenheit (vgl. § 1629 I S. 3 2. Alternative i.V.m. § 1628 BGB)[117]. So hätte der nichtbeschuldigte Ehegatte die Familieninteressen berücksichtigen können. Einem solchen subjektivierenden Regelungsmodell, in dem wohl häufig die Ehefrau den Familienfrieden auf Kosten der Strafverfolgungsinteressen regelmäßig kurzfristig wiederherstellen kann, hat sich der Gesetzgeber bewusst nicht angeschlossen. Stattdessen folgt er konkludent einer „objektiven Lösung", indem in den Fällen des § 52 II S. 2 2. Halbsatz StPO die Entscheidung nach allgemeinen familienrechtlichen Vertretungsvorschriften an neutrale Personen delegiert wird[118]. Selbst wenn der nichtbeschuldigte Ehegatte von vornherein alleinvertretungsberechtigt ist[119], muss § 52 II S. 2 2. Halbsatz StPO nach richtiger Auffassung analog angewendet werden[120], obwohl die Gefahr der Beeinflussung durch einen nichtelterlichen Beschuldigten tendenziell geringer erscheint als im Normalfall von § 52 II S. 2 2. Halbsatz StPO. Der Schutz der Familie in ihrer Gesamtheit unter besonderer Berücksichtigung des „Familienfriedens" ist damit kein befriedigendes Erklärungsmuster.

---

[115] Den Grund für § 52 II S. 2 2. Halbsatz StPO sieht *Roxin*, Strafverfahrensrecht, § 26, Rn. 18 in der schwierigen Konfliktslage für den Ehegatten. Ebenso: *Salgo*, ZfJ 1985, 264 („offenkundige Interessenskollision"). Nach § 52 II S. 2 1. Halbsatz StPO gilt dies natürlich erst recht für den beschuldigten Vertretungsberechtigten selbst; früher wurde dieser Ausschluss von der Vertretungsbefugnis übrigens mit dem Rechtsgedanken von § 181 BGB erklärt, vgl. *Schaub*, FamRZ 1966, 135 m.w.N.

[116] Vgl. insbesondere *BGH*, FamRZ 1964, 43.

[117] Konstruktive Ähnlichkeiten weisen die Regelungen der § 1673 BGB (Ruhen der elterlichen Sorge bei rechtlichem Unvermögen) und § 1674 BGB (Ruhen der elterlichen Sorge bei tatsächlichem Unvermögen) auf.

[118] Der Vormundschaftsrichter bestellt einen Pfleger gem. § 1909 I S. 1 BGB, vgl. *Roxin*, Strafverfahrensrecht, § 26, Rn. 18.

[119] Eine derartige Konstellation ergibt sich etwa dann, wenn ein allein stehender Elternteil mit alleiniger Vertretungsberechtigung erneut heiratet. In diesem Fall fällt dem neuen Partner kein Sorgerecht für das Kind zu.

[120] *A. Maier*, KJ 1997, 329; *Roxin*, Strafverfahrensrecht, § 26, Rn. 18 jeweils m.N.

d) Schutz der Wahrheitsfindung

Eine weitere Ableitungsmöglichkeit ergibt sich aus der Überlegung, dass § 52 I StPO den Schutz der Wahrheitsfindung sicherstellen soll, indem Falschaussagen verhindert werden[121]. Dabei geht es sowohl um die Verhinderung von Falschaussagen des Zeugen als auch des Angeklagten[122]. Eine erzwungene Aussage wäre von zweifelhaftem Aussagewert[123]. Damit wird wiederum auf das Rechtsstaatsprinzip aus Art. 20 III GG verwiesen. Für diese Interpretation lässt sich zunächst geltend machen, dass die Motive der StPO diesen Aspekt in den Vordergrund rücken[124]. Auch die historische Entwicklung kann hierfür in Anspruch genommen werden: Angehörige wurden lange Zeit generell als unzuverlässige Zeugen angesehen; ihre Vernehmung hätte eine Gefahr für die Wahrheitsfindung bedeutet[125]. Kriminologische Studien bestätigen, dass ein nicht unerheblicher Teil der Zeugen mit personalen Beziehungen zum Beschuldigten falsch aussagt[126].

Sinnvoll lässt sich so die Belehrungspflicht nach § 52 III StPO erklären: Der Zeuge soll nicht aussagen, weil er sich zu einer Aussage verpflichtet glaubt[127]. Flankiert wird § 52 III StPO von § 57 StPO, der die Pflicht statuiert, die Zeugen vor der Aussage auf ihre Wahrheitspflicht hinzuweisen. Ein eminenter Vorzug dieses Ansatzes besteht darin, dass eine Erklärung aus der dem Strafverfahren immanenten Interessenlage[128] geboten wird.

---

121 Vgl. *Fezer*, Strafprozessrecht, Fall 15, Rn. 3; *Gössel*, FS-Bockelmann, S. 805; *ders.*, GA 1991, 489; *Hoffmann*, MDR 1990, 112; *Sternberg-Lieben*, JZ 1995, 844 m.N. Nach *BGHSt.* 38, 96, (99), AK-*Kühne*, § 52, Rn. 1 u. *Roxin*, Strafverfahrensrecht, § 26, Rn. 14 ist der Schutz der Wahrheitsfindung Teilaspekt der *ratio legis* des § 52 I.; ablehnend *Eisenberg,* Beweisrecht, Rn. 1241; *Gollwitzer*, JR 1995, 470. In diese Richtung tendiert der 1. Strafsenat neuerdings wieder in einer Anfrage vom 25. Februar 1991 beim 2., 3., 4. und 5. Strafsenat, NStZ 1992, 198 bei *Widmaier*. Diese Anfrage ist eine der ausführlichsten Auseinandersetzungen der Rechtsprechung mit der *ratio legis* von § 52 I StPO überhaupt.

122 S. *RGSt.* 12, 143 ff.; *Hassemer*, JuS 1992, 706.

123 Vgl. *Roxin*, Strafverfahrensrecht, § 26, Rn. 14.

124 Vgl. auch *Fischer*, JZ 1992, 573.

125 S. auch: *Bialek*, Zeugnisverweigerungsrecht, S. 17 ff. und s. o.

126 Vgl. *Rengier*, Zeugnisverweigerungsrechte, S. 61 ff. m.w.N. Vgl. allgemein zur Validität des Zeugenbeweises: *Jansen*, Zeugnisverweigerungsrecht, S. 70 ff.

127 *Fezer*, Strafprozessrecht, Fall 15, Rn. 3.

128 Dies hebt *Eb. Schmidt*, JZ 1958, 597 zu Recht hervor.

Das Zeugnisverweigerungsrecht des Angehörigen müsste aufgrund seiner *ratio* dort seine Grenze finden, wo es die Wahrheitsermittlung im Strafprozess unangemessen weit beeinträchtigt. Rechtsreflexe zugunsten mitangeklagter Nichtangehöriger wären konsequenterweise zu verneinen, jedenfalls aber zu vermeiden[129]. Die Aussagepflicht des Zeugen in einem derartigen verbundenen Prozess gegen den Nichtangehörigen wäre die logische Konsequenz. Ein solche Aussage dürfte dann nicht gegen den Angehörigen verwertet werden. Dieser stringenten Konzeption *v. Belings*[130] können kaum die praktischen Schwierigkeiten[131] und ebenso wenig das Dogma von der Unteilbarkeit der Zeugnisverweigerungsrechte[132] entgegengehalten werden. Es ist sicherlich richtig, dass ein Richter praktisch nicht in der Lage sein wird, dieses Wissen aus seinem Gesichtskreis zu verbannen und nicht wenigstens un(ter)bewusst seiner Entscheidung zugrunde zu legen[133]. Besonders problematisch wird dies für die mehr oder weniger gesetzesunkundigen Schöffenrichter sein.
Die deutsche Rechtsordnung erkennt jedoch Verwertungsverbote an und verlangt damit eine professionelle Einstellung vom Richter in der Weise, im Rahmen von § 261 StPO nur zulässige Beweismittel zur Entscheidungsgrundlage zu nehmen. Außerdem wäre der Verweis auf die praktischen Probleme letztlich ein naturalistischer Fehlschluss: Weil die Umsetzung unpraktikabel erscheint, kann die Wahrheitsfindung nicht Schutzzweck von § 52 StPO sein. Dass eine derartige Trennung in Aussagepflicht und Verwertungsverbot weder vom Gesetzgeber noch von der Rechtsprechung vorgenommen wird, zeigt, dass sich die Praxis nicht am Grundsatz der Wahrheitsfindung als Schutzzweck von § 52 StPO orientiert. Gegen den Schutz der Wahrheitsfindung als *ratio legis* bleibt diese Feststellung freilich nur von indizieller Bedeutung, weil das Verhalten der Praxis entgegen dem wirklichen Schutzzweck erfolgen kann. Da den Inhalten von Judikaten nur eine Gesetzesauslegung, aber keine

---

129 S. *Eb. Otto*, NStZ 1991, 223; vgl. auch *Gollwitzer*, JR 1993, 216.

130 S. *v. Beling*, JW 1925, 1002.

131 So aber: *Dahs/Langkeit*, StV 1992, 493.

132 Dafür etwa *Geppert*, Jura 1991, 135; *Rengier*, StV 1988, 466; kritisch: *Eb. Otto*, NStZ 1991, 223.

133 Vgl. dazu aus praktischer Sicht insbesondere *Ostermeyer*, NJW 1968, 1789; *Rengier*, StV 1988, 467.

verbindliche Gesetzesinterpretation zu entnehmen ist[134], kann dies nicht häufig genug betont werden.
Im Übrigen ist einzuwenden, dass der Richter gem. § 261 StPO die Möglichkeit der freien Beweiswürdigung hat[135]. Der Richter kann der Zeugenaussage des Angehörigen also die Bedeutung beimessen, die ihm als zutreffend erscheint[136]. Ein solches Argument sollte aber nicht überbewertet werden, weil der Grundsatz der freien Beweiswürdigung durch die StPO festgeschrieben wurde[137], obwohl man sich zur Erklärung von § 52 I StPO auf den Schutz der Wahrheitsfindung berief. Außerdem ist ein Irrtum des Richters niemals ausgeschlossen. Wichtiger erscheint, dass der Zeuge die Dispositionsbefugnis über seine Aussage erhält. Auf diese Weise kann eine nicht selten unrichtige Aussage dennoch zur Gefährdung der Wahrheitsfindung führen[138].
Zur Vermeidung dieser Problematik wäre ein absolutes Verwertungsverbot für die Aussagen eines Angehörigen gem. § 52 I StPO sinnvoller gewesen. Dies wäre gerade vor dem historischen Hintergrund stimmig, da Verwertungsverbote geschichtlich gerade die Bestrafung eines Menschen auf unsicherer Tatsachengrundlage verhindern sollten[139]. Systematisch war deshalb § 61 Nr. 2 StPO a. F. unpassend[140]: Überlässt man dem Zeugen schon die Wahl, ob er aussagen möchte oder nicht, so müsste auf jeden Fall eine Vereidigung erfolgen, um dem „unsicheren" Zeugen den Ernst der Lage bewusst zu machen. Besonders der Rückgriff auf die Belehrungspflicht nach § 52 III StPO zur Begründung der vorgetragenen Ansicht ist nicht stichhaltig. Würde die Belehrung ausschließlich dem Schutz der Wahrheitsfindung dienen, dann dürfte eine Aussage, die ohne vorhergehende Belehrung getätigt worden ist, nicht verwertet werden.

---

134 Allerdings ist auch diese Aussage wieder zu relativieren: Eine höchstrichterliche ständige Rechtsprechung ist wegen des Rechtsstaatsprinzips gem. Art. 20 III GG nur schwer zu verlassen und erlangt *de facto* gleichsam Gesetzesrang, da ansonsten Rechtsunsicherheit eintreten kann: vgl. *Dahs/Langkeit*, StV 1992, 495. Dies erkennt auch die Rechtsordnung an, wie die Verfahrensvorschriften des § 132 II – IV GVG zeigen, die der Rechtsvereinheitlichung dienen.

135 Die Berufung auf § 261 StPO als Argument in diesem Zusammenhang vollkommen ablehnend: *Eb. Schmidt*, JZ 1958, 600 f.

136 Generell ist der Wert von Angehörigenaussagen beschränkt.

137 Vgl. *Spelthahn*, Zeugnisverweigerungsrecht, S. 37.

138 *F.-C. Schroeder*, Strafprozessrecht, Rn. 118.

139 S. *Friedrichs*, Verwertungsverbote, S. 27 m.w.N.

140 Vgl. aber auch *Eb. Schmidt*, JZ 1958, 601.

Erklärt sich der Zeuge aber mit der Verwertung einverstanden, so soll nach der Rechtsprechung kein Hindernis entgegenstehen[141].
Zusätzlich erscheint die Absicherung von § 52 I StPO etwa durch §§ 81 c III, 95 II 2, 97 I, 100 d III oder 100 h StPO unter dem Vorzeichen der Wahrheitsfindung systemwidrig. Während bei offenen Eingriffen unter Umständen durch den Zeugnisverweigerungsberechtigten noch fingierte Beweissituationen geschaffen werden könnten[142], so ist bei effizient durchgeführten verdeckten Ermittlungen regelmäßig nicht damit zu rechnen, dass der Angehörige zur Täuschung der Strafverfolgungsbehörden absichtlich falsche Informationen kolportiert.
Aber nicht nur die Lüge des Angehörigen, sondern auch sein Schweigen kann die Wahrheitsfindung gravierend beeinträchtigen: Dies gilt insbesondere dann, wenn der Angehörige der einzige potenzielle Belastungszeuge ist. Dann wird durch die Ausübung des Zeugnisverweigerungsrechts selbst die Wahrheitsfindung torpediert. Es mutet allerdings seltsam an, dass der funktionsgemäße Einsatz eines prozessualen Mittels die *ratio* dieser Vorschrift selbst konterkariert[143]. Der Schluss liegt nahe, den Fehler nicht in einem Konstruktionsversehen des Gesetzgebers zu erblicken, sondern in der konkreten Schutzzweckbestimmung selbst. Der Schutz der Wahrheitsfindung wird vielmehr durch §§ 68 IV, 261 StPO abgesichert[144].
Noch ein weiterer, im Ganzen fundamentalerer Einwand lässt sich erheben: Der vorliegende Ansatz räumt der Wahrheitsfindung im Prozess einen überragenden Stellenwert ein. Richtig ist, dass die Wahrheitsfindung als Bestandteil der materiellen Gerechtigkeit einen hohen Rang hat. Allerdings darf das Bemühen um Aufklärung nicht so weit gehen, dass die Interessen sowohl des Zeugen als auch des Beschuldigten völlig zurückstehen. Gerade diesen Interessen trägt die vorliegende Theorie in keiner Weise Rechnung und entspricht damit nicht der Auffassung eines liberalen Strafprozesses[145].

---

141 Darauf weist *Bialek*, Zeugnisverweigerungsrecht, S. 75 mit Nachweisen zur Rechtsprechung zutreffend hin.

142 Der Zeugnisverweigerungsberechtigte fälscht etwa Dokumente, die bei ihm gefunden und beschlagnahmt werden sollen, um dem Beschuldigten ein „objektives" Alibi zu besorgen.

143 Vgl. dazu *Paeffgen*, FS-Rieß, S. 416 f.; *Schöneborn*, MDR 1974, 457. S. auch *Hassemer*, JuS 1990, 1023 m.w.N.

144 S. *Schöneborn*, MDR 1974, 457 f.

145 Ähnlich *Wolter/Schenke/Gärditz/Stuckenberg*, Zeugnisverweigerungsrechte, S. 114 f.

Das lässt sich ebenso genetisch nachweisen: Der Ausschluss von bestimmten Zeugengruppen erfolgte ursprünglich zu dem Zweck, die Wahrheitsfindung im Strafprozess nicht zu beeinträchtigen. Deshalb durften so genannte „unzuverlässige Zeugen“ selbst bei ihrer Aussagebereitschaft ihr Wissen nicht in das Gerichtsverfahren einführen. Auch der Gesetzgeber der RStPO kann sich von diesem Denken nicht völlig befreien. Parallel wird dies im materiellen Recht anerkannt: Gerade die Bestimmung des § 157 StGB demonstriert, dass Falschaussagen von Angehörigen i.S.d. § 11 I Nr. 1 StGB im Prozess als so wahrscheinlich erachtet werden, dass der Gesetzgeber dieser typischen Situation durch eine Regelung Rechnung tragen wollte. Der Schutz der Wahrheitsfindung ist somit nicht zur Bestimmung der *ratio* von § 52 I StPO geeignet.

e) Erhalt des Wertepluralismus

Eine weitere kollektiv ausgerichtete Betrachtungsweise vertritt, dass den Zeugnisverweigerungsrechten die Bewahrung des Wertepluralismus zugrunde liege[146]. Hierunter wird die „Erhaltung der Geltungs- und Wirkkraft verschiedener, auf unterschiedliche Bedürfnisse ausgerichteter, fundamentaler Werte“[147] verstanden. Zwischen den Strafverfolgungsinteressen und den betroffenen Individualrechten werde durch die Konstruktion der Zeugnisverweigerungsrechte ein „schonender Ausgleich“ geschaffen.

Um dies zu belegen, wird die Position des Zeugnisverweigerungsberechtigten gerade im Fall von § 52 I StPO herausgestellt, der als Informationsbetroffener die Informationsherrschaft über sein Wissen innehabe. Neben diesen stark akzentuierten sozialen Interessen stehe auch der Zeuge als Persönlichkeit selbst im Mittelpunkt und sei mithin prozessuales Schutzsubjekt. Er wird in diesem Modell daher zum Entscheider, der den Konflikt auflöst. Folgerichtig wird besonderes Gewicht darauf gelegt, dass der Zeugnisverweigerungsberechtigte in seiner Entschließungsfreiheit nicht beeinträchtigt wird.

Die Leistung dieses Ansatzes besteht darin, klar die Grundlage der bestehenden Konfliktlage zu analysieren. Insbesondere wird zutreffend die Funktion der Zeugnisverweigerungsrechte als subjektive öffentliche Rechte hervorgehoben. Hierdurch eröffnet sich die Perspektive auf die Vergleichbarkeit mit den (Justiz)grundrechten.

---

[146] *Görtz-Leible*, Beschlagnahmeverbote, S. 161 ff.
[147] *Görtz-Leible*, Beschlagnahmeverbote, S. 161.

Als Beleg für diese Sichtweise lässt sich die Regelung des § 52 III S. 2 StPO anführen: Die Möglichkeit, den Verzicht auf die Aussageverweigerung selbst noch in der Verhandlung zu erklären und damit die bereits erfolgte Aussage als Beweisgrundlage für die richterliche Entscheidung zu entziehen, räumt dem Zeugen in der Tat ein hohes Maß an Dispositionsbefugnis ein. Hinzu kommt, dass in der Rechtsprechung grundsätzlich die Art und Weise des Informationsvortrages nicht zum Gegenstand der Beweisführung gemacht werden darf. Dies ist beispielsweise selbst dann anerkannt, wenn der Zeuge im Ermittlungsverfahren (teilweise) schweigt und in der Hauptverhandlung entlastende Tatsachen vorbringt, also sich sein Aussageverhalten als in höchstem Maße widersprüchlich darstellt[148].

Diese Theorie kann den Charakter der *ratio legis* des § 52 I StPO nur partiell erfassen. Es handelt sich um eine formale Betrachtungsweise. Ihr Aussagewert müsste um die klare Benennung der betroffenen Werte ergänzt werden. Sie erscheinen in dieser Konstruktion als bloße Folgen oder Rechtsreflexe – wie beispielsweise die Selbstbezichtigungsfreiheit des Beschuldigten oder der Familienfriede.

Ohne eine solche Festlegung auf geschützte Werte als Primärpositionen des Schutzzwecks bleibt indes nur eine Leerformel[149] übrig: Die Zuweisung von Rechten an Private gegenüber dem Staat kann nämlich grundsätzlich als Abwägungsentscheidung des Gesetzgebers gedeutet werden. Recht ist in seiner Grundtendenz immer die Lösung von Konflikten[150].

---

[148] Hier differenziert der *BGH* allerdings danach, ob der Zeuge bereits teilweise im Rahmen des Ermittlungsverfahrens entlastende Umstände für den Beschuldigten vorgetragen hat und ein vollständiges Alibi erst in der Hauptverhandlung nachschiebt (*BGHSt.* 34, 324 ff.) oder ob er sich durch das Anbieten einer Kaution für den Beschuldigten im Ermittlungsverfahren ausdrücklich noch überhaupt nicht auf den Schuldvorwurf eingelassen habe (*BGH*, NStZ 1989, 281). Im ersten Fall soll das Zeugenverhalten der freien Beweiswürdigung zugänglich sein. Dieser Unterscheidung steht *Friedrichs*, Verwertungsverbote, S. 117 ff. kritisch gegenüber, weil das Verschweigen von entlastenden Umständen im Vorverfahren vielfältige Ursachen haben könne. Beispielsweise könne der Zeuge zunächst versucht haben, den Angehörigen zu belasten, sei aber von diesem Vorsatz später wieder abgekommen. Deshalb lasse sich aus dem teilweisen Schweigen keine Schlussfolgerung zuungunsten des Beschuldigten ableiten.

[149] In diese Richtung auch *Wolter/Schenke/Gärditz/Stuckenberg*, Zeugnisverweigerungsrechte, S. 111 f.

[150] Vgl. die plastische Definition des Rechts als „Friedensordnung“ von *Pawlowski*, Einführung, Rn. 21: „Recht ist eine Art sich zu einigen, ohne sich zu schlagen“.

Aber auch die von dieser Ansicht dem Zeugen zugedachte Prozessrolle ist problematisch: Es ist nicht einzusehen, warum jemand, der im Brennpunkt des Konflikts steht, in der Lage sein sollte, diesen auf faire Art und Weise, nämlich objektiv, auflösen zu können[151].
Dass der Zeuge häufig nur eine nebulöse Vorstellung seiner Rechte hat, erkennt auch der Gesetzgeber an, wenn dem Zeugen obligatorisch oder fakultativ gem. § 68 b StPO ein Rechtsanwalt als Beistand beigeordnet wird. Hierdurch soll der Zeuge in den Stand versetzt werden, seine Rechte effektiver wahrnehmen zu können. In rechtlicher Hinsicht wird die Informationsherrschaft des Zeugen dadurch verkürzt, dass Verstöße gegen § 68 a StPO von ihm nicht mit der Revision gerügt werden können. Somit ist dieser Ansatz in seinem analytischen Gehalt hilfreich, vermag aber nicht viel zur Klärung des tatsächlichen Schutzzwecks beizutragen.

5. Interessen des Zeugen

a) *Nemo-tenetur*-Ansatz

Vereinzelt wird vertreten, dass § 52 I StPO das Prinzip von *nemo tenetur* für den Bereich von Zeugenaussagen konkretisiere[152]. Wegen der großen Identifikation mit dem Angehörigen werde diese Konfliktlage so intensiv empfunden, dass eine Belastung des Angehörigen wie eine Selbstbelastung wiege[153]. Insofern könne ein Bezug zum *nemo-tenetur*-Grundsatz hergestellt werden[154]. Diese Variante geht vom Zeugen und seinem Verhältnis zum Beschuldigten aus.
Im Grunde genommen wird hier nur der konfliktbezogene Ansatz terminologisch anders formuliert[155]. Es wird nicht auf den Beschuldigten direkt abgestellt. Folgerichtig wird festgehalten, dass § 52 I StPO in erster Linie dem Zeugen selbst diene[156].
Problematisch ist insbesondere, dass der *nemo-tenetur*-Grundsatz für den Zeugen bereits in § 55 StPO verankert ist. Dieser Einwand kann auch nicht durch die Beobachtung ausgeräumt werden, dass der Gesetzgeber in § 55 StPO eine Selbstbelastung des Zeugen der Fremdbelastung eines Angehörigen nach § 52 I StPO gleichstellt. *Nemo tenetur* schützt vor einer Selbstbelastung, aber nicht vor einer Fremdbelastung. Außerdem ist sehr fraglich, ob sich nicht bereits die psychologische Situation zwischen jemanden, der sich selbst belasten müsste und jemanden, der

[151] Diese Problematik deutet *Görtz-Leible*, Beschlagnahmeverbote, S. 162 f. selbst an.

möglicherweise jemand anderen inkriminieren muss, nicht grundlegend unterscheidet.
Dass die Zwangslage bei einer Fremdbelastung häufig geringer wiegt als bei einer Selbstbelastung, muss *Rogall* selbst einräumen, da bei der Weite des Angehörigenbegriffs in § 52 I StPO häufig keine Konfliktsituation *in concreto* vorliegen wird[157]. Man wird wohl weniger von einem „*minus*" an psychologischem Druck bei Angehörigen im Verhältnis zum Beschuldigten selbst sprechen können, sondern vielmehr ein *aliud* anzunehmen haben.
Hinzu kommt ein weiterer durchgreifender Kritikpunkt: Der Ansatz ist insoweit reduktionistisch, als er nur auf die mögliche Belastung des Angehörigen abstellt. Eine solche Situation spielt naturgemäß in § 52 I StPO eine überragende Rolle. Allerdings kann der Konflikt des Angehörigen in objektiver Hinsicht weitaus banaler, dennoch für den Angehörigen gleichermaßen emotional schwerwiegend sein. Er ist beispielsweise gezwungen, von einer Liaison seines Partners erzählen oder ein sehr unvorteilhaftes Licht auf die Charaktereigenschaften des Angehörigen zu werfen. Die scheinbar nur moralische Komponente sollte nicht unterschätzt werden. In einer derartigen Formulierung kann der *nemo-tenetur*-Grundsatz nach dem Gesagten nicht zur Klärung der Frage herangezogen werden.

b) Schutz vor Meineid

Ferner wird vertreten, dass § 52 I StPO den Zeugen vor der Begehung eines Meineides bewahren soll[158]. Diese Ansicht ist das subjektive Gegenstück zu der Auffassung, die die *ratio legis* des § 52 I StPO im Schutz der Wahrheitsfindung sieht.
Die Meineid-Theorie verkennt indes, dass für Zeugen im Ermittlungsverfahren vor der Staatsanwaltschaft oder der Polizei keine Strafbarkeit

---

[152] SK-StPO-*Rogall*, Vor § 48, Rn. 141; *Rogall*, JZ 1996, 951 m.w.N; *Widmaier*, L 34; ablehnend etwa *Kühl*, JuS 1986, 117; *P. Schmitt*, Berücksichtigung, S. 53.
[153] *Rogall*, Beschuldigte, S. 64
[154] Dazu *P. Schmitt*, Berücksichtigung, S. 45 m.w.N.
[155] Dies sieht auch *Rogall*, Beschuldigte, S. 151.
[156] *Rogall*, JZ 1996, 950.
[157] *Rogall*, Beschuldigte, S. 151.
[158] So etwa: *BGHSt.* 2, (351), 354.

wegen Meineides gem. § 153 StGB i.V.m. § 161 a I 3 StPO besteht[159]. Bei einer polizeilichen Vernehmung ist nicht einmal die Pflicht zur Aussage gegeben[160]. Auf die mögliche Hinzuziehung der Staatsanwaltschaft wird in der Praxis regelmäßig verzichtet[161].

§ 52 I StPO ist aber nicht ausschließlich auf die Gerichtsverhandlung, sondern auf jegliche Vernehmungssituation anwendbar. Aus einer solch verengten Perspektive versucht der Ansatz aber den Schutzzweck festzustellen[162]. Außerdem konnte nach § 61 Nr. 2 StPO a. F. gerade bei den Angehörigen des § 52 I StPO von Vereidigung abgesehen werden, so dass wenigstens die Gefahr eines Meineides vermieden wurde.

Darüber hinaus besitzen die Angehörigen nach § 52 I StPO gem. § 61 StPO ein Eidesverweigerungsrecht. Werden Angehörige überhaupt nicht über ihr Zeugnisverweigerungsrecht gem. § 52 III StPO belehrt, so begründet dieser Mangel nach der vorzugswürdigen so genannten Tatbestandslösung sogar den Wegfall jeglicher Strafbarkeit nach §§ 153 ff. StGB und infolgedessen wegen Meineids[163].

Folgt man dieser Auffassung, so ist die Gefahr eines Meineids praktisch ausgeschlossen, entweder weil der Zeuge gem. § 52 III StPO belehrt wurde und sich regelmäßig hüten wird, ohne Not eine Falschaussage mit einem Meineid zu bekräftigen oder weil der Angehörige zwar vereidigt wird, dies aber wegen mangelnder Belehrung nicht ins Gewicht fällt. Damit kann dieser Ansatz den Schutzzweck von vornherein allenfalls nur partiell erfassen.

---

159 In Betracht kommt allenfalls eine Strafbarkeit gem. §§ 164, 257, 258 StGB. Dies ist aber im gegebenen Kontext ohne Belang, da sich die Meineidstheorie auf die Strafbarkeit des Zeugen durch Aussagedelikte beschränkt. Eine Theorie, die den Zeugen umfassend vor Strafbarkeit schützen wollte, könnte jedoch mit der nahe liegenden Gefährdung des Zeugen, sich einer Straftat nach §§ 164, 257, 258 StGB schuldig zu machen, überzeugend argumentieren.

160 *Friedrichs*, Verwertungsverbote, S. 84.

161 *Friedrichs*, Verwertungsverbote, S. 88.

162 In der Literatur wird teilweise ebenfalls der Schwerpunkt auf die Prozesssituation gelegt, vgl. *Spelthahn*, Zeugnisverweigerungsrecht, S. 40.

163 *Geppert*, Jura 1988, 498 m.w.N. Die Rechtsprechung will dagegen nur auf Strafzumessungsebene die Strafe mildern, s. ebenfalls *Geppert*, Jura 1988, 497 m.w.N.

c) Theorie von der Justizpflicht

Grundsätzlich bilden nach diesem Ansatz Zeugnisverweigerungsrechte Aufopferungsgrenzen[164], da bei Vorhandensein die Justizpflicht zur Mitwirkung am Strafverfahren endet. Um eine Justizpflicht annehmen zu können, muss ein prozessualer Notstand vorliegen[165]. Eine Justizpflicht soll etwa darin bestehen, dass sich der Beschuldigte dem Gerichtsverfahren stellt. Sie bestehe nicht hinsichtlich der aktiven Beteiligung an der Aufklärung des Sachverhalts[166]. Daher besteht die Gefahr, dass die Zeugnisverweigerungsrechte nach § 52 I StPO durch eine extensive Interpretation der Justizpflicht leer laufen. Diese Meinung ist also um eine materielle Klärung der Justizpflicht zu ergänzen. Ansonsten bleibt sie zirkulär. Erst dann kann von diesem Standpunkt aus die Notwendigkeit der Zeugnisverweigerungsrechte nach § 52 I StPO differenziert erklärt werden[167].

d) Loyalitätspflicht des Angehörigen

In neuester Zeit wird der Versuch[168] unternommen, den oben beschriebenen psychologisch existenten oder jedenfalls unwiderleglich vermuteten Rollenkonflikt normativ anzubinden, um damit der herrschenden Meinung den Vorwurf einer *petitio principii* zu ersparen. Es bestehe eine hochrangige Pflicht zur Loyalität innerhalb der institutionalisierten Rechtsverhältnisse von Ehe und Familie. Diese Pflicht sei – im Gegensatz zur früheren Auffassung – nicht bloß sittlicher, sondern rechtlicher Natur. Immer wenn diese Pflicht objektiv bestehe, greife das Zeugnisverweigerungsrecht ein.

Erst die subjektive Aktualisierung dieser Pflicht durch den Zeugen führe zu dem psychologischen Konflikt, der konsequenterweise nicht als konstitutiv für die Zeugnisverweigerungsrechte eingestuft wird. Als Beispiele für diese Pflichtenbindung werden exemplarisch die Unterhalts- und die Beschützergarantenpflicht genannt.

Die Vertreter dieser Auffassung berufen sich auf § 258 VI StGB, der gerade diese Pflicht positiviere. Würdigt man diesen Ansatz kritisch, so ist

---

164 *Köhler*, StV 1996, 187.

165 Dazu *Wolter*, GA 1999, 169.

166 *Köhler*, StV 1996, 187.

167 Zur Differenzierung von einem anderen Ausgangspunkt her *P. Schmitt*, Berücksichtigung, S. 128 ff.

168 *Wolter/Schenke/Gärditz/Stuckenberg*, Zeugnisverweigerungsrechte, S. 102.

ähnlich wie bei der „Theorie vom Erhalt des Wertepluralismus" positiv herauszustreichen, dass ein normativer Ansatz geboten wird.
Fraglich bleibt dagegen, ob der Zentralbegriff der „Loyalitätspflicht" wirklich einen tragfähigen Erklärungsgrund zu bilden vermag. Jeder Pflicht muss aus rechtstheoretischen Überlegungen ein Recht korrespondieren. Ungeklärt bleibt, wie dieses Recht beschaffen ist. Naheliegend scheint zu sein, dass dieses Recht der Anspruch des Partners in der institutionell besonders geschützten Beziehung ist. Er kann also Loyalität „einfordern" – wie etwa beim Unterhaltsanspruch –, oder die Verletzung der Loyalitätspflicht wird zumindest besonders sanktioniert. Das ist der Fall bei den so genannten unechten Unterlassungsdelikten hinsichtlich der Verletzung der Beschützergarantenpflicht. Der Beschuldigte hat aber gerade kein Recht, die Aussage des Angehörigen zu verhindern.
Auch wird eine Aussage des Angehörigen nicht etwa durch die Anerkennung eines Beweisverwertungsverbotes mit Strafe belegt. Insbesondere die Dispositionsbefugnis des Angehörigen steht diesem Ansatz also entgegen. Unerfindlich bleibt weiterhin, warum gerade der Zeuge die geeignete Instanz sein sollte, die bestehende Pflichtenkollision aufzulösen[169].
Ungeklärt ist, warum der Staat unter Berücksichtigung dieser Aspekte nicht gleich auf die Aussage des Zeugen verzichtet[170]. Es müsste ihm nämlich daran gelegen sein, den Bürger überhaupt nicht in eine derartige Pflichtenkollision zu bringen. Der Hinweis auf § 258 VI StGB erscheint zunächst sehr überzeugend. Vielversprechender wäre jedoch der Hinweis auf § 157 StGB. Im ersten Augenblick scheint die Anerkennung eines Aussagenotstandes für das Bestehen der Loyalitätspflicht zu zeugen. Diese Interpretation ist aber nicht zwingend. Methodisch gesehen bleibt die Ableitung einer Loyalitätspflicht aus Einzelnormen immer ein bloßer Induktionsschluss. Damit ist das Ergebnis angreifbar.
Ein materieller Aspekt sollte ebenfalls nicht übersehen werden: Gerade in der Strafprozessordnung kennt der Gesetzgeber solche weitgehenden Rücksichten auf eine mögliche Loyalitätspflicht nicht. Sowohl in § 97 II S. 3 StPO als auch in § 100 d III S. 4 StPO lässt bereits der einfache Verdacht einer Strafvereitelung oder Begünstigung des Beschuldigten durch den Angehörigen das Zeugnisverweigerungsrecht entfallen. Si-

---

169 Hier gilt entsprechend, was hinsichtlich der Konzeption von *Görtz-Leible* kritisiert worden ist.

170 § 52 I StPO geht vom Normalfall eines belastenden Zeugnisses aus, vgl. *Wolter/Schenke/Gärditz/Stuckenberg*, Zeugnisverweigerungsrechte, S. 102 f.

cherlich kann diese Regelung dadurch erklärt werden, dass eine Beweismittelmanipulation durch den Zeugnisverweigerungsberechtigten unterbunden werden soll. Dennoch ist vor dem Hintergrund der Loyalitätspflicht unklar, warum § 52 I StPO im Prozess dann weitgehend leer läuft. Diese Wertung des Gesetzgebers zugunsten der Wahrheitsfindung, die in § 52 StPO praktisch völlig zurücktritt, auf Kosten der Loyalitätspflicht müsste erst transparent gemacht werden.
Insgesamt ist eine Konkretisierung der Loyalitätspflicht als überpositivem Rechtsgrundsatz schwierig, und damit bleiben die Umrisse einer derartigen Pflicht vage[171]. Es bestehen die gleichen Probleme wie bei der Konturierung des Fairnessgrundsatzes. Fasst man diese „Pflicht“ dagegen untechnisch auf, so ist der vorliegenden Hypothese der Boden entzogen[172]. Insgesamt drängt sich die Vermutung auf, dass es sich doch eher um ein sittliches Gebot handelt[173]. Ein ethisches Substrat für die Regelung des § 52 I StPO nimmt das *Bundesverfassungsgericht* an[174].

e) Schutz des Allgemeinen Persönlichkeitsrechts des Angehörigen in seiner Ausprägung als Recht auf informationelle Selbstbestimmung

Naheliegend erscheint der Ansatz, den Grund für § 52 I StPO im Allgemeinen Persönlichkeitsrecht des Zeugen gem. Art. 2 I i.V.m. Art. 1 I GG zu sehen[175], insbesondere in seiner Ausprägung als Recht auf informatio-

---

171 Überpositive Rechtsgrundsätze werden nicht selten negativ formuliert, weil man einen positiven Gehalt nicht angeben kann. Vgl. das berühmte „*neminem laedere*“ oder die „Goldene Regel“.

172 Dies soll aber gerade in Abgrenzung zu früheren Auffassungen vermieden werden, wenn von einer „institutionellen Pflichtenbindung“ gesprochen wird (vgl.hierzu *Wolter/Schenke/Gärditz/Stuckenberg*, Zeugnisverweigerungsrechte, S. 102).

173 Die sittliche Komponente betonen etwa *Eb. Schmidt*, JZ 1958, 600; *Otto/Petersen*, Jura 1999, 484. Vgl. auch das Urteil des Europäischen Gerichtshofes für Menschenrechte zum Fall *Unterpertinger gegen Österreich*, *EGMR*, NJW 1987, 3068, wo der Gerichtshof § 152 I öStPO, die entsprechende Norm zu § 52 I StPO, in der Weise interpretiert, dass sie den Zeugen davor schützen soll, in ein „moralisches Dilemma zu geraten“.

174 *BVerfGE* 22, (49), 79 f.; zustimmend: *Dahs/Langkeit*, StV 1992, 494.

175 *BGH*, JR 1981, 433. So bereits: *Eb. Schmidt*, JZ 1958, 600, der a.a.O. daneben aber auch gleichrangig den Schutz der Wahrheitsfindung als *ratio* des § 52 I StPO nennt; *Dünnebier*, MDR 1964, 965; *Hoffmann*, MDR 1990, 112; *Kühl*, JuS 1986, 117; *Paeffgen*, FS-Rieß, S. 421; *Spendel*, NJW 1966, 1106; *Teske*, JA 1985, 312. Vgl. auch die Sonderkonzeption *Rogalls*, Beschuldigte, S. 150

nelle Selbstbestimmung. Jegliche Forderung an einen Zeugen, seine Wahrnehmungen zu offenbaren, berührt das Allgemeine Persönlichkeitsrecht[176].

Teilweise wird sogar gefordert, gesetzlich zu regeln, dass es dem Zeugen anheim gestellt bleiben soll, ob er Informationen aus dem unantastbaren Kernbereich privater Lebensgestaltung offenbaren möchte[177]. Betreffen Fragen den sonstigen persönlichen Lebensbereich des Zeugen, soll nach dieser Auffassung die Zeugenpflicht unter dem Vorbehalt stehen, dass die Aufklärung einer schweren Straftat Gegenstand des Verfahrens ist[178]. Unausgesprochen bleibt, aber im Umkehrschluss ergibt

---

ff., die aber das Allgemeine Persönlichkeitsrecht des Angehörigen zum Ausgangspunkt der Überlegungen hat. Ebenso *Jansen*, Zeugnisverweigerungsrecht, S. 159 f., die außer dem Allgemeinen Persönlichkeitsrecht aber weitere Schutzzwecke für gegeben hält.

176 S. *Rössner*, L 13 m.w.N und *ders.*, L 23 (Thesen 4 und 5). Der resultierende Eingriff durch die Zeugenpflicht, die allgemein als Bürgerpflicht charakterisiert wird, bedarf einer Rechtfertigung, s. *Rössner*, L 15, Fn. 28. *Rössner* vermisst a.a.O. einen überzeugenden Rechtfertigungsansatz. Dieser ist verfassungsimmanent beispielsweise aus dem Rechtsstaatsprinzip gem. Art. 20 III GG ableitbar, der den Staat zur Wahrheitserforschung verpflichtet und ihn damit berechtigt, auf Zeugen als Beweismittel auch gegen deren Willen (s. die Sanktionsmöglichkeiten von § 70 StPO) zurückzugreifen. Bedenklich erscheint, dass der Akzent auf die Aussagepflicht des Zeugen gelegt wird, während die vorpositiven Persönlichkeitsrechte nicht ausreichend betont werden. Mit der Einführung von § 68 a StPO hat der Gesetzgeber allerdings einen Schritt in diese Richtung getan. In der Tat kann der Zwang zur Zeugenaussage einen tief greifenden Eingriff in das Allgemeine Persönlichkeitsrecht des Betroffenen darstellen. Dies gilt gerade für den Fall, dass sich der Zeuge durch Nennung von Sachverhalten und Namen persönlichen Gefahren aussetzt. Dieser Problemlage soll das „Gesetz zur Harmonisierung des Schutzes gefährdeter Zeugen" vom 11. Dezember 2001 (BGBl I, S. 3510) Rechnung tragen. Vgl. hierzu im Einzelnen: *Soiné/Engelke*, NJW 2002, 470 ff. S. auch *Rautenberg*, L 47 ff.

177 Ein derartiger Beschlussantrag auf dem Deutschen Juristentag wurde von keinem abgelehnt, sondern scheiterte nur an der großen Zahl von Enthaltungen (Abstimmungsergebnis: 23 : 45 : 0); s. 62. DJT (1998), Beschlüsse, II 2 a, L 64.

178 S. den gleichermaßen abgelehnten Beschluss des 62. DJT (1998), DJT II 2 b, L 65. Vgl. auch § 55 I Nr. 3 StPO-E des Alternativ-Entwurfs Zeugnisverweigerungsrechte, S. 57 f. Nach diesem Gesetzesvorschlag kann jeder Zeuge das Zeugnis verweigern, soweit die Aussage zur Offenbarung von Informationen aus dem Kernbereich der Persönlichkeitssphäre des Zeugen oder einer anderen Person führen würde.

sich, dass im Bereich der allgemeinen sozialen Bezüge die Zeugenpflicht uneingeschränkt weiter bestehen soll. Das Regelungskonzept orientiert sich an der Sphärentheorie des *Bundesverfassungsgerichts*. Es erfährt durch den Kontext der durch § 52 I StPO geschützten Vertrauensbeziehungen eine weitere Stärkung. Dafür spricht jedenfalls die Tatsache, dass der Angehörige die Dispositionsbefugnis über die relevanten Informationen besitzt.

§ 52 I StPO wird darüber hinaus durch die Gewährleistung des § 252 StPO abgesichert; über den Schutz von § 252 StPO können Staatsanwalt, Verteidiger und Angeklagter im Gegensatz zu § 251 I S. 1 StPO auch nicht durch gemeinschaftliches Einverständnis gegen den Willen des Zeugen verfügen[179]. Dem ist zuzustimmen: das ergibt sich bereits teleologisch daraus, dass § 252 StPO trotz seiner systematischen Stellung bei §§ 250 ff. StPO nicht dem Unmittelbarkeitsprinzip, sondern den §§ 52 ff. StPO zuzuordnen ist[180]. Der Angehörige gibt Informationen preis, insofern ist sein informationelles Selbstbestimmungsrecht betroffen.

---

179 *Ranft*, NJW 2001, 1306 u. Fn. 13 (1306).

180 *Geppert*, Jura 1991, 140; *Ranft*, Jura 2000, 632. Diese Auslegung ist freilich vorzugswürdig, aber nicht zwingend. Der Europäische Gerichtshof für Menschenrechte hat im Fall *Unterpertinger gegen Österreich* bei seiner Interpretation der österreichischen Parallelvorschrift zu § 252 StPO, nämlich § 252 II öStPO, das Verlesungsverbot im Lichte des in Art. 6 I, III d EMRK niedergelegten Unmittelbarkeitsgrundsatzes interpretiert und einen Verstoß gegen diese Norm als Verletzung des Rechts des Angeklagten auf ein faires Verfahren gewertet, vgl. *EGMR*, NJW 1987, 3068. Normenhierarchisch stehen § 252 StPO und Art. 6 I, III d EMRK auf gleicher Ebene, so dass vor dem Hintergrund der Entscheidung des Europäischen Gerichtshofes für Menschenrechte und der systematischen Stellung die Auffassung, auch § 252 StPO als Ausfluss des Unmittelbarkeitsgrundsatzes zu sehen, als durchaus vertretbar erscheint. Folgt man dieser Auslegung, so könnte man dies allerdings noch nicht als Indiz dafür ansehen, dass die Zeugnisverweigerungsrechte von ihrer Aufgabe her primär das faire Verfahren absichern sollen, da hier in der Tat nicht so sehr der Zeuge mit seiner Beziehung zum Angeklagten, sondern die unmittelbare richterliche Überzeugungsbildung von der Glaubwürdigkeit des Zeugen und der Glaubhaftigkeit seiner Aussage im Vordergrund des Interesses steht. *Dallmeyer*, JA 2000, 275 ff., betont für § 252 StPO als Schutzzweck auch die Wahrheitsfindung, nähert sich mit dieser eher traditionellen Betrachtungsweise insofern also der Auffassung des *EGMR* an. *Baier*, JA 2000, 835 f. erkennt in der neueren Rechtsprechung des *BGH* ähnliche Tendenzen. Vgl. zur Interpretation von § 252 StPO besonders *Hassemer*, JuS 1980, 764 f.

Dafür lässt sich zunächst auch anführen, dass der Zeuge allein über die Informationen verfügen kann. Folgerichtig lässt der *Bundesgerichtshof* dieses höchstpersönliche Recht beim Tod seines Inhabers untergehen[181]. Das Argument könnte aber einer Relativierung unterliegen. Wie der Grenzfall des § 52 II StPO zeigt, wo das Allgemeine Persönlichkeitsrecht des Zeugen betroffen ist[182], gibt es durchaus Konstellationen, in denen der Zeuge nicht mehr die absolute Herrschaft über sein Wissen hat. Hier entscheiden letztlich andere für ihn, ob seine Zeugenaussage überhaupt als Beweis herangezogen werden soll[183].

Hier durchbricht der Gesetzgeber den Gedanken der Zeugenprivilegierung. Konsequent wäre es gerade vor dem Hintergrund der *ratio legis* des § 52 II StPO gewesen, ein Vernehmungsverbot zu statuieren, da die Vorschrift dem Schutz der Beweisperson vor sich selbst dient[184]. Deshalb darf der beschuldigte Vertreter nicht gem. § 52 II S. 2 StPO entscheiden, dass der Minderjährige die Aussage verweigert.

Der Gesetzgeber hat aber einen anderen Weg beschritten: Wenn der gesetzliche Vertreter zustimmt und der Angehörige aussagen möchte, dann ist die Aussage verwertbar. Das kann wiederum so gedeutet werden, dass dem Zeugen ein möglichst großer Rest an Dispositionsbefugnis und somit Selbstbestimmung verbleiben soll[185]. Aus diesem Grund ist § 52 II StPO nach richtiger Interpretation als Stärkung der informationellen Selbstbestimmung des Zeugen, nicht als Schwächung aufzufassen. Die Einschränkungen wie der Zustimmungsvorbehalt durch den gesetzlichen Vertreter sind ausschließlich durch die Sondersituation bedingt.

Ein gewichtigeres Gegenargument könnte sich aus der Prozessfunktion des Zeugen ergeben. Neuerdings wird nämlich vertreten, dass der Angehörige als Mittler zwischen den Interessen der Strafverfolgung und den

---

181 Ablehnend: *Hassemer*, JuS 1992, 706. Zutreffend betont *Hassemer*, a.a.O, dass bei der Annahme einer Unverwertbarkeit einer Aussage nach dem Tod des Zeugen zumindest auch der Schutz von Interessen des Angeklagten als *ratio legis* des § 52 I StPO gelten müssen.

182 *Peters*, Strafprozeß, S. 349 f., der aber den verwirklichten Schutz wegen § 52 III StPO für defizitär hält.

183 S. *Hanack*, JZ 1971, 126.

184 *Peters*, Strafprozeß, S. 259.

185 S. aber *Foth*, JR 1980, 124, der vorschlägt, dass allein der gesetzliche Vertreter entscheiden soll, da nur er in der Lage wäre, die widerstreitenden Interessen gerecht abzuwägen.

eigenen Geheimhaltungsinteressen fungiere[186]. Deshalb räume ihm der Gesetzgeber die alleinige Entscheidungskompetenz ein, ob er Informationen offenbaren wolle oder nicht. Die Entscheidung des Zeugen, eine Aussage zu treffen oder zu verweigern, soll den besagten Konflikt zwischen den Interessen der Strafverfolgung und eigenen Geheimhaltungsinteressen im Interesse aller auflösen. Dieser „Richterrolle" wird der naturgemäß parteiische Angehörige aber nicht gerecht werden können. Gerade wenn man den inneren Konflikt des Angehörigen für beachtlich hält, dann ist er als Person denkbar ungeeignet, diesen unvoreingenommen aufzulösen. Darüber hinaus ist derjenige kaum befähigt, eine Abwägung widerstreitender Interessen zu treffen, der unter dem Druck des Beschuldigten steht, keine diesem abträglichen Informationen zu enthüllen.

Es spricht wenig dafür, dass der Gesetzgeber die Position des Zeugen derart aufwerten und auf ihn damit eine Verantwortung überbürden wollte, die er kaum zu tragen vermag. Im Gegenteil sollte der Zeuge gerade wegen seines Konflikts entlastet werden.

Auch die Beschuldigteninteressen verlangen eine andere Bewertung: Der Beschuldigte hat ein Recht auf ein faires Verfahren. Aus Art. 3 I GG leitet sich außerdem ab, dass in den einzelnen Prozessen die gleichen Maßstäbe zu beachten sind. Beide Prinzipien wären verletzt, wenn man die Beibringung wichtigen Beweismaterials in Form der Zeugenaussage ohne sachlichen Grund in das Belieben des Zeugen stellte. Hätte der Gesetzgeber eine einzelfallbezogene, von Subjektivismen freie Abwägung zwischen den Interessen des Zeugen und der Effektivität der Strafverfolgung gewünscht, so hätte sich die Einschaltung einer neutralen Person wie der eines Ermittlungsrichters angeboten. Die Akzentverschiebung von einer persönlichkeitsrechtsorientierten hin zu einer entscheidungszentrierten Schutzzweckbestimmung überzeugt also nicht. Die Dispositionsfreiheit des Zeugen über sein Informationsmaterial ist daher einzig und allein als Konsequenz der Anerkennung seines Allgemeinen Persönlichkeitsrechts zu begreifen.

---

[186] Vgl. auch *Görtz-Leible*, Beschlagnahmeverbote, S. 140 ff. Die These benutzt sie allerdings nicht zur Ableitung des § 52 I StPO aus dem Allgemeinen Persönlichkeitsrecht. Diese Sichtweise wird auch auf § 53 I StPO übertragen. Gerade bei den Zeugnisverweigerungsrechten der Berufsgeheimnisträgern wird durch diese Sichtweise der „Informationsherrschaft" des Beschuldigten, die ihren Ausdruck in § 53 II StPO (Entbindung von der Schweigepflicht) findet, nicht ausreichend Rechnung getragen.

Seinen Niederschlag findet das Allgemeine Persönlichkeitsrecht außerdem in § 52 III StPO: Die Notwendigkeit einer Belehrung unterstreicht zusätzlich, dass es sich bei dem Zeugnisverweigerungsrecht um ein Recht des Angehörigen handelt. Das materielle Recht respektiert ebenso das Allgemeine Persönlichkeitsrecht des Angehörigen. Besonders deutlich kommt dies in der Auslegung von § 157 StGB zum Ausdruck: Zur Annahme eines Aussagenotstandes ist auf das Vorstellungsbild des Täters abzustellen[187]. Es kommt also nicht darauf an, ob der Beschuldigte die Tat begangen hat oder nicht. Diese Subjektivierung macht deutlich, dass besonders dem Konflikt des Angehörigen Rechnung getragen werden soll.

Zu wenig berücksichtigt wurde bislang aber, ob Daten, die die Strafbarkeit eines anderen betreffen, überhaupt in den Schutzbereich des informationellen Selbstbestimmungsrechts fallen[188]. Derartige Informationen können untrennbar mit Daten über private, strafrechtlich nicht relevante Lebensvollzüge verknüpft sein. Wollte man für sie die Gewährleistung des Allgemeinen Persönlichkeitsrechts aufheben, so käme dies einer Schutzbereichsverkürzung gleich.

Es ist freilich zu berücksichtigen, dass der Gesetzgeber die Interessen des Geschädigten in die Abwägung miteinbeziehen muss. Wie das Adhäsionsverfahren nach §§ 403 ff. StPO zeigt, dient der Strafprozess auch der materiellen Wiedergutmachung des Schadens, den das Opfer erlitten hat. Dieser Grundgedanke findet sich etwa in den Vorschriften zum Täter-Opfer-Ausgleich in der StPO und gem. § 46 a StGB. Darüber hinaus ist der Anspruch des Opfers gem. Art. 14 I GG geschützt. Gerade wegen dieser Opferinteressen ist Wahrheitsfindung unerlässlich und vermag das Recht auf informationelle Selbstbestimmung einzuschränken. Dass der Gesetzgeber diese Problematik gesehen hat und einer Lösung zuführen wollte, ist durch die Einführung der Vorschrift des § 68 a StPO erkennbar. Dennoch kann eine Vorschrift wie § 68 a StPO die legitimen Zeu-

---

[187] S. *OLG Düsseldorf*, NJW 1986, 1822.

[188] Dies bejaht *Görtz-Leible*, Beschlagnahmeverbote, S. 83 im Ergebnis, wobei sie sich zur Begründung aber auf Art. 6 I GG stützt. S. auch *BVerfGE* 109, (279), 319 mit Verweis auf *BVerfGE* 80, (367), 375: Gespräche, die Angaben über begangene Straftaten enthielten, gehörten ihrem Inhalt nach nicht dem unantastbaren Kernbereich privater Lebensgestaltung an, da bei Äußerungen, die sich unmittelbar auf konkrete Straftaten bezögen, ein hinreichender Sozialbezug vorliege.

geninteressen nur unvollkommen schützen: Die Verletzung dieser Vorschrift ist nur vom Angeklagten selbst mit der Revision angreifbar[189].
Der *Bundesgerichtshof* sieht Aussagen eines Angehörigen in einem Zivilprozess im Rahmen des Strafverfahrens als verwertbar an, wenn sich der Angehörige im Zivilprozess nicht auf das Zeugnisverweigerungsrecht berufen hat[190]. Dabei wird der Richter als Zeuge vernommen. Eine solche Auslegung der Zeugnisverweigerungsrechte legt es nahe, ihren Sinn vorrangig in der Beherrschung der eigenen Informationssphäre zu sehen, also in dem Recht auf informationelle Selbstbestimmung. Diese Entscheidung ist allerdings auf Widerspruch gestoßen, weil sich die Verfahrensziele von Zivil- und Strafprozess grundlegend voneinander unterscheiden[191].
Es bleibt zu fragen, ob die empfundene Zwangslage dem Gewährleistungsumfang des Allgemeinen Persönlichkeitsrechts noch in einer weiteren Ausprägung unterfällt und den Staat gem. Art. 2 I i.V.m. Art. 1 I 2 GG die Schutzpflicht trifft, den Zeugen vor diesem Konflikt zu bewahren. Hier ist das Allgemeine Persönlichkeitsrecht ebenfalls in seiner Dimension als Leistungsrecht angesprochen. Dagegen könnte zunächst die Konstruktion des § 52 I StPO anzuführen zu sein.
Der Gesetzgeber nimmt eine notwendige Typisierung vor[192]. So kann es im Einzelfall durchaus geschehen, dass gar kein Konflikt besteht und das Allgemeine Persönlichkeitsrecht nicht betroffen ist. Andererseits besteht bei nichtehelichen Lebensgemeinschaften, bei denen etwa nur aus finanziellen Gründen auf eine Eingehung der Ehe verzichtet wurde[193] und wird, häufig eine sehr enge Beziehung. Hier wäre dann das Allgemeine Persönlichkeitsrecht betroffen, ohne dass es im Prozess geltend gemacht

---

189 Vgl. *Friedrichs*, Verwertungsverbote, S. 78 f. Sie plädiert dafür, § 68 a StPO in eine für den Zeugen revisible Norm umzugestalten. In jedem Fall einer eventuellen Verletzung von Zeugenrechten sollte aber dem Zeugen wenigstens die nachträgliche Feststellung der Rechtswidrigkeit analog § 98 II S. 2 StPO möglich sein, wie hier: *Rössner*, L 27; dagegen: 62. DJT (1998), Beschlüsse IV 9, L 69.

190 *BGHSt*. 17, 324 ff.

191 *Peters*, Strafprozeß, S. 321.

192 Näher: *Görtz-Leible*, Beschlagnahmeverbote, S. 79; vgl. außerdem auch *Wolter/Schenke/Gärditz/Stuckenberg*, Zeugnisverweigerungsrechte, S. 120 ff.

193 In den Nachkriegsjahren konnte die Wiederverheiratung den Verlust zum Überleben dringend benötigter Renten und Pensionen bedeuten, so dass viele Paare sich aus diesem Grund zu einem „Leben ohne Trauschein“ entschieden.

werden kann. Eine Analogie zu § 52 I StPO wird abgelehnt[194]. Es fehlt eine Vorschrift, in der Kriterien genannt werden, die für eine Glaubhaftmachung einer derartigen Konfliktlage ausreichen. Zu denken wäre hier etwa an langjährige Hausgemeinschaft, gemeinsame Finanzierung von Anschaffungen, etc. Verfassungsimmanente Zeugnisverweigerungsrechte erkennt die Rechtsprechung nur in Ausnahmefällen an. Dennoch ist der Einwand, der mit der Typisierung durch den Gesetzgeber argumentiert, nicht stichhaltig. Substrat dieser Typenbildung ist eben gerade der unwiderleglich angenommene Konflikt, so dass es auf einen Nachweis in der konkreten Situation nicht ankommt.
Probleme bereitet hingegen ein weiterer Gesichtspunkt: Wenn ausschließlich das Allgemeine Persönlichkeitsrecht des Zeugen betroffen wäre und er nicht zu einer aktiven Überführung seines Angehörigen beitragen soll, so dürfte konsequenterweise einer Verwertung des Aussageverhaltens des Zeugen nichts im Wege stehen. Die Tatsache der Zeugnisverweigerung könnte also der freien Beweiswürdigung des Richters zugänglich sein.
Diesen Weg beschritt das *Reichsgericht* mit dem Argument, dass dem Zeugen nur der Konflikt erspart werden solle, er aber nicht durch die Verweigerung des Zeugnisses die Überführung als solche verhindern könne[195]. Das *Reichsgericht* hat tatsächlich verneint, dass damit das Recht der Zeugnisverweigerung zur leeren Hülle verkommen würde. Der *Bundesgerichtshof* ist dieser Auffassung des *Reichsgericht*s noch einige Zeit gefolgt[196], bis er seine bisherige Linie aufgab und die Rechtsauffassung vertrat, dass aus der Zeugnisverweigerung als solcher keine Schlüsse gezogen werden dürfen[197]. Dabei behauptete er im Gegensatz zum *Reichsgericht*, dass der Angehörige ansonsten eben nicht mehr von seinem Recht frei und unbefangen Gebrauch machen könne. Dem Zeugen wird das Dilemma erspart, sowohl durch seine Aussage als auch durch sein Schweigen den Angehörigen belasten zu müssen[198]. Die Auslegung durch das *Reichsgericht* und den *Bundesgerichtshof* in den ersten Jahren seines Bestehens spricht aber nicht zwingend dagegen, dass diesen Gerichten die Zeugeninteressen als Schutzzweck der Ange-

---

194 So etwa: *Roxin*, Strafverfahrensrecht, § 26, Rn. 15.
195 Vgl. *RGSt.* 8, 502 ff., 504, *RGSt.* 55, 20.
196 S. beispielsweise *BGHSt.* 6, 279 ff.
197 *BGHSt.* 22, 213 ff.; vgl. bereits *KG*, NJW 1966, 605.
198 Fraglich ist, ob der Richter das Faktum der Zeugnisverweigerung psychologisch überhaupt ausblenden kann.

hörigenzeugnisverweigerungsrechte galten; vielmehr demonstriert diese Rechtsprechung, dass das Allgemeine Persönlichkeitsrecht gar nicht seinen gebührenden Rang zugewiesen erhielt.
Es bleibt aber zweifelhaft, ob das Recht auf informationelle Selbstbestimmung oder das Recht des Angehörigen auf die Vermeidung seiner Konfliktlage so stark ausgeprägt sind, dass ihnen der Gesetzgeber absoluten Vorrang vor dem Rechtsstaatsprinzip einräumen müsste. Jedenfalls hat der Gesetzgeber in Form von § 52 I StPO bereits den Zeugnisverweigerungsrechten auf Kosten des Rechtsstaatsprinzips nach Art. 20 III GG sehr weitgehend Rechnung getragen; durch die Ausübung der Rechte des § 52 I StPO kann die Wahrheitsfindung vollkommen blockiert werden.
Dieses Argument wird bei § 52 I StPO nur selten erwähnt, während es als Argumentationstopos zur Beschränkung der Zeugnisverweigerungsrechte bei den Ermittlungsmaßnahmen häufig erscheint. In diesem Abwägungsbereich gibt es sicherlich keine Lösung „*more geometrico*“[199]. Es lässt sich aber festhalten, dass der Ermessensgebrauch des Gesetzgebers vor dem *ausschließlichen* Hintergrund des Allgemeinen Persönlichkeitsrechts des Angehörigen nicht zwingend erscheint. Zur Klarstellung sei angemerkt, dass damit natürlich noch kein endgültiges Urteil über die Notwendigkeit des § 52 I StPO getroffen wird. Der Gesetzgeber könnte – allein auf das Allgemeine Persönlichkeitsrecht des Angehörigen bezogen – seine großzügige Gewährleistung unter diesem Gesichtspunkt wieder einschränken. Zu denken wäre sogar daran, dass bei Kapitalverbrechen eine Aussagepflicht geschaffen werden müsste, da die Interessen der Öffentlichkeit, des Geschädigten, aber auch diejenigen des Beschuldigten besonders schwer wiegen[200]. Dennoch müsste bei einer Neuregelung wenigstens der Kernbereich des Allgemeinen Persönlichkeitsrechts geschützt bleiben.

[199] Rechtstheoretische Ansätze wie die „*one-right-answer*-These“ von *Dworkin* werden der Komplexität von juristischen Entscheidungsprozessen nicht gerecht. Vgl. auch *Görtz-Leible*, Beschlagnahmeverbote, S. 78 ff. zum Prozess der gesetzgeberischen Abwägung. S. bereits *Kant*, Kritik der reinen Vernunft, S. 622 ff., der a.a.O. den Nachweis führt, dass im Gegensatz zur Mathematik in der Philosophie ein geschlossenes System mit Definitionen, Axiomen und Demonstrationen nicht durchführbar ist. Gerade ein solches System wäre aber Voraussetzung für die Ableitung exakter Ergebnisse. Diese methodologische Erkenntnis ist genauso auf den Bereich der Rechtswissenschaft übertragbar.

[200] Vgl. insbesondere auch: *Wolter/Schenke/Paeffgen*, Zeugnisverweigerungsrechte, S. 217 f.

Damit ist das Allgemeine Persönlichkeitsrecht des Zeugen als die – zumindest partielle – *ratio legis* des § 52 I StPO zu identifizieren. Art. 6 I GG ist selbst unter Ehegatten insoweit nicht das speziellere Grundrecht[201].

6. Interessen des Beschuldigten

a) Der *nemo-tenetur*-Grundsatz im Hinblick auf den Beschuldigten

Fruchtbarer ist auf den ersten Blick der Versuch, § 52 I StPO direkt aus der Selbstbezichtigungsfreiheit des Beschuldigten abzuleiten[202]. Mit dem

---

201 Vgl. *BGHSt*. 31, 296 (Raumgespräch). Die Unzulässigkeit des Abhörens wird mit einem Rückgriff auf Art. 2 I GG – wohl in der Form des Allgemeinen Persönlichkeitsrechts – begründet; Art. 6 I GG wird zur Erklärung nicht herangezogen.

202 In diese Richtung wohl auch *Maeffert*, StV 1998, 462. Inwieweit etwa *Rogall* den Schutz vom Beschuldigten selbst ableitet, bleibt unklar. Für ihn ist das Zeugnisverweigerungsrecht nach § 52 I StPO – wie bereits oben betont, vorrangig Recht des Zeugen. Dies kommt etwa in der Umschreibung des *nemo-tenetur*-Satzes als Freiheit von der „Angehörigenbelastung" zum Ausdruck (vgl. *Rogall*, JZ 1996, 951). Diese Erweiterung der Selbstbezichtigungsfreiheit zu einer generalisierten Bezichtigungsfreiheit entfernt sich sehr weit vom ursprünglichen Sinn des *nemo-tenetur*-Prinzips als eines Rechts des Beschuldigten und mag sogar als Überdehnung erscheinen – jedenfalls dann, wenn man den Zeugen vorrangig als Beweismittel, weniger als Prozesssubjekt betrachtet. Trotzdem bleibt die ursprüngliche Bedeutung der Selbstbezichtigungsfreiheit wohl auch bei *Rogall* in Resten aktuell, wenn er betont, dass der Angeklagte revisionsrechtlich in den Schutzbereich des *nemo-tenetur*-Grundsatzes einbezogen sei (vgl. dazu *Rogall*, a.a.O.). Hierin fußt die Aussage, dass durch die Regelung des § 55 StPO der Angehörige verfassungsrechtlich zwingend in den Schutzbereich des Verbots der Selbstbelastung des Beschuldigten einbezogen werde, *Rogall*, Beschuldigte, S. 152. Mit dem Rekurs auf die Selbstbezichtigungsfreiheit des Beschuldigten erklärt *Rogall*, a.a.O., S. 232, dass auch nach dem Tod des über sein Zeugnisverweigerungsrecht unbelehrten Angehörigen ein Verwertungsverbot für die Aussage bestehe, obwohl der Konflikt in der Person des Angehörigen natürlich aufgehoben sei. Diese beiden Positionen können freilich miteinander kombiniert werden. Allerdings entstehen Interessensgegensätze – etwa dann wenn der Angehörige schweigen möchte und der Beschuldigte eine entlastende wahre Aussage erwartet. Diesen Konflikt löst *Rogall* nicht auf. Es wird nicht eindeutig klar, ob letzter Bezugspunkt von § 52 I StPO nun das Allgemeine Persönlichkeitsrecht des Angehörigen oder das *nemo-tenetur*-Prinzip des Beschuldigten ist. Welches dieser beiden Prinzipien am Ende die Vorrangstellung besitzt oder ob im Konfliktfall eine Art „praktischer

nemo-tenetur-Grundsatz ist mittelbar einer der zentralen Zwecke des Strafverfahrens, nämlich der Schutz des Beschuldigten vor übermäßigen Eingriffen[203], angesprochen. Dieser Ansatz bietet systematisch also den Vorzug, auf strafverfahrensimmanente Wertentscheidungen abzuzielen. Nach dieser Ansicht würde das Recht des Beschuldigten auf Selbstbezichtigungsfreiheit umgangen, wenn man den Angehörigen zu einer Aussage zwingen könnte. Überdies soll der Angehörige ohne seinen Willen in keiner Phase des Verfahrens als Beweismittel gegen den Beschuldigten instrumentalisiert werden können[204]. Damit ist beispielsweise zu erklären, dass das Zeugnisverweigerungsrecht in einem Verfahren gegen mehrere Beschuldigte entfällt, wenn das Verfahren gegen den Angehörigen durch rechtskräftigen Abschluss oder Tod endet[205].
Der *Bundesgerichtshof* rückt in jüngster Zeit auf diese Weise vom absoluten Zeugenprivileg ab. Das Zeugnisverweigerungsrecht des Angehörigen besteht eben nur noch so lange fort, wie eine Aussage negative Folgen für den Beschuldigten zeitigen könnte. Danach erlischt es. Hierin

---

Konkordanz" herzustellen ist, bleibt genauso offen, wie die Frage, warum bei einer derartigen „doppelfunktionalen" Erklärung die Dispositionsbefugnis allein beim Angehörigen selbst verbleibt. Dass – unabhängig von der Zulässigkeit – rein technisch die Herstellung von praktischer Konkordanz möglich ist, beweist der Alternativ-Entwurf Zeugnisverweigerungsrechte. Dort wird dem Beschuldigten selbst die Dispositionsbefugnis über Aussagen seines geschiedenen oder dauernd getrennt lebenden Ehegatten in der Weise zugestanden, dass diese Person bei Verlangen des Beschuldigten aussagen muss; dagegen kann der Beschuldigte im Umkehrschluss nicht verhindern, dass der Angehörige aus eigenem Antrieb ein vorteilhaftes oder nachteiliges Zeugnis ablegt (vgl. Alternativ-Entwurf Zeugnisverweigerungsrechte, S. 2) Die Stimmigkeit dieser Ausnahme im Hinblick auf den gewählten Personenkreis kann bezweifelt werden, wenn man berücksichtigt, dass in dieser für den Beschuldigten existentiellen Situation keine Befugnis besteht, etwa die ehemaligen Schwager in gerader Linie zu einer Aussage zu zwingen, obwohl deren Kenntnisse weit seltener aus der Intimsphäre stammen werden. A.A. *Görtz-Leible*, Beschlagnahmeverbote, S. 213, die aber einräumt, dass die Zeugnisverweigerungsrechte dem Beschuldigten einen durchaus erwünschten reflexartigen Schutz böten.

203 Vgl. statt Vieler *Beulke*, Strafprozessrecht, Rn. 5 m.w.N.

204 *Bialek*, Zeugnisverweigerungsrecht, S. 93; kritisch zu dieser Theorie *Weigend*, Gutachten, C 69.

205 *Rogall*, JZ 1996, 951. Der konfliktbezogene Ansatz argumentiert parallel: Beim Tod des Zeugen entfalle dessen Konfliktlage, so dass der Verwertbarkeit nichts mehr im Wege stehe: *BGHSt.* 12, 235, (239); *BGHSt.* 22, 35, (37); s. auch *BGHSt.* 38, (96), 101; *BGH*, NJW 1992, 1118 f.; *BGH*, NJW 1993, 2326. A.A. *Ranft*, NJW 2001, 1307.

wird zutreffend ein Übergang zum „(verfahrensrechtlichen) Grundsatz des Beschuldigtenschutzes“[206] gesehen. Auch könnte man daher vermuten, dass die *ratio legis* des § 52 I StPO sich nicht im Schutz des Allgemeinen Persönlichkeitsrechts des Angehörigen erschöpft.

Nur auf das Allgemeine Persönlichkeitsrecht des Angehörigen bezogen wäre es nämlich folgerichtig, das Zeugnisverweigerungsrecht weiter wirken zu lassen. Die persönliche Konfliktlage des Zeugen wird nämlich in aller Regel fortbestehen, da er das Andenken seines Angehörigen nicht schmälern will[207]. Es erschiene vor diesem Hintergrund sogar als vertretbar, dem Zeugen, gegen dessen verstorbenen Angehörigen niemals ein Ermittlungsverfahren im Gange war, ein Zeugnisverweigerungsrecht zuzubilligen[208]. Derartige Interessen werden im Übrigen auch sonst von der Rechtsordnung beachtet, wie der postmortale Ehrenschutz[209] oder das Verbot der Verunglimpfung des Andenkens Verstorbener gem. § 189 StGB zeigen, wobei es sich allerdings um Nachwirkungen des Persönlichkeitsrechts des Verstorbenen selbst handelt.

Im Übrigen hat das *Bundesverfassungsgericht* im Fall Sedlmayr in seinem *obiter dictum* das *fair-trial*-Prinzip als Grund für den Schutz der Zeugnisverweigerungsrechte nach § 52 I StPO herausgestellt. Wie richtig beschrieben wird, gilt das *fair-trial*-Prinzip für Prozesssubjekte. Der Zeuge ist lediglich Beweismittel[210]. Das *Bundesverfassungsgericht* stellt – wenigstens in diesem *obiter dictum* – fest, dass der Schutz des Beschuldigten im Zentrum der Zeugnisverweigerungsrechte steht[211].

---

206 *Fischer*, JZ 1992, 575.

207 A.A. *Fischer*, JZ 1992, 573. Er argumentiert mit dem Sonderfall, dass der Angehörige in dem vorhergehenden Verfahren selbst gestanden und danach rechtskräftig verurteilt worden ist. Es ist in der Tat problematisch, diesen Fall in das System einzufügen. Hier hilft wieder nur ein Blick auf das „Normalfalldenken“ des Gesetzgebers, der wohl in erster Linie möglicherweise inkriminierende Aussagen des Zeugnisverweigerungsberechtigten bei Leugnen oder Schweigen des Angeklagten vor Augen hatte.

208 Diese Ansicht vertritt etwa *Hoffmann*, MDR 1990, 111 ff.

209 Vgl. die *Mephisto-Entscheidung* des *BVerfG* (*BVerfGE* 30, 174 ff.). Andererseits kann dieser postmortale Ehrenschutz auch nicht das völlige Zurücktreten der Strafverfolgungsinteressen begründen, vgl. *Vogel*, Jura 1996, 270.

210 *Wolter/Schenke/Paeffgen*, Zeugnisverweigerungsrechte, S. 235 f.; a.A. *Geppert*, Jura 1991, 141.

211 So interpretiert auch *Wolter/Schenke/Paeffgen*, Zeugnisverweigerungsrechte, S. 235 f. das *obiter dictum* des Kammerbeschlusses. Er lehnt aber a.a.O. eine einseitige Fixierung auf Beschuldigteninteressen als unvereinbar mit § 52 I StPO ab.

Es mag befremden, dass die Selbstbezichtigungsfreiheit der Regelung in § 52 I StPO zugrunde liegen soll, andererseits aber dem Beschuldigten, dem dieses Recht zusteht, die Ausübungsbefugnis über die Verwertbarkeit der Aussage des Angehörigen fehlt. Dieser Widerspruch lässt sich nur auflösen, wenn man sich nochmals die besondere Konstellation vergegenwärtigt: Der Zeuge ist auf Grund seines Allgemeinen Persönlichkeitsrechts Herr über seine Informationen; alles andere liefe einem modernen Grundrechtsverständnis zuwider. Auch wenn er die Informationsherrschaft hat, so geht es primär nicht um eigene Daten, sondern um belastendes oder entlastendes Material, das einen anderen Menschen betrifft. Dennoch darf er darüber verfügen, weil er dieses Wissen rechtmäßig erlangt hat. Anders wäre die Sachlage dann zu beurteilen, wenn er sich diese Kenntnis durch einen durchaus denkbaren Verstoß gegen die strafrechtlichen Schutzvorschriften über das Privatgeheimnis gem. §§ 201 ff. StGB verschafft hätte. Recht und Rechtsausübungsbefugnis fallen aber nur scheinbar auseinander: Konstruktiv liegt bei einem derartigen Verständnis vielmehr ein Fall vor, in dem die Selbstbezichtigungsfreiheit des Beschuldigten im Sinne einer Drittwirkung ausstrahlt.

Außerdem kann Folgendes angeführt werden: Begreift man § 52 I StPO als Recht mit Schutzwirkung für den Beschuldigten, so ließe sich dessen Beschwerdebefugnis im Rahmen einer Verfassungsbeschwerde bei der Umgehung von § 52 I StPO dogmatisch gut herleiten[212]. Dieses Bedürfnis besteht, weil gerade der Beschuldigte die Folgen einer Verletzung der Zeugnisverweigerungsrechte tragen muss.

Ein revisionsrechtlicher Aspekt mag für diesen Ansatz sprechen: Nach der – inzwischen aber weitgehend aufgegebenen[213] – Rechtskreistheorie des *Bundesgerichtshofes* ist die Verletzung einer Norm nur dann revisibel, wenn sie auch den Rechtskreis des Beschuldigten berührt[214]. Dies wird etwa für die unterlassene Belehrung nach § 52 III StPO vom *Bundesgerichtshof* bejaht. Damit erkennt der *Bundesgerichtshof* an, dass § 52 I StPO unter anderem den Angeklagten schützt[215]. Es liegt nahe, diese Schutzwirkung aus dem *nemo-tenetur*-Grundsatz abzuleiten[216]. Der von der Rechtsprechung in diesem Zusammenhang bemühte Schutz

---

212 S. die Problemstellung bei *Rogall*, NStZ 2000, 493, Fn. 57.

213 In der Literatur wird mit der Rechtskreistheorie weiterhin gearbeitet (vgl. etwa *Meyer-Goßner*, § 337, Rn. 19).

214 Grundlegend: *BGHSt.* 11, 213 ff.

215 Vgl. *Ranft*, Jura 2000, 630.

216 So etwa: *Rogall*, JZ 1996, 951.

der Familienbande ist dogmatisch nämlich angreifbar[217]. Sogar der Mitangeklagte, der kein Angehöriger ist, kann nach der ständigen Rechtsprechung des *Bundesgerichtshofes* die unterlassene Belehrung des Angehörigen des Mitangeklagten über sein Zeugnisverweigerungsrecht bzw. eine rechtswidrige Verwertung einer Aussage entgegen § 252 StPO mit der Revision rügen[218]. Hier kann wegen der Rechtskreistheorie zunächst gefolgert werden, dass in diesem Fall eine originäre Rechtsposition des Mitangeklagten verletzt ist[219]. Erst recht muss dies dann für den angeklagten Angehörigen selbst gelten.
Jedoch sollte diese Schlussfolgerung nicht überbewertet werden. Die revisionsrelevante Berührung des Rechtskreises kann unter Umständen schon vorliegen, wenn das Zeugnisverweigerungsrecht nur einen Rechtsreflex zugunsten des Beschuldigten bedeuten würde[220]. Das Revisionsrecht zeichnet sich ferner keineswegs durch eine dogmatische Geschlossenheit aus. Es drängt sich vielmehr der Eindruck einer Billigkeitsrechtsprechung auf. Für § 55 I 2. Alt. StPO wird beispielsweise trotz gleichen Normzwecks wie § 52 I StPO eine Schutzwirkung zugunsten des Angeklagten verneint[221]. Damit wird begründet, dass § 252

---

217 Vgl. *Eb. Schmidt*, JZ 1958, 597.

218 S. *BGHSt*. 7, (194), 196; *BGHSt*. 27, (139), 141.

219 Vgl. *Dahs/Langkeit*, StV 1992, 493, die mit dieser Argumentation die Charakterisierung der geschützten Rechtsposition des nichtangehörigen Mitbeschuldigten als Privileg durch reinen Rechtsreflex ablehnen.

220 So etwa: *Teske*, JA 1985, 312 m.w.N. Diese Ansicht erscheint allerdings selbst nicht unangreifbar. Um eine Revision auf die Verletzung einer Vorschrift gründen zu können, muss nach der Rechtskreistheorie eine wesentliche Beeinträchtigung vorliegen. Daran wäre hier unter dem Aspekt der Wesentlichkeit zu zweifeln, jedenfalls müsste substantiiert dargelegt werden, wann überhaupt der Verstoß gegen eine Norm, die nur reflexhaft die Interessen des Beschuldigten schützt, als erheblich einzustufen ist.

221 Stellungnahme des 3. Strafsenats des *BGH* vom 8. April 1991, NStZ 1992, 200 bei *Widmaier*. Früh schon ablehnend zur in sich nicht völlig widerspruchsfreien Rechtskreistheorie – gerade auch in Bezug auf § 55 StPO: *Eb. Schmidt*, JZ 1958, 596 ff., der auf S. 599 darauf hinweist, dass die Rechtsprechung teilweise davon spricht, dass § 55 StPO nur den Zeugeninteressen diene, während sie an anderer Stelle auch die Interessen des Angeklagten tangiert sehe, diese Berührung des Rechtskreises aber unter der Schwelle einschätze, die eine Revision des Angeklagten zu begründen vermöge. S. auch *Geppert*, Jura 1991, 139; *Gössel*, GA 1991, *Eb. Otto*, NStZ 1991, 222 und vor allem *Rengier*, StV 1988, 466 sowie *Roxin*, Strafverfahrensrecht, § 24, Rn. 36. *Rengier* weist a.a.O. zutreffend darauf hin, dass die Rechtsprechung zwischen den beiden Alternativen

StPO keine Anwendung erfährt, wenn sich der Zeuge erst im Hauptverfahren (gegen einen anderen Beschuldigten) auf § 55 I 2. Alt. StPO beruft[222].
Der Widerspruch in der unterschiedlichen revisionsrechtlichen Betrachtung von § 52 I StPO und § 55 I 2. Alt. StPO kommt darin zum Ausdruck, dass der Zeuge sich im anschließenden Verfahren gegen seinen Angehörigen dann wiederum auf § 52 I StPO stützen und damit die Rechtswirkung von § 252 StPO herbeiführen kann[223]. Schließlich ist aus dem Vorhandensein einer revisionsrelevanten Rechtsposition des Angeklagten noch nicht zwingend zu schließen, dass sich diese aus der Selbstbezichtigungsfreiheit ableiten muss. Im Übrigen wird die Rechtskreistheorie wegen ihrer dogmatischen Mängel weithin abgelehnt[224]; dies zu vertiefen, ist hier nicht der Ort.
Es lässt sich weiterhin eine Parallele zwischen § 52 I StPO und der Selbstbezichtigungsfreiheit ziehen. Nach dem rechtskräftigen Urteil kann sich weder der dann als Zeuge vernommene frühere Angeklagte auf § 55 I 1. Alt. StPO noch der Angehörige auf § 52 I StPO berufen[225]. Insoweit besteht ein Gleichklang. Früher wurde das Zeugnisverweigerungsrecht über den Tod und das rechtskräftige Urteil hinaus erstreckt. Diese aufgegebene Rechtsprechungsmeinung sprach gegen die Selbstbezichtigungsfreiheit als *ratio legis*, da die Verlängerung des Zeugnisverweigerungsrechts insoweit keine Funktion hatte. Im Gegenteil konnte es sogar die effektive Verteidigung des früheren Mitbeschuldigten behindern, dem durch den Zeugen willkürlich entlastende Angaben verweigert werden konnten.
Diese Strukturanalogie wird ferner im Fall der partiellen Zeugnisverweigerung besonders deutlich. Allgemein wird darunter die Prozesslage verstanden, in der ein Zeuge lediglich hinsichtlich eines Teils des Beweisthemas die Aussage gegenüber den Ermittlungsbehörden verwei-

---

des § 55 StPO nicht trennscharf unterscheidet und damit den qualitativen Unterschied zwischen einer Selbst- und einer Fremdbelastung nicht zur Kenntnis nimmt. Zustimmung findet die Ansicht, dass § 55 StPO nicht den Beschuldigteninteressen diene, allerdings bei *Kleinknecht*, NJW 1966, 1539.

222 Vgl. BGH NStZ 1998, 47 m.w.N.

223 *Rengier*, NStZ 1998, 48 m.N.

224 Vgl. beispielsweise *Gössel*, GA 1991, 488 ff., der auf die Widersprüche in der Anwendung der Rechtskreistheorie durch die Rechtsprechung hinweist; *Rogall*, ZStW 91 (1979), 25.

225 Vgl. BGH NStZ 1992, 195 f.

gert, im Übrigen aber sein Wissen kundgibt[226]. Nach Ansicht der Rechtsprechung dürfen dann auch die Umstände der Aussage in die Beweiswürdigung gem. § 261 StPO einbezogen werden. Ginge es nur um die Berücksichtigung der Konfliktlage des Zeugen, dann dürfte weder aus der Verweigerung der Blutentnahme nach § 81 c III StPO noch des (vollständigen) Zeugnisses ein negativer Schluss gezogen werden. Gerade hier tritt nämlich der Wunsch nach Schutz des Angehörigen deutlich zu Tage. Die Nähe zu einem selbstwidersprüchlichen Verhalten des Beschuldigten ist dagegen zu erkennen. Bei diesem kann derartig selbstwidersprüchliches Prozessverhalten gegen ihn ausgelegt werden, was durch den *nemo-tenetur*-Grundsatz nicht gehindert wird. Diese morphologische Ähnlichkeit beweist aber für sich noch keine innere Verwandtschaft[227].

Gegen die vorgestellte Deutung ließe sich ein anderer Einwand erheben: Der Zeuge kann auch dann das Zeugnis verweigern, wenn der Beschuldigte unschuldig ist. Für diese Konstellation scheint die Erklärung durch das *nemo-tenetur*-Prinzip zu kurz zu greifen. Die Lücke könnte man durch einen anderen Erklärungsansatz, etwa den Schutz des Allgemeinen Persönlichkeitsrechts des Zeugen zu füllen versuchen. Diese Kritik verkennt aber die Prozessrollen der Beteiligten. Sobald eine Person als Beschuldigter gilt, steht ihr das Recht auf Selbstbezichtigungsfreiheit zu – unabhängig von der tatsächlichen Lage. Nichts anderes darf dann im Anwendungsbereich von § 52 I StPO gelten: Wenn sich das Zeugnisverweigerungsrecht aus dem *nemo-tenetur*-Prinzip des Beschuldigten ableiten lässt, muss es so lange bestehen, wie der Angehörige als Beschuldigter im Strafverfahren teilnimmt. Insofern ist das Allgemeine Persönlichkeitsrecht des Zeugen in seiner Schutzrichtung sogar gegenläufig zur Selbstbezichtigungsfreiheit des Beschuldigten.

Der *nemo-tenetur*-Ansatz scheint eine weitere Schwäche aufzuweisen, der ihn als in sich widersprüchlich erscheinen lassen könnte: Sein Ausgangspunkt ist der Gedanke, dass sich der Beschuldigte nicht selbst belasten müsse. Damit erfasst er aber scheinbar nur einen Teil der im Rahmen von § 52 I StPO relevanten Fallkonstellationen, nämlich diejenigen, in denen der Beschuldigte im materiellen Sinn wirklich schuldig ist. Alle anderen Gestaltungen werden ausgeblendet. Im Gegensatz dazu sind Theorien, die etwa auf einen Institutionenschutz abstellen, in der

---

226 Vgl. *Friedrichs*, Verwertungsverbote, S. 20. Im Einzelnen zu den möglichen Konstellationen, a.a.O., S. 20 ff.

227 Vgl. auch *Hanack*, JR 1981, 435.

Lage, alle Fallkonstellationen zu umfassen. Dies ist aber kein Webfehler des *nemo-tenetur*-Ansatzes. Vielmehr resultiert die Betrachtungsweise aus der Strafprozessordnung selbst, in der gerade diese Betrachtungsweise – trotz der Unschuldsvermutung – angelegt ist[228]. Auch §§ 136, 136 a StPO schützen nämlich nicht nur den Beschuldigten, der sich strafbar gemacht hat, sondern in gleicher Weise den Unschuldigen.

Teilweise wird die Ableitung von § 52 I StPO aus dem *nemo-tenetur*-Prinzip mit folgender Argumentation abgelehnt[229]: Dieser Grundsatz schütze den Beschuldigten nur davor, aktiv an seiner Überführung mitwirken zu müssen. Es sei jedoch zulässig, sein menschliches Kontaktbedürfnis durch die staatlichen Behörden auszunutzen. Das Recht, zwischenmenschliche Beziehungen anzuknüpfen, werde allein durch das Allgemeine Persönlichkeitsrecht geschützt. Dieser Ansatz dehnt die staatlichen Eingriffsbefugnisse unangemessen weit aus. Auch die Rechtsprechung ist dem entgegengetreten[230]. Der Beschuldigte wird oft unter einem erhöhten psychologischen (Gewissens-)Druck stehen. Erleichterung kann er sich dann nur durch ein Gespräch verschaffen. Naturgemäß sind dabei Vertrauenspersonen wie die Angehörigen die Gesprächspartner erster Wahl[231]. Der Beschuldigte ist also unter psychologischen Gesichtspunkten häufig nicht frei in der Entscheidung, sein Wissen mitzuteilen oder aus seinem Herzen eine Mördergrube zu machen. Wenn der Staat dem Angehörigen kein Zeugnisverweigerungsrecht gewährt, dann verschafft er sich Zugang zu der fast zwangsläufigen Selbstentäußerung des Beschuldigten und zwingt ihn so mittelbar zur Mitwirkung an seiner

---

228 So überzeugend in ähnlichem Zusammenhang: *Wolter/Schenke/Gärditz/Stuckenberg*, Zeugnisverweigerungsrechte, S. 102.

229 Vgl. zum Folgenden: *Spelthahn*, Zeugnisverweigerungsrecht, S. 50 f.

230 Exemplarisch sei die Entscheidung *BGHSt.* 34, 362 genannt, in der einem Beschuldigten ein V-Mann als Zellennachbar beigegeben wurde. Gerade hier war das zwischenmenschliche Kommunikationsbedürfnis in besonders hohem Maß betroffen.

231 Dass sich mancher in einer derartigen Situation eher seinen Freunden anvertrauen würde, weist indes auf die Problematik des Katalogs von § 52 I StPO hin. Dieser zwangsläufig fragmentarische Charakter einer Regelung, mit der bestimmte Vertrauensverhältnisse typisiert werden, ist sehr problematisch. Es bleibt jedoch mehr als fraglich, ob diesem Mangel durch eine Generalklausel oder durch eine großzügigere Rechtsprechung des Bundesverfassungsgerichts hinsichtlich von verfassungsimmanenten Zeugnisverweigerungsrechten (abgeleitet etwa aus dem Allgemeinen Persönlichkeitsrecht) abgeholfen werden kann. Vgl. auch *Paeffgen*, FS-Rieß, S. 417, Fn. 18.

eigenen Überführung. Insofern würde die Selbstbezichtigungsfreiheit umgangen.
Ferner wird geltend gemacht, dass der *nemo-tenetur*-Grundsatz nicht einmal bei der Durchsicht von Tagebüchern des Beschuldigten oder bei Selbstgesprächen verletzt sei. Umso weniger könne die Selbstbezichtigungsfreiheit die Kommunikationsbeziehung zwischen dem Beschuldigten und seinem Angehörigen schützen. Dieser Schluss ist nicht zwingend. Es wird mit guten Gründen in den genannten Fällen eine Verletzung des *nemo-tenetur*-Prinzips angenommen. Stimmt man letzterer Ansicht zu, dann kann etwa aus der Tagebuchentscheidung nichts für die Ablehnung des *nemo-tenetur*-Prinzips als ratio von § 52 I StPO abgeleitet werden. Allerdings ist dies kein Argument für den in Rede stehenden Deutungsansatz. Zuzugeben ist der Ansicht *Boschs*[232], dass etwa die Einsichtnahme in Tagebücher als der stärkere Eingriff in das *nemo-tenetur*-Prinzip zu sehen ist als ein möglicher Aussagezwang eines Angehörigen. Trotzdem kann von dem Ergebnis, dass die Verwertung von Tagebüchern unzulässig ist, auf die *ratio* des § 52 I StPO nicht sicher geschlossen werden. Sieht man dagegen die Kommunikationssphäre als stärker geschützt an, dann könnte man mit einem Erst-Recht-Schluss argumentieren. Allerdings überzeugt letztere Ansicht nicht: Die eigene Intimsphäre muss grundsätzlich größeren Schutz genießen als die Kommunikationssphäre mit Intimbezug, beispielsweise zwischen Ehegatten. Denn im ersten Fall ist nur das *forum internum* betroffen. Dennoch ist zu berücksichtigen, dass der Beschuldigte an seine Angehörigen oft Gedankeninhalte weitergeben wird, die er normalerweise in seinem *forum internum* zurückgehalten hätte. Durch die Vertrauensbeziehung zu den Angehörigen gibt er sie preis. Diese ihn selbstbelastenden Daten haben aus seiner Sicht seine Informationssphäre verlassen. Die Ausforschung derartiger Umstände könnte eine Umgehung des *nemo-tenetur*-Grundsatzes bedeuten.
Dagegen lässt sich als Argument ins Feld führen, dass dieser Zurechnungszusammenhang teilweise nicht objektiv besteht, weil ein wirkliches Vertrauensverhältnis nicht gegeben ist. Im Gegensatz zu den konfliktbezogenen Interpretationen ist dies kein Manko, sondern ein Gesichtspunkt, der für die vorgetragene Ansicht streitet: Aus psychologischer Sicht wird der Beschuldigte ein Geheimnis nur jemandem gegenüber preisgeben, wenn er davon ausgehen kann, dass es bewahrt werden wird. Gerade dies demonstriert, dass aus der subjektiven *ex-ante*-Sicht

[232] *Bosch*, Aspekte, S. 120 f.

des Beschuldigten regelmäßig dieser Zurechnungszusammenhang vorliegt.
Ein Vergleich mit dem OWiG lässt an der Begründung der Zeugnisverweigerungsrechte aus dem *nemo-tenetur*-Grundsatz zweifeln: Dort gelten über den Verweis des § 46 OWiG §§ 52 ff. StPO. Zwar ist *nemo tenetur* auch im Ordnungswidrigkeitenrecht zu berücksichtigen; dennoch könnte man annehmen, dass hier wegen des geringeren Tatvorwurfs und der Sanktionsmöglichkeiten *nemo tenetur* nicht die gleiche Rolle spielt wie im Strafverfahren. Dies hätte zur Folge, dass die gleiche Behandlung von Zeugnisverweigerungsrechten in der StPO und im OWiG am besten von der Schutzfunktion für die Angehörigen zu erklären wäre. Dieses abgestufte Verständnis von *nemo tenetur* wird allerdings seiner Funktion nicht gerecht. Es gibt keine Selbstbezichtigungsfreiheit erster oder zweiter Klasse. Ebenso ist es für die Intensität des Eingriffs in das Allgemeine Persönlichkeitsrecht der Angehörigen von entscheidender Bedeutung, ob sie gegen den Beschuldigten lediglich wegen eines geringfügigen Verkehrsverstoßes oder einer schwerwiegenden Straftat aussagen sollen. Aus diesen Gründen kann der systematische Vergleich mit dem Ordnungswidrigkeitenrecht keinen tragfähigen Einwand gegen den *nemo-tenetur*-Ansatz erbringen.
Es bietet sich ferner ein Vergleich mit dem materiellen Strafrecht an. Die Strafbarkeit der Angehörigen i.S.d. § 11 I Nr. 1 StGB entfällt häufig dort, wo auch der Täter aufgrund einer Selbstbegünstigung straffrei wäre. Dies könnte als Ausfluss des *nemo-tenetur*-Prinzips gedeutet werden. Dieser systematische Vergleich spräche dann dafür, die Wurzeln von § 52 I StPO im *nemo-tenetur*-Prinzip zu suchen. Außerdem kann das aus Art. 1 I GG abgeleitete Recht, sich nicht selbst belasten zu müssen, rechtfertigen, dass eine „Wahrheitsfindung" um jeden Preis nicht stattfindet.
Für das *nemo-tenetur*-Prinzip spricht auch die Rechtswirkung einer Zeugnisverweigerung: Es dürfen keine Schlüsse zum Nachteil des Beschuldigten gezogen werden[233]. Hat der Zeuge das Zeugnisverweigerungsrecht ausgeübt, dann wirkt er nicht mehr aktiv an der Überführung des Beschuldigten mit. Damit wird in gewissen Fällen der Rollenkonflikt schon ausscheiden. Vor diesem Hintergrund besteht der Konflikt

233 *BGHSt.* 20, 281 ff.; *BGHSt.* 22, 113 ff.; *BGH*, JZ 1979, 776; *BGH*, NStZ 1981, 70; *BGH*, NStZ 1987, 182; *BGH* b. *Pfeiffer* NStZ 1981, 296; *Schäfer*, Praxis des Strafverfahrens, Rn. 671; für ein Beweisverwertungsverbot in diesem Fall: *F.-C. Schroeder*, Strafprozessrecht, Rn. 284.

allenfalls darin, dass man durch seine Wahl indirekt den Angehörigen doch noch belastet. Diese Belastung ist in ihrer Intensität regelmäßig ungleich geringer, da das Schweigen des Zeugen nur mittelbar Schlüsse auf die Schuld zulässt und beispielsweise Indizien verstärken kann. Dennoch würde eine Verwertbarkeit des Schweigens des Zeugen zu einer Aushöhlung der Zeugnisverweigerungsrechte führen[234], da der Zeuge *de facto* keine echte Wahlmöglichkeit hätte. Er müsste häufig aussagen und sogar lügen, wenn er den Beschuldigten nicht durch schlichtes Untätigbleiben belasten will. Dass der Zeugnisverweigerung dennoch wie bei Schweigen des Beschuldigten selbst keine negative Bedeutung beigelegt werden darf, lässt sich daher als weiteres Argument für den nemo-tenetur-Grundsatz werten.

Dies wird durch Folgendes unterstrichen: Wenn ein Zeuge zwar aussagt, sich aber beispielsweise im Rahmen von § 81 c III StPO auf sein Zeugnisverweigerungsrecht beruft, dann kann dieses Verhalten zu Lasten des Beschuldigten interpretiert werden[235].

Zu beachten ist folgende Konstellation: Es wird eine staatsanwaltliche oder polizeiliche Vernehmung durchgeführt. Eine Belehrung findet nicht statt. Der Zeuge verstirbt vor dem Hauptverfahren. Hier stellt sich die Frage nach der Möglichkeit der Verwertbarkeit der Zeugenaussage. Im Gegensatz zur Rechtsprechung[236] will ein Großteil der Literatur[237] ein Verwertungsverbot annehmen. Eine Erklärung über die Konfliktsituation des Zeugen würde konstruiert wirken[238]. Aber auch der Rekurs auf den Schutz des Familienfriedens[239] greift zu kurz. Zum einen vermag dieser Gesichtspunkt als ratio des § 52 I StPO bereits allgemein nicht zu überzeugen. Zum anderen versagt er bei der heutzutage häufig anzutreffenden Lebensform eines Ehepaars ohne Kinder und weitere nähere Angehörige nach dem Tod eines Ehepartners.

Der Schutzzweck von § 52 I StPO bezieht sich nicht allein auf die Aussagesituation vor Gericht. Es liegt nahe, dass in dieser zweiten Phase der Zeuge im Mittelpunkt steht und daher die Erklärung in einem unwider-

---

[234] So zu Recht *Fezer*, Strafprozessrecht, Fall 15, Rn. 7 und auch *BGH*, JR 1981, 433.

[235] *BGHSt*. 32, 140 ff. m. Anm. *Pelchen*, JR 1985, 70

[236] *BGHSt*. 22, 35 ff.

[237] Differenzierend *Peters*, Strafprozeß, S. 320, der auf die vermutliche Aussagebereitschaft des Verstorbenen abstellen will; bei Zweifeln soll etwa ein Verlesungsverbot gelten.

[238] Vgl. *F.-C. Schroeder*, Strafprozessrecht, Rn. 254.

[239] *F.-C. Schroeder*, Strafprozessrecht, Rn. 254.

leglich vermuteten Rollenkonflikt zu suchen ist. Die erste Phase bildet die Kommunikation zwischen dem Angehörigen und dem Beschuldigten, wo dieser seiner Vertrauensperson Informationen über die Tat anvertraut. Dass es einem menschlichen Bedürfnis entspricht, sich mit seinen nächsten Verwandten auszutauschen, bedarf keiner besonderen Betonung. Man könnte den Angehörigen also der Solidaritätssphäre des Beschuldigten zurechnen. Der Staat soll aus dieser besonderen Situation keinen Vorteil gegen den Beschuldigten gewinnen können. Das Recht des Beschuldigten, sich nicht selbst belasten zu müssen, wäre umgangen. Somit wäre eine zweifache *ratio* von § 52 I StPO festzustellen: das *nemo-tenetur*-Prinzip in Hinblick auf den Beschuldigten und damit die normative Anerkennung der Erheblichkeit des Rollenkonflikts des Angehörigen.

Als schwerwiegendester Einwand gegen den *nemo-tenetur*-Ansatz wird vorgebracht, dass nur dem Angehörigen die Dispositionsbefugnis zusteht[240]. Das ist ein fundamentaler Unterschied zur Gruppe der Berufsgeheimnisträger[241]. Dass der Beschuldigte keine Verfügungsbefugnis über die Aussage des Angehörigen hat, ließe sich allenfalls aus Folgendem herleiten[242]: Der Angehörige hat die Informationen nicht nur in einer begrenzten Funktion etwa als Berufsgeheimnisträger erfahren, sondern als Person. Naturgemäß ist § 52 I StPO thematisch unbegrenzt. Unserer Rechtsordnung widerspricht es indes, einem anderen die derartig umfassende Befugnis einzuräumen, von jemandem Schweigen zu verlangen. Eine solche Konstruktion wäre mit dem Menschenbild des Grundgesetzes als selbstbestimmter Person nicht zu vereinbaren[243]. § 53

---

240 *Wolter/Schenke/Paeffgen*, Zeugnisverweigerungsrechte, S. 216 u. Fn. 6. *Paeffgen* verweist auf den Fall einer verweigerten entlastenden Aussage: § 52 I StPO geht aber von dem Normfall der belastenden Aussage aus, was *Paeffgen*, a.a.O., S. 218, Fn. 17 betont.

241 Vgl. insbesondere *Bialek*, Zeugnisverweigerungsrecht, S. 73.

242 Vgl. aber auch *Eb. Schmidt*, JZ 1958, 597, der im Zusammenhang mit der kritischen Würdigung der Rechtskreistheorie überlegt, warum bei der möglichen Betroffenheit des Rechtskreises des Angeklagten durch eine Verletzung der Belehrungspflicht nach § 52 III StPO diesem nicht auch die Dispositionsbefugnis über die Zeugenaussage des Angehörigen generell eingeräumt wird. *Eb. Schmidt* geht offenbar davon aus, dass der Gesetzgeber dem Angeklagten durchaus die Verfügungsmacht über die Zeugenaussage hätte einräumen können. Dies erscheint problematisch.

243 Der Alternativ-Entwurf Zeugnisverweigerungsrechte, S. 2 sieht in § 52 II des Entwurfes eine solche Regelung gerade vor: Wenn der Beschuldigte die Vernehmung beantragt, dann soll der geschiedene oder dauernd getrennt lebende

II StPO steht dem nicht entgegen. Hier geht es nur um ein professionelles Wissen, das grundsätzlich um vieles weniger im Allgemeinen Persönlichkeitsrecht des Berufsgeheimnisträgers verankert ist.
Beispielsweise bei Ärzten stehen nicht selten automatisierte oder standardisierte Untersuchungsmethoden im Vordergrund. Diese Wahrnehmungen sind objektivierbar, weshalb sogar eine teleologische Reduktion von §§ 76, 52, 252 StPO in diesem Zusammenhang in Betracht gezogen wird[244]: Der angehörige Sachverständige soll sich deswegen etwa bei einer von ihm durchgeführten DNA-Analyse gem. § 81 e StPO entgegen dem Wortlaut des § 76 StPO nicht auf sein Gutachtenverweigerungsrecht berufen dürfen[245]. Dieser Funktionsbezogenheit ist es zuzuschreiben, dass der bloße Verrat von durch den Beschuldigten selbst anvertrauten Privatgeheimnissen im Vergleich zum Berufsgeheimnisträger nicht strafbar ist[246]. Dass der Gesetzgeber – wenigstens teilweise – diesem Verständnis folgt, lässt sich in einem *argumentum e contrario* aus

---

Ehegatte des Beschuldigten das Zeugnis nicht verweigern dürfen. Dennoch räumt auch dieser Vorschlag dem Beschuldigten keine umfassende Dispositionsbefugnis ein, weil er eine Aussage nur erzwingen, aber nicht verhindern kann. Die Einführung dieser Vorschrift würde das Verständnis von § 52 I StPO revolutionieren, da als Schutzzweck von § 52 I StPO insoweit auch ein „Entlastungsrecht" des Beschuldigten neben das Allgemeine Persönlichkeitsrecht des Angehörigen treten würde. Der genannte Aspekt spielt in der heutigen Diskussion praktisch keine Rolle. Allenfalls wird er von der Theorie partiell erfasst, die die Wahrheitsfindung in den Vordergrund rückt. Das ist aber gleich wieder einzuschränken, da diese Theorie die Wahrheitsfindung als originäre Staatsaufgabe begreift, während hier neben dem Zeugen dem Beschuldigten und eben nur dem Beschuldigten die Entscheidung überlassen wird, ob er von der Entlastungsmöglichkeit einer Aussage des Angehörigen Gebrauch machen möchte oder nicht. Sogar bei der Einführung von § 52 II StPO des Alternativ-Entwurfs würde dagegen die Selbstbezichtigungsfreiheit nicht als Schutzzweck anerkannt: Sie bildet die negative Seite zu der hier so bezeichneten „Entlastungsfreiheit". Der Beschuldigte kann aber dem Zeugen nicht verwehren, eine Aussage zu tätigen.

244 S. *St. Cramer*, NStZ 1998, 499.

245 Im Einzelnen zu diesem speziellen Problemkreis: *St. Cramer*, NStZ 1998, 498 ff. Dieser Konflikt kann nur deshalb auftreten, weil die DNA-Analyse gem. § 81 f II S. 3 StPO anonym durchgeführt werden muss, der Sachverständige also unter Umständen erst im Nachhinein von seiner Angehörigenstellung zum Beschuldigten erfährt.

246 *Wolter/Schenke/Gärditz/Stuckenberg*, Zeugnisverweigerungsrechte, S. 119 f. § 202 StGB und § 202 a StGB setzen demgegenüber eine unbefugte Kenntnisverschaffung voraus.

§ 52 II StPO schließen. Selbst in den Fällen, in denen ein Minderjähriger ohne ausreichende Verstandesreife[247] aussagt[248], verbleibt diesem ein Rest dieser Informationsherrschaft. Erst recht ist es gem. § 52 II S. 2 1. Halbsatz StPO dem Beschuldigten verwehrt, über die Ausübung des Zeugnisverweigerungsrechts zu entscheiden. Der gesetzliche Vertreter kann demgegenüber die Aussage nur verhindern, aber nicht erzwingen[249]. Gerade letzteres wird von Teilen der Literatur kritisch gewürdigt, da beispielsweise in Fällen von sexuellem Missbrauch die Schonung des Täters mehr Schaden anrichten kann als das Bewusstsein, seinen Verwandten ins Gefängnis gebracht zu haben. Deshalb soll hier der gesetzliche Vertreter die Möglichkeit erhalten, den Minderjährigen zu einer Aussage zu ermuntern[250]. Selbst im Fall eines unverständigen Minderjährigen widerspricht es also dem Willen des Gesetzgebers, einer anderen Person als dem gesetzlichen Vertreter[251] die umfassende Entscheidungsbefugnis über die Aussage einer anderen Person einzuräumen.
Dieser Rest an Selbstbestimmung gründet in dem Allgemeinen Persönlichkeitsrecht des Minderjährigen, woraus die grundsätzliche Befugnis folgt, Rechte nach eigenem Willen gestalterisch wahrnehmen zu dürfen[252]. Die Dispositionsbefugnis des Zeugen ist also normativ gegründet und entspricht weniger dem durchaus gegebenen praktischen Bedürfnis, den Angehörigen vor dem Druck des Beschuldigten zu bewahren, der ihn ansonsten zum Ablegen oder Verweigern der Aussage zwingen

---

247 Sinnvoll wäre sicherlich die Einführung einer Altersgrenze, etwa 14 Jahre, ab der die Verstandesreife widerleglich vermutet wird: vgl. *Schaub*, FamRZ 1966, 136. Zur Vermeidung von Wertungswidersprüchen dürfte diese Altersgrenze höchstens bei 15 Jahren liegen, da hier die Sozialrechtsfähigkeit beginnt und dem Jugendlichen unwiderleglich zugetraut wird, seine Interessen gegenüber den Elterninteressen angemessen gewichten zu können. Der Jugendliche kann beispielsweise eine Heimunterbringung verlangen.

248 Zu diesem Themenkomplex ausführlich: *Eisenberg*, GA 1998, 32 ff.

249 S. *Meyer-Goßner*, § 52, Rn. 19 m.w.N.

250 S. *Foth*, JR 1980, 124. Diesen Gedanken formuliert *Foth* allerdings sehr vorsichtig – das Kind solle davor bewahrt werden, sich durch eine Nicht-Aussage der weiteren Gefährdung auszusetzen - und gibt auch keine Hinweise, wie der gesetzliche Vertreter eine Aussage *in concreto* herbeiführen soll.

251 Selbst die Entscheidung der Erziehungsberechtigten steht unter dem Vorbehalt des § 1627 BGB, nach dem eine Ausrichtung der Erziehung und elterlichen Sorge immer auch dem Wohl des Kindes Rechnung zu tragen hat. In diesem Sinn ist das Elternrecht kein „Beherrschungsrecht“, das im alleinigen Sinne der Eltern ausgeübt werden darf. So zutreffend: *Eisenberg*, GA 1998, 34.

252 So *Eisenberg*, GA 1998, 34; s. auch *A. Maier*, KJ 1997, 322 f.

könnte[253]. Festzuhalten ist, dass nach diesem Modell das Wissen des Angehörigen nach § 52 I StPO der Informationssphäre des Beschuldigten zugerechnet wird. Basis für das Verständnis von § 52 I StPO wäre damit auch der Beschuldigte.
Dieser Zurechnungsgedanke erhält weitere Unterstützung dadurch, dass es dem Beschuldigten nicht verboten ist, Einfluss auf seine Angehörigen auszuüben und zu versuchen, sie zu einer Aussage zu bewegen oder davon abzuhalten[254]. Auch diese rechtliche Tolerierung des Beschuldigtenverhaltens unterstreicht die Erklärung von § 52 I StPO durch das *nemo-tenetur*-Prinzip. Ginge es nur um den Zeugen, so müsste der Staat nicht nur sicherstellen, dass kein staatlicher Druck ausgeübt wird, sondern auch, dass von Seiten des Beschuldigten keine Einflussnahme erfolgt.
Daher gelingt es dem vorliegenden Ansatz gut, die Einbeziehung von ehemaligen Schwagern und Geschiedenen zu rechtfertigen: Für den Beschuldigten kommt es auf den Zeitpunkt seines Informationsaustauschs an. Damals durfte er sich – nach der typisierenden Betrachtungsweise des Gesetzgebers[255] – darauf verlassen, dass die jeweilige Bezugsperson keine Daten weitergeben würde. Diesem Vertrauen kann aber die spätere Tatsache einer personenrechtlichen Statusveränderung nichts anhaben. Folgt man dieser Interpretation, so bleibt aber offen, warum dies für ehemalige Verlobte gem. § 52 I Nr. 1 StPO nicht gelten soll und zwar selbst dann nicht, wenn die Verlobteneigenschaft während des Ermittlungsverfahrens noch bestand und damals sogar eine Belehrung unterblieben ist[256]. Stellt man darüber hinaus auf den Zeitpunkt des Informationsaustausches zwischen dem Beschuldigten und seinem Angehörigen ab, so ist mit diesem Verständnis die Rücksichtnahme auf ein später entstandenes Zeugnisverweigerungsrecht nur schwerlich zu vereinbaren. Ebenso wenig kann erklärt werden, warum ein Gespräch mit dem geschiedenen Partner dem Schutz von § 52 I StPO unterfallen sollte[257].

---

253 *Wolter/Schenke/Gärditz/Stuckenberg*, Zeugnisverweigerungsrechte, S. 121 f. *Gärditz/Stuckenberg* begründen dies a.a.O. damit, dass die geltende Rechtslage auf diese Weise dem Konflikt des Zeugen Rechnung trage.

254 Vgl. auch *Görtz-Leible*, Beschlagnahmeverbote, S. 154.

255 Typenbild war die Zugehörigkeit zur Großfamilie, vgl. *Görtz-Leible*, Beschlagnahmeverbote, S. 85, Fn. 25. Alternativ-Entwurf Zeugnisverweigerungsrechte, S. 40 betrachtet das Festhalten an diesem Personenkreis zur Bestimmung der Zeugnisverweigerungsberechtigten als Anachronismus.

256 Vgl. BGH NStZ 1985, 205 bei *Pfeiffer*.

257 *De lege ferenda* vertritt *Widmaier*, L 34, der den Schutzzweck von § 52 I StPO im *nemo-tenetur*-Prinzip verortet (a.a.O), konsequenterweise die Ansicht, dass

Die Informationserlangung des Zeugen gem. § 52 I StPO kann jedoch auch auf anderen Wegen als auf einer Kommunikation mit dem Beschuldigten herrühren und mithin ein aus eigenen Beobachtungen und Schlussfolgerungen bestehendes Sonderwissen darstellen. Dieser Aspekt wird von diesem kommunikationsorientierten Ansatz nicht gebührend berücksichtigt. Aus dem Blickwinkel der herrschenden Meinung ist eine solche Differenzierung dagegen nicht erforderlich, da es für den inneren Konflikt des Zeugen nur in seltensten Fällen einen Unterschied machen dürfte, ob er seine Kenntnis vom Beschuldigten direkt herleitet oder sie anderweitig bezogen hat.
Der *nemo-tenetur*-Ansatz beruht in der hier vertretenen Form aber gerade darauf, dass Informationen zwischen dem Beschuldigten und dem Zeugen ausgetauscht worden sind[258]. Ist dies nicht der Fall, so entfiele die Legitimation für den Zeugen, sein Wissen für sich behalten zu dürfen. Hier greift schließlich wiederum der vom Gesetzgeber im Rahmen seines Ermessens berücksichtigte Konfliktgedanke. Die theoretische Aufspaltung nach Informationsbezug wäre sicherlich dann problematisch, wenn es in rechtlicher Hinsicht darauf ankommen würde, ob der Zeuge seine Informationen durch den Beschuldigten vermittelt bekommt oder ob er sie selbst gesammelt hat. Praktisch wird es im Rahmen der Beweisaufnahme nicht gelingen, hier eine trennscharfe Unterscheidung im Einzelfall vorzunehmen[259]. Das gilt jedenfalls dann uneingeschränkt, wenn der Zeuge sich unkooperativ verhält und seine Quelle nicht preisgibt. Allerdings ist dieser Einwand *de lege lata* gegenstandslos, da der Gesetzgeber die Konfliktlage des Zeugen anerkennt. Diese Beobachtung spricht jedenfalls dagegen, in *nemo-tenetur* einen tragenden Grund für die Regelung des § 52 I StPO zu erblicken.
In Erklärungsnot gerät dieser Ansatz jedenfalls dann, wenn man einen einheitlichen Schutzzweck für § 52 I StPO und für die Berücksichtigung

allein die Geschehnisse vor Trennung der Ehe dem Anwendungsbereich des Zeugnisverweigerungsrechts zugeordnet werden sollten.

258 Bei *Rogall* wird dieser Komplex nicht erörtert, weil bei ihm letztlich auch der Konflikt des Angehörigen den normativen Bezugspunkt bildet.

259 Allerdings wird es in einem ähnlich strukturierten Fall teilweise für praktisch möglich gehalten, eine derartige Aufspaltung vorzunehmen: Ein Beschlussantrag des Deutschen Juristentages, der jedoch nicht die Mehrheit fand, sah vor, das Zeugnisverweigerungsrecht des Ehegatten auf Informationen zu beschränken, die im Zusammenhang mit dem ehelichen Zusammenleben erlangt wurden. Immerhin 16 der 65 Abstimmenden befürworteten den Antrag und hielten mithin eine „Teilbarkeit" des Wissens nach Informationskontext für möglich.

der Zeugnisverweigerungsrechte bei den einzelnen Ermittlungsmaßnahmen wie etwa § 81 c StPO annimmt[260]. Vollkommen unklar bleibt dann, warum § 81 c III StPO den Angehörigen die Möglichkeit einräumt, eine Untersuchung zu verweigern, während diese der Beschuldigte selbst gem. § 81 a StPO hinzunehmen hat. Die Selbstbezichtigungsfreiheit schützt nach traditioneller Ansicht eben nur vor der aktiven Mitwirkung zur Selbstüberführung; sonstige Eingriffe sind zu dulden. Leitet man nämlich die Befugnisse des Angehörigen von dem Beschuldigten ab, so dürfen sie keinesfalls weitergehen. Der Gesetzgeber würde hier nicht nur über die zwingende Forderung des *nemo-tenetur*-Prinzips hinausgehen[261], sondern sich in einen systematischen Regelungswiderspruch setzen. Auch das Argument, der Angehörige müsse bei der Untersuchung faktisch häufig doch mitwirken, also nicht nur einen Eingriff dulden, rettet diese Argumentation nicht[262]; dies müsste dann im Anwendungsbereich von § 81 a StPO genauso gelten. Stringent ist hinsichtlich § 81 c III StPO nur die Argumentation, die auf das Allgemeine Persönlichkeitsrecht des Angehörigen selbst abstellt.

Das ausgeführte Erklärungsmodell vermag zudem unter anderen Aspekten nicht vollkommen zu überzeugen. Wenn die Aussagefreiheit des Angehörigen zugunsten des Beschuldigten nicht beschnitten werden kann, so kommt die – unter Umständen verfassungsrechtlich zwingende, jedenfalls aufgrund der Autonomie des Zeugen gebotene – Entscheidung des Gesetzgebers für das Allgemeine Persönlichkeitsrecht des Zeugen und gegen die Selbstbezichtigungsfreiheit des Beschuldigten klar zum Ausdruck. Diese Entscheidung, die sich in der alleinigen Dispositionsbefugnis des Zeugen über den Beweisstoff widerspiegelt, lässt sich nicht einfach ignorieren. Somit schlägt dieses Argument gegen den *nemo-tenetur*-Ansatz letztlich durch. Dass es sich nicht um eine vom Beschuldigten abgeleitete, sondern originäre Rechtsposition des Zeugen handelt, zeigt endlich auch der Umfang von § 52 I StPO. Die Selbstbezichtigungsfreiheit gewährt dem Beschuldigten zwei grundlegende Privilegien: Einmal darf er zu den Vorwürfen schweigen, zum anderen kann er sanktionslos die Unwahrheit sagen – von den Fällen der §§ 145 d StGB und 164 StGB abgesehen. Nähme der Zeuge die Rechtsposition des Beschuldigten wahr, so wäre es unverständlich, warum er nur ungestraft

---

260 Dass diese Annahme problematisch ist, wurde oben bereits betont.

261 So *Rogall*, Beschuldigte, S. 233.

262 *Rogall*, Beschuldigte, S. 233.

schweigen, aber nicht die Unwahrheit sagen darf. Jedenfalls müsste der *nemo-tenetur*-Ansatz hierfür eine einleuchtende Erklärung anbieten.
Letztlich ergeben sich Schwachstellen des vorgestellten Ansatzes zudem aus rechtsvergleichender Perspektive: Weder Art. 6 EMRK noch Art. 14 III lit. g des Internationalen Paktes über bürgerliche und politische Rechte, die beide den Rang eines einfachen Bundesgesetzes haben, interpretieren den *nemo-tenetur*-Grundsatz in der beschriebenen Weise. Dies ergibt sich zunächst eindeutig aus dem Wortlaut der beiden Vorschriften, die in ihrer (zur völkerrechtlichen Vertragsauslegung allerdings nicht maßgeblichen) deutschen Fassung nur von „Angeklagtem" (s. Art. 6 III EMRK und Art. 14 III IPBPR) sprechen, mithin nicht auf „Zeugenrechte" oder gar Zeugnisverweigerungsrechte als Ausfluss der Selbstbezichtigungsfreiheit verweisen; zudem ist der *nemo-tenetur*-Grundsatz geschichtlich stets als höchstpersönliches Recht des Beschuldigten selbst begriffen worden[263].
Die Selbstbezichtigungsfreiheit ist demnach nicht *ratio legis* von § 52 I StPO; Vorteile, die sich für den Beschuldigten aus dem Zeugnisverweigerungsrecht des Angehörigen ergeben, sind daher als Rechtsreflexe zu bewerten.

b) Schutz der Privatsphäre des Beschuldigten

In eine ähnliche Richtung wie der vorgetragene *nemo-tenetur*-Ansatz zielt die These, den Schutzzweck von § 52 I StPO in dem Allgemeinen Persönlichkeitsrecht des Beschuldigten zu sehen. Dabei erscheint diese Schutzgewährleistung als Gegenstück zu den Persönlichkeitsrechten des zeugnisverweigerungsberechtigten Angehörigen[264]. Positiv hervorzuheben ist, dass hier das Vertrauensverhältnis als Gefüge von Grundrechten analysiert und konkretisiert wird. Dennoch ist diese Betrachtungsweise nicht unproblematisch. Sicherlich stellt der Eingriff in eine Vertrauensbeziehung wie grundsätzlich jede strafverfahrensrechtliche Maßnahme einen Eingriff in das Allgemeine Persönlichkeitsrecht in Form des Rechts auf informationelle Selbstbestimmung des Beschuldigten dar, da es kein „belangloses Datum"[265] mehr gibt und die Aufklärung eines

263 Vgl. dazu: *Rogall*, Beschuldigte, S. 152 m.N.
264 Vgl. *Kühl*, JuS 1986, 117 u. 121, der auf S. 117 als weiteren, gleichberechtigten Schutzzweck den aus Art. 6 GG abzuleitenden Familienschutz nennt.
265 Vgl. *BVerfGE* 65, 1 ff. (Volkszählungsurteil).

Straftatvorwurfs die Informationserhebung zwingend voraussetzt[266]; dennoch lässt sich dieser Eingriff in das Allgemeine Persönlichkeitsrecht des Beschuldigten bei den einzelnen Eingriffstatbeständen eben gerade durch den staatlichen Auftrag zur Wahrheitserforschung rechtfertigen.
Zudem sind die hier interessierenden Daten des Beschuldigten systemimmanent von belastender oder inkriminierender Art und Weise, so dass dieser Ansatz gegenüber der *nemo-tenetur*-Theorie nicht weiter führt. Eingriffe in das Allgemeine Persönlichkeitsrecht sind darüber hinaus häufig durch ein feinabgestimmtes Instrumentarium der Verhältnismäßigkeitsanforderungen gekennzeichnet: Man vergleiche nur die Voraussetzungen von Vorschriften wie § 100 a StPO oder § 100 c StPO.
Ein Totalverbot des Eingriffs ist selten zu finden und schwer zu begründen. Insoweit weist § 52 I StPO hinsichtlich des Persönlichkeitsrechts des Angehörigen Schwächen auf, wie oben bereits dargelegt worden ist. Wenn dieser absolute Verzicht auf Informationsgewinnung zumindest auch dem Beschuldigten dienen sollte, so müsste er auf die Verwirklichung eines entsprechenden von der StPO absolut respektierten Grundsatzes abzielen. Soweit ist nicht das Allgemeine Persönlichkeitsrecht des Beschuldigten in seiner gesamten Breite geschützt, das ständige Durchbrechungen erfährt, sondern allenfalls ein Ausschnitt, nämlich die Selbstbezichtigungsfreiheit. Dieser stärkere Grundsatz wird aber explizit zur Begründung der *ratio* von § 52 I StPO ausgenommen[267].

IV. Ergebnis der Schutzzweckuntersuchung

Der häufig benutzte Ausdruck der „Vertrauensbeziehung" verstellt eher den Blick auf die Lösung[268]. Rechtlich geschützt wird eben nicht bloß eine Beziehung. Grundrechtsträger können nur Personen sein. Die „Beziehung" erhält ihr Gepräge von den betroffenen Grundrechten der Beteiligten. Dieses Grundrecht stellt auf der Seite des Zeugen das Allgemeine Persönlichkeitsrecht dar, vornehmlich in seiner Ausformung als Recht auf informationelle Selbstbestimmung.
Im Gegensatz zu den Berufsgeheimnisträgern spielen die persönlichen Bindungen eine ungleich stärkere Rolle. Daher sind sie zur Erklärung des Schutzzweckes heranzuziehen. Dabei ist Folgendes zu beachten: Das Allgemeine Persönlichkeitsrecht des Angehörigen ist unstreitig betrof-

---

266 Vgl. dazu im Hinblick auf die so genannten V-Personen, *Hetzer*, Kriminalistik 2001, 690 ff.
267 S. *Kühl*, JuS 1986, 117.
268 Ähnlich *Rengier*, Zeugnisverweigerungsrechte, S. 10 u. S. 31.

fen. Für sich allein kann es aber die umfassende Privilegierung des Angehörigen i.S.d. § 52 I StPO gegenüber anderen Zeugengruppen nicht rechtfertigen. Die unumschränkte Freistellung von der Zeugnispflicht ist also verfassungsrechtlich nicht geboten. Diese Tatsache wird bei der Bestimmung des notwendigen Schutzumfangs der Zeugnisverweigerungsrechte nach § 52 I StPO bei den Ermittlungsmaßnahmen zu berücksichtigen sein.

V. Opferzeugen

Bei den Opferzeugen liegt der Sachverhalt komplizierter: Der *nemo-tenetur*-Gedanke passt für diese Konstellation von vornherein nicht. Der Beschuldigte hat sich dem Zeugen gegenüber nicht anvertraut. Vielmehr griff er in die geschützten Rechtsgüter des Angehörigen ein. Auf diese schmerzliche Weise hat der Zeuge seine Informationen erlangt. Eine Zurechnung in das Lager des Beschuldigten ist daher ausgeschlossen: Der Beschuldigte hat durch sein Verhalten nicht seine Informationssphäre wegen der familiären Verbundenheit in schützenswerter Weise erweitert, sondern den Tatvorwurf erst geschaffen.

Im Gegensatz zu den unbeteiligten Zeugen haben Opferzeugen häufig andere, ganz unterschiedliche Motive, gegen den Beschuldigten nicht auszusagen. Dies gilt insbesondere, wenn die Tat von einem engen Familienmitglied im eigenen Haushalt begangen worden ist[269]. Ein Schuldspruch vermag der Familie die finanzielle Grundlage zu entziehen[270]. Das Opfer schämt sich und möchte die – gerade im Bereich der Sexualdelikte – furchtbaren Erlebnisse nicht noch einmal durchleben und sein Schicksal vor unbekannten Menschen ausbreiten müssen[271].

Aber auch die bereits erwähnten Überlegungen mögen eine Rolle spielen: Die Familie und die eventuell vorhandenen Kinder sind sozialer

---

269 S. ferner den durch das SchuModG eingefügten § 208 S. 2 BGB: Wenn der Gläubiger von Ansprüchen wegen Verletzung der sexuellen Selbstbestimmung bei Beginn der Verjährung mit dem Schuldner in häuslicher Gemeinschaft lebt, so ist die Verjährung über § 208 S. 1 BGB hinaus gehemmt (vgl. zu der Vorschrift *Palandt/Heinrichs*, § 208, Rn. 1 ff). Die besondere Konfliktlage des Opfers wird also auch im Zivilrecht gesehen.

270 Dazu und allgemein zu der Problematik, dass der Beschuldigte Druck auf seine Angehörigen ausübt: *Rengier*, Jura 1981, 299 f.

271 Dieser Aspekt wird oftmals zu wenig berücksichtigt. Selbst wenn die Öffentlichkeit ausgeschlossen worden ist, muss das Opfer höchst intime Tatsachen vor dem Gericht, der Staatsanwaltschaft und eventuell Sachverständigen und weiteren Prozessbeteiligten preisgeben.

Ächtung ausgesetzt. Der Wunsch, einen Angehörigen aus Zuneigung nicht belasten zu müssen, tritt dagegen häufig in den Hintergrund. Außerdem nimmt nach empirischen Studien die Häufigkeit von Einschüchterungen mit wachsender Täter-Opfer-Nähe zu[272].
Die psychologische Grundsituation macht die neuerliche Prüfung erforderlich, welche der genannten Schutzzwecktheorien zur Erklärung überhaupt in Betracht kommt. Dabei sollen nur einige der bisherigen Ansichten herausgegriffen werden. Der Ansatz, der die Erklärung in der Institution des Schutzes der Familie gem. Art. 6 I GG sieht, versagt in dieser Sachverhaltsgestaltung: Der Staat hat kein Interesse daran, Täter bei Delikten gegen ihre Angehörigen zu schützen, zumal gerade im Hinblick auf innerfamiliäre Straftaten gegen Kinder ein großes Dunkelfeld besteht[273]. Vielmehr greift dann die in Art. I S. 2 GG normierte Schutzpflicht des Staates ein, wie sie in spezieller Form etwa in Art. 6 II S. 2 GG und Art. 6 III GG zum Ausdruck kommt[274].
Auch der Schutz der Wahrheitsfindung kann als *ratio legis* nicht überzeugen: Die Gefährdung der Wahrheitsfindung wird gerade dann besonders deutlich, wenn Opferzeugen gegen ihre Angehörigen aussagen. Hier besteht die Gefahr, dass bei einer gescheiterten Beziehung Rachegefühle den Zeugen zu Übertreibungen verleiten oder umgekehrt der wahre Sachverhalt beschönigt wird. Ähnliche Auswirkungen hat es, wenn der nichtbeschuldigte Angehörige von einer möglichen eigenen Verstrickung ablenken möchte[275]. Dies dürfte bei Straftaten gegen Personen ohne eine solche enge Beziehung in geringerem Maße anzutreffen sein. Widersprüchlich ist dann aber, dass das Gesetz dem Zeugen in diesem Fall ein Wahlrecht zubilligt. Dieser Nachteil lässt sich nicht durch den Grundsatz der freien Beweiswürdigung gem. § 261 StPO beheben, sondern allenfalls abmildern.
Bialek, die eine Unterscheidung zwischen unbeteiligten Zeugen und Opferzeugen trifft, behandelt im Ergebnis beide Gruppen gleich. Auch für die Opferzeugen sieht sie den primären Schutzzweck im Grundsatz von

---

272 S. *Rössner*, L 11.

273 S. *B.-D. Meier*, GA 1995, 151.

274 Vgl. insbesondere: *Bialek*, Zeugnisverweigerungsrecht, S. 69 und Fn. 235 (S. 69) m.w.N.

275 S. zu derartigen Instrumentalisierungen des Zeugnisverweigerungsrechts auch das Plädoyer im Fall „Weimar" des Verteidigers von Monika Weimar *Maeffert*, StV 1998, 461 ff., insbesondere S. 465. Vgl. dazu auch *Schneider*, StV 1998, 456 ff.

fair-trial[276]. Das Opfer soll also nicht in die Konfliktlage gebracht werden, gegen seinen Angehörigen aussagen zu müssen. Wie oben ausgeführt, bleibt der *fair-trial*-Begriff aber ziemlich unscharf. Daneben ist hier an den empirischen Grundlagen dieses Ansatzes zu zweifeln: Auch wenn es nicht auf einen konkret empfundenen Konflikt ankommen soll, so ist mehr als fraglich, ob das Opfer grundsätzlich wirklich noch dieses Vertrauen empfindet, das die Basis für den angesprochenen Zwiespalt bildet[277]. Wenn aber die typischen Motive in dieser Konstellation andere sind, dann sollte man nicht auf das *fair-trial*-Gebot rekurrieren.

Allenfalls vermag das Allgemeine Persönlichkeitsrecht des Opfers als *ratio legis* zu überzeugen. Zunächst bietet sich zwar an, für das Zeugnisverweigerungsrecht auf die besondere eigene Zwangslage des Opfers abzustellen, das Geschehnisse aus seiner Privat- und Intimsphäre mitteilen muss. In dieser Situation befindet sich aber jeder nicht durch § 52 I StPO erfasste Opferzeuge und ist dennoch nicht von der Aussagepflicht suspendiert. Der Schutz wird für die Gruppe der nach § 52 I StPO Zeugnisverweigerungsberechtigten vielmehr – wenn auch sachlich unzureichend – über § 68 a StPO sichergestellt. Der Konflikt des Zeugen wurde schon bei den unbeteiligten Zeugen als nicht hinreichend angesehen, um das Zeugnisverweigerungsrecht zwingend zu begründen. Dies müsste erst recht für die Opferzeugen gelten, da bei ihnen die Konfliktsituation regelmäßig weniger stark ausgeprägt sein wird. Das Interesse, den Angehörigen aus bloßer Zuneigung nicht zu belasten, tritt oftmals zurück. Wiederum berücksichtigt das Gesetz das Allgemeine Persönlichkeitsrecht des Opfers zu Lasten der Wahrheitsfindung.

Erst diese Feststellung ermöglicht die Forderung, dass wenigstens bei schweren Familiendelikten eine Beweisnotklausel eingeführt und damit der Schutzumfang von § 52 I StPO beschränkt wird[278]. Rechtshistorisch, aber unter dem gänzlich anderen Vorzeichen, dass bestimmte verwandte Zeugen als untaugliche Zeugen galten, gab es zur Aufklärung eines besonders schwerwiegenden Verbrechens (*delictum atrox*) einen Aussagezwang[279]. In den Schweizer Kantonen Appenzell (Art. 74 II StPO) und St. Gallen (Art. 84 III StPO) entfällt das Zeugnisverweigerungsrecht des Opfers, wenn der Beschuldigte eine schwerwiegende Straftat zum Nach-

---

276 *Bialek*, Zeugnisverweigerungsrecht, S. 93 f. Unterscheidungen ergeben sich ihrer Ansicht nach nur im Hinblick auf sekundäre Schutzzwecke.

277 Zweifelnd auch *Bialek*, Zeugnisverweigerungsrecht, S. 70 f. selbst.

278 *Hauser*, Zeugenbeweis, S. 180.

279 Vgl. *Eb. Schmidt*, JZ 1958, 599.

teil eines zeugnisverweigerungsberechtigten Angehörigen begeht. Diesen Regelungen liegt die Annahme zu Grunde, dass dann der familiäre Schutzgedanke nicht bestehe[280]. Verfassungsrechtlich möglich wäre die Einführung einer derartigen Klausel und bei schwersten Delikten sogar wünschenswert, damit der Staat seiner Schutzpflicht gem. Art. 1 S. 2 GG effektiv nachkommen kann. Ein Vorschlag, der in eine ähnliche Richtung weist, wird in § 55 des Alternativ-Entwurfs Zeugnisverweigerungsrechte und Beschlagnahmefreiheit entwickelt[281]. Hierbei wird bei nichtangehörigen Personen für Informationen, die besonders schutzwürdig sind, ein Zeugnisverweigerungsrecht etabliert (§ 55 II S. 1 Nr. 2 AE-ZVR), das aber gem. § 55 III unter bestimmten Voraussetzungen eingeschränkt werden kann[282]. Es entsteht auf diese Weise ein einschränkbares Zeugnisverweigerungsrecht, nämlich ein so genanntes „relatives Zeugnisverweigerungsrecht“[283]. Eine solche Konstruktion wäre gerade für die Aufklärung von erheblichen Verbrechen, die unter Ausnutzung der Vertrauensbeziehung des § 52 I StPO geschehen, wünschenswert.
Obwohl die Vermischung von repressiven und präventiven Gesichtspunkten in der Strafprozessordnung stets sehr problematisch ist, muss hier dennoch auf einen Aspekt verwiesen werden: Das Opfer bleibt im Gegensatz zu einem nicht nach § 52 I StPO angehörigen Opfer der Sphäre des Täters ausgesetzt. Es ist anzunehmen, dass gerade in Fällen wie Misshandlung oder sexuellen Übergriffen eine nicht zu unterschätzende Wiederholungsgefahr besteht. Gerade dieser präventive Gesichtspunkt verstärkt die staatliche Schutzpflicht nach Art. 1 I 2 GG. Wenn also das Allgemeine Persönlichkeitsrecht des Angehörigen auch in dieser Konstellation als Erklärung trägt, so erscheinen im Ergebnis zugunsten der Wahrheitsfindung stärkere Eingriffe zulässig. Für den Angehörigen – etwas das minderjährige Kind – kann eine solche Regelung folgenden Vorteil zeitigen: Angesichts der Nutzlosigkeit einer Einfluss-

---

280 *Hauser/Schweri*, Schweizerisches Strafprozessrecht, Achter Teil, Rn. 16. Allerdings wird gem. Art. 7 II OHG (Opferhilfegesetz) das Zeugnisverweigerungsrecht dennoch zu beachten sein. Zum Opferhilfegesetz ausführlich Alternativ-Entwurf Zeugnisverweigerungsrechte, S. 132 ff. und insbesondere S. 140.

281 S. Alternativ-Entwurf Zeugnisverweigerungsrechte, S. 25 und S. 57 ff.

282 Der Kernbereich des Allgemeinen Persönlichkeitsrechts auch bei nichtangehörigen Zeugen ist absolut geschützt (vgl. § 55 I S. 1 Nr. 3); ein Aussagezwang entsteht nur im Ausnahmefall (vgl. § 55 III Nr. 2), s. Alternativ-Entwurf Zeugnisverweigerungsrechte, S. 57.

283 Vgl. Alternativ-Entwurf Zeugnisverweigerungsrechte, S. 25.

nahme könnte der Beschuldigte davon absehen, das Kind unter Druck zu setzen[284].

Bei der geltenden Rechtslage wird er häufig versucht sein, den Angehörigen von einer Aussage abzubringen. Dennoch verlagert sich dann das Problem wohl dahin, den Zeugen zu einer Falschaussage zu veranlassen, so dass der Angehörige mit einem neuen Konflikt konfrontiert wird. Hinzu tritt die Problematik, dass diese Neugewichtung der Strafverfolgungsinteressen einer Lösung im Sinne der Erhaltung der Familie häufig entgegensteht[285] und dass mit dem „scharfen Schwert des Strafrechts" im Ergebnis die letzten Bindungen durchschnitten werden.

Es erscheint daher erwägenswert, ob nicht gesetzlich die obligatorische Einschaltung unabhängiger Fachleute geregelt werden sollte, die im Rahmen von § 52 II StPO den Pfleger und das Kind beraten, ob eine Aussage vor Gericht sinnvoll und ratsam erscheint[286]. Zu denken wäre an die Delegation derartiger Aufgaben an Opfer- und Zeugenbeauftragte

---

[284] Vgl. in einem ähnlichen Kontext: *B.-D. Meier*, GA 1995, 161 f. Die Gefahr der Einflussnahme kann kaum hoch genug veranschlagt werden und betrifft natürlich nicht nur Minderjährige, vgl. die Ausführungen des Alternativ-Entwurf Zeugnisverweigerungsrechte, S. 107 ff,.

[285] S. wiederum *B.-D. Meier*, GA 1995, 162. Dieses Problem spricht auch *Helmken*, ZRP 1993, 460 hinsichtlich der Vergewaltigung in der Ehe an, wobei sie unter Vorbehalt in immerhin 10 – 20 % der Fälle den Wunsch der Partnerin sieht, die Ehe trotz des schwerwiegenden sexuellen Übergriffs fortführen zu wollen. Vgl. zudem die Überlegungen von *Ranft*, Jura 1999, 527.

[286] In Großbritannien und einzelnen Bundesstaaten der USA existieren beispielsweise fachübergreifend besetzte Arbeitsgruppen, die unter Abwägung aller Einzelumstände und Interessen entscheiden, ob beim Verdacht auf sexuellen Missbrauch von Kindern überhaupt ein Strafverfahren eingeleitet werden soll, vgl. dazu im Einzelnen *B.-D. Meier*, GA 1995, 160 f. m.w.N. Wegen des im deutschen Strafverfahrensrechts geltenden Legalitätsprinzips lassen sich derartige Ansätze natürlich nicht spiegelbildlich übertragen, wie *B.-D. Meier* zu Recht ausführt. Er will dagegen den Jugendämtern eine „Koordinationsfunktion" einräumen. Hier könnte sich aber das Problem ergeben, dass schon allein die Kenntnis von derartigen Arbeitskreisen einen Anfangsverdacht begründen könnte, der die Strafverfolgungsbehörden gem. § 152 II StPO zum Einschreiten verpflichtet. Hinzu kommt, dass nicht allen Teilnehmern ein Zeugnisverweigerungsrecht zustehen wird, so dass vermutlich nur eine gesetzliche Institutionalisierung mit Einräumung von Zeugnisverweigerungsrechten Abhilfe schaffen könnte. Ebenso müsste der Berater im Rahmen von § 52 II StPO ein Zeugnisverweigerungsrecht besitzen – sei es, weil er ohnehin dem privilegierten Personenkreis des § 53 I StPO unterfällt, sei es, dass der Gesetzgeber ein neues Zeugnisverweigerungsrecht einführen würde.

von Behörden[287]. Als Folgeproblem ergibt sich dann freilich, dass diesen Beauftragten ein eigenes Zeugnisverweigerungsrecht zugebilligt werden müsste. Anderenfalls könnte die Aussage mittelbar doch noch erlangt werden. Der *Deutsche Juristentag* hat die Gewährung eines Zeugnisverweigerungsrechts in dem ähnlichen Fall von Ehe-, Familien-, Erziehungs- und Jugendberatungsstellen knapp abgelehnt[288].

In diesem Spannungsfeld lohnt es sich, einen Blick auf die Behandlung einer Parallelproblematik zu werfen, nämlich der Vergewaltigung in der Ehe[289]. Die Diskussion war durch eine Polarität zwischen im Ergebnis „ehefreundlichen" und „ehefeindlichen" Konzepten bestimmt. Letztere sahen die strafrechtliche Gleichbehandlung von Vergewaltigungen innerhalb und außerhalb der Ehe vor. Durch die zu erwartende Freiheitsstrafe für den Täter war in der Realität kein Platz mehr für eine Aussöhnung. Die ehefreundlichen Lösungen tendierten dagegen dahin, der Ehefrau einen Einfluss auf das Verfahren zuzubilligen und damit auf die mögliche Bestrafung des Ehegatten zu verzichten. Hierzu wurde im Wesentlichen vertreten, die Vergewaltigung in der Ehe als Antrags- oder Widerspruchsdelikt[290] auszugestalten bzw. bei Einigungsversuchen oder nach begonnener Therapie eine vorläufige Einstellung des Verfahrens vorzusehen.

Diese Vorschläge sollten der Ehefrau eine möglichst große Verfahrensmacht sichern und ihr letztlich die Entscheidung überlassen, ob sie trotz allem an ihrer Ehe festhalten wollte. Zu Recht ist dieses Modell folgender Kritik unterzogen worden: Insbesondere beeinflussbare oder wirtschaftlich abhängige Frauen würden sich gegen das Strafverfahren entscheiden, wohingegen scheidungswillige Frauen sogar mit dem Prozess drohen, um eine gute „Verhandlungsposition" für die kommenden Ehescheidungsauseinandersetzungen zu erzielen[291].

Dieses Argument lässt sich entsprechend auf § 52 I StPO übertragen, da die Interessenslage ähnlich ist. In der Praxis wird man oftmals durch die ordnungsgemäße Vernehmung des Opferzeugen durch einen Richter im Ermittlungsverfahren Beweismaterial in den Prozess einführen kön-

---

287 Vgl. *Rössner*, L 21. Er schlägt vor, diese Beauftragten über Mittel zu finanzieren, die aus Geldstrafen und Geldbußen stammen.

288 62. DJT (1998), Beschlüsse V 3 e, L 71 (25 : 28 : 9); zu den entsprechenden Problemen in der Familienmediation vgl. *Riehle*, ZfJ 2003, 184 ff.

289 S. dazu und dem Folgenden *Helmken*, ZRP 1993, 459 ff.

290 Der Widerspruch sollte bis zum letzten Wort in der Ersten Instanz ausgeübt werden können.

291 Vgl. *Helmken*, ZRP 1993, 461 f.

nen[292]; auf dieses Korrektiv zum Schutze und im Interesse des Opferzeugen kann aber nicht immer zurückgegriffen werden[293]. Dogmatisch steht es in Konflikt mit der weiten Auslegung von § 252 StPO, zumal die damaligen Entscheidungsgründe für die Zulassung des Richters als Zeuge vom Hörensagen als Rückausnahme nicht mehr tragen[294]. *De lege ferenda* wird folgender Vorschlag vorgelegt: Gem. § 162 b I AE-ZVR soll die richterliche Vernehmung einer aus persönlichen Gründen zeugnisverweigerungsberechtigten Person unverzüglich beantragt werden, um die Konsequenzen von § 252 StPO möglichst zu vermeiden[295]. Als zentrale Voraussetzung wird dort der Verdacht einer erheblichen Straftat genannt. Da diese Vorschrift als Soll-Vorschrift konzipiert ist, es in der Praxis also nicht zur lückenlosen Vernehmung der Opferzeugen kommen wird, wird durch dieses Reformkonzept zwar das Problem gemildert, aber nicht völlig beseitigt.

Wenn man diese faktischen und dogmatischen Systemschwächen als solche wahrnimmt, dann reicht allerdings im Sinne eines umfassenden Opferschutzes nicht die Hoffnung auf eine zufällige ermittlungsrichterliche Vernehmung aus. Vielmehr ist das Zeugnisverweigerungsrecht gem. § 52 I StPO im Hinblick auf Opferzeugen generell zu versagen. Dem Interesse der Zeugin und eventuell unbeteiligter Dritter wie Kindern wird am besten dadurch Rechnung getragen, dass für Familiendelikte eine gerichtliche Sonderzuständigkeit mit speziell geschultem Personal begründet wird, damit auf die Erhaltung der Ehe und Familie dadurch hingear-

---

[292] *Helmken*, ZRP 1993, 462 befürwortet diese Form der Vernehmungspraxis gerade vor dem Hintergrund des § 252 StPO als allgemeine Vorgehensweise; s. auch *F. Huber*, Kriminalistik 1991, 633 f.

[293] Der ungenügende Schutz von Opferzeugen, denen ein Zeugnisverweigerungsrecht gegen ihre Angehörigen zusteht, wird auch in der Rechtsprechung gesehen. *BGH*, StV 1998, 360 erörtert in einem *obiter dictum* die Frage, ob ein Vormundschaftsrichter zu den Inhalten eines Sorgeverfahrens vernommen werden darf, um die Strafbarkeit eines Angehörigen des Opfers zu ermitteln. *Ranft*, Jura 1999, 525 f. sieht hierin zu Recht eine Umgehung von § 252 StPO. Ebenso sieht dies *BGH*, JuS 1990, 1023 für die Vernehmung eines Sachverständigen, der im Rahmen eines vormundschaftsgerichtlichen Verfahrens eine Glaubwürdigkeitsprüfung eines im späteren Strafprozess Zeugnisverweigerungsberechtigten durchgeführt und dabei Kenntnisse vom Tathergang erlangt hat. S. zu diesem Fragenkreis *Hassemer*, JuS 1990, 1023 f.

[294] A.A. für den konkreten Problemkreis, aber dennoch den Anwendungsbereich der erweiterten Auslegung von § 252 StPO einschränkend Alternativ-Entwurf Zeugnisverweigerungsrechte, S. 109 m.N.

[295] Alternativ-Entwurf Zeugnisverweigerungsrechte, S. 107 ff.

beitet wird, dass dem Täter Therapiemöglichkeiten aufgezeigt werden und bei Versöhnungswillen der Fortbestand der Ehe nicht durch eine Gefängnisstrafe ohne Bewährung gefährdet wird[296]. Diese Form der Bewältigung demonstriert dem Täter nachdrücklich, dass er sich nicht in einem rechtsfreien Raum bewegt, enthebt den Angehörigen der Drucksituation und eröffnet Perspektiven für ein konfliktfrei(er)es Zusammenleben. Wie dies im Einzelnen praktisch umzusetzen ist, kann nicht Gegenstand der vorliegenden Arbeit sein. Im Fortgang wird bei der rechtspolitischen Analyse der Gedanke des Opferzeugenschutzes Berücksichtigung finden[297].

VI. Erste Folgerung

Aus diesem Befund kann eine erste Folgerung gezogen werden. Da die Zeugnisverweigerungsrechte gem. § 52 I StPO aus dem Allgemeinen Persönlichkeitsrecht der Angehörigen abgeleitet werden können, kommt ihnen Verfassungsrang zu[298]. Sie stehen mit den anderen Justizgrundrechten qualitativ auf einer Stufe. Allerdings handelt es sich bei dem Zeugnisverweigerungsrecht des Angehörigen bei genauer Terminologie nicht um ein Justizgrundrecht, wenn man der traditionellen Definition folgen möchte. Hier spiegelt sich nämlich das *fair-trial*-Prinzip, das auf den Beschuldigten fokussiert ist. Insoweit ist der Bezug zum Grundsatz des *fair trial* gegeben.

Treffend erscheint daher die Charakterisierung der Zeugnisverweigerungsrechte als grundrechtsgleiche Rechte. Eingriffe müssen gem. Art. 1 III GG und 20 III GG gerechtfertigt werden. Dabei ist in der Angemessenheitsprüfung besonders sorgfältig zwischen dem Allgemeinen Persönlichkeitsrecht des Angehörigen und der Pflicht des Staates zur Erforschung des Sachverhaltes abzuwägen.

---

296 Im Ergebnis ebenso: *Helmken*, ZRP 1993, 462.

297 In der vergangenen Zeit wurde über die Anzeigepflicht bei bestimmten Sexualstraftaten diskutiert. Dieser Vorschlag, der sich allerdings im Rahmen einer geplanten Reform des Sexualstrafrechts nicht durchsetzen konnte, zielte genauso wie die hier vertretene Einschränkung von § 52 I StPO auf die Stärkung der Opferposition ab und wäre mit der vorgestellten Konzeption vereinbar.

298 Vgl. auch Alternativ-Entwurf Zeugnisverweigerungsrechte, S. 37.

D. Notwendigkeit einer Novellierung des § 52 I StPO

Als Nebenfolge wirft die Schutzzweckbestimmung selbstverständlich die Frage auf, inwieweit die ermittelte *ratio legis* eine Neufassung des § 52 I StPO gebietet. Legt man das Allgemeine Persönlichkeitsrecht des Angehörigen zu Grunde, so lässt sich daraus ableiten: Jemand erscheint umso schutzwürdiger, je stärker seine tatsächliche Beziehung zu dem Beschuldigten ist.

I. Generalklausel oder Katalog

Ein solches gesetzliches Kriterium wäre etwa das Bestehen eines „konkreten Näheverhältnisses". Dieses könnte über § 56 StPO im Prozess glaubhaft gemacht werden. Im Rahmen der zahlreichen bisherigen Novellierungsvorschläge findet man einige derartiger Anknüpfungspunkte: Die Bandbreite reicht von der Verwendung wertungsoffener Rechtsbegriffe[299] bis zur Formulierung einer echten Generalklausel[300]. *Bialek* formuliert in ihrer umfassenden Untersuchung zu diesem Thema folgende Vorschläge:

„Zur Verweigerung des Zeugnisses ist (ferner) berechtigt, wer mit dem Beschuldigten durch ein enges, durch Liebesbeziehung, Lebensgemeinschaft oder Freundschaft begründetes Vertrauensverhältnis verbunden ist"[301].

Weiterer Vorschlag *Bialeks* zu § 52 I StPO[302]
(1) Jeder Zeuge ist zur Verweigerung des Zeugnisses berechtigt, wenn er durch dieses Zeugnis aufgrund seiner Beziehung zum Beschuldigten in einen schwerwiegenden Gewissenskonflikt gelangen würde. Ein schwerwiegender Gewissenskonflikt liegt in der Regel vor, wenn der Zeuge
1. der Verlobte des Beschuldigten;
2. der Ehegatte des Beschuldigten;

---

[299] Vgl. § 52 StPO-E des Alternativ-Entwurfs Zeugnisverweigerungsrechte, S. 36. Hier wird in § 52 I Nr. 4 StPO-E auch demjenigen ein Zeugnisverweigerungsrecht zuerkannt, der „mit dem Beschuldigten in ehe- oder sonst vergleichbar enger Lebensgemeinschaft lebt." Gerade der letzte Passus lässt einen erheblichen Interpretationsspielraum.

[300] Für eine den Katalog des § 52 StPO ergänzende Generalklausel: *Jansen*, Zeugnisverweigerungsrecht, S. 261.

[301] *Bialek*, Zeugnisverweigerungsrecht, S. 164.

[302] *Bialek*, Zeugnisverweigerungsrecht, S. 165.

3. der mit dem Beschuldigten in gerader Linie Verwandte oder Verschwägerte, in der Seitenlinie bis zum zweiten Grad Verwandte oder Verschwägerte ist
oder
4. mit dem Beschuldigten in einer ehe- oder familienähnlichen (verschieden- oder gleichgeschlechtlichen) Lebensgemeinschaft lebt.

Auf den ersten Blick stellt eine derartige Generalklausel eine Ideallösung dar. Dies gilt besonders dann, wenn man als Schutzzweck auf das Allgemeine Persönlichkeitsrecht des Angehörigen rekurriert. Im Zivilprozessrecht ist der Gesetzgeber mit § 383 I Nr. 6 ZPO diesem Modell gefolgt. Unabhängig von typisierenden Kriterien könnte nunmehr eine Einzelfallbetrachtung erfolgen, bei der für die Zuerkennung des Zeugnisverweigerungsrechts die Tiefe der tatsächlichen Beziehung den Ausschlag gibt. Das wäre insbesondere unter Gerechtigkeitsaspekten wünschenswert[303]. Dabei entspräche der erste Vorschlag *Bialeks* eher der hier vorgestellten Konzeption. Dennoch steht dem schon grundsätzlich – wie *Bialek* selbst zutreffend betont – eine Reihe von Hindernissen entgegen. Bereits die Verwendung interpretationsoffener Begriffe birgt zahlreiche Anwendungsschwierigkeiten in sich. Der Begriff des „schwerwiegenden Gewissenskonflikts" etwa lässt sich kaum subsumtionssicher definieren. Ebenso wenig wie die emotionale Tiefe einer Beziehung gemessen werden kann, ebenso wenig wird man in der Lage sein, verlässliche Grade für einen Gewissenskonflikt aufzufinden. Ist kein Regelbeispiel gegeben, bei dem gem. § 52 I S. 2 StPO des genannten Entwurfs ein schwerwiegender Gewissenskonflikt widerleglich vermutet wird, so muss eine derartige Bestimmung aber positiv erfolgen. Hiermit wird der Rechtsanwender regelmäßig überfordert sein. Dies gilt um so mehr, als § 52 I StPO schon für die polizeiliche Vernehmung anwendbar ist[304]. Im Ergebnis ist damit die Rechtssicherheit nicht mehr genügend gewährleistet. Letztlich wird das Einlassungsgeschick des Zeugen über das Zeugnisverweigerungsrecht entscheiden. Es kommt dann darauf an, wie lebhaft und farbenreich er sein Verhältnis zu dem Beschuldigten beschreiben kann. Bei der Nichtanerkennung des Zeugnisverweigerungsrechts im Prozess müsste

---

303 *Bialek*, Zeugnisverweigerungsrecht, S. 165.

304 S. zu diesen Argumenten nur *Bialek*, Zeugnisverweigerungsrecht, S. 165 ff. und insbesondere S. 168.

am Ende ein „Beweisverfahren zum Beweismittel“[305] durchgeführt werden, was überhaupt nicht praktikabel ist. Ein Vergleich zum Familienrecht untermauert diese Beobachtungen: § 1566 I BGB bestimmt die unwiderlegliche Vermutung für das Scheitern einer Ehe, wenn die Ehegatten seit einem Jahr getrennt leben und beide Ehegatten die Scheidung beantragen oder der Antragsgegner der Scheidung zustimmt. Auch im Ehescheidungsverfahren sollen dem Gericht schwierige tatsächliche Bewertungen erspart bleiben, weil diese kaum zu leisten sind.
Deshalb ist es nicht empfehlenswert, das Zeugnisverweigerungsrecht nach § 52 StPO auf andere „persönliche Nähe- und Vertrauensverhältnisse“ zu erweitern[306]. *Jansen* verweist zur Begründung dieses Vorschlags auf § 52 I Nr. 1 StPO. Der Verlöbnisbegriff, der im Strafrecht autonom interpretiert werde, sei gut bestimmbar; mit § 52 I Nr. 1 StPO werde ein derartiges „informelles Verhältnis“ praktisch anerkannt[307]. Die Vorschrift des § 52 I Nr. 1 StPO gerät jedoch zunehmend in die Kritik[308].

---

305 So die plastische Formulierung von *Bialek*, Zeugnisverweigerungsrecht, S. 168.

306 Dafür *Jansen*, Zeugnisverweigerungsrecht, S. 254 ff. Zu den darunter fallenden Gruppen *Jansen*, Zeugnisverweigerungsrecht, S. 162 ff und insbesondere S. 184: Es gehe um zwischenmenschliche Beziehungen, die auf besonderer affektiver Nähe und engen Vertrauensverhältnissen basierten.

307 *Jansen*, Zeugnisverweigerungsrecht, S. 256.

308 Der Bundesrat hat auf Initiative der Bundesländer Hamburg, Niedersachsen und Thüringen in seiner Sitzung vom 29. April 2005 den „Entwurf eines Gesetzes zur Abschaffung des Zeugnisverweigerungsrechts für Verlobte und weiterer Privilegien von Verlobten im Strafrecht“ beschlossen. Zur Begründung (s. BR-Drucks. 203/05 vom 24. März 2005, S. 3 ff.) wird unter Hinweis auf *Tröndle/Fischer*, § 11, Rn. 8 zu Recht ausgeführt, dass die missbräuchliche Inanspruchnahme des Verlöbnisses gerade im Bereich der §§ 180 a ff. StGB die Strafverfolgung erheblich erschwere. Auch in der Rechtsprechung ist die Tendenz zu erkennen, aus diesem Grund § 52 I Nr. 1 StPO restriktiv zu interpretieren (vgl. allgemein *BGHSt.* 45, 342 ff.). Die Gesetzesinitiative wird damit begründet, dass die Verlobung im Gegensatz zum Zeitpunkt der Schaffung der RStPO heute nicht mehr als Vorstufe zur Ehe eine gesellschaftliche Notwendigkeit sei. Zudem könne ein Verlöbnis weder durch objektiv nachweisbare Umstände oder Urkunden noch durch fest strukturierte und nach außen erkennbare Lebensverhältnisse der Betroffenen nachgewiesen werden.
Die völlige Abschaffung des § 52 I Nr. 1 StPO ist problematisch. Zwingende Folge wäre, dass ein Zeuge aussagen müsste, obwohl er wenige Tage später mit dem Beschuldigten die Ehe eingeht (so zutreffend der rheinland-pfälzische Justizminister *Mertin* in der Bundesratsdebatte, vgl. NJW 20/2005, VI). Eine

Aus diesen Gründen ist nur ein Katalog, in dem die Benifiziare des Zeugnisverweigerungsrechts abschließend aufgezählt werden, praxistauglich. Ansonsten wäre der Personenkreis unüberschaubar erweitert. Am strengen Enumerationsprinzip ist festzuhalten[309].

II. Objektive Kriterien

Zu erwägen bleibt die Ergänzung des Katalogs durch die Hinzuziehung weiterer objektiver Bestimmungskriterien. Hier ist insbesondere der nachfolgend aufgeführte Vorschlag des Alternativ-Entwurfs Zeugnisverweigerungsrechte zu nennen.

§ 52. Zeugnisverweigerungsrecht wegen persönlicher Bindungen[310]

(1) Zur Verweigerung des Zeugnisses sind berechtigt
1. der Verlobte des Beschuldigten;
2. der Ehegatte des Beschuldigten, auch wenn die Ehe nicht mehr besteht;
3. wer mit dem Beschuldigten in gerader Linie oder in der Seitenlinie bis zum dritten Grad verwandt oder bis zum zweiten Grad verschwägert ist oder wer mit ihm in gerader Linie verschwägert ist oder war;
4. wer mit dem Beschuldigten in ehe- oder familienähnlicher oder sonst vergleichbar enger Lebensgemeinschaft lebt.

(2) Der geschiedene oder dauernd getrennt lebende Ehegatte des Beschuldigten darf das Zeugnis nicht verweigern, wenn der Beschuldigte seine Vernehmung beantragt.

(3) wie § 52 Abs. 2 StPO

(4) wie § 52 Abs. 3 StPO

---

restriktive Auslegung lässt sich dadurch erreichen, dass ein zivilrechtlich bindendes Verlöbnis vorliegen muss. Wenn argumentiert wird, dass sich ein Verlöbnis nicht nachweisen lasse, so steht dies in Widerspruch mit der Wertung des Gesetzgebers, der an den Rücktritt vom Verlöbnis in §§ 1298, 1299 und 1301 BGB Rechtsfolgen wie Schadensersatz und Rückgabepflichten knüpft. Diese Vorschriften wurden vom Gesetzgeber auch als zeitgemäß angesehen, da er bei der Streichung des § 1300 BGB a. F. die übrigen Normen bestehen ließ.

309 Ausführlich *Bialek*, Zeugnisverweigerungsrecht, S. 105 ff.

310 Alternativ-Entwurf Zeugnisverweigerungsrechte, S. 36 f.

Der Entwurf stellt auf eine „ehe- oder familienähnliche oder sonst vergleichbar enge Lebensgemeinschaft ab“. In der Begründung wird als Beispiel die Gemeinschaft von Eltern und Kindern eines SOS-Kinderdorfes genannt[311]. Man könnte einen Schritt weiter gehen und generell auf die „häusliche Gemeinschaft“ abstellen. Dieses Kriterium ist griffig und gut subsumierbar. Eine umfangreiche Auslegungspraxis hierzu liegt im Rahmen des § 247 StGB vor. Zur sinnvollen Begrenzung einer Generalklausel wie der vom Alternativ-Entwurf vorgeschlagenen Regelung ist das Merkmal aber nicht ausreichend. Es verbliebe immer noch erhebliche Rechtsunsicherheit. Verlangt man generell das Bestehen einer „häuslichen Gemeinschaft“, um ein Zeugnisverweigerungsrecht überhaupt anzuerkennen, so gelangte man zu einer Verkürzung der Gewährleistung[312]. Auch bei „Fernbeziehungen“ können nämlich ähnlich starke Bindungen bestehen. Dies ändert nichts daran, dass das Merkmal der „häuslichen Gemeinschaft“ bei einer abstrakt typisierenden Betrachtung zu einem gesteigerten Schutz führen kann: Bestimmte Angehörige könnten dann im Vergleich zu anderen Gruppen noch weiter privilegiert sein. Im Rahmen der heimlichen Ermittlungsmaßnahmen wird hierauf Bezug genommen.

III. Personenkreis

Wie bereits betont, lässt sich der nach § 52 I StPO geschützte Personenkreis nicht zwingend aus dem Grundgesetz ableiten[313]. Geboten ist eine restriktive Fassung des Katalogs, um die Strafverfolgung nicht in weiten Teilen lahmzulegen[314]. Deshalb erscheine es als denkbar, das Zeugnisverweigerungsrecht des § 52 I StPO nur noch hinsichtlich des (derzeitigen) Ehegatten, der Eltern, Kinder, Enkelkinder und Geschwister des Beschuldigten, mithin auf den engsten Familienkreis beschränkt, anzu-

---

311 Alternativ-Entwurf Zeugnisverweigerungsrechte, S. 38.

312 Vgl. aber § 15 I Nr. 8 AO i.V.m dem korrespondierenden Auskunfts- und Eidesverweigerungsrecht nach § 101 AO: Gem. § 15 I Nr. 8 AO sind Pflegeeltern und Pflegekinder dann Angehörige im Sinne der Abgabenordnung, wenn sie durch ein auf Dauer angelegtes Pflegeverhältnis mit häuslicher Gemeinschaft wie Eltern und Kinder miteinander verbunden sind. S. auch § 15 II Nr. 3 AO. Bei § 11 I Nr. 1 b StGB wird dagegen nicht konstitutiv auf eine häusliche Gemeinschaft abgestellt. Ähnlich wie hier *Jansen*, Zeugnisverweigerungsrecht, S. 182.

313 So auch Alternativ-Entwurf Zeugnisverweigerungsrechte, S. 37.

314 Dazu *Weigend*, Gutachten, C 72.

erkennen[315]. Zutreffend wird herausgestellt, dass die Intaktheit der Großfamilie, die dem Katalog des § 52 I StPO zugrunde liegt, unter den heutigen gesellschaftlichen Verhältnissen häufig eine bloße Fiktion ist[316]. Zu erwägen sei, den Anwendungsbereich stärker auf Fälle zu konzentrieren, in denen der Zeuge zum Beschuldigten tatsächlich in einer engen persönlichen und nicht nur in einer familienrechtlich definierten Beziehung stehe[317].

Diese Einschätzung ist zutreffend. Eine Typisierung ist die Abstraktion von einer Summe von Einzelfällen. Wenn der Gesetzgeber eine Typisierung vornimmt, so muss hinsichtlich des gewählten Personenkreises die überwiegende Wahrscheinlichkeit bestehen, dass der Schutzzweck *in concreto* gegeben ist. Eine engere persönliche Beziehung ist also erforderlich. Das Argument, dass es vereinzelt noch Großfamilien gebe und man diese durch eine restriktive Fassung des Katalogs benachteiligen und sogar schwächen würde, trägt nicht. Hier wird nämlich verkannt, dass es nicht Aufgabe des Gesetzgebers ist, eine Maximallösung hinsichtlich der Zeugnisverweigerungsrechte zu schaffen. Vielmehr sind die legitimen und aus Art. 20 III GG begründeten Strafverfolgungsinteressen angemessen zu berücksichtigen. Es lässt sich aber kaum rechtfertigen, dass diese wegen einer geringen statistischen Wahrscheinlichkeit für die Verletzung von tatsächlich bestehenden Familienbanden absolut zurücktreten sollten. Ebenso wenig ist es eine Lösung, auf das Verhalten des Zeugen abzustellen. Dieser werde, wenn es an der engen Verbundenheit des Angehörigen mit dem Beschuldigten fehle, meist ohnehin nicht zur Aussage bereit sein, während anderenfalls seine Berufung auf § 52 I StPO das tatsächliche Bestehen einer engen Beziehung indiziere[318]. Die Motivation einer Entschließung zur Zeugensaussage oder Verweigerung der Einlassung lässt sich wohl kaum monokausal mit dem Verhältnis zum Beschuldigten erklären. Gänzlich versagt dieses Korrektiv, wenn verdeckte Ermittlungsmaßnahmen den Zeugnisverweigerungsberechtigten betreffen. Dann fehlt ihm naturgemäß die Möglichkeit, über sein Zeugnisverweigerungsrecht zu entscheiden.

Weiterhin ist bei nicht mehr bestehenden Ehen davon auszugehen, dass ein wirklich enger Zusammenhalt nicht mehr gegeben ist. Daher sollte

---

315 *Weigend*, Gutachten, C 72.

316 *Weigend*, Gutachten, C 72.

317 *Weigend*, Gutachten, C 72.

318 *Weigend*, Gutachten, C 73 unter Hinweis auf Alternativ-Entwurf Zeugnisverweigerungsrechte, S. 40.

hier das Zeugnisverweigerungsrecht thematisch auf die Zeit vor der Scheidung beschränkt werden. Ebenso sind nur legalisierte Beziehungen schutzwürdig[319], da nur hier die Vermutung für eine wirkliche persönliche Beziehung unwiderleglich feststehen sollte. Dies gilt entgegen der herrschenden Meinung insbesondere für die sog. nichtehelichen Lebensgemeinschaften.

Eine Reduktion des Katalogs von § 52 StPO legt auch die Rechtsprechung des *Bundesverfassungsgerichts* nahe[320]. Danach umfasst der Schutz des Kernbereichs privater Lebensgestaltung auch die Kommunikation mit anderen Personen des besonderen Vertrauens. Deren Kreis decke sich nur teilweise mit den in §§ 52, 53 StPO genannten Zeugnisverweigerungsberechtigten. Das Zeugnisverweigerungsrecht des § 52 StPO knüpfe nur an das formale Kriterium des Verwandtschaftsverhältnisses und nicht an ein besonderes Vertrauensverhältnis an, wie es insbesondere auch zu engen persönlichen Freunden bestehen könne. Von der akustischen Wohnraumüberwachung sind deshalb Gespräche des Beschuldigten mit den engsten Familienangehörigen und anderen engsten Vertrauten auszunehmen. Sieht man die *ratio legis* des § 52 StPO im Schutz des Allgemeinen Persönlichkeitsrechts der Angehörigen, so ist eine Verengung des Katalogs auf „engste Familienangehörige" zu treffen[321].

Die wirkliche Problematik besteht darin, dass bei einer Begrenzung des Katalogs des § 52 I StPO Schutzlücken entstehen können. Dagegen lässt sich einwenden, dass nach heutiger Gesetzeslage im Strafverfahrensrecht auch sonstige engste Beziehungen wie tiefe Freundschaften keine Berücksichtigung fänden, obwohl unter Umständen tiefste Bindungen bestehen. Nach dem Urteil des *Bundesverfassungsgerichts* zur akustischen Wohnraumüberwachung ist dieser Zustand aber nicht mehr haltbar: Die Strafverfolgungsbehörden dürfen nicht in den Kernbereich der privaten Lebensgestaltung eingreifen und müssen auch die Beziehung von engsten Vertrauten insoweit respektieren[322]. Im Bereich der akustischen Wohnraumüberwachung besteht insoweit ein Beweiserhebungs-

---

319 Vgl. dazu *Bialek*, Zeugnisverweigerungsrecht, S. 170 und *passim*; a.A. *Jansen*, Zeugnisverweigerungsrecht, S. 181.

320 *BVerfGE* 109, (279), 321 ff.

321 Dem steht die Schutzzweckbestimmung des *Bundesverfassungsgerichts*, das die *ratio legis* des § 52 StPO im Rollenkonflikt des Angehörigen sieht, nicht entgegen (vgl. *BVerfGE* 109, (279), 322).

322 Vgl. *BVerfGE* 109, (279), 321 ff.

verbot[323]. Schutzlücken können also dadurch vermieden werden, dass ein Zeugnisverweigerungsrecht wegen Betroffenheit des Allgemeinen Persönlichkeitsrechts etabliert wird. Ein solches Zeugnisverweigerungsrecht gilt subsidiär zu § 52 I StPO und greift dann unter anderem etwa in folgenden Fällen:
Aus einer inzwischen geschiedenen Ehe stammende Kinder sorgen für einen weiteren engen Zusammenhalt der Eltern. Es besteht ein gemeinsames Sorgerecht. Die Eltern sind sich weiterhin freundschaftlich verbunden.
Gleichgeschlechtliche Partner sind in einer Lebensgemeinschaft verbunden, möchten aber keine Lebenspartnerschaft eingehen.
Die Beziehung eines Pflegekindes zu seinen Pflegeeltern dauert bereits lange Zeit an und beschränkt sich nicht nur auf die Sicherung der Grundbedürfnisse des Kindes[324].
Favorisiert man diese Lösung, so ist auch die an sich sinnvolle Herbeiführung einer Konvergenz zwischen dem Angehörigenbegriff der § 11 I Nr. 1 StGB und § 52 I StPO nicht mehr notwendig.
Wendet man sich nun den einzelnen Angehörigen zu, so lässt sich nach den oben herausgearbeiteten Kriterien der nachfolgende Katalog erstellen. Auch hier besteht ein weites gesetzgeberisches Ermessen, so dass diese Lösung selbstverständlich keinen Anspruch auf mathematische Exaktheit erheben kann.
Das Zeugnisverweigerungsrecht des Verlobten wird modifiziert beibehalten. Entgegen der jetzigen Praxis werden an die Voraussetzungen aber erhöhte Anforderungen gestellt. Es muss ein wirksames zivilrechtliches Verlöbnis nach den Vorschriften der §§ 1298 ff. BGB vorliegen[325].

---

323 Vgl. *BVerfGE* 109, (279), 327 ff.

324 Für eine Aufnahme der Pflegeeltern und -kinder in den Katalog des § 52 I StPO aber *Kett-Straub*, ZRP 2005, 49.

325 Der Bundesrat hat auf Initiative der Bundesländer Hamburg, Niedersachsen und Thüringen in seiner Sitzung vom 29. April 2005 den „Entwurf eines Gesetzes zur Abschaffung des Zeugnisverweigerungsrechts für Verlobte und weiterer Privilegien von Verlobten im Strafrecht“ beschlossen. Zur Begründung (s. BR-Drucks. 203/05 vom 24. März 2005, S. 3 ff.) wird unter Hinweis auf *Tröndle/Fischer*, § 11, Rn. 8 zu Recht ausgeführt, dass die missbräuchliche Inanspruchnahme des Verlöbnisses gerade im Bereich der §§ 180 a ff. StGB die Strafverfolgung erheblich erschwere. Auch in der Rechtsprechung ist die Tendenz zu erkennen, aus diesem Grund § 52 I Nr. 1 StPO restriktiv zu interpretieren (vgl. allgemein *BGHSt.* 45, 342 ff.).

Damit ist ein Verlöbnis bei bestehender Ehe mit einem Dritten ausgeschlossen[326]. Denn ein solches Verlöbnis ist sittenwidrig[327], selbst wenn das Scheidungsverfahren betrieben wird[328]. Eine Glaubhaftmachung nach § 56 StPO wird gerade in den Fällen der Prostituiertenverlöbnisse mit ihrem Zuhälter kaum noch möglich sein.
Das Zeugnisverweigerungsrecht des Ehegatten ist thematisch auf den Zeitraum der Ehe begrenzt. Nur hier besteht die unwiderlegliche Vermutung für ein enges persönliches Verhältnis. Problematisch ist, ob auch die Zeit des dauernden Getrenntlebens hinzugerechnet oder herausgenommen werden sollte[329]. Da auch durch das dauernde Getrenntleben ein endgültiger Bruch nicht vollzogen sein muss, sollte deshalb an das klare und zeitlich eindeutig bestimmte Kriterium der Scheidung ange-

---

Jansen, Zeugnisverweigerungsrecht, S. 256 hält dagegen die Handhabung des Verlöbnisbegriffes für praktisch überwiegend unproblematisch. Die Gesetzesinitiative wird damit begründet, dass die Verlobung im Gegensatz zum Zeitpunkt der Schaffung der RStPO heute nicht mehr als Vorstufe zur Ehe eine gesellschaftliche Notwendigkeit sei. Zudem könne ein Verlöbnis weder durch objektiv nachweisbare Umstände oder Urkunden noch durch fest strukturierte und nach außen erkennbare Lebensverhältnisse der Betroffenen nachgewiesen werden. Die völlige Abschaffung des § 52 I Nr. 1 StPO ist problematisch. Zwingende Folge wäre, dass ein Zeuge aussagen müsste, obwohl er wenige Tage später mit dem Beschuldigten die Ehe eingeht (so zutreffend der rheinland-pfälzische Justizminister *Mertin* in der Bundesratsdebatte, vgl. NJW 20/2005, VI). Eine restriktive Auslegung lässt sich dadurch erreichen, dass ein zivilrechtlich bindendes Verlöbnis vorliegen muss. Wenn argumentiert wird, dass sich ein Verlöbnis nicht nachweisen lasse, so steht dies in Widerspruch mit der Wertung des Gesetzgebers, der an den Rücktritt vom Verlöbnis in §§ 1298, 1299 und 1301 BGB Rechtsfolgen wie Schadensersatz und Rückgabepflichten knüpft. Diese Vorschriften wurden vom Gesetzgeber auch als zeitgemäß angesehen, da er bei der Streichung des § 1300 BGB a. F. die übrigen Normen bestehen ließ.
Solange es keine zivilrechtlichen Regeln hinsichtlich einer Verlobung für zukünftig eingetragene Lebenspartner gibt, sind diese nicht in den Schutzbereich von § 52 I Nr. 1 StPO einzubeziehen (a.A. *Kranz*, StV 2004, 518 ff.). Anderenfalls wären die Missbrauchsmöglichkeiten zu groß.

326 Teile der Rechtssprechung gehen aber sogar dann von einem wirksamen strafprozessualen Verlöbnis aus: S. etwa *LG Heidelberg*, StV 1981, 616. Deshalb ist der Verweis auf das Zivilrecht zur Klarstellung unbedingt geboten.

327 *RGZ* 170, 72; *OLG Karlsruhe*, NJW 1988, 3023.

328 *BayObLG*, NJW 1983, 831.

329 Scheidung und Getrenntleben werden etwa vom Alternativ-Entwurf Zeugnisverweigerungsrechte in § 52 II StPO-E gleich behandelt, s. S. 37.

knüpft werden. Eine Variante bietet der Alternativ-Entwurf Zeugnisverweigerungsrechte an. Zwar wird das Zeugnisverweigerungsrecht auch für die geschiedenen und getrennt lebenden Ehepartner beibehalten, allerdings statuiert § 52 II StPO-E eine Ausnahme. Das Zeugnis dürfe dann nicht verweigert werden, wenn der Beschuldigte die Vernehmung beantrage. Diese Mischkonstruktion wird folgendermaßen begründet: Die Nähe der Beziehung bleibe auch nach der Scheidung schutzwürdig. Es seien allerdings Fallgestaltungen möglich, in denen der Ehegatte nach Trennung oder Scheidung etwa aus Rache entlastendes Material zurückhalte. Diese gesteigerte Missbrauchsgefahr erfordere eine Entbindungsregelung[330]. Hier wird der Schutzzweck von § 52 I StPO nicht zutreffend berücksichtigt. § 52 I StPO dient nicht den Interessen des Beschuldigten, sondern dem Schutz des Zeugen. Daher wäre eine derartige Ausnahme systemwidrig.

Der Lebenspartner des Beschuldigten nach dem LPartG ist dagegen weiterhin zu berücksichtigen, da die Lebenspartnerschaft eheähnlich ausgestaltet ist. Rechtspolitisch handelt es sich bei der Lebenspartnerschaft um eine große Errungenschaft, weil erstmals das enge tradierte Verständnis von Ehe und Zusammenleben einer liberalen Haltung weichen musste, die keine unterschwellige Diskriminierung sexueller Orientierungen beinhaltet. Genauso wie bei der Ehe zwischen Mann und Frau ist aber auch hier eine thematische Begrenzung des Zeugnisverweigerungsrechts vorzunehmen.

Der Alternativ-Entwurf Zeugnisverweigerungsrechte hält an § 52 I Nr. 3 StPO unverändert fest[331]. Dieser Vorschrift unterfallen gem. §§ 1589, 1590 BGB, die nach Art. 51 EGBGB auch für die Strafprozessordnung gelten[332]: In gerader Linie sind gem. § 1589 S. 1 BGB die Eltern, Kinder, Großeltern, Enkel, Urgroßeltern und Urenkel verwandt. Die Seitenlinie bis zum dritten Grad besteht aus voll- und halbbürtigen Geschwistern und Geschwisterkindern, also Neffen und Nichten. Das Zeugnisverweigerungsrecht dieser Personen besteht dann im Verfahren gegen die eigenen Geschwister oder die Geschwister ihrer Eltern oder umgekehrt. In gerader Linie verschwägert ist der Ehegatte des Beschuldigten mit dessen Eltern, Großeltern und Urgroßeltern sowie mit nicht von ihm

---

330 Alternativ-Entwurf, Zeugnisverweigerungsrechte, S. 39.

331 Alternativ-Entwurf, Zeugnisverweigerungsrechte, S. 36.

332 Zum Folgenden *Meyer-Goßner*, § 52 f., Rn. 6 m.w.N.; s. auch die instruktive Graphik bei *Fürmann*, JuS 2004, 304.

stammenden Kindern, Enkelkindern und Urenkeln. In der zweiten Seitenlinie betrifft die Schwägerschaft die Geschwister des Ehegatten.
Rengier hat darauf hingewiesen, dass selbst diese relativ großzügige Verbürgung des § 52 I Nr. 3 StPO immer noch Schutzlücken aufweist[333]. Er erinnert daran, dass wegen des geringen Altersunterschiedes die Beziehungen des Beschuldigten zu seinen Vettern und Basen regelmäßig intensiver sein dürften als zu den Onkeln und Tanten bzw. Nichten und Neffen. Ebenso kritisiert er, dass wegen § 1590 S. 1 BGB die Ehegatten zweier Geschwister untereinander kein Zeugnisverweigerungsrecht hätten. Er verweist auf die Regelung des Schweizer Kantons Schwyz vom 10. Dezember 1956, dessen Strafprozessordnung in § 91 c ein derartiges Privileg enthält. Weiterhin sei es wichtig, auch noch diejenigen zu schützen, die in dritter Linie mit dem Beschuldigten verschwägert seien. Dabei geht es um das Verhältnis der Neffen und Nichten zu den Ehegatten ihrer Tanten und Onkeln. Als Beispiel für eine ausländische Rechtsordnung führt *Rengier* die Strafprozessordnung des Schweizer Kantons Freiburg vom 11. Mai 1927 an, in dessen Art. 21 Nr. 2 sogar noch die in der Seitenlinie Verschwägerten vierten Grades geschützt werden. Diese drei genannten Problemfälle will *Rengier* in einer Novelle des § 52 I StPO berücksichtigt wissen[334]. Die erwähnten Konstellationen sind indes dadurch gekennzeichnet, dass enge Beziehungen zwischen den Personen bestehen können, aber nicht müssen. Für einen typisierten absoluten Schutz durch ein Zeugnisverweigerungsrecht kann diese vage Möglichkeit nicht ausreichen. Anders wäre die Sachlage nur zu beurteilen, wenn in empirischen Studien gezeigt werden könnte, dass in der überwiegenden Mehrzahl der beschriebenen Verwandtschaftsverhältnisse tatsächlich tiefe Vertrauensverhältnisse vorlägen.
Somit erscheint die bereits eingangs erwähnte Reduktion auf einen kleinen Personenkreis angemessen. *Weigend* demonstriert anhand von Beispielen, dass in anderen gewachsenen Rechtsstaaten der Schutz der Angehörigen auf ein Minimum beschränkt ist[335]. Das französische Recht erspart den Angehörigen zwar die Leistung des Zeugeneides, aber nicht die Aussage (Art. 135 Nr. 1 – 5, 448 Code de procédure pénale). In England darf lediglich der Ehegatte die Aussage verweigern, was hinsichtlich bestimmter Delikte wiederum nicht gilt (Police and Criminal Evidence Act 1984, s. 80). Die USA kennen ein Auskunftsverweigerungs-

333 *Rengier*, Zeugnisverweigerungsrechte, S. 114 ff.
334 Vgl. *Rengier*, Zeugnisverweigerungsrechte, S. 124.
335 *Weigend*, Gutachten, C 73 m.w.N.

recht für den Ehepartner überwiegend nur für *„confidential communications“* innerhalb der ehelichen Beziehung. Durch die Beschränkung auf Verwandte in gerader Linie und auf Geschwister wird ein Missbrauch des Zeugnisverweigerungsrechts verhindert. Härten entstehen keine, da der Kernbereich der Kommunikationsbeziehung zu anderen Personen durch ein spezifisches Zeugnisverweigerungsrecht abgedeckt wird.
Um eine Aufklärung familienspezifischer Straftaten zu ermöglichen, ist das Zeugnisverweigerungsrecht nach § 52 I StPO für Opferzeugen gänzlich zu versagen. Im Einzelfall kann aber wieder wegen der Betroffenheit des Kernbereichs der privaten Lebensgestaltung das hierzu normierte Zeugnisverweigerungsrecht subsidiär greifen.
An der Fassung, die grammatikalisch nur auf männliche Personen verweist (der Verlobte, der Ehegatte, der Lebenspartner etc.), ist nichts geändert worden. Natürlich soll damit eine geschlechtsneutrale Formulierung nicht ausgeschlossen werden. Sie ist aber aus stilistischen Gründen umständlicher, weshalb auf sie verzichtet wurde[336].

IV. Regelungsvorschlag

§ 52 [Zeugnisverweigerungsrechte aus persönlichen Gründen]
(1) Zur Verweigerung des Zeugnisses sind berechtigt
1. der zivilrechtlich wirksam Verlobte des Beschuldigten;
2. der Ehegatte des Beschuldigten; der geschiedene Ehegatte darf das Zeugnis verweigern, wenn die Aussage den Zeitraum der Ehe betrifft.
3. der Lebenspartner des Beschuldigten; nach Aufhebung der Lebenspartnerschaft darf der ehemalige Lebenspartner das Zeugnis verweigern, wenn die Aussage den Zeitraum der Lebenspartnerschaft betrifft.
4. wer mit dem Beschuldigten in gerader Linie oder in der Seitenlinie im zweiten Grad verwandt ist.

(2) Ein Zeugnisverweigerungsrecht besteht nicht, wenn der Zeuge selbst Opfer der Straftat ist.

(3) Wie Absatz 2 des jetzigen § 52 StPO.

(4) Wie Absatz 3 des jetzigen § 52 StPO.

---

336 Man hätte etwa formulieren können: Zur Verweigerung des Zeugnisses ist berechtigt, wer mit der beschuldigten Person ein Verlöbnis eingegangen ist.

E. Schutzzweck des § 53 I StPO

Im Folgenden ist der Schutzzweck der Zeugnisverweigerungsrechte für Berufsträger gem. § 53 I StPO[337] zu klären. Teilweise wird ein einheitlicher Schutzzweck für alle Gruppen des § 53 I StPO negiert, es könnten nur Gemeinsamkeiten zwischen den einzelnen Berufsgeheimnisträgern herausgearbeitet werden[338]. Häufig wird als Grund für § 53 I StPO formelhaft auf das „spezifische Vertrauensverhältnis"[339] zwischen dem Beschuldigten und dem Berufsgeheimnisträger verwiesen.

Bei genauerer Analyse stehen sich jedoch wie bei § 52 I StPO im Wesentlichen drei Auffassungen gegenüber, von denen es Spielarten gibt. Einmal wird die *ratio legis* des § 53 I StPO von der Schutzwürdigkeit des Zeugen bzw. seiner Aufgabe her definiert, ein anderes Mal aus den Bedürfnissen des Beschuldigten abgeleitet. Schließlich erhält das öffentliche Interesse an der Bewahrung funktionstüchtiger Berufsgruppen, deren Tätigkeit für die Gesellschaft als besonders wichtig eingestuft wird, Bedeutung. Viele Autoren kombinieren verschiedene Ansätze miteinander[340], wobei den einzelnen Schutzzwecken in den jeweiligen Systementwürfen eine unterschiedliche Wertigkeit zuerkannt wird[341]. Die Theorienbildung im Rahmen dieser Arbeit verfolgt daher eher einen heuristischen Zweck: Die einzelnen Ansichten werden aus dem Meinungsspektrum ausgefiltert, um die wesentlichen Strukturen bestimmter Argumentationslinien besser beleuchten zu können. Die Namensgebung ist ein Hilfsmittel, um die Aussage der Theorien zu pointieren.

I. Die einzelnen Theorien

1. Effektivitätstheorie

Nach einer historischen Auffassung müssen die Zeugnisverweigerungsrechte der Berufsgeheimnisträger im Zweifelsfall hinter das Strafverfol-

---

337 Umfassend zur geschichtlichen Entwicklung der Zeugnisverweigerungsrechte der Berufsgeheimnisträger: *Görtz-Leible*, Beschlagnahmeverbote, S. 85 ff.

338 *Baier*, wistra 2000, 165; zu pauschal daher *P. Schmitt*, Berücksichtigung, S. 22, Fn. 8; *Weigend*, Gutachten, C 81 hält alle vertretenen Ansätze für defizitär.

339 Vgl. statt vieler *Dittrich*, NStZ 1998, 337.

340 Etwa *P. Schmitt*, Berücksichtigung, S. 134; vgl. auch *Petry*, Beweisverbote, S. 48 f.

341 Gegen eine Hierarchiebildung *Rengier*, Zeugnisverweigerungsrechte, S. 23 f.

gungsinteresse zurücktreten[342]. Zeugnisverweigerungsrechte werden grundsätzlich nur akzeptiert, wenn sie in einer Regelung ihren Niederschlag gefunden haben. § 53 I StPO ist also aus dieser Perspektive keine zwingende Regelung, sondern eine Konzession an bestimmte Berufsgruppen. Auch wenn diese Ansicht in ihrer Schärfe überholt ist, so trifft man dieses positivistische Verständnis in der Interpretation der Notwendigkeit von Zeugnisverweigerungsrechten bei Ermittlungsmaßnahmen in gemilderter Form immer noch an[343].
Diese Theorie ist mit einem modernen Grundrechtsverständnis allerdings nicht vereinbar, sofern die Zeugnisverweigerungsrechte der Berufsgeheimnisträger nach § 53 I StPO grundrechtsgleiche Rechte darstellen. Die Leistung dieses Ansatzes besteht aber in Folgendem: Er macht auf das Erfordernis aufmerksam, bei der Ermittlung des Schutzzwecks zu berücksichtigen, ob dieser Schutzzweck sich mit der *ratio* anderer, eventuell höherrangiger Rechtsnormen deckt. Ist dies nicht der Fall, dann besteht ein großes gesetzgeberisches Ermessen bei der Gewährung von Zeugnisverweigerungsrechten. Anderenfalls nimmt der Schutzzweck von § 53 I StPO an der Verbürgung der höherrangigen Rechtsnorm teil, weil diese ihn als Geltungsgrund absichert[344].

2. Schutz des Berufsgeheimnisträgers vor Konflikten

Spiegelbildlich zur Diskussion um die Zeugnisverweigerungsrechte der Angehörigen nach § 52 I StPO wird vertreten, dass der Berufsgeheimnisträger vor dem Konflikt zwischen der Wahrheitspflicht und seinen Pflichten aus dem beruflichen Vertrauensverhältnis geschützt werden soll[345]. Die *ratio legis* wird dabei vom Zeugen her definiert[346]. Der Zeuge ist bereits vor potenziellen Konflikten zu bewahren[347], so dass es auf eine wirklich empfundene Konfliktsituation im Einzelfall

342 *Stenglein,* StPO, S. 181 (vgl. die Ausführungen zu einem Zeugnisverweigerungsrecht für Reichstagsabgeordnete). Ansätze bei *OLG Nürnberg*, JR 1958, 272 ff.; dagegen *Kaufmann*, JR 1958, 273.

343 So für die Situation *de lege lata*, ohne die Grundrechtskonflikte ausreichend auszuleuchten etwa *K.-H. Groß*, StV 1996, 564.

344 *Görtz-Leible* ist zuzugeben, dass man begrifflich zwischen Geltungsgrund und Schutzzweck trennen muss. Andererseits stehen sie auch nicht beziehungslos zueinander. Vgl. zu dieser Vorgehensweise auch oben bei der Ableitung des Schutzzwecks von § 52 I StPO aus dem *nemo-tenetur*-Prinzip.

345 *BGH* wistra 1989, 31; *Eisenberg,* Beweisrecht, Rn. 1263; so für den Geistlichen: *Ling*, GA 2001, 328 m.N.; ablehnend *Weigend*, Gutachten, C 82.

346 Vgl. dazu *P. Schmitt*, Berücksichtigung, S. 118.

347 *BGHSt.* 12, (235), 239; *Eisenberg,* Beweisrecht, Rn. 1242 m.w.N.

eine wirklich empfundene Konfliktsituation im Einzelfall nicht ankommen soll.

Teilweise wird gegen den konfliktbezogenen Ansatz geltend gemacht, dass ein wirklich gravierender Gewissenskonflikt nur in den seltensten Fällen auftrete und erst recht nicht bei den vermögensbezogenen Berufen[348]. In dieser Allgemeinheit vermag die Aussage aber nicht zu überzeugen.

Seine Berechtigung habe dieser Ansatz beim Geistlichen[349]. Dafür spricht, dass § 53 II StPO dem Geistlichen die Dispositionsbefugnis über das Schweigerecht selbst nach Entbindung belässt[350]. Weiterhin hat er nach § 139 II StGB keine Anzeigepflicht gem. § 138 StGB[351]. Allerdings wird dieses Argument durch § 53 II StPO relativiert, weil dort dieselbe Regelung für Abgeordnete und journalistische Berufe getroffen ist. Bei Letzteren sind derartig schwerwiegende Konflikte nicht zu erwarten. Zu beachten ist aber, dass die Verletzung des Berufsgeheimnisses standesrechtliche Konsequenzen nach sich ziehen kann.

Das Berufsgeheimnis besteht aber nicht um seiner selbst willen, sondern soll den Klienten bzw. Mandanten des Berufsgeheimnisträgers vor der Preisgabe persönlicher Informationen schützen. Dies zeigt, dass sehr wohl die Interessen des Klienten bzw. Mandanten eine nicht zu unterschätzende Rolle spielen. Der Konflikt des Berufsgeheimnisträgers ist damit Ausfluss der Zeugeninteressen. Er mag zwar bestehen, ist aber wegen § 53 II StPO rechtlich unbeachtlich.

Zu weit dürfte es allerdings gehen, nach einer Entbindung des Berufsgeheimnisträgers von seiner Verschwiegenheitspflicht die Weiterexistenz eines Konflikts zu verneinen[352]. Das Berufsethos – niedergelegt in standesrechtlichen Vorschriften oder für die Heilberufe im Hippokratischen Eid[353] – kann nach der Entbindung fordern, sein Wissen nicht preiszugeben. Daher kann sehr wohl ein Konflikt fortbestehen.

---

348 *P. Schmitt*, Berücksichtigung, S. 119 f.

349 *Rengier*, Zeugnisverweigerungsrechte, S. 13 f.

350 Vgl. zu der Ausnahme des Geistlichen *BGHSt*. 37, 138, (140 f.); *Rengier*, Zeugnisverweigerungsrechte, S. 15 f., Fn. 60.

351 Zu diesem Argument vgl. auch *M. Müller*, Lauschangriff, S. 216.

352 In diese Richtung aber *Görtz-Leible*, Beschlagnahmeverbote, S. 152.

353 Das Schweigegebot des Arztes lautet in der hippokratischen Fassung folgendermaßen. „Was immer ich bei der Behandlung (der Patienten) sehe oder höre oder auch außerhalb der Behandlung im Leben der Menschen, was man niemals ausplappern darf, darüber werde ich schweigen, da ich solches als heiliges Geheimnis achte." B II 8 (Übersetzung von *Kurt Steinmann*). Besonders beach-

Selbst wenn man annimmt, dass durch die Entbindungsmöglichkeit des Zeugen von der Schweigepflicht nach § 53 II StPO das Wahrheitserforschungsinteresse das öffentliche Interesse an der Verschwiegenheit des Berufsgeheimnisträgers nach der Wertung des Gesetzgebers überwiegt[354], so ändert sich am psychologischen Faktum der Konfliktlage des Zeugen nichts. Diese Verschwiegenheitspflicht lebt nicht wieder auf, wenn der Beschuldigte den Widerruf der Entbindung erklärt hat[355]. Zwar ist die Gestattung durch den Beschuldigten selbst erfolgt. Allerdings wird dieser häufig gar nicht die Tragweite seiner Entbindung würdigen können wie der Berufsgeheimnisträger selbst. Dies gilt umso mehr, wenn man die Entbindung sogar auf Tatsachen bezieht, die der Mandant/Klient nicht kennt, aber die Vertrauensperson etwa durch Untersuchungen erschlossen hat[356]. Zu denken ist etwa daran, dass ein Arzt den bisher geschonten Patienten mit dem tatsächlichen Status einer schweren Krankheit konfrontieren muss. Die Nachteile für den Beschuldigten sind mithin unkalkulierbar. Der Zeuge wird also nicht von seinem Konflikt

---

tenswert ist, dass hiernach der Arzt jegliche vertrauliche Information geheim zu halten hat. Dies unterstreicht seine besondere Vertrauensstellung.

354 *Görtz-Leible*, Beschlagnahmeverbote, S. 152.

355 So konsequenterweise *Görtz-Leible*, Beschlagnahmeverbote, S. 153. Für die Angehörigen nach § 52 I StPO soll die Konfliktlage aber unabhängig von der Wahrnehmung des Zeugnisverweigerungsrechts bestehen bleiben, vgl. S. 153.

356 Diese Sichtweise ist allerdings angreifbar: Die Entbindung ist in ihrer Rechtswirkung durchaus einer Genehmigung vergleichbar. Zunächst wird sich die Genehmigung aber nur auf die Informationen beziehen, von denen der Beschuldigte annimmt, sie stünden dem Berufsgeheimnisträger zur Verfügung. Denkbar ist natürlich auch, dass er seine Genehmigung auf alle Wahrnehmungen des Zeugen erweitert, obgleich er von diesen keine Kenntnis hat. Dies kann dem Beschuldigten aber nicht unterstellt werden. Wenn er einen Zeugen von der Schweigepflicht entbindet, dann möchte er regelmäßig entlastende Tatsachen offenbart sehen. Er rechnet den Zeugen seinem Lager zu. Dem Beschuldigten unbekannte Wahrnehmungen können aber gerade auch inkriminierendes Material zu Tage fördern. Es ist unwahrscheinlich, dass der Beschuldigte dieses Risiko generell in Kauf zu nehmen bereit ist. Macht man mit der in § 53 II StPO dokumentierten Wertentscheidung des Gesetzgebers ernst, nämlich der Informationsherrschaft des Beschuldigten, dann darf man die Genehmigung nur im Rahmen ihres vom Beschuldigten bezweckten Umfangs gelten lassen. Die Vermutung spricht – wie gezeigt – dafür, dass der Berufsgeheimnisträger kein Zusatzwissen mitteilen soll. Es ist anerkannt, dass die Entbindungserklärung „teilbar" ist, sich also lediglich auf bestimmte Sachverhaltskonstellationen beziehen kann. Daraus folgt, dass der Beschuldigte sein Einverständnis mit der Freigabe von Zusatzinformationen des Zeugen ausdrücklich erklären muss.

dispensiert, sondern der Gesetzgeber hält den Konflikt nach der Entbindung für nicht berücksichtigungswürdig. Insgesamt ist daher die Erklärung über die Konfliktlage zu einseitig, da nur auf den Zeugen abgestellt wird.

3. Schutz vor Meineid und Bewahrung der objektiven Wahrheitsfindung

Eine weitere Auffassung[357] betont analog zu § 52 I StPO die Problematik, dass der Berufsgeheimnisträger in der Gerichtsverhandlung wegen seines inneren Konflikts zu einem Meineid gezwungen werden könnte. Außerdem sei die objektive Wahrheitsfindung in Gefahr[358]. Gegen diese Theorien gelten die gleichen Argumente wie bei § 52 I StPO.

4. Theorie vom öffentlichen Interesse – Versuch einer Gruppenbildung

Nach dieser Meinung genießen die Zeugnisverweigerungsrechte verstärkten Schutz, wenn sich hinter ihnen ein schützenswertes öffentliches Interesse verbirgt.[359] Sie hat ihr Gegenstück in der Ansicht zu § 52 I StPO, die die ratio legis aus Art. 6 I GG ableitet und dabei Ehe und Familie als Institutionen im allgemeinen Interesse hervorhebt. Teilweise wird alternativ formuliert, dass die Zeugnisverweigerungsrechte der Sicherung des Wertepluralismus in der Gesellschaft dienten[360].
Naturgemäß spielt dieser „Gemeinwohlansatz" bei den Berufsgeheimnisträgern eine viel stärkere Rolle. Im Gegensatz zu Ehe und Familie sind viel mehr direkte Berührungspunkte mit öffentlichen Interessen gegeben. Beispielsweise ist die Sicherung der Volksgesundheit ein wichtiges Gut[361], ebenso wie die Rechtspflege, deren Organ der Anwalt gem. § 1 BRAO ist. Dabei erkläre sich die Schutzbedürftigkeit ausschließlich mit den Interessen des Berufsgeheimnisträgers[362], der nicht als Medium

---

[357] Vgl. etwa *Schünemann*, ZStW 90 (1978), 62 f.; ähnlich *BGHSt.* 12, 235, (239).

[358] Vgl. zu diesem vor allem im 19. Jahrhundert herrschenden Ansatz *Weigend*, Gutachten, C 68 f. m.w.N.

[359] Vgl. *P. Cramer*, Zeugnisverweigerungsrecht, S. 31 f.

[360] *Görtz-Leible*, Beschlagnahmeverbote, S. 161 ff. Diese Theorie beansprucht Geltung zur Erklärung der *ratio legis* sowohl von § 52 I StPO als auch von § 53 I StPO.

[361] Vgl. das Apothekenurteil des *BVerfG* (*BVerfGE* 7, 377 ff.).

[362] *K.-H. Groß*, StV 1996, 560; einschränkend aber *K.-H. Groß*, StV 1996, 560, Fn. 9, wo er zur Schutzbedürftigkeit des Arztes neben dem Sozialstaatsprinzip auch das Allgemeine Persönlichkeitsrecht des Patienten erwägt; ähnlich *Bin-*

der Strafverfolgung missbraucht werden soll. Das zeige die Regelung des § 97 II StPO, der ausschließlich die Sphäre des Berufsgeheimnisträgers schütze[363]. Eine öffentlich anerkannte Kontrollfunktion sei bei Verteidigern, Journalisten und Abgeordneten gegeben[364]. Bei den anderen Berufsgeheimnisträgern wird ein Eingriff unter strikter Beachtung des Verhältnismäßigkeitsgrundsatzes bei Ermittlungsmaßnahmen für zulässig erachtet[365].

Für § 53 I StPO könnte daraus der Schluss gezogen werden, dass das vollumfängliche Zeugnisverweigerungsrecht nur Verteidigern, Journalisten und Abgeordneten zustehen müsste. Im Rahmen seines Ermessens könnte der Gesetzgeber unter Abwägung der Interessen der Allgemeinheit etwa an einer funktionsfähigen Beratungstätigkeit durch Steuerberater und Wirtschaftsprüfer einerseits und die Pflicht zur Wahrheitserforschung aus dem Rechtstaatsprinzip andererseits Folgerungen für einen gestaffelten Schutzumfang im Rahmen des § 53 I StPO ziehen[366].

Eine Variante dieser Theorie betont dagegen, dass § 53 I StPO generell Beziehungen schützt, die zum Nutzen der Allgemeinheit bestehen[367]. Bei den in § 53 I StPO aufgeführten Berufen der Rechts- und Gesundheitspflege seien deshalb grundsätzlich solche geschützt, die sich durch ihre fachliche Kompetenz, Integrität und ihren Gemeinwohlbezug auszeichneten[368]. Zugleich wird betont, dass diese Berufsgruppen nur dann effek-

---

der, Rechtsprobleme, S. 56; *Rengier*, Zeugnisverweigerungsrechte, S. 22 hält das öffentliche Interesse für einen Teil des Schutzzwecks von § 53 I StPO m.w.N zur Entstehungsgeschichte.

363 *K.-H. Groß*, StV 1996, 560; vgl. dazu auch *Rudolphi*, FS-Schaffstein, S. 444.

364 *K.-H. Groß*, StV 1996, 560 f.; zustimmend *Schäfer*, FS-Hanack, S. 90. Im Anschluss daran SK-StPO-*Rudolphi/Wolter*, § 100 c, Rn. 14 f.; SK-StPO-*Rudolphi/Wolter*, § 100 d, Rn. 7 und insbesondere *Wolter/Schenke*, Zeugnisverweigerungsrechte, S. 46 ff.

365 Diese Aufteilung nimmt *Rudolphi*, FS-Schaffstein, S. 444 bei § 100 a StPO vor.

366 Vgl. SK-StPO-*Rudolphi/Wolter*, § 100 c, Rn. 14 f.; SK-StPO-*Rudolphi/Wolter*, § 100 d, Rn. 7 f. und insbesondere *Wolter/Schenke*, Zeugnisverweigerungsrechte, S. 45 ff.

367 *Baier*, JR 1999, 495 f.; *Görtz-Leible*, Beschlagnahmeverbote, S. 86 ff; *Rudolphi*, FS-Schaffstein, S. 443 f; *Weigend*, Gutachten, C 85; auch *Lenckner*, NJW 1965, 322 u. *Rengier*, Zeugnisverweigerungsrechte, S. 22, die das Gemeinschaftsinteresse gerade bei den Heilberufen besonders hervorheben; ähnlich *Kaufmann*, JR 1958, 272.

368 *Görtz-Leible*, Beschlagnahmeverbote, S. 102.

tiv tätig werden können, wenn der Informationsfluss zwischen ihnen sowie den Rat- und Hilfesuchenden ungestört ablaufen kann[369].
In dieser generalklauselartigen Formulierung vermag sie allerdings keine klaren Abgrenzungskriterien dafür zu liefern, was der Nutzen der Allgemeinheit ist und wann der Nutzen der Allgemeinheit signifikant berührt wird[370]. Hinter dieser Abstraktion verbergen sich einzelne Personen, denen die Dienste der Berufsgeheimnisträger zugute kommen. Diese individuelle Ebene wird vom vorliegenden Theorienansatz zu wenig berücksichtigt[371]. Nach dem Leitbild der Verfassung steht aber gerade der Schutz des Einzelnen im Vordergrund. Dies belegt die Formulierung der staatlichen Schutzpflicht in Art. 1 I 2 GG. Die kollektivrechtliche Betrachtungsweise, die immer auch ein utilitaristisches Moment enthält, liegt dem Grundgesetz fern. Daher hat die Auseinandersetzung mit der Hauptströmung dieses Ansatzes zu erfolgen, der als besonders schützenswert Verteidiger, Abgeordnete und Journalisten nennt.
Bei Verletzung der Geheimnissphäre sei die Funktionsfähigkeit dieser Berufe bedroht[372]. Auf der einen Seite ist der Verteidiger bei vielen Verfahrenshandlungen vom Mandantenwillen unabhängig[373]. Dafür spricht ferner, dass ein Angeklagter, ohne Vertragspartner des Verteidigers zu sein, eine unzulässige Anwendung des § 53 I StPO rügen kann[374]. Dies gilt für den Fall, dass beim rechtswidrigen Eindringen in die Vertraulichkeitssphäre zwischen irgendeinem anderen Mandanten und dem Verteidiger belastendes Material gefunden wurde. Der Wortlaut des § 97 I Nr. 1 StPO, wo nur von der konkreten Mandanten-Verteidiger-Beziehung gesprochen wird, scheint diesem Interpretationsansatz entgegenzustehen. Allerdings wird der Wortlaut als zu eng angesehen und eine großzügigere Auslegung gefordert[375]. Auf der anderen Seite kann nach nicht unstrittiger Auffassung nur der Mandant seinen Verteidiger von der Schweigepflicht entbinden[376]. Die Regelung des § 53 II StPO, die hauptsächlich den Individualinteressen des Beschuldigten Rechnung

---

369 Vgl. dazu *Görtz-Leible*, Beschlagnahmeverbote, S.103 ff.. für die einzelnen Berufsgruppen.

370 Hier tritt die Schwäche aller Theorien zutage, die mit utilitaristischen Kriterien arbeiten.

371 A.A. *Görtz-Leible*, Beschlagnahmeverbote, S. 163.

372 *Krekeler*, NJW 1977, 1418 m.N.

373 *Schäfer*, FS-Hanack, S. 88 f. mit Beispielen und m.w.N.

374 *Schäfer*, FS-Hanack, S. 86 m.w.N.

375 *Schäfer*, FS-Hanack, S. 93.

376 *Schäfer*, FS-Hanack, S. 88 m.w.N.

trägt, ist demnach ein gewichtiger Einwand gegen den vorgestellten Ansatz[377].
§ 203 IV StGB unterstützt die Theorie. Nach dieser Vorschrift werden Privatgeheimnisse noch über den Tod des Betroffenen hinaus geschützt. Man könnte diese Norm nun dahingehend interpretieren, dass die Funktionsfähigkeit der in Rede stehenden Berufsgruppen geschützt werden soll. Es erscheint möglich, dass der Klient oder Mandant sich nur dann unbefangen offenbaren wird, wenn er weiß, dass seine Geheimnisse auch nach seinem Tod sicher bewahrt werden[378]. Eine derartige Auffassung wird indes die Intention des Gesetzgebers überdehnen.
Bereits aus psychologischer Perspektive erscheint es als durchaus fragwürdig, ob sich der Klient oder Mandant regelmäßig Gedanken über die Veröffentlichung bestimmter Privatgeheimnisse nach seinem Tod machen wird. Vielmehr ist davon auszugehen, dass der Gesetzgeber einen objektivierten Ehrschutz als Anerkennung eines Persönlichkeitsrests statuieren wollte[379]. Einen ähnlichen Zweck verfolgt § 189 StGB[380]. Gerade die Gruppe der Journalisten unterliegt nach § 203 StGB keiner Verpflichtung, Privatgeheimnisse zu hüten. Die Verbreitung von Informationen, die nicht für die Öffentlichkeit bestimmt sind, wird häufig durch die Standesehre verhindert. In Anbetracht der Bedeutung der freien Presse für das Gemeinwesen hätte man aber durchaus eine Regelung in § 203 StGB zum Schutz des Informanten vor dem Journalisten erwarten können, so wie sie § 53 I StPO für den Informanten im Verhältnis zum Staat trifft.
Es bietet sich weiterhin ein Vergleich zu § 54 StPO an. Der Prototyp eines Zeugnisverweigerungsrechts wegen des Bestehens öffentlicher Interessen hat in dieser Vorschrift eine eigene Regelung erfahren[381]. § 54 StPO konstituiert ein „bedingtes Vernehmungsverbot"[382]. Hier disponiert der Dienstherr über das Wissen des Geheimnisträgers, also derjeni-

---

377 *Zuck*, NJW 1969, 912 m.N; a.A. allerdings ohne überzeugende Begründung *P. Schmitt*, Berücksichtigung, S. 133.
378 Diesen Teilaspekt hebt *Görtz-Leible*, Beschlagnahmeverbote, S. 158 f. hervor.
379 Vgl. die *Mephisto-Entscheidung* des *BVerfG* (*BVerfGE* 30, 174 ff.).
380 *Hirsch*, Ehre und Beleidigung, 1967, S. 125; LK-*Herdegen*, § 189, Rn. 1,2; a.A. (Schutz des Pietätsgefühls der Angehörigen: etwa *OLG Düsseldorf*, NJW 1967, 1142); vgl. auch *BGHSt.* 40, 96, 105.
381 *Rose/Witt*, JA 1998, 402. Zum Unterschied zwischen §§ 53 I u. 54 StPO vgl. *Welp*, FS-Gallas, S. 425. *Rengier*, Zeugnisverweigerungsrechte, S. 44 ff. nimmt an, dass auch private Interessen durch § 54 StPO geschützt seien.
382 Vgl. zu dieser Terminologie *Görtz-Leible*, Beschlagnahmeverbote, S. 143.

ge, dessen Interessen unmittelbar betroffen sind. Wären öffentliche Interessen originär durch § 53 I StPO betroffen, so müsste man eine vergleichbare Regelung in § 53 I StPO erwarten. Als Sachwalter dieser Interessen könnten Vertreter von unabhängigen Berufsverbänden oder Kommissionen einem Ermittlungsrichter beratend zur Seite gestellt werden[383].

Das Kriterium des öffentlichen Interesses ist nicht abgrenzungsfähig genug[384]: Ein öffentliches Interesse genießt auch die Vertrauensbeziehung zwischen Arzt und Patient[385] oder das Verhältnis zwischen Steuerberater und Klienten[386], so dass das Abgrenzungskriterium wenig griffig erscheint. Wie dehnbar der Begriff des öffentlichen Interesses ist, zeigt Folgendes: Ebenso besteht die Institutsgarantie des Art. 6 I GG für Ehe und Familie im öffentlichen Interesse[387]. Der Katalog des § 53 I StPO wird teilweise für zu klein gehalten[388]. Andererseits sollen sogar Zeugnisverweigerungsrechte verfassungsunmittelbar[389] oder *de lege ferenda*[390] eingeschränkt werden. Auch bei einzelnen Berufsgruppen erscheint die Begründung mit dem öffentlichen Interesse als konstruiert. Als Beispiel lässt sich die Gruppe der Zahnärzte anführen, für deren vorsorgende Tätigkeit ein gesteigertes Interesse der Allgemeinheit bestehe, weswegen die Vertrauensbeziehung möglichst ungestört bleiben müsse[391]. Das weist ebenfalls darauf hin, dass häufig eher rechtspolitische, als zwingende „öffentliche Interessen" den Schutzumfang bestimmen.

Außerdem genießen etwa in § 97 V StPO gerade Berufsgruppen wie Journalisten mit öffentlichen Kontrollfunktionen weniger Privilegien als etwa ein Buchprüfer nach § 97 I Nr. 1 StPO. Bei letzterem wird der gesamte Schriftverkehr geschützt, während die Hilfspersonen des Journalisten in § 53 a I StPO nicht erwähnt werden. Die von den Vertretern der Theorie vorgenommene Gruppenbildung ist deshalb vom Gesetz her je-

---

383 In der Praxis ist bei der derzeitigen Arbeitsüberlastung von Ermittlungsrichtern eine derartige Überprüfungspraxis illusorisch, vgl. *Weßlau*, StV 2001, 596.

384 Vgl. auch *Köhler*, ZStW 108 (1995), 43.

385 Dies räumt etwa auch *Schäfer*, FS-Hanack, S. 89, Fn. 67 ein.

386 *P. Schmitt*, Berücksichtigung, S. 133 m.w.N.

387 So ausdrücklich *Rengier*, Zeugnisverweigerungsrechte, S. 11.

388 *Weigend*, Gutachten, C 105 f. fordert ein Zeugnisverweigerungsrecht für empirische Sozialforscher; gegen eine unkritische Ausweitung von Beweiserhebungsverboten bereits *Rogall*, ZStW 91 (1979), 43.

389 Zu Recht ablehnend *Baier*, JR 1999, 498 f. mit Hinweisen zum Streitstand.

390 Ausführlich zu derartigen Reformüberlegungen *Weigend*, Gutachten, C 85 ff.

391 So *Görtz-Leible*, Beschlagnahmeverbote, S. 118.

denfalls nicht zwingend geboten. Das Gesetz differenziert in § 53 I StPO nicht nach den einzelnen Berufsgruppen[392]. § 53 II StPO bildet einen Sonderfall. § 97 StPO differenziert (behutsam) nach Berufsgruppen, aber nicht wie die Vertreter der Theorie. Ferner blendet die vorliegende Ansicht gerade die persönliche Beziehung zwischen Beschuldigtem und Berufsgeheimnisträger aus[393]. Das Abhören des Beschuldigten und die Verwertung von nichtöffentlichen Gesprächen mit Berufsgeheimnisträgern soll uneingeschränkt gestattet sein, während die Beweiserhebung als rechtswidrig angesehen wird, wenn die Beobachtung direkt am Berufsgeheimnisträger ansetze, weil in diesem Fall der Beschuldigte, nicht der Berufsgeheimnisträger Medium der Strafverfolgung sei[394]. Beide Male wird aber das gleiche Gespräch abgehört. Es überzeugt daher nicht, dass es auf die Zufälligkeit der Angriffsrichtung ankommen soll.

5. Grundrechte der Berufsgeheimnisträger

Man könnte die Grundrechte der Berufsgeheimnisträger zur Erklärung heranziehen. Hier kommen etwa Art. 4, 5, 14 GG und subsidiär Art. 12 GG in Betracht. Das *Bundesverfassungsgericht* hat in seiner Entscheidung zur akustischen Wohnraumüberwachung das Zeugnisverweigerungsrecht des Geistlichen zum Teil auf Art. 4 GG gestützt. Der Schutz der Beichte oder der Gespräche mit Beichtcharakter gehöre zum verfassungsrechtlich garantierten Menschenwürdegehalt der Religionsausübung im Sinne des Art. 4 I und II GG[395].

Gegen diesen allgemeinen Ansatz ist jedoch anzuführen, dass beispielsweise der Verteidiger entgegen einer Mindermeinung[396] nach der Entbindung von der Schweigepflicht keine Tatsachen zurückhalten darf, selbst wenn er diese noch nicht einmal seinem Mandanten anvertraut hat[397]. Zu Recht wird daher die Schutzbedürftigkeit des Berufsgeheim-

---

392 Nach *Weigend*, Gutachten, C 119, Fn. 400 ist eine Differenzierung nach Berufsgruppen nicht sinnvoll.

393 Vgl. *Welp*, FS-Gallas, S. 394, S. 394 f., Fn. 17.

394 So *K.-H. Groß*, StV 1996, 566 allerdings vor Novellierung des § 100 c StPO.

395 Vgl. *BVerfGE* 109, (279), 322.

396 A.A. *Görtz-Leible*, Beschlagnahmeverbote, S. 135. Folgerichtig betonen die Vertreter der Theorie vom öffentlichen Interesse die Parallelität von § 53 I StPO und § 54 StPO, vgl. etwa: *Görtz-Leible*, Beschlagnahmeverbote, S. 134. Beide Regelungen hätten das „gleiche Fundament". Vgl. auch *Schäfer*, FS-Hanack, S. 89 f.; *Kaufmann*; JR 1958, 272.

397 *OLG Nürnberg*, JR 1958, 272 ff.

nisträgers als Reflex des Geheimhaltungsinteresses des Klienten gesehen[398].

Als gewichtiges Gegenargument sollte man berücksichtigen, dass der Berufsgeheimnisträger selbst keine Verfügungsbefugnis besitzt. Zwar wird eine gegen den Willen des Beschuldigten erfolgte Aussage des Berufsgeheimnisträgers von der Rechtsprechung regelmäßig verwertet[399]. Der Zeuge wird sich aber im Regelfall strafbar machen und standesrechtliche Regeln verletzen, es sei denn, es liegt ein Fall des Aussagenotstandes vor[400].

Diese Strafbewehrung, die § 203 StGB ausspricht, unterstreicht, dass eine gerichtsverwertbare Aussage des Zeugen ohne Entbindungserklärung nach § 53 II StPO keineswegs dem gesetzlichen Leitbild entspricht. Sollte § 53 I StPO aber gerade die Grundrechte der Berufsgeheimnisträger absichern, so würde sich aus ihnen als subjektive Rechte eine Dispositionsbefugnis ergeben. Hier wären die Grundrechte in ihrer prozessualen Dimension betroffen. Die Grundrechte der Berufsgeheimnisträger sind daher nicht isoliert zur Erklärung des Schutzzwecks von § 53 I StPO geeignet. Da die Grundrechte aber eine objektive Werteordnung konstituieren[401], muss bei der einfachen Gesetzgebung auf die Grundrechte der Berufsgeheimnisträger Rücksicht genommen werden. Dies folgt schon aus der Normenhierarchie. Die Notwendigkeit der Berücksichtigung der Grundrechte bedeutet allerdings nicht, dass die Grundrechte der Berufsgeheimnisträger Schutzzweck und Geltungsgrund der Vorschrift bildeten.

6. Strafprozessualer Ansatz

Besonderen Schutz genießen Zeugnisverweigerungsrechte nach dieser Ansicht, wenn sie für den Prozess konstituierend sind. Besonders gilt dies für die Verteidiger-Beschuldigten-Beziehung, weil sich der Beschuldigte dem Verteidiger offenbaren muss, damit er effektiv verteidigt werden kann[402]. Im Umkehrschluss ergibt sich, dass der Schutz nicht strafprozessual relevanter Tätigkeiten im Rahmen von § 53 I StPO nicht notwendig wäre.

---

398 *P. Schmitt*, Berücksichtigung, S. 132.

399 Vgl. etwa *BGHSt*. 9, 59 ff.

400 Gegen die Verwertbarkeit einer durch eine strafbare Handlung zustandegekommene Aussage: *Hanack*, JZ 1971, 127 (noch zu § 300 StGB).

401 Grundlegend: *BVerfG* 7, 198 ff. (Lüth) und st. Rechtsprechung.

402 Vgl. *Welp*, FS-Gallas, S. 393 f.

Gerade dann entfiele die Schutzwürdigkeit für die Berufsgruppen der Abgeordneten und Journalisten: Durch die Mitteilung seines Wissens wird der Beschuldigte regelmäßig nicht für seinen Prozess profitieren. Ebenso liegt der Fall beim Geistlichen. Die strafprozessuale Theorie verkehrt Ursache und Wirkung: Im Strafprozess müssen natürlich gerade die prozessrelevanten Zeugnisverweigerungsrechte geschützt werden, aber Prozessrelevanz ist nicht zwingend Voraussetzung für die Schutzwürdigkeit. Von dieser Prämisse geht diese Theorie allerdings stillschweigend aus.

7. Materiellrechtlicher Ansatz

Es ließe sich eine Verbindung zu § 203 StGB herstellen[403] und der Grund der Zeugnisverweigerungsrechte in der materiellen Schutzwürdigkeit der Vertrauensbeziehung sehen[404]. Allerdings stimmen die Kataloge des § 203 StGB und des § 53 I StPO nicht überein[405]. Dieser Unterschied beruht bereits auf verfassungsrechtlichen Gründen: Das Beichtgeheimnis des Geistlichen darf beispielsweise nach § 203 StGB nicht geschützt werden, weil dies einen Verstoß gegen die staatliche Neutralitätspflicht gem. Art. 3, 4, 140 GG i.V.m. Art. 136 ff. WRV bedeuten würde[406]. Ebenso wenig wie das Bestehen eines Konflikts kann die strafbewehrte Anerkennung von Privatgeheimnissen allein zur Annahme eines Zeugnisverweigerungsrechts führen[407]. Zudem werden unter Verstoß gegen § 203 StGB gewonnene Ergebnisse als verwertbar angesehen[408]. Eine Analogie zu § 383 III ZPO wird ebenso abgelehnt[409]. Damit kann § 203 StGB nicht zur Erklärung der Zeugnisverweigerungsrechte dienen.

8. Einteilung nach persönlichkeitsbezogenen und vermögensbezogenen Beziehungen

Man könnte zur Ermittlung der Schutzwürdigkeit darauf abstellen, ob der Berufsgeheimnisträger eher persönlichkeits- oder vermögensbezoge-

---

403 Vgl. ausführlich zum Verhältnis zwischen Zeugnispflicht und Berufsgeheimnis: *Wichmann*, Berufsgeheimnis.

404 In diese Richtung *Schünemann*, ZStW 90 (1978), 62.

405 *Welp*, FS-Gallas, S. 401, Fn. 35; vgl. dazu auch *Samson*, StV 2000, 55.

406 *Stolleis*, ZevKR 17 (1972), 298.

407 Vgl. auch *Görtz-Leible*, Beschlagnahmeverbote, S. 138 f.

408 Mit Kritik an der Rechtsprechung *Baier*, wistra 2000, 171; für die Verwertung *Eisenberg*, Beweisrecht, Rn. 1265.

409 *Welp*, FS-Gallas, S. 425, Fn. 136; dafür aber *Lenckner*, NJW 1965, 326.

ne Dienstleistungen erbringt[410]. Der Ansatz scheint auf den ersten Blick vielversprechend[411]. Gerade in der letzten Zeit wird diskutiert, ob vermögensbezogene Tätigkeiten überhaupt eine Bevorzugung nach § 53 I StPO rechtfertigen[412]. Allerdings wirft dieser Vorschlag Probleme auf, da häufig personenbezogene – strafrechtliche – und vermögensbezogene – zivilrechtliche – Beratung miteinander verknüpft sind oder wenigstens prognostisch nicht sicher die Funktionen voneinander getrennt werden können[413]. Außerdem können Art. 12, 14 GG nicht *per se* als nachrangige Grundrechte gelten[414].

9. Direkte Ableitung aus dem Allgemeinen Persönlichkeitsrecht gem. Art. 1 I, 2 I GG

Dieser Ansatz beruht auf der Erkenntnis, dass der Beschuldigte oftmals Geheimnisse aus seiner Privat- und Intimsphäre offenbaren muss. Die Erforschung dieser Tatsachen verletze damit das Allgemeine Persönlichkeitsrecht des Beschuldigten nach Art. 1 I, 2 I GG[415]. Dabei wird einmal der Gewährleistungsumfang des Allgemeinen Persönlichkeitsrechts auf die vertraulichen Informationen als solche bezogen. Weitere Konsequenz des Allgemeinen Persönlichkeitsrechts sei, dass das Vertrauensverhältnis insgesamt nicht belastet werden dürfe[416].

Bezüglich der Daten des Beschuldigten wird eingewandt, dass in den seltensten Fällen bei Offenlegung im Strafprozess das Allgemeine Persönlichkeitsrecht in seinem Kernbereich betroffen sei[417]. Die Kritik ver-

---

410 Alternativ-Entwurf Zeugnisverweigerungsrechte, S. 40 ff.

411 Generell ablehnend zu einer derartigen Einteilung *Baier*, wistra 2000, 170.

412 Dazu *Baier*, wistra 2000, 165 ff. am Beispiel der Wirtschafts- und Buchprüfer. Bei dieser Gruppe gegen einen Schutz nach § 53 I StPO *Schünemann*, StV 1998, 398; dafür *Rengier*, Zeugnisverweigerungsrechte, S. 23 unter Hinweis auf die öffentliche Funktion dieser Berufsgruppe.

413 *Baier*, wistra 2000, 169 ff.; *Eylmann/Kempf/Hamacher (Hamacher)*, AnwBl. 1998, 189.

414 *Baier*, wistra 2000, 171

415 *Rengier*, Zeugnisverweigerungsrechte, S. 14 ff. m.H. auf die Rechtsprechung des BVerfG; ähnlich *Zuck*, NJW 1969, 912. Aus dem Schutzbedürfnis des Betroffenen leitete bereits *OLG Nürnberg*, JR 1958, 273, den Zweck von § 53 I StPO ab.

416 Diese Einteilung nimmt *P. Schmitt*, Berücksichtigung, S. 123 ff. vor. Ob dieses „Vertrauensverhältnis“ freiwillig eingegangen wurde (vgl. den Pflichtverteidiger), sei ohne Bedeutung (*Rengier*, Zeugnisverweigerungsrechte, S. 17 m.w.N).

417 Vgl. *P. Schmitt*, Berücksichtigung, S. 123 f. m.w.N.; völlig entgegengesetzt argumentiert *P. Schmitt*, Berücksichtigung, S. 126 f. m.w.N.

nachlässigt indes den Schutzumfang des Rechts auf informationelle Selbstbestimmung als Sonderfall des Allgemeinen Persönlichkeitsrechts. Besonders Besprechungen mit Angehörigen der Heilberufe betreffen oftmals sehr intime Tatsachen. Werden diese gegen den Willen des Beschuldigten publik gemacht, dann kann dies schwerwiegende persönliche oder berufliche Nachteile mit sich bringen[418].
Außerdem bleibt unklar, wer die Entscheidung über die Verwertbarkeit treffen soll. Das *Bundesverfassungsgericht* nimmt in jedem Fall eine Einzelfallabwägung vor[419]. Die Haltung des *Bundesverfassungsgerichts* verdeutlicht die Schwierigkeit jeglicher Einordnungsversuche. Zur Erklärung des Schutzzwecks allein auf das Vertrauensverhältnis rekurrieren zu wollen, erscheint daher zu formalistisch[420]. Eine solche Sicht ist nur haltbar, wenn man die Funktionsfähigkeit der Berufe des § 53 I StPO als einzigen Schutzzweck annimmt. Diese Betrachtungsweise ist aber kaum aus dem Allgemeinen Persönlichkeitsrecht des Beschuldigten ableitbar[421]. Gerade die Schutzwürdigkeit der Daten konstituiert erst das Vertrauensverhältnis. Materiellrechtlich spricht des Weiteren dagegen, dass § 203 StGB nach vorzugswürdiger Ansicht[422] in erster Linie die Geheimnissphäre des Beschuldigten schützen will. Auch bei § 203 StGB sind die Daten um ihrer selbst willen geschützt und nicht nur, um das Vertrauensverhältnis abzusichern.

10. *Nemo-tenetur*-Ansatz

Ebenso von der Schutzbedürftigkeit des Beschuldigten her argumentieren die Vertreter des *nemo-tenetur*-Ansatzes. Ohne die Anerkennung von Zeugnisverweigerungsrechten der Berufsgeheimnisträger werde der Grundsatz unterlaufen, dass der Beschuldigte sich nicht selbst belasten müsse[423]. Gerade die Informationsherrschaft des Beschuldigten, die in der Entbindungsklausel des § 53 II StPO niedergelegt ist, spreche für eine solche Deutung.

---

418 *BGHSt.* 38, (144), 146) sieht zu Recht das Wissen des Arztes nur im Patienteninteresse als geschützt an.

419 *BVerfGE* 65, (1), 45 (Volkzählungsurteil).

420 In diese Richtung aber *P. Schmitt*, Berücksichtigung, S. 124 f.

421 Dies versucht aber *P. Schmitt*, Berücksichtigung, S. 125. Ein derartiges Verständnis entspricht der Theorie vom öffentlichen Interesse.

422 So etwa *Lackner/Kühl*, StGB, § 203, Rn. 1 m.w.N. zum Theorienstreit.

423 *Freund*, NJW 1975, 2058 m.w.N.; *Petry*, Beweisverbote, S. 46 f.

An diesem Ansatz wird kritisiert, dass der *nemo-tenetur*-Grundsatz ursprünglich nur für die Ausübung staatlichen Zwanges gelte[424]. Im Rahmen der Zeugnisverweigerungsrechte müsse das Prinzip aber im Hinblick auf eine effektive Strafverfolgung relativiert werden. Es bestehe die Gefahr, dass derartige Abwägungen bald klassische Anwendungsbereiche des *nemo-tenetur*-Grundsatzes erfassten[425].

Methodisch ist es zweifelhaft, ob man aus den unerwünschten praktischen Konsequenzen eines Interpretationsansatzes auf seine Unzulässigkeit schließen darf[426]. Ebenso wenig überzeugen die materiellen Einwände. Zum einen ist der *nemo-tenetur*-Grundsatz positivrechtlich (etwa durch §§ 136, 136 a StPO) in seinem Kernbereich hinreichend abgesichert, zum anderen wird durch die Rechtsprechung im Großen und Ganzen die Selbstbezichtigungsfreiheit ausreichend anerkannt. Dass es Rechte mit einem unantastbaren Kernbereich und einer der Abwägung zugänglichen „Peripherie" gibt, zeigt das klassische Beispiel der Grundrechte. Auch diese sind durch die diversen Schrankenregelungen nicht denaturiert worden.

Es wird weiterhin der Einwand erhoben, dass das Entbindungsrecht nach § 53 II StPO kein zwingendes Argument für diesen Ansatz darstelle. Zunächst ist festzuhalten, dass der Beschuldigte die Dispositionsbefugnis über die Informationen des Berufsgeheimnisträgers verlieren kann, wenn dieser im Ermittlungsverfahren aussagt. Sollte keine richterliche Vernehmung mit ordnungsgemäßer Belehrung stattgefunden haben, so kann nur der Zeuge gem. § 252 StPO die Einführung seines Wissens in den Prozess verhindern oder bei einer gegen § 52 I StPO verstoßenden Erhebung gestatten[427]. Man müsste eigentlich erwarten, dass im Fall des § 53 I StPO wegen § 53 II StPO der Beschuldigte auch im Rahmen des § 252 StPO die Entscheidungsbefugnis hätte.

Dieser systematische Bruch ist aber nicht dem Gesetzgeber anzulasten und war daher nicht in seinem Sinne, da die Funktion des § 252 StPO erst durch die Rechtsprechung ihre Dimensionsweiterung als Zeugenschutzvorschrift erfahren hat. Zum anderen ist die Erwartung, dass der Berufsgeheimnisträger seine nach § 203 StGB strafbewehrte oder wenigstens standesrechtlich begründete Schweigepflicht einhält, legitim. Es

---

[424] Vgl. *Rengier,* Zeugnisverweigerungsrechte, S. 12, aber teilweise abschwächend *derselbe*, S. 23.

[425] Diese Auffassung vertritt *P. Schmitt*, Berücksichtigung, S. 53 f. m.w.N.

[426] Auf dieses Problem geht *P. Schmitt*, Berücksichtigung, S. 54 nicht ein.

[427] Vgl. *Ranft*, Jura 2000, 632.

wäre verwunderlich, wenn das Verfahrensrecht mit der Verletzung materiellrechtlicher Pflichten rechnen würde und bereits im Vorhinein eine Antwort darauf parat hätte.

Zudem wird argumentiert, dass die Entbindung das mangelnde Interesse des Beschuldigten an der Einhaltung der Verschwiegenheit des Berufsgeheimnisträgers zeige. Nun trete die Wahrheitserforschungspflicht in den Vordergrund und überspiele das allgemeine öffentliche Interesse an der Verschwiegenheit des Berufsgeheimnisträgers[428]. Diese Auffassung begegnet Bedenken: Sie kann nicht überzeugend darlegen, warum gerade der Beschuldigte den beschriebenen Konflikt zwischen Effektivität der Strafverfolgung und dem öffentlichen Interesse an der Funktionstüchtigkeit verschiedener Berufe auflösen soll. Auf der einen Seite ist seine Entscheidung naturgemäß zu seinen Gunsten voreingenommen. Eine faire Abwägung der Interessen findet nicht statt. Gibt er Informationen preis, die er für wertlos erachtet, so werden diese das Prozessgeschehen nicht fördern. Damit ist zur Bereinigung des beschriebenen Konflikts nichts beigetragen.

Denkbar sind nur zwei Konstellationen, in denen das Strafverfahren vorangebracht wird: Der Beschuldigte möchte entlastendes Material in den Prozess durch den Zeugen einbringen lassen, oder der Beschuldigte verkennt bei der Entbindung nach § 53 II StPO, dass ihn belastende Umstände ans Licht der Öffentlichkeit gelangen. Auf diesen Fall zu setzen, hieße die Beschuldigtenrechte nicht angemessen zu berücksichtigen, da ein prozessuales Gestaltungsmittel im Interesse des Beschuldigten gegen ihn gekehrt würde. Ginge es wirklich um die Auflösung des genannten Konflikts, so hätte der Gesetzgeber eine neutrale Instanz damit beauftragen müssen, ob Wissen des Zeugen als Prozessstoff eingeführt werden darf.

Sieht man den Sinn der Zeugnisverweigerungsrechte nach § 53 I StPO darin, dass bestimmte Berufe im öffentlichen Interesse geschützt werden sollen, so wäre die Einschaltung eines unabhängigen Berufsverbandes geboten gewesen, der dem Letztentscheider, einem Ermittlungsrichter, beratend zur Seite stehen würde. Somit ist dieses Gegenargument nicht stichhaltig.

Es lässt sich des Weiteren ein systematisches Argument für den *nemo-tenetur*-Ansatz anführen: Die Vorschrift über das Gutachtenverweigerungsrecht des Sachverständigen gem. § 76 I S. 1 StPO verweist nicht auf § 53 II StPO, obwohl regelmäßig Berufsgeheimnisträger – etwa ein

---

[428] *Görtz-Leible*, Beschlagnahmeverbote, S. 152 und insbesondere Fn. 37 (S. 152).

psychiatrischer Sachverständiger die Begutachtung des Beschuldigten vornehmen wird. Daraus folgt folgendes: Der Gutachter steht im Gegensatz zu der vom Beschuldigten regelmäßig gewählten Vertrauensperson nicht auf der Seite des Beschuldigten. Daher billigt ihm das Gesetz auch nicht die Informationsbeherrschung über einen Verweis auf § 53 II StPO zu. Dies zeigt im Umkehrschluss, dass nach der gesetzlichen Wertung der vom Beschuldigten in Anspruch genommene Berufsgeheimnisträger seiner Informationssphäre zuzurechnen ist und § 53 I StPO wenigstens teilweise den Beschuldigten primär schützen soll.

11. Ableitung aus dem *fair-trial*-Prinzip

Ähnlich wie etwa § 136 a StPO[429] könnten die Zeugnisverweigerungsrechte ihre Grundlage im aus Art. 2 I GG i.V.m. dem Rechtsstaatsprinzip abgeleiteten[430] *fair-trial*-Grundsatz haben[431]. Dabei werden sie nicht direkt aus Art. 1 I GG abgeleitet. Ihnen wird ebenso ein geringerer Status als dem *nemo-tenetur*-Prinzip eingeräumt; allerdings haben sie den gleichen Rang wie die Prozessgrundrechte[432]. Konsequenz dieser Einordnung ist, dass etwa bei Verletzung von § 52 III StPO im Nicht-Kernbereich des *fair-trial*-Grundsatzes nicht wie in § 136 I 2 StPO ein absolutes Verwertungsverbot die Folge sein muss, sondern ein relatives ausreicht[433]. Grundsätzlich muss man bei einem *fair-trial*-Verstoß aber von einem absoluten Beweisverwertungsverbot ausgehen[434].

12. Drittinteressen

Eine wichtige Rolle im Rahmen vom Anwendungsbereich des § 53 I StPO spielen Geheimhaltungsbelange Dritter[435]. Der Beschuldigte muss nicht zwingend der Mandant, Klient oder Patient des Berufsgeheimnisträgers sein. Daher kann eine Aussage – bewusst oder unbewusst – Informationen über andere Personen enthalten, die wiederum Rückschlüsse zulassen.

---

429 *Wolter*, GA 1999,172.

430 *BVerfG*, NStZ 1984, 82.

431 Vgl. *Wolter*, FG-BGH 2000, S. 993; ähnlich *Momsen*, ZRP 1998, 461. (Zeugnisverweigerungsrechte wurzeln im Verfahrensziel Rechtsfrieden); vgl. auch *BVerfG*, NStZ 2000, 490 (Sedlmayr).

432 *Wolter*, FG-BGH 2000, S. 970.

433 *Wolter*, FG-BGH 2000, S. 971, Fn. 34; insbesondere *Wolter*, FG-BGH 2000, S. 995.

434 *Wolter*, FG-BGH 2000, S. 993.

435 Vgl. auch Alternativ-Entwurf Zeugnisverweigerungsrechte, S. 24.

Dennoch können diese Interessen wenigstens in den Fällen von § 53 I S. 1 Nr. 2 – 3 StPO nicht der primäre Schutzzweck von § 53 I StPO sein, da es dem Beschuldigten gem. § 53 II S. 1 StPO gerade freisteht, eine Entbindung von der Schweigepflicht vorzunehmen. Der Schutz dieser Interessen wird nicht prozessual, sondern materiellrechtlich über die Vorschrift des § 203 StGB geleistet.

II. Ergebnis und Folgerungen für die einzelnen Berufsgruppen

Wie oben betont, wäre es einseitig, die Zeugnisverweigerungsrechte isoliert als Zeugenschutz oder Beschuldigtenschutz zu deuten[436]. Deswegen könnte man einen „doppelfunktionalen Ansatz", also eine Kombinationslösung aus beiden Grundrichtungen – ähnlich wie bei § 52 I StPO – befürworten.

Zunächst muss man aber Folgendes beachten: Letztlich geht es hauptsächlich um den Beschuldigten, wie § 53 II StPO zeigt[437]. Im Gegensatz zu den Angehörigen des § 52 I StPO ist der Berufsgeheimnisträger nicht befugt, über das Beweismaterial zu disponieren[438]. Aussagen, die unter Verletzung von § 203 StGB erfolgen, sind nach vorzugswürdiger Auffassung nicht verwertbar[439]. Die Berufsgeheimnisträger fungieren deshalb als abhängige „Hilfspersonen" des Beschuldigten[440]. Von seinem Auftrag hängt im Regelfall sogar ab, ob sie überhaupt tätig werden dürfen.

In gewissem Sinn bestehen die Rechte des § 53 I StPO im öffentlichen Interesse, da es dem Staat obliegt, die Grundrechte des Bürgers zu schützen (vgl. Art. 1 I 2 i.V.m. Art. 19 II GG). Letztlich schützt die Theorie des öffentlichen Interesses auch den Einzelnen, wenn sie besonders wichtige Dienstleistungen von Überwachung freistellt. Davon profitiert nämlich jeder potenziell Beschuldigte, der ebenso auf eine effektive Verteidigung oder Beratung bauen kann. Insoweit überzeugt der *nemo-tenetur*-Ansatz am ehesten, weil er direkt die strafprozessualen Interessen des Einzelnen betont. Die Theorie von der Justizpflicht stellt ledig-

---

436 Kritisch *Rengier*, Zeugnisverweigerungsrechte, S. 24; *Wolter*, FG-BGH 2000, S. 984, Fn. 104; s. auch *BGHSt.* 38, (7), 10.

437 So auch *Weigend*, Gutachten, C 82 f.; *Welp*, Vertrauen, S. 286.

438 Hierauf verweisen in ähnlichem Zusammenhang *Freund*, NJW 1975, 2058; *Rudolphi*, FS-Schaffstein, S. 445; vgl. aber auch *BGHSt.* 42, (73), 76.

439 *Lenckner*, NJW 1965, 327; *Rogall*, JZ 1996, 952 m.w.N. zum Streitstand; a.A. (jeweils zu § 300 StGB a. F.) *BGHSt.* 9, (59), 61; *Petry*, Beweisverbote, S. 185 m.w.N.

440 S. auch *Petry*, Beweisverbote, S. 47 f.

lich einen formalen Ansatz dar[441], der durch Bezugnahme auf das *nemo-tenetur*-Prinzip mit Inhalt erfüllt werden kann.
Dennoch ist der Rückgriff auf den *nemo-tenetur*-Grundsatz allein nicht ausreichend. Gegen die Betonung der Beschuldigtenrechte könnte man einwenden, dass Abgeordnete und Journalisten durch ihre Legislativaufgaben bzw. durch die Wahrnehmung der Pressefreiheit tatsächlich übergeordnete Kontrollfunktionen erfüllten. Sowohl ein Parlamentarier als auch ein Journalist müssen zur Erfüllung ihrer Aufgaben umfassend informiert sein. Zudem ist der Offenbarungsdruck des Beschuldigten hier nicht so groß, da seine persönliche Situation durch ein Gespräch mit dem Abgeordneten oder Journalisten nicht unmittelbar verbessert wird[442]. Ein positiver Effekt auf eine wirksame Verteidigung muss regelmäßig verneint werden. Die Erklärung über den nemo-tenetur-Ansatz wirkt für diese beiden Berufsgruppen als konstruiert. Ähnlich liegt es bei Schwangerschafts- und Suchtberatungsstellen nach § 53 I S. 1 Nr. 3 a und b StPO[443], die überwiegend gesellschaftspolitisch sinnvolle Tätigkeiten ausüben[444]. In solchen Fällen ist auf das Kriterium des öffentlichen Interesses zurückzugreifen, da die Individualinteressen des Beschuldigten tatsächlich nur eine nachrangige Rolle spielen.
Ein Sonderproblem stellt die Person des Geistlichen dar: Das Privileg eines Zeugnisverweigerungsrechts ist nur historisch zu erklären, da es der Kirche gelang, dem Staat einen staatsfreien Raum abzuringen. Beim seelsorgerlichen Gespräch steht nicht die Informationsweitergabe im Vordergrund (wie beim Abgeordneten und beim Journalisten). Diese Informationen sollen keine Entscheidungen oder Reaktionen der Mandatsträgern oder der Öffentlichkeit hervorrufen. Stattdessen zählt allein die persönliche Mitteilung des Beschuldigten. Das spricht dafür, auch den Geistlichen als „Hilfsperson“ des Beschuldigten wie andere Berufsgeheimnisträger aufzufassen. In ihrer Parallele zu einem therapeutischen

---

441 Vgl. auch *Köhler*, ZStW 108 (1995), 17, dessen Konzept der Grundpflichten allerdings nicht überzeugt.

442 Ähnlich *Petry*, Beweisverbote, S. 186; *Weigend*, Gutachten, C 83; a.A. *Rengier*, Zeugnisverweigerungsrechte, S. 33 (für Abgeordnete), S. 41 (für Journalisten); vgl. aber *derselbe*, S. 34 f.

443 Zur Berechtigung der Aufnahme dieser Gruppen in § 53 I StPO *Rengier*, Zeugnisverweigerungsrechte, S. 28.

444 Der Schwerpunkt einer Beratungstätigkeit liegt darin, Vorschläge für die zukünftige Lebensgestaltung zu geben. Denkbar ist aber auch, dass Delikte zur Sprache kommen (beispielsweise Drogen- oder Sexualstraftaten). Insofern kann der *nemo-tenetur*-Grundsatz wiederum bedeutsam werden.

Gespräch ist die Unterhaltung mit dem Geistlichen ähnlich einer ärztlichen Konsultation zu erachten. Dieses Mitteilungsbedürfnis darf sich der Staat nach dem Grundgedanken von *nemo tenetur* nicht zunutze machen. Für einen „doppelfunktionalen Ansatz" aus *nemo tenetur* und öffentlichem Interesse lassen sich aus der Entstehungsgeschichte von § 53 I StPO Argumente gewinnen: Die Zeugnisverweigerungsrechte mit öffentlichem Bezug sind erst später eingefügt worden, während sich die Schöpfer der StPO auf verfahrensrelevante Rechte beschränkten[445]. Aus diesem Grund ist kein unitarischer Schutzzweck für § 53 I StPO zu ermitteln, sondern lediglich ein berufsgruppenspezifischer.

III. Schutzzweckbestimmung für die einzelnen Berufsgruppen

Über die Berufsgruppen der Zeugnisverweigerungsberechtigten existiert im Einzelnen eine ausführliche Literatur. Ziel dieses Abschnitts kann es deswegen und auch angesichts der Themenstellung der Arbeit nicht sein, ausführlich alle Meinungen zu referieren. Stattdessen soll nur eine kurze Würdigung unter Berücksichtigung der bislang gewonnenen Ergebnisse erfolgen.

1. § 53 I S. 1 Nr. 1 StPO – Der Geistliche

Oft wird zur Erklärung des Zeugnisverweigerungsprivilegs des Geistlichen nach § 53 I S. 1 Nr. 1 StPO pauschal auf das Vertrauensverhältnis rekurriert[446]. Dies schließt bereits begrifflich den Schutz des Beschuldigten mit ein. Als Grundrecht auf der Seite des Beschuldigten tritt dabei Art. 4 I GG in den Blickpunkt. Dabei ist zu beachten, dass für Gläubige mancher Kirchen eine Beichtpflicht besteht[447].

Allerdings kommen an dieser Analyse Zweifel auf, sobald man Folgendes berücksichtigt: Wie bereits betont, genießt der Geistliche einen Sonderstatus. Während er materiellrechtlich gem. § 139 II StGB von der Anzeigepflicht gem. § 138 StGB selbst bei Kapitalverbrechen befreit ist, kann er durch niemanden, auch nicht durch die Entbindung des Beschuldigten selbst, gezwungen werden, Zeugnis abzulegen. Dies ergibt sich

---

445 Vgl. zu den ursprünglich von § 53 I StPO erfassten Gruppen KK-*Senge*, § 53, Rn. 1: Ursprünglich waren nur Geistliche, Verteidiger, Rechtsanwälte und Ärzte geschützt. S. auch *Rengier*, Zeugnisverweigerungsrechte, S. 12 f.; *Weigend*, Gutachten, C 81 u. Fn. 260 (C 81) m.w.N.

446 S. nur *Haß*, SchlHA 1973, 165.

447 S. dazu *Leonhard*, ZStW 26 (1906), 406.

aus dem Umkehrschluss von § 53 II StPO[448]. Ähnlich wie bei den Angehörigen spricht die mangelnde Dispositionsbefugnis des Beschuldigten über die Informationen des Geistlichen dagegen, dass dieser originär durch § 53 I S. 1 Nr. 1 StPO geschützt werden soll. Außerdem wird dem Beschuldigten die Revisionsmöglichkeit sogar dann versagt, wenn der Geistliche nicht von seinem Zeugnisverweigerungsrecht Gebrauch macht[449].

Weiterhin ist zu beachten, dass nicht nur das dem Geistlichen vom Beschuldigten anvertraute Wissen der Gewährleistung von § 53 I S. 1 Nr. 1 StPO unterfällt, sondern ebenso Tatsachen geschützt werden, die dem Geistlichen „bekanntgeworden" sind[450]. Damit sind eben dessen eigene Wahrnehmungen gemeint; diese fußen sicherlich auf der Existenz der „Vertrauensbeziehung", sind aber als „Sonderwissen" zu charakterisieren, von dem der Beschuldigte zumindest nicht sicher annehmen darf, dass der Geistliche Kenntnis davon erlangt hat. Sie sind eben nicht Gegenstand der kommunikativen Vertrauensbeziehung, für die in erster Linie die Verschwiegenheitspflicht gilt[451].

Als Beispiele für derartige Wahrnehmungen werden etwa genannt: Klang der Stimme oder die Mundart[452]. Dies weist zunächst in die Richtung, dass es nicht nur auf den Beschuldigten selbst ankommen könnte. Bevor der Passus „bekanntgeworden" eingefügt wurde, ist das Merkmal „anvertraut" bereits extensiv interpretiert worden. Vom Wortlaut her kann es nämlich nur Mitteilungen erfassen[453].

Im Gegensatz dazu sah das *Reichsgericht* aber beispielsweise ebenso die Tatsache eines absolvierten oder sogar ausgelassenen Beichtgangs als „anvertraut" an[454]. Diese Wortlauterweiterung griff nicht nur zugunsten des Beschuldigten Platz, sondern auch zu dessen Nachteil, wie eine Entscheidung des *Reichsgericht*s beweist: Dort hatte die Verteidigung verlangt, dass der Geistliche sich zu der Tatsache des Beichtgangs äußern solle[455]. Diese frühere Auslegung bestärkt die Vermutung, dass es um

---

448 LR-*Dahs*, § 53, Rn. 22.

449 S. *BGHSt*. 9, 59, (61 f.).

450 Diese Alternative wurde erst durch das 3. Strafrechtsänderungsgesetz eingefügt, vgl. *Baumann*, JuS 1991, 467.

451 *Baumann*, JuS 1991, 467.

452 *BGH*, NJW 1990, 3284.

453 Vgl. auch die Definition von *BGH*, NJW 1990, 3283.

454 *RG*, JW 1928, 2143 mit zustimmender Anmerkung *Mezger*, JW 1928, 2143; s. auch *Leonhard*, ZStW 26 (1906), 431 f.

455 S. *RG*, JW 1928, 2143.

einen institutionellen, keinen individuellen Schutz geht. Allerdings sollte man dieses Argument nicht überbewerten, da die Einbeziehung von „Bekanntgewordenem“ in den Gewährleistungsbereich von § 53 I S. 1 Nr. 1 StPO auch im Sinne eines möglichst effektiven Beschuldigtenschutzes gedeutet werden kann. Vielmehr entfaltet § 53 I S. 1 Nr. 1 StPO nur einen Rechtsreflex zugunsten des Beschuldigten[456].

Es ließe sich argumentieren, dass die Petenten selbst durch diesen Rundumschutz des Geistlichen sehr gut abgesichert und damit in den Schutzbereich des § 53 I S. 1 Nr. 1 StPO einbezogen seien. Obgleich diese Überlegung auf den ersten Blick plausibel klingt, leidet sie dennoch an Schwächen. Sie kann nämlich die gesetzgeberische Lösung einiger Konstellationen überhaupt nicht überzeugend begründen, was durch folgendes Beispiel exemplifiziert werden soll: Der Beschuldigte sieht sich einem schweren Tatvorwurf ausgesetzt, der bei einem Schuldspruch zu einer langjährigen Freiheitsstrafe führen wird. Sein einziger Entlastungszeuge wäre ein Geistlicher, bei dem er zur Tatzeit gebeichtet hat. Dieser beruft sich aber auf § 53 I S. 1 Nr. 1 StPO und verweigert somit jede Aussage. Das Fehlurteil wird in Kauf genommen.

In diesem Fall wird das Recht des Beschuldigten aus Art. 6 III lit. d EMRK, Entlastungszeugen vernehmen zu lassen, eingeschränkt. Eine wirksame Verteidigung wird auf diese Weise vereitelt, was dem Gebot, ein faires Verfahren zu ermöglichen, zuwiderläuft. Der Schutz des Beschuldigten tritt also ohne jegliche Abwägung und ohne den Versuch, eine praktische Konkordanz zwischen den Rechten des Geistlichen und des Beschuldigten herzustellen, zurück. Unschwer ist zu erkennen, dass der Beschuldigte in diesem Fall in seinem Vertrauen, das er dem Geistlichen entgegengebracht hat, enttäuscht wird.

Inwieweit es rechtlich möglich wäre, in solchen Ausnahmefällen eine Entbindungsmöglichkeit in § 53 II StPO durch den Beschuldigten zu etablieren, kann dahinstehen. Sie widerspräche jedenfalls eindeutig dem bisherigen Schutzzweck. Zwar ist eine solche Entbindungsmöglichkeit des Seelsorgers durch den Petenten dem deutschen Recht nicht fremd, wie § 385 II ZPO beweist. Eine Kommission für die Reform des Strafprozesses wollte diese Regelung sogar auf das Strafverfahren übertragen[457]. Allerdings ist § 385 II ZPO spätestens durch Art. 9 des Konkor-

---

456 Ähnlich *Ling*, GA 2001, 331.

457 Vgl. *Leonhard*, ZStW 26 (1906), 426 f., Fn. 1.

dats zwischen dem Deutschen Reich und dem Heiligen Stuhl vom 20. Juli 1933 als unwirksam anzusehen[458].

Im Bereich der strafrechtlichen Anzeigepflicht wird über eine Rückausnahme oder sogar Aufhebung von § 139 II StGB nachgedacht[459]. Gemäß diesen Vorstellungen soll bei der Ankündigung schwerster Delikte i.S.d. § 139 III StGB das Geistlichenprivileg entfallen; generell wird die Gestaltung des § 139 II StGB nach dem Modell des § 139 III StGB erwogen: Für die Gewährung der Straffreiheit wäre dann das ernsthafte Bemühen um die Verhinderung der Tat vonnöten[460]. Rückausnahmen vom Geistlichenprivileg sind rechtsgeschichtlich nicht unbekannt. So bestimmte etwa § 38 des sächsisch-weimarischen Gesetzes über die Verhältnisse der katholischen Kirchen und Schulen: „Sowohl in Zivilsachen als in Kriminalsachen sind die Geistlichen verbunden, vor den weltlichen Gerichten sich auch als Zeugen hören zu lassen, ohne dass es einer vorgängigen Erlaubnis oder Requisition der bischöflichen Behörde bedarf. Ausgenommen hiervon sind diejenigen Fälle, wo einem Geistlichen Eröffnungen unter dem Siegel der Beichte oder geistlichen Amtsverschwiegenheit anvertraut werden. Sollte aber in einem solchen Fall durch die Aussage und Angabe des Geistlichen Unglück und Nachteil für den Staat abgewendet, *ein Verbrechen verhütet* oder den schädlichen Folgen eines Verbrechens abgeholfen werden können, so kann das Siegel der Verschwiegenheit (*Sigillum Confessionis*) nicht stärker sein als die Verbindlichkeit des Staatsbürgers."[461]

Nicht zuletzt § 139 RStGB setzte diese Tradition ähnlicher Ausnahmeregelungen fort. Zu Recht wird die Frage gestellt, ob eine missbrauchte

---

458 S. *Obermayer*, EvStL, S. 187 (Beichtgeheimnis).

459 Als „rechtspolitisch höchst bedenklich" stuft *Obermayer*, EvStL, S. 187 (Beichtgeheimnis) § 139 II StGB ein.

460 Diese Vorschläge finden sich bei *Eser*, Handbuch des Staatskirchenrechts, § 71, S. 1041. Eine ähnliche Regelung enthielt die Vorschrift des § 27 I der DDR-StPO (Fassung vom 12. Januar 1968): Das Aussageverweigerungsrecht des Geistlichen bestand nur hinsichtlich solcher Taten, die nicht anzeigepflichtig i.S.v. § 225 DDR-StGB (Fassung vom 12. Januar 1968) waren; zitiert nach *Stein*, ZevKR 21 (1976), 422, Fn. 21.

461 Zitiert nach *Leonhard*, ZStW 26 (1906), 418 f. Kursive Hervorhebungen durch den Verfasser. *Leonhard*, a.a.O, S. 418 ff. führt weitere ähnliche Regelungen an. Unter anderem weist er auf § 82 des Pr.ALR hin. Solche Ausnahmen waren typisch. Eine Vorschrift, die dem heutigen § 139 StGB in etwa entspricht, findet sich nur selten; vgl. aber Art. 93 und 94 des Württembergischen Strafgesetzbuches.

Seelsorge überhaupt noch als Seelsorge zu qualifizieren ist[462]. Hierzu werden theologisch verschiedene Positionen vertreten. Probleme bereitet insbesondere die Auffassung der katholischen Kirche, dass auch die „Beichte" von zukünftigen Delikten – so genannte *peccata futura* – der Geheimhaltungspflicht des Geistlichen unterfielen[463]. Damit sind sie von der Beichte und damit dem weitergehenden Begriff der Seelsorge nicht abzusondern. Art. 9 des Konkordats vom 20. Juli 1933 zwischen dem Deutschen Reich und dem Heiligen Stuhl bestimmt, dass der Staat in bestimmte Bereiche der Seelsorge der katholischen Kirche nicht eingreifen darf. In Art. 9 heißt es: „Geistliche können von Gerichtsbehörden und anderen Behörden nicht um Auskünfte über Tatsachen angehalten werden, die ihnen bei Ausübung der Seelsorge anvertraut worden sind und deshalb unter die Pflicht der seelsorgerlichen Verschwiegenheit fallen."[464]

Das Konkordat ist völkerrechtlich bindend und gilt innerstaatlich als Bundesrecht weiter[465]. Somit wäre eine Regelung in dem oben beschriebenen Sinn nur dann möglich, wenn das normenhierarchisch höher als das Konkordat angesiedelte Grundgesetz[466] die Neufassung gebieten würde. Angesichts der Schutzpflichten des Staates für die in § 138 StGB genannten hochwertigen Rechtsgüter erscheint dies nicht ausgeschlossen. Die vom Gesetzgeber geäußerte Hoffnung, dass der Geistliche stets von sich aus die Begehung der Tat verhindern würde[467], erweist sich als trügerisch, wenn man bedenkt, dass dazu regelmäßig eine Indiskretion in irgendeiner Form, sei es in der Warnung des Opfers, sei es in der Benachrichtigung der Polizei, nötig wird. Dies bringt *eo ipso* eine Verletzung des Beichtgeheimnisses mit sich[468].

Jedenfalls für die genannten Fälle der Schwerstkriminalität wäre eine Modifizierung des § 53 I S. 1 Nr. 1 StPO im Rahmen der oben genann-

---

462 *Peters*, JR 1975, 406.

463 *Leonhard*, ZStW 26 (1906), 410. Anders sieht es im evangelischen Kirchenrecht aus: Dort gilt der Grundsatz: *Sigillum ad crimina committenda non pertinet.* Zukünftige Delikte sind damit dem Gewährleistungsbereich der Beichte entzogen und stellen mithin auch keine Seelsorge im weiteren Sinn dar. S. *Leonhard*, a.a.O., S. 413, dort auch zur theologischen Begründung und Gegenansichten.

464 RGBl. II, S. 681.

465 *BVerfGE* 6, 330 ff.; *Ipsen/Epping*, Völkerrecht, § 8 Rn. 3.

466 Das Grundgesetz steht über völkerrechtlichen Verträgen.

467 Vgl. *Stolleis*, ZevKR 17 (1972), 296.

468 S. *Leonhard*, ZStW 26 (1906), 412 und *passim*.

ten Reformerwägungen denkbar. Um den legitimen Interessen der Religionsgemeinschaften auf Geheimnisschutz Rechnung zu tragen, käme die verpflichtende Anordnung einer nichtöffentlichen Vernehmung in der Verhandlung durch das GVG in Betracht, wie dies entsprechend bei parlamentarischen Untersuchungsausschüssen diskutiert wird[469]. Vom Rechtsgedanken her kann für eine Neuregelung des § 53 I S. 1 Nr. 1 StPO die Ausnahme des § 100 d III S. 4 StPO angeführt werden, durch die bei Kollusionsverdacht das Geistlichenprivileg im Rahmen der Wohnraumüberwachung nach § 100 c I Nr. 3 StPO entfällt.
Dieses Argument überzeugt aber nur oberflächlich. Während es bei § 100 d III S. 4 StPO um den Missbrauch der Geistlicheneigenschaft geht, die keinerlei Schutz verdient, so besteht bei § 53 I S. 1 Nr. 1 StPO immerhin ein enger Nexus zu der seelsorgerlichen Funktion. Allerdings würde die Änderung von § 139 StGB keineswegs die Einschränkung von § 53 I S. 1 Nr. 1 StPO gebieten. Ein solcher Schluss ist ein methodisch immer zweifelhaftes *argumentum a minore ad maius*. §§ 138, 139 StGB haben eine präventive Zielrichtung und lassen daher wegen der legitimen Schutzpflichten des Staates größere Eingriffe in Rechtspositionen des Einzelnen als gerechtfertigt erscheinen[470]. Der im repressiven Kontext anzusiedelnde § 53 I S. 1 Nr. 1 StPO wird Einschränkungen in diesem Umfang nicht tragen. Daher kommt den Hilfspersonen des Geistlichen das Privileg des § 139 II StGB nicht zugute, während sie im Strafverfahren über § 53 a StPO geschützt sind[471]. Hinzu kommt, dass der Verurteilte etwa im Strafvollzug oder der Untersuchungsgefangene wenige Partner hat, denen er sich rückhaltlos auch zu nicht abgeurteilten Delikten anvertrauen kann. Hier kommt in erster Linie ein Geistlicher in Betracht.
Will man die Seelsorge in Gefängnissen nicht konterkarieren[472], so ist die Novellierung von 53 I S. 1 Nr. 1 StPO strikt abzulehnen. Das Straf-

---

469 *Link/de Wall*, JZ 1992, 1159.
470 Vgl. *Peters*, JR 1975, 404.
471 *Stolleis*, ZevKR 17 (1972), 296 f.
472 *Leonhard*, ZStW 26 (1906), 451 ff. Ein Beispiel für die Nützlichkeit der Gefängnisseelsorge bietet in jüngster Zeit der Fall des ehemaligen Mannheimer Profiboxers *Charly Graf*. Er geriet ins Rotlichtmilieu, wurde straffällig und schließlich zu Freiheitsstrafen verurteilt. Der Anstaltspfarrer setzte sich dafür ein, dass *Graf* 1984 Hafturlaub erhielt, um Boxkämpfe bestreiten zu können. *Graf* errang damals den deutschen Meistertitel. Heute engagiert er sich in Projekten mit verhaltensgestörten Kindern und bringt schwererziehbaren Jungen

vollzugsgesetz, das als alleiniges Vollzugsziel in § 2 S. 1 StVollzG die Resozialisierung des Gefangenen formuliert, sieht in § 53 I S. 1 StVollzG vor, dass dem Gefangenen die religiöse Betreuung durch einen Seelsorger seiner Religionsgemeinschaft nicht versagt werden darf. Der Resozialisierungsgedanke würde *ad absurdum* geführt, wenn die vertraulichen Gespräche zwischen dem Häftling und dem Geistlichen abgehört und in einem Strafverfahren gegen ihn verwendet werden könnten[473].

Als weitere mögliche *ratio legis* des § 53 I S. 1 Nr. 1 StPO bietet sich das Beichtgeheimnis[474] an. Dennoch ergeben sich dagegen Bedenken. Bereits der Wortlaut („Seelsorge") spricht dagegen[475]. Der Gewährleistungsumfang des § 53 I S. 1 Nr. 1 StPO umfasst nämlich einerseits nicht nur Informationen, die in einem Beichtgespräch gewonnen werden und nicht nur solche, die nach den kirchenrechtlichen oder sonstigen von den Religionsgemeinschaften erlassenen Vorschriften unter die Verschwiegenheit fallen[476]. Nach zutreffender Ansicht gehört zur Seelsorge außerdem, allgemeine Lebensprobleme zu besprechen und bei ihrer Bewältigung unterstützend zur Seite zu stehen[477]. Andererseits haben sich etwa in der evangelischen Kirche neue Beichttraditionen eingebürgert[478]. Dazu gehört etwa, dass ein Laie oder sogar mehrere Laien in einer Art Gruppensitzung die Beichte abnehmen. Auf Laien erstreckt sich das Privileg des § 53 I S. 1 Nr. 1 StPO aber unstrittig nicht[479]. Wenn aber ein Laie einem anderen die Beichte abnimmt, so ist er nach evangelischem Verständnis sogar unter der Inkaufnahme von Nachteilen verpflichtet zu

---

das Boxen bei, damit diese lernen, mit ihren Aggressionen besser umzugehen (vgl. *Frankfurter Allgemeine Zeitung* vom 27. Februar 2004, S. 35).

473 Einen wesentlich geringeren Schutz genießen gem. § 182 II StVollzG personenbezogene Daten eines Gefangenen, die einer in § 203 I Nr. 1, 2 und 5 StGB genannten Person als Geheimnis anvertraut wurden oder sonst bekanntgeworden sind. § 182 II S. 2 und S. 3 StVollzG statuieren nämlich für diese Personengruppen weitgehende so genannte Offenbarungsbefugnisse, während es für den Geistlichen keine Ausnahmen gibt.

474 Ablehnend zu diesem Schutzzweck: LR-*Dahs*, § 53, Rn. 20.

475 Vgl. auch *Haß*, SchlHA 1973, 165.

476 *Dallinger*, JZ 1953, 436.

477 Insbesondere *Baumann*, JuS 1991, 467. S. auch *Ling*, GA 2001, 327 f.

478 Unter anderen Vorzeichen, nämlich wegen des virulenten Priestermangels, geht auch die katholische Kirche mittlerweile dazu über, Aufgaben der Seelsorge an Laien zu übertragen; vgl. *Ling*, GA 2001, 325 f.

479 Vgl. *Stein*, ZevKR 21 (1976), 420 f.; *Stolleis*, ZevKR 17 (1972), 291 f.

schweigen[480]. Die Laienbeichte wird jedenfalls von dieser Konfession sehr ernst genommen und bezüglich der Vertraulichkeitsverpflichtung einer Beichte vor einem Geistlichen angenähert[481]. Somit gibt es Bereiche der Beichte bzw. Seelsorge, die jedenfalls nicht von § 53 I S. 1 Nr. 1 StPO umfasst sind. Meistens, aber wohl nicht immer, wird in diesen Fällen § 53 a StPO eingreifen[482]. Jedenfalls gelingt es § 53 I S. 1 Nr. 1 StPO nicht (mehr), die gesamte Beichte in ihrem vielfältigen Spektrum zu erfassen.

Schlagender sind die Argumente, dass der Begriff des Beichtgeheimnisses im staatlichen Recht nicht definiert ist und folgerichtig die Verletzung des Beichtgeheimnisses nicht materiellrechtlich durch § 203 StGB unter Strafe gestellt wird[483]. Dann entstünde die Gefahr, dass zur Definition des Begriffes „Beichtgeheimnis" etwa auf Vorstellungen des kanonischen Rechts zurückgegriffen werden müsste, also den Religionsgemeinschaften faktisch ein Ausfüllungsmonopol zustünde, obwohl die Voraussetzungen von § 53 I S. 1 Nr. 1 StPO vom Staat festzulegen und zu interpretieren sind[484]. Außerdem gibt es Religionsgemeinschaften, die ein Beichtgeheimnis gar nicht kennen[485]. Dann müsste doch wieder auf dem Wege einer teleologischen Extension oder gar Analogie der Begriff des Beichtgeheimnisses auf die entsprechenden seelsorglichen Verrichtungen anderer Religionsgemeinschaften erweitert werden.

Es liegt also nahe, den Schutzzweck in der unbehinderten Seelsorge als solcher zu sehen, was man in der Diktion *Esers* mit der Wahrung des „religiösen Friedens"[486] umschreiben kann. Diese Ansicht hat jedenfalls

---

480 S. Nr. V, 5 der Ordnung des kirchlichen Lebens der VELKD zitiert nach *Stein*, ZevKR 21 (1976), 421, Fn. 16.

481 In der Praxis wird teilweise sogar eine schriftliche Verschwiegenheitserklärung von ehrenamtlichen Mitarbeitern in von Pfarrern geleiteten Kontaktstellen verlangt. Sie stehen dabei unter der Aufsicht des Pfarrers, was zu der Rechtsstellung nach § 53 a StPO führt, worüber die Laien sogar belehrt werden. Vgl. das Beispiel bei *Stein*, ZevKR 21 (1976), 422 f., Fn. 20.

482 S. etwa zum Beispiel der Telefonseelsorge: *Stolleis*, ZevKR 17 (1972), 294 f.; vgl. zum Zeugnisverweigerungsrecht von in kirchlichen Einrichtungen ehrenamtlich Tätigen: *Seelmann*, ZevKR 49 (2004), 639 ff.

483 S. *Eser*, Handbuch des Staatskirchenrechts, § 71, S. 1039 u. Fn. 130; *Obermayer*, EvStL, S. 186 (Beichtgeheimnis).

484 Vgl. zum Begriff der Seelsorge: *Haß*, SchlHA 1973, 165.

485 Darauf weist *Leonhard*, ZStW 26 (1906), 429 hin.

486 *Eser*, Handbuch des Staatskirchenrechts, § 71, S. 1038 f. Der AE-StGB, S. 79, hält die Existenz von Religionsdelikten nur dann für erforderlich, wenn sie der Sicherung des „sozialen Friedens" dienen. In der Formel der Wahrung des so-

den Wortlaut von § 53 I S. 1 Nr. 1 StPO für sich. Sie vermeidet außerdem den Fehler, eine Ableitung der *ratio* aus Werturteilen zu treffen, indem etwa der Nutzen der Religion und insbesondere einer gewissen Richtung für die Gesellschaft beurteilt würde[487].

Zweck von § 53 I S. 1 Nr. 1 StPO ist es eben nicht, bestimmte Ansichten wegen ihrer vermeintlichen sozialen Bedeutung zu privilegieren, sondern im Gegenteil den durch Art. 4 GG bestimmten Bereich der zentralen Glaubensausübung im Rahmen der Seelsorge vor staatlichen Eingriffen zu bewahren[488]. Geschützt werden soll das Selbstbestimmungsrecht der Religionsgemeinschaften[489]. Die Entstehungsgeschichte bringt für den vertretenen Ansatz ein Argument: Bei der Reform von § 53 I Nr. 1 StPO a. F. wurde der ursprüngliche Passus „bei Ausübung der Seelsorge" durch die heutige Formulierung ersetzt. Damit war aber nur bezweckt, Tatsachen, die gelegentlich einer seelsorgerischen Tätigkeit bekannt werden, aus dem Schutzbereich von § 53 I S. 1 Nr. 1 StPO zu eliminieren[490]. Diese sprachliche Präzisierung belegt also, dass der Gesetzgeber damals den Kern der Vorschrift in der Bewahrung der freien Seelsorge gesehen hat und an dieser Einschätzung festhalten wollte. Abgeschichtet werden sollten etwa rein karitative und verwaltende Tätigkeiten[491]. Als betroffene Grundrechte sind Art. 4 I, II GG und auch wenigstens subsidiär das Recht auf informationelle Selbstbestimmung gem.

---

zialen Friedens kommt sehr gut zum Ausdruck, dass nicht der Wille zur Protektion bestimmter Gruppen entscheidend ist, sondern vielmehr nur die ungestörte Funktionstüchtigkeit der Gesellschaft selbst zur Legitimation heranzuziehen ist.

487 S. auch *Eser*, Handbuch des Staatskirchenrechts, § 71, S. 1023 ff. und insbesondere S. 1026 zu der Diskussion über den Schutzzweck der §§ 166, 167 StGB. Wie er zutreffend betont, dienen diese „Religionsdelikte" in einem weltanschaulich neutralen Staat der Friedenssicherung, bedeuten aber keine Parteinahme für irgendeine Religion.

488 Vgl. *Eser*, Handbuch des Staatskirchenrechts, § 71, S. 1038 f. Nach seiner Ansicht nach soll § 53 I S. 1 Nr. 1 StPO ebenfalls in einem weiteren Sinn dem Schutz des religiösen Friedens dienen. Während §§ 166, 167 StGB Angriffe Dritte auf dieses Schutzgut pönalisierten, soll § 53 I S. 1 Nr. 1 StPO staatlichen Störungen vorbeugen. Er bietet also einen einheitlichen Erklärungsansatz für den Schutz der Interessen von Religionsgemeinschaften im materiellen Strafrecht und Strafverfahrensrecht.

489 S. zum kirchlichen Selbstbestimmungsrecht als Paradigma: *Link/de Wall*, JZ 1992, 1152 ff.

490 *Dallinger*, JZ 1953, 436.

491 S. LR-*Dahs*, § 53, Rn. 25; so auch schon: *Leonhard*, ZStW 26 (1906), 429.

Art. 2 I i.V.m. Art. 1 I GG und Art. 19 III GG zu erwähnen; dieses Recht kann durchaus einmal eigenständige Bedeutung erlangen[492]. Hingegen ist das informationelle Selbstbestimmungsrecht des Geistlichen zwar tangiert[493], aber nicht *ratio legis* von § 53 I S. 1 Nr. 1 StPO[494].
Fraglich bleibt aber der Umfang von § 53 I S. 1 Nr. 1 StPO. Häufig wird als Schutzzweck nur die seelsorgerliche Tätigkeit von Geistlichen von Religionsgemeinschaften gesehen, die den Rang einer Körperschaft des öffentlichen Rechts i.S.v. Art. 140 GG i.V.m Art. 137 WRV genießen[495]. Im Ergebnis legt auch die Rechtsprechung § 53 I S. 1 Nr. 1 StPO in dieser Weise aus[496]. Vor dem Hintergrund der staatlichen Neutralität kann an dieser Beurteilung gezweifelt werden. Art. 4 I, II, Art. 3 I, III i.V.m. Art. 19 III GG sowie Art. 140 GG i.V.m. Art. 136 I, IV WRV und Art. 137 I WRV verpflichten den Staat dazu wegen seiner Verpflichtung zur Neutralität, keine Religionsgemeinschaft der anderen vorzuziehen[497], es sei denn, es bestünde ein sachlicher Grund hierfür. Der Verweis auf die Missbrauchsmöglichkeit von § 53 I S. 1 Nr. 1 StPO, wenn der Geistliche jeder durch Art. 4 GG geschützten Religionsgemeinschaft das Zeugnis verweigern dürfte, ist in praktischer Hinsicht unter Umständen berechtigt[498], aber normativ unerheblich[499].
Den sachlichen Grund kann die bloße Eigenschaft als Körperschaft des öffentlichen Rechts allein sicher noch nicht begründen[500]. Zutreffend wird festgestellt, dass der Begriff der Seelsorge schon vom Wortlaut her

---

492 Vgl. *Link/de Wall*, JZ 1992, 1154 f. Ob Art. 140 GG i.V.m 137 III WRV für die Religionsgemeinschaften, die als Körperschaften des öffentlichen Rechts anerkannt sind, in Hinblick auf Art. 2 I i.V.m. Art. 1 I GG spezieller ist, lassen *Link/de Wall*, JZ 1992, 1155 offen.

493 *Link/de Wall*, JZ 1992, 1154 f.

494 In diese Richtung wohl auch: *Baumann*, JuS 1991, 466; a.A. *Obermayer*, EvStL, S. 186 (Beichtgeheimnis).

495 So: AK-*Kühne*, § 53, Rn. 9; LR-*Dahs*, § 53, Rn. 23; KK-*Senge*, § 53, Rn. 11; *LG Hagen*, ZevKR 21 (1976), 424; a.A. *Ling*, GA 2001, 326.

496 S. etwa das unveröffentlichte Urteil bezüglich der Zeugen Jehovas des *BGH* vom 5. Mai 1953 – 1 StR 194/53 bei KK-*Senge*, § 53, Rn. 11.

497 *BVerfGE* 19, 206, (216); *Eser*, Handbuch des Staatskirchenrechts, § 71, S. 1040.

498 Diese Befürchtung äußern LR-*Dahs*, § 53, Rn. 23 m.N. und *Ling*, GA 2001, 326.

499 In diese Richtung argumentiert auch *Eser*, Handbuch des Staatskirchenrechts, § 71, S. 1040 f.

500 So *Eser*, Handbuch des Staatskirchenrechts, § 71, S. 1040; vgl. auch *Peters*, Strafprozeßrecht. S. 350; zweifelnd: HK-*Lemke*, § 53, Rn. 9.

eine Beschränkung auf die genannte Gruppe von Religionsgemeinschaften nicht trägt, da sie bei anderen Glaubensrichtungen ebenfalls integraler Bestandteil des religiösen Lebens ist[501] und insbesondere die Vertrauensstellung des Seelsorgers zum Beichtiger von der Rechtsform unabhängig ist[502]. Etwas anderes mag für den nichtseelsorgerlichen Bereich gelten, der für diese Religionsgemeinschaften durch das Amtsgeheimnis gem. § 54 StPO geschützt ist[503]. Allerdings könnte diese Privilegierung Ausfluss des Konkordats des Deutschen Reichs mit dem Heiligen Stuhl vom 20. Juli 1933 sein, aus dem das Zeugnisverweigerungsrecht des katholischen Geistlichen direkt folgt[504]. Deshalb liegt auf den ersten Blick der Schluss nahe, dass der katholischen Kirche entsprechende Religionsgemeinschaften gleichgestellt werden müssen[505]. Dies soll für die Religionsgemeinschaften in der Form einer öffentlichrechtlichen Körperschaft und wegen der so genannten Kirchenparität[506] insbesondere für die evangelische Kirche gelten.

Das Differenzierungskriterium wirft aber mehr Fragen auf, als es beantwortet. Der Heilige Stuhl ist Völkerrechtssubjekt und damit mit den anderen Religionsgemeinschaften nicht zu vergleichen. Es bleibt unklar, warum gerade die Religionsgemeinschaften, die in der genannten Weise organisiert sind, der katholischen Kirche gleichzustellen sind, zumal manche Religionsgemeinschaften in einem Bundesland den erwähnten Status erhalten haben[507], während er ihnen in anderen verwehrt blieb. Somit erlangen plötzlich die Länder Definitionsgewalt über Bundesrecht[508]. Dieser *numerus clausus* der privilegierten Religionsgemeinschaften entstammt vielmehr der traditionellen Verbindung von Kirche und Staat im Rahmen des christlichen Toleranzstaates, kann aber heute als historisches Überbleibsel[509] keine Eingrenzung des Schutzzwecks von § 53 I S. 1 Nr. 1 StPO mehr bewirken. Widersprüchlich erscheint außerdem, dass die Religionsgemeinschaften durch diesen Status zwar

501 Baumann, JuS 1991, 466 f.

502 *Obermayer*, EvStL, S. 187 (Beichtgeheimnis).

503 S. *Stein*, ZevKR 21 (1976), 419 und insbesondere Fn. 6 m.w.N auch zur Gegenansicht.

504 S. LR-*Dahs*, § 53 Rn. 21.

505 So auf jeden Fall für die evangelische Kirche: LR-*Dahs*, § 53 Rn. 21.

506 Dazu in ähnlichem Zusammenhang *BVerwG*, NJW 1970, 1286.

507 HK-*Lemke*, § 53, Rn. 9; KK-*Senge*, § 53, Rn. 11.

508 *Haas*, NJW 1990, 3254.

509 Zur Entstehung von Art. 140 GG: *BVerfG*, NJW 1976, 2125; s. auch *Leonhard*, ZStW 26 (1906), 430.

enorme Vorteile gegenüber anderen, häufig sogar pejorativ als „Sekten" bezeichneten[510] Religionsgemeinschaften haben, andererseits ihnen gewisse Verpflichtungen aus dieser besonderen Stellung wie beispielsweise die Pflicht zur Rechts- und Amtshilfe gem. Art. 35 I GG erspart bleiben[511]. Über § 53 I S. 1 Nr. 1 StPO hinaus wird sogar das Amtsgeheimnis der öffentlich-rechtlich anerkannten Religionsgemeinschaften geschützt, da der Begriff „öffentlicher Dienst" sehr weit ausgelegt wird[512]. Ferner darf nicht unberücksichtigt bleiben, dass manche Religionsgemeinschaften diesen Status überhaupt nicht anstreben[513].
In der Tat wird das Neutralitätsgebot des Staates durch diese ungleiche Behandlung im Rahmen von § 53 I S. 1 Nr. 1 StPO verletzt. Vor der uferlosen Weite des Anwendungsbereichs des Art. 4 GG braucht man sich nicht zu fürchten. Das Tatbestandsmerkmal des Geistlichen kann durchaus restriktiv ausgelegt werden. Dies beweist etwa § 11 I Nr. 3 WpflG, der im Übrigen auf Geistliche aller Religionsgemeinschaften anwendbar ist[514]. Zur Konkretisierung wurden in jüngster Zeit Erfolg versprechende Versuche unternommen. Als Geistlicher wird danach gesehen, wer „aufgrund kirchlichen Auftrags hauptamtlich eine seelsorgliche Tätigkeit ausübt, deren pastorale Verantwortung derjenigen eines katholischen Klerikers oder eines ordinierten evangelischen Amtsträgers gleichkommt"[515]. Plausibel erscheint es ferner, darauf abzustellen, ob eine Vollzeittätigkeit wie in den Fällen geweihter christlicher Priester gegeben ist[516]. Dies geschieht beispielsweise in §§ 11 I Nr. 3 WpflG und 10 I Nr. 3 ZDG. Hinsichtlich des Zeugnisverweigerungsrechts des Geist-

---

510 Etwa KK-*Senge*, § 53, Rn. 11.

511 Dazu: *Link/de Wall*, JZ 1992, 1153. Das Verhältnis Kirche – Staat wird als „hinkende Trennung" bzw. als Partnerschaft beschrieben; vgl. *BVerfG*, NJW 1976, 2125.

512 *Stromberg*, MDR 1974, 893.

513 S. *Haas*, NJW 1991, 3254.

514 Vgl. *Haas*, NJW 1991, 3254 m.w.N.

515 So *Ling*, GA 2001, 332. Zu beachten ist freilich, dass er diese Definition aber auf Laien im Dienste der durch Art. 140 GG i.V.m. Art. 137 I WRV privilegierten Religionsgemeinschaften bezieht und sie nicht auf Angehörige von Glaubensrichtungen angewandt wissen will, die nicht als öffentlich-rechtliche Körperschaften zu qualifizieren sind. Dennoch ist diese Formel durchaus geeignet, eine sinnvolle Restriktion für den Geistlichenbegriff überhaupt zu bieten.

516 BVerwG NJW 1970, 1286 f.; *Haas*, NJW 1991, 3254 m.w.N.; ähnlich: *Obermayer*, EvStL, S. 187 (Beichtgeheimnis); a.A. *Ling*, GA 2001, 331, der diese Vorschriften mit § 53 I S. 1 Nr. 1 StPO nicht für vergleichbar hält.

lichen im Zivilprozess wird von einer größeren Meinungsgruppe hinsichtlich § 383 I Nr. 4 ZPO der Geistlichenbegriff extensiv ausgelegt[517]. Eine weitere Einschränkung erfährt das Zeugnisverweigerungsrecht des Geistlichen nach § 53 I S. 1 Nr. 1 StPO außerdem durch seine thematische Begrenzung. Das Gericht kann gem. § 56 StPO die Glaubhaftmachung fordern, dass die Informationen tatsächlich im Rahmen der seelsorgerlichen Tätigkeit erlangt worden sind[518]. Hierzu kann gem. § 56 S. 2 StPO die eidliche Versicherung verlangt werden. Dabei schadet es nicht, dass dem Geistlichen im Rahmen seiner Gewissensentscheidung in Zweifelsfällen die Aufgabe zufällt, über die Einordnung zum Bereich der Seelsorge zu entscheiden[519]. Dennoch entfaltet das genannte Konkordat mittelbar Wirkung für alle anderen Religionsgemeinschaften: Wegen des Gleichheitssatzes muss Art. 9 des Reichskonkordats auf Geistliche aller Religionsgemeinschaften erweitert werden und fordert damit die Anwendung von § 53 I S. 1 Nr. 1 StPO[520]. Nach dem *Bundesverfassungsgericht* ist es dem Gesetzgeber aus verfassungsrechtlichen Gründen nicht erlaubt, das Zeugnisverweigerungsrecht des Geistlichen nach § 53 I S. 1 Nr. 1 StPO zurückzunehmen[521]. Ob es dabei nur um den Kernbereich des Beichtgeheimnisses oder um die gesamte Seelsorge geht, ist aus dem angeführten *obiter dictum* nicht eindeutig ersichtlich.
Hinter die Gewährleistung von § 53 I S. 1 Nr. 1 StPO darf bei einer Novellierung der Strafprozessordnung nicht zurückgefallen werden. Die österreichische Rechtsordnung gewährt dem Geistlichen sogar noch einen weitergehenden Schutz: Dort besteht ein Vernehmungsverbot für Geistliche aller Religionsgemeinschaften gem. § 151 I Z 1 der österreichischen StPO[522].
Die *ratio legis* von § 53 I S. 1 Nr. 1 StPO kann also damit umschrieben werden, dass die Seelsorgepraxis aller Religionsgemeinschaften ge-

---

517 *Wieczorek*, ZPO, § 383, Anm. III 1 a; s. auch *Baumann*, JuS 1991, 467 m.w.N., der diese Ansicht sogar als h.M. ansieht; a.A. aber MK-ZPO-*Damrau*, § 383, Rn. 22.

518 S. AK-*Kühne*, § 53, Rn. 10. LR-*Dahs*, § 53, Rn. 26 will die Anwendung von § 56 StPO auf Ausnahmen beschränken. Dies erscheint zweifelhaft. Da der Zeugnisverweigerungsberechtigte ein Privileg in Anspruch nimmt, ist er nach allgemeinen Grundsätzen gehalten, die Voraussetzungen darzulegen und glaubhaft zu machen.

519 *Dallinger*, JZ 1953, 436.

520 S. *Obermayer*, EvStL, S. 187 (Beichtgeheimnis).

521 *BVerfG*, NJW 1976, 2126.

522 *Bertel/Venier*, Grundriss des österreichischen Strafprozessrechts, Rn. 326.

schützt wird. Dass die Weltanschauungsgemeinschaften nicht von § 53 I S. 1 Nr. 1 StPO erfasst sind, erscheint als Manko, dem *de lege ferenda* abzuhelfen ist. Es gibt nämlich Grenzfälle, in denen eine Einordnung nicht vorgenommen werden kann. Darüber hinaus ist beispielsweise in manchen Religionen eine Aufhebung der Transzendenz festzustellen – so wird etwa eine atheistische Strömung des Buddhismus[523] erwähnt. Überhaupt geraten gerade pantheistische Vorstellungen häufig in den Verdacht, atheistisch zu sein[524].

2. Der Verteidiger gem. § 53 I S. 1 Nr. 2 StPO

Die Frage nach dem Schutzzweck von § 53 I S. 1 Nr. 2 StPO ist eng mit der Frage verknüpft, welche Prozessrolle man dem Verteidiger zubilligt. Deshalb soll zunächst dieses Problem kurz aufgeworfen werden. Mit zahlreichen Spielarten[525] werden *cum grano salis* zwei Meinungsrichtungen[526] vertreten.

Die so genannte Organtheorie billigt dem Verteidiger die institutionelle Unabhängigkeit vom Gericht zu; auf diese weist bereits der Wortlaut von § 1 BRAO hin (Rechtsanwalt als „*unabhängiges* Organ der Rechtspflege"). Dabei beeinflusst dieses Verständnis nicht die Parteilichkeit des Verteidigers zugunsten des Beschuldigten, die dieser Ansatz vielmehr voraussetzt. Unter Bezugnahme auf seine Stellung als Organ der Rechtspflege werden aber Ableitungen getroffen, die das zulässige Verteidigerhandeln erheblich einschränken: Den Kern bildet das Lügeverbot des Verteidigers; bei einem Verstoß kann er sich gem. § 258 StGB der Strafvereitelung schuldig machen. Im vorliegenden Zusammenhang ist es von besonderer Bedeutung, dass der Verteidiger das staatliche Interesse an einer effektiven, wahrheitsorientierten Strafrechtspflege zu berücksichtigen hat. Vom Boden dieses Ansatzes aus wäre eine Schutzzweckbestimmung des § 53 I S. 1 Nr. 2 StPO in der Richtung denkbar, dass das Zeugnisverweigerungsrecht zumindest auch im öffentlichen Interesse besteht. Als weitere Konsequenz der Organtheorie könnte sich beispielsweise entgegen § 97 I, II StPO eine Editionspflicht des Vertei-

---

523 Vgl. dazu *v. Glasenapp*, Weltreligionen, S. 67 ff., insbesondere S. 121.

524 S. *Heine*, Religion, S. 59 ff. und insbesondere S. 62, der die spinozistische Philosophie gegen den Atheismusvorwurf verteidigt.

525 S. im Einzelnen *Beulke*, Verteidiger, S. 163 ff.

526 Zur Darstellung der Theorien im Folgenden vgl. *Paulus*, NStZ 1992, 306 ff. mit zahlreichen weiteren Nachweisen. S. auch *Knapp*, Verteidiger, S. 85 ff. zur Organtheorie.

digers ergeben, wenn die Verwahrung von Unterlagen des Beschuldigten als rechtsmissbräuchlich erscheint[527].
Antipodisch steht zu dieser Auffassung die Vertretertheorie. Sie ordnet den Verteidiger dem Beschuldigten als Sachwalter zu, der dessen prozessuale Rechte wahrzunehmen habe. Diese derivative Rechtsstellung des Verteidigers von der Prozessposition des Beschuldigten her führt bei konsequenter Anwendung dazu, die *ratio legis* von § 53 I S. 1 Nr. 2 StPO ebenfalls dem Beschuldigtenschutz zuzuordnen.
Gegen beide Meinungen sind gewichtige Einwände erhoben worden[528]. Herauszustellen ist dabei vor allem Folgendes: Die StPO verwirklicht weder das eine noch das andere Prinzip in Reinkultur. Die Vertretertheorie kann beispielsweise nicht überzeugend das selbstständige Antragsrecht des Verteidigers erklären, der gegen den Willen seines Mandanten dessen Geisteszustand untersuchen lassen kann. Dieses „paternalistische" Moment ist eher einer Erklärung durch die Organstellung des Verteidigers zugänglich. Ferner wird zu Recht darauf hingewiesen, dass eine echte Stellvertretung nach der StPO nur im Ausnahmefall zulässig ist[529]. Zudem bleibt das Lügerecht des Verteidigers mehr als zweifelhaft und ist dogmatisch nicht zwingend geboten: Wer Rechte von einer anderen Rechtsposition ableitet, dem stehen nicht unbedingt die gleichen Rechte zu.
Die Auffassung, die ausschließlich darauf abstellt, dass der Verteidiger als Organ der Rechtspflege auftritt, ist zumindest lückenhaft. Insbesondere die Berufung auf § 1 BRAO vermag nicht alle möglichen Fallkonstellationen zu erfassen. Zu denken ist hier insbesondere daran, dass kein Rechtsanwalt, sondern eine andere Person die Verteidigung übernimmt. Das können gem. § 138 I StPO etwa Hochschullehrer sein (vgl. den Kreis der in § 138 II StPO Genannten). Daneben kommen als Verteidiger unter bestimmten Voraussetzungen gem. § 142 II StPO selbst Referendare und im Anwendungsbereich von § 392 AO etwa Steuerberater und Wirtschaftsprüfer in Betracht[530].

---

[527] Diese Möglichkeit erwägt *Haffke*, NJW 1975, 812 unter Bezugnahme auf § 1 BRAO; *Haffke* lehnt derartige Einschränkungen der Beschlagnahmefreiheit aber unter Hinweis darauf ab, dass der Organbegriff selbst zu unbestimmt ist.

[528] Vgl. dazu ausführlich *Beulke*, Verteidiger, S. 176 ff. und *Paulus*, NStZ 1992, 306 ff. jeweils m.w.N.

[529] S. *Paulus*, NStZ 1992, 307.

[530] S. KK-*Senge*, § 53, Rn. 14 m.w.N.; LR-*Dahs*, § 53, Rn. 27. § 392 I AO lautet in der Fassung der Bekanntmachung vom 01.10.2002 (BGBl. I, S. 3866) nunmehr: „Abweichend von § 138 Abs. 1 der Strafprozessordnung können auch

Zwar wird es zu weit gehen, wenn man die Funktion des § 53 I S. 1 Nr. 2 StPO darin sieht, dass hier hauptsächlich solche Verteidiger angesprochen sind, die nicht als Rechtsanwälte fungieren[531]. Es wird damit begründet, dass Rechtsanwälte schon durch § 53 I S. 1 Nr. 3 StPO Schutz erführen. Dafür mag allerdings die Entstehungsgeschichte sprechen, da der Gesetzgeber schon ursprünglich zwischen Rechtsanwälten und Verteidigern unterschieden hat[532]. Dennoch sollte diese Dichotomie nicht zu weit getrieben werden und § 53 I S. 1 Nr. 2 StPO beim Vorliegen der Verteidigereigenschaft als *lex specialis* zu § 53 I S. 1 Nr. 3 StPO aufgefasst werden, so dass dem Rechtsanwalt als Verteidiger im Ergebnis das Zeugnisverweigerungsrecht nach § 53 I S. 1 Nr. 2 *und* 3 StPO zusteht[533]. Es lässt sich also feststellen, dass die Personengruppen nach § 1 BRAO und die Verteidiger keineswegs deckungsgleich sind. Bereits dies ist ein gewichtiger Einwand gegen die Organtheorie.
Hinzu kommt die methodologische Orientierung an einem verfehlten ontologischen Wahrheitsbegriff[534]: Der Verteidiger ist keineswegs dazu bestimmt, im Rahmen seiner Funktion zur Aufklärung der materiellen Wahrheit beizutragen. Vielmehr muss er durch die Wahrnehmung seiner Funktion die Findung einer prozessualen Wahrheit befördern. Dies verkennt aber die Organtheorie, wenn sie sich an einem materiellen Gerechtigkeitsbegriff orientiert und nicht die Herstellung von „Gerechtigkeit durch Verfahren" betont.
Endlich ist die Paradoxie zu erwähnen, dass ein formell unverteidigter Beschuldiger sich in der Konsequenz besser stellt, als jemand, der einen Verteidiger hinzuzieht[535]. Dies ist ein klarer Widerspruch gegen den Ge-

---

Steuerberater, Steuerbevollmächtigte, Wirtschaftsprüfer und vereidigte Buchprüfer zu Verteidigern gewählt werden, soweit die Finanzbehörde das Strafverfahren selbständig durchführt; im Übrigen können sie die Verteidigung nur in Gemeinschaft mit einem Rechtsanwalt oder einem Rechtslehrer an einer deutschen Hochschule führen."

531 So aber AK-*Kühne*, § 53, Rn. 11.

532 Vgl. KK-*Senge*, § 53, Rn. 1.

533 S. auch LR-*Dahs*, § 53, Rn. 27. BGHSt. 16, (67), 70 bezieht sich beispielsweise zur Begründung des Zeugnisverweigerungsrechts des Rechtsanwalts als Verteidiger nur auf § 53 I S. 1 Nr. 2 StPO. Vgl. auch *Paulus*, NStZ 1992, 305, der darauf hinweist, dass der Begriff des „Verteidigers" lediglich im Strafverfahrensrecht vorkommt.

534 S. dazu *Paulus*, NStZ 1992, 309 f., der zur Charakterisierung diesem Wahrheitsbegriff den Terminus einer „semantischen Aussagen- (Argumentations-) Wahrheit" gegenüberstellt.

535 Vgl. *Paulus*, NStZ 1992, 309 m.w.N.

danken des § 138 StPO. Zuletzt bleibt unklar, wie der Verteidiger gleichzeitig „zwei Herren dienen“ soll, nämlich seinem Mandanten und dem Staat; eine überzeugende Konkretisierung ist denn bislang nicht gelungen. Die Abgrenzung dieser Interessen müsste letztlich der Verteidiger selbst durch Abwägung feststellen. Zutreffend wird konstatiert, dass es aber nicht Aufgabe des das Staatshandeln begrenzenden Verhältnismäßigkeitsprinzips sein kann, dass in festgeschriebene Rechte privater Prozesssubjekte beschränkend eingegriffen wird[536].

Wenn auch beide der vorgestellten Ansätze in ihren Extrempositionen die Rolle des Verteidigers nur fragmentarisch erfassen können, so erscheint insgesamt die Orientierung hin zu einer modifizierten Vertretertheorie vorzugswürdig, wobei der Verteidiger der terminologischen Klarstellung halber besser als Sachwalter denn als Vertreter des Beschuldigten bezeichnet werden sollte. Folgt man dieser Auffassung, so ist die Konstruktion des § 53 I S. 1 Nr. 2 StPO als Schutznorm für den Beschuldigten vorzugswürdig.

Dafür lassen sich weitere Argumente anführen: Bereits so genannte Anbahnungsgespräche zwischen dem potentiellen Verteidiger und dem Beschuldigten unterfallen dem Schutz von § 53 I S. 1 Nr. 2 StPO[537]. Das ist jedenfalls als Indiz zu werten, dass die Vertrauensbeziehung zwischen Anwalt und Mandant im Vordergrund steht. Die Beziehung wird schon dann als sakrosankt angesehen, wenn noch keine Prozessrolle des Rechtsanwalts, ja noch nicht einmal ein privatrechtlicher Geschäftsbesorgungsvertrag vorliegt, auf dessen Abschluss es später nicht ankommen soll; gleiches gilt für den Fall der amtlichen Bestellung[538].

Für den Individualschutz des Beschuldigten spricht weiterhin die Tatsache, dass im Rahmen von § 53 I S. 1 Nr. 2 StPO die Fallgestaltung erfasst ist, dass der Verteidiger eines anderen Beschuldigten als Zeuge vernommen werden soll, was entgegen dem missverständlichen Wortlaut des § 53 I S. 1 Nr. 2 StPO („Verteidiger des Beschuldigten“) zu Recht angenommen wird[539]. Käme es primär auf öffentliche Interessen an, so wäre unbegreiflich, warum der Gesetzgeber gerade für diesen Fall keine Abwägung zwischen den Interessen der Strafverfolgung und den Persönlichkeitsrechten eines – möglicherweise in einem anderen Verfahren bereits rechtskräftig verurteilten – Beschuldigten vornimmt. Selbst

---

[536] S. *Paulus*, NStZ 1992, 309 m.w.N.
[537] LR-*Dahs*, § 53, Rn. 28 m.w.N.
[538] LR-*Dahs*, § 53, Rn. 28.
[539] S. KK-*Senge*, § 53, Rn. 13 m.w.N.; LR-*Dahs*, § 53, Rn. 27.

wenn dieses Verfahren gegen den unbeteiligten Dritten noch nicht abgeschlossen sein sollte, so erschiene eine Aussage des Verteidigers prinzipiell als möglich; den Interessen des Dritten könnte wirksam durch ein Verwertungsverbot im anderen Prozess Rechnung getragen werden. Dass dies nicht die präferierte Lösung des Gesetzgebers ist, beweist, dass die Geheimhaltungsinteressen des Beschuldigten – abgesichert durch § 203 StGB – einen absoluten Vorrang beanspruchen sollen. Unterschätzt werden darf in diesem Zusammenhang auch nicht die Entbindungsmöglichkeit des § 53 II StPO. Die Dispositionsbefugnis des Beschuldigten über das Wissen des Verteidigers belegt eindrücklich die Bedeutung des Zeugnisverweigerungsrechts als Schutz der Beschuldigteninteressen.

Unterstrichen wird dies durch einen Umkehrschluss: Wenn der Beschuldigte seinen Verteidiger nicht von der Schweigepflicht entbindet, dann muss der Verteidiger schweigen[540]. Selbst wenn man ein Offenbarungsrecht des Verteidigers bei einem Gewissenskonflikt anerkennen wollte, so würde daraus keineswegs eine Offenbarungspflicht[541] folgen, wie sie aber aus der Sicht der Organtheorie nahe liegt. Ob das auch dann gilt, wenn der Mandant nicht der Beschuldigte im aktuellen Strafverfahren ist, bestreitet eine Meinung[542]. Dies wird aber wohl vor dem Hintergrund des bislang Ausgeführten zu bejahen sein. Unzutreffend ist die Ansicht, dass der Rollenkonflikt des Strafverteidigers zwischen der Wahrheitsfindung und seiner Verschwiegenheitspflicht von jenem in dem Sinne aufgelöst werden darf, dass er selbst über die Geltendmachung seines Zeugnisverweigerungsrechts entscheidet[543]. Eine derartige Annahme widerspricht bereits der klaren Intention von § 53 II StPO. Eine solche Auffassung kann erst recht nicht mit dem Verweis auf standesrechtliche Geheimhaltungspflichten begründet werden[544].

Somit erscheint der Verteidiger als Hilfsperson des Beschuldigten, dessen Willen er sich im Rahmen des Erlaubten – ohne Rücksicht auf staatliche Interessen – unterzuordnen hat. Der Charakter des Verteidigers als Hilfsperson lässt sich dadurch belegen, dass nach der Rechtsprechung kein Gewissenskonflikt beim Verteidiger angenommen wird, wenn er

---

540 Vgl. LR-*Dahs*, § 53, Rn. 28.

541 Zutreffend *Haffke*, NJW 1975, 809.

542 Dafür: *Welp*, FS-Gallas, S. 404 ff.; a.A. LR-*Dahs*, § 53, Fn. 70.

543 So allerdings *Bringewat*, NJW 1974, 1741 f.

544 Dies lehnt auch *Bringewat*, NJW 1974, 1741 f. ab.

lediglich eine dem Beschuldigten günstige Tatsache offenbaren soll[545]. Nach dieser Ansicht tritt also das Interesse an der Wahrung des Berufsgeheimnisses zurück – ganz im Gegensatz etwa zu dem Geistlichen (s.o.).
Nicht zuletzt muss § 53 I S. 1 Nr. 2 StPO im Lichte von § 148 I StPO gesehen werden[546], der den ungehinderten Verkehr des Beschuldigten mit seinem Verteidiger gestattet. Schon aus der Formulierung der Vorschrift ist zu ersehen, dass es sich um ein originäres Beschuldigtenrecht handelt. § 53 I S. 1 Nr. 2 StPO erscheint als Absicherung dieser Verbürgung.
Schließlich gibt der Gesichtspunkt einen Hinweis, dass eine Verwirkung des Zeugnisverweigerungsrechts gem. § 53 I S. 1 Nr. 2 StPO wegen Missbrauchs nicht eintreten kann[547]. Die Gegenauffassung[548] widerspricht dem klaren Wortlaut von § 53 I S. 1 Nr. 2 StPO, der gerade keine Ausnahme bei Verstrickung des Verteidigers kennt, wie sie etwa § 100 d III S. 4 StPO vorsieht. Dieser Umkehrschluss ist nicht zuletzt im Interesse der Rechtssicherheit geboten, da der Begriff der Verwirkung sehr wenig konturiert ist. Im Zivilrecht ist die Verwirkung Ausfluss des Prinzips von Treu und Glauben gem. § 242 BGB[549]. Derartige Generalklauseln dürfen dagegen im öffentlichen Recht, bei dem jeder staatliche Eingriff in bestehende Rechtspositionen einem Rechtfertigungszwang gem. Art. 1 III GG und 20 III GG unterliegt, grundsätzlich nicht angewendet werden. Ginge es bei dem Zeugnisverweigerungsrecht tatsächlich um ein Recht im öffentlichen Interesse, dann wäre diese Schutzbereichsausdehnung überzogen. Entsprechendes ist dafür anzunehmen, dass man den Schutz in den Interessen des Verteidigers selbst sieht. Schließlich setzt die Annahme einer Verwirkung voraus, dass der Verteidiger zunächst verpflichtet ist, eine Güterabwägung zu treffen und zweitens ein Maßstab gefunden wird, diese Güterabwägung zu überprüfen. Es wäre befremdlich, wenn beispielsweise die Ermessensfehlerlehre des öffentlichen Rechts zu diesem Zweck herangezogen würde[550]. Einschränkend ist aber Folgendes zu bemerken: Die Rechtsfigur der Verwirkung ist in den meisten Beispielen von vornherein überflüssig, wie das folgende

---

545 *OLG Bamberg*, StV 1984, 500.
546 Vgl. zu § 148 StPO die Ausführungen von *LG Mainz*, NStZ 1986, 473 f.
547 Ausführlich: LR-*Dahs*, § 53, Rn. 29.
548 *Bringewat*, NJW 1974, 1742.
549 S. *Larenz/Wolf*, BGB AT, § 16, Rn. 46.
550 Vgl. auch *Haffke*, NJW 1975, 809.

Beispiel demonstriert. Ein Rechtsanwalt ist bei einem Straßenverkehrsdelikt seines Freundes gem. § 315 c StGB als Beifahrer zugegen und übernimmt im späteren Strafverfahren dann die Verteidigung, um wegen § 53 I S. 1 Nr. 2 StPO nicht als Zeuge vernommen werden zu können[551]. Da die Kenntniserlangung durch den Rechtsanwalt noch vor der Anbahnung eines Geschäftsbesorgungsvertrags nach § 675 BGB stattgefunden hat, kann er sich insoweit überhaupt nicht auf § 53 I S. 1 Nr. 2 StPO berufen; im Gegensatz zu § 52 I StPO wird durch das Ereignis, welches das Zeugnisverweigerungsrecht begründet, keine Rückwirkung geschaffen[552].

Das öffentliche Interesse wurde bislang vor allem in der Effektivität der Strafverfolgung gesehen. Dabei soll ein weiterer Aspekt nicht ausgeblendet werden: Der Schutz des einzelnen Vertrauensverhältnisses bewirkt einen abstrakten Schutz der Institution der Strafverteidigung[553]. Insofern könnte ein öffentliches Interesse bestehen. Dennoch geht es zu weit, darin einen primären Schutzzweck von § 53 I S. 1 Nr. 2 StPO zu erblicken. Ähnlich wie die Grundrechte ist das Zeugenprivileg als Individualrecht in erster Linie als Abwehrnorm im Einzelfall konzipiert. Die Aufsummierung dieser Einzelfälle führt noch nicht zu einer neuen Qualität eines übergeordneten öffentlichen Interesses.

Probleme bereitet endlich aber das Sonderwissen des Verteidigers. In der Praxis geschieht es nicht selten, dass der Verteidiger durch eigene Recherchen, man denke nur an den Einsatz eines Privatdetektivs, Informationen erlangt, die dem Beschuldigten entweder gänzlich verborgen geblieben sind oder die er jedenfalls auch vor seinem Verteidiger geheim halten wollte und ihm daher diese nicht zugänglich gemacht hat. Eine weitere Konstellation ergibt sich, wenn ein Dritter dem Verteidiger Unterlagen zur Verfügung stellt, die das Strafverfahren des Beschuldigten betreffen[554].

Leitet man das Schweigerecht des Verteidigers nun aber vom Beschuldigten ab, so ist der Zweifel berechtigt, ob nicht wenigstens dieses Wissen durch den Verteidiger als Zeuge preisgegeben werden müsste. Wer sein Recht von einem anderen ableitet, kann nicht prinzipiell noch eigene Rechte geltend machen. Dennoch spricht dies nicht zwingend gegen

---

551 Beispiel nach *Scheffler*, StV 1992, 299.

552 Vgl. *Scheffler*, StV 1992, 299; a.A. jedenfalls für § 97 I, II StPO *Haffke*, NJW 1975, 810.

553 Dies hebt *Haffke*, NJW 1975, 809 hervor.

554 Dazu *OLG Koblenz*, StV 1995, 570 m. Anm. *St. Cramer*, WiB 1996, 185.

die Annahme, dass § 53 I S. 1 Nr. 2 StPO Ausfluss der Persönlichkeitsrechte des Beschuldigten selbst ist. Einerseits lässt sich dieses Sonderwissen nur theoretisch, aber nicht praktisch von demjenigen Wissen scheiden, dass der Verteidiger vom Beschuldigten erlangt hat. Ein einfaches Beispiel mag dies verdeutlichen: Der Beschuldigte, der in einen Raufhandel verwickelt war, trägt Kampfspuren an seinem Arm. Zufällig entblößt er den Arm, so dass der Verteidiger die Kratzer wahrnimmt. Soll es nun etwa darauf ankommen, ob der Beschuldigte zumindest in Kauf genommen hat oder sich bewusst war, dass sein Verteidiger die Verletzung sehen könnte? Differenzierungskriterien werden in diesem Zusammenhang schwer und vor allen Dingen nicht allgemein überzeugend herausgearbeitet werden können. Andererseits wäre es dogmatisch verfehlt, eine Trennung in Mitteilungswissen, wobei es nicht nur auf sprachliche Kommunikation ankommt, und Sonderwissen vorzunehmen: Dadurch würde der Schutz der Geheimnissphäre des Beschuldigten unzulässig eingeengt und sein Recht auf eine effektive Verteidigung am Ende leer laufen. Nicht umsonst bietet sich wiederum an, eine Parallele zu § 203 StGB zu ziehen. Dort wird in der Konsequenz nicht in verschiedene Wissensquellen unterschieden, sondern die Vorschrift unterstellt das anderweitig Bekanntgewordene dem strafrechtlichen Schutz. Aber auch die Anerkennung der Schutzwürdigkeit von Unterlagen durch §§ 97 i.V.m. 53 I S. 1 Nr. 2, 3 StPO, die ein Dritter dem Verteidiger überlassen hat, führt nicht zu einer Korrektur in der Beurteilung: Hier erlangt der Verteidiger seine Kenntnisse nur aus Veranlassung des Verteidigungsverhältnisses. Daher ist das über § 53 I S. 1 Nr. 2, 3 StPO abgesicherte Recht des Verteidigers, das hier so genannte „Sonderwissen" zu verbergen, kein stichhaltiger Einwand gegen den vorgestellten Ansatz und begründet keineswegs die Annahme, dass der Verteidigerschutz bezweckt sei. Ebenso wenig dafür spricht, dass der Verteidiger sich auf § 53 I S. 1 Nr. 2 StPO berufen kann, wenn er eigene strafbare Handlungen zur Verteidigung des Mandanten – insbesondere gem. § 258 StGB – vorgenommen hat. Das *obiter dictum* des *Bundesgerichtshofes*[555], der insoweit seine frühere Rechtsprechung konkretisiert, lässt diese Ausnahme nämlich nur dann zu, wenn im Rahmen des Verteidigungsverhaltens ein finaler Zusammenhang zur Bestrafungsverhinderung besteht[556].

---

[555] *BGHSt.* 29, (99), 101.

[556] Vgl. dazu auch den instruktiven Fall von *BGHSt.* 38, (7), 9 ff. S. zum Problemkreis einer möglichen Sperrwirkung des § 258 StGB im Rahmen von § 53 I S. 1 Nr. 2 StPO *Scheffler*, StV 1992, 299 ff.; kritisch *Stumpf*, NStZ 1997, 8.

Mit dieser Auslegung wird also kein Sonderrecht für den Verteidiger bezweckt, sondern letztlich der Schutz des Beschuldigten sichergestellt. Der Beschuldigte würde ansonsten in der Gefahr schweben, dass bei Ermittlungen gegen den Verteidiger und insbesondere einer erzwungenen Zeugenaussage eine effektive Wahrnehmung seiner eigenen prozessualen Rechte nicht mehr gewährleistet wäre. Die Einbeziehung strafbaren Verteidigerverhaltens in den Schutzkontext von § 53 I S. 1 Nr. 2 StPO dient also dazu, den Beschuldigten vor einer Umgehung seiner Rechte zu schützen.

Der Begriff der Persönlichkeitsrechte des Beschuldigten lässt sich gerade in der Verteidiger-Mandanten-Beziehung näher spezifizieren. Sie erscheint als Extension des *nemo-tenetur*-Grundsatzes. Die Selbstbezichtigungsfreiheit kommt nämlich gerade dadurch zum Ausdruck, dass sich der Beschuldigte gem. § 138 StPO effektiven Rechtsbeistands bedienen darf[557]. Auch die Rechtsprechung tendiert im Ergebnis zu dieser Auffassung. Befinden sich beispielsweise Mitteilungen des Verteidigers an den Beschuldigten bei diesem oder schreibt der Beschuldigte an den Verteidiger, so sollen diese Schriftstücke trotz des fehlenden Gewahrsams des Verteidigers gem. § 97 I, II StPO beschlagnahmefrei sein[558].

Diese teleologische Extension der Vorschrift verweist auf den Beschuldigten als wirklichem Schutzziel. Der Schutz wird sogar noch dadurch verstärkt, dass eigene Aufzeichnungen des Beschuldigten zu Verteidigungszwecken nicht der Beschlagnahme unterliegen. Die Herleitung dieses Rechts erfolgt aus §§ 97 I, II, 53 I S. 1 Nr. 2, 148 I StPO[559]. Die Zitierung gerade auch von § 53 I S. 1 Nr. 2 StPO und § 148 I StPO zur Begründung dieses Resultats belegt, dass das Zeugnisverweigerungsrecht vom Beschuldigten her ausgelegt wird, während früher eine strikt am Wortlaut orientierte Auslegung von § 97 I, II StPO beachtet wurde[560]. Das Allgemeininteresse repräsentiert mithin nur einen Schutzreflex[561].

---

557 Vgl. *Paulus*, NStZ 1992, 310.

558 *LG Stuttgart*, NStE Nr. 12 zu § 97 StPO m.w.N.; s. auch *St. Cramer*, WiB 1996, 185 f.

559 S. *LG Stuttgart*, NStE Nr. 12 zu § 97 StPO.

560 Zu den Konsequenzen der älteren Auffassung für den konkreten Fall s. *Bringewat*, NJW 1974, 1743.

561 In diese Richtung auch *OLG Bamberg*, StV 1984, 500; eher für die Annahme des öffentlichen Interesses als gleichrangiges Schutzgut des § 53 I S. 1 Nr. 2 und 3 StPO *BGHSt.* 38, (7), 10.

3. Die Berufsgeheimnisträger des § 53 I S. 1 Nr. 3 StPO

§ 53 I S. 1 Nr. 3 StPO ist thematisch keine in sich homogene Vorschrift, sondern umfasst Berufsgeheimnisträger mit verschiedenen Aufgabenfeldern. Die Zusammenfassung in einer Norm erklärt sich weniger logisch; vielmehr ist § 53 I S. 1 Nr. 3 StPO als Sammelvorschrift ausgestaltet.
Es lassen sich grob wohl drei Gruppen unterscheiden. Zunächst sind Rechtsanwälte, Patentanwälte und Notare als genuin rechtsberatende Personen in eine Kategorie zusammenzufassen. Vermögensinteressen versehen Wirtschaftsprüfer, vereidigte Buchprüfer, Steuerberater und Steuerbevollmächtigte. Zu den Heilberufen gehören Ärzte, Zahnärzte, Psychologische Psychotherapeuten, Kinder- und Jugendlichenpsychotherapeuten, Apotheker und Hebammen. Dabei sind Übergänge fließend. Der Notar beispielsweise könnte wegen seiner ausgedehnten Beratungsfunktionen auch der zweiten Gruppe zugeordnet werden[562].

a) Vermögensorientierte Berufsgruppen

Wie bereits festgestellt, sind zu dieser Gruppe Wirtschaftsprüfer[563], vereidigte Buchprüfer, Steuerberater und Steuerbevollmächtigte zu zählen. Sie sind schwerpunktmäßig mit den Vermögensinteressen ihrer Klienten betraut. Dies unterscheidet sie wesentlich von den anderen Berufsgeheimnisträgern aus § 53 I S. 1 Nr. 3 StPO. Daher setzt sich der Alternativ-Entwurf Zeugnisverweigerungsrechte dafür ein, diesem Personenkreis überhaupt kein Zeugnisverweigerungsrecht mehr im Rahmen von § 53 I S. 1 Nr. 3 StPO zuzugestehen[564].
Begründet wird dies wie folgt[565]: Primär vermögensbezogene Geheimnisse berührten nicht den engeren Bereich der Persönlichkeitssphäre. Daher seien diese auch im Strafverfahren weniger schutzwürdig. Die gleichrangige Berücksichtigung von Vermögensinteressen erscheint den Verfassern des Alternativ-Entwurfs als nicht vertretbar. Da Zeugnisverweigerungsrechte aber stets einer besonderen Legitimation bedürfen, wird gefolgert, dass die Strafverfolgungsinteressen angesichts des doch geringeren Schutzbedürfnisses von Vermögensinteressen nicht zurücktreten dürfen. Die Berücksichtigung in § 203 StGB sei ausreichend. Da der Alternativ-Entwurf für die Einführung eines Vernehmungsverbots in einem neuzuschaffenden § 53 III StPO für diejenigen Berufsgruppen

---

562 Vgl. Alternativ-Entwurf Zeugnisverweigerungsrechte, S. 44.
563 Zum Aufgabenfeld vgl. ausführlich *Baier*, wistra 2000, 166 ff.
564 S. Alternativ-Entwurf Zeugnisverweigerungsrechte, S. 40 f.
565 Vgl. Alternativ-Entwurf Zeugnisverweigerungsrechte, S. 43 f.

plädiert[566], die dem Anwendungsbereich von § 203 StGB unterliegen, wird die Streichung aus dem Katalog von § 53 I S. 1 Nr. 3 StPO wieder relativiert.
Gegen eine derartige Argumentation wird ins Feld geführt, dass gerade auf dem Gebiet der Wirtschaftsprüfung eine für das Funktionieren des Gemeinwesens unabdingbare Funktion ausgeübt werde[567]. Würdigt man den Vorschlag des Alternativ-Entwurfs Zeugnisverweigerungsrechte kritisch, so fällt zunächst die Ausnahmevorschrift des § 53 III StPO-E ins Auge. In Wirklichkeit wird auf diese Weise keine Einschränkung der Zeugnisverweigerungsrechte erreicht, jedenfalls dann nicht, wenn der Katalog des § 203 StGB nicht rigoros zusammengestrichen wird. Macht man mit der Unterscheidung in persönlichkeitsrechts- und vermögensbezogene Berufsgruppen ernst, so muss dies auch in der Rechtspraxis Auswirkungen zeitigen. Unter dem Gesichtspunkt des Gleichbehandlungsgrundsatzes gem. Art. 3 I GG ist eine faktische Gleichstellung aller Berufsgeheimnisträger aber bedenklich. Außerdem kann auf diese Weise der vom Alternativ-Entwurf Zeugnisverweigerungsrechte postulierte Vorrang der Strafverfolgungsinteressen überhaupt nicht verwirklicht werden.
In der Sache vermag die Differenzierung allerdings zu überzeugen. Der Hinweis auf die wichtige Funktion etwa der Wirtschaftsprüfer rechtfertigt nicht *per se* ein Zeugnisverweigerungsrecht. Wenn nur auf die soziologische Bedeutung einer Berufsgruppe abgehoben würde, könnte der Katalog des § 53 I StPO mit guten Gründen erheblich verlängert werden. Aber selbst die Berechtigung einzelner Berufsbilder ist nicht unumstritten, was das soziologische Argument erheblich entwertet. So wird von der Bundesregierung der Berufsstand der vereidigten Buchprüfer als überflüssig erachtet und soll abgeschafft werden[568].
Trotzdem ist die Aufhebung des Zeugnisverweigerungsrechts nicht gerechtfertigt. Vielmehr sollte eine Abwägungsklausel eingefügt werden, die bei schwersten Straftaten die Zeugnispflicht aufleben lässt. Hierfür bietet sich ein Rückgriff auf den Katalog des § 138 StGB an. Auf diese

566 Alternativ-Entwurf Zeugnisverweigerungsrechte, S. 41.
567 *Baier*, wistra 2000, 170.
568 Vgl. *Frankfurter Allgemeine Zeitung* vom 30. Dezember 2002, S. 13.

Weise wird ein rechtspolitischer Widerspruch zu § 203 StGB vielleicht nicht gänzlich vermieden, aber doch abgeschwächt[569].

b) Rechtsberatende Berufe: Rechtsanwälte, Notare und Patentanwälte

Rechtsanwälte, Patentanwälte und Notare werden häufig in einem Atemzug mit den vermögensbezogen arbeitenden Berufsgeheimnisträgern aus § 53 I S. 1 Nr. 3 StPO genannt[570]. Das Enbindungserfordernis nach § 53 II StPO indiziert normalerweise, dass der Schutzzweck darin besteht, den Geheimnisbereich des Mandanten abzusichern. Dennoch unterscheiden sich diese beiden Gruppen erheblich.

aa) Der Rechtsanwalt

Der Rechtsanwalt nimmt oft ebenso Vermögensinteressen wie ein Steuerberater wahr, seine Beratung ist aber thematisch viel umfassender und komplexer angelegt: Sie betrifft unter Umständen den gesamten Lebenskreis des Mandanten. Dadurch erfährt der Rechtsanwalt naturgemäß Dinge aus der Privatsphäre des Mandanten, die einem Steuerberater verschlossen bleiben müssen. Es ist auch niemals auszuschließen, dass der Mandant neben zivilrechtlichen Fragen strafrechtlich relevante Sachverhalte offenbart. Dadurch lässt sich die Tätigkeit eines Rechtsanwalts nur schwer in einen vermögensbezogenen und einen strafrechtlich bedeutsamen Teil trennen. Wenigstens abstrakt ergibt sich eine inhaltliche Überschneidung mit dem Verteidiger. Dies gilt umso mehr, wenn man die Anbahnung eines Verteidigungsmandats nicht von § 53 I S. 1 Nr. 2 StPO geschützt ansieht[571]. Dann greift nämlich der subsidiäre Schutz des § 53 I S. 1 Nr. 3 StPO. Diese Rechtsauffassung ist aber im Hinblick auf den Grundsatz des fairen Verfahrens nach Art. 20 III GG und einfachgesetzlich auf § 148 StPO nicht haltbar und überholt[572]. Wenn der Rechtsanwalt Aufgaben übernimmt, die auch ein Verteidiger ausfüllen könnte, beispielsweise die Beratung in strafrechtlichen Angelegenheiten, dann ist der für § 53 I S. 1 Nr. 2 StPO angenommene Schutzzweck einschlägig: Dem Doppelcharakter der anwaltlichen Tätigkeit wird man gerecht,

---

[569] Hinsichtlich der Gruppe der Steuerberater ist aber Folgendes zu beachten: Wenn ein Steuerberater im Rahmen der Abgabenordnung als Verteidiger fungiert, so kann er sich auf § 53 I S. 1 Nr. 2 berufen.

[570] LR-*Dahs*, § 53, Rn. 30 ff.; KK-*Senge*, § 53, Rn. 15 ff.

[571] Kritisch zu dieser Ansicht m.w.N. *Hanack*, JR 1986, 35 f.

[572] S. LR-*Dahs*, § 53, Rn. 28.

wenn man als *ratio legis* den Persönlichkeitsschutz des Mandanten annimmt und zwar in allgemeiner umfassender Form nach Art. 2 I GG i.V.m. Art. 1 I GG und speziell in Rückgriff auf den *nemo-tenetur*-Grundsatz.

bb) Der Notar

Die Aufgabe des Notars dagegen weicht nicht unerheblich davon ab. Sein Tätigkeitsfeld umfasst hauptsächlich vermögensrelevante Sachverhalte. Wie bereits betont, könnte man ihn daher auch der Gruppe der Wirtschaftsprüfer und Steuerberater zuordnen. Dies hätte die Folge, dass für den Notar nur ein eingeschränktes Zeugnisverweigerungsrecht anerkannt werden könnte. Dabei ist aber Folgendes zu beachten: Besonders bei erb- und familienrechtlichen Vorgängen wird der Notar nicht selten mit intimsten Geheimnissen konfrontiert. Er erfährt beispielsweise von der – vor allen geheim gehaltenen – Geliebten, welcher der Erblasser sein gesamtes Vermögen vermachen möchte. Der Notar gewinnt Einblick in Streitigkeiten innerhalb der Familie, bei denen die Schwelle des strafrechtlich bedeutsamen Verhaltens bereits überschritten sein kann. Bereits dieser tiefergehende menschliche Kontakt rechtfertigt ein Festhalten am unbeschränkten Zeugnisverweigerungsrecht, wie es in § 53 I S. 1 Nr. 3 StPO verankert ist.
Diesen Befund erhärtet ein Blick in die Bundesnotarordnung: Es gibt abhängig von der Praxis in den einzelnen Gerichtsbezirken zwei Arten von Notaren, einmal die so genannten hauptberuflichen Notare gem. § 3 I BNotO und zum anderen die Anwaltsnotare gem. § 3 II BNotO. Jene üben neben ihrem Amt den Beruf des Rechtsanwalts aus. Fällt die Zulassung als Rechtsanwalt bestandskräftig weg, so erlischt gem. § 47 Nr. 3 BNotO das Amt des Notars. Durch diese sehr häufige Personalunion lässt sich *in praxi* eine Trennung in reine Notarsfunktionen und die Rechtsanwaltbetätigung schwerlich durchführen.
Der Hauptunterschied zum Rechtsanwalt liegt aber darin, dass im Vordergrund das staatliche Interesse steht. Dies wird beispielsweise am Status der Amtsnotare deutlich. Sie sind – etwa in Baden-Württemberg gem. § 17 I S. 1 LandesG über die freiwillige Gerichtsbarkeit Landesbedienstete[573]. Beim Notar handelt es sich verfassungsrechtlich um einen

[573] In Baden-Württemberg bestehen aber im Rahmen einer Justizreform Bestrebungen, das Amtsnotariat aufzugeben und durch ein freies Notariat zu ersetzen. Dieser Plan wird vor allem aus finanziellen Gesichtpunkten verfolgt. So erhofft

so genannten staatlich gebundenen Beruf[574]. Kennzeichnend ist, dass der Gesetzgeber öffentliche Aufgaben überträgt und die Ausgestaltung des Berufs dem öffentlichen Dienstrecht annähert, obwohl er diese Aufgaben auch durch den Verwaltungsapparat versehen lassen könnte[575]. Der Rechtsanwalt dagegen zählt nicht zu den staatlich gebundenen Berufen[576].

Im Grundgesetz wird der Notar allerdings lediglich in zwei Kompetenzvorschriften erwähnt: Art. 74 I Nr. 1 GG und Art. 138 GG. Aus der Bundesnotarordnung geht aber der Charakter als staatlich gebundener Beruf klar hervor. Exemplarisch sei § 1 BNotO genannt, der Notare „als unabhängige Träger eines öffentlichen Amtes" beschreibt. Der Notar hat gem. § 13 BNotO einen Amtseid zu leisten. Wegen des großen allgemeinen Bedarfs an notariellen Dienstleistungen wurden Vorschriften erlassen, die das Verhalten des Notars bei Abwesenheit und Verhinderung detailliert regeln (vgl. §§ 38 ff. BNotO). Die Vertreter der Theorie des öffentlichen Interesses haben dem Notar bislang so gut wie keine Beachtung geschenkt, obwohl er als Paradebeispiel gelten kann[577]. Für den Notar liegt also im Gegensatz zum Rechtsanwalt der Schwerpunkt des Schutzzwecks darin, dass das öffentliche Interesse an einer wirksamen Wahrnehmung der „vorsorgenden Rechtspflege" (vgl. § 1 BNotO) sichergestellt ist.

Daraus könnte man die Konsequenz ziehen, den Notar als staatlich gebundenen Beruf mit den Richtern, Beamten und sonstigen im öffentlichen Dienst beschäftigten Personen nach § 54 StPO gleichzusetzen und das Zeugnisverweigerungsrecht entsprechend auszugestalten. Als entbindende „Behörde" kämen die Notarkammern in Betracht. Gem. § 66 I S. 1 BNotO sind sie Körperschaften des öffentlichen Rechts. Sie unterliegen gem. § 66 II S. 1 BNotO der Staatsaufsicht durch die Landesjustizverwaltungen. Zu ihren Aufgaben gehört gem. § 67 II S. 1 BNotO, in Richtlinien die Amtspflichten und sonstigen Pflichten ihrer Mitglieder

---

man sich eine Einsparung von 1000 Stellen im öffentlichen Dienst (vgl. *Frankfurter Allgemeine Zeitung* vom 2. Mai 2003, S. 2).

574 Vgl. hierzu *Jarass/Pieroth*, Art. 12, Rn. 52.

575 *Jarass/Pieroth*, Art. 12, Rn. 52 unter Hinweis auf *BVerfGE* 37, (301), 315 f.

576 *BVerfGE* 50,(16), 29; *BVerfGE* 63, (266), 285.

577 S. beispielsweise den Alternativ-Entwurf Zeugnisverweigerungsrechte, S. 40 ff. Der Notar wird wie sonst auch mit Rechtsanwälten, Ärzten und therapeutisch tätigen Berufspsychologen in einer Gruppe zusammengefasst (§ 53 I Nr. 3 StPO-E). In § 53 a StPO-E, der die Überschrift trägt „Zeugnisverweigerungsrechte wegen öffentlicher Aufgaben", wird der Notar dagegen nicht erwähnt.

im Rahmen der Gesetze durch Satzung zu bestimmen. Die Bundesnotarordnung enthält in § 69 a BNotO[578] bereits heute eine dem § 54 StPO ähnelnde Regelung: Nach § 69 a II BNotO dürfen in gerichtlichen Verfahren die Mitglieder des Vorstands über solche Angelegenheiten, die ihnen bei ihrer Tätigkeit im Vorstand über Notare, Notarassessoren, Bewerber um das Amt des Notars und andere Personen bekanntgeworden sind, ohne Genehmigung nicht aussagen. Gem. § 69 III S. 1 BNotO ist für die Erteilung der Genehmigung der Vorstand der Notarkammer zuständig.
Die Strafprozessordnung hat demgegenüber ein anderes Modell gewählt: Für die Entbindungserklärung ist gem. § 53 II StPO der Klient zuständig. Im Grunde genommen handelt es sich hierbei um einen systematischen Bruch. Trotzdem ist die Regelung unter dem Aspekt vertretbar, dass es eben nicht nur Amtsnotare, sondern auch Anwaltsnotare gibt. Eine Differenzierung wäre dogmatisch zwar die sauberste Lösung: Die Entbindung der Amtsnotare von der Schweigepflicht ist entsprechend § 54 StPO zu regeln, während es für die Anwaltsnotare bei der gegenwärtigen Regelung bleibt. Diese Trennung ist aber historisch zu erklären (vgl. auch Art. 138 GG) und nicht sachlich zwingend begründet. Deshalb sollte die Strafprozessordnung an diese mehr oder minder willkürliche Einteilung keine Rechtsfolgen knüpfen. Sollte es aber einmal zu einer Vereinheitlichung des Status in der ein oder anderen Form kommen, so wären diese Überlegungen zu berücksichtigen. Wie beim Rechtsanwalt ist aus den genannten Gründen keine Einschränkung des Privilegs von § 53 I S. 1 Nr. 3 StPO vorzunehmen.

cc) Der Patentanwalt

Schließlich ist noch der Patentanwalt zu erwähnen: Sein Aufgabenfeld betrifft die Beratung in Angelegenheiten des Patent-, Gebrauchsmuster- und Markenwesens. Außerdem vertritt er seine Mandanten etwa vor dem Patentamt oder dem Bundespatentgericht. Wie sich daraus ergibt, liegt der Aufgabenschwerpunkt eindeutig auf wirtschaftlich relevantem Gebiet. Eine umfassende Beratung wie ein Rechtsanwalt bietet er grundsätzlich nicht an. Daher erscheint es geboten, ihn trotz seiner rechtsberatenden Funktion der Gruppe der Wirtschaftsprüfer und anderen vermögensbezogenen Berufen gleichzustellen[579]. Mithin sollte das Zeugnis-

[578] Eingefügt durch Gesetz vom 29. Januar 1991 (BGBl. I, S. 150).
[579] So auch Alternativ-Entwurf Zeugnisverweigerungsrechte, S. 44.

verweigerungsrecht zukünftig bei Kapitaldelikten des Katalogs von § 138 StGB eingeschränkt werden.

c) Heilberufe

Hier fällt zunächst auf, dass § 53 I S. 1 Nr. 3 StPO mit § 203 StGB nicht deckungsgleich ist: Tierärzte, Heilpraktiker, nichtärztliche Psychotherapeuten, Psychologen, Naturheilkundige und Krankenpfleger genießen nicht den Schutz von § 53 I S. 1 Nr. 3 StPO, obwohl ein Geheimnisbruch nach § 203 StGB strafbewehrt ist[580].

Exemplarisch für die Gruppe der Heilberufe sei der Arzt betrachtet. Charakteristisch ist, dass der Arzt nicht nur „technische" Einzelheiten erfährt, die unmittelbar den Gesundheitszustand betreffen. Eine gute Anamnese setzt vielmehr zahlreiche weitere Informationen voraus, die dem Lebensumfeld des Patienten angehören. Dabei erfährt er notwendigerweise etwas über die Bezugspersonen[581]. In viel stärkerem Maße trifft diese Beobachtung auf die Psychologischen Psychotherapeuten zu. Hier wird der Mensch notwendigerweise als Mitglied eines sozialen Gefüges begriffen[582].

Die Informationen, die der Arzt erfährt, lassen sich nach ihrem Bezugssubjekt aufgliedern. *Göppinger*[583] hat den Versuch unternommen, die Geheimnisse unter diesem systematischen Aspekt zu ordnen. Er teilt dreifach, nämlich in Geheimnisse des Patienten, dritter Personen und des Arztes. Weiterhin entwickelt er Fallgruppen je nachdem, wer die Geheimnisse offenbart hat und ob der Betroffene Kenntnis hat, dass der Arzt über seine persönlichen Angelegenheiten unterrichtet ist. Daraus ergibt sich eine verästelte Zusammenstellung, die im Einzelnen hier nicht nachgezeichnet werden soll. Wesentlich ist allerdings, dass diese Zuordnung nach *Göppinger* zu unterschiedlichen Rechtsfolgen führt. Ein Patient, der den Arzt von seiner Schweigepflicht entbinde, habe idealtypischerweise den Fall vor Augen, dass der Arzt Informationen enthüllen werde, von denen der Patient wisse, dass er sie kenne. Schwieriger stellt sich die Situation dar, wenn ein Dritter dem Arzt etwas über den Patienten mitgeteilt hat und der Patient davon keine Kenntnis hat. Dann soll sich die Entbindung nicht auf diese Inhalte erstrecken. Hat der Patient schließlich Geheimnisse Dritter enthüllt, so kann er nach *Göp-*

580 S. HK-*Lemke*, § 53, Rn. 15.
581 S. *Lamprecht*, ZRP 1989, 291.
582 Vgl. auch *Kühne*, NJW 1971, 1438.
583 *Göppinger*, NJW 1958, 242 ff.

pinger insoweit ebenfalls keine wirksame Entbindungserklärung tätigen, da es sich um eine fremde Geheimnissphäre handelt[584]. In der Terminologie *Göppingers* liegt eine absolute Unmöglichkeit vor, wenn der Dritte nicht erreichbar oder verstorben ist. Kann der Dritte gefragt werden und wirksam den Arzt von der Schweigepflicht entbinden, so spricht *Göppinger* von einer relativen Unmöglichkeit. Endlich fehle dem Patienten die Verfügungsbefugnis über Geheimnisse des Arztes. Hierunter versteht *Göppinger* Aufzeichnungen, die der Arzt im Rahmen etwa von wissenschaftlichen Studien angefertigt hat[585]. Problematisch ist auch der Fall, dass der Arzt eine dem Patienten bislang verschwiegene Diagnose über eine schwerwiegende Krankheit offenbaren muss. In einigen Kantonen der Schweiz wird dieser Konflikt dadurch gelöst, dass dem Geheimnisträger trotz Befreiung die Entscheidung selbst überlassen bleibt, ob er aussagen möchte oder nicht[586].

Diese Einteilung hat Konsequenzen für die Schutzzweckanalyse. Auf den ersten Blick scheint die Arzt-Patienten-Beziehung ein klassisches Beispiel für den Schutz eines Vertrauensverhältnisses darzustellen[587]. Wenn ein Patient damit rechnen müsste, dass seine Krankendaten nicht vertraulich behandelt werden, dann würde dies eine erhebliche Belastung der Beziehung mit sich bringen[588]. Teilweise könnte der Kranke sogar davon absehen, ärztliche Hilfe in Anspruch zu nehmen. In besonderem Maße gilt dies für den Beschuldigten[589]. Es lässt sich feststellen, dass hier der Anwendungsbereich des Sozialstaatsprinzips nach Art. 20 I, 28 I S. 1 GG sicherlich eröffnet ist; tragender Grund für die Regelung des § 53 I S. 1 Nr. 3 StPO ist es aber nicht[590]. Etwaige Verletzungen

---

584 Vgl. auch *BGH*, JA 1985, 551; *Bruns*, JA 1985, 550. S. aber *Rogall*, NStZ 1985, 374, der an der erstgenannten Entscheidung des *BGH* kritisiert, dass eine Behandlung des Drittgeheimnisschutzes vom Sachverhalt her nicht geboten gewesen sei.

585 Wenn *Göppinger*, NJW 1958, 244 darunter auch Kenntnisse über weitere Patienten zusammenfasst, dann spielt dies wiederum in den Bereich der Drittgeheimnisse hinein. Eine trennscharfe Unterscheidung ist – wie *Göppinger*, NJW 1958, 243, selbst betont, gar nicht zu bewerkstelligen.

586 *Hauser/Schweri*, Schweizerisches Strafprozessrecht, Achter Teil, Rn. 25 unter Verweis auf Art. 79 II StPO Freiburg, § 55 II StPO Basel-Landschaft; Art. 85 lit. b StPO St. Gallen, § 98 II StPO Aargau und die Genfer Praxis.

587 So etwa *OLG Celle*, JZ 1989, 907; *Brauns*, JA 1985, 548 f.; kritisch *Lorenz*, MDR 1992, 315.

588 S. auch *St. Cramer*, NStZ 1996, 212.

589 Vgl. *Brauns*, JA 1985, 549.

590 Vgl. aber *Solbach*, DRiZ 1978, 205.

können auf eine Verwicklung in eine Straftat hindeuten und zu einer Identifizierung beitragen. Häufig wird sogar generell verlangt, dass für eine schutzwürdige Arzt-Patienten-Beziehung ein Vertrauensverhältnis bestehen müsse[591].

Dieses Konzept kann aber die limitierte Dispositionsbefugnis des Patienten nicht erklären. Im Prozess kommt es unter Umständen darauf an, dass der Arzt über Drittbezüge des Patienten aussagt. Stehen aber Geheimnisse Dritter in Rede, so soll nach *Göppinger* erst die Genehmigung dieser Person einzuholen sein[592]. Zwischen dem Arzt und dem Dritten besteht aber regelmäßig gar kein konkretes Vertrauensverhältnis und ist auch nicht erforderlich[593]. Wenn der Dritte sogar verstorben ist, kann der Arzt nicht einmal zum überragenden Nutzen des Patienten sein Wissen preisgeben. Dies legt den Schluss nahe, dass es in Wirklichkeit um Geheimnisschutz geht.

Eine andere Beobachtung scheint dies zu relativieren: Wird einem Beschuldigten nach § 81 a StPO von einem Arzt Blut zu Untersuchungszwecken entnommen, so wird gerade eine Aussage des Arztes erwartet. Vom Wortlaut des § 53 I S. 1 Nr. 3 StPO her müsste diesem Arzt das Zeugnisverweigerungsrecht zustehen, da ihm Tatsachen bekanntgeworden sind[594]. Gleiches gilt überhaupt für jeden Sachverständigen[595]. Diese Ausnahme vom Geheimnisschutz kann gut mit dem Vertrauensverhältnis-Konzept erklärt werden: Arzt und Patient stehen sich hier nicht als Partner gegenüber, die gemeinsam an einer Heilung arbeiten, sondern vielmehr antagonistisch. Misstrauen, nicht Vertrauen kennzeichnet hier die Beziehung[596].

Dies lässt sich aus dem Ziel der Untersuchung ableiten: Während in einer sonstigen Patienten-Arzt-Beziehung die Heilung im Vordergrund steht, soll eine Diagnose ermittelt bzw. eine Prognose gestellt werden[597]. Daher soll dort kein Zeugnisverweigerungsrecht anzunehmen sein[598].

---

591 S. aber *Hanack*, JR 1986, 36.

592 Zur Gegenmeinung vgl. die Nachweise bei *Hanack*, JR 1986, 37.

593 Vgl. *BGH*, JZ 2000, 684, anders in dieser Sache noch das *LG Dortmund*. S. auch *Dallmeyer*, JA 2000, 545; *Kühne*, JZ 2000, 684.

594 Von einem „Anvertrauen“ wird man in dieser Fallgestaltung nicht sprechen können, vgl. *Hiendl*, NJW 1958, 2101. Vgl. auch HK-*Lemke*, § 53, Rn. 16.

595 Vgl. AK-*Kühne*, § 53, Rn. 14.

596 S. AK-*Kühne*, § 53, Rn. 14; *Hiendl*, NJW 1958, 2101.

597 LR-*Dahs*, § 53, Rn. 35.

598 Zu dieser Frage m.w.N. *BGH*, JA 1985,550 f., der den Streit allerdings offen lässt.

Praktiziert der Untersuchende allerdings in Wohnortnähe des Beschuldigten als Allgemeinmediziner, so liegt der Fall anders: Da der Beschuldigte – zumal in ländlichen Regionen – einmal auf die Hilfe dieses Arztes angewiesen sein kann, so soll diese Möglichkeit gleichsam als Vertrauensvorschuss genügen, um dem Arzt das Zeugnisverweigerungsrecht einzuräumen[599]. Für den ärztlichen Sachverständigen hat der *Bundesgerichtshof* folgende Konkretisierung getroffen: Wird dieser als Zeuge in einem anderen Strafverfahren vernommen, so darf er sich auf das Zeugnisverweigerungsrecht berufen[600]. Im Ausgangsverfahren kann er dagegen entsprechend seiner Prozessrolle kein Zeugnisverweigerungsrecht geltend machen[601]. Dies betrifft auch die so genannten Zusatztatsachen[602], während der Sachverständige über zufällig erlangte Informationen, die nicht seine Gutachtertätigkeit berühren, schweigen darf.
Sieht man von dieser Ausnahme ab, so sprechen doch gewichtige Gründe für den Geheimnisschutz als *ratio legis*[603]. Die Entbindungsmöglichkeit nach § 53 II StPO zeigt, dass lediglich der Betroffene die Entscheidung darüber treffen soll, ob der Arzt aussagt oder nicht. Entgegen einer verbreiteten Ansicht darf der Arzt nicht gegen den Willen des Patienten sein Wissen offenbaren. Dies stünde im klaren Widerspruch zum Grundsatz der Einheit der Rechtsordnung, da § 203 StGB in einem zentralen Anwendungsbereich seiner Schutzfunktion für den Patienten entkleidet wäre[604]. § 53 II StPO sichert somit § 203 StGB prozessual ab. Die Entbindung wirkt materiell-rechtlich als rechtfertigende Einwilligung[605]. Der Patient kann sogar, wenn er den Arzt von der Schweigepflicht befreit hat, diese Erklärung jederzeit widerrufen, so dass das Zeugnisverweigerungsrecht wieder auflebt[606]. Da niemand außer dem Betroffenen über die Geheimnisse disponieren kann, dient § 53 I S. 1 Nr. 3 StPO ausschließlich dessen Schutz.

---

599 *Hiendl*, NJW 1958, 2101.
600 Vgl. auch die Anmerkung von *Jung*, JuS 1993, 698.
601 Zu weiteren Problemen in diesem Zusammenhang *St. Cramer*, NStZ 1996, 211 f.
602 KK-*Senge*, § 53, Rn. 19.
603 So auch *Michalowski*, ZStW 109 (1997), 543; *St. Cramer*, NStZ 1996, 212.
604 S. *Michalowski*, ZStW 109 (1997), 523.
605 *Welp*, JR 1997, 35.
606 *BGH*, JR 1997, 34. Nach *Welp*, JR 1997, 36 ergibt sich dies nicht aus einer analogen Anwendung von § 52 III S. 2 StPO, sondern folgt aus dem Rechtscharakter als rechtfertigende Einwilligung im Rahmen von § 203 StGB: Sofern keine Vertragsbindung besteht, ist sie frei widerrufbar.

Das Gegenargument trägt nicht. Es wird ausgeführt, dass § 53 II StPO lediglich klarstelle, dass ein Interesse an der Patienteninformation nur so lange bestehe, wie der Patient selbst die Information geheim halten wolle. Dann nämlich hätten der Patient, der Arzt und die Allgemeinheit kein Interesse an der Geheimhaltung mehr. Ein Beleg für den Geheimnisschutz als Schutzzweck lasse sich aus § 53 II StPO daher nicht ableiten[607]. Dem ist entgegenzuhalten: Spielten etwa öffentliche Interessen im Rahmen von § 53 I S. 1 Nr. 3 StPO eine Rolle, so müsste gerade gegen den Patientenwillen eine Entbindung von der Schweigepflicht möglich sein oder im entgegengesetzten Fall die Aussage des Arztes trotz § 53 II StPO verhindert werden können. Warum aber das öffentliche Interesse immer dann entfallen soll, wenn der Patient die Entbindung erklärt, ist nicht einzusehen.
Dass es durchaus zu einer Interessenskollision kommen kann, zeigt folgender Fall: Im Rahmen eines militärischen Auslandseinsatzes werden Soldaten gegen Pockenviren geimpft. Ein Soldat erleidet schwere Impfschäden. Um einen Entschädigungsanspruch geltend zu machen, offenbart dieser Soldat Militärgeheimnisse. Im Strafprozess wegen Geheimnisverrats besteht er auf Vernehmung des Amtsarztes, der die Impfung durchgeführt hat. Dieser Aussage stehen aber gewichtige Geheimhaltungsinteressen des Staates gegenüber. Es kommt zum Normenkonflikt zwischen § 53 II StPO und § 54 StPO. Diese Ausnahmekonstellation bestätigt den Grundsatz, dass das öffentliche Interesse nicht im Mittelpunkt von § 53 I S. 1 Nr. 3 StPO steht. Gerade im öffentlichen Interesse wäre ein absoluter Geheimnisschutz auch verfehlt. Im Sinne der so genannten Volksgesundheit wären unter Umständen weitreichende Offenbarungspflichten indiziert. Derartige Meldepflichten bestehen bereits nach §§ 3 – 5 BSeuchenG[608].
In systematischer Hinsicht zeigt die Vorschrift des § 108 II StPO, dass der Gesetzgeber den Geheimnisschutz des Patienten als zentralen Auftrag gesehen hat. Ginge es ausschließlich um öffentliche Interessen, so wäre eine derart weitgehende Gewährleistung im Sinne der Patienten nicht unbedingt erforderlich gewesen. Weiterhin darf der Arzt selbst nach dem Tod des Patienten sein Wissen nicht offenbaren. Diese postmortale Fortwirkung des Allgemeinen Persönlichkeitsrechts ist genauso bedeutsam wie der Geheimnisschutz des Patienten zu Lebzei-

---

[607] *Michalowski*, ZStW 109 (1997), 523.
[608] *Michalowski*, ZStW 109 (1997), 524.

ten[609]. Nicht einmal die Angehörigen können ihn von der Schweigeverpflichtung entbinden. Bei der Entbindungserklärung nach § 53 II StPO handelt es sich nämlich um ein höchstpersönliches Recht, das nach zivilrechtlichen Grundsätzen nach § 1922 BGB nicht vererbbar ist[610]. Sagt der Arzt dennoch aus, so steht es den Angehörigen frei, Strafantrag zu stellen[611].
Teilweise wird die analoge Anwendung von Vorschriften befürwortet, die als gesetzliche Durchbrechung von § 1922 BGB dem Erben die Ausübung von höchstpersönlichen Rechten des Verstorbenen gestatten. Hingewiesen wird dabei unter anderem auf §§ 22 KunstUrhG, 77 II, 194 I, II, 205 II, 232 I StGB, 374 II und 395 I StPO[612]. Dennoch überzeugt dieses Konzept bereits aus gesetzestechnischen Gründen nicht. Es ist davon auszugehen, dass der Gesetzgeber, der Ausnahmen in vielen Teilbereichen zugelassen hat, ein Abweichen von § 1922 BGB nur bei ausdrücklicher Regelung gestatten will. Das Schweigen der Strafprozessordnung ist insofern ein beredtes Schweigen.
Schließlich sei noch der Schutz der Institution des Arztes betrachtet. Wenn *Göppinger* dem Patienten die Dispositionsbefugnis für bestimmte Arztaufzeichnungen abspricht, so steht dies nicht notwendigerweise im Widerspruch mit der hier vertretenen Auffassung. Hierbei geht es um selbst erarbeitete, verallgemeinerte und wissenschaftlich aufbereitete Daten. Diese sind häufig kommerziell – etwa bei der Arzneimittelforschung – verwertbar. Es ist daher sinnvoll, dass sich die Entbindung des § 53 II StPO nicht hierauf erstreckt.
Das gefundene Ergebnis bedarf freilich noch einer Präzisierung. Der Geheimnisschutz hat seine normative Grundlage im Allgemeinen Persönlichkeitsrecht des Betroffenen gem. Art. 2 I GG i.V.m. Art. 1 I GG[613]. Verstärkend wirken die Grundrechte auf Leben und Gesundheit aus Art. 2 II GG. Wie bereits ausgeführt, muss es sich nicht um den Patienten des Arztes handeln.
Die zum Zeugnisverweigerungsrecht des Arztes angestellten Überlegungen lassen sich *mutatis mutandis* auf die Berufsgeheimnisträger der übrigen in § 53 I S. 1 Nr. 3 StPO genannten Heilberufe übertragen. Ab-

---

609 *BayLSG*, NJW 1962, 1790; a.A. *Solbach*, DRiZ 1978, 206.
610 So auch *Solbach*, DRiZ 1978, 205.
611 *Kohlhaas*, JR 1965, 109.
612 *Solbach*, DRiZ 1978, 206.
613 *Michalowski*, ZStW 109 (1997), 526. Vgl. auch *St. Cramer*, NStZ 1996, 209 f. und *Lorenz*, MDR 1992, 315 f.

schließend sei aber darauf hingewiesen, dass der Katalog hinsichtlich der Heilberufe sehr weit formuliert ist. Beispielsweise wird die Streichung des Privilegs für Zahnärzte und Apotheker gefordert[614].
Im Sinne eines lückenlosen Patientenschutzes erscheint es aber vertretbar, diesen das Zeugnisverweigerungsrecht weiterhin zuzubilligen. Zwar ist es zutreffend, dass etwa der Apotheker – im Gegensatz zu früheren Zeiten – heute häufiger eine Verteilungsfunktion für Medikamente hat, als dass er eine umfängliche Gesundheitsberatung vornimmt[615]. Gerade bei verschreibungspflichtigen Arzneien ist die Entscheidung zumindest für den Wirkstoff bereits vom Arzt getroffen worden. Bei ernsteren Erkrankungen verbleibt dem Apotheker damit *de facto* gar kein Spielraum. Dadurch entsteht kein der Arzt-Patienten-Beziehung vergleichbares Vertrauensverhältnis. Selbst wenn der Kranke ein Bedürfnis zu einem vertraulichen Austausch mit dem Apotheker verspüren sollte, wird er dies in der Praxis häufig unterlassen. Im Alltag vollzieht sich der Verkauf öffentlich und ohne Wahrung der Intimsphäre. Regelmäßig sind andere Kunden zugegen, die nicht selten bereits aus der Nennung des Medikaments Schlüsse ziehen könnten. Durch jene Umstände wird beim Kranken eine große Hemmschwelle aufgebaut. All dies könnte für eine verringerte Schutzwürdigkeit der Beziehung des Kranken zum Apotheker sprechen. Eines darf trotz des Vorhergesagten nicht verkannt werden: Der Apotheker erfährt gerade durch die Abgabe der Medikamente von den gesundheitlichen Gebrechen und Problemen seiner Kundschaft. Bei Aufhebung des Zeugnisverweigerungsrechts wäre der Apotheker verpflichtet, seine möglicherweise mittelbar gewonnenen Kenntnisse über Krankheiten des Betreffenden zu offenbaren. Dadurch entstünde eine erhebliche Schutzlücke.
Der Zahnarzt erfüllt eine ärztliche Funktion, womit eine Differenzierung etwa zu einem Allgemeinmediziner nicht geboten erscheint. Vielfach muss er sich umfassend über den Gesundheitszustand des Patienten informieren, etwa wenn er kieferchirurgische oder sonstige Eingriffe vornimmt. Anderenfalls setzte er sich etwa bei schädlichen Narkosefolgen zivilrechtlichen Schadensersatzansprüchen aus. Viele Krankheiten führen ferner zu Symptomen im Mundbereich[616]. Alles in allem ist der

---

614 Alternativ-Entwurf Zeugnisverweigerungsrechte, S. 44.

615 In diesem Zusammenhang ist etwa die in großem Umfang geplante Zulassung von sog. Internet-Apotheken zu erwähnen.

616 Man denke nur an Soor bei HIV-Kranken und bei Patienten nach Chemotherapien.

Kenntnisstand des Zahnarztes nicht auf sein unmittelbares Aufgabenfeld beschränkt.
Ähnlich wie bei Apotheker und Zahnarzt kann auch bei der Hebamme die Frage nach dem Zeugnisverweigerungsrecht aufgeworfen werden. Die Hebamme kann bei einer Entbindung intime Kenntnisse erhalten, etwa über die Vaterschaft eines nichtehelichen Kindes, über Abhängigkeiten der Mutter, Krankheiten oder gefährliche Infektionen (etwa HIV) oder ähnliches. Manche dieser Informationen muss die Hebamme sogar erhalten, um das Leben der Mutter und des Kindes zu schützen. Auch hier ist wieder ein Intimbereich betroffen, der nicht staatlicher Ausforschung unterliegen sollte. Außerdem ist es nicht einsichtig, wieso eine im Krankenhaus beschäftigte Hebamme, die als Hilfsperson des Arztes regelmäßig unter § 53 a StPO fällt, anders behandelt werden sollte als eine selbständige Hebamme. Diese hätte nämlich kein abgeleitetes Zeugnisverweigerungsrecht. Die Offenbarungspflicht intimer Daten hinge dann von der eher zufälligen arbeitsrechtlichen Bewertung ab.

4. § 53 I S. 1 Nr. 3 a, b StPO – Beratungsberufe

Die Strafprozessordnung nennt in § 53 I S. 1 Nr. 3 a, b StPO zwei Beratungsberufe: Drogen- und Schwangerschaftsberater. Zunächst soll das Zeugnisverweigerungsrecht der Drogenberater dargestellt werden, bevor auf die Privilegierung der Schwangerschaftsberater eingegangen wird. Abschließend ist kurz aus rechtspolitischer Sicht die Frage zu erörtern, ob weiteren Beratungsberufen ein Zeugnisverweigerungsrecht in Zukunft zustehen soll.

a) Drogenberater

Den ersten Wendepunkt[617] in der Diskussion um das Zeugnisverweigerungsrecht für Drogenberater markierte die so genannte „Sozialarbeiter"-Entscheidung[618] des *Bundesverfassungsgerichts*. Es hatte zu prüfen, inwieweit die Nichtberücksichtigung von Sozialarbeitern in § 53 I StPO verfassungsgemäß ist. Das *Bundesverfassungsgericht* zählte zu dieser Berufsgruppe auch die Suchtberater[619].
In der genannten Entscheidung finden sich zahlreiche wichtige Aussagen: Zunächst klärt das *Bundesverfassungsgericht*, dass § 53 I StPO als

---

617 Einen detaillierten Überblick über die Entwicklung des Zeugnisverweigerungsrechts für Drogenberater gibt *Kreuzer*, FS-Schüler-Springorum, S. 531 ff.
618 *BVerfGE* 33, 367 ff. (Sozialarbeiter).
619 Vgl. *BVerfGE* 33, (367), 380 (Sozialarbeiter).

abschließende Norm zu sehen ist[620]. Daran schließt sich die Relativierung an, dass dennoch aus der Verfassung in Sonderfällen ein Zeugnisverweigerungsrecht abgeleitet werden kann. Dabei beruft sich das *Bundesverfassungsgericht* auf den notwendigen Schutz der Intimsphäre des Einzelnen, den es aus dem Allgemeinen Persönlichkeitsrecht gem. Art. 1 I GG i.V.m. Art. 2 I GG gewinnt. Zu beachten ist dabei, dass zur Begründung verfassungsunmittelbarer Zeugnisverweigerungsrechte nicht auf institutionelle, objektiv-rechtliche Gegebenheiten wie die Sicherung der Volksgesundheit, sondern vielmehr auf individuelle Rechte rekurriert wird. Da Zeugnisverweigerungsrechte stets einer besonderen Legitimation bedürfen, kann nach Ansicht des *Bundesverfassungsgerichts* dieses nur ausnahmsweise in Fällen von Bagatelldelikten oder Ordnungswidrigkeiten in Betracht kommen[621]. Ansonsten überwiege das staatliche Strafverfolgungsinteresse.
Der Ausschluss von Sozialarbeitern aus § 53 I S. 1 Nr. 3 StPO wird als nicht verfassungswidrig eingestuft. Zur Begründung bedient sich das *Bundesverfassungsgericht* in erster Linie folgender Argumente[622]: Die Informationen, die ein Sozialarbeiter im Rahmen seiner Tätigkeit mit dem Betroffenen erfahre, gehörten zwar zur privaten Lebenssphäre, aber nicht zu dem schlechthin unantastbaren Bereich. Denn sobald der Klient sich einem anderen anvertraue, habe er sich in den Bezirk der Sozialsphäre begeben. Weiterhin fehle es an einem klaren, einheitlichen Berufsbild der Sozialarbeiter. Daraus folge zwingend, dass keine berufstypische Vertrauenssituation existiere, weil der Klient nicht stets die Geheimhaltung von Tatsachen seines privaten Lebensbereichs erwarte. Besonders deutlich werde dies in der Bewährungs- und Jugendgerichtshilfe sowie der Familienfürsorge. Dort nämlich seien bestimmte Informationen von Amts wegen weiterzugeben. Das Vertrauen des Klienten genieße nicht der Sozialarbeiter, der häufig als Beamter oder Angestellter abhängig beschäftigt sei, sondern vielmehr die Institution, die er repräsentiere. Dies unterscheide ihn fundamental von den freien Berufen. Die Rolle des Sozialarbeiters sei nicht mit Heilberufen zu vergleichen, da er nicht vollkommen auf der Seite des Hilfesuchenden stehe, sondern immer auch die Interessen des Staates und der Gesellschaft im Blick behalten müsse.

---

620 *BVerfGE* 33, (367), 374 (Sozialarbeiter).
621 *BVerfGE* 33, (367), 375 (Sozialarbeiter).
622 *BVerfGE* 33, (367), 376 ff. (Sozialarbeiter).

Eine Verfassungswidrigkeit lasse sich nicht aus Art. 3 I GG ableiten. Im Gegensatz zu den anderen Berufsgeheimnisträgern verfügten sie nicht über eine berufsständische Organisation aus Kammern oder Berufs- und Ehrengerichten. Zudem fehle es an einem in langer Berufsausübung gewachsenen Berufsethos sowie einer klaren Berufsordnung. Schließlich sei das Vertrauensverhältnis zwischen Sozialarbeiter und Klienten wesentlich anders geartet als bei den anderen Berufsgeheimnisträgern. Hinzu komme, dass die Sozialarbeiter keine strafrechtlich sanktionierte Verschwiegenheitspflicht treffe. Die Verletzung von Art. 12 I GG wurde ebenfalls abgelehnt[623].

Die „Sozialarbeiter"-Entscheidung ist nicht überall auf Zustimmung gestoßen[624]. Bei einer kritischen Würdigung ist zunächst die Ableitung eines verfassungsunmittelbaren Zeugnisverweigerungsrechts aus Art. 1 I GG i.V.m. Art. 2 I GG positiv hervorzuheben. Als Schutzobjekt werden damit individuelle Interessen der Klienten anerkannt. Gerade weil die Tätigkeit des Sozialarbeiters auch öffentlichen Interessen diene[625], könne daher dem Klienten kein Zeugnisverweigerungsrecht zugestanden werden. Diese Schlussfolgerung ist konsequent, aber nicht zwingend. Wenn man dieser Linie folgt und ein öffentliches Interesse als gleichrangig oder überwiegend betrachten will, so ergibt sich daraus noch keine negative Antwort auf die Frage, ob dem Sozialarbeiter ein Zeugnisverweigerungsrecht zuzuerkennen ist oder nicht. Vielmehr hat die Klärung des Schutzzwecks nur Bedeutung insofern, als die Ausgestaltung in gewissen Grenzen festgelegt wird. Bei einer objekt-rechtlichen Grundlage wäre es demnach widersprüchlich, dem Klienten eine Entbindungsmöglichkeit nach § 53 II StPO einzuräumen.

Weniger überzeugen die Gründe, die das *Bundesverfassungsgericht* anführt, um den Ausschluss des Sozialarbeiters aus § 53 I S. 1 Nr. 3 StPO zu erklären. Die Intimsphäre findet nach Ansicht des *Bundesverfassungsgerichts* dort ihre Grenze, wo der Mensch in eine kommunikative Beziehung eintrete. Diese Auffassung erinnert sehr an die Aufteilung des Schutzbereichs von Art. 4 I GG in ein „*forum internum*" und ein „*forum externum*". Dabei wird übersehen, dass es nicht primär auf die Form der Mitteilung, sondern auf den Informationsinhalt selbst ankommen kann. Vieles, was gedacht wird, ist kein Geheimnis und gehört damit nicht zur Intimsphäre. Umgekehrt ist vieles, was in persönlicher Not an-

623 A.A. *Endriß*, ZRP 1989, 48.

624 Vgl. die kritische Anmerkung von *Würtenberger*, JZ 1973, 784 ff.

625 Zu der Frage des Schutzzwecks s. *Würtenberger*, GS-Peters, S. 935 ff.

deren in der Hoffnung auf Hilfe offenbart wird, von solch fundamentaler und existentieller Bedeutung, dass man es der Intimsphäre zurechnen muss. Dies gilt in besonderem Maße für Informationen aus dem Gesundheits- und Sexualbereich, über die bei einer Arbeit gerade mit Suchtberatern gesprochen wird.

Ebenso wenig verfängt das formale Argument, dass das Berufsbild des Sozialarbeiters nicht klar abgrenzbar sei. Zum einen bedient sich der Gesetzgeber nunmehr in § 203 I Nr. 5 1. Alt. StGB dieses Begriffs („gesetzlich anerkannter Sozialarbeiter"), ohne dass Zweifel an dessen Bestimmtheit aufkämen. Zum anderen kennzeichnet der Terminus „Sozialarbeiter" Angehörige verschiedener Spezialisierungen unter einem Oberbegriff. Dies erkennt das *Bundesverfassungsgericht* an, wenn es als Sozialarbeiter beispielhaft Angehörige der Suchtkranken-, Nichtsesshaften-, Obdachlosen-, Strafentlassenen-, Bewährungs- und Jugendgerichtshilfe sowie Tätige in der Betreuung von Ausländern und Auswanderern und in der Ehe- und Erziehungsberatung aufzählt[626]. Aus dieser Zusammenstellung ergibt sich sogleich die Heterogenität der betreffenden Aufgaben, ohne dass dies im Einzelnen näher erläutert werden müsste.

Der Begriff „Sozialarbeiter" steht also kategorial auf einer Ebene mit der Bezeichnung „Heilberuf". Auch für den „Heilberuf" wird kein eigenständiges Zeugnisverweigerungsrecht in § 53 I S. 1 Nr. 3 StPO anerkannt, sondern im Gegenteil bestimmte Tätigkeitsbilder aus der Gruppe der Heilberufe privilegiert[627]. Würde man Extremfälle bilden, so könnte man den Ausschluss der Heilberufe in ähnlicher Weise begründen. Beispielsweise käme kaum jemand auf die Idee, den Tierarzt[628] oder Masseur in § 53 I S. 1 Nr. 3 StPO aufzunehmen. Daraus, dass diesen Berufen kein Zeugnisverweigerungsrecht zusteht, kann aber methodisch nicht zwingend auf andere Angehörige der Heilberufe geschlossen werden. Im Ergebnis verfährt das *Bundesverfassungsgericht* aber auf diese Weise in der „Sozialarbeiter-Entscheidung", obwohl es für jeden Beruf einzeln die Schutzwürdigkeit entweder hätte bejahen oder verneinen müssen. Damit entfallen *eo ipso* die Einwände, die an die mangelnde Klarheit des Berufsbildes des Sozialarbeiters anknüpfen. Schließlich ist spätestens mit der Aufnahme der Sozialarbeiter in § 203 I Nr. 5 1. Alt StGB zu

---

626 *BVerfGE* 33, (367), 380 (Sozialarbeiter).

627 Vgl. auch *Würtenberger*, GS-Peters, S. 928.

628 Ablehnend auch *BVerfGE* 38, 312 ff. (Tierarzt).

vermuten, dass ein ausreichendes Berufsethos besteht[629] und das Vertrauensverhältnis von ähnlicher Qualität wie der anderen in § 203 I StGB genannten Berufsgeheimnisträger ist[630].
§ 203 I Nr. 4 StGB erwähnt Ehe-, Familien-, Erziehungs- und Jugendberater sowie bestimmte Berater für Suchtfragen gesondert. Dies unterstreicht, dass dem Gesetzgeber die Problematik des Begriffs „Sozialarbeiter" bewusst gewesen ist und er sich für eine Einzelbetrachtung entschieden hat. Überhaupt verwundert es, dass das *Bundesverfassungsgericht* die Klienten-Berater-Beziehung etwa von Suchtstellen als fundamental abweichend vom ärztlichen Vertrauensverhältnis bewertet[631]. Sachliche Gründe sind dafür nicht unmittelbar einleuchtend. Im Gegenteil ist ein tiefes Vertrauen häufig Grundlage für einen (therapeutischen) Erfolg[632]. Selbst das Bundessozialgericht bezeichnet mittlerweile die Entwöhnungsbehandlung eines Drogenabhängigen in einer Wohngemeinschaft als „medizinische Leistung"[633].
Das *Bundesverfassungsgericht* traf später[634] Feststellungen, die mit den Thesen der „Sozialarbeiter"-Entscheidung in scharfem Widerspruch stehen. Dieses Mal behandelt es nicht die Gesamtproblematik des Sozialarbeiters, sondern betrachtete als Ausschnitt die Frage nach dem Zeugnisverweigerungsrecht des Drogenberaters. Wiederum stellt es die Bedeutung des Allgemeinen Persönlichkeitsrechts heraus[635]. Die individualrechtliche Begründungsschiene verlässt es allerdings später und betont, dass die Drogenberatung im Interesse der Gesundheitsfürsorge bestehe, deren Notwendigkeit sich verfassungsrechtlich aus dem Sozialstaatsprinzip gem. Art. 20 I, 28 I S. 1 GG ergebe[636]. Für die Funktionstüchtigkeit derartiger Einrichtungen sei das Bestehen eines Vertrauensverhältnisses unabdingbar. Wirksame Hilfe könne zumeist nur dann geleistet werden, wenn sich der Klient rückhaltlos offenbare. Damit korrespondiere die Verschwiegenheitspflicht des Beraters. Eine strafprozessuale Durchsuchung zerstöre dieses sensible Vertrauensverhältnis.

---

629 So bereits *Würtenberger*, GS-Peters, S. 934 f.
630 Ablehnend auch *Würtenberger*, JZ 1979, 786.
631 *Würtenberger*, GS-Peters, S. 934; *Würtenberger*, JZ 1979, 786.
632 Vgl. auch *Würtenberger*, JZ 1979, 784 f.
633 S. *Stegemann/Martens*, StV 1989, 328 unter Hinweis auf *BSG*, SozR 2200 § 1237 RVO Nr. 18.
634 *BVerfGE* 44, 353 ff., insbesondere 372 ff.
635 *BVerfGE* 44, (353), 372.
636 *BVerfGE* 44, (353), 374 ff.

Besonders bedeutsam sind die Schlussfolgerungen, die das *Bundesverfassungsgericht* daraus zieht[637]: Bereits durch das bloße Tätigwerden einer Drogenberatungsstelle ergebe sich ein Verdacht, dass die Klienten Drogendelikte begangen hätten. Öffentlich-rechtlich anerkannte Beratungsstellen müssten aber einen Schutz vor der Beschlagnahme der Klientenakten besitzen. Hier überwögen die gesundheitsfürsorgerischen Belange im Rahmen einer Verhältnismäßigkeitsprüfung die Strafverfolgungsinteressen. Im Ergebnis konstruiert das *Bundesverfassungsgericht* damit ein generelles Zeugnisverweigerungsrecht für Mitarbeiter von öffentlich-rechtlich anerkannten Drogenberatungsstellen[638]. Damit war der Gesetzgeber aufgerufen, ein Zeugnisverweigerungsrecht zu normieren[639].

Diese wegweisende Entscheidung revidiert auf diese Weise Ergebnisse der „Sozialarbeiter"-Entscheidung. Während dort die Schutzbedürftigkeit gerade wegen des öffentlichen Interesses abgelehnt wurde – freilich unter einem etwas anderen Blickwinkel –, wird nun aus dem Sozialstaatsprinzip die verfassungsrechtliche Notwendigkeit eines Zeugnisverweigerungsrechts begründet. Bedauerlicherweise wird in diesem Judikat nicht ausreichend belegt, welche Bedeutung für die Anerkennung des Privilegs das Allgemeine Persönlichkeitsrecht des Klienten spielt. Der Argumentationsstruktur lässt sich jedenfalls entnehmen, dass das Hauptgewicht den öffentlichen Interessen in Form der Gesundheitsfürsorge zustehen soll.

Die durch diese Entscheidung eingeläutete Liberalisierung drückte sich in Erlassregelungen einiger Länderjustizministerien und Generalstaatsanwaltschaften aus. Strafprozessuale Zwangsmaßnahmen, die negative Folgen für die Tätigkeit von Drogenberatern zeitigen könnten, sollten nur dann ergriffen werden, wenn es um die Aufklärung schwerer Straftaten gehe[640].

Nachfolgende Entscheidungen haben die Tendenz des *Bundesverfassungsgerichts* umgedeutet und die Zuerkennung eines Zeugnisverweigerungsrechts wiederum zum Ausnahmefall gemacht. Das *Bundesverfas-*

---

637 Vgl. *BVerfGE* 44, (353), 378 ff.

638 S. *Endriß*, ZRP 1989, 47, der die Einführung eines Zeugnisverweigerungsrechts für Drogenberater für verfassungsrechtlich geboten hält.

639 *Stegemann/Martens*, StV 1989, 327 lehnen dagegen unter Berufung auf *BVerfGE* 33, (367), 374 ff. eine Pflicht zur Regelung ab.

640 Vgl. *Kreuzer*, FS-Schüler-Springorum, S. 533.

sungsgericht selbst hat in einem viel beachteten Beschluss die frühere großzügige Linie verlassen[641].

Unter Berufung auf den abschließenden Charakter von § 53 I S. 1 Nr. 3 StPO wurde Drogenberatern in der nachfolgenden Zeit im Allgemeinen ein Zeugnisverweigerungsrecht abgesprochen. Hingegen wird hervorgehoben, dass eine Ableitung aus dem Verfassungsrecht nur höchst selten erfolgen kann. Dabei stützt sich das *Bundesverfassungsgericht* zur Begründung gleichzeitig auf die beiden zuvor besprochenen Judikate, ohne auf die Unterschiede dieser Entscheidungen ausreichend einzugehen. Dadurch ergaben sich unaufgelöste Widersprüche[642].

In der Praxis waren häufig Eingriffe der Strafverfolgungsbehörden in die Arbeit der Drogenberatungsstellen zu beobachten[643]. Dabei stand gar nicht das Bemühen im Mittelpunkt, schwere Drogenstraftaten aufzuklären. *Kreuzer* kennzeichnet den Charakter dieser Maßnahmen als „apokryphe Strategien im Vorfeld justizförmiger Entscheidungen"[644]. Das fehlende Zeugnisverweigerungsrecht sei benutzt worden, um Gefügigkeit von den Betroffenen zu erreichen, ohne dies rechtlich nachprüfbar niederlegen und begründen zu müssen. Zu derartigen Maßnahmen zählten die Frage nach Namen und Anschriften von Klienten, Durchsuchungen von Besuchern und Räumlichkeiten, Festnahmen in oder in der Nähe der Einrichtungen und sogar die Androhung persönlicher oder finanzieller Nachteile, falls nicht mit den Strafverfolgungsbehörden kooperiert werde[645]. Da diese Fälle gerichtlich nicht überprüft wurden, tauchten sie in Statistiken nicht auf. Deshalb unterschätzten viele Praktiker und Rechtswissenschaftler die Auswirkungen des Zeugniszwangs auf die Tätigkeit der Drogenberatungsstellen[646].

Seit den Siebziger Jahren wurde immer wieder versucht, ein Zeugnisverweigerungsrecht in der StPO zu etablieren. Es sollten alle Suchtberater und Tätige in der Ehe-, Erziehungs- und Jugendberatung erfasst wer-

---

641 *BVerfG*, NStZ 1988, 418; vgl. aber auch *LG Hamburg*, NStZ 1983, 182 ff.; vgl. auch *Endriß*, ZRP 1989, 46 zur restriktiven Spruchpraxis.

642 Ähnlich *Kreuzer*, FS-Schüler-Springorum, S. 533.

643 S. zum Folgenden *Kreuzer*, FS-Schüler-Springorum, S. 534 ff.

644 *Kreuzer*, FS-Schüler-Springorum, S. 535.

645 Beispiele bei *Kreuzer*, FS-Schüler-Springorum, S. 534 f.

646 Harscher formuliert *Kreuzer*, FS-Schüler-Springorum, S. 536, der die „berufsspezifischen Sicht- und Argumentationsverkürzung vieler Rechtswissenschaftler und Praktiker" und „eine gewisse sozialwissenschaftlich-methodische Naivität" in Praxisanalysen von Justizverwaltungen anprangert.

den[647]. Um Missbrauch vorzubeugen, setzte das geplante Privileg aber die Arbeit in einer staatlich anerkannten Beratungsstelle voraus[648]. Damit wäre eine Vereinheitlichung mit den Geheimnisträgern aus § 203 I Nr. 2, 4 und 5 StGB erreicht worden. Zu Recht wurde aber darauf hingewiesen, dass eine Kongruenz zwischen § 53 I StPO und § 203 StGB dogmatisch nicht zwingend geboten ist[649]. Außerdem berücksichtigte der Gesetzentwurf nicht ausreichend die Tatsache, dass sich gerade in der Ehe-, Erziehungs-, Jugend- und Suchtfragenberatung zahlreiche freiberufliche Psychologen befanden, die schutzlos gestellt und damit erheblich benachteiligt worden wären[650]. Später wurde bei einem weiteren Gesetzesvorhaben nur noch auf die Suchtberater Bezug genommen[651]. Die Novellierung der Strafprozessordnung erfolgte erst später und schützte nur bestimmte Drogenberater. Es war als unbefriedigend eingeschätzt worden, dass Drogenberatern, die mit Berufsgeheimnisträgern nach § 53 I S. 1 Nr. 3 StPO zusammenarbeiteten, gem. § 53 a StPO ein abgeleitetes Zeugnisverweigerungsrecht zugestanden werden konnte, während dies für das Gros der Berater nicht galt[652].

Die Einführung von § 53 I S. 1 Nr. 3 b StPO bedeutet einen großen Fortschritt. Beispielsweise genießen nun alle Gespräche zwischen Berater und Familienmitgliedern oder Freunden des Klienten Schutz. Dies ist eine unabdingbare Voraussetzung, um den Erfolg einer Therapie sicherzustellen, die notwendigerweise das gesamte Lebensumfeld des Kranken betrifft[653]. Trotzdem wird auf Schwächen der Regelung hingewiesen[654]. Die Frage nach so genannten Rahmendaten ist nicht geklärt. So bleibt umstritten, ob Drogenberater den Behörden angeben müssen, ob sich ein

---

647 Vgl. BR-Drucks. 384/74, S. 2; vgl. auch BT-Drucks 7/2526.

648 Fraglich ist jedoch, ob die Missbrauchsmöglichkeiten von der Praxis nicht erheblich überschätzt werden. Vgl. insbesondere *Kreuzer*, FS-Schüler-Springorum, S. 530 f. Rechtsmissbrauch zöge gleich eine Existenzkrise der Einrichtungen nach sich. Außerdem seien keine Beweismittelverkürzungen zu befürchten. Vgl. *Kreuzer*, FS-Schüler-Springorum, S. 537.

649 *Schilling*, JZ 1976, 618 ff.

650 Vgl. auch *Schilling*, JZ 1976, 621 f., der aber ein Zeugnisverweigerungsrecht wohl nur dann zuerkennen möchte, wenn die Beratung in einer staatlich anerkannten Beratungsstelle angeboten wird.

651 Gesetzentwurf der SPD-Fraktion vom 9. November 1988 (BT-Drucks. 11/3280, S. 4).

652 S. auch Gesetzentwurf der SPD-Fraktion vom 4. Juni 1991 (BT-Drucks. 12/655, S. 1 f.).

653 LR-*Dahs*, § 53, Rn. 40.

654 *Kreuzer*, FS-Schüler-Springorum, S. 538 ff.

Drogenabhängiger in eine Therapie begeben hat, um seinen Auflagen und Weisungen aus einer Verurteilung nachzukommen. Noch problematischer erscheint, dass möglicherweise mittelbar Druck auf die Abhängigen ausgeübt wird, den Drogenberater von der Schweigepflicht nach § 53 II StPO zu entbinden. Zu Recht wird von einer „Pflicht zur Selbstbezichtigung“[655] gesprochen, wenn Auflagen erteilt werden, die bewirken, dass der verurteilte Drogenabhängige bei Bewährungssaussetzung oder Zurückstellung einer Strafvollstreckung eine Entbindungserklärung nach § 53 II StPO abgeben muss.
Ferner bestehen noch Schutzlücken im Zusammenhang mit der Drogenberatung. Unterinstanzlich ist nach Einführung von § 53 I S. 1 Nr. 3 b StPO ebenfalls eine restriktive Spruchpraxis zu beobachten[656]. Für Personen, die in der Drogenberatung tätig sind, aber nicht in einer öffentlich-rechtlich anerkannten Beratungsstelle arbeiten, wird ein Zeugnisverweigerungsrecht verworfen. Dies gilt insbesondere für ehrenamtliche Berater in Selbsthilfegruppen. Eine Einschränkung der Zeugnispflicht soll hier nur noch bei Ordnungswidrigkeiten und Bagatelldelikten in Betracht kommen. Es fällt aber auf, dass zur dogmatischen Begründung eines möglichen Zeugnisverweigerungsrechts nicht mehr so sehr auf die öffentlichen Interessen, sondern in verstärktem Maße auf das Allgemeine Persönlichkeitsrecht der Klienten abgestellt wurde[657]. Das Zeugnisverweigerungsrecht der Drogenberater stelle einen Annex dar. Hierin ist eine dogmatische Neuorientierung gegenüber dem *Bundesverfassungsgericht* erkennbar.
Das *Bundesverfassungsgericht* hat diese Rechtsprechung im Hinblick auf die Zuerkennung eines Zeugnisverweigerungsrechts bestätigt[658]. Allerdings stellt es bei der Abwägung in erster Linie auf das Allgemeine Persönlichkeitsrecht der potentiellen Zeugen ab[659]. Auch wenn es sich bei den ehrenamtlichen Tätigen um die Eltern der Betroffenen gehandelt hat, so steht im Einklang mit der Argumentation des Landgerichts das Allgemeine Persönlichkeitsrecht der Drogenabhängigen im Mittelpunkt. Dieser Auffassung ist im Rahmen der Schutzzweckbestimmung der Vorzug zu geben. Zwar nimmt die Drogenberatung eine Aufgabe wahr, die im öffentlichen Interesse besteht. Der Gesetzgeber hat aber durch die

655 *Kreuzer*, FS-Schüler-Springorum, S. 539.
656 Beispielhaft ist ein Beschluss des *LG Freiburg*, StraFo 1999, 136 ff.
657 So bereits *LG Hamburg*, NStZ 1983, 182 f.
658 BVerfG NJW 1998, 1587.
659 BVerfG NJW 1998, 1587.

Fassung von § 53 I S. 1 Nr. 3 b StPO deutlich gemacht, dass er die *ratio legis* im Schutz von Individualinteressen sieht. Neben den staatlich unabhängigen Beratungsstellen werden dort ausdrücklich Beratungsstellen genannt, die eine Behörde, Körperschaft, Anstalt oder Stiftung des öffentlichen Rechts bei sich eingerichtet hat. Hier wird von staatlicher Seite ein Beitrag zur Gesundheitsvorsorge geleistet. Dennoch ist das Zeugnisverweigerungsrecht – ähnlich wie bei den Amtsnotaren – nicht nach § 54 StPO geregelt. Der Klient hat im Gegenteil über § 53 II StPO die Verfügungsdisposition.

Insoweit erkennt der Gesetzgeber den Vorrang des Allgemeinen Persönlichkeitsrechts des Klienten vor den staatlichen Interessen an. Im Sinne der funktionierenden Gesundheitsfürsorge wäre es nämlich effektiver, wenn der Staat selbst darüber entscheiden könnte, welche Informationen seine Mitarbeiter preisgeben dürfen und welche nicht. Neben dem Recht auf informationelle Selbstbestimmung und dem Schutz der Privatsphäre ist die aus dem Allgemeinen Persönlichkeitsrecht abzuleitende Selbstbezichtigungsfreiheit anzusprechen. Drogenabhängige können in dreierlei Hinsicht delinquent werden[660]: Ein großer Teil der Süchtigen wird zum so genannten Konsumentendealer. Um seine Sucht zu finanzieren, tätigt er selbst Drogengeschäfte. Hinzu treten die Beschaffungs- und Folgekriminalität.

Aus diesen Gründen sollte das Zeugnisverweigerungsrecht der Drogenberater auch dann nicht eingeschränkt werden, wenn eine besonders schwere Straftat aufzuklären ist[661].

Rechtssoziologisch gesehen erfüllt das Zeugnisverweigerungsrecht der Drogenberater eine wichtige Funktion[662]: In der Diskussion zur Bekämpfung der Drogenkriminalität gibt es grundsätzlich zwei gegensätzliche Standpunkte, die schlagwortartig mit den Begriffen „Therapie“ oder „Strafe“ umrissen werden können. Der kriminalpolitische Ansatz glaubt, durch gezielte Strafverfolgung des Problems Herr werden zu können. Es wird bemängelt, dass hier der Schwerpunkt staatlichen Handelns liegt. Erfolgversprechender scheint dagegen der verstärkte Einsatz sozialpolitischer Instrumente. Hierfür müssen Freiräume bestehen, um eine Kriminalisierung der Hilfesuchenden zu vermeiden. In dieser Hinsicht leis-

---

660 S. dazu *Stegemann/Martens*, StV 1989, 326; vgl. auch *Kreuzer*, FS-Schüler-Springorum, S. 529.

661 Im Ergebnis ebenso *J. Meyer*, ZRP 1989, 427.

662 Vgl. zum Folgenden *Kreuzer*, FS-Schüler-Springorum, S. 529 ff.

tet das Zeugnisverweigerungsrecht des Drogenberaters einen wichtigen Beitrag.

b) Schwangerschaftsberater gem. § 53 I S. 1 Nr. 3 a StPO

Das Zeugnisverweigerungsrecht für Schwangerschaftsberater sichert ebenfalls das Allgemeine Persönlichkeitsrecht der betroffenen Frauen gem. Art. 2 I GG i.V.m. Art. 1 I GG. Da eine Abtreibung stets gesundheitliche Gefahren mit sich bringt, ist Art. 2 II GG betroffen. Ein Unterschied zu § 53 I S. 1 Nr. 3 b StPO ergibt sich allerdings in einem wichtigen Punkt: Der *nemo-tenetur*-Grundsatz ist hier nicht einschlägig.

Zwar sind Fälle denkbar, in denen sich Frauen nach einem illegalen Schwangerschaftsabbruch an eine Beratungsstelle wenden, um Rat zu erhalten. Gem. § 218 III StGB kommt eine Strafbarkeit in Betracht (vgl. aber § 218 IV S. 2 StGB). Dies entspricht aber nicht der Aufgabe der Schwangerschaftsberatungsstellen gem. § 219 StGB i.V.m. den einschlägigen Bestimmungen des Schwangerschaftskonfliktgesetzes. Im Gegenteil wird eher über Formen sexueller Gewalt gegen Frauen berichtet werden.

Um den Opferschutz zu stärken, könnte man im Hinblick darauf an eine Einschränkung des Zeugnisverweigerungsrechts – ähnlich wie im Bereich von § 52 I StPO – nachdenken. Da aber dadurch ein Vertrauensverhältnis zwischen Klientin und Berater nicht mehr entstehen würde, ist von einer derartigen Begrenzung dringend abzuraten[663]. Ansonsten wäre nicht auszuschließen, dass Frauen – trotz der Regelung von § 218 III StGB – nach einer Vergewaltigung aus Unkenntnis der Rechtslage eine illegale Abtreibung vornehmen lassen[664].

---

[663] Für eine Beibehaltung des Zeugnisverweigerungsrechts in der jetzigen Form Alternativ-Entwurf Zeugnisverweigerungsrechte, S. 45.

[664] In jüngster Zeit wird über die Einführung eines Zeugnisverweigerungsrechts für Mitarbeiter von so genannten „Babyklappen" in freier Trägerschaft diskutiert. Dort können Frauen ihr Neugeborenes anonym in ein Wärmebettchen legen. Das Kind wird schnell gefunden und versorgt, um später zur Adoption freigegeben zu werden. Die Einrichtung der „Babyklappe" ist nicht unumstritten. Auf einem Kongress des Kinderhilfswerks „Terre des hommes" im Mai 2003 plädierten Psychologen, Adoptionsfachleute und Juristen für ein Verbot. Durch die „Babyklappe" sinke bei den Müttern die Hemmschwelle, sich von ihrem Kind zu trennen. (S. dazu den Bericht der *Frankfurter Allgemeinen Sonntagszeitung* vom 29. Juni 2003, S. 60). Wenn die „Babyklappe" auf eine rechtliche Grundlage gestellt wird, so sollte auch hier wie bei den Schwangerschaftsberatern ein Zeugnisverweigerungsrecht für die Mitarbeiter etabliert

c) Zeugnisverweigerungsrecht für weitere Beratungsberufe

Die Regelung des § 53 I S. 1 Nr. 3 b StPO ist vor allen Dingen deswegen in die Kritik geraten, weil nur Drogenberater erfasst werden. In den Anwendungsbereich fallen nur die Suchtformen, die im Betäubungsmittelgesetz genannt sind[665]. Die entsprechenden Betäubungsmittel sind gem. § 1 I BtMG den Anlagen I bis III zu entnehmen. Eine analoge Anwendung von § 53 I S. 1 Nr. 3 b StPO auf andere Süchte kommt mangels Regelungslücke nicht in Frage. Hierzu zählen insbesondere Alkohol-, Medikamenten- und Glücksspielabhängigkeit[666]. Vorstellbar ist aber, dass in Ausnahmefällen ein verfassungsunmittelbares Zeugnisverweigerungsrecht nach Art. 2 I GG i.V.m. Art. 1 I GG vorliegt.

Trotzdem wird im Ausschluss anderer Süchte keine sachlich ungerechtfertigte Ungleichbehandlung gesehen, die einen Verstoß gegen Art. 3 I GG darstellen würde[667]. Im Gegensatz zu Drogenabhängigen werden nicht zwangsläufig Straftaten offenbart[668]. Für den Bereich des Alkoholmissbrauchs mag man angesichts von §§ 315 c, 316, 323 a StGB zweifeln, um nur einige typische Delikte zu nennen.

Insgesamt erscheint die Einführung eines Zeugnisverweigerungsrechts für andere Beratungsberufe sinnvoll: Häufig ist ein Mischkonsum verschiedener Drogen festzustellen[669]. Eine sinnvolle Beratung erfolgt daher ganzheitlich und beschränkt sich nicht auf die Süchte des Betäubungsmittelgesetzes.

De lege ferenda ist des Weiteren die Arbeit der Aids-Beratungen durch ein Zeugnisverweigerungsrecht abzusichern. Gerade unter Drogenab-

---

werden. Zur Zeit wird von der Rechtsprechung eine Anwendung von § 53 I Nr. 3 a StPO auf diese Konstellation abgelehnt (vgl. *LG Köln*, NJW 2002, 910). Eine Schwangerschaftskonfliktberatung finde nicht statt, da das Kind bereits geboren sei. Auch wenn § 2 III Schwangerschaftskonfliktberatungsgesetz die Nachbetreuung nach der Geburt des Kindes umfasse, so sei die isolierte postnatale Beratung wie in den Fällen der „Babyklappe" nach dem Schutzzweck des Gesetzes nicht enthalten (zustimmend *Neuheuser*, ZRP 2003, 216). *Riekenbrauk*, ZfJ 2003, 136 ff. befürwortet hinsichtlich von Mitarbeitern der „Babyklappen" in kirchlicher Trägerschaft dagegen wegen Art. 140 GG i.V.m. Art. 137 V WRV die Anwendung von § 54 I StPO. Diese Mitarbeiter seien „andere Personen des öffentlichen Dienstes" im Sinne dieser Vorschrift.

665 HK-*Lemke*, § 53, Rn. 20.

666 Vgl. *Kreuzer*, FS-Schüler-Springorum, S. 538.

667 *Kreuzer*, FS-Schüler-Springorum, S. 538.

668 Bericht der Abgeordneten *Geis* und *Pick* vom 3. Juni 1992 (BT-Drucks. 12/2738, S. 4); *Stegemann/Martens*, StV 1989, 328.

669 *Kreuzer*, FS-Schüler-Springorum, S. 538.

hängigen besteht ein hohes HIV-Infektionsrisiko, so dass eine Verzahnung der Beratung praktisch unausweichlich ist. Dennoch gewährt § 53 a StPO keinen ausreichenden Schutz[670]. Bei HIV-Infizierten ist die Notlage offensichtlich, Art. 2 II 1 GG besonders betroffen[671]. Auch juristische Fragen spielen eine Rolle, da sich Kranke durch einen ungeschützten Geschlechtsverkehr strafbar machen[672] und sich zivilrechtlichen Schadensersatzforderungen ausgesetzt sehen können. Die Strafverfolgung würde nicht erheblich erschwert, da nur wenige Fälle bekannt sind, in denen Zwangsmittel gegen Aids-Beratungsstellen eingesetzt worden wären[673]. Dennoch führt die bloße Möglichkeit zu einer tief greifenden Verunsicherung von Mitarbeitern und Klienten[674].
Für Ehe-, Familien-, Erziehungs- und Jugendberater ist ebenfalls ein Zeugnisverweigerungsrecht zu etablieren[675], zumal oftmals sogar ein gesetzlich verbürgter und einklagbarer Anspruch auf Beratung besteht[676].
Ob tatsächlich die Tätigkeit dieser Berufsgruppen in einer anerkannten Beratungsstelle zu fordern ist, ist zweifelhaft[677]. Zwar wird damit sicherlich eine Seriositätskontrolle sichergestellt. Freiberufliche Psychologen, die in der Suchtbehandlung oder Eheberatung arbeiten, dürfen aber nicht automatisch benachteiligt werden. Sie sind ebenfalls in den Anwendungsbereich eines neuzuschaffenden Zeugnisverweigerungsrechts einzubeziehen. Ein Ausschluss wäre im Hinblick auf Art. 12 I GG bedenklich. Um hier Missbrauch auszuschließen, sollte an die Berufsqualifikation angeknüpft werden. Das Berufsethos der Psychologen, die schließlich eine langjährige Universitätsausbildung durchlaufen, dürfte genügend gefestigt sein, um eine Privilegierung zu rechtfertigen.

---

670 Gesetzentwurf der GRÜNEN vom 24. November 1988 (BT-Drucks. 11/3483, S. 3).

671 S. *Lichtenberg/Schücking*, ZRP 1989, 244.

672 Dieses Argument spielte eine zentrale Rolle im Gesetzentwurf der GRÜNEN vom 24. November 1988 (BT-Drucks. 11/3483, S. 1 u. 3).

673 Gesetzentwurf der GRÜNEN vom 24. November 1988 (BT-Drucks. 11/3483, S. 3).

674 Gesetzentwurf der GRÜNEN vom 24. November 1988 (BT-Drucks. 11/3483, S. 3).

675 Alternativ-Entwurf Zeugnisverweigerungsrechte, S. 44 f.

676 S. *Lichtenberg/Schücking*, ZRP 1989, 243.

677 So aber Alternativ-Entwurf Zeugnisverweigerungsrechte, S. 44 f.; *Lichtenberg/Schücking*, ZRP 1989, 246.

5. Der Abgeordnete gem. § 53 I S. 1 Nr. 4 StPO

Das Zeugnisverweigerungsrecht des Abgeordneten wird verfassungsunmittelbar durch Art. 47 S. 1 GG[678] geregelt. Eine inhaltlich weitgehend übereinstimmende Vorschrift enthielt Art. 38 I S. 1 WRV[679]. Neben Art. 47 S. 1 GG kommt § 53 I S. 1 Nr. 4 StPO nur noch deklaratorische Funktion zu. Zu beachten ist, dass Art. 47 S. 1 GG nur für Bundestagsabgeordnete gilt, was sich aus dem Regelungskontext ergibt[680].

Für Landtagsabgeordnete sind dagegen in allen Länderverfassungen Zeugnisverweigerungsrechte normiert[681]. Im Anwendungsbereich des Strafverfahrens geht diesen allerdings § 53 I S. 1 Nr. 4 StPO vor[682]. § 53 I S. 1 Nr. 4 StPO hat hier konstitutive Wirkung[683], da gem. Art. 31 GG Bundesrecht Landesrecht bricht. Gem. Art. 28 I, III GG i.V.m. Art. 74 I Nr. 1 GG hatte der Bundesgesetzgeber für § 53 I S. 1 Nr. 4 StPO die Gesetzgebungskompetenz[684]. Dennoch bleibt für die Landesverfassungen ein – wenn auch sehr schmaler – Anwendungsbereich. Konstitutiv für das Zeugnisverweigerungsrecht des Mandatsträgers sind sie beispielsweise dann, wenn diese vor Untersuchungsausschüssen eines Landtags

---

678 Zur Entstehungsgeschichte vgl. die Darstellung bei BoK-*Umbach*, Art. 47, Rn. 1 – 3. Ausführlich zur Genese des Zeugnisverweigerungsrechts des Abgeordneten *Schulte*, Volksvertreter, S. 42 ff.

679 Art. 38 I S. 1 WRV (1919) lautet: „Die Mitglieder des Reichstags und der Landtage sind berechtigt, über Personen, die ihnen in ihrer Eigenschaft als Abgeordneten Tatsachen anvertrauen, oder denen sie in Ausübung ihres Abgeordnetenberufs solche anvertraut haben, sowie über diese Tatsachen selbst das Zeugnis zu verweigern." Zitiert nach *v. Mangoldt/Klein/Achterberg/Schulte*, Art. 47 Vor Rn. 1. S. zur Entstehung der Vorschrift *Anschütz/Thoma/Graf zu Dohna*, HdStR Bd. 1, § 39, S. 446 ff.

680 *V. Münch/Kunig/Trute*, Art. 47, Rn. 3 mit Verweis auf Art. 46; KK-*Senge*, § 53, Rn. 22.

681 Die entsprechenden Vorschriften heißen (zitiert nach *v. Münch/Kunig/Trute*, Art. 47, Rn. 3): Art. 39 Bad-Württ. Verf.; Art. 29 BayLV; Art. 35 II Berl. Verf.; Art. 59 Bbg-Verf.; Art. 96 BremVerf.; Art. 17 HbgVerf.; Art. 97 Hess-Verf.; Art. 24 III Meckl.-Vorp. Verf.; Art. 16 Nds. Verf.; Art. 49 NRW-Verf.; Art. 95 Rheinl.pfälz. Verf.; Art. 83 SaarlVerf.; Art. 56 SächsVerf.; Art. 59 Sachs.-Anh. Verf.; Art. 24 III Schl.-Holst. Verf.; Art. 56 Thür. Verf.

682 Der Hinweis auf eine zweite Kammer in § 53 I S. 1 Nr. 4 StPO bezog sich auf den Bayerischen Senat, vgl. AK-*Kühne*, Rn. 18; LR-*Dahs*, § 53, Rn. 41.

683 BoK-*Umbach*, Art. 47, Rn. 16.

684 BoK-*Umbach*, Art. 47, Rn. 35 m.N.

vernommen werden[685]; weiterhin kommen in Betracht Disziplinarverfahren bei Landesbeamten und durch Landesgesetz geregelte Verfahren der Berufsgerichte[686]. Die Anwendbarkeit der Landesverfassungen kann im Einzelfall von großer Bedeutung sein. Zwar sind sie grundsätzlich Art. 47 S. 1 GG nachgebildet[687]. Die Vorschrift der Berliner Verfassung (Art. 35 II Berl. Verf.) weicht aber im Schutzbereich von Art. 47 S. 1 GG nicht unerheblich ab. Sie schützt den Abgeordneten nur davor, den Namen des Informanten wiedergeben zu müssen, während die Zeugnispflicht sich auch auf die anvertraute Tatsache sowie auf die Person des Adressaten bezieht, dem der Abgeordnete Informationen anvertraut[688]. Mitglieder des Europäischen Parlaments werden nicht durch das primäre Gemeinschaftsrecht geschützt. Vielmehr trifft § 6 EuAbgG v. 6.4.1979 (BGBl. I, S. 413) auf nationaler Ebene eine Regelung[689]. Ausländische Europaabgeordnete genießen ebenfalls ein Zeugnisverweigerungsrecht[690]. Für Mitglieder der Parlamentarischen Versammlung des Europarats ist überhaupt kein Zeugnisverweigerungsrecht gesetzlich verbürgt, da ein Abkommen über die Vorrechte und Immunitäten gem. Art. 40 II der Satzung des Europarats nicht existiert[691].

---

685 Zu den wenigen Fällen, in denen ein Abgeordneter vor einem Landtagsuntersuchungsausschuss sich auf sein Zeugnisverweigerungsrecht berufen hat: BoK-*Umbach*, Art. 47, Rn. 23.

686 S. *Neumann*, ZParl 2000, 801 f.

687 *Wolfrum*, DÖV 1982, 675.

688 *Neumann*, ZParl 2000, 798 m.N.

689 § 6 EuAbgG lautet: „Die Mitglieder des Europäischen Parlaments sind berechtigt, über Personen, die ihnen in ihrer Eigenschaft als Mitglieder oder denen sie in dieser Eigenschaft Tatsachen anvertraut haben, sowie über diese Tatsache selbst das Zeugnis zu verweigern. Soweit dieses Zeugnisverweigerungsrecht reicht, ist die Beschlagnahme von Schriftstücken unzulässig."

690 Vgl. BoK-*Umbach*, Art. 47, Rn. 43 unter Herleitung aus Art. 10 b des „Protokolls über die Vorrechte und Befreiungen der Europäischen Gemeinschaften" (BGBl. II 1965, S. 1482, 1496).

691 S. *Dreier/Schulze-Fielitz*, Art. 47, Rn. 2. Gem. Art. 25 lit. a der Satzung des Europarates besteht die Beratende Versammlung aus Vertretern jedes Mitglieds, die von dessen Parlament aus seiner Mitte gewählt oder nach einem vom Parlament bestimmten Verfahren aus seiner Mitte ernannt werden. Die Unabhängigkeit der Vertreter ist gem. Art. 25 Satzung des Europarates dadurch gesichert, dass gem. Art. 25 lit. b der Satzung des Europarates kein Vertreter im Laufe einer Sitzungsperiode der Versammlung ohne deren Zustimmung seines Mandates enthoben werden kann. Allerdings hat die Beratende Versammlung keine Entscheidungsgewalt, sondern wird durch Art. 22 der Satzung des

Weil es sich bei dem Gemeinderat um ein bloßes Verwaltungsorgan handelt[692] und nicht um Parlament im staatsrechtlichen Sinne[693], stehen den Mitgliedern keine aus den Prinzipien des Parlamentsrechts abgeleitete Rechte zu; dies gilt insbesondere für die Immunität und Indemnität[694]. Für das Zeugnisverweigerungsrecht kann daher nichts anderes gelten.

Inwieweit sich dennoch für Abgeordnete der Landtage, des Europäischen Parlaments und des Europaparlaments unter Umständen ein Zeugnisverweigerungsrecht aus der Verfassung ergibt, ist im Folgenden nach der Bestimmung des Schutzzwecks zu klären. Wie bei allen anderen Berufsgeheimnisträgern wird im Zusammenhang mit Art. 47 S. 1 GG häufig pauschal auf den Schutz des Vertrauensverhältnisses verwiesen[695]. Diese Formel ist allerdings im höchsten Maße konkretisierungsbedürftig. Würde nämlich das Vertrauensverhältnis als solches geschützt, dann läge es nahe, die Mitteilung des Anvertrauten unter allen Umständen zu verhindern. Ein derartiges Verbot enthält aber Art. 47 S. 1 GG gerade nicht[696]. Vielmehr kann nach dem Wortlaut der Abgeordnete selbst darüber entscheiden, ob er sein Wissen offenbaren oder zurückhalten möchte.

Erster Ansatzpunkt zur Erklärung bietet die Rechtsposition des Beschuldigten. Dass es sich aber nicht um ein subjektives öffentliches Recht des Beschuldigten handelt, belegt § 53 II StPO, der wegen der Nichterwähnung von § 53 I S. 1 Nr. 4 StPO in einem *argumentum e contrario* belegt, dass dem Beschuldigten über das Wissen des Abgeordneten keine Dispositionsmacht zusteht, weil er ihn nicht von seinem Zeugnisverwei-

---

Europarates als beratendes Organ charakterisiert. Ihre Beschlüsse werden an das Ministerkomitee in der Form von Empfehlungen weitergeleitet. Auch wenn kein eigentliches Parlament im staatsrechtlichen Sinne vorliegen mag, so ist die Einführung eines Zeugnisverweigerungsrechts dennoch geboten, da ansonsten der Schutz für die deutschen Bundestagsabgeordneten lückenhaft wäre. Dafür spricht des Weiteren, dass historisch im Rahmen des Europarates die Menschenrechte eine herausragende Rolle spielen. Die Europäische Menschenrechtskonvention etwa wurde vom Europarat beschlossen.

692 Vgl. für Baden-Württemberg § 23 GemO.

693 *Gern*, Kommunalrecht, Rn. 162 m.N. aus der Rechtsprechung des Bundesverfassungsgerichts.

694 *Gern*, Kommunalrecht, Rn. 162. S. dort auch Nachweis zur Gegenansicht bezüglich der grundsätzlichen Anwendbarkeit der Parlamentsprinzipien.

695 *Dreier/Schulze-Fielitz*, Art. 47, Rn. 5; *Dach*, ZRP 1992, 2 f. u. 4.

696 *Maunz/Dürig/Herzog*, Art. 47, Rn. 2.

gerungsrecht entbinden kann[697]. An dieser Auslegung von § 53 II StPO sind vereinzelt Zweifel geäußert worden. So wird teilweise angenommen, dass bei einer Entbindung durch den Beschuldigten der Grund für das Zeugnisverweigerungsrecht entfiele[698]. Diese Auslegung widerspricht nicht nur dem insofern klaren Wortlaut von § 53 II StPO, sondern führt auch zu Widersprüchen bei diesem Erklärungsansatz selbst. Der Schutzzweck wird von dieser Richtung nämlich nicht in der Bewahrung des Beschuldigten vor Nachteilen gesehen[699]. Vielmehr soll Art. 47 S. 1 GG (wie § 53 I S. 1 Nr. 4 StPO) dem öffentlichen Interesse dienen. Gerade dann bleibt aber unklar, wieso dem Beschuldigten doch wiederum eine Verfügungsmacht eingeräumt werden soll. Dies wäre nur dadurch zu erklären, wenn Art. 47 S. 1 GG und § 53 I S. 1 Nr. 4 StPO wenigstens gleichrangig dem Beschuldigteninteresse dienen würden. Normentheoretisch wäre es zwar möglich, dass das im Hinblick auf eine Entbindungsmöglichkeit indifferente Verfassungsrecht § 53 II StPO überspielt. Allerdings bleibt es dem einfachen Gesetzgeber unbenommen, eine über das Verfassungsrecht hinausgehende Privilegierung des Abgeordneten zu schaffen, die jedenfalls im öffentlichen Interesse liegt.
Ein weiterer Ansatz hält das Zeugnisverweigerungsrecht nach Art. 47 S. 1 GG für schuldrechtlich disponibel. Der Informant und der Abgeordnete können demnach einen rechtsverbindlichen Vertrag abschließen, durch den die Verfügungsgewalt über das Zeugnisverweigerungsrecht dem Informanten zustehen soll[700]. Gleiches muss man dann aus logischen Gründen für das Zeugnisverweigerungsrecht nach § 53 I S. 1 Nr. 4 StPO gelten lassen[701]. Diese Schlussfolgerung wird zwar nicht gezogen, ist aber wegen der Normenhierarchie und dem Vorrang des Grundgesetzes innerhalb dieser systematischen Auffassung zwingend geboten. Nach der ZPO ist das Zeugnisverweigerungsrecht des Abgeordneten un-

697 S. LR-*Dahs*, § 53, Rn. 43.

698 *Maunz/Dürig/Herzog*, Art. 47, Rn. 6.

699 *Maunz/Dürig/Herzog*, Art. 47, Rn. 2. Die *ratio* von Art. 47 S. 1 GG sei in der Entscheidungsfreiheit des Abgeordneten zu suchen. Insoweit ist die Formulierung unklar, dass bei einer Entbindung durch den Dritten der Schutzzweck von Art. 47 S. 1 entfalle, vgl. *Maunz/Dürig/Herzog*, Art. 47, Rn. 6. Ähnlich allerdings *Schulte*, Volksvertreter, S. 192.

700 Vgl. *Schulte*, Volksvertreter, S. 182 ff. Ebenso: *v. Münch/Kunig/Trute*, Art. 47, Rn. 3.

701 A.A. *Schulte*, Volksvertreter, S. 178 u. 193. Er plädiert aber *de lege ferenda* auch im Bereich des § 53 I S. 1 Nr. 4 StPO für eine Entbindungsmöglichkeit, s. a.a.O., S. 180 f.

ter den generalklauselartig formulierten § 383 I Nr. 6 ZPO zu subsumieren. Die daraus gem. § 385 II ZPO resultierende, lediglich einfachgesetzlich normierte Dispositionsbefugnis des Informanten über das Wissen des Abgeordneten, die eine unter dem Blickwinkel des Verfassungsrechts bedenkliche Einschränkung von Art. 47 S. 1 GG schafft, vermag eine unterschiedliche Behandlung des Zivilprozesses und des Strafverfahrens in diesem Punkt nicht zu rechtfertigen.
Nimmt man also eine Disponibilität über das Zeugnisverweigerungsrecht nach Art. 47 S. 1 GG, § 53 I S. 1 Nr. 4 StPO an, so kann das in letzter Konsequenz nur bedeuten, dass das Substrat der Vorschrift (zumindest auch) im Beschuldigtenschutz liegt. Der Fall liegt nämlich wie im materiellen Strafrecht, wo eine Disposition über ein Rechtsgut nur dann in Frage kommt, wenn der Disponierende überhaupt zu einem Schutzverzicht berechtigt ist. Gleiches muss dann im Strafverfahrensrecht gelten, da man auf Rechte, die anderen zustehen, nicht wirksam Verzicht leisten kann. Doch genauso wie im zuerst skizzierten Ansatz wird vor dieser Folgerung zurückgeschreckt und die *ratio legis* von Art. 47 S. 1 GG in der Bewahrung des öffentlichen Interesses gesehen[702]. Bei einer solchen Betrachtungsweise bejaht man ein verfassungsrechtliches Statusrecht des Abgeordneten, auf das Dritte keinerlei Einfluss nehmen können[703]. Akzeptiert man diese Voraussetzung, so würde der Abgeordnete unzulässigerweise zu einem bloßen Verfahrensobjekt herabgewürdigt, wenn er dennoch vertraglichen Weisungen Folge zu leisten hätte[704]. Dagegen wird im Rahmen des konzeptionellen Entwurfs folgerichtig angenommen, dass ein Dritter einen Vertrag mit dem Abgeordneten abschließen könne. Es sei darüber hinaus möglich, diesen Vertrag sogar als echten Vertrag zugunsten Dritter gem. §§ 328 ff. BGB auszugestalten[705]. Die Dispositionsbefugnis erhielte dann nicht der Anvertrauende, sondern der Dritte, dessen Geheimnis geschützt würde.
Die Struktur von § 53 I S. 1 Nr. 4 StPO – ebenso wie von Art. 47 S. 1 GG – widerspricht schon dieser Ansicht. Hier geht es gerade nicht um eine privatrechtliche Rechtsbeziehung. Die Dispensation von der allgemeinen Zeugnispflicht betrifft vielmehr das Verhältnis zwischen Staat und Abgeordneten. Das Grundgesetz bestimmt in Art. 38 I S. 2 GG ferner, dass der Abgeordnete an Aufträge und Weisungen nicht gebunden

[702] Vgl. *Schulte*, Volksvertreter, S. 14.
[703] BoK-*Umbach*, Art. 47, Rn. 15.
[704] Überzeugend: BoK-*Umbach*, Art. 47, Rn. 15.
[705] Dazu: *Schulte*, Volksvertreter, S. 188 ff.

ist. Diese Unabhängigkeit besteht nicht nur gegenüber staatlichen Maßnahmen, sondern erst recht auch gegenüber Privatleuten. Verträge, die dieses Recht beschränken, sind nichtig[706]. Anderenfalls wäre die Verpflichtung des Abgeordneten auf sein Gewissen gem. Art. 38 I S. 2 GG illusorisch. Jedenfalls als allgemeines Prinzip, das den Status des Abgeordneten näher charakterisiert, muss dieser Gedanke auch im Bereich von Art. 47 S. 1 GG Geltung finden. Wird der Abgeordnete beispielsweise von seinem Informanten über einen Regierungsskandal unterrichtet, aber gleichzeitig zur Verschwiegenheit verpflichtet, dann könnte der Abgeordnete seinen Auftrag im Sinne des Gewaltenteilungsprinzips, nämlich die Kontrolle der Exekutive, überhaupt nicht mehr effektiv wahrnehmen. Theoretisch wäre sogar denkbar, dass ein Konzern – etwa im Rahmen eines Bestechungsskandals der Regierung – die gesamte Opposition „unter Vertrag nimmt", um sie als parlamentarisches Korrektiv auszuschalten. Die Anwendung von §§ 138 BGB oder 134 BGB könnte jedenfalls dann überhaupt nicht greifen, wenn sich die Abgeordneten an ihre „Vertragspflichten" halten.

Des Weiteren ist folgende Konstellation denkbar: Ein Abgeordneter wird über einen drohenden, konkret bevorstehenden Terroranschlag informiert. Diese Information erhält er aber erst nach Zusicherung völliger Verschwiegenheit. In diesem Fall macht sich der Abgeordnete sogar nach § 138 StGB strafbar, wenn er die geplante Tat nicht zur Anzeige bringt. Ferner wird die Notwendigkeit einer derartigen Vertragstheorie bestritten, da die Informanten oder Adressaten jederzeit selbst aussagen können[707]. Dieser Einwand schlägt jedenfalls insoweit durch, als Dritte den Abgeordneten zu einer Aussage über den Inhalt des Anvertrauten zwingen wollen. Zudem muss die Vertragstheorie stets prüfen, ob eine Abrede mit Rechtsbindungswillen oder ein reines Gefälligkeitsverhältnis vorliegt, was in der Praxis zu erheblichen Abgrenzungsproblemen führen würde[708]. Die vorgestellte „Vertragstheorie" wirft daher mehr Probleme auf, als sie löst und kann mithin keinen Beitrag zur Bestimmung des Schutzzwecks von Art. 47 S. 1 GG, § 53 I S. 1 Nr. 4 StPO liefern.

Sicherlich wäre es im Interesse der materiellen Gerechtigkeit wünschenswert (ähnlich wie beim Geistlichen), dass der Beschuldigte den Abgeordneten zu einer Aussage zwingen kann, wenn dieser entlastendes

---

706 Statt aller: *Jarass/Pieroth*, Art. 38, Rn. 27; a.A. für Verträge über das Zeugnisverweigerungsrecht nach Art. 47 S. 1 *Schulte*, Volksvertreter, S. 183 f.

707 BoK-*Umbach*, Art. 47, Rn. 15.

708 Vgl. dazu die Ausführungen von *Schulte*, Volksvertreter, S. 185 f.

Material zurückhält. Diese Überlegung ist aber nur *de lege lata* relevant. *De lege ferenda* kann an der Teleologie der Regelung von § 53 II StPO nicht gerüttelt werden. Außerdem ist das Zeugnisverweigerungsrecht des Abgeordneten gem. Art. 47 I GG universell dort gültig, wo eine Zeugnispflicht besteht, was aus dem Charakter von Art. 47 I GG als Verfassungsnorm folgt. So besteht es ebenso im Verwaltungsverfahren (vgl. §§ 26 III, 65 VwVfG, § 21 III SGB X, § 102 I Nr. 2 AO)[709]. Aus allen diesen Gründen scheidet eine Erklärung von § 53 I S. 1 Nr. 4 StPO mit Beschuldigteninteressen aus.

Für das Vorliegen eines öffentlichen Interesses sprechen dagegen sehr viele Argumente: Neben § 53 II StPO lässt sich zunächst der Umfang von Art. 47 S. 1 GG anführen: Das Zeugnisverweigerungsrecht ist thematisch nicht nur auf für das Strafverfahren relevante Informationen begrenzt. Ferner wirkt es nicht nur in eine Richtung, wie der eindeutige Wortlaut von Art. 47 S. 1 GG belegt. Das Zeugnisverweigerungsrecht ist nicht nur auf Mitteilungen des Informanten an den Abgeordneten, sondern auch auf Mitteilungen des Abgeordneten an den Informanten anwendbar. Die Schutztrias wird komplettiert durch das Recht des Mandatsträgers, ebenso über die Identität des Informanten bzw. Adressaten Stillschweigen zu bewahren[710]. Dem Gesprächspartner selbst steht dagegen nach allgemeiner Auffassung kein Zeugnisverweigerungsrecht zu[711]. Dies wird mit der Gefahr des Rechtsmissbrauchs begründet, die schon im Bereich der „Vertragstheorie“ eine Rolle gespielt hat: Ansonsten könnte nämlich etwa ein Zeuge, der selbst nicht in den Genuss der Privilegien von §§ 52, 53 StPO gelangen kann, über eine Aussage an den Abgeordneten ein Zeugnisverweigerungsrecht schaffen[712].

Fraglich bleibt dagegen, wie dieses öffentliche Interesse näher zu bestimmen ist. Wird eine Partei gem. Art. 21 II GG durch das *Bundesverfassungsgericht* als verfassungswidrig verboten, dann soll das Zeugnisverweigerungsrecht mindestens ab dem Zeitpunkt entfallen, ab dem dessen Partei mit ihren verfassungsfeindlichen Aktivitäten begonnen hat[713]. Dies gilt nach dieser Auffassung aber nur dann, wenn der Abgeordnete noch Mandatsträger ist; ansonsten soll das Zeugnisverweige-

---

709 S. *v. Münch/Kunig/Trute*, Art. 47, Rn. 9.

710 Zu dieser dreifachen Schutzwirkung s. AK-*Kühne*, Art. 53, Rn. 19; vgl. auch *Stern*, Staatsrecht Bd. 1, S. 1062.

711 KK-*Senge*, § 53, Rn. 23.

712 S. AK-GG-*Schneider*, Art. 47, Rn. 3.

713 LR-*Dahs*, § 53, Rn. 41.

rungsrecht des nicht mehr gewählten Abgeordneten nicht entfallen, wenn die Partei erst nach dessen Ausscheiden als verfassungsfeindlich einzustufen ist[714]. Damit würde vom Ergebnis her Art. 47 S. 1 GG in einen systematischen Zusammenhang mit dem Parteienprivileg des Art. 21 GG gerückt[715]. Durch das Zeugnisverweigerungsrecht sind außerdem bloß parteipolitische Aktivitäten erfasst[716].
Diese Meinung findet aber keinen Anhaltspunkt im Wortlaut des Art. 47 S. 1 GG. Handelte es sich tatsächlich um eine Art Parteienprivileg, dann wäre die Regelung im systematischen Kontext von Art. 21 GG überzeugender erschienen. Überhaupt verträgt sich eine derartige Akzessorietät nicht mit dem freien Mandat des Abgeordneten gem. Art. 38 I 2 GG[717]. Eine derartige Einschränkung des Zeugnisverweigerungsrechts in zeitlicher Hinsicht wird denn auch von der überwiegenden Mehrheit der Literatur abgelehnt[718].
Des Weiteren wirft dieser Ansatz zahlreiche weitere Schwierigkeiten auf. Zum einen kann die Feststellung, ab wann die gesamte Partei und nicht nur einzelne Funktionäre verfassungsfeindlich gehandelt haben, problematisch sein. Fraglich ist, ob das Verhalten der Funktionäre so typisch für die Grundhaltung der Partei war, dass eine Zurechnung stattfinden kann. Damit wird das Zeugnisverweigerungsrecht des Abgeordneten letztlich von einer sehr unsicheren Entscheidung abhängig gemacht. Im Übrigen erscheint es nicht überzeugend, dass etwa ein ranghoher Funktionär, der momentan kein Abgeordnetenmandat innehat, aber in die verfassungsfeindlichen Aktivitäten verwickelt ist, einen größeren Schutz genießt, als ein gutgläubiger „Hinterbänkler". Offen bleibt, warum sich dieser Abgeordnete das Fehlverhalten seiner Partei überhaupt anrechnen lassen muss. Wenn man diesen Ansatz modifiziert, indem man auf die Gutgläubigkeit des Parlamentariers abstellt, um über einen Fortfall des Privilegs nach Art. 47 S. 1 GG zu entscheiden, begibt man sich in schwierige Tatsachenfragen. Der subjektive Tatbestand ist

---

714 LR-*Dahs*, § 53, Rn. 41

715 Freilich zieht LR-*Dahs*, § 53, Rn. 41 diese Konsequenz nicht. Seiner Ansicht nach dient das Zeugnisverweigerungsrecht des Abgeordneten der Erfüllung ihrer staatspolitischen Aufgaben, insbesondere der Kontrolle von Regierung und Verwaltung m.N.

716 *Neumann*, ZParl 2000, 799.

717 A.A. *BVerfGE* 2, (1), 74; wie hier: AK-GG-*Preuß*, Art. 21 Abs. I, III, Rn. 58; Maunz-Dürig, Art. 21, Rn. 28; *K. Hesse*, Rn. 598 ff.

718 *V. Mangoldt/Klein/Achterberg/Schulte*, Art. 47, Rn. 9; *Dreier/Schulze-Fielitz*, Art. 47, Rn. 6.

immer schwierig und häufig nur anhand von Indizien zu ermitteln. Eine weitere Rechtsunsicherheit wäre die Folge. Damit würde man das Institut des Zeugnisverweigerungsrechts nach Art. 47 S. 1 GG erheblich schwächen, da es einem Bürger zu gefährlich erscheinen könnte, einem Parlamentarier sensible Informationen offen zu legen. Nicht zuletzt ist das Vertrauensverhältnis zwischen dem Abgeordnetem und einem Dritten unabhängig davon, ob der Parlamentarier den Status als Abgeordneter rechtmäßig oder rechtswidrig erhalten hat oder besitzt[719].

Weiterhin kommt in Betracht, Art. 47 S. 1 GG als Schutznorm für das Parlament zu begreifen[720]. Grundsätzliche staatsrechtliche Bedenken sprechen nicht dagegen. In anderen demokratisch verfassten Ländern ist das Zeugnisverweigerungsrecht durchaus als Parlamentsprivileg ausgestaltet, beispielsweise im Vereinigten Königreich[721]. Dort besteht eine „apriorische Organsouveränität des Parlaments“[722]. Auch die systematische Stellung von Art. 47 S. 1 GG im Regelungszusammenhang mit den Vorschriften über die Indemnität und Immunität[723] in Art. 46 I GG, bzw. Art. 46 II – IV GG weisen auf den ersten Blick in diese Richtung[724]. Die Aufhebung des Immunitätsprivilegs obliegt gem. Art. 46 II – IV GG dem Bundestag. Gleiches gilt für die Indemnität[725]. Daraus erhellt, dass es sich bei diesem um ein Recht zur Gewährleistung der Funktionsfähigkeit des Parlaments handelt. Das Zeugnisverweigerungsrecht nach

719 *V. Münch/Kunig/Trute*, Art. 47, Rn. 5.

720 Ausdrücklich: *Isensee/Kirchhof/Klein*, HdStR Bd. I, § 41, Rn. 39 (S. 388). *V. Münch/Kunig/Trute*, Art. 47, Rn. 2 und *Schulte*, Volksvertreter, S. 15 nennen den Erhalt der Funktionsfähigkeit des Parlaments als Nebenzweck. *Schulte*, a.a.O. betont allerdings, das der Schutz dieses Interesses nicht dem Bundestag, sondern dem einzelnen Mandatsträger zufalle.

721 BoK-*Umbach*, Art. 47, Rn. 37. Gleiches gilt für Frankreich und Belgien, wie sich aus dem Wortlaut der entsprechenden Vergünstigungen ableiten lässt: „L'Assemblée Nationale déclare que la personne de chacun des députés est inviolable“ (Proklamation der Abgeordneten-Privilegien in der *séance royale* der *Assemblé Nationale* vom 23.7.1789). Noch deutlicher: „Aucun membre de l'une ou l'autre chambre ne peut être pursuivi ou recherché à l'occasion des opinions et votes émis par lui dans l'exercise des ses fonctions“ (Art. 44 der belgischen Gründungs-Verfassung vom 7.2.1831). Hierunter fällt nach der Verfassungsauslegung das Zeugnisverweigerungsrecht des Abgeordneten. [Wortlaut zitiert nach BoK-*Umbach*, Art. 47, Rn. 38 f.].

722 BoK-*Umbach*, Art. 47, Rn. 20.

723 Zur Aufhebung der Immunität ausführlich: *A. Schulz*, DÖV 1991, S. 449 ff.

724 Vgl. auch *Isensee/Kirchhof/Klein*, HdStR Bd. I, § 41, Rn. 39 (S. 388).

725 BoK-*Umbach*, Art. 47, Rn. 22.

Art. 47 S. 1 GG bewirkt im Ergebnis einen Schutz des Parlaments[726], das grundsätzlich immer einer Gefährdung durch die Exekutive und Judikative ausgesetzt ist[727]. Im Übrigen existieren zahlreiche Vorschriften, die den Geheimnisschutz regeln und die das Zeugnisverweigerungsrecht des Abgeordneten einschränken. Zu nennen sind hier die so genannte Geheimschutzordnung des Bundestages, vgl. Anlage 3 GeschO BT i.V.m. § 17 GeschO BT oder auch § 353 b II StGB[728]. Hier existiert ein Entbindungserfordernis durch den Bundestagspräsidenten bzw. dessen Stellvertreter (vgl. Anlage 3 Geheimschutzordnung, § 3 III GeschO BT)[729]. Das Parlament ist zuständig dafür, darüber zu entscheiden, ob gegen einen Mandatsträger eine angeordnete Beugehaft vollstreckt werden darf[730], weil dessen Berufung auf Art. 47 S. 1 GG als ungenügend substantiiert erscheint. Zudem soll nach einer Ansicht im G-10-Verfahren für die Entscheidung über die Begründetheit des vom Abgeordneten geltend gemachten Zeugnisverweigerungsrecht der Immunitätsausschuss, dessen Vorsitzender oder der Sicherheitsbeauftragte der jeweiligen Fraktion zuständig sein[731]. Die Einschaltung der überwachenden G-10-Behörde wäre im Sinne der Gewaltenteilung fragwürdig[732]. Schließlich ist das Zeugnisverweigerungsrecht nicht allein auf den Abgeordneten beschränkt, sondern wird durch § 53 a I StPO auch dessen Hilfspersonen gewährt[733]. Gerade die letzte Tatsache weist aber nicht zwangsläufig auf ein Parlamentsrecht hin, da durch den Schutz der Berufshelfer eine Absicherung des Individualrechts des Abgeordneten bewirkt sein könnte. Dass die Vollstreckung von Beugehaft gem. Art. 46 III GG der Zustimmung des Parlaments bedarf, kann nicht nur funktional, sondern auch mit der natürlichen Sachkunde begründet werden, da dieser Entscheider die Lage besser einordnen und bewerten kann als ein Richter, dem zwangsläufig der letzte Einblick verwehrt bleibt. Die Geheimnisschutzbestimmungen selbst indizieren noch nicht, dass das Zeugnisverweigerungsrecht im

---

726 AK-GG-*Schneider*, Art. 47, Rn. 2.

727 *Isensee/Kirchhof/Klein*, HdStR Bd. I, § 41, Rn. 39 (S. 388).

728 S. *v. Münch/Kunig/Trute*, Art. 47, Rn. 3; *Nolte*, MDR 1989, 515.

729 Zu dem Spannungsverhältnis zwischen Zeugnisverweigerungsrecht und staatsrechtlich normierten Schweigepflichten ausführlich BoK-*Umbach*, Art. 47, Rn. 11 ff.

730 *Jarass/Pieroth*, Art. 46, Rn. 9; *Heitzer*, NJW 1952, 89; *Neumann*, ZParl 2000, 802 f.

731 S. *Borchert*, DÖV 1992, 58 f.

732 *Borchert*, DÖV 1992, 62.

733 Zur früheren Rechtslage: *Heitzer*; NJW 1952, 89.

Parlamentsinteresse besteht. Sie konkretisieren dieses Recht und beschränken es nur für einen Sonderfall. Der Schwerpunkt der Regelung des Art. 47 S. 1 GG liegt ohnehin darauf, den Abgeordneten davor zu schützen, gegen seinen Willen eine Aussage treffen zu müssen. Insoweit ist die Abwehrfunktion des Art. 47 S. 1 GG angesprochen. Dagegen tritt der positive Aspekt, nämlich stets aussagen zu dürfen, in den Hintergrund[734]. Überhaupt besagt die Wirkung, dass Art. 47 S. 1 GG sich positiv auf die Funktionsfähigkeit des Parlaments auswirkt, noch nichts aus. Dies kann das Ergebnis eines bloßen Schutzreflexes sein, wie er im Bereich der Zeugnisverweigerungsrechte häufig anzutreffen ist. Wenn der Bürger das gesamte Parlament über Missstände informieren möchte, so steht ihm gem. Art. 17 GG das Petitionsrecht zur Verfügung[735].
Ebenso wenig ist der Hinweis auf den systematischen Zusammenhang zwischen Art. 46 GG und Art. 47 GG zwingend. Es wird vielmehr darauf hingewiesen, dass beide Normen lediglich einen Teil des „objektiven Parlamentsrechts" gem. Art. 38 GG bis Art. 49 GG bildeten, worin sich ihre Gemeinsamkeit erschöpfe[736]. Schließlich muss davor gewarnt werden, die Regelungen anderer Länder unkritisch zur Erklärung des Schutzzwecks von Art. 47 S. 1 GG heranzuziehen. Im Vereinigten Königreich hat sich das Zeugnisverweigerungsrecht als Gegenstück zu der Redefreiheit entwickelt und war insofern als Parlamentsprivileg immer institutionell gebunden.
Vielmehr wird das öffentliche Interesse dadurch gewahrt, dass dem Abgeordneten ein subjektives öffentliches Recht[737] durch Art. 47 S. 1 GG an die Hand gegeben wird[738]. Bei der Ausübung dieses Rechts unterliegt er keinen Weisungen; insbesondere ist nicht § 54 StPO analog anwendbar[739], wie dies teilweise vertreten wird. Ebenso wenig findet § 28 II BVerfGG (entsprechende) Anwendung[740]. Bei der Entscheidung des Abgeordneten, ob er aussagen möchte oder nicht, handelt er in eigenem Ermessen. Es gibt keine Interessen, die er in diese Abwägung einzustellen hätte. Weder die Effizienz staatlicher Strafverfolgung noch Wünsche

---

734 Vgl. insbesondere *Nolte*, MDR 1989, 515.
735 Vgl. *BVerfGE* 28, 191, (204 f.).
736 BoK-*Umbach*, Art. 47, Rn. 4.
737 *Schmidt-Bleibtreu/Klein*, Art. 47, Rn. 1; *v. Münch/Kunig/Trute*, Art. 47, Rn. 2.
738 Vgl. insbesondere *Maunz/Dürig/Herzog*, Art. 47, Rn. 3.
739 HK-*Lemke*, § 53, Rn. 21. S. *Schulte*, Volksvertreter, S. 115 und *passim*.
740 *Schmidt-Bleibtreu/Klein*, Art. 47, Rn. 2.

des Informanten oder Adressaten hat er zu berücksichtigen, sollten diese objektiv noch so nachvollziehbar sein[741].

Diese Unabhängigkeit der Entscheidung fasste *Graf zu Dohna* im Hinblick auf Art. 38 I WRV in folgende Worte[742]: „Ob er [der Parlamentarier] aussagen will oder nicht, hat er allein mit seinem Gewissen auszumachen." Unterstellt man, dass der Abgeordnete sein Privileg vom Parlament ableitet, so mutet es seltsam an, dass dieses keinerlei Verfügungsbefugnis besitzt[743] (vgl. im Gegensatz dazu Art. 46 II – IV GG) und der Abgeordnete sich selbst bei einer Befragung durch Untersuchungsausschüsse oder Enquêtekommissionen[744] auf Art. 47 S. 1 GG berufen darf. Nach der so genannten Korollartheorie haben derartige Untersuchungsausschüsse wie jedes andere Parlamentsorgan nicht mehr Rechte als das Parlament selbst[745]. Mittelbar kann damit also auch auf das Recht des Parlaments gegenüber dem Abgeordneten geschlossen werden, so dass Art. 47 S. 1 GG eine Eingriffsgrenze markiert. Diese Folgerung ist nicht zwingend – das Parlament könnte selbst theoretisch noch mehr Rechte als sein Organ besitzen – aber naheliegend.

Das Zeugnisverweigerungsrecht nach Art. 47 S. 1 GG ist vielmehr Ausfluss des freien Mandats des Abgeordneten gem. Art. 38 I S. 2 GG[746]. In seinem Anwendungsbereich ist Art. 47 S. 1 GG zu Art. I S. 2 GG spezieller[747]. Um dieses Mandat wirkungsvoll wahrnehmen zu können, ist der Abgeordnete auf Informationen aus der Bevölkerung und Wirtschaft angewiesen[748]. Könnten andere darüber entscheiden, dass er diese vertraulichen Informationen preisgeben muss, würde sich kaum noch jemand einem Abgeordneten rückhaltlos anvertrauen.

Besonders problematisch ist die Situation, falls ein Abgeordneter der Opposition angehört[749]. In diesem Fall könnte die Parlamentsmehrheit, die die Regierung stützt, die Arbeit dieses Abgeordneten durch eine Ent-

---

741 S. *v. Münch/Kunig/Trute*, Art. 47, Rn. 3.

742 *Anschütz/Thoma/Graf zu Dohna*, HdStR Bd. 1, § 39, S. 447

743 *Schmidt-Bleibtreu/Klein*, Art. 47, Rn. 1; *Stern*, Staatsrecht Bd. I, S. 1063.

744 BoK-*Umbach*, Art. 47, Rn. 21; *v. Münch/Kunig/Trute*, Art. 47, Rn. 9.

745 BoK-*Umbach*, Art. 47, Rn. 20.

746 Vgl. *BVerfG*, DVBl. 2003, 1316 ff. m. Anm. *Bachmaier*, ZParl 2004, 310 ff.; *Brocker*, DVBl. 2003, 1321 ff. und *Sachs*, JuS 2004, 71 ff. AK-GG-*Schneider*, Art. 47, Rn. 2; *v. Mangoldt/Klein/Achterberg/Schulte*, Art. 47, Rn. 2; *Dreier/Schulze-Fielitz*, Art. 47, Rn. 4.

747 *A. Schulz*, DÖV 1991, 454.

748 S. *v. Münch/Kunig/Trute*, Art. 47, Rn. 2; *Neumann*, ZParl 2000, 799.

749 Vgl. *Neumann*, ZParl 2000, 799.

bindung von dem Zeugnisverweigerungsrecht konterkarieren und damit das fein austarierte System der „*checks and balances*“ aus dem Gleichgewicht bringen.

Dieses Ergebnis lässt sich durch weitere Argumente erhärten. Bei einer möglichen Verletzung des Zeugnisverweigerungsrechts nach Art. 47 S. 1 GG steht ihm persönlich der Rechtsweg offen. Dies folgt unmittelbar aus Art. 19 IV GG, da ihm Art. 47 S. 1 GG ein öffentliches subjektives Recht gewährt[750]. Im Fall einer Auseinandersetzung mit einem Parlamentsausschuss ist ein Organstreitverfahren gem. Art. 93 I Nr. 1 GG i.V.m. §§ 13 Nr. 5, 63 ff. BVerfGG zulässig, während bei einer Beeinträchtigung beispielsweise durch die Judikative der Rechtsweg zu den Fachgerichten eröffnet ist[751]. Eine Verfassungsbeschwerde scheidet dagegen aus.

In anderen Ländern wie etwa Portugal (Art. 161 I Portugiesische Verfassung) ist das Zeugnisverweigerungsrecht zeitlich auf die Sitzungsperiode beschränkt[752]. Art. 47 S. 1 GG gewährt dieses Recht dagegen bis zum Tod des Abgeordneten unabhängig davon, ob er noch Mandatsträger ist[753]. Vorausgesetzt wird nur, dass der Informationsaustausch während der Mandatszeit erfolgt ist. Auch dies ist ein Hinweis darauf, dass es nicht um ein Recht des Parlaments, sondern des einzelnen Abgeordneten geht. Schließlich fällt auf, dass im Gegensatz zu den anderen Berufsgeheimnisträgern gem. § 53 I S. 1 Nr. 1 – 3 b StPO nur „anvertraute“ nicht aber „bekanntgewordene“ Tatsachen geschützt sind. Um diesen Unterschied zu anderen Normen zu erklären, ist Folgendes zu beachten: Die in § 53 I S. 1 Nr. 4 StPO gewählte Formulierung lehnt sich an den Wortlaut des Art. 47 S. 1 GG an. Zum anderen ist der Beruf des Abgeordneten eine „ganzheitliche Aufgabe“, da beinahe jede Information, die er erhält, in irgendeiner Form einen politischen Bezug aufweisen kann[754].

Damit eine Ausuferung des Schutzbereichs des Art. 47 S. 1 GG verhindert wird, sollte nur auf „Anvertrautes“ abgestellt werden[755]. Anvertraut ist eine mündliche oder schriftliche Mitteilung, aber auch die Gewährung von Gelegenheit zu Wahrnehmungen und Beobachtungen, bei der

---

[750] BoK-*Umbach*, Art. 47, Rn. 18

[751] BoK-*Umbach*, Art. 47, Rn. 18.

[752] BoK-*Umbach*, Art. 47, Rn. 41.

[753] BoK-*Umbach*, Art. 47, Rn. 9; ebenso für Art. 38 I WRV *Anschütz/Thoma/Graf zu Dohna*, HdStR Bd. 1, § 39, S. 447.

[754] S. auch HK-*Lemke*, § 53, Rn. 21.

[755] S. KK-*Senge*, § 53, Rn. 23.

die Geheimhaltung verlangt oder stillschweigend erwartet wird[756]. Die Gegenansicht, die den Schutz auf Bekanntgewordenes erstrecken möchte[757], ist einerseits deshalb abzulehnen; andererseits ist sie mit dem Wortlaut von § 53 I S. 1 Nr. 4 StPO nicht zu vereinbaren. Zwar könnte – wie oben bereits festgestellt – der einfache Gesetzgeber die Abgeordnetenrechte über Art. 47 S. 1 GG hinaus stärken[758]. Dass dies aber nicht beabsichtigt war, beweist der Umkehrschluss aus § 53 I S. 1 Nr. 1 – 3 b StPO. Ansonsten hätte der Gesetzgeber nämlich die gleiche Formulierung wie in den dort genannten Vorschriften gewählt.
Der Hinweis überzeugt daher nicht, dass der Gesetzgeber sich in Formulierung an Art. 47 S. 1 GG orientiert hat, aber die Einbeziehung von „Bekanntgewordenem" in den Gewährleistungsbereich gleichsam konkludent mitverstanden wissen wollte[759]. Überlegenswert ist allerdings, ob der Begriff des Anvertrauten einer erweiterten Auslegung zugänglich ist. Dagegen wird grundsätzlich geltend gemacht, dass jede Ausnahme von der allgemeinen Zeugnispflicht einem Rechtfertigungszwang unterliegt. Der Grundsatz der Gleichheit vor dem Gesetz wäre nämlich verletzt, wenn der Abgeordnete ohne sachlichen Grund überprivilegiert würde[760]. So überzeugend dieses Argument zunächst wirkt, so wenig verhindert es aber eine behutsame Ausdehnung des Begriffs. Ein Parallelproblem bestand vor der Neufassung des § 53 I S. 1 Nr. 1 StPO hinsichtlich des Geistlichen. Auch hat die Rechtsprechung – im Einzelnen vielleicht zu weitgehend – den Begriff großzügiger interpretiert[761]. Daher sollte die Definition des „Anvertrauten" zusätzlich auf die Umstände wie Zeit, Ort und Form des Zusammentreffens erweitert werden[762]. Die bisherige Auslegungspraxis, die derartige akzidentielle Tatsachen nur dann dem Schutz von Art. 47 S. 1 GG, § 53 I S. 1 Nr. 4 StPO unterstellen will, wenn dadurch Schlüsse auf die Identität des Gesprächspartners oder den Inhalt gezogen werden können, ist unbefriedigend. Eine derar-

---

756 KK-*Senge*, § 53, Rn. 24 mit Bezug auf *RGSt.* 66, 273, 274; vgl. außerdem *Maunz/Dürig/Herzog*, Art. 47, Rn. 11.

757 LR-*Dahs*, § 53, Rn. 43.

758 S. auch *Maunz/Dürig/Herzog*, Art. 47, Rn. 6.

759 In diese Richtung aber LR-*Dahs*, § 53, Rn. 43.

760 So schon zu Art. 38 WRV *Anschütz/Thoma/Graf zu Dohna*, HdStR Bd. 1, § 39, S. 439.

761 S. außerdem *Schulte*, Volksvertreter, S. 13.

A.A. die ganz h.M.: AK-GG-*Schneider*, Art. 47, Rn. 5; s. ferner auch *v. Mangoldt/Klein/Achterberg/Schulte*, Art. 47, Rn. 6; *Maunz/Dürig/Herzog*, Art. 47, Rn. 12.

tige begriffliche Trennung lässt sich theoretisch gut vornehmen, wirft in der Praxis aber zahlreiche Schwierigkeiten auf. Der Abgeordnete muss nämlich nach § 56 StPO glaubhaft machen, dass ihm insoweit ein Zeugnisverweigerungsrecht zusteht[763].

Damit begibt er sich stets in die Gefahr, etwas zu offenbaren, aus dem Schlüsse gezogen werden können. Dies ist nicht nur im konkreten Fall misslich, sondern vermag auch abstrakt das Vertrauensverhältnis des Bürgers zum Abgeordneten zu gefährden[764]. Er hat immer damit zu rechnen, dass durch ein Strafverfahren sensible Informationen offenbart werden. Angesichts des hochwertigen Schutzgutes des freien Mandats ist aber ein lückenloser Geheimnisschutz anzustreben.

Da Art. 38 I S. 2 GG[765] und Art. 47 S. 1 GG nur für Bundestagsabgeordnete gelten, sind die Zeugnisverweigerungsrechte der übrigen Abgeordneten nur einfachgesetzlich abgesichert. Trotzdem bedürfen sie des gleichen Schutzes wie das verfassungsrechtlich fundierte Zeugnisverweigerungsrecht der aktuellen oder ehemaligen Mandatsträger des Deutschen Bundestages. Nur aufgrund des normenhierarchischen unterschiedlichen Geltungsgrundes erschiene eine Differenzierung in Bezug auf die Schutzgewährung als problematisch.

Schutzlücken bestehen in mehrfacher Hinsicht. Landtagsabgeordnete, die von Ausschüssen anderer Landtage vernommen werden sollen, besitzen grundsätzlich kein Zeugnisverweigerungsrecht. Für das Problem bestehen zwei Lösungswege. Einerseits können die Landesverfassungen Landtagsabgeordneten anderer Länder das Zeugnisverweigerungsrecht zusprechen. Dies ist in Hessen (Art. 97 Hess. Verf.) und Niedersachsen (Art. 75 i.V.m. Art. 16 Nds. Verf.) geschehen[766]. Andererseits können die Bundesländer den Schutz der Zeugnisverweigerungsrechte der fremden Landtagsabgeordneten durch Staatsverträge gewährleisten[767]. Soweit es kompetentiell möglich ist, sollte der Bundesgesetzgeber die zu Anfang erwähnten Abgeordneten in § 53 I S. 1 Nr. 4 StPO erwähnen.

---

763 So schon für Art. 38 I WRV *Anschütz/Thoma/Graf zu Dohna*, HdStR Bd. 1, § 39, S. 447.

764 S. *Dach*, ZRP 1992, 4.

765 S. *Jarass/Pieroth*, Art. 38, Rn. 23.

766 Vgl. *Neumann*, ZParl 2000, 802.

767 S. *Neumann*, ZParl 2000, 802.

6. Der Journalist gem. § 53 I S. 1 Nr. 5 StPO

Die Kontrollfunktion der Presse ist nicht zu unterschätzen. Das Diktum von der „Vierten Gewalt" hat seine Berechtigung. Eine Veröffentlichung von Informationen durch Journalisten hat häufig größere Aussicht auf Erfolg, als wenn sich ein Bürger an seinen Abgeordneten wendet, der etwa aus Gründen der Parteidisziplin und mit Rücksicht auf seine eigene Karriere kein Interesse daran haben kann, einen Skandal auszulösen[768]. Dies gilt besonders für Spendenaffären, Fälle der Abgeordnetenbestechung oder Sachverhalte, in denen Abgeordneteninteressen selbst berührt sind[769]. Häufig mag dem einzelnen Abgeordneten jegliche Einflussnahmemöglichkeit fehlen, beispielsweise dann, wenn Unregelmäßigkeiten in der Arbeit der Geheimdienste auftreten[770].

Das Zeugnisverweigerungsrecht des Journalisten – worunter im Folgenden jeglicher Medienschaffender verstanden werden soll – ist Produkt einer langen Entwicklung, innerhalb derer die Bedeutung der Pressefreiheit vom Gesetzgeber in immer stärkerem Umfang anerkannt wurde. Einen wesentlichen Beitrag zur Gestaltung dieses Rechtes hat das *Bundesverfassungsgericht* geleistet.

Ohne einen wenigstens summarischen Überblick über die Genese und die Interpretation durch die Gerichte kann das Zeugnisverweigerungsrecht des Journalisten nicht hinreichend gewürdigt werden. Deshalb wird im Folgenden diese Geschichte problemorientiert nachgezeichnet. Gerade aus rechtspolitischer Sicht sind die zahlreichen Reformvorschläge aufschlussreich, denen in der Vergangenheit mehr oder minder große Erfolge beschieden waren. Erst diese Analyse kann das Verständnis des

---

768 Vgl. auch *Rehbinder*, FS-Oehler, S. 412.

769 Hierbei ist der Fall der so genannten „Flugaffäre" zu erwähnen. Erst durch die Einschaltung der Presse konnte auf Missstände aufmerksam gemacht und die rechtlich zumindest fragwürdigen Bereicherungstendenzen vereinzelter Abgeordneter durch die Inanspruchnahme von bei Dienstflügen erworbenen so genannten Bonusmeilen der Fluggesellschaften eingedämmt werden. Ein weiteres Beispiel bildet die Diskussion über die Nebeneinkünfte der Parlamentsabgeordneten. Diese Problematik wäre ohne die Medien nicht in das Bewusstsein der Öffentlichkeit gedrungen.

770 Vgl. dazu den Sachverhalt von *BVerfGE* 28, 191 ff.. In diesem Verfahren wandte sich der (geheimnisverpflichtete) Beschwerdeführer mit sensiblen Informationen gleich an die Presse. Er ließ sich dahingehend ein, dass eine Benachrichtigung eines Abgeordneten keinen Erfolg versprochen hätte [s. *BVerfGE* 28, (191), 196]. Diese Behauptung ließ das Bundesverfassungsgericht allerdings mit der Begründung nicht gelten, dass der Beschwerdeführer wenigstens den Versuch hätte unternehmen müssen [vgl. *BVerfGE* 28, (191), 205].

Schutzzwecks ermöglichen, wobei die Auffassung des *telos* mit der Zeit Wandlungen erfahren hat.
Im Großen und Ganzen sind zwei Entwicklungsstränge voneinander zu unterscheiden: Die überwiegende Ansicht begriff das Zeugnisverweigerungsrecht des Journalisten von je her als eine Garantie, die der institutionellen Absicherung der Pressefreiheit dienen sollte. Vereinzelt, aber niemals vollständig aufgegeben ist ein eher als subjektiv-rechtlich zu charakterisierendes Verständnis. Demzufolge steht im Zentrum der Gewährleistung das Vertrauensverhältnis zwischen Informanten und Presseschaffendem, wobei die Verfügungsgewalt sogar dem Informanten zustehen sollte.

a) Bis zur Bundesrepublik

Die Einflussreichen aller Zeiten haben stets versucht, die Weitergabe von Informationen zu manipulieren, um ihren eigenen Interessen zu dienen. Nachdem die Erfindung der Druckerpresse mit beweglichen Lettern dafür gesorgt hatte, dass eine Verbreitung von insbesondere reformatorischer Literatur in bisher nicht für möglich gehaltenen Ausmaßen stattfand, sah sich die Obrigkeit zu Maßnahmen genötigt: Durch die Reichstagsabschiede von Nürnberg (1524), Speyer (1529) und Augsburg (1530) wurde die Präventivzensur etabliert[771].
Die Zensur blieb in den folgenden Jahrhunderten das Mittel der Wahl, um missliebige Meinungen zu unterdrücken. An ein Zeugnisverweigerungsrecht der Journalisten war noch nicht zu denken. So enthielt die Kriminalordnung für die preußischen Staaten vom 11. Dezember 1805 noch keine Privilegierung, sondern statuierte im Gegenteil in § 7 die uneingeschränkte Zeugenpflicht für jedermann[772]. Erst im Gefolge der Revolution von 1848 konnte die Abschaffung der Zensur in Preußen und anderen deutschen Ländern durchgesetzt werden. Dieses Ereignis markierte einen wichtigen Etappensieg im Kampf um die Verwirklichung der Pressefreiheit. Trotz der politischen Niederlage der Revolution wurde nicht einmal in den nachfolgenden Jahren die Zensur wieder eingeführt; allerdings behalf man sich mit anderen Maßnahmen, um die Kontrolle über die Presse zu behalten: Der Bundesbeschluss vom 6. Juli 1854 führte zu einer Konzessions- und Kautionspflicht für die gesamte Presse. Außerdem beinhaltete er die Ausweitung der Strafrechtsbestim-

[771] *Möhl*, Zeugnisverweigerungsrecht, S. 28.
[772] Vgl. *Möhl*, Zeugnisverweigerungsrecht, S. 28. Dort findet sich auch der genaue Wortlaut des § 7 abgedruckt.

mungen zuungunsten der Medienschaffenden[773]. Besonders schwer wog der Zeugniszwang gegen Journalisten[774].
Einen scheinbaren Wendepunkt bedeutete die Annahme eines Kommissionsvorschlages durch das preußische Abgeordnetenhaus am 6. August 1862. Dieser Entwurf hatte folgenden Wortlaut: „Drucker, Verleger, Kommissionsverleger und Redakteure dürfen nicht durch Zwangsregeln angehalten werden, über die Verfasser oder Herausgeber von Druckschriften, Artikeln oder Inseraten oder über den Ursprung der in solchen enthaltenen Mitteilungen Zeugnis abzulegen."[775] Herrenhaus und Regierung verwarfen diese Vorlage allerdings.
Bereits in dieser prototypischen Vorschrift erscheinen einige Punkte, die später als *topoi* in der Diskussion immer wiederkehren werden. Zunächst fällt der Kreis der projektierten Zeugnisverweigerungsberechtigten ins Auge. Er ist bewusst nicht nur auf denjenigen beschränkt, der die Information materiell bearbeitet. Neben dem Redakteur werden die Personen in den Schutz miteinbezogen, die durch ihre Arbeit Kenntnisse über den Verfasser oder Herausgeber erlangen können. Der Informantenschutz bezieht sich allerdings dem Wortlaut nach nur auf die Identität. Sachlich werden nur Druckerzeugnisse erfasst; wenn Artikel nicht publiziert werden, genießen sie keinen Schutz. Damit können im Vorfeld der Veröffentlichungen Schutzlücken entstehen. Dennoch als sehr fortschrittlich erscheint die Erweiterung auf Inserate – eine Frage, die in der Folgezeit zu lebhaften Kontroversen führen sollte. Weiterhin fällt auf, dass die Gewährung des Zeugnisverweigerungsrechts nicht von weiteren Voraussetzungen – wie etwa der Strafbarkeit des Redakteurs – abhängig gemacht wird: Der Pressefreiheit wird insofern Vorrang vor den Interessen der Strafverfolgung und der Staatsraison eingeräumt. Insgesamt findet sich hier eine beachtliche Regelung, hinter die andere Gesetze der Folgezeit sogar zurückgefallen sind.
In Württemberg wird in der Württembergischen Strafprozessordnung vom 17. April 1868 zwar mit Art. 143 ein Zeugnisverweigerungsrecht für Journalisten eingeführt; allerdings war dieses inhaltlich dadurch eingeschränkt, dass die Berechtigten „die Verantwortung bezüglich des durch die Veröffentlichung begangenen Vergehens nach dem Gesetz

---

773 S. *Möhl*, Zeugnisverweigerungsrecht, S. 30.

774 S. dazu Gesetzentwurf der Bundesregierung vom 31. Mai 1974 (BR-Druck. 394/74), S. 7. Vgl. auch *Theisen*, Schutz, S. 37.

775 Zitiert nach *Möhl*, Zeugnisverweigerungsrecht, S. 32.

übernehmen"[776]. Zum ersten Mal wird ein Junktim zwischen der Strafbarkeit wegen der Publikation und dem Zeugnisverweigerungsrecht hergestellt[777]. Insofern fällt Art. 143 der Württembergischen Strafprozessordnung deutlich hinter das Schutzniveau der gescheiterten preußischen Konzeption zurück.

Dagegen enthielt § 14 des badischen Pressegesetzes von 1868 ein uneingeschränktes Zeugnisverweigerungsrecht: „Keine der oben bezeichneten Personen [nach § 13 Herausgeber, Redakteure, Verleger und Drucker] kann als Zeuge gezwungen werden, den Verfasser einer Druckschrift zu benennen."[778] Auch hier geht es wiederum nicht um die Information als solche, sondern nur um die Möglichkeit, die Identität des Informanten geheim zu halten. Dieser erste Abschnitt in der Entwicklung des Zeugnisverweigerungsrechts ist also insgesamt dadurch gekennzeichnet, dass im Mittelpunkt des Verständnisses der Informantenschutz und damit die Absicherung des Vertrauensverhältnisses steht. Zu einem institutionellen Verständnis der Presse ist man noch nicht vorgedrungen. Weder die Inhalte und selbst recherchiertes Material genießen durch die ansonsten fortschrittlichen Gesetze Schutz.

Schon bald nach der Reichsgründung wurde vorgeschlagen, ein Zeugnisverweigerungsrecht für Journalisten zu normieren. Dabei war der Entwurf inhaltlich beinahe mit der badischen Regelung in § 14 des Pressegesetzes von 1868 identisch. Diese Initiative konnte aufgrund der politischen Umstände nicht verwirklicht werden. Ebenso wenig trugen spätere Vorschläge Früchte[779]. Was im Kaiserreich nicht gelungen war, gelang in den Anfangsjahren der Weimarer Republik nicht.

Erst 1926 wurde das Zeugnisverweigerungsrecht mit folgendem Wortlaut als Nr. 4 in § 53 I RStPO eingeführt[780]: Danach sind zur Verweigerung des Zeugnisses berechtigt „Redakteure, Verleger und Drucker einer periodischen Druckschrift sowie die bei der technischen Herstellung der Druckschrift beschäftigten Personen über die Person des Verfassers oder Einsenders einer Veröffentlichung strafbaren Inhalts, wenn ein Redakteur der Druckschrift als Täter bestraft ist oder seiner Bestrafung kein rechtliches Hindernis entgegensteht." An diese Regelung knüpft die

---

776 Wiederum zitiert nach *Möhl*, Zeugnisverweigerungsrecht, S. 32.
777 *Möhl*, Zeugnisverweigerungsrecht, S. 32.
778 Zitiert nach *Möhl*, Zeugnisverweigerungsrecht, S. 32. Der Zusatz in [...] ist eingefügt.
779 Zu dieser Entwicklung *Möhl*, Zeugnisverweigerungsrecht, S. 33 ff.
780 S. RGBl. I, 1926, S. 529.

Neuregelung in der Bundesrepublik an, nachdem durch das nationalsozialistische Schriftleitergesetz zwar nicht der Wortlaut der alten Vorschrift geändert, ihr Geist aber in der Praxis völlig pervertiert wurde[781].

b) Regelung von 1953

Durch das Dritte Strafrechtsänderungsgesetz vom 4. August 1953 erhielt das Zeugnisverweigerungsrecht des Journalisten folgenden Wortlaut: „Zur Verweigerung des Zeugnisses sind ferner berechtigt: 5. Redakteure, Verleger, Herausgeber, Drucker und andere, die bei der Herstellung oder Veröffentlichung einer periodischen Druckschrift mitgewirkt haben, über die Person des Verfassers, Einsenders oder Gewährsmanns einer Veröffentlichung strafbaren Inhalts, wenn ein Redakteur der Druckschrift wegen dieser Veröffentlichung bestraft ist oder seiner Bestrafung keine Hindernisse entgegenstehen; 6. Intendanten, Sendeleiter und andere, die bei der Vorbereitung oder Durchführung von Rundfunksendungen mitgewirkt haben, über die Person des Verfassers, Einsenders oder Gewährsmanns einer Rundfunksendung strafbaren Inhalts, wenn ein für die Sendung Verantwortlicher wegen dieser Sendung bestraft ist oder seiner Bestrafung keine Hindernisse entgegenstehen; über die Person des Verfassers, Einsenders oder Gewährsmanns, die selbst im Rundfunk spricht, darf das Zeugnis nicht verweigert werden."[782]
Diese Vorschrift stand bald im Kreuzfeuer der Kritik. Insgesamt wurde bemängelt, dass die Wertung von Art. 5 I S. 2 GG zu wenig Niederschlag in der Regelung gefunden habe[783]. Vielmehr atme sie einen pressefeindlichen Geist und sei daher verfassungswidrig[784]. Besonders wenig überzeugte der rechtspolitische Ansatz, dass die Zuerkennung des Zeugnisverweigerungsrechts nur dann erfolgte, wenn der Redakteur sich durch die Veröffentlichung seines Artikels wegen eines Presseinhaltsdelikts strafbar gemacht hatte. Zu Recht wurde in diesem als *privilegium miserabile* bezeichneten Passus eine Schlechterstellung des ordentlichen Redakteurs gesehen, der gerade wegen seiner genauen Recherchen sich nicht mehr auf das Zeugnisverweigerungsrecht berufen konnte, während

---

[781] Vgl. dazu *Möhl*, Zeugnisverweigerungsrecht, S. 44 f. und *Rehbinder*, FS-Oehler, S. 411.

[782] BGBl. I, 1953, S. 744.

[783] *Jagusch*, NJW 1963, 177.

[784] *Kaiser*, NJW 1968, 1262. S. auch *P. Cramer*, Zeugnisverweigerungsrecht, S. 17 f. Gegen die Verfassungswidrigkeit aber ausdrücklich *van Gelder*, JZ 1969, 698.

der Missbrauch der Pressefreiheit noch belohnt wurde[785]. Hat der Journalist berechtigte Interessen gem. § 193 StGB wahrgenommen, so entfällt das Zeugnisverweigerungsrecht[786]. Dies galt auch dann, wenn das Verfahren aus rechtlichen oder tatsächlichen Gründen eingestellt werden musste, beispielsweise bei Amnestie, Immunität, Verjährung, Exterritorialität oder selbst bei Verborgensein oder Aufenthalt im Ausland[787]. Als Ausweg bot sich für den rechtmäßig handelnden Journalisten nur an, sich wider besseres Wissen auf § 55 StPO zu berufen[788]. Insgesamt wurde der Richter mit der komplexen (Vor-)Frage konfrontiert, ob eine Strafbarkeit gegeben ist oder nicht[789].

Ein weiterer Kritikpunkt war, dass der Schutz sich nur auf veröffentlichtes Material bezog[790]. Auch der Wortlaut hinsichtlich des begünstigten Personenkreises war zumindest missverständlich: Aus der Nennung von Redakteuren, Verlegern, Herausgebern, Druckern und anderen Personen, die bei der Herstellung oder Veröffentlichung einer periodischen Druckschrift mitgewirkt haben, zog ein Teil der Literatur den Umkehrschluss, dass Korrespondenten und andere Journalisten nicht unter den persönlichen Schutzbereich der Norm fielen[791].

Es wurde diskutiert, ob man die herrschende, als unbefriedigend empfundene Rechtslage nicht durch Auslegung zugunsten der Pressefreiheit verbessern kann. Ein Vorschlag ging dahin, § 68 a StPO analog anzuwenden[792]. Anknüpfungspunkt war, dass eine Aussagepflicht einem Journalisten zur Unehre gereichen könne. Damit wäre eine Befragung des Journalisten durch das Gericht nur als *ultima ratio* in Betracht gekommen[793].

---

785 *P. Cramer*, Zeugnisverweigerungsrecht, S. 19; *Helm*, Zeugnisverweigerungsrecht, S. 129; *Möhl*, Zeugnisverweigerungsrecht, S. 21.

786 Gesetzentwurf der Bundesregierung vom 31. Mai 1974 (BR-Druck. 394/74), S. 8; *Hennemann*, Pressefreiheit, S. 16.

787 S. *Kohlhaas*, NJW 1958, 42.

788 *Kohlhaas*, NJW 1958, 43.

789 Gesetzentwurf der Bundesregierung vom 31. Mai 1974 (BR-Druck. 394/74), S. 10.

790 *Jagusch*, NJW 1963, 179 f.; *Möhl*, Zeugnisverweigerungsrecht, S. 21 f.; vgl. ferner *Erkel*, Bundesgesetzgeber, S. 13.

791 Vgl. *Möhl*, Zeugnisverweigerungsrecht, S. 22 m.N.

792 Ablehnend: *P. Cramer*, Zeugnisverweigerungsrecht, S. 43.

793 Vgl. dazu *Möhl*, Zeugnisverweigerungsrecht, S. 54 f.

So elegant diese Analogie auf den ersten Blick erscheint, so wenig tragfähig ist sie[794]. Selbst wenn man § 53 I StPO nicht als abschließende Regelung betrachten wollte, so fehlte es doch zumindest an der Vergleichbarkeit: § 68 a StPO ist eindeutig auf den Fall der Angehörigen zugeschnitten. Es geht schwerpunktmäßig um Fragen, die den engeren Persönlichkeitsbereich dieser Zeugen betreffen. Zwar ist ein Journalist gefühlsmäßig bei seiner Arbeit involviert, aber die Erfahrungen betreffen ihn regelmäßig nicht persönlich, sondern professionell.
Es wurde außerdem versucht, mit einem Erst-recht-Schluss zu argumentieren: Wenn bereits ein Zeugnisverweigerungsrecht bei strafbaren Veröffentlichungen besteht, dann muss dies erst recht für straflose gelten[795]. Dieser Hilfskonstruktion standen durchschlagende Bedenken entgegen: Ein *argumentum a maiore ad minus* darf nicht den Wortlaut einer Norm sprengen[796]. Dann handelt es sich methodologisch nämlich nicht mehr um einen Erst-recht-Schluss, sondern bereits um eine Analogie, die nach deren Zulässigkeitsvoraussetzungen zu beurteilen ist. Gerade dies ist hier der Fall, da der Wortlaut sich eindeutig nur auf strafbare Veröffentlichungen bezieht. Für die Annahme einer Analogie fehlte es an einer Lücke. Der Erst-recht-Schluss ist außerdem nicht zwingend, da die immerhin wahre Information noch durch ein schwerwiegendes Verbrechen erlangt sein könnte und mithin die Schutzwürdigkeit des Vertrauensverhältnisses entfiele[797].

c) Das Spiegel-Urteil

Im bekannten Spiegel-Urteil[798] hatte sich das *Bundesverfassungsgericht* mit der Frage nach der Verfassungsmäßigkeit von Durchsuchungen in Presseräumen auseinanderzusetzen. Es hob die wichtige Funktion der Berichterstattung für die öffentliche Meinungsbildung hervor. Aus Art. 5 GG leitete es dementsprechend die Garantie der Institution einer „Freien Presse" ab[799], wobei ausdrücklich auf die objektiv-rechtliche Dimension dieser Gewährleistung verwiesen wurde. Zur Pressefreiheit gehöre ein „gewisser Schutz des Vertrauensverhältnisses zwischen Presse und pri-

[794] Zur Kritik: *Hennemann*, Pressefreiheit, S. 31 ff.
[795] *P. Cramer*, Zeugnisverweigerungsrecht, S. 40; *Möhl*, Zeugnisverweigerungsrecht, S. 56.
[796] *Helm*, Zeugnisverweigerungsrecht, S. 140.
[797] *Hennemann*, Pressefreiheit, S. 31.
[798] *BVerfGE* 20, 162 ff.
[799] *BVerfGE* 20, (162), 174 f.

vaten Informanten"[800]. Bedeutsam ist, dass das *Bundesverfassungsgericht* durch Benutzung des einschränkenden Attributs klarstellt, dass lediglich bestimmte Mindestanforderungen zu wahren seien. Den Schutz des Vertrauensverhältnisses bindet es an den Begriff des „Redaktionsgeheimnisses" an. Wann aber der Wesensgehalt berührt ist, wird nicht ausgeführt.

Besonders aufschlussreich sind die Ausführungen zur Verfassungsmäßigkeit des § 53 I Nr. 5 StPO. Zwischen den Zeilen klingt zwar an, dass beispielsweise die Garantenhaftung für ungenügend gehalten wird, allerdings wird das Gesetz als mit Art. 5 I S. 2 GG vereinbar angesehen[801]. Direkt nach dieser Feststellung trifft das *Bundesverfassungsgericht* die mehr oder minder enigmatische Äußerung, dass die Vorschriften der Strafprozessordnung aber keine erschöpfende Regelung enthielten[802]. Dem Richter obliege die Aufgabe im Rahmen der Regelung eine stärkere Berücksichtigung des Redaktionsgeheimnisses vorzunehmen und damit den Anforderungen aus Art. 5 I S. 2 GG Genüge zu tun[803]. Wie dieses Ergebnis methodisch zu erreichen war, blieb allerdings offen. Da § 53 I Nr. 5 StPO einen eindeutigen Wortlaut hatte, kam eine verfassungskonforme Auslegung genauso wie eine Analogie nicht in Betracht. Die Zeugnispflicht ist eine Einschränkung von Grundrechten. Eine Ausnahme der Zeugnispflicht stellt daher eine Konkretisierung des für unverfügbar angesehenen Schutzbereiches dar. Fraglich ist nun die Beurteilung des Falls, wenn der einfache Gesetzgeber in einer abschließenden Regelung den Wesensgehalt eines Grundrechts – hier der Pressefreiheit – nicht ausreichend würdigt. Da diese Vorschrift im Umkehrschluss einen Zeugniszwang statuiert, für den es keine Rechtfertigung gibt, läge die Annahme einer Verfassungswidrigkeit aus methodischer Sicht nahe. Später wird einer direkten Ableitung eines Zeugnisverweigerungsrechts aus dem Grundrecht der Pressefreiheit eine Absage erteilt[804].

---

800 *BVerfGE* 20, (162), 176. S. auch a.a.O., S. 216, wo diese Einschätzung wiederholt und das Regelungsermessen des Gesetzgebers betont wird.

801 Ganz deutlich an späterer Stelle: *BVerfGE* 20, (162), 192 ff.; ebenso auch *OLG Celle*, NJW 1958, 73 f.

802 Zustimmend zu dieser Auslegung durch das Bundesverfassungsgericht *Helm*, Zeugnisverweigerungsrecht, S. 137

803 *BVerfGE* 20, (162), 188 f.

804 *BVerfGE* 20, (162), 195 f. und insbesondere 198.

Stattdessen will das *Bundesverfassungsgericht* Art. 5 I S. 2 GG im Rahmen einer verschärften Verhältnismäßigkeitsprüfung Rechnung tragen[805].
Dabei wird nicht berücksichtigt, dass die strafprozessualen Regelungen des Zeugnisverweigerungsrechts gerade abschließend den Ausgleich zwischen Art. 5 I S. 2 GG und anderen Belangen herstellen wollen, eine derartige Abwägung durch das Gesetz also bereits in typisierter Form vorgenommen worden ist. Ob darüber hinaus dem Anwender ein Abweichen von dieser gesetzgeberischen Einschätzung gestattet ist, darf bezweifelt werden. Eine bewusste Missachtung des gesetzgeberischen Willens kann als unzulässige Rechtsfortbildung gedeutet werden. In der Entscheidung des konkreten Falles schwenkt das *Bundesverfassungsgericht* entgegen seinen früheren Ausführungen auf diese Linie ein und betont die Grenzen, die einer Rechtsfortbildung durch den Grundsatz der Gewaltenteilung gesetzt sind[806]. Dort wird die Möglichkeit einer verfassungskonformen Interpretation im Hinblick auf §§ 53 I Nr. 5, 97 StPO wegen Wortlaut und Willen des Gesetzgebers ausdrücklich verworfen. Daran scheitert die unmittelbare Ableitung eines Zeugnisverweigerungsrechts aus Art. 5 I S. 2 GG[807]. Insgesamt ist die Beurteilung von § 53 I Nr. 5 StPO als nicht abschließender Regelung aus Sicht der Pressefreiheit teleologisch begründbar, aber wegen der resultierenden dogmatischen Unklarheiten missglückt.

d) Das Stern-Urteil

Im Stern-Urteil[808] korrigiert das *Bundesverfassungsgericht* seine Einstellung in einem entscheidenden Punkt. Zwar wird eine verfassungskonforme Auslegung von § 53 I Nr. 5 StPO weiterhin für nicht zulässig erachtet, aber die mögliche Herleitung eines Zeugnisverweigerungsrechts unmittelbar aus Art. 5 I S. 2 GG wird akzeptiert[809]. Paradoxerweise beruft sich das *Bundesverfassungsgericht* zur Begründung auf die Spiegel-Entscheidung, zieht aber aus dem fragmentarischen Charakter von § 53 I Nr. 5 StPO nun gänzlich andere Schlüsse[810]. Dieser Kunstgriff wird nö-

---

805 *BVerfGE* 20, (162), 198; s. bereits *BVerfGE* 15, (223), 225; vgl. auch *Friedrich-Marczyk*, JA 1982, 46.
806 *BVerfGE* 20, (162), 218 f.
807 *BVerfGE* 20, (162), 218 f.
808 *BVerfGE* 25, 297 ff.
809 Vgl. dazu auch *van Gelder*, JZ 1969, 700.
810 *BVerfGE* 25, (279), 305.

tig, um im Rahmen von § 70 StPO einen gesetzlichen Grund anführen zu können, der eine Ordnungshaft zur Erzwingung der Aussage ausschließt.

e) Gesetzgebung durch einige Bundesländer

Von einigen Bundesländern wurde die Regelung des journalistischen Zeugnisverweigerungsrechts für unzureichend gehalten. Deshalb verankerten sie ein eigenes Zeugnisverweigerungsrecht in ihren Landespressegesetzen[811]. Die Kompetenz hierfür war von Anfang an umstritten[812]. Ein Teil der Literatur berief sich darauf, dass *sedes materiae* das Presserecht sei. Es wurde angeführt, dass der Bundesgesetzgeber zwar die Rahmengesetzgebungskompetenz nach Art. 75 GG besitze, von dieser aber noch keinen Gebrauch gemacht habe. Daher sei eine Regelung durch die Bundesländer zulässig[813]. Zudem wurde darauf verwiesen, dass in einem vergleichbaren Fall, nämlich der Frage nach der Verjährung von Presseinhaltsdelikten die Pressegesetze der Länder einschlägig seien[814].

In zwei Urteilen des *Bundesverfassungsgerichts*[815] wurde schließlich die Kompetenzfrage geklärt. Zwar hätten die Länder nach Art. 70 I GG die Gesetzgebungszuständigkeit für die Presse, für die dem Bund nach Art. 75 Nr. 2 GG nur die Rahmenkompetenz zufalle. Allerdings spreche die wesensmäßige und historische Zugehörigkeit der Materie zum Prozessrecht[816]. Die Regelung sei damit gem. Art. 74 I Nr. 1 GG Bundessache[817]. Durch diese Rechtsauffassung wurde die seltsame Konsequenz verhindert, dass je nach einschlägiger *lex fori* ein unterschiedlicher Schutz des Zeugnisverweigerungsrechts gegolten hätte[818].

---

811 Einen Überblick über die einschlägigen Normen gibt *Hennemann*, Pressefreiheit, S. 24, Fn. 42. Vgl. auch die Zusammenstellung bei *Huppertz*, Zeugnisverweigerungsrecht, S. 107 ff.

812 Vgl. zu der Kompetenzfrage ausführlich *Thies*, Zuständigkeit, S. 53 ff.

813 S. *Löffler*, AfP 1975, 730; a.A. *Fuhrmann*, JR 1963, 461; *R. Groß*, NJW 1968, 2369 f.; *van Gelder*, JZ 1969, 699.

814 *Kaiser*, NJW 1968, 1262; zu der Kompetenzfrage im Hinblick auf das Pressestrafrecht vgl. *R. Groß*, NJW 1978, 918 ff.

815 *BVerfGE 36*, 192 ff. u. BVerfGE 36, 314 ff.

816 S. *BVerfGE 36*, (314), 319.

817 Vgl. *BVerfGE 36*, (193), 201 ff.

818 Ähnlich *Fuhrmann*, JR 1963, 459. S. aber auch *Kaiser*, NJW 1968, 1262, der die damit verbundenen Probleme wegen ähnlicher Regelungen für beherrschbar hielt.

Daneben traf das *Bundesverfassungsgericht* aber noch wesentliche materielle Feststellungen. Trotz der erheblichen Schwächen des Gesetzes erklärte es § 53 I Nr. 5 StPO für verfassungsmäßig, da der Schutz des Redaktionsgeheimnisses zwar nicht vollumfänglich, aber wenigstens teilweise realisiert sei[819]. Damit sei aber keine gesetzliche Regelungslücke angesprochen, sondern die Möglichkeit, dass der Richter im Einzelfall ein Zeugnisverweigerungsrecht aus Art. 5 I S. 2 GG unmittelbar herleite. Festzuhalten ist, dass nach Meinung des *Bundesverfassungsgerichts* selbst diese fragmentarische Norm bereits den Anforderungen des Grundgesetzes genügt hat. Forderungen nach einem sehr umfassenden Schutz des journalistischen Zeugnisverweigerungsrechts sind damit nicht verfassungsrechtlich unbedingt geboten, sondern erscheinen nur als rechtspolitisch wünschenswert. Dies muss bei einer Novellierung von § 53 I Nr. 5 StPO stets im Blick behalten werden.

f) Regelung von 1975

Bei der Reformierung des Zeugnisverweigerungsrechts war strittig, ob es unbeschränkt gewährt werden sollte. Es wurde daran gedacht, es in Ausnahmefällen zu versagen.

aa) Einschränkung des Zeugnisverweigerungsrechts bei gewissen Straftaten

Bereits früher wurden starre Regelungen, wann das Strafverfolgungsinteresse die Pressefreiheit überwiegen sollte, als nicht brauchbar verworfen. Beispielsweise sei ein Versagen des Zeugnisverweigerungsrechts immer dann, wenn ein Verbrechen in Rede stehe, nicht angemessen. Diese Abwägung könne nur adäquat im konkreten Einzelfall getroffen werden. Gerade bei Delikten, die einen politischen Charakter tragen, könne die Pressefreiheit wegen des Interesses der Allgemeinheit an Unterrichtung überwiegen[820]. In dieser Konzeption sind, bevor der Zeugniszwang des Journalisten wieder auflebt, Kautelen eingezogen: So soll eine strenge Subsidiarität gelten, d.h. dass zunächst alle anderen Möglichkeiten zur Sachverhaltserforschung ausgeschöpft sein müssen. Wei-

---

819 *BVerfGE* 36, (193), 210 ff.

820 S. *Möhl*, Zeugnisverweigerungsrecht, S. 53. Dass dieses Unterscheidungskriterium einer politischen Tat, so konturlos es zunächst auch klingen mag, durchaus brauchbar sein kann, beweist ein Blick auf das Völkerstrafrecht. Dort wird im Rahmen der so genannten „*political-offence-doctrine*" über eine Privilegierung politisch motivierter Taten nachgedacht.

terhin müsse ein besonders dringender und weitgehend bestimmter Verdacht vorliegen[821].

Einen ähnlichen Weg wollte die Fraktion der CDU/CSU in ihrem Gesetzentwurf vom 13. Februar 1974 beschreiten. Das Zeugnisverweigerungsrecht des Journalisten sollte unter anderem dann entfallen, wenn eine Straftat aus dem Katalog von § 100 a StPO Gegenstand der Untersuchung sei[822]. Diese Regelung war nach der Vorstellung dieser Initiative mit einer strengen Subsidiaritätsklausel zu koppeln. Der Katalog von § 100 a StPO wurde deshalb gewählt, weil diese Vorschrift im Kern Rechtsgüter beinhalte, die gem. Art. 2 II GG durch den Verfassungsgeber als besonders hochrangig eingestuft worden sind[823]. Dagegen votierte der Rechtsausschuss des Bundestages, der bei einer derart weiten Einschränkung die Pressefreiheit als nicht mehr ausreichend gewahrt ansah[824].

Ein weiterer Aspekt wurde in die Diskussion eingeführt, als die Frage nach einer Einschränkung des Zeugnisverweigerungsrechts bei einer Straftat gegen die Ehre aufkam. Die Ehre ist in Art. 5 II GG ausdrücklich als Schranke genannt. Dennoch wurde hierfür kein Bedürfnis gesehen, da dem Verletzten ausreichend andere Möglichkeiten zur Verfügung stünden, seine Rechte wahrzunehmen[825]. Gegen eine Einschrän-

---

821 *Möhl*, Zeugnisverweigerungsrecht, S. 53.

822 Entwurf eines Gesetzes zur Änderung der Strafprozeßordnung, der Zivilprozessordnung, der Reichsabgabenordnung und der Finanzgerichtsordnung (Gesetz zum Schutz von Redaktionsgeheimnissen) der Fraktion der CDU/CSU vom 13. Februar 1974 (BT-Druck. 7/1681, S. 3); ähnlich: *Rehbinder*, FS-Oehler, S. 420 f. Vgl. auch *Jarass*, JZ 1983, 282, der aber eine solche Beschränkung des Zeugnisverweigerungsrechts erst dann hinnehmen wollte, wenn Straftaten in Rede stünden, die mit lebenslanger Freiheitsstrafe oder einer Freiheitsstrafe nicht unter 15 Jahren bedroht seien. Grundsätzlich gegen eine Einschränkung des Zeugnisverweigerungsrechts: *Kohlhaas*, FS-Löffler, S. 147. Vgl. außerdem *Kunert*, MDR 1975, 888 f.

823 Entwurf eines Gesetzes zur Änderung der Strafprozeßordnung, der Zivilprozessordnung, der Reichsabgabenordnung und der Finanzgerichtsordnung (Gesetz zum Schutz von Redaktionsgeheimnissen) der Fraktion der CDU/CSU vom 13. Februar 1974 (BT-Druck. 7/1681, S. 8).

824 Bericht und Antrag des Rechtssausschusses (6. Ausschuß) vom 13. Januar 1975 (BT-Druck. 7/3118, S. 4).

825 S. Entwurf eines Gesetzes zur Änderung der Strafprozeßordnung, der Zivilprozessordnung, der Reichsabgabenordnung und der Finanzgerichtsordnung (Gesetz zum Schutz von Redaktionsgeheimnissen) der Fraktion der CDU/CSU vom 13. Februar 1974 (BT-Druck. 7/1681, S. 8).

kung des Zeugnisverweigerungsrechts wurde einerseits mit dem hohen Rang argumentiert, den eine freie Presse im Gemeinwesen einnehme, der die Zuerkennung eines uneingeschränkten Zeugnisverweigerungsrechts gestattete[826]. Außerdem könne ansonsten der Informationsfluss erheblich gestört werden[827].
Eine andere Konzeption beruhte auf der neuartigen Unterscheidung zwischen dem Beschaffungsakt der Nachricht und dem Hintergrund der Information[828]. Wenn tatsächliche Anhaltspunkte für ein Kapitalverbrechen vorliegen, das mit lebenslanger Freiheitsstrafe oder mit Freiheitsstrafe bis zu fünfzehn Jahren bedroht ist, dann sollte das Schweigerecht entfallen. Gleiches galt unter der Voraussetzung, dass die Mitteilung durch ein Verbrechen erlangt worden ist. Diese Differenzierung trägt dem Umstand Rechnung, dass eine widerrechtlich beschaffte Information grundsätzlich weniger Schutz genießt. Die Ausnahme für besonders schwere Verbrechen erscheint angesichts des zum Kriterium erhobenen Strafmaßes noch vertretbar.
Der Richter selbst kann im Fall eines uneingeschränkten Zeugnisverweigerungsrechts jedoch nicht von der Wertung des Gesetzgebers abweichen und das Zeugnisverweigerungsrecht bei bestimmten Straftaten im Wege einer teleologischen Reduktion beschneiden, selbst wenn ein sehr hochrangiges Rechtsgut betroffen ist[829].

bb) Entbindungsmöglichkeit gem. § 53 II StPO

Der Gesetzentwurf des Bundesrates vom 12. Juli 1974[830] sah vor, dass der Informant über die Aussage des Journalisten disponieren konnte[831]. Wie sich zweifelsfrei aus einem Umkehrschluss aus § 53 II StPO ergab, war eine Entbindungsmöglichkeit für den Informanten nicht vorgesehen[832]. Dazu sollte ein Verweis in § 53 II StPO aufgenommen werden.

---

826 *Erkel*, Bundesgesetzgeber, S. 10 f.

827 *Erkel*, Bundesgesetzgeber, S. 10.

828 Antrag der Fraktion der FDP vom 8. Januar 1964 (BT-Druck 4/1815, S. 1). Vgl. dazu *Huppertz*, Zeugnisverweigerungsrecht, S. 99 f.

829 So zu Recht *Friesenhahn* gegen die Ansicht von *Oehler* (vgl. *Erkel/Appel/Theisen/Peters*, Diskussionsbericht, S. 68). S. auch *R. Groß*, NJW 1975, 1764. *LG Heilbronn*, AfP 1984, 120 ließ diese Frage offen.

830 Vgl. BT-Druck. 7/2377; grundsätzlich befürwortend *Theisen*, Schutz, S. 46; ablehnend zu derartigen Bestrebungen *R. Groß*, ZUM 1994, 220 f.

831 Befürwortend auch *P. Cramer*, Zeugnisverweigerungsrecht, S. 26; *Huppertz*, Zeugnisverweigerungsrecht, S. 101 f.

832 Vgl. *Kohlhaas*, FS-Löffler, S. 148 zur insoweit unveränderten Rechtslage.

Dies spiegelt eine gänzlich andere Vorstellung von der *ratio legis* wieder, wie sie üblicherweise vertreten wird. Dadurch dass das Zeugnisverweigerungsrecht des Journalisten zur Disposition des Informanten gestellt wird, bietet es sich im Gegensatz zum institutionellen Verständnis als Schutz von dessen Individualrechten dar[833]. In eine ähnliche Richtung gehen Äußerungen des *Bundesgerichtshofes*, wenn er als *ratio legis* den Schutz des Vertrauensverhältnisses zwischen dem Dritten und dem Journalisten definiert[834].
Dagegen hat das *Bundesverfassungsgericht* festgestellt, dass wegen der fehlenden Entbindungsmöglichkeit gem. § 53 II StPO gerade nicht primär ein privates Vertrauensverhältnis zur Erklärung der *ratio legis* herangezogen werden könne[835]. Zwar kann in Fällen, in denen der Journalist sich die Informationen widerrechtlich durch Täuschung beschafft und sie gegen den Getäuschten einsetzen will, eine Veröffentlichung vom Berechtigten grundsätzlich untersagt werden[836]. Es handelt sich um einen eklatanten Missbrauch des Vertrauensverhältnisses. Das *Bundesverfassungsgericht* betont aber gleichzeitig, dass bei einem Überwiegen des öffentlichen Interesses an der Veröffentlichung die Nachteile, die durch eine Publikation für den Betroffenen entstünden, ausnahmsweise hinzunehmen seien[837]. Auch die Verbreitung rechtswidrig erlangter Informationen falle in den Schutzbereich von Art. 5 I S. 2 GG[838]. Damit betont das *Bundesverfassungsgericht* die objektive Bedeutung der Pressefreiheit[839]. Selbst bei schwerstem Missbrauch der Vertrauensbeziehung müssen die Individualrechte des vielleicht sogar unfreiwilligen Informanten mitunter hintanstehen.
Die Umwidmung des Schutzzweckes wird im Rahmen der Gesetzesbegründung nicht erwähnt. Stattdessen sieht sich der Entwurf im Einklang mit der herkömmlichen Auffassung, wenn er betont, dass das Zeugnisverweigerungsrecht von Angehörigen der Presse nicht den privaten Interessen dieser Personen diene, sondern unmittelbar dem in Art. 5 I S. 2

---

833 Ablehnend zu einem solchen Verständnis *Erkel*, Bundesgesetzgeber, S. 13 f.; *Jarass*, JZ 1983, 280. Vgl. auch *Hennemann*, Pressefreiheit, S. 43.

834 *BGHSt.* 36, (299), 303; *LG Hannover*, NStZ 1981, 154; s. auch *Helm*, Zeugnisverweigerungsrecht, S. 161; *Jacob*, DuD 1998, 66 f.

835 *BVerfG*, EuGRZ 1982, 202.

836 S. *BVerfG*, NJW 1984, 1741 (Wallraff).

837 *BVerfG*, NJW 1984, 1741 (Wallraff).

838 *BVerfG*, NJW 1984, 1743 (Wallraff).

839 Dieser Bezug wird in *BVerfG*, NJW 1984, 1742 (Wallraff) deutlich hergestellt.

GG garantierten Schutz einer institutionell eigenständigen und funktionsfähigen Presse diene[840].

In Widerspruch zu dieser Begründung stehen die Ausführungen zur geplanten Novellierung von § 53 II StPO. Es wird argumentiert, dass der Informant ein erhebliches rechtliches Interesse an der Aussage des Journalisten haben kann. Dies wird für den Fall betont, dass etwa seine Äußerungen falsch wiedergegeben sind. Entscheidend ist, dass dann kein schutzwürdiges Interesse der Presse oder des Rundfunks an der Geheimhaltung der Identität des Informanten oder der Mitteilung mehr vorliege[841]. Gerade im erwähnten Beispiel lässt sich die Wahrung berechtigter Interessen regelmäßig durch eine Gegendarstellung gewährleisten, bzw. dadurch dass der Betroffene zumindest selbst aussagen kann[842]. Wenigstens missverständlich ist die Aussage, dass das schutzwürdige Interesse der Presse in einem solchen Fall nicht mehr gegeben sein soll.

Gemeint ist wohl, dass nach einer Abwägung die Interessen des Informanten diejenige der Presse überwiegen sollen. Da der Informant über eine Rechtsposition, deren Wahrung der Allgemeinheit dienen soll, nicht verfügen kann, folgt, dass diese Individualinteressen den primären Schutzzweck bilden. Ist der Informant nicht zugleich Beschuldigter im Strafverfahren, dann stünde er wesentlich besser als dieser, obwohl der Beschuldigte (etwa bei einem drohenden Fehlurteil) regelmäßig mit einem ungleich höheren Eingriff in seine Rechte rechnen muss.

Unklar ist die Bewältigung des umgekehrten Falles: Der Informant dringt darauf, dass der Journalist nicht aussagt. Fraglich ist, ob die dennoch abgelegte Aussage dann rechtswidrig wäre mit der etwaigen Folge eines Verwertungsverbotes, obwohl keine Verschwiegenheitspflicht des Journalisten besteht. Auf diesen Systembruch hat die Bundesregierung hingewiesen, indem sie betonte, dass die Entbindungsmöglichkeit mit einer strafbewehrten Schweigepflicht nach (dem heutigen) § 203 StGB korrespondiere[843]. Dieser Widerspruch wird nicht dadurch aufgehoben, dass man eine Entbindungserklärung nur für diejenigen Konstellationen für beachtlich hält, in denen entweder eine ausdrückliche Verpflichtung

---

840 Vgl. Entwurf eines Gesetzes zur Änderung der Strafprozeßordnung des Bundesrates vom 12. Juli 1974 (BT-Druck. 7/2377, S. 5 f.); s. auch BoK-*Degenhart*, Art. 5, Rn. 440.

841 Vgl. Entwurf eines Gesetzes zur Änderung der Strafprozeßordnung des Bundesrates vom 12. Juli 1974 (BT-Druck. 7/2377, S. 6).

842 Vgl. Stellungnahme der Bundesregierung (BT-Druck. 7/2377, S. 8).

843 Stellungnahme der Bundesregierung (BT-Druck. 7/2377, S. 8).

zur Verschwiegenheit vereinbart worden ist oder deutlich erkennbar eine vertrauliche Mitteilung vorliegen soll[844]. Insbesondere in der zweiten Alternative ergibt sich die Schwierigkeit, den Willen des Erklärenden, dessen Identität gar nicht bekannt sein muss, zu erforschen und ggf. nach § 56 StPO glaubhaft zu machen.
Hinzu kommt ein weiterer und aus dem Blickwinkel der Praxis heraus wohl entscheidender Einwand. Wenn der Journalist sein Wissen von wenigen Informanten bezogen hat und nur einer ihn entbindet, dann besteht die Gefahr, dass durch eine Aussage die Identität der anderen Informanten aufgedeckt werden könnte. Diese Konsequenz desavouiert besonders in sehr delikaten Angelegenheiten die Möglichkeit einer freien Berichterstattung: Bei einem kleinen Kreis von Informanten – etwa von Spitzenbeamten eines Ministeriums – würde das Risiko einer Entdeckung zu hoch eingeschätzt[845]. Der Journalist müsste bei einer Aussage in Kauf nehmen, seine Standesregeln zu verletzen. Aber auch ein anderes Problem sollte nicht unerwähnt bleiben: Wenn die Gruppe der potentiellen Informanten überschaubar ist, könnten die Ermittlungsbehörden in Versuchung geraten, sich auf Vorrat Entbindungserklärungen von den Betreffenden zu verschaffen. Diese hätten regelmäßig keine andere Wahl als zuzustimmen[846]. Dann verkehrte sich die Intention, nämlich die Informationssphäre des Informanten besonders zu schützen, faktisch in sein Gegenteil. Insgesamt ist die Entbindungsmöglichkeit des Informanten nach § 53 II StPO als systemwidrig zu bezeichnen.
Dieses Problem wurde in einem anderen Gesetzentwurf teilweise gesehen, dennoch aber keiner befriedigenden Lösung zugeführt. Trotz Entbindung sollte der Journalist die Aussage verweigern können, wenn die Entbindungserklärung nicht dem Willen des Erklärenden entspreche[847]. Bei einem kleinen Kreis von potentiellen Informanten könne die Lage

---

844 Entwurf eines Gesetzes zur Änderung der Strafprozeßordnung, der Zivilprozessordnung, der Reichsabgabenordnung und der Finanzgerichtsordnung (Gesetz zum Schutz von Redaktionsgeheimnissen) der Fraktion der CDU/CSU vom 13. Februar 1974 (BT-Druck. 7/1681, S. 7).

845 Vgl. auch Bericht und Antrag des Rechtssausschusses (6. Ausschuß) vom 13. Januar 1975 (BT-Druck. 7/3118, S. 4 f.); *Appel*, Schutz, S. 25 *Erkel*, Bundesgesetzgeber, S. 13 f.

846 *Theisen*, Schutz, S. 43.

847 Entwurf eines Gesetzes zur Änderung der Strafprozeßordnung, der Zivilprozessordnung, der Reichsabgabenordnung und der Finanzgerichtsordnung (Gesetz zum Schutz von Redaktionsgeheimnissen) der Fraktion der CDU/CSU vom 13. Februar 1974 (BT-Druck. 7/1681, S. 3).

entstehen, dass sich die aufklärende Behörde Entpflichtungserklärungen der Betroffenen auf Vorrat besorge. Da diese in der Regel dann nicht freiwillig abgegeben würden, sollte der Journalist in den Stand gesetzt werden, trotz vorliegender Entbindung nach § 53 II StPO die Aussage verweigern zu können[848]. Das Abstellen auf das Freiwilligkeitsmoment überzeugt nicht. Rechtsunsicherheit ist die Folge.

cc) Schutz von Inseraten

Vorgeschlagen wurde außerdem, das Zeugnisverweigerungsrecht in sachlicher Hinsicht auf Inserate zu erweitern[849]. Im Zivilprozessrecht wird im Einzelfall nach dem Grundsatz der Verhältnismäßigkeit ein Zeugnisverweigerungsrecht bezüglich des Anzeigenteils bejaht[850]. Als Hauptargument wurde angeführt, dass gerade die Anzeigentätigkeit etwa einer Tageszeitung die wirtschaftliche Existenzgrundlage darstelle und daher besonders abzusichern sei[851]. Die Einnahmen der Presse bestehen zu zwei Drittel bis drei Viertel aus Werbegeldern[852].

Die gegenteilige Auffassung, die wegen dieser wirtschaftlichen Betätigung den Inseraten gerade die Schutzwürdigkeit absprach[853], vermag nicht zu überzeugen. Zeitungen werden nicht zuletzt aus kommerziellen Erwägungen heraus publiziert[854]. Nicht das Motiv des Verlegers, sondern die Bedeutung für die Gesellschaft muss aber den Umfang der notwendigen Gewährleistung bestimmen. Schließlich wird das Problem

---

848 Entwurf eines Gesetzes zur Änderung der Strafprozeßordnung, der Zivilprozessordnung, der Reichsabgabenordnung und der Finanzgerichtsordnung (Gesetz zum Schutz von Redaktionsgeheimnissen) der Fraktion der CDU/CSU vom 13. Februar 1974 (BT-Druck. 7/1681, S. 9).

849 Entwurf eines Gesetzes zur Änderung der Strafprozeßordnung, der Zivilprozessordnung, der Reichsabgabenordnung und der Finanzgerichtsordnung (Gesetz zum Schutz von Redaktionsgeheimnissen) der Fraktion der CDU/CSU vom 13. Februar 1974 (BT-Druck. 7/1681, S. 3).

850 *Reichold*, in: *Thomas/Putzo*, ZPO, § 383, Rn. 9 unter Verweis auf *BVerfG*, BB 83, 1430.

851 Entwurf eines Gesetzes zur Änderung der Strafprozeßordnung, der Zivilprozessordnung, der Reichsabgabenordnung und der Finanzgerichtsordnung (Gesetz zum Schutz von Redaktionsgeheimnissen) der Fraktion der CDU/CSU vom 13. Februar 1974 (BT-Druck. 7/1681, S. 7). *Gerhardt*, FuR 1975, 155.

852 *Rehbinder*, FS-Oehler, S. 416.

853 So etwa Gesetzentwurf der Bundesregierung vom 31. Mai 1974 (BR-Druck. 394/74), S. 9 und *Erkel*, Bundesgesetzgeber, S. 12; *Delitz*, Zeugnisverweigerungsrecht, S. 149 f.

854 *Gerhardt*, FuR 1975, 155.

nicht dadurch gelöst, dass man durch einen Rückgang der Werbeeinnahmen hervorgerufene wirtschaftliche Einbußen mithilfe von Steuererleichterungen, Subventionen oder Investitionshilfen kompensiert[855]. Die Presse geriete allzu leicht in die Abhängigkeit des Staates.
Teilweise wird aber bezweifelt, ob die Erstreckung der Zeugnispflicht auf den Anzeigenteil überhaupt zu nennenswerten wirtschaftlichen Konsequenzen führen würde, da der Anteil an Anzeigen, die einen Anfangsverdacht begründeten, sehr gering sei[856]. Überhaupt sei die Werbung ein solch wichtiges Instrument, dass Unternehmen es sich kaum leisten könnten, längere Zeit auf sie zu verzichten[857]. Die häufig selbstauferlegte Verschwiegenheit[858] beruhe vielmehr auf dem Umstand, dass ansonsten die Auftraggeber zu den zuverlässigeren Konkurrenten wechseln würden[859]. Schließlich wird darauf verwiesen, dass beim Verdacht einer Straftat der Mitarbeiter der Anzeigenabteilung wohl von seinem Aussagerecht regelmäßig Gebrauch macht[860], so dass die Strafverfolgung in ihrer Effizienz nicht erheblich beeinträchtigt wird.
Richtig ist dagegen die Feststellung, dass der Inserent normalerweise keinen Wert auf seine Anonymität legt und sich dadurch grundlegend von einem gewöhnlichen Informanten unterscheidet[861]. Aber auch hiervon gibt es gewichtige Ausnahmen, wie der Streit um das so genannte Chiffregeheimnis belegt. Dieses spielt nicht nur im Strafprozess, sondern besonders im Abgabenrecht eine wichtige Rolle: Bereits § 201 der Reichsabgabenordnung (AO) vom 1. Dezember 1930 verlangte, dass die Presse die Namen und Anschrift ihrer Chiffrekunden den Finanzbehörden offen zu legen hatte[862]. Dabei geht es um Anzeigen, bei denen sich

---

855 Vgl. aber *Hennemann*, Pressefreiheit, S. 64.

856 *Rehbinder*, FS-Oehler, S. 416.

857 *Schnur*, VVDStRL 22 (1965), 152.

858 S. aber auch § 204 StGB. Im Rahmen einer Anzeigenkampagne kann die Werbebranche durchaus Kenntnis von Geschäftsgeheimnissen erlangen, was möglicherweise und einzelfallabhängig für das finanzielle Volumen der Kampagne selbst gilt, da der Umfang von geplanten Werbeoffensiven für konkurrierende Firmen von höchstem Interesse sein dürfte. Denkbar ist das etwa bei der Planung von Werbung für ein noch nicht patentiertes Produkt, das demnächst angemeldet werden soll.

859 *Rehbinder*, FuR 1980, 117; s. auch *Rehbinder*, FS-Oehler, S. 416.

860 *Kohlhaas*, FS-Löffler, S. 150.

861 Gesetzentwurf der Bundesregierung vom 31. Mai 1974 (BR-Druck. 394/74), S. 9.

862 *Löffler*, AfP 1975, 730.

der Auftraggeber nicht zu erkennen gibt, sondern Antworten an eine bestimmte Chiffre zu richten sind.
Besonders bei derartigen anonymen Anzeigen ist die Gefahr des Missbrauchs groß: Genannt sei nur die Möglichkeit, dass ein Erpresser seine Forderungen auf diesem Weg kolportiert[863]. Die Befragung der Angestellten der Anzeigenabteilung wird häufig aber nicht das geeignete Mittel sein, um den Straftätern auf die Spur zu kommen, da für Chiffrekunden keine Ausweispflicht besteht. Erfolgversprechender ist es, etwa durch eine V-Person Kontakt zu dem Inserenten herzustellen[864]. Ferner könne der zahlenmäßig als gering zu veranschlagende Missbrauch durch einige Anzeigenkunden nicht die allgemeine Zeugnispflicht rechtfertigen[865].
Daneben beziehen sich die Befürworter eines Schutzes des Anzeigenteiles zur Begründung auf die Ausführungen des *Bundesverfassungsgerichts* im so genannten „Südkurier"-Urteil[866] und des Bundesfinanzhofes[867]. Argumentiert wird mit der Feststellung, dass eine Einteilung in einen schutzwürdigen redaktionellen Teil und einen weniger schutzwürdigen Anzeigenteil als unzulässig erscheint[868]. Daraus wird der Grundsatz der „Unteilbarkeit der Pressefreiheit" abgeleitet[869].
Inwieweit dieses Chiffregeheimnis von Art. 5 I S. 2 GG umfasst ist, war Gegenstand einer Entscheidung des *Bundesverfassungsgerichts*[870]. Dabei betont es im Anschluss an das „Südkurier"-Urteil, dass der Anzeigenteil von der Gewährleistung der Pressefreiheit umfasst werde[871]. Es gehöre zu den originären Aufgaben der Presse, die Leser auf dem Wege von Anzeigen zu informieren. Außerdem wird hervorgehoben, dass der An-

---

863 Gesetzentwurf der Bundesregierung vom 31. Mai 1974 (BR-Druck. 394/74), S. 9. *Gerhardt*, FuR 1975, 156 berichtet von einem Fall, in dem in einer Chiffreanzeige mit dem Text „Safaribegleiter für Rhodesien" verbotene Söldneranwerbung betrieben wurde. Vgl. auch *Erkel*, Bundesgesetzgeber, S. 12 f.; *Theisen*, Schutz, S. 42.
864 S. *Gerhardt*, FuR 1975, 157.
865 *Gerhardt*, FuR 1975, 157.
866 S. *BVerfGE* 21, 271 ff. *R. Groß*, ZUM 1994, 220 merkt an, dass sich aus der „Südkurier"-Entscheidung keineswegs zwingend ergibt, dass der Anzeigenteil durch ein Zeugnisverweigerungsrecht geschützt werden müsse.
867 *BFH*, BB 1974, 167.
868 Vgl. *Löffler*, AfP 1975, 730; s. auch *Gerhardt*, FuR 1975, 154 f.
869 *Löffler*, AfP 1975, 730
870 BVerfGE 64, 108 ff.
871 *Pauli*, Schutz, S. 98 vertritt demgegenüber die Ansicht, dass Werbung nicht in den Schutzbereich von Art. 5 I S. 2 GG falle.

zeigenteil zur Sicherung der wirtschaftlichen Existenz des Presseunternehmens und damit ihrer Unabhängigkeit maßgeblich beitrage[872].

Für den besonderen Fall des Chiffregeheimnisses zieht das *Bundesverfassungsgericht* den Schluss, dass es ebenso wie das Redaktionsgeheimnis dem Schutzbereich von Art. 5 I S. 2 GG unterfalle[873]. Unter Berücksichtigung der Wechselwirkungslehre wird dann bejaht, dass § 70 I StPO als allgemeines Gesetz i. S. v. Art. 5 II GG das Grundrecht der Pressefreiheit einschränken kann. Im Rahmen der Wendung in § 70 I StPO ohne gesetzlichen Grund“ lässt das *Bundesverfassungsgericht* die Wertungen der Presse wiederum einfließen.

Als wichtiges Abwägungskriterium beurteilt das *Bundesverfassungsgericht* die Funktion der Chiffreanzeige für den meinungsbildenden Prozess. Diese teleologische Betrachtungsweise konkretisiert es folgendermaßen: Wenn der Chiffreanzeige die gleiche oder zumindest ähnliche Bedeutung wie einem redaktionellen Beitrag zukomme, dann soll sie grundsätzlich an dem Schutz durch ein Zeugnisverweigerungsrecht partizipieren[874].

Es bekräftigt außerdem die Rechtsauffassung, dass ein Zeugnisverweigerungsrecht unmittelbar aus Art. 5 I S. 2 GG abgeleitet werden kann[875]. Wiederum bleibt der Maßstab, anhand dessen sich die Abwägung vollzieht, nicht griffig genug. Dennoch ist hervorzuheben, dass nach Auffassung des *Bundesverfassungsgerichts* durch die Neuregelung vom 25. Juli 1975 nicht alle Lücken geschlossen wurden, sondern im Gegensatz zu einer weit verbreiteten Meinung[876] weiterhin Raum für eine unmittelbare Anwendung von Art. 5 I S. 2 GG blieb.

Es ist zutreffend, dass auch im Anzeigenteil meinungsbildende Informationen verbreitet werden. Aus der Menge der zahlreichen Beispiele sollen nur einige herausgegriffen werden: Teilweise identifiziert sich das Publikationsorgan selbst in gewisser Weise mit den genannten Inhalten. Dies ist beispielsweise dann der Fall, wenn die Annonce einer gemeinnützigen Organisation kostenlos „als Spende“ abgedruckt wird. Fraglich ist, ob man hier das Identifikationsmoment als so groß ansehen sollte,

---

872 S. *BVerfGE* 64, (108), 114; *Pauli*, Schutz, S. 102.

873 *BVerfGE* 64, (108), 115.

874 Allgemein dazu *Peters*, Zeugnisverweigerungsrecht, S. 59. *Fezer*, JZ 1983, 798 und Fn. 5, bemängelt, dass es auch im Schrifttum keine konkretisierenden Beispiele gebe.

875 Vgl. *BVerfGE* 64, (108), 119 f.

876 *OLG Schleswig*, OLGSt. StPO § 97 Nr. 1, 2.

dass wenigstens derartigen Anzeigen gleicher Schutz wie Artikeln zugebilligt werden müsste. Eine weitere Kategorie bildet die Wahlkampfwerbung von Parteien, deren erklärtes Ziel die Meinungsbeeinflussung im Hinblick auf die gewünschte Wahlentscheidung ist[877]. Manchmal kommt es vor, dass eine politische oder gesellschaftliche Gruppe mit von der Grundrichtung der Zeitung abweichenden Meinungen ihre Ideen nur über Anzeigen unter das Volk bringen kann[878].
Aber selbst kommerzielle Anzeigen können eine Ideologie transportieren. Wenn beispielsweise zum Kauf von Produkten aus „fairem Handel" aufgefordert wird, so steht dahinter regelmäßig der Gedanke, dass der Kunde bei seiner Entscheidung Überlegungen der Entwicklungshilfe berücksichtigen soll. Ähnlich liegt es bei Inseraten, in denen umweltfreundliche Artikel beworben werden. Teilweise werden derartige Argumente nur als Vermarktungsstrategien ge- bzw. missbraucht wie etwa bei der so genannten Schockwerbung oder dem Hinweis darauf, dass bestimmte Kosmetika ohne Tierversuche hergestellt worden seien. Vollkommen offen bleibt, wie groß der Ideologiegehalt sein muss, damit von einer meinungsbildenden Anzeige gesprochen werden kann. Oftmals wird sich nicht einmal ein Schwerpunkt ermitteln lassen. Bei diesen Anzeigen tritt noch ein weiterer Gesichtspunkt hinzu: Es wird offen geworben. Für die Geheimhaltung der Tatsache, wer als Initiator der Anzeige fungiert hat, besteht daher kein praktisches Bedürfnis. Insoweit hätte ein Zeugnisverweigerungsrecht ohnehin nur einen sehr beschränkten Anwendungsbereich. Fälle lassen sich kaum denken.
Teilweise wurde der Schutz des Chiffregeheimnisses unmittelbar auf Art. 5 I S. 2 GG gegründet[879]. Dieses fällt sicherlich in den Schutzbereich des Grundrechts der Pressefreiheit[880]. Daraus folgt dogmatisch aber nicht, dass sich das Zeugnisverweigerungsrecht darauf erstrecken muss[881]. Insofern ist das Postulat dogmatisch irreführend, dass das publizistische Zeugnisverweigerungsrecht mit dem Grundrecht der Presse-

---

[877] S. *Jarass*, JZ 1983, 281, der darauf hinweist, dass die Sportberichterstattung keinen nennenswerten Einfluss auf die politische Meinungsbildung habe. Selbst diese Auffassung kann bezweifelt werden – man denke nur daran, dass in Südamerika sogar einmal ein Krieg durch ein Fußballspiel ausgelöst wurde.

[878] S. *Rehbinder*, FS-Oehler, S. 417.

[879] So *Löffler*, AfP 1975, 731. Vgl. auch dessen Hinweis a.a.O. in Fn. 19 auf *LG Hannover*, AfP 1974, 670.

[880] BoK-*Degenhart*, Art. 5, Rn. 444.

[881] BoK-*Degenhart*, Art. 5, Rn. 444 m.w.N.; vgl. auch *Erkel*, Bundesgesetzgeber, S. 12; *Jarass*, AfP 1977, 216.

freiheit in „vollem Einklang stehen“ müsse[882]. Dieser Fehlschluss wird allerdings häufig gezogen, was mit der Grundrechtstheorie nicht in Einklang zu bringen ist.

dd) Die Neuregelung

Schließlich wurde das Gesetz am 25. Juli 1975 wie folgt novelliert. Das Zeugnisverweigerungsrecht stand danach denjenigen Personen zu, „die bei der Vorbereitung, Herstellung oder Verbreitung von periodischen Druckwerken oder Rundfunksendungen berufsmäßig mitwirken oder mitgewirkt haben, über die Person des Verfassers, Einsenders oder Gewährsmanns von Beiträgen und Unterlagen sowie über die ihnen im Hinblick auf ihre Tätigkeit gemachten Mitteilungen, soweit es sich um Beiträge, Unterlagen und Mitteilungen für den redaktionellen Teil handelt.“[883]

Besondere Bedeutung kam der Tatsache zu, dass nunmehr die Informationen inhaltlich unbeschränkt geschützt wurden. Dabei berief man sich nämlich wiederum auf die Erfahrungen, die im Rahmen der Landespressegesetze gesammelt worden waren. Diese hatten häufig ebenfalls ein umfassendes Zeugnisverweigerungsrecht garantiert. Hier sei kein Fall bekannt, bei dem die Aufklärung einer schwerwiegenden Straftat blockiert worden wäre[884].

Zu Recht wurde allerdings kritisch darauf hingewiesen, dass eine Regelung zukünftige Entwicklungen im Blick behalten müsse[885]. Die Erfahrungen mit den Landespressegesetzen befähigen nur zu einem unzureichenden Induktionsschluss. Zudem sah man ein, dass eine Aussage von einem Journalisten, der den Regeln seiner Standesethik folgte, kaum zu erzwingen sei[886]. Wenn dadurch noch nicht die Zweckmäßigkeit einer anders lautenden Regelung entfallen wäre, so wäre sie dennoch sehr eingeschränkt gewesen.

Erfasst wurde nur die berufsmäßige Mitwirkung. Dabei ist unter dem Tatbestandsmerkmal „berufsmäßig“ jede haupt- oder nebenberufliche Tätigkeit zu verstehen, wenn sie in der Absicht geschieht, sie durch wie-

---

882 S. *Gerhardt*, FuR 1975, 154.

883 S. BGBl. 1975, Teil 1, S. 1973.

884 Gesetzentwurf der Bundesregierung vom 31. Mai 1974 (BR-Druck. 394/74), S. 8. Hierauf beruft sich auch *Gerhardt*, MDR 1976, 462.

885 *Peters*, Zeugnisverweigerungsrecht, S. 57.

886 Gesetzentwurf der Bundesregierung vom 31. Mai 1974 (BR-Druck. 394/74), S. 8. Vgl. auch *Soehring*, Recht der journalistischen Praxis, Rn. 5.123 f. (S. 120 f.).

derholte Ausübung zu einer dauernden oder doch wiederkehrenden Beschäftigung zu machen, ohne dass es auf die Entgeltlichkeit der Tätigkeit ankommt[887]. Durch den letzten Passus wird der Kreis der Begünstigten erheblich erweitert und umfasst mehr Personen als etwa Art. 12 I GG, bei dem der Berufsbegriff die Absicht voraussetzt, dass die Tätigkeit der Schaffung und Erhaltung einer Lebensgrundlage dienen muss[888]. Durch den Verzicht auf die Gewinnerzielungsabsicht wurde die Gefahr einer Ausuferung des Schutzbereiches wahrgenommen. Es dürfe sich nicht jeder „Skribent" als Pressemann gerieren können[889].

Wie diese Einschränkung methodologisch zu bewerkstelligen sein sollte, war allerdings nicht klar. Zu denken ist wohl an eine teleologische Reduktion. Diese erfordert aber eine Wertung darüber, was unter einem „Skribenten" zu verstehen ist: Während für den einen Politiker oder die Regierung ein Journalist ein „Brunnenvergifter"[890] sein mag, ist er in den Augen der Opposition mitunter das Gegenteil. Insoweit erweist sich der – von seiner Intention her sicherlich zu rechtfertigende Vorschlag – als unpraktikabel.

In der Literatur stieß überhaupt die Einschränkung auf eine berufsmäßige Tätigkeit nicht immer auf Ablehnung. Mit Verweis auf den Schutzzweck wurde die Ansicht vertreten, dass dadurch die Beziehung zwischen Informanten und der „Institution freie Presse" gesichert werde. Anderenfalls würden schließlich alle Meinungsäußerungen besser gestellt. Jedermann könne sich dann der Haftung für seine öffentlichen Äußerungen entledigen, weil er sich darauf berufen könnte, Informanten und Informationen nicht preisgeben zu müssen[891].

Weitaus häufiger war die Kritik. Das Kriterium der „Berufsmäßigkeit" der alten Vorschrift wurde bemängelt, da auch Schriftstellern oder Persönlichkeiten, die sich nur gelegentlich in der Presse äußerten, ein Zeugnisverweigerungsrecht zugestanden werden müsse[892]. Da der Wortlaut von § 53 I Nr. 5 StPO insoweit eindeutig war, wurde überlegt, ein journalistisches Zeugnisverweigerungsrecht für jedermann direkt aus Art. 5 I

---

[887] Gesetzentwurf der Bundesregierung vom 31. Mai 1974 (BR-Druck. 394/74), S. 10. Vgl. auch *Rehbinder*, FuR 1980, 116.

[888] S. *Pieroth/Schlink*, Grundrechte, Rn. 810 ff.

[889] *Kohlhaas*, FS-Löffler, S. 147.

[890] Diesen polemischen Ausdruck benutzt *Kohlhaas*, FS-Löffler, S. 147.

[891] S. dazu: *Rehbinder*, FuR 1980, 116; *Rehbinder*, FS-Oehler, S. 412 ff.

[892] Entwurf eines Gesetzes über das Zeugnisverweigerungsrecht der Mitarbeiter/innen von Presse, Rundfunk und Film der Fraktion DIE GRÜNEN vom 11. März 1988 (BT-Druck. 11/2000, S. 4); a.A. *Kohlhaas*, FS-Löffler, S. 146 f.

S. 2 GG abzuleiten[893]. Zu Recht wurde dies abgelehnt, weil eine verfassungsunmittelbare Anwendung von Art. 5 I S. 2 GG nur dann in Betracht kommen kann, wenn die Interessen der Presse selbst berührt werden.

ee) Verfassungsrechtliche Bedenken

Weil das Gesetz keine Einschränkung des Zeugnisverweigerungsrechts wenigstens im Hinblick auf sehr schwere Straftaten besaß, wurde teilweise die Verfassungsmäßigkeit in Zweifel gezogen. Der *Bundesgerichtshof* führte aus, dass die aus seiner Sicht einseitige Berücksichtigung der Pressefreiheit „teilweise die Grenzen des verfassungsrechtlich Zulässigen streifen dürfte“[894].

Hennemann lehnte vehement die Verfassungsmäßigkeit der Neuregelung ab[895]. Gestützt auf empirische Untersuchungen aus den USA zieht er in Zweifel, dass die Einführung eines Zeugniszwanges überhaupt einen erheblichen Einfluss auf den Informationsfluss aus der Bevölkerung habe[896]. Für die Erhaltung einer freien Presse i. S. v. Art. 5 I S. 2 GG hält *Hennemann* die Zuerkennung eines Zeugnisverweigerungsrechts für nicht erforderlich[897]. Da die Presse keine „öffentliche Aufgabe“ im staatsrechtlichen Sinne wahrnehme, so könne deshalb daraus kein Grund für eine Privilegierung abgeleitet werden[898].

Auch das Demokratieprinzip lasse kein publizistisches Zeugnisverweigerungsrecht erforderlich erscheinen[899]. Nachdem *Hennemann* die Frage nach der Erforderlichkeit einer Regelung wie § 53 I Nr. 5 StPO erörtert hat, wendet er sich der Fragestellung zu, ob verfassungsrechtlich überhaupt Raum für ein publizistisches Zeugnisverweigerungsrecht gegeben sei.

Hierbei übt er Fundamentalkritik. Wenn man der Presse aufgrund ihrer „öffentlichen Aufgabe“ das Zeugnisverweigerungsrecht zubillige, so dürften nur diejenigen Pressemitarbeiter privilegiert werden, die diese

---

893 Siehe zu dieser Vorstellung und ihrer Kritik *Rehbinder*, FS-Oehler, S. 414.

894 *BGHSt*. 28, (240), 248; sehr kritisch zu dieser Aussage *Rengier*, JZ 1979, 799 f.

895 Vgl. *Hennemann*, Pressefreiheit, S. 94 ff.; a.A. *Helm*, Zeugnisverweigerungsrecht, S. 192.

896 *Hennemann*, Pressefreiheit, S. 102 ff.

897 Sehr deutlich: *Hennemann*, Pressefreiheit, S. 113.

898 *Hennemann*, Pressefreiheit, S. 118.

899 *Hennemann*, Pressefreiheit, S. 119.

angesprochene Funktion erfüllten[900]. Eine solche Differenzierung habe der Gesetzgeber aber dadurch außer Acht gelassen, indem er nicht zwischen „seriöser" und „unseriöser" Presse unterschieden habe[901]. Das Kriterium der „Berufsmäßigkeit" und der „Periodizität des Erscheinens" seien nicht aussagefähig genug und könnten daher nicht herangezogen werden. Deshalb verstoße § 53 I Nr. 5 StPO gegen das Gleichheitsgebot gem. Art. 3 I GG, weil die Regelung zu einer im Lichte des Differenzierungskriteriums der „öffentlichen Aufgabe" willkürlichen Besserstellung mancher Pressemitarbeiter führe[902].
Ferner sei das Zeugnisverweigerungsrecht mit dem Rechtsstaatsprinzip unvereinbar, da es an einer vom *Bundesverfassungsgericht* geforderten „besonderen Legitimation" für die Aufhebung des Zeugniszwanges fehle, wenn eine derartige Regelung gar nicht notwendig sei[903]. Weil § 53 I Nr. 5 StPO eine Sachaufklärung von strafrechtlichen Vorwürfen verhindere, sei Art. 19 IV GG verletzt. Ebenso wie der *Bundesgerichtshof* in

---

900 S. auch die Ausführungen von *Schnur*, VVDStRL 22 (1965), 148, der ähnlich argumentiert: Wenn nämlich das Zeugnisverweigerungsrecht wegen der politischen Bedeutung der Presse etabliert werden solle, dann dürfe man die Privilegierung nicht auf die nichtpolitische periodische Pressebetätigung erstrecken.

901 *Schulz/Korte*, AfP 2000, 531 scheinen eine typisierende Differenzierung hinsichtlich des „Werts" der Information ebenfalls für möglich zu halten. *Schulz/Korte*, AfP 2000, 532 f. betonen allerdings, dass die Differenzierung nicht nach dem „Output", sondern dem „Zweck" nach zu erfolgen habe. Ergänzend soll die Gewährung von Privilegien von der Einhaltung journalistischer Standards abhängig gemacht werden. Auf diese Weise sollen „Werbung, reine Unterhaltung oder Laienjournalismus" ausgeschieden werden. Diese Konzeption stehe nicht im Widerspruch mit dem formalen Medienbegriff des Bundesverfassungsgerichts. Der Ansatz vermag indes methodisch nicht zu überzeugen: Über formale Kriterien werden sich nur schwerlich bestimmte Beiträge abgrenzen lassen. Die Begriffe „Unterhaltung" und „Laienjournalismus" sind viel zu diffus, um definitorisch annähernd klar gefasst werden zu können. Es ist auch nicht einzusehen, warum der Artikel eines „freien Mitarbeiters" in einer Lokalzeitung weniger Schutz genießen sollte als der des zuständigen Redakteurs: Beide schreiben häufig über das gleiche Thema, beiden stehen die gleichen Informationen zur Verfügung.

902 S. *Hennemann*, Pressefreiheit, S. 119 ff. Polemisch spitzt *Hennemann* seine Ansicht in folgendem Satz zu: „Wenn der Lastwagenfahrer, der die Zeitungen zu den Verteilern transportiert, das Privileg für sich in Anspruch nehmen kann, so muß doch erklärt werden, warum das gleiche Recht nicht dem Holzfäller zukommt, der die Bäume fällt, aus denen das Papier für die Druckwerke hergestellt wird." (a.a.O., S. 120.)

903 *Hennemann*, Pressefreiheit, S. 123.

der eingangs zitierten Entscheidung fordert er, dass das Strafverfolgungsinteresse bei bestimmten Straftaten Vorrang genießen müsse[904].
Die pointierte Darstellung *Hennemanns* hält aber einer näheren Analyse nicht stand. Die Aussagekraft der von ihm zitierten Studien wird wegen des gewählten Untersuchungsansatzes kritisch beurteilt[905]. Es ist daher mehr als fraglich, ob *Hennemanns* Ausführungen gegen die Erforderlichkeit eines journalistischen Zeugnisverweigerungsrechts sprechen[906].
Eine funktionsfähige Demokratie benötigt Informationen, die nur eine unabhängige und freie Presse liefern kann. Nur so können oppositionelle Stimmen Gehör finden. Nicht zuletzt deswegen bemühen sich Diktaturen um die „Gleichschaltung" der Medien, um ihre Macht zu sichern. Daher darf die Bedeutung der Presse für das Gemeinwesen nicht zu gering veranschlagt werden[907]. Insoweit kommt es nicht darauf an, dass sie bei der Wahrnehmung ihrer Aufgaben nicht eine genuin staatsrechtliche Funktion erfüllt.
Die vermeintliche Ungleichbehandlung setzt voraus, dass der Staat in der Lage ist, eine Wertung von Informationen vorzunehmen. Aber gerade eine derartige Einteilung in wertvolle und wertlose oder gar schädliche Berichterstattung widerspricht Art. 5 I S. 2 GG fundamental. Daher ist ein derartiger Ansatz völlig ungeeignet, um eine Differenzierung vorzunehmen. Selbst wenn weiterhin einige Medienschaffende überprivilegiert wären, so spricht dies nicht zwingend gegen die Verfassungsmäßigkeit von § 53 I Nr. 5 StPO. Der Verweis auf Art. 19 IV GG entpuppt sich als Zirkelschluss: Eine Verletzung dieses Grundrechts setzt gerade voraus, dass das Zeugnisverweigerungsrecht verfassungswidrig ist. Ansonsten handelte es sich um eine zulässige Beschränkung, die den Kernbereich von Art. 19 IV GG nicht verletzt.

g) Selbst recherchiertes Material

Im Mittelpunkt der Gesetzgebungsdiskussion nach der Novellierung vom 25. Juli 1975 stand die Erweiterung des Zeugnisverweigerungsrechts auf selbstrecherchiertes Material, das von der Privilegierung nicht

---

904 *Hennemann*, Pressefreiheit, S. 124.

905 Vgl. *Scherer*, EuGRZ 1979, 417 und insbesondere Fn. 80. In Fn. 81 zitiert *Scherer*, a.a.O., außerdem das gegenteilige Ergebnis einer weiteren Studie.

906 Die Ausführungen des ehemaligen Intendanten *Appel*, Schutz, S. 26 ff. zeichnen ein anderes Bild.

907 Es wird diskutiert, ob politischen Parteien nicht generell verboten werden soll, Anteile an Zeitungen zu halten, um eine Einflussnahme zu verhindern; s. *Frankfurter Allgemeine Zeitung* vom 10. Februar 2003, S. 2.

erfasst war[908]. Vor dem Hintergrund einer strengen polizeilichen Beschlagnahmepraxis[909] kam es häufiger vor, dass unterschiedslos fremdes und selbst recherchiertes Bildmaterial beschlagnahmt wurde. Erschwerend ist zu erwähnen, dass der Rechtsschutz lückenhaft war[910].

Die Beschlagnahme geschah vor allem nach Demonstrationen, bei denen teilweise erhebliche Straftaten begangen worden waren. Eine Trennung ex ante erwies sich als äußerst schwierig, weshalb die Erweiterung des von § 53 I StPO akzessorischen Beschlagnahmeschutzes gefordert wurde[911]. Das Übermaßverbot, das stets zu berücksichtigen ist, konnte die Beschlagnahme nur bei Bagatelldelikten verhindern[912]. Keine Lösung ist der Ratschlag an Journalisten, eigenes und fremdes Material sorgfältig voneinander zu trennen[913]. Wie das beispielsweise bei einer Bildreportage praktisch möglich sein soll, bleibt ein Rätsel[914].

Teilweise wurde darauf hingewiesen, dass es keinen Unterschied mache, ob ein Reporter einen Informanten interviewe oder von ihm mit seinem Einverständnis Fotografien erstelle[915]. Das Vorliegen einer solchen Gemengelage war eines der wichtigsten Argumente[916]. Überhaupt bestand die Gefahr, dass – selbst wenn ein Zugriff der Ermittlungsbehörden auf selbst recherchiertes Material beschränkt bleiben sollte –, das Vertrauen

---

908 Vgl. aber auch *Kohlhaas*, FS-Löffler, S. 150. Unklar bleibt allerdings, inwieweit *Kohlhaas* das selbst erarbeitete Material durch § 53 I Nr. 5 StPO als geschützt ansieht.

909 Vgl. hierzu die Beispiele von *Kerscher*, NJW 1997, 1351.

910 *Pöppelmann*, AfP 1997, 488.

911 Entwurf eines Gesetzes über das Zeugnisverweigerungsrecht der Mitarbeiter/innen von Presse, Rundfunk und Film der Fraktion DIE GRÜNEN vom 11. März 1988 (BT-Druck. 11/2000, S. 3 f.). Verwiesen wird im Entwurf auf die Situation der bekannten Brokdorf-Demonstration. Hier wurde durch die Staatsanwaltschaft eine Beschlagnahmeanordnung getroffen, die die gesetzlich gebotene Differenzierung nicht berücksichtigte.

912 S. *Mathy*, Recht der Presse, S. 88. Vgl. auch *Löffler*, Handbuch des Presserechts, S. 207.

913 So aber: *Rehbinder*, FS-Oehler, S. 420.

914 Vgl. auch *Pöppelmann*, AfP 1997, 487.

915 S. *Jarass*, JZ 1983, 281.

916 Vgl. Empfehlungen der Ausschüsse vom 2. Februar 1990 (BR-Druck. 479/1/89, S. 9) und BoK-*Degenhart*, Art. 5, Rn. 442; s. auch *Jacob*, DuD 2000, 256 und *Glauben*, DRiZ 1988, 352.

in die Presse dennoch nachhaltig erschüttert wäre und dies zu einem Versiegen von Informationsquellen führte[917].

Auch der *Bundesgerichtshof* hat anerkannt, dass daher ausnahmsweise sogar selbst recherchiertes Material dem Zeugnisverweigerungsrecht des § 53 I Nr. 5 StPO unterliegen kann. Das gilt nämlich dann, wenn eigene Wahrnehmungen und Handlungen des Journalisten in einem untrennbaren Zusammenhang mit den Mitteilungen des Informanten stehen und bei einer Preisgabe zugleich der Inhalt der Information oder die Identität des Informanten von einer Entdeckung bedroht sind[918].

Diese – im Ergebnis begrüßenswerte Interpretation[919] – verwischt allerdings die vorgenommene Unterscheidung zwischen Mitteilungen und selbst recherchiertem Material. Bezeichnend ist ferner, dass der Begriff der Mitteilung vor dem Hintergrund dieser Problematik generell sehr extensiv ausgelegt wurde. Unter den Begriff der „gemachten Mitteilungen" wurde der Umstand subsumiert, dass ein Journalist die Gelegenheit erhielt, eigene Beobachtungen anzustellen. Dann bestehe ein sozialer Kontakt zwischen dem Journalisten und Informanten[920]. Diesen vor Beeinträchtigungen zu bewahren, sei Aufgabe des Zeugnisverweigerungsrechts.

Vom Wortlaut des § 53 I Nr. 5 StPO war eine solche Auslegung wohl nicht mehr in allen Fällen gedeckt. „Mitteilung" erfordert von der ursprünglichen Bedeutung her eben nicht nur einen rein sozialen, sondern einen kommunikativen Kontakt. Selbst wenn Untersuchungen des Journalisten durch eine derartige Beziehung ermöglicht wurden, so können diese dennoch nicht als „Mitteilungen" verstanden werden.

Da aber diese Vorschrift gerade nicht eine derartig großzügige Rechtsprechung verlangte, war insoweit die Rechtssicherheit nicht mehr vollständig gewahrt. Problematisch war beispielsweise die so genannte Vorfeldinformation: Der Journalist hatte etwa den Namen eines potentiellen Informanten oder einen möglichen Treffpunkt durch eigene Ermittlungen herausgefunden. Es entstand nun die Frage, ob bereits diese Kontaktanbahnung in den weiten Kontext der geschützten „Mitteilung" ein-

---

917 S. *Hennemann*, Pressefreiheit, S. 57; *Löffler*, Handbuch des Presserechts, S. 216.

918 *BGHSt*. 36, (298), 303; vgl. jetzt § 53 II S. 3 StPO, der die vorgenannte Entscheidung des *Bundesgerichtshofes* umsetzt.

919 Vgl. aber auch die kritische Anmerkung von *J. Meyer*, JR 1990, 433 ff.

920 S. *Delitz*, AfP 1976, 106.

zubeziehen sei oder nicht[921]. Aus diesen Gründen war die Forderung nach der Aufnahme des selbst recherchierten Materials begründet.
Außerdem wurde bemängelt, dass die Journalisten, die quasi als Hilfsbüttel der Polizei und Staatsanwaltschaft eingesetzt würden[922], bei Demonstrationen keinen ausreichenden Schutz hätten. Jeder gewalttätige Demonstrant müsse nämlich damit rechnen, dass die Aufnahmen der Journalisten später von der Polizei zu Strafverfolgungszwecken beschlagnahmt würden. Daher könne es zu einer ausgeprägt aggressiven Haltung der Demonstranten gegenüber den Journalisten kommen, die wegen der daraus entstehenden Bedrohungslage an einer freien Berichterstattung über derartige Kundgebungen faktisch gehindert seien, wenn sie sich nicht in große Gefahr begeben wollten[923].
Dem Vorschlag an die Journalisten, durch den Einsatz von technischen Hilfsmitteln den unmittelbaren Demonstrationsort zu meiden und die Recherchen aus sicherer Entfernung zu betreiben[924], wird nicht immer gefolgt werden können. Insbesondere wenn man die *ratio legis* aus institutionellen Gründen zur Sicherung einer freien und funktionsfähigen Presse begreift, dann muss das selbst recherchierte Material in gewissem Umfang geschützt werden[925].
Gewichtige Gegenstimmen wiesen auf die Gefahr hin, dass bei der Erstreckung des Zeugnisverweigerungsrechts auf selbst recherchiertes Material ein interaktionsloses vom Informanten losgelöstes, allgemeines Zeugnisverweigerungsrecht für den Journalisten geschaffen werde.
Im Übrigen wurde auf die Rechtsstellung des Abgeordneten verwiesen, für den dann wegen der Ähnlichkeit der Kontrollfunktion ebenfalls ein derartig umfassendes Zeugnisverweigerungsrecht eingeführt werden müsse[926].

---

921 S. zu diesem Komplex *Schulenburg*, ZUM 1990, 466 ff.

922 *Glauben*, DRiZ 1988, 352 führt aus, dass der Presse die Aufgabe zugemutet werde, Ermittlungslücken zu schließen. S. auch *Soehring*, Recht der journalistischen Praxis, Rn. 5.118 (S. 119).

923 S. Entwurf eines Gesetzes über das Zeugnisverweigerungsrecht der Mitarbeiter/innen von Presse, Rundfunk und Film der Fraktion DIE GRÜNEN vom 11. März 1988 (BT-Druck. 11/2000, S. 3). Vgl. auch *Jarass*, AfP 1977, 216; *Reissenberger*, DRiZ 1988, 189; zustimmend: *Hamm*, NJW 2001, 270. Allgemein: *Pöppelmann*, AfP 1997, 487.

924 So etwa OLG Schleswig OLGSt. § 97 Nr. 1, 5.

925 Vgl. aber auch BoK-*Degenhart*, Art. 5, Rn. 440.

926 S. zu beiden Punkten: Alternativ-Entwurf Zeugnisverweigerungsrechte, S. 48.

Beide Einwände tragen jedoch nicht. Eine solche Ausdehnung ist gerade dann teleologisch geboten, wenn man den Institutionenschutz in den Vordergrund der Betrachtung rückt[927]. Die im Ergebnis zutreffende Befürchtung eines überbordenden Schutzumfangs auf Kosten des Rechtsstaatsprinzips lässt sich daher auf diese Weise jedenfalls nicht stimmig von der *ratio legis* her begründen. Dennoch wäre die Zuerkennung eines derartigen allgemeinen Zeugnisverweigerungsrechts wohl nicht mit dem Rechtsstaatsprinzip vereinbar[928]. Zur Begrenzung wurden umfangreiche Kataloge erstellt[929].

Ein scheinbarer Ausweg ergab sich für Presseunternehmen, bei denen die Informationen durch viele Hände gingen. Auch ein Medienschaffender selbst kann Informant sein[930]. So wurde geschlossen, dass beispielsweise das von einem Korrespondenten selbst erarbeitete Material dann unter den sachlichen Schutz von § 53 I Nr. 5 StPO falle, wenn es etwa an einen Redakteur weitergeleitet worden sei und dieser als Zeuge in einem Strafverfahren vernommen werden sollte.

Eine derartige Auslegung wurde vom *Bundesgerichtshof* allerdings ausführlich und mit guten Gründen abgelehnt[931]. Neben dem teleologischen Argument, dass eben nur der Informationsfluss von Dritten zu den Medien geschützt werden soll, ist besonders zu berücksichtigen, dass durch die Gegenauffassung Großbetriebe gegenüber kleinen Presseunternehmen sachlich ungerechtfertigt privilegiert würden. Durch ein großes Korrespondentennetz oder durch absichtliches „Verschieben" von Nachrichten hätte so die Zeugenpflicht umgangen werden können. Ein bloßer

---

927 Gerade so verfährt der Alternativ-Entwurf Zeugnisverweigerungsrechte, S. 47 f.

928 So auch: Gesetzesantrag der Freien und Hansestadt Hamburg vom 11. September 1989 (BR-Druck. 479/89, S. 6 unter Bezugnahme auf *BVerfG*, NJW 1988, 331). Entwurf eines Gesetzes zur Erweiterung des Zeugnisverweigerungsrechtes für Mitarbeiter/innen von Presse und Rundfunk sowie des entsprechenden Beschlagnahmeverbotes auf selbsterarbeitetes Material der Fraktion der SPD vom 12. Oktober 1989 (BT-Druck. 11/5377, S. 5).

929 S. Entwurf eines Gesetzes zur Erweiterung des Zeugnisverweigerungsrechtes für Mitarbeiter/innen von Presse und Rundfunk sowie des entsprechenden Beschlagnahmeverbotes auf selbsterarbeitetes Material der Fraktion der SPD vom 12. Oktober 1989 (BT-Druck. 11/5377, S. 3); vgl. außerdem Gesetzesantrag der Freien und Hansestadt Hamburg vom 11. September 1989 (BR-Druck. 479/89, S. 3 f.) und die Empfehlungen der Ausschüsse vom 2. Februar 1990 (BR-Druck. 479/1/89, S. 4 ff.).

930 Vgl. *Delitz*, AfP 1976, 106.

931 *BGHSt*. 28, (240), 256 f.

Organisationsvorteil darf aber nicht solche Auswirkungen zeitigen[932]. Schließlich blieb – die allerdings eher praxisferne – Möglichkeit, der eigenen Zeitung das selbst recherchierte Material in einem anonymen Brief zuzuspielen[933].

Zu beachten ist der von *Jarass* aufgestellte Katalog von Gesichtspunkten, die bei der Abwägung, ob selbst recherchiertes Material schützenswert sei oder nicht, Berücksichtigung zu finden hätten[934]. Diese Prüfung soll bei einer unmittelbaren Anwendung von Art. 5 I S. 2 GG stattfinden. Einmal stellt er darauf ab, ob ein Vergehen oder ein Verbrechen vorliegt. Während bei ersterem zumeist das Recht der Pressefreiheit überwiegen werde, liege es bei letzterem umgekehrt.

Zweitens verlangt er einen konkreten Verdacht und außerdem konkrete Anhaltspunkte, dass der Zugriff auf das Material das Verfahren wesentlich voranbringen könne. Die Forderung nach der Verhältnismäßigkeit der Maßnahme erweitert er um einen entscheidenden Aspekt. Im Gegensatz zur gängigen Praxis deutet er an, dass in einer *ex-post*-Betrachtung die Erforderlichkeit dann zu verneinen sein kann, wenn die Strafverfolgungsbehörden eine Möglichkeit zur Aufklärung in der Vergangenheit nicht genutzt haben. Dies wird besonders in den Demonstrationsfällen bedeutsam. Hier hat die Polizei nach *Jarass* die Gelegenheit zur Beobachtung von Straftaten gehabt, so dass sie nicht anschließend auf Journalistenmaterial zugreifen kann. Dazu müsse sie eigene Fotografen einsetzen. Damit wirkt sich ein Aufklärungsverschulden stärkend auf das Zeugnisverweigerungsrecht des Journalisten aus.

So bestechend dieser Entwurf klingt, so gewichtig sind die Einwände. Eine derartige Zurechnungskonzeption fußt darauf, dass ein Nexus zwischen demjenigen besteht, der das Versagen zu verantworten hat und demjenigen, den die Nachteile treffen sollen. Hier wird das Verschulden der Strafverfolgungsbehörden dem Gericht zugerechnet, das deswegen die allgemeine Zeugnispflicht des Journalisten nicht mehr durchsetzen kann. Diese Zurechnung verkennt die Prozessrollen: Das Gericht soll die Wahrheit aufklären, ist aber wegen des Grundsatzes der freien Beweiswürdigung nicht an die Ergebnisse der Staatsanwaltschaft gebunden. Die Staatsanwaltschaft wird nicht auf Verlangen des Gerichts tätig, sondern ist gem. § 152 II StPO zu eigenen Ermittlungen verpflichtet. Dunkel

---

932 Vgl. die ebenfalls auf Organisationsstrukturen beruhende Problematik des so genannten „dezentralisierten Entlastungsbeweises“ im Deliktsrecht.

933 *Kohlhaas*, FS-Löffler, S. 144.

934 S. *Jarass*, AfP 1977, 216.

bleibt daher, wie ein ausreichender Zurechnungsnexus begründet werden sollte. Die Argumentation, dass in Form des Gerichts und der Staatsanwaltschaft dem Journalisten letztlich beide Male der Staat selbst gegenübertritt, ist zu dürftig.
Schließlich will *Jarass* dem Zeugnisverweigerungsrecht des Journalisten dann Vorrang einräumen, wenn er in einer „Vermittlungsfunktion" tätig wird. Dabei bezieht er sich auf die Meinung des *Bundesverfassungsgerichts*, das dem Grundrecht auf Pressefreiheit dann einen höheren Stellenwert zubilligt, wenn sie zur Bildung der öffentlichen Meinung beitrage[935]. Die Einteilung in eine „seriöse" und „unterhaltende" Presse ist höchst problematisch[936], worauf im Folgenden noch einzugehen sein wird.
Die Abwägung könnte prinzipiell einem unabhängigen Organ übertragen werden wie etwa dem Presserat[937]. Dabei ist aber zu berücksichtigen, dass der Presserat keine standesgerichtlichen Funktionen ausübt, sondern Empfehlungen ausspricht[938]. Deshalb ist er bereits von seiner Konstruktion her ungeeignet, eine derartige Aufgabe zu übernehmen.

h) Verfassungsmäßigkeit des Ausschlusses von selbst erarbeitetem Material

Im Rahmen des „ZDF-Beschlusses"[939] beschäftigte sich das *Bundesverfassungsgericht* unter anderem mit der Frage, ob der ungehinderte Zugriff der Ermittlungsbehörden auf selbst erarbeitetes Material im Wege einer Beschlagnahme mit dem Grundgesetz vereinbar sei. Es stellte fest, dass der Gesetzgeber von Verfassungs wegen nicht gehalten gewesen sei, die Beschlagnahme solcher Unterlagen generell zu verbieten. Der Wesensgehalt des Grundrechts aus Art. 5 I S. 2 GG werde durch die Entscheidung des Gesetzgebers nicht berührt[940].
Nachdem es die Bedeutung der Institution Presse hervorgehoben hatte, ordnete das *Bundesverfassungsgericht* die Vorschriften der Strafprozessordnung über die Beschlagnahme gem. § 94 StPO als allgemeines Gesetz gem. Art. 5 II GG ein. Ausführlich wird der Konflikt zwischen

---

935 Vgl. *BVerfGE* 34, (269), 283 (Soraya).
936 S. auch *BVerfG*, NJW 1984, 1742 (Wallraff).
937 Vgl. dazu auch den Vorschlag von *Kohlhaas*, NJW 1958, 44.
938 *Kohlhaas*, FS-Löffler, S. 145 f.
939 *BVerfGE* 77, 65 ff.; vgl. auch die Anmerkung von *Reissenberger*, DRiZ 1988, 189. S. außerdem *Dörr*, AfP 1995, 379.
940 *BVerfGE* 77, (65), 77.

den Interessen der Strafverfolgung und einer freien Berichterstattung dargestellt. Die Lösung dieses Konflikts über eine Abwägungsentscheidung sei Sache des Gesetzgebers. Wenn der Gesetzgeber Zeugnisverweigerungsrechte erweitern wolle, so müsse er allerdings stets eine Legitimation vorweisen können.
Selbst recherchiertes Material sei in hohem Maße geeignet, ein Gegengewicht zu den Ermittlungen der Strafverfolgungsbehörden zu bilden. Dies gelte gerade dann besonders, wenn die Straftat durch eine Konfrontation zwischen dem Beschuldigten und der Staatsgewalt gekennzeichnet seien. Daher könnte ein Verzicht auf selbst recherchiertes Material als Beweisgrundlage im Strafprozessrecht die Position des Beschuldigten erheblich verschlechtern[941].
Die *ratio legis* des journalistischen Zeugnisverweigerungsrechts wird vom *Bundesverfassungsgericht* im Schutz des Vertrauensverhältnisses zwischen dem Journalisten und dem Informanten gesehen. Demgegenüber trete das Schutzbedürfnis von selbst recherchiertem Material erheblich zurück. Mit Blick auf eine Novellierung von §§ 53 I Nr. 5, 97 StPO führte das *Bundesverfassungsgericht* aus, dass eine generelle Erweiterung der Beschlagnahmefreiheit auch auf selbst recherchiertes Material zu einer „empfindlichen Einschränkung der Ermittlungsmöglichkeiten" führte[942]. Weiterhin erörterte das *Bundesverfassungsgericht* die Frage, ob sich aus der häufig anzutreffenden Gemengelage zwischen Drittinformationen und dem selbst recherchierten Material eine andere verfassungsrechtliche Beurteilung ergeben könne[943]. Dies verneinte das *Bundesverfassungsgericht* aber mit der Begründung, dass es sich bei der Trennung zwischen dem selbst recherchierten Material und den Drittinformationen um ein faktisches Problem handele. Den Fachgerichten traute das *Bundesverfassungsgericht* die Lösung dieser Schwierigkeit zu, so dass auf normativer Ebene keine weiteren Folgen entstünden. Schließlich betonte es, dass § 53 I Nr. 5 StPO keine abschließende Regelung enthalte und erkannte in besonders gelagerten Fällen ein Zeugnisverweigerungsrecht direkt aus Art. 5 I S. 2 GG an[944]. Wann ein derartiger Fall allerdings gegeben ist, ließ das *Bundesverfassungsgericht* offen. Damit ist die Rechtsauffassung überholt, die nach der Neuregelung aus dem Jahre 1975 keinen Raum mehr für eine direkte Anwendung von

941 S. *BVerfGE* 77, (65), 78.
942 *BVerfGE* 77, (65), 80.
943 S. *BVerfGE* 77, (65), 81.
944 *BVerfGE* 77, (65), 81 f.; vgl. dazu auch *Jacob*, DuD 1998, 67 f.

Art. 5 I S. 2 GG sah, da das Zeugnisverweigerungsrecht erheblich erweitert worden sei[945].

i) Probleme unter dem alten Gesetz

Eine Auslegungsfrage betraf den Fall, dass die Presse den Namen des Informanten preisgegeben hatte[946]. Der *Bundesgerichtshof* folgerte, dass dann der Aufenthaltsort bzw. Tatsachen, die zur Auffindung dieser Person führen könnten, grundsätzlich nicht verschwiegen werden dürften.
Begründet wird dies damit, dass das Gesetz nur die Wahrung der Anonymität, nicht aber den Schutz vor Nachforschungen zur Entdeckung des Aufenthaltsorts eines bekannten Informanten bezwecke[947]. Um diese These zu erhärten, verweist der *Bundesgerichtshof* lediglich darauf, dass keine gegenteilige Meinung in der Literatur vertreten und auch die Materialien keinen Anhaltspunkt für eine erweiterte Auslegung von § 53 I Nr. 5 StPO enthielten[948].
Was den ersten Punkt betrifft, so handelt es sich bei dem Bezug auf die herrschende Meinung in der Lehre um ein reines Autoritätenargument[949]. Die zweite Begründung ist von ihrer Prämisse her angreifbar. Sie geht stillschweigend davon aus, dass der Gesetzgeber explizit auf den gesamten möglichen Anwendungsbereich einer Norm eingeht. Dies ist aber unrealistisch. Gerade wenn eine Vorschrift „offen" formuliert ist, dann bleibt sie der Auslegung zugänglich. Aus dem Schweigen des Gesetzgebers kann nicht gefolgert werden, dass er im Umkehrschluss nicht behandelte Konstellationen nicht in den Anwendungsbereich der Norm miteinbeziehen wollte. Wahrscheinlicher ist, dass diese Fallgestaltung einfach übersehen wurde[950].

---

945 In diese Richtung aber *LG Frankfurt*, DuD 1996, 689; *LG Hannover*, NStZ 1981, 154; *Pauli*, Schutz, S. 86. Dagegen *Löffler*, Handbuch des Presserechts, S. 207. Kritisch *Fezer*, JZ 1983, 798 f.; vgl. auch *Pöppelmann*, AfP 1997, 485 f.

946 S. *BGH*, StraFo 1999, 120 ff.

947 *BGHSt*. 28, (240), 244.

948 *BGHSt*. 28, (240), 243 f.

949 Vgl. auch *Rengier*, JZ 1979, 797, der außerdem ausführt, dass von den zitierten Autoren auch keiner ausgeschlossen habe, dass sich das Zeugnisverweigerungsrecht nicht doch auf den Aufenthaltsort des Informanten beziehe.

950 *Rengier*, JZ 1979, 797.

Die Tatsache, dass in den Begründungen vielmehr häufig von einem „uneingeschränkten Zeugnisverweigerungsrecht“ gesprochen wird[951], stützt eher die Vermutung, dass der Gesetzgeber das Privileg möglichst weit ausgelegt sehen wollte. Dafür, dass der Gesetzgeber dies nicht wörtlich gemeint habe[952], gibt es keine hinreichenden Anhaltspunkte. Im Ganzen läuft die Interpretation des *Bundesgerichtshofes* auf eine Umkehr der Beweislast hinaus. Tatsächlich müsste er nämlich begründen, warum er entgegen dem Diktum der Materialien von einem eingeschränkten Zeugnisverweigerungsrecht ausgeht.

Bezeichnenderweise schränkt der *Bundesgerichtshof* seine eigene Auslegung wieder entscheidend ein[953]. Ausnahmsweise soll trotz Nennung des Namens des Informanten die Aussage bezüglich des Aufenthaltsortes verweigert werden können, wenn folgende Voraussetzungen vorliegen: Es müsse ein staatlicher Strafanspruch von geringem Gewicht vorliegen. Die Veröffentlichung dürfe nicht der „Unterhaltung einer sensationsfreudigen Menge“ dienen. Darüber hinaus kann nach Meinung des *Bundesgerichtshofes* beim Vorliegen eines ganz besonders großen Publizitätsinteresses auch bei schwereren Straftaten diese Ausnahme Platz greifen.

Durch diese Regel-Ausnahme-Konstruktion manövriert sich der *Bundesgerichtshof* in eine schwierige Wertungsfrage. Offen bleibt, wann ein gewichtiges Interesse an einer Veröffentlichung anzunehmen ist und wann nicht und insbesondere, wer darüber zu richten hat[954]. Selbst scheinbar belanglose Meldungen in der Boulevardpresse können bedeutende politische Diskussionen anstoßen[955]. Eine solche Information kann – vielleicht sogar Jahre später – zu unvorhergesehenen Weiterungen führen.

Das Grundgesetz kennt die Einteilung in „guten“ und „schlechten“ Journalismus nicht; alle Formen unterfallen wertungsfrei dem Schutzbereich von Art. 5 I S. 2 GG[956]. Eine derartige, im Endeffekt diskriminierende Unterscheidung anhand des Wertes einer Veröffentlichung ist also gene-

---

[951] Gesetzentwurf der Bundesregierung vom 31. Mai 1974 (BR-Druck. 394/74, S. 8).

[952] So aber *BGHSt.* 28, (240), 245.

[953] *BGHSt.* 28, (240), 248 f.

[954] S. insbesondere *Rengier*, JZ 1979, 798.

[955] In Großbritannien beispielsweise führen Enthüllungen über Skandale im Königshaus nicht selten zu einer Diskussion über die Rolle der Monarchie und ihre Stellung im Verfassungsgefüge überhaupt.

[956] S. auch *Löffler*, AfP 1975, 730.

rell ungeeignet. Daneben sprechen noch weitere Gründe gegen die Auffassung des *Bundesgerichtshofes*. Zum einen wird der Journalist, der immerhin den Namen seines Informanten preisgibt, schlechter gestellt als derjenige, der jegliche Kooperation mit den Strafverfolgungsbehörden verweigert[957]. Außerdem wird der Informationsfluss von Informanten aus dem Untergrund an die Presse möglicherweise sehr leiden, da dieser eine Entdeckung fürchten muss[958].

j) Raum für eine verfassungsunmittelbare Auslegung

Weniger dringlich erschien nach der Novellierung der Strafprozessordnung die Frage, ob weiterhin ein Zeugnisverweigerungsrecht in Ausnahmefällen direkt aus Art. 5 I S. 2 GG abgeleitet werden könnte.
Der *Bundesgerichtshof* bezog in einer Entscheidung in der Weise Stellung, dass durch die Neufassung eine ausreichende Regelung des Themenkomplexes vorliege und daher kein Raum mehr für ein verfassungsunmittelbares Zeugnisverweigerungsrecht bestehe[959]. In der Literatur dagegen wurden die Defizite der neuen Regelung durchaus gesehen. Kristallisationspunkt war einmal mehr die Frage des selbst recherchierten Materials. Für eine verfassungskonforme Auslegung bestand aber angesichts des grammatischen, historischen und teleologischen Befundes kein Raum[960]. Die Schwierigkeiten einer verfassungsunmittelbaren Anwendung von Art. 5 I S. 2 GG wurden benannt: Der Richter dürfe aus Gründen der Gewaltenteilung nicht als Ersatzgesetzgeber fungieren[961]. Dennoch wurde eine direkte Bezugnahme auf Art. 5 I S. 2 GG im Einzelfall befürwortet[962].

k) Weitere Punkte

Für eine Aufgabe der alleinigen Privilegierung von periodischen Druckwerken wurde ebenso plädiert[963]: Diese Unterteilung sei durch keinen sachlichen Grund gerechtfertigt. Außerdem gebe es einen Mehrfachabdruck des gleichen Textes in Zeitungen und Büchern. Wurde beispielsweise eine Information für zwei Publikationsarten gegeben, etwa

---

957 *Pauli*, Schutz, S. 118. So bereits *Rengier*, JZ 1979, 798.
958 *Rengier*, JZ 1979, 799. Des Weiteren *Kühl*, JA 1980, 684.
959 *BGHSt*. 28, (240), 254.
960 *Jarass*, AfP 1977, 215.
961 *Jarass*, AfP 1977, 215.
962 *Jarass*, AfP 1977, 215.
963 Gesetzesantrag der Freien und Hansestadt Hamburg vom 11. September 1989 (BR-Druck. 479/89, S. 7). S. auch *Rotsch*, Schutz, S. 49 ff.

zur Veröffentlichung in einem Buch und einer Zeitschrift, so war der Schutzumfang des Zeugnisverweigerungsrechts unklar[964]. Teilweise wurde darauf abgestellt, welches Medium die Vertrauensperson unterrichten wollte[965]. Diese Unterscheidung ist von der *ratio legis* nicht gedeckt. Insofern räumte man dem Informanten schließlich doch die Verfügungsmacht über die Information ein, dessen Behauptungen in der Praxis nur schwerlich durch Indizien zu untermauern sein werden[966]. Diese Vorgehensweise, die im Ergebnis § 53 II StPO sehr ähnelt, wäre aber nur dann zu rechtfertigen, wenn der persönliche Schutz des Informanten entscheidender Gesichtspunkt wäre. Im Zweifelsfall soll dagegen ein Zeugnisverweigerungsrecht angenommen werden, was wiederum auf die Presse als Subjekt der Gewährleistung verweist[967]. Die Konzeption ist damit in sich widersprüchlich.
Andererseits schrieb man dem Unterscheidungskriterium der Periodizität des Erscheinens eine wichtige Abgrenzungsfunktion zu. Ansonsten sei selbst derjenige geschützt, der auf seinem Heimkopierer Flugblätter erstellt. Werde in diesen eine üble Nachrede gem. §§ 186, 187 StGB begangen, so sei der Autor in seiner Anonymität geschützt, wer diese Straftaten aber in einem Privatbrief verübe, müsse mit strafrechtlichen Sanktionen rechnen[968]. Es verdienten nur Medien den Schutz, die ständig im Rahmen der öffentlichen Meinungsbildung tätig seien[969].

l) Die Novelle und Reaktionen aus der Literatur

Die Novellierung des § 53 I S. 1 Nr. 5 StPO vom 15. Februar 2002[970] bringt zahlreiche Neuerungen, die sowohl den sachlichen als auch persönlichen Geltungsbereich des Zeugnisverweigerungsrechts betreffen.
Selbst recherchiertes Material und eigene berufsbezogene Wahrnehmungen des Journalisten werden in den sachlichen Anwendungsbereich

---

964 Vgl. *Löffler*, NJW 1978, 914.
965 *Delitz*, AfP 1976, 106.
966 *Delitz*, AfP 1976, 106.
967 *Delitz*, AfP 1976, 106.
968 *Rehbinder*, FS-Oehler, S. 415. Auch wenn dieses Beispiel bei genauerer Überlegung so nicht zutreffend ist – der Autor des Flugblattes hat als Beschuldigter kein Zeugnisverweigerungsrecht nach § 53 I S. 1 Nr. 5 StPO, sondern ein Schweigerecht nach dem *nemo-tenetur*-Grundsatz, so wird doch ein erhebliches Problem angesprochen. Die Möglichkeit der Strafverfolgung hängt von Zufälligkeiten ab, wenn der Kreis der Berechtigten so weit gezogen wird.
969 *Rehbinder*, FS-Oehler, S. 415.
970 BGBl. I, S. 682.

des Zeugnisverweigerungsrechts einbezogen[971]. Teilweise wird dies für überflüssig gehalten, da angemessene Ergebnisse bereits durch die obligatorische Verhältnismäßigkeitsprüfung erzielt werden könnten[972]; vereinzelt wurde der Nutzen einer derartigen Novellierung in Zweifel gezogen: Der normale Journalist werde von sich aus sein selbst recherchiertes Material offen legen, wenn er auf Straftaten gestoßen sei. Dagegen würden die „schwarzen Schafe" der Branche durch diese Regelung einseitig begünstigt[973]. Außerdem konterkariere das Gesetz die Bemühungen im Kampf gegen den Rechtsradikalismus[974].

Als einen „Geburtsfehler des Gesetzes" wurde die Begründung des Regierungsentwurfs bezeichnet[975]. Dort[976] beruft man sich nämlich unzulässigerweise auf eine Entscheidung des *Bundesverfassungsgerichts*[977], das den Schutz von selbst recherchiertem Material und eigener Wahrnehmungen der Journalisten erforderlich mache; diese zwingende Wertung lässt sich der Entscheidung mitnichten entnehmen[978]. Diese Erweiterung entspreche dem Tatbestandsmerkmal „bekanntgeworden" der übrigen Berufsgeheimnisträger[979]. Sie wird als nicht sachgerecht empfunden, da die Tätigkeit des Journalisten mit den anderen Zeugnisverweige-

---

971 Im Rahmen des Gesetzgebungsverfahrens ist darauf verwiesen worden, dass die Rechtsprechung in den Niederlanden die Unterscheidung zwischen Drittinformationen und selbst recherchiertem Material fallengelassen hat (vgl. *Pick*, BT-Plenarprotokoll 14/155 vom 8. März 2001, S. 15238). S. auch schon § 55 II S. 2 StPO-E des Alternativ-Entwurfs Zeugnisverweigerungsrechte, S. 57 und S. 72 f.

972 *Geis* (BT-Plenarprotokoll 14/155 vom 8. März 2001, S. 15234).

973 Vgl. *Pofalla* (BT-Plenarprotokoll 14/183 vom 6. Juli 2001, S. 18172 f.). Vgl. aber die Entgegnung von *Marquardt* (BT-Plenarprotokoll 14/183 vom 6. Juli 2001, S. 18175). *Marquardt* unterstreicht, dass das Geheimhaltungsinteresse des Journalisten besonders groß sei, wenn er in schwerwiegenden Straftaten recherchiere. Letztere Ansicht erscheint realitätsnäher zu sein.

974 So der Antrag des Freistaates Bayern vom 26. September 2001 (BR-Drucks. 688/2/01).

975 *Kunert*, NStZ 2002, 170. Im Gesetzgebungsverfahren wurde die Entscheidung des Bundesverfassungsgerichts aber auch in ihrer richtigen Bedeutung rezipiert: BT-Drucks. 14/1602 (Entwurf eines Gesetzes zur Sicherung der Pressefreiheit der FDP-Fraktion vom 15. September 1999), S. 5.

976 Gesetzentwurf der Bundesregierung vom 25. Januar 2001 (BT-Drucks. 14/5166, S. 6).

977 *BVerfGE* 77, (65), 74 f.

978 Vgl. *Kunert*, NStZ 2002, 170

979 Vgl. *Kunert*, NStZ 2002, 171.

rungsberechtigten nach § 53 I StPO nicht vergleichbar sei. Neben der fehlenden Geheimhaltungspflicht wird insbesondere darauf verwiesen, dass die anderen Berufsgeheimnisträger regelmäßig Informationen passiv rezipierten, während der Journalist aktiv auf die Suche gehe[980]. Außerdem wird kritisiert, dass es sich um „Zeugnisverweigerungsrecht zum Selbermachen“ handele, da die Formulierungen der „selbsterarbeiteten Materialien“ und der „berufsbezogenen Wahrnehmungen“ keine sinnvolle Begrenzung zuließen. Im Grunde genommen könne jede Beobachtung als berufsbezogen gelten.
Kunert bildet zur Illustration der Abgrenzungsproblematik folgenden Fall: Ein Journalist beobachtet auf einem Spaziergang eine Straftat. Diese Wahrnehmung als solche unterfalle noch nicht dem Zeugnisverweigerungsrecht. Der Journalist müsse aber seine Wahrnehmungen lediglich schriftlich fixieren, so dass diese Beobachtungen zu selbst erarbeitetem Material würden[981], um sich auf § 53 I S. 1 Nr. 5 StPO berufen zu können. Folgt man dem insoweit eindeutigen Wortlaut des Gesetzes, ist eine derartige Interpretation jedenfalls nicht zwingend geboten. Im Gegensatz zu *Kunert* sollte man nicht von einer Überprivilegierung sprechen. Stattdessen wird durch den Bezug auf die „eigenen Wahrnehmungen“ vielmehr bereits das erste Stadium der Recherche in der Gewährleistung des Zeugnisverweigerungsrechts berücksichtigt.
In einem anderen Gesetzentwurf wurde ein Verweis auf die „eigenen Wahrnehmungen“ sogar für entbehrlich gehalten[982]. Hierbei dachte man aber in erster Linie an die Beschlagnahmefälle, wo sachlogisch bereits eine „Materialisierung“ der Beobachtungen stattgefunden hat. Wäre man diesem Vorschlag gefolgt, so wäre im Bereich des § 53 I S. 1 Nr. 5 StPO eine empfindliche Schutzlücke entstanden.
Nach der Abwägungsklausel gem. § 53 II S. 2 StPO entfällt der in § 53 I S. 2 StPO statuierte Schutz für selbst recherchiertes Material und berufsbezogene Wahrnehmungen, wenn die Aussage zur Aufklärung eines Verbrechens beitragen soll oder eine Katalogtat vorliegt. Mit gewichtigen Argumenten war im Regierungsentwurf die Einführung einer solchen Subsidiaritätsklausel überhaupt abgelehnt worden, während sie vom Bundesrat gefordert wurde[983]. Ein Teil der Literatur schloss sich

---

980 *Kunert*, NStZ 2002, 171.

981 *Kunert*, NStZ 2002, 171 f.

982 BT-Drucks. 14/1602 (Entwurf eines Gesetzes zur Sicherung der Pressefreiheit der FDP-Fraktion vom 15. September 1999), S. 6.

983 Vgl. etwa *Mertin* (BR-Plenarprotokoll 767 vom 27. September 2001, S. 462).

dieser Kritik an. Eine „heillose Rechtsunsicherheit“ sei die Folge, da eine im Rahmen dieser Abwägung erforderliche Prognose mit großen Unsicherheiten behaftet sei[984]. Sie führe in der Hauptverhandlung zu zahllosen „Zwischenbeweiswürdigungen“ und unzulässigen Beweisantizipationen[985]. Dabei müssten die Akten konsultiert werden. Den Schöffen wäre Akteneinsicht einzuräumen. Letzteres stelle einen revisiblen Verstoß gegen die Prinzipien der Unmittelbarkeit und Mündlichkeit dar[986]. Ferner könne der Journalist selbst kaum beurteilen, ob die Subsidiaritätsklausel einschlägig ist oder nicht. Deshalb setze er sich bei einer Zeugnisverweigerung stets der Gefahr aus, durch Anwendung von Zwangsmitteln nach § 70 StPO zur Aussage gezwungen zu werden[987]. Dies sei aber nicht mit der Rechtsstellung des Zeugen vereinbar.

Auch die weiteren Voraussetzungen für diese Rückausnahme waren heftig umstritten. In einem Gesetzentwurf war sogar geplant, das Zeugnisverweigerungsrecht bei 65 verschiedenen Tatbeständen entfallen zu lassen[988]; dabei sollte es sich schwerpunktmäßig um besonders schwerwiegende Verletzungen von Individualrechtsgütern sowie um gemeingefährliche und sozialschädliche Straftaten von besonderem Gewicht handeln[989]. Hinzu kamen Delikte aus dem Ausländer- und dem Asylverfahrensgesetz. Dass die Praktikabilität einer derartig umfangreichen Ausnahmevorschrift zweifelhaft ist, versteht sich von selbst[990]. Außerdem wurde ein solcher Katalog als zu starr empfunden[991]. Das journalistische Zeugnisverweigerungsrecht werde unnötigerweise ausgehöhlt[992]. Dage-

984 S. *Hamm*, NJW 2001, 270; ablehnend ebenfalls: *Kunert*, NStZ 2002, 171 f. Vgl. Gesetzentwurf der Bundesregierung vom 25. Januar 2001 (BT-Drucks. 14/5166, S. 9). Ausführlich *Rogall*, FS-Lampe, S. 822 ff.

985 Gesetzentwurf der Bundesregierung vom 25. Januar 2001 (BT-Drucks. 14/5166, S. 9).

986 Gesetzentwurf der Bundesregierung vom 25. Januar 2001 (BT-Drucks. 14/5166, S. 9) unter Verweis auf *BGHSt.* 13, 73 ff.

987 Gesetzentwurf der Bundesregierung vom 25. Januar 2001 (BT-Drucks. 14/5166, S. 9). Ebenso *Kunert*, NStZ 2002, 172.

988 Vgl. auch den umfangreichen Katalog des Bundesrates (Stellungnahme des Bundesrates vom 29. September 2000; BT-Drucks. 14/5166, S. 11).

989 BT-Drucks. 14/1602 (Entwurf eines Gesetzes zur Sicherung der Pressefreiheit der FDP-Fraktion vom 15. September 1999), S. 6.

990 S. die Kritik der Bundesregierung (Gegenäußerung der Bundesregierung; BT-Drucks. 14/5166, S. 13).

991 *J. Meyer* (BT-Plenarprotokoll 14/155 vom 8. März 2001, S. 15232).

992 *Ströbele* (BT-Plenarprotokoll 14/183 vom 6. Juli 2001, S. 18174). S. auch *Pöppelmann*, AfP 1997, 489 f.

gen hatte die Bundesregierung die Rückausnahme nur für den Fall vorgesehen, dass Verdacht auf ein Verbrechen bestehe[993]. Es wurde darauf hingewiesen, dass dann wichtige Straftatbestände – etwa Sexualdelikte gegenüber Kindern – keine angemessene Berücksichtigung fänden[994].
Gegen diese Auffassung wurde angeführt, dass man eher über eine materielle Änderung der Deliktsnatur von Vergehen in Verbrechen nachdenken sollte, um auf diese Weise den Rechtsgüterschutz zu effektuieren[995].
Daneben wurde vertreten, dass die Rückausnahme von einer Prognose des Richters im Einzelfall abhängig gemacht werden sollte. Die Zeugnispflicht sollte wieder aufleben, wenn konkret eine Freiheitsstrafe von mehr als einem Jahr zu erwarten sei. Eine solche Prognose wirft in der Praxis allerdings erhebliche Schwierigkeiten auf[996]. Der jetzige Ausnahmekatalog des § 53 II S. 2 StPO ist als Kompromisslösung überschaubar und praxisgerecht.
Weiterhin erscheint als problematisch, dass für den Fall einer Fehlprognose *ex ante* keine Beweisregeln aufgestellt worden sind[997]. Es ergibt sich beispielsweise nach erzwungener Aussage, dass weder der Verdacht wegen einer Katalogtat noch wegen eines Verbrechens aufrecht erhalten werden kann. Die Informationen des Journalisten genügen aber, um die Spur eines anderen Vergehens weiterzuverfolgen. Ist diese Aussage dann als Zufallsfund unverwertbar? Muss eine neuerliche Abwägung erfolgen? Wenn eine generelle Unverwertbarkeit ausgeschlossen wird, wie dies nach allgemeinen Beweiswürdigungsgrundsätzen nahe liegt, dann besteht die Gefahr, dass mit einem konstruierten Verdacht gezielt auf die Suche nach so genannten Zufallsfunden gegangen wird. In Ermittlungsverfahren werden gerade zu Anfang häufig schwerwiegende Vorwürfe erhoben, die in der Folge relativiert werden müssen[998].
Dass diese Problematik vom Gesetzgeber, der die vergleichbare Konstellation bei der Wohnraumüberwachung durchaus gesehen hat, nicht berücksichtigt wurde, ist bedauerlich. Hier besteht Nachbesserungsbedarf.

---

993 Gesetzentwurf der Bundesregierung vom 25. Januar 2001 (BT-Drucks. 14/5166, S. 5).
994 So *van Essen* (BT-Plenarprotokoll 14/155 vom 8. März 2001, S. 15230). Vgl. auch *Mertin* (BR-Plenarprotokoll 767 vom 27. September 2001, S. 462).
995 *J. Meyer* (BT-Plenarprotokoll 14/183 vom 6. Juli 2001, S. 18171).
996 *Pöppelmann*, AfP 1997, 490; *J. Meyer* (BT-Plenarprotokoll 14/155 vom 8. März 2001, S. 15232).
997 S. dazu auch *Hamm*, NJW 2001, 270.
998 *Jacob*, DuD 2000, 256.

Entfällt der Verdacht nachträglich, so muss daraus die Unverwertbarkeit der Aussage folgen.
Ebenfalls nicht berücksichtigt ist die Konstellation, dass zwar ein nach § 53 II S. 2 StPO ausreichender Verdacht bestehen bleibt, aber andere weniger schwerwiegende Taten durch die Aussage ans Licht gebracht werden. Auch für diese muss ein Verwertungsverbot statuiert werden, damit den Ermittlungsbehörden gleich jegliche Motivation genommen wird, im „Trüben zu fischen".
Teilweise wurde die Forderung erhoben, dass Merkmal der „Berufsmäßigkeit" nicht mehr in § 53 I S. 1 Nr. 5 StPO zu übernehmen[999]. Es sei nicht einzusehen, warum beispielsweise herausragende Persönlichkeiten der Zeitgeschichte, die etwas Wesentliches zur politischen Diskussion beizutragen hätten, nicht in den Genuss der Privilegierung gelangten[1000]. Diesem Vorschlag ist die Novelle mit gutem Grund nicht gefolgt[1001]. So problematisch das Merkmal der „Berufsmäßigkeit" auch sein mag, es erfüllt die Anforderungen immer noch am besten. Teilweise wird das Merkmal der berufsmäßigen Betätigung für zu weit erachtet: Selbst die regelmäßige Überarbeitung einer privaten Homepage könne darunter fallen[1002]. Realistischerweise besteht eher die Gefahr, dass der Schutzbereich zu sehr eingeengt wird. Dem kann aber wirksam durch eine extensive Interpretation begegnet werden. Wie bereits ausgeführt, gehört hierher, dass die Tätigkeit eben nicht der Erhaltung der Existenzgrundlage des Journalisten dienen muss. Zudem wird in der Literatur der Verzicht auf das Erfordernis einer „berufsmäßigen" journalistischen Betätigung abgelehnt.
Verstärkend kommt hinzu, dass das einschränkende Merkmal der „periodischen Druckwerke" in der neuen Gesetzesfassung fehlt[1003]. Ansonsten sei dem Missbrauch Tür und Tor geöffnet. Jeder, der ein Buch schreibe – beispielsweise seine Memoiren, um diese später zu veröffentlichen, müsse in den Schutz einbezogen werden. Auf diese Weise kann sich jeder, der sensible Informationen sammelt und glaubhaft machen kann, dass er sie später publizistisch verwerten will, in einem nicht un-

---

999 In diese Richtung bereits *Löffler*, NJW 1978, 913 f.
1000 *Löffler*, NJW 1978, 914.
1001 Vgl. die Begründung des Gesetzentwurfes der Bundesregierung vom 25. Januar 2001 (BT-Drucks. 14/5166, S. 8).
1002 *Schulz/Korte*, AfP 2000, 531.
1003 Kritisch *Geis* (BT-Plenarprotokoll 14/155 vom 8. März 2001, S. 15234); *Pofalla* (BT-Plenarprotokoll 14/183 vom 6. Juli 2001, S. 18173). S. auch: Antrag des Freistaates Bayern vom 26. September 2001 (BR-Drucks. 688/2/01).

erheblichen Umfang der Zeugnispflicht entziehen[1004]. Überspitzt formuliert müsste jedem, der Kontakte zum kriminellen Milieu pflegt, geraten werden, Dossiers für seine spätere Lebensbeichte in Buchform anzulegen. Dass eine derartige Aufweichung des Zeugnisverweigerungsrechts nicht sinnvoll sein kann, liegt auf der Hand.

Sogar der Informant des Journalisten könnte für sich das Zeugnisverweigerungsrecht in Anspruch nehmen, da er bei der Vorbereitung mitgewirkt habe[1005]. Allerdings kann in diesem Zusammenhang nicht mit einem Systembruch argumentiert werden. Zwar ist es zutreffend, dass die anderen Berufsgeheimnisträger in § 53 I StPO ihre Informationen regelmäßig in der Interaktion mit ihren Mandanten oder Klienten erlangen[1006]. Dies spricht aber *a priori* noch nicht gegen eine Berücksichtigung von selbst recherchiertem Material beim Journalisten. Eine unterschiedliche Behandlung dieser Gruppen kann durch abweichende Schutzzwecke gerechtfertigt sein. Um eine ausufernde Auslegung zu verhindern, sollte mit folgender Überlegung gearbeitet werden: Problematisch sind häufig die Hilfspersonen des Journalisten. Sie sollten nur dann geschützt werden, wenn sie vergleichbaren Hilfspersonen nach § 53 a StPO in ihrer Funktion und ihrem Aufgabenkreis entsprechen.

Wenn man dennoch auf das Merkmal der „berufsmäßigen Mitwirkung" verzichten wollte, so ließe sich eine Lösung auf zwei Ebenen finden: Entweder wird gesetzlich wieder eine sinnvolle Begrenzung eingefügt. Ein Formulierungsvorschlag ist aber nicht ersichtlich. Ein Ausschluss von nicht periodisch erscheinenden Druckerzeugnissen ist hingegen nicht angezeigt[1007]. Vor allem trägt das Argument nicht, dass nur die periodische Presse den verantwortlichen Redakteur kenne[1008].

Der zweite, allerdings im Hinblick auf die Wahrung der Rechtssicherheit ein wenig bedenkliche Vorschlag zielt dahin, den Gerichten die Konkretisierung des neuen Gesetzes zu überlassen. In besonders krassen Fällen müsste eine teleologische Reduktion vorgenommen werden, um Missbrauch auszuschließen. Dagegen spricht aber bereits die Wesentlichkeitstheorie: Der Gesetzgeber darf sich seiner Verantwortung nicht ent-

---

1004 Vgl. insbesondere *Hamm*, NJW 2001, 270 f.; vgl. auch *Edinger*, DRiZ 2000, 203.

1005 Vgl. *Kunert*, NStZ 2002, 171.

1006 S. *Hamm*, NJW 2001, 271.

1007 Bereits das bayerische Landespressegesetz hatte in § 12 ein Zeugnisverweigerungsrecht für die nichtperiodische Presse normiert; vgl. *Löffler*, Handbuch des Presserechts, S. 212.

1008 So aber: *Schnur*, VVDStRL 22 (1965), 149.

ziehen, sondern muss die entscheidenden Gesichtspunkte durch Regelung selbst festlegen. Die Möglichkeit einer Rechtsfortbildung durch die Gerichte kann als Regelfall nicht akzeptiert werden.
Der Wortlaut des Gesetzes hat aber folgende Schwäche: Der Schutz für selbst recherchiertes Material erstreckt sich nicht nur auf die Personengruppe, die Informationen verarbeitet. Grammatisch ist auch der Zeitungsausträger geschützt, der beim Austragen von Vergehen erfährt, da es sich hierbei um Wahrnehmungen einer Person handelt, die durch § 53 I S. 1 Nr. 5 StPO geschützt ist. Gerade im Bereich des selbst recherchierten Materials darf eine solch weitgehende Privilegierung nicht erfolgen. Wird der Zeitungsausträger beispielsweise Zeuge eines Verkehrsdelikts nach § 315 c StGB, so könnte er sich paradoxerweise auf das Zeugnisverweigerungsrecht nach § 53 I S. 1 Nr. 5 StPO berufen[1009]. Noch weitergehend kann jeder Bürger, der gerade ein Buch schreibt und sich hiefür Schreibmaterial kauft, genauso argumentieren. Das Einkaufen von Schreibmaterial gehört schließlich zur Vorbereitung des Druckerzeugnisses.
Daher sollte neben dem Kriterium der Berufsmäßigkeit folgende weitere Einschränkung eingezogen werden: Selbst erarbeitetes Material und eigene Wahrnehmungen sind nur dann zu schützen, wenn ein unmittelbarer Zusammenhang zur grundrechtlich geschützten Betätigung besteht. Sicherlich ist dieses Tatbestandsmerkmal interpretationsbedürftig und generalklauselartig. Andererseits wurde durch die Neuregelung das Zeugnisverweigerungsrecht so stark erweitert, dass eine fallbezogene Einschränkung ohne substantielle Abkehr von der Wertentscheidung des Gesetzgebers gar nicht mehr möglich ist.
Problematisch erscheint die Rückausnahme von § 53 II S. 3 StPO[1010]. Dann kann der Zeuge die Aussage verweigern, wenn die eigenen Wahrnehmungen oder Recherchen so mit Fremdinformationen verwoben sind, dass die Gefahr besteht, dass die Person des Verfassers oder Einsenders von Beiträgen und Unterlagen oder des sonstigen Informanten bzw. Inhalte aus dem Informantenkontakt bekannt werden. Diese auf den ersten Blick lobenswerte Einschränkung führt wiederum zu unge-

---

1009 Es sei denn, es wird eine teleologische Reduktion des Wortlauts vorgenommen. Aber auch hierfür müssten zunächst tragfähige Kriterien entwickelt werden. Vgl. aber zu derartigen Ansätzen: *Hennemann*, Pressefreiheit, S. 49. Ob der Zeitungsausträger von § 53 I S. 1 Nr. 5 StPO erfasst wird, ist strittig. Dafür KK-*Senge*, § 53, Rn. 33 m.w.N. auch zur Gegenmeinung.

1010 Diese ist die Umsetzung von *BGH*St. 36, 298 ff.

ahnten Problemen. In der Praxis muss der Journalist notfalls gem. § 56 S. 1 StPO die Tatsachengrundlage für sein Zeugnisverweigerungsrecht glaubhaft machen. Gerade hier lauern Gefahren. Geht es beispielsweise zunächst nur um selbst recherchiertes Material und beruft sich der Journalist auf die Rückausnahme von § 53 II S. 3 StPO, so offenbart er bereits, dass ein Informantenkontakt bestanden hat. Bei streng geheimen Informationen etwa aus Staatsarchiven oder Ministerien lässt sich dann sehr leicht der Kreis der potentiellen Informanten ermitteln. Auf diesem Umweg ist der Journalist doch zu einer wenigstens partiellen Offenbarung gezwungen. Dieses Problem kann nicht mit der Bemerkung relativiert werden, dass ähnliche Weiterungen im Zusammenhang mit dem klassischen Zeugnisverweigerungsrecht des Journalisten entstehen könnten. Neu ist, dass unter Umständen Informationen unabhängig von jeglichem Informantenkontakt geschützt sind.
Fraglich ist nun, wie sich die indirekte Aufdeckung des Informanten verhindern lässt. In praktischer Hinsicht kommt zunächst in Betracht, dass die in § 53 II S. 2 StPO a. E. eingeführte Subsidiaritätsklausel sehr ernst genommen und auf eine Vernehmung von Journalisten regelmäßig verzichtet wird. Diese Subsidiaritätsklausel ist aber bereits in sich widersprüchlich: Während das Wort „aussichtslos" die Vernehmung als *ultima ratio* kennzeichnet, lässt die zweite Alternative diese bereits bei einer wesentlichen Erschwerung zu. Es steht zu befürchten, dass sich die Praxis allzu leicht auf derartige Ermittlungsschwierigkeiten berufen kann[1011]. Den Widerspruch kann man zwar durch Interpretation auflösen: Eine wesentliche Erschwerung liegt eben wertungsmäßig nur dann vor, wenn die Aufklärung aussichtslos ist. Eine solche Auslegung ist aber mit dem Wortlaut kaum noch zu vereinbaren und zeigt, dass es dem Gesetzgeber mit dem *ultima-ratio*-Charakter der Subsidiaritätsklausel nicht ernst ist.
In die gleiche Richtung deutet die inflationäre Verwendung derartiger Einschränkungen in der Strafprozessordnung hin. Deshalb ist für die Streichung dieses zweiten Passus zu plädieren. Außerdem ist an die Verletzung der Subsidiaritätsklausel eine Sanktion zu knüpfen: Eine Aussage, die im Widerspruch zu ihren Anforderungen steht, muss zum Schutz des Journalisten einem Beweisverwertungsverbot unterliegen. Wegen dieser Rechtsunsicherheit für die Ermittlungsbehörden wird sichergestellt, dass von einer Vernehmung des Journalisten tatsächlich nur sparsamer Gebrauch gemacht wird.

[1011] Vgl. auch *R. Groß*, ZUM 1994, 221 f.

Die Rückausnahme von § 53 II S. 3 StPO kann aber auch zu Missbrauch einladen: Der Journalist muss nur geschickt eine Gemengelage zwischen dem selbst recherchierten und fremden Material konstruieren oder behaupten, um sich seiner Zeugnispflicht zu entziehen[1012].

Daneben war im Gesetzentwurf der Bundesregierung vorgesehen, eine weitere Rückausnahme zu etablieren. Die Zeugnispflicht sollte dann entfallen, „wenn die Verpflichtung zur Aussage unter Berücksichtigung der Grundrechte aus Artikel 5 Abs. 1 Satz 2 des Grundgesetzes außer Verhältnis zur Bedeutung der Sache stehen würde."[1013] Begründet wurde dies mit der besonderen Bedeutung des Verhältnismäßigkeitsgrundsatzes.

Diese Erwähnung sollte über die dynamische Verweisung des § 97 V S. 1 StPO insbesondere in das Beschlagnahmerecht ausstrahlen[1014]. Mittlerweile findet sich diese Regelung in § 97 V S. 2 2. Halbsatz StPO.

Wie bereits ausgeführt kann der Verhältnismäßigkeitsgrundsatz, der stets zu berücksichtigen ist, bei Bagatelldelikten zu einem Ausschluss der Zeugnispflicht führen. Aus diesem Grund erscheint der deklaratorische Hinweis als überflüssig. In der Praxis wurden häufig die Anforderungen des Verhältnismäßigkeitsgrundsatzes allerdings nicht ausrei-

---

1012 *Kunert*, NStZ 2002, 173.

1013 Gesetzentwurf der Bundesregierung vom 25. Januar 2001 (BT-Drucks. 14/5166, S. 5). Erwähnt werden soll in diesem Zusammenhang ein Gesetzesvorschlag des ZDF und der Landesrundfunkanstalten von 1988. Danach sollten Journalisten zur Verweigerung des Zeugnisses berechtigt sein „über sonstige Tatsachen, die ihnen bei ihrer Tätigkeit bekannt geworden sind, insbesondere über Ergebnisse eigener Recherchen und interne Redaktionsangelegenheiten, sofern deren Offenbarung unter Berücksichtigung der Bedeutung und Schwere des gegen einen Dritten erhobenen Tatvorwurfs, dem Grad des gegen ihn bestehenden Tatverdachts, der Beweisnotwendigkeit des Zeugnisses für das Verfahren sowie der sonstigen Umstände des Einzelfalls unangemessen in den Schutzbereich der Presse- und Rundfunkfreiheit, insbesondere in die Vertraulichkeit der redaktionellen Arbeit, eingreifen würde." (zitiert nach *Dörr*, AfP 1995, 382). Die Frage nach der Schutzwürdigkeit von selbst recherchiertem Material soll ausschließlich von einer Verhältnismäßigkeitsprüfung abhängig gemacht werden. Unter den Gesichtspunkten der Wesentlichkeitstheorie und der erforderlichen Bestimmtheit erscheint dieser Vorschlag jedoch problematisch. S. dazu *P. Cramer*, Zeugnisverweigerungsrecht, S. 42.

1014 Gesetzentwurf der Bundesregierung vom 25. Januar 2001 (BT-Drucks. 14/5166, S. 2).

chend berücksichtigt[1015]. In einer neueren Dokumentation des Deutschen Journalisten-Verbandes wird dies deutlich. Untersucht wurden 150 Fälle von Durchsuchungs- und Beschlagnahmeanordnungen sowie Beschlüsse über das journalistische Zeugnisverweigerungsrecht. Nur in einem einzigen Fall hat ein Gericht der ersten Instanz in seinem Beschluss überhaupt Verhältnismäßigkeitserwägungen angestellt; in zweiter Instanz wurde in sieben Fällen nach der Beschwerde der betroffenen Medienunternehmen eine Verhältnismäßigkeitsprüfung vorgenommen[1016]. Insofern ist die Nennung des Verhältnismäßigkeitsgrundsatzes, der im Bereich des journalistischen Zeugnisverweigerungsrechts die Wechselwirkungslehre des *Bundesverfassungsgerichts* positiviert hätte, sinnvoll. Der Hinweis in den Richtlinien für das Straf- und Bußgeldverfahren – wie etwa Nr. 73 a RiStBV – wird in der Praxis vielfach nicht ausreichend beachtet[1017]. Selbst die Rechtsprechung des *Bundesverfassungsgerichts* wurde außer Acht gelassen[1018]: Zwei Landgerichte wandten Art. 5 I S. 2 GG nicht unmittelbar zur Ausweitung des Zeugnisverweigerungsrechts an, wobei sie fälschlich auf den abschließenden Charakter von § 53 I Nr. 5 StPO a. F. hinwiesen[1019].

Des Weiteren wurde die Gewährleistung in persönlicher Hinsicht erheblich erweitert: Nun werden gem. § 53 I S. 1 Nr. 5 StPO erstmals Mitarbeiter von Informationsdiensten erfasst, soweit ihre Tätigkeit der Unterrichtung oder Meinungsbildung dient. Durch diese Einschränkung werden beispielsweise Angestellte einer Bank, die auf Telebanking spezialisiert ist, ausgenommen[1020]. Ob die Mitwirkenden an Filmberichten in den Genuss des Zeugnisverweigerungsrechts kamen, war unter der Geltung der alten Regelung bestritten und wurde häufig abgelehnt[1021]. Durch die ausdrückliche Erwähnung der Filmberichterstattung im neu-

---

1015 *Pöppelmann*, AfP 1997, 488 f.; *Marquardt* (BT-Plenarprotokoll 14/155 vom 8. März 2001, S. 15237).

1016 Zitiert nach *J. Meyer* (BT-Plenarprotokoll 14/183 vom 6. Juli 2001, S. 18171). Freilich gibt es auch Gegenbeispiele. Für eine detaillierte und ausgewogene Verhältnismäßigkeitsprüfung vgl. *LG Bremen*, AfP 1997, 561 ff. und *LG Bremen*, AfP 1999, 386 ff.

1017 *J. Meyer* (BT-Plenarprotokoll 14/183 vom 6. Juli 2001, S. 18171); a.A. Antrag des Freistaates Bayern vom 26. September 2001 (BR-Drucks. 688/2/01).

1018 Vgl. zu den Erfordernissen: *Pöppelmann*, AfP 1997, 488.

1019 S. BT-Drucks. 14/6576, S. 5.

1020 *Kunert*, NStZ 2002, 170; s. auch *Schulz/Korte*, AfP 2000, 531.

1021 S. KK-*Senge*, § 53, Rn. 30 m.w.N.

gefassten § 53 I S. 1 Nr. 5 StPO hat sich der Gesetzgeber für einen weitreichenden Schutz entschieden.
Wiederum wurde versäumt, wenigstens das Chiffregeheimnis durch ein Zeugnisverweigerungsrecht abzusichern. Stattdessen beschränkt § 53 I S. 3 StPO das Privileg nur auf den redaktionellen Teil[1022]. Andererseits hätte eine Erweiterung dazu führen können, dass Dritte ohne Wissen des Journalisten Informationen veröffentlichen, die dann sogar vom Zeugnisverweigerungsrecht gedeckt gewesen wären.
Zu denken ist dabei vor allen Dingen an kinderpornographische, rassistische oder anderweitig extremistische Inhalte, die Unbekannte ins Internet stellen[1023]. Für derartige Inhalte ist der Diensteanbieter gem. § 5 I, II des Teledienstgesetzes nicht verantwortlich[1024]. Der Dritte, der auf diese Weise den Dienst missbraucht, kann häufig nur ermittelt werden, wenn der Diensteanbieter Auskünfte erteilt[1025]. Aus diesen Gründen erscheint die grundsätzliche Beschränkung des Zeugnisverweigerungsrechts auf Informationen des redaktionellen Teils gem. § 53 I S. 3 StPO gerechtfertigt. Allerdings wäre dieses Ziel auch erreicht worden, wenn man das Zeugnisverweigerungsrecht ausdrücklich auf (Chiffre)anzeigen erweitert hätte.
Schließlich wird der Widerspruch des neugefassten § 53 I S. 1 Nr. 5 StPO zu den Vorschriften von §§ 100 g, 100 h StPO unterstrichen[1026]. Während § 53 S. 1 I Nr. 5 StPO mittlerweile ein hohes Schutzniveau für die journalistische Betätigung etabliert hat, ist der Medienvertreter im Hinblick auf die Verbindungsdaten durch §§ 100 g, 100 h StPO vollkommen schutzlos gestellt. Es wird angedeutet, dass dieser Widerspruch wohl auf Abstimmungsschwierigkeiten zwischen dem Bundesministerium des Inneren und dem Bundesministerium der Justiz beim Gesetzgebungsverfahren zurückzuführen sei[1027].

1022 Kritisch *Schulz/Korte*, AfP 2000, 531 f.

1023 Gesetzentwurf der Bundesregierung vom 25. Januar 2001 (BT-Drucks. 14/5166, S. 8).

1024 Gesetzentwurf der Bundesregierung vom 25. Januar 2001 (BT-Drucks. 14/5166, S. 8).

1025 Gesetzentwurf der Bundesregierung vom 25. Januar 2001 (BT-Drucks. 14/5166, S. 8).

1026 *Kunert*, NStZ 2002, 170.

1027 *Kunert*, NStZ 2002, 170.

m) Würdigung und Vorschlag

Trotz der vorgebrachten Kritik darf nicht übersehen werden, dass die Novellierung von § 53 I S. 1 Nr. 5 StPO einen Paradigmenwechsel bedeutet: Zum ersten Mal erkennt der Gesetzgeber an, dass Schutzzweck des journalistischen Zeugnisverweigerungsrechts das Redaktionsgeheimnis als solches ist – unabhängig von einer konkreten Informantenbeziehung[1028].

Auch wenn die Erweiterung auf selbst recherchiertes Material als sehr weitgehend erscheint, so ist sie als logische Konsequenz eines institutionalisierten Verständnisses der Pressefreiheit zu begreifen. Eine Novellierung muss den systematischen Rahmen im Blick behalten.

Die Maximallösung bestände darin, den Journalisten mit den anderen Berufsgruppen gleichzustellen und sein Schweigerecht ohne Einschränkung auf alles zu erweitern, was ihm in sonstiger Weise bekanntgeworden ist. Tatsächlich ist ein derartiger Vorschlag vor nicht allzu langer Zeit bereits einmal im Gesetzgebungsverfahren gemacht worden. Danach sollte sich das Zeugnisverweigerungsrecht der Journalisten auf alles beziehen, „was ihnen im Hinblick auf diese Tätigkeit anvertraut oder bekanntgeworden ist, soweit es sich um Beiträge, Unterlagen und Mitteilungen für den redaktionellen Teil handelt."[1029]

Im Folgenden soll die Stimmigkeit und Möglichkeit einer derartigen Regelung untersucht werden. Ein grundsätzlich unbeschränktes Zeugnisverweigerungsrecht lässt zwar keinen Raum mehr für eine Abwägung mit den Erfordernissen des Rechtsstaatsprinzips. Zutreffend ist aber darauf hingewiesen worden, dass gem. § 52 I Nr. 3 StPO die individuellen Interessen eines Verschwägerten im 2. Grad selbst nach der Scheidung zum völligen Zurücktreten der Interessen des Rechtsstaates und des Beschuldigten führen[1030]. Dieser systematische Vergleich scheint auf den ersten Blick eine unbeschränkte Erstreckung des Zeugnisverweigerungsrechts auf selbst recherchiertes Material zu gestatten, zumal der Schutz des Journalisten gerade aus seiner Stellung für die Demokratie abgeleitet wird. Dennoch darf nicht verkannt werden, dass der Kreis der Zeugnisverweigerungsberechtigten in § 52 I StPO zu weit gezogen und nicht

---

[1028] Vgl. auch *Jacob*, DuD 2000, 256; *Kunert*, NStZ 2002, 171.

[1029] Entwurf eines Gesetzes über das Zeugnisverweigerungsrecht der Mitarbeiter/innen von Presse, Rundfunk und Film der Fraktion DIE GRÜNEN vom 11. März 1988 (BT-Druck. 11/2000, S. 2). Für diese Lösung plädiert auch *Pöppelmann*, AfP 1997, 485.

[1030] *Möhl*, Zeugnisverweigerungsrecht, S. 52.

mehr zeitgemäß ist. Andererseits sind die *rationes legis* von §§ 52 I StPO und 53 I StPO nicht miteinander vergleichbar.
Fraglich ist, ob der Individualschutz von § 52 I StPO grundsätzlich stärkere Eingriffe in das Rechtsstaatsprinzip und die Verteidigungsmöglichkeiten des Beschuldigten rechtfertigt als der Rekurs auf die öffentliche Bedeutung der Arbeit der Medienvertreter. Aus dem benutzten *argumentum a fortiori*, wie es hier bereits vorgestellt wurde, ist zu schließen, dass teilweise den öffentlichen Interessen wohl eine größere Bedeutung zugebilligt wird. Dieser Schluss ist aber keineswegs zwingend. Im Gegenteil kann man annehmen, dass die überpositiven Grundrechte einen höheren Rang einnehmen. Eine abstrakte Hierarchisierung wird dem Problem aber kaum gerecht. Es ist vielmehr zu vermuten, dass allein eine Einzelabwägung im konkreten Fall über einen Vorrang entscheiden kann. Allgemeine Regeln dürften sich schwerlich formulieren lassen. Es macht eben einen entscheidenden Unterschied, ob das Rechtsstaatsprinzip mit einem Grundrecht in unmittelbarer Nähe von dessen nach Art. 19 II GG unantastbaren Wesensgehalt abzuwägen ist oder ob der Eingriff in das betroffene Grundrecht als eher leicht erscheint. Aus einem abstrakten Vergleich von §§ 52 I StPO und 53 I StPO ist also kein eindeutiges Ergebnis abzuleiten.
Nun könnte aber argumentiert werden, dass Rechte, die im öffentlichen Interesse bestehen, weniger Schutz gegenüber anderen öffentlichen Interessen genießen als Individualrechte[1031]. Hier, wo die Pressefreiheit und das Rechtsstaatsprinzip miteinander in Konflikt geraten, wäre demnach ein stärkerer Eingriff zugunsten der Rechtssicherheit und Gerechtigkeit vertretbar. Dieser Ansatz ist mit demselben Argument zu verwerfen, wie der Erst-recht-Schluss aus § 52 I Nr. 3 StPO. Die Zuordnung von Rechten zu einer privaten und öffentlichen Ebene schafft noch keine Vergleichbarkeit, die zu einer Messbarkeit von Werten auf einer absoluten Skala führen könnte – zumal die hier gewählte Dichotomie zwar in heuristischer Sicht sinnvoll erscheinen mag, aber zum Beispiel die subjektiv-rechtliche Seite der Pressefreiheit, die in einem unlösbaren Verhältnis zu ihrer objektiv-rechtlichen Dimension steht, völlig ausblendet. Gerade auf der normativen Ebene ist die Gefahr stets größer als auf der faktischen, dass eine Modellierung, die durch kategoriale Einteilung bestimmte Charakteristika einer Vorschrift betonen und begreifbar machen

[1031] Vgl. aber *Gerhardt*, MDR 1976, 461, der eine solche Schlussfolgerung aus dem Schutzzweck strikt ablehnt.

soll, absolut gesetzt und dadurch das Bild mit der Wirklichkeit verwechselt wird. Dies führt zu einem methodologischen Reduktionismus.
Da diese Prüfung in einer Art „*non-liquet*-Situation" endet, bietet sich normvergleichend nur eine systematische Betrachtung der Funktion des Journalisten mit derjenigen anderer Berufsgeheimnisträger an. Eine solche Betrachtungsweise ist bereits häufiger versucht worden. Über die Zusammenfassung der Berufsgeheimnisträger zu Gruppen bestand keine Einigkeit. Vereinzelt wurde eine Parallele zu Geistlichen und Ärzten gezogen[1032]. Der Alternativ-Entwurf Zeugnisverweigerungsrechte hingegen ordnete die Parlamentarier, Journalisten und empirische Sozialforscher einer Klasse zu. Nach dem Regelungsvorschlag erhalten sie ein Zeugnisverweigerungsrecht in einem eigenen § 53 a StPO, das ihnen wegen der Wahrnehmung öffentlicher Aufgaben zustehe, wie bereits aus der Überschrift der neuen Norm hervorgeht[1033]. Der *Bundesgerichtshof* sieht ebenfalls einen eklatanten Unterschied zu den Berufsgruppen der Geistlichen, Verteidiger, Rechtsanwälte und Ärzte[1034]. Für diese Personen bestehe das Zeugnisverweigerungsrecht, um die Intimsphäre der Petenten, Mandanten und Klienten gegen Ausforschung abzuschotten. Gerade weil es hier häufig um Fragen von existentieller Bedeutung gehe, hätten die Hilfesuchenden einen Anspruch auf umfassenden Vertrauensschutz. Hingewiesen wird auf § 203 StGB[1035], der mit Ausnahme des Geistlichen den Verrat von Privatgeheimnissen durch Berufsgeheimnisträger unter Strafe stellt. Im Gegensatz dazu tritt der Informant regelmäßig an den Medienvertreter heran, um sein Wissen publik zu machen[1036]. Das Verhältnis des Journalisten zu seinen Informanten sei grundsätzlich nicht durch volles persönliches Vertrauen und der damit korrespondierenden persönlichen Fürsorge des Berufsgeheimnisträgers charakterisiert[1037].

1032 *Rehbinder*, FuR 1980, 116; zum Vergleich der Aufgaben eines Geistlichen mit der des Journalisten *Ströbele* (BT-Plenarprotokoll 14/155 vom 8. März 2001, S. 15235 f.).
1033 Alternativ-Entwurf Zeugnisverweigerungsrechte, S. 47 f.
1034 Vgl. *BGHSt.* 28, (240), 253 f.; s. auch *Rebmann*, FS-Pfeiffer, S. 232.
1035 Vgl. *Hennemann*, Pressefreiheit, S. 65; *Kunert*, MDR 1975, 889; *Kunert*, NStZ 2002, 171; *Peters*, Zeugnisverweigerungsrecht, S. 57. S. auch *OLG Celle*, NJW 1958, 73.
1036 *P. Cramer*, Zeugnisverweigerungsrecht, S. 28 f.; *Kohlhaas*, NJW 1958, 43.
1037 *LG Düsseldorf*, MDR 1953, 632; *Jagusch*, NJW 1963, 179; s. auch *Kaiser*, NJW 1968, 1263.

Auch die Honorarfrage kann hier Aufschlüsse liefern: Während der Journalist seinen Informanten bezahle, müsse der Hilfesuchende normalerweise die in Anspruch genommenen Dienst vergüten[1038]. Der Schutz der Medienschaffenden hingegen sei Ausdruck der Institutionsgarantie für eine funktionsfähige Presse. Als weiteres Unterscheidungsmerkmal wird genannt, dass Journalisten im Gegensatz insbesondere zu dem Personenkreis von § 53 I S. 1 Nr. 1 – 3 b StPO keinen beruflichen Zulassungsschranken und keiner berufsständischen Kontrolle unterlägen[1039]. Dennoch wird teilweise gerade diese unterschiedliche Schutzrichtung hervorgehoben: Gerade weil die Journalisten eine öffentliche Aufgabe erfüllten, sei ihr Schutzbedürfnis höher einzustufen als von Berufsgeheimnisträgern, die sich lediglich um Privatangelegenheiten kümmerten[1040].

Bei einer systematischen Betrachtungsweise fällt zunächst einmal auf, dass die Zivilprozessordnung in § 383 I Nr. 4 – 6 ZPO ebenfalls eine Gleichstellung des Journalisten mit anderen Berufsgeheimnisträgern enthält, wobei aber auch hier der Gewährleistungsumfang bei den einzelnen Gruppen sehr unterschiedlich ist[1041].

Insgesamt erscheint es am besten, den Journalisten mit dem Abgeordneten in einer Kategorie zusammenzufassen[1042]. Dass diese Idee nicht fernliegend ist, belegt der Einteilungsversuch der „Theorie des öffentlichen Interesses", deren zusätzliche Gleichstellung mit dem Verteidiger jedoch nicht zu überzeugen vermag. Offen bleibt aber zunächst noch, ob diese Vergleichbarkeit zwingend eine Gleichbehandlung hinsichtlich des Umfangs des Zeugnisverweigerungsrechts erfordert. Auch hier muss man sich wiederum davor hüten, aus der Einteilung beider in die gleiche Gruppe ein gleiches Schutzbedürfnis zu postulieren. Aus Art. 3 I GG lässt sich eine vollkommene Gleichstellung – genauso wenig wie in Hinblick auf die anderen Berufsgeheimnisträger – nicht ableiten[1043]. Die Aufgabe des Parlamentariers ist trotz möglicher Gemeinsamkeiten noch verantwortungsvoller und in ihrer Kontrollfunktion direkter als die eines Journalisten, da er das Regierungshandeln durch seine Entscheidungen

---

1038 *LG Düsseldorf*, MDR 1953, 632.

1039 *Rehbinder*, FS-Oehler, S. 419. S. *Kunert*, MDR 1975, 889; kritisch zu diesem Argument: *Gerhardt*, MDR 1976, 462.

1040 In diese Richtung, aber wenig überzeugend: *Appel*, Schutz, S. 29 f.

1041 *Möhl*, Zeugnisverweigerungsrecht, S. 49.

1042 *Kunert*, MDR 1975, 889; *Pauli*, Schutz, S. 90; *Peters*, Zeugnisverweigerungsrecht, S. 58; s. aber *P. Cramer*, Zeugnisverweigerungsrecht, S. 29 f.

1043 S. auch *R. Groß*, NJW 1968, 2369.

unmittelbar beeinflussen kann[1044]. Jeder Parlamentarier verfügt über eine immense Verantwortung für das Gemeinwohl, während dies nicht auf jeden Journalisten zutrifft. Schließlich darf nicht vernachlässigt werden, dass der Abgeordnete im Gegensatz zum Journalisten einen öffentlich-rechtlichen Status genießt[1045]. Weiterhin wird darauf hingewiesen, dass vom Abgeordneten in einer Konfliktsituation, in der er über die Ausübung des Zeugnisverweigerungsrechts entscheiden muss, wegen des stärkeren Drucks der Öffentlichkeit eine angemessenere Abwägung als von einem Journalisten zu erwarten sei[1046]. Gerade letzteres Argument wird aber andererseits als unzulässige Unterstellung gewertet[1047].
Da Art. 5 I S. 2 GG jedoch verbietet, die journalistische Arbeit in ihrer Bedeutung für das Gemeinwesen staatlicherseits zu bewerten und daher einige Gruppen zu bevorzugen, andere zu benachteiligen, kann nur eine einheitliche Regelung für alle Journalisten geschaffen werden. Es besteht aber kein Anlass, das Schutzniveau auf die vermeintlich wichtigsten Journalisten zuzuschneiden, die durch ihre Art des investigativen Journalismus Affären aufdecken und denen man von der Intensität der Folgen faktisch einen gleichgroßen Einfluss wie manchem Abgeordneten zusprechen kann. Damit würde der Lokaljournalist oder bloße Anzeigenjournalist überprivilegiert. Selbst wenn eine schwächere Regelung des Zeugnisverweigerungsrechts im Einzelfall sogar das Grundrecht eines derart exponierten Journalisten in seinem Wesensgehalt berühren könnte, so zwingt diese gedankliche Möglichkeit nicht zu einem Rundumschutz. In Anlehnung an die Theorie vom relativen Wesensgehalt der Grundrechte würde selbst das völlige Zurückstehen einer Grundrechtsposition eines einzigen Journalisten als unbeachtlich erscheinen – so sehr man dies vielleicht aus einem radikalen Grundrechtsverständnis heraus bedauern mag. Wenn dies gilt, dann ist aber ein relativ schwacher Eingriff im Bereich des selbstrecherchierten Materials auf jeden Fall zulässig. Es bleibt ein großer Teil des Redaktionsgeheimnisses sakrosankt, weshalb bereits abstrakt davon auszugehen ist, dass es zu einer Wesensgehaltsverletzung der Pressefreiheit gem. Art. 19 II GG nicht kommen wird. Wenn aber der Schutz der Pressefreiheit ein derartig umfassendes Privileg nicht zwingend gebietet, erscheint es unangemessen, die aus

[1044] Vgl. auch *Peters*, Zeugnisverweigerungsrecht, S. 58.
[1045] *Schnur*, VVDStRL 22 (1965), 148, der neben dem Abgeordneten auch den Geistlichen nennt.
[1046] *Kunert*, MDR 1975, 889.
[1047] Vgl. die harsche Replik von *Gerhardt*, MDR 1976, 462.

dem Rechtsstaatsprinzip fließenden Interessen so weit zurücktreten zu lassen. Eine derartige Regelung dürfte mit der Verfassung nicht mehr vereinbar sein[1048].

Dennoch erscheint der Ausnahmekatalog von § 53 II S. 2 StPO zu weit gefasst. Angemessener ist ein Rückgriff auf den Katalog von § 138 StGB[1049]. Diese Regelung hätte den Vorteil, dass Übereinstimmung in den Inhalten besteht, die der Journalist sowohl aus präventiven und aus repressiven Gesichtspunkten preisgeben muss. Es erscheint zumindest bedenklich, wenn ein Journalist bei seinen Recherchen auf eine geplante Tat stößt, die er den Behörden nicht melden muss, sie ungestraft abwarten und darüber berichten kann, aber anschließend zur Aufklärung eben dieser Tat in die Pflicht genommen werden soll. Insoweit sollte das Zeugnisverweigerungsrecht des Journalisten noch einmal novelliert werden[1050].

Es darf nicht verschwiegen werden, dass durch die Trennung in selbst recherchiertes Material und Mitteilungen von Informanten in der Praxis erheblich Probleme entstehen werden[1051]. Dies gilt insbesondere für die Berücksichtigung des journalistischen Zeugnisverweigerungsrechts bei Ermittlungsmaßnahmen. Sollte es beispielsweise auf die Fernmeldeüberwachung von §§ 100 g, 100 h StPO oder die Telefonüberwachung nach § 100 a StPO erstreckt werden, dann wird es sehr schwierig sein, zwischen einer zulässigen und unzulässigen Durchführung zu unterscheiden. Selbst im Prozess wird es unter Umständen nicht klar, ob der Journalist einen Informanten angerufen hat, dessen Identität als Informant gerade geheim sein kann oder eine eigene Recherche durchgeführt hat. Es steht aber zu hoffen, dass in der Praxis wie bisher bei Vorliegen

---

[1048] S. auch BT-Drucks. 14/1602 (Entwurf eines Gesetzes zur Sicherung der Pressefreiheit der FDP-Fraktion vom 15. September 1999), S. 2.

[1049] S. schon *Peters*, Zeugnisverweigerungsrecht, S. 57. Hierbei denkt *Peters* an eine Einschränkung des Zeugnisverweigerungsrechts generell. Mögliche weitere Kataloge entnimmt er §§ 74 II, 120 GVG. S. dazu *Pauli*, Schutz, S. 122 ff. und insbesondere S. 136. Vgl. auch die Ausführungen in BVerfGE 20, (162), 220 (Spiegel).

[1050] S. aber *OLG Schleswig*, OLGSt. § 97 Nr. 1, 3, das im Sinne einer effektiven Strafverfolgung bereits den generellen Ausschluss von Vergehen im Bereich des selbst recherchierten Materials für verfassungswidrig hält.

[1051] S. bereits *Jarass*, JZ 1983, 282.

einer derartigen Gemengelage der Konflikt grundrechtsfreundlich zugunsten der Medienvertreter gelöst wird[1052].
Auch durch die Analyse der Begründung zu dem bereits angesprochenen Gesetzentwurf ergibt sich nichts anderes. Die Polemik, dass das Ergebnis journalistischer Tätigkeit als „kostenlose Zuarbeit für staatliche Ermittlungsbehörden missbraucht wird“[1053], geht fehl.
Hier werden Ursache und Wirkung miteinander verwechselt. Nicht das Zeugnisverweigerungsrecht ist das Ursprüngliche, so dass der Staat jede Vernehmung rechtfertigen müsste. Vielmehr besteht eine grundsätzliche, mit dem Grundgesetz vereinbare Zeugenpflicht. Ausnahmen hiervon müssen begründet werden. Dies hat das *Bundesverfassungsgericht* wiederholt betont. Die Ausweitung von Aussageverweigerungsbefugnissen bedürfe stets einer besonderen Legitimation[1054]. Insofern partizipiert der Staat nicht etwa rechtswidrig an Geheimnissen von Journalisten, sondern nimmt sie nur im Rahmen ihrer Staatsbürgerpflicht in Anspruch. Der Schutz von selbst recherchiertem Material ist verfassungsrechtlich – außer in wenigen Ausnahmefällen – nicht zwingend geboten. Auch wenn der Rundumschutz noch so erstrebenswert wäre, so kann und darf nicht das Rechtsstaatsprinzip in einem seiner Kernbereiche vollkommen ausgehöhlt werden. In der Zivilprozessordnung, wo grundsätzlich nur private Parteiinteressen eine Rolle spielen, bezieht sich das Zeugnisverweigerungsrecht des Journalisten gem. § 383 I Nr. 5 ZPO gerade nicht auf selbst recherchiertes Material. Hier hätte man erst recht einen stärkeren Schutz des Journalisten erwarten dürfen.
Zustimmung verdient dagegen die These, dass das Zeugnisverweigerungsrecht nicht primär ein Vertrauensverhältnis schütze, sondern die Institution der Presse selbst[1055]. Daher ist ein – sehr weitgehender Schutz von selbst recherchiertem Material – gut vertretbar.

[1052] Vgl. auch *Edinger*, DRiZ 2000, 203. S. auch Gesetzentwurf der Bundesregierung vom 25. Januar 2001 (BT-Drucks. 14/5166, S. 9).

[1053] Entwurf eines Gesetzes über das Zeugnisverweigerungsrecht der Mitarbeiter/innen von Presse, Rundfunk und Film der Fraktion DIE GRÜNEN, BT-Druck. 11/2000, S. 3.

[1054] Vgl. auch Gesetzentwurf der Bundesregierung vom 31. Mai 1974 (BR-Druck. 394/74), S. 8.

[1055] Entwurf eines Gesetzes über das Zeugnisverweigerungsrecht der Mitarbeiter/innen von Presse, Rundfunk und Film der Fraktion DIE GRÜNEN, BT-Druck. 11/2000, S. 3; *Löffler*, Handbuch des Presserechts, S. 207.

Im Gesetzgebungsverfahren wurde außerdem der Vorschlag eingebracht, § 53 StPO einen dritten Absatz mit folgendem Inhalt anzufügen[1056]: „Soweit die in Absatz 1 Satz 1 Nr. 5 Genannten von ihrem Recht zur Verweigerung des Zeugnisses Gebrauch machen, darf Beweis über Aussagen, die diese Personen in anderen Verfahren gemacht haben, nicht erhoben werden. Dies gilt nicht, soweit für die Aussage in dem anderen Verfahren ein Zeugnisverweigerungsrecht bestand."[1057] Dieser Passus hätte das Problem gelöst, ob und inwieweit Zeugenaussagen aus anderen Verfahren eingeführt werden dürfen[1058]. Dabei handelte es sich der Konzeption nach um ein Beweiserhebungsverbot, das aber aus logischen Gründen bei Verstoß ein Verwertungsverbot beinhaltete[1059]. Er sollte vor allem die Umgehung des Zeugnisverweigerungsrechts verhindern[1060]. Wieso dieser Absatz zu einer „unübersehbaren Verunsicherung für die Praxis" hätte führen sollen[1061], bleibt unsubstantiiert. Ebenso unerfindlich ist, warum es unerträglich sein sollte, wenn Erkenntnisse aus anderen Verfahren nicht in den Strafprozess eingeführt werden könnten[1062]. Auch der Einwand, dass ansonsten die Einheit der Rechtsordnung gefährdet sei, leuchtet nicht ein[1063]. Im Gegenteil wäre Rechtssicherheit geschaffen worden. Der Zeuge wäre sich bei jeder Aussage im Klaren darüber, welche Konsequenzen die Preisgabe von Informationen haben könnte.

Folgende Gegenmodelle zu diesem Regelungsvorschlag sind denkbar: Einmal können Zeugenaussagen aus anderen Verfahren beliebig verwertet werden. Dies trägt aber der durchaus unterschiedlichen Konflikt- und Interessenslage des Zeugen je nach Prozessgegenstand nicht ausreichend

---

1056 Ablehnend *Kunert*, NStZ 2002, 173.

1057 Gesetzentwurf der Bundesregierung vom 25. Januar 2001 (BT-Drucks. 14/5166, S. 5). Vgl. auch den inhaltlich übereinstimmenden Vorschlag in BT-Drucks. 14/1602 (Entwurf eines Gesetzes zur Sicherung der Pressefreiheit der FDP-Fraktion vom 15. September 1999), S. 3.

1058 Die Dringlichkeit eines derartigen Beweiserhebungsverbotes betont *Pick* (BR-Plenarprotokoll 767 vom 27. September 2001, S. 463).

1059 BT-Drucks. 14/1602 (Entwurf eines Gesetzes zur Sicherung der Pressefreiheit der FDP-Fraktion vom 15. September 1999), S. 6 f.; Gesetzentwurf der Bundesregierung vom 25. Januar 2001 (BT-Drucks. 14/5166, S. 9).

1060 BT-Drucks. 14/1602 (Entwurf eines Gesetzes zur Sicherung der Pressefreiheit der FDP-Fraktion vom 15. September 1999), S. 6.

1061 So aber *Kunert*, NStZ 2002, 173.

1062 Stellungnahme des Bundesrates vom 29. September 2000 (BT-Drucks. 14/5166, S. 11 f.).

1063 *Mertin* (BR-Plenarprotokoll 767 vom 27. September 2001, S. 462).

Rechnung. Andererseits könnte eine Norm etabliert werden, die einen „Informationstransfer“ aus einem anderen Verfahren beim Vorliegen eines Zeugnisverweigerungsrechts grundsätzlich verbietet und dem Zeugen die Entscheidung jeweils neu überlässt. Auf jeden Fall sollte hier eine Regelung gefunden werden. Für das Modell des angeführten Gesetzentwurfs spricht, dass auf diese Weise der Zeuge zu einer klaren und widerspruchsfreien Entscheidung befähigt wird, deren Folgen er überschauen kann.

n) Möglichkeit einer teleologischen Reduktion – Terroristisches Bekennerschreiben

Auch wenn der Gewährleistungsumfang nach dem hier vertretenen Vorschlag sehr weit ist, so darf nicht übersehen werden, dass in besonders krassen Fällen immer noch die Möglichkeit einer teleologischen Reduktion des Zeugnisverweigerungsrechts besteht. Das Rechtsstaatsprinzip nach Art. 20 III GG gebietet unter Umständen eine derartige Auslegung[1064].

Dies soll an folgendem Beispiel exemplifiziert werden: Eine Redaktion erhält ein terroristisches Bekennerschreiben, das sie schließlich veröffentlicht. Die Analyse des Bekennerschreibens kann zahlreiche interessante Spurenansätze zu Tage fördern[1065]. Dabei können etwa daktyloskopische Erkenntnisse oder Anhaltspunkte über die verwendete Textverarbeitungsmaschine gewonnen werden. Vom Wortlaut des § 53 I S. 1 Nr. 5 StPO her ist das Bekennerschreiben als Mitteilung zu qualifizieren. Fraglich ist, ob überhaupt eine schutzwürdige Informationsbeziehung vorliegt. Dies wird häufig abgelehnt[1066]. Das *Bundesverfassungsgericht* ließ dies in einem Beschluss offen[1067]. Da jedoch gerade dieses Vertrauensverhältnis zwischen Journalisten und Informanten im Rahmen der Institutsgarantie eine wichtige Rolle spielt, wäre dann diese Fallgestaltung nicht mehr von der *ratio legis* gedeckt und könnte methodologisch im Wege einer teleologischen Reduktion aus dem Schutzbereich ausgesondert werden.

Hierfür sprechen gute Gründe[1068]: Zum einen missbraucht der Terrorist die Presse, um sein fast immer verfassungsfeindliches Gedankengut zu

---

[1064] *Rebmann*, FS-Pfeiffer, S. 234 f.

[1065] S. *Rebmann*, FS-Pfeiffer, S. 229 f.

[1066] BoK-*Degenhart*, Art. 5, Rn. 445 m.w.N.

[1067] *BVerfG*, NStZ 2001, 44; vgl. bereits *BVerfG*, EuGRZ 1982, 203.

[1068] Vgl. *Rebmann*, FS-Pfeiffer, S. 233 ff. m.w.N.

transportieren. Sieht man die Aufgabe der Presse aber darin, durch ihr Wirken direkt oder indirekt der Bewahrung der freiheitlich-demokratischen Grundordnung zu dienen, so kann eine derartige Betätigung nicht schutzwürdig sein. Ebenso wenig ist daher die Journalisten-Informanten-Beziehung als schutzwürdig zu qualifizieren, da dieser Schutz nur als Ableitung gewährt werden kann. Auch das Argument, dass eventuell Informationsquellen versiegen könnten, schlägt hier nicht durch[1069]: Der Terrorist sucht gerade die Öffentlichkeit. Sein „Bekennertum" ist essentieller Bestandteil der Tat.
Im Rahmen von § 97 StPO ist Folgendes zu beachten. Das Bekennerschreiben kann sowohl als *productum sceleris* als auch *instrumentum sceleris* eingeordnet werden[1070]. Als typische Begleiterscheinung eines Terroraktes sei das Bekennerschreiben unmittelbarer Ausfluss einer mitgliedschaftlichen Betätigung i.S.v. § 129 a I StGB. Damit sei es durch die Tat hervorgebracht. Außerdem versuchten die Terroristen durch das Bekennerschreiben, ihre Propaganda zu streuen, so dass es als Mittel zur Tatbegehung aufgefasst werden könne.

IV. Weitere verfassungsunmittelbare Zeugnisverweigerungsrechte

Häufig trat die Frage auf, ob Zeugnisverweigerungsrechte für Berufsgruppen, die nicht in § 53 I StPO aufgeführt sind, direkt aus der Verfassung abgeleitet werden können. Das *Bundesverfassungsgericht* hat hierzu eindeutig Stellung bezogen und lehnt eine analoge Anwendung von § 53 I StPO auf andere Berufsgeheimnisträger ab[1071]. Allenfalls in extremen Ausnahmesituationen kann aus Art. 2 I GG i.V.m. Art. 1 I GG ein Zeugnisverweigerungsrecht folgen.

1. Bankgeheimnis und Zeugnisverweigerungsrecht für Bankangestellte

Unter Berufung auf das Bankgeheimnis wurde vertreten, dass Bankangestellten ein Zeugnisverweigerungsrecht zustehen müsse. Dies wird besonders in Steuerstrafverfahren relevant. In der Verfassung wird das Bankgeheimnis nicht ausdrücklich erwähnt. Dies spricht *per se* aber noch nicht gegen seine Bedeutung, weil nicht einmal das Schweigerecht des Strafverteidigers in das Grundgesetz aufgenommen worden ist[1072].

[1069] Vgl. auch *BVerfG*, NStZ 2001, 44 f.
[1070] *Rebmann*, FS-Pfeiffer, S. 236 m.w.N.
[1071] *BVerfG*, NJW 1996, 1587.
[1072] So *LG Frankfurt*, NJW 1954, 690.

Allerdings fällt auf Seiten des Kunden das Bankgeheimnis in den Schutzbereich des Allgemeinen Persönlichkeitsrechts; das Kreditinstitut kann sich dagegen auf Art. 12 I GG berufen[1073]. Einfachgesetzlich hat das Bankgeheimnis nur eine unzureichende Regelung erfahren. Teilweise wird von einer gewohnheitsrechtlichen Geltung ausgegangen.

§ 93 AO statuiert eine allgemeine Auskunftspflicht gegenüber den Finanzämtern; das Bankgeheimnis gibt kein Recht, Informationen zu verweigern. Während gewisse Angehörige gem. § 101 AO und bestimmte Berufsgeheimnisträger wie Geistliche, Abgeordnete, Verteidiger oder Steuerberater gem. § 102 AO über ein Auskunftsverweigerungsrecht verfügen, gilt dies nicht für Bankangestellte. In der Praxis der Finanzämter wird allerdings auf das Bankgeheimnis Rücksicht genommen[1074].

Die Gerichte erkennen ein Zeugnisverweigerungsrecht nicht an[1075]. Zum einen sanktioniert § 203 StGB nicht die Verletzung der Geheimhaltungspflicht durch Bankmitarbeiter, die in Nr. 2 AGB-Banken i. d. F. vom 1. Januar 1993 niedergelegt ist. Zum anderen führen die gesetzlich normierten Verschwiegenheitspflichten für bestimmte Beschäftigte im öffentlich-rechtlichen Banken- und Finanzwesen etwa nach § 9 KWG nicht zu einer anderen Bewertung[1076]: Diese Verschwiegenheitspflicht gilt beispielsweise gem. § 9 I S. 3 Nr. 1 KWG nicht gegenüber Strafverfolgungsbehörden oder für Straf- und Bußgeldsachen zuständige Gerichte. Entsprechendes für das Finanzverfahren ordnet § 105 I AO an.

Aus dem fragmentarisch positivierten Bankgeheimnis kann also nicht zwingend auf die Notwendigkeit eines Zeugnisverweigerungsrechts geschlossen werden, obwohl die Einführung eines solchen Privilegs nicht ausgeschlossen wäre. Dies zeigt der Rechtsvergleich: In einigen Kantonen der Schweiz wird das Bankgeheimnis durch ein Zeugnisverweigerungsrecht abgesichert[1077]. Auch in der deutschen Rechtsordnung gibt es einen gewissen Schutz: Bankangestellte zählen zum begünstigten Personenkreis nach § 383 Nr. 5 ZPO[1078].

1073 *Ehlers*, BB 1978, 1515.

1074 Vgl. bereits *LG Frankfurt*, NJW 1954, 690.

1075 *LG Frankfurt*, NJW 1954, 689.

1076 Vgl. dazu auch *LG Frankfurt*, NJW 1954, 690.

1077 Vgl. *Sichtermann*, NJW 1954, 688; dagegen begründet das Berufsgeheimnis des Bankiers gem. Art. 47 des Schweizer Bankengesetzes an sich kein Zeugnisverweigerungsrecht (vgl. *Hauser/Schweri*, Schweizerisches Strafprozessrecht, Achter Teil, Rn. 28 m.w.N.).

1078 Vgl. *Sichtermann*, NJW 1954, 688.

Allerdings sind momentan eher Tendenzen zu beobachten, die auf eine weitgehende Abschaffung des Bankgeheimnisses zielen. Kürzlich wurde ein Gesetzentwurf vorgelegt, der die Abgabe von Kontrollmitteilungen der Banken an die Finanzbehörden beinhaltet[1079]. Dies kommt einer faktischen Entwertung des Bankgeheimnisses gleich.
Dennoch stellt sich die Frage, ob nicht *de lege ferenda* die Einführung eines Zeugnisverweigerungsrechts erforderlich ist. Dass vermögensbezogene Interessen schutzbedürftig sind, erkennt der Gesetzgeber hinsichtlich der Privilegierung von Steuerberatern, Wirtschaftprüfern und ähnlichen Berufen in § 53 I S. 1 Nr. 3 StPO an. Auch wenn dieses Zeugnisverweigerungsrecht in der jetzigen Fassung zu weit geraten ist, so hat es mit Einschränkungen nach dem hier vorgestellten Ansatz Bestand. Sicherlich kann nicht unter Hinweis auf Art. 3 I GG die Gleichbehandlung von Bankmitarbeitern gefordert werden.
Die Einführung eines Zeugnisverweigerungsrechts ist aber unter folgenden Aspekten überlegenswert: Gerade in Zeiten, in denen die Wirtschaft nicht prosperiert, sind Unternehmen und Privatleute auf leicht zugängliche Finanzierungsmöglichkeiten über Kredite angewiesen. Ein funktionsfähiges Finanzsystem setzt einen robusten Kapitalmarkt voraus, der wiederum auf Vertrauen fußt. Vertrauen ist dadurch zu gewährleisten, dass die Vermögensverhältnisse des Einzelnen insbesondere vor staatlicher Rundumüberwachung geschützt sind. Hieran haben nicht nur Bürger ein Interesse, die sich etwa Steuerverkürzungen schuldig gemacht haben. Dies nimmt aber wohl eine weit verbreitete Meinung an[1080].
Im Gegenteil werden durch Kontrollmitteilungen steuerehrliche Bürger verunsichert, da sie zu Recht vermuten, dass der Staat sich einen Überblick über ihr Vermögen verschafft, um neue Quellen zur Abschöpfung zu suchen. In einer Marktwirtschaft ist aber die Allokation von Finanzmitteln und Produktionsgütern nicht Aufgabe des Staates, sondern der Bürger. Greift eine allgemeine Verunsicherung Platz, so führt dies zu großen volkswirtschaftlichen Schäden. Aus diesem Aspekt heraus wird vertreten, dass angesichts dieser Risiken die Interessen der Strafverfol-

[1079] Gesetzentwurf der SPD und Bündnis 90/DIE GRÜNEN zum Abbau von Steuervergünstigungen und Ausnahmeregelungen (Steuervergünstigungsabbaugesetz – StVergAbG) vom 2. Dezember 2002 (BT-Drucks. 15/199, S. 5 und *passim*). Zur Aushöhlung des Bankgeheimnisses in jüngster Zeit und zur erweiterten Zugriffsmöglichkeit verschiedener Behörden auf die Kontendaten: *Frankfurter Allgemeine Zeitung* vom 3. November 2004, S. 21.
[1080] Ebenfalls kritisch *Ehlers*, BB 1978, 1515.

gung – selbst im Rahmen des Steuerstrafrechts – eindeutig zurückzustehen hätten[1081]. Auch politisch wird die Abwägung verstärkt in diesem Sinne entschieden. Der Plan, aus volkswirtschaftlichen Gründen „Fluchtgelder“ aus dem Ausland, für deren Erträge keine Einkommenssteuer abgeführt wurde, zu repatriieren und bei Selbstanzeige der Betroffenen auf eine Strafverfolgung zu verzichten, belegt dies.
Trotz dieser Argumente ist ein umfassendes Zeugnisverweigerungsrecht nicht angemessen. Selbst in der Schweiz bietet das Bankgeheimnis in einer Vielzahl von Fällen keinen Schutz vor Strafverfolgung. Auf Bundesebene findet sich kein Zeugnisverweigerungsrecht hinsichtlich des Bankgeheimnisses[1082]. Das Bankgeheimnis steht einer Strafverfolgung etwa dann entgegen, wenn es sich um eine Steuerhinterziehung handelt, die von den Verwaltungsbehörden der Kantone verfolgt wird. Dies betrifft die direkten Steuern. Aber bei schwerwiegenden Zuwiderhandlungen kann selbst dann über eine Ermächtigung durch den Vorsteher des Eidgenössischen Finanzdepartements die Eidgenössische Steuerverwaltung eine Untersuchung veranlassen. Dann gilt kein Zeugnisverweigerungsrecht, da Verwaltungsstrafrecht Anwendung findet. Art. 41 des Verwaltungsstrafgesetzes verweist nämlich auf Art. 77 des Bundesgesetzes über die Bundesstrafrechtspflege, der kein Zeugnisverweigerungsrecht in Bezug auf das Bankgeheimnis kennt[1083].
Vorgeschlagen wird daher für die Novellierung der Strafprozessordnung auch nur, das Zeugnisverweigerungsrecht auf Vergehen zu erstrecken[1084]. Gerade im Bereich der organisierten Kriminalität muss der Staat aber weiterhin die Möglichkeit besitzen, Anschlussdelikten wie der Geldwäsche wirksam entgegenzutreten. Da ein Verstoß gegen § 261 StGB gem. § 12 II StGB lediglich ein Vergehen darstellt, wäre hier eine Strafverfolgung blockiert. Gleiches gälte für den Fall der Steuerverkürzung gem. § 370 AO. Während die Ermittlungen im Fall der Geldwäsche fast nur dann Erfolg versprechen, wenn die Konten der Beschuldigten zugänglich sind, so kann der Verdacht auf eine Steuerverkürzung über andere Beweismittel erhärtet werden – wie beispielsweise Handels-

---

1081 Vgl. *Ehlers*, BB 1978, 1516; *Sichtermann*, NJW 1954, 688 f.

1082 Art. 77 des Bundesgesetzes über die Bundesstrafrechtspflege lautet: „Geistliche, Rechtsanwälte, Notare, Ärzte, Apotheker, Hebammen und ihre beruflichen Gehilfen dürfen über Geheimnisse, die ihnen in ihrem Amte oder Berufe anvertraut worden sind, nicht zum Zeugnis angehalten werden.“

1083 Vgl. dazu *Neue Zürcher Zeitung* vom 10. Mai 2002, S. 13.

1084 *Sichtermann*, NJW 1954, 689.

bücher oder Zeugenaussagen von Geschäftspartnern. Um dennoch an dem beschriebenen Konzept festhalten zu können, wäre eine Aufwertung der besonders schweren Fälle gem. §§ 261 IV StGB, 370 III AO zu Qualifikationstatbeständen erforderlich, die der Definition eines Verbrechens nach § 12 I StGB genügen.
Andererseits könnte man eine Abwägungsklausel einfügen, die das Zeugnisverweigerungsrecht bei deutlichem Überwiegen der Strafverfolgungsinteressen zurücktreten lassen würde. Wegen der Unschärfe derartiger Generalklauseln erscheint dies als die schlechteste Alternative. Nach dem Vorbild von § 53 II S. 2 StPO könnte vielmehr grundsätzlich bei Vergehen ein Zeugnisverweigerungsrecht anerkannt werden, das in enumerativ benannten Ausnahmefällen aber nicht gilt. Hier ist an die Regelbeispiele von § 261 IV StGB und § 370 III AO zu denken.
Die herausgegriffenen Normen lassen aber auch das Problem erkennbar werden. *Ex ante* ist gerade nicht immer ersichtlich, ob ein Regelbeispiel eingreift oder nicht. Dies führt in der Praxis zu einer Verunsicherung über den Umfang des Zeugnisverweigerungsrechts. Darüber hinaus müsste der Begriff des Bankgeheimnisses klar definiert sein. Ansonsten ist der sachliche Anwendungsbereich des Zeugnisverweigerungsrechts zu unbestimmt. Am schwersten wiegt aber die Gefahr des Rechtsmissbrauchs. Es wäre nämlich möglich, dass unter dem Deckmantel der Vermögensberatung Straftaten begangen werden. Auf diese Weise wäre die Effizienz der Strafverfolgung stark beeinträchtigt. Aus all diesen Gründen empfiehlt sich die Einführung eines Zeugnisverweigerungsrechts, das das Bankgeheimnis absichert, aus heutiger Sicht nicht.

2. Zeugnisverweigerungsrecht der Haftpflichtversicherer

Vereinzelt ist in der Literatur ein Zeugnisverweigerungsrecht für Angestellte von Kraftfahrzeughaftpflichtversicherern direkt aus der Verfassung abgeleitet worden. Begründet wurde dies mit der Selbstbezichtigungsfreiheit des Beschuldigten[1085]. Der Versicherungsnehmer kann nämlich in die Situation geraten, dass er inkriminierende Tatsachen gegenüber seiner Versicherung mitteilen muss, um sich gem. §§ 34 I, 6 III VVG den vollen Versicherungsschutz zu erhalten. Durch eine Beschlagnahme der Akten oder eine erzwungene Zeugenaussage des betreffenden Sachbearbeiters liegt nach dieser Auffassung eine unzulässige Umgehung des Schweigerechts des Beschuldigten vor[1086]. Dies kann als Folge

[1085] *Meeger*, VersR 1974, 947 f.
[1086] Vgl. *Bruns*, FS-Maurach, S. 484.

nach sich ziehen, dass der Unfallverursacher aus Angst vor Bestrafung den Schaden gar nicht meldet und damit die Schadensregulierung für das Opfer erheblich erschwert[1087]. Schließlich hat der Angestellte der Haftpflichtversicherung gem. § 383 I Nr. 5 ZPO im Zivilprozess ein Zeugnisverweigerungsrecht[1088].

Außerdem wird auf die so genannte „Gemeinschuldner"-Entscheidung[1089] des *Bundesverfassungsgerichts* verwiesen. Die Konstellation ist auf den ersten Blick frappierend ähnlich: Der Gemeinschuldner war aufgrund konkursrechtlicher Vorschriften (insbesondere § 100 KO a. F.) verpflichtet, dem Verwalter, dem Gläubigerausschuss und auf gerichtliche Anordnung der Gläubigerversammlung über alle das Verfahren betreffende Verhältnisse Auskunft zu erteilen. Dadurch konnte der Gemeinschuldner eventuell in den Konflikt geraten, entweder sich selbst belasten zu müssen oder ein Aussagedelikt zu begehen.

Das *Bundesverfassungsgericht* stellte fest, dass der *nemo-tenetur*-Grundsatz nicht nur auf das Strafverfahren beschränkt sei, sondern ebenso im Zivilprozess Geltung beanspruche[1090]. Gegenüber den Gläubigern stehe der Gemeinschuldner in einem besonderen Pflichtenverhältnis. Deren berechtigtes Informationsinteresse genieße Vorrang vor dem Persönlichkeitsrecht des Gemeinschuldners. Dagegen wäre das Persönlichkeitsrecht unangemessen beeinträchtigt, wenn die Aussage im Strafverfahren gegen den Gemeinschuldner verwendet werden könnte. Das *Bundesverfassungsgericht* nimmt daher ein Verwertungsverbot an[1091]. In einem Sondervotum[1092] wird darüber hinaus ein Beweiserhebungsverbot gefordert, da bereits die Übermittlung der Informationen als Verletzung des Persönlichkeitsrechts anzusehen sei. Ansonsten sei nur mit einer verminderten Kooperationsbereitschaft des Gemeinschuldners zu rechnen.

Bei näherer Analyse fallen dennoch entscheidende Unterschiede zu der Lage des Versicherungsnehmers auf: Während die insolvenzrechtliche Mitwirkung gerichtlich erzwingbar ist, statuieren §§ 34 I, 6 III VVG eine bloße Obliegenheit[1093]. Deren Verletzung führt regelmäßig nicht zu

---

1087 Vgl. auch *Meeger*, VersR 1974, 945. S. aber die Ausführungen von *Rengier*, Zeugnisverweigerungsrechte, S. 190.

1088 Vgl. *D. Meyer*, MDR 1973, 813.

1089 *BVerfGE* 56, 37 ff.

1090 *BVerfGE* 56, (37), 44 u. 46.

1091 *BVerfGE* 56, (37), 50 f.

1092 *BVerfGE* 56, (37), 52 ff.

1093 Dies berücksichtigt *Meeger*, VersR 1974, 948 nicht ausreichend. S. *D. Meyer*, MDR 1973, 814.

einer Existenzbedrohung des Versicherungsnehmers[1094], da gem. § 7 II S. 1 der Allgemeinen Bedingungen für die Kraftfahrtversicherung (AKB) in der Fassung vom 1. Oktober 2001 die Leistungsfreiheit des Versicherers auf 2500 Euro beschränkt ist. Gem. § 7 II S. 2 AKB gilt bei vorsätzlich begangener Verletzung der Aufklärungs- oder Schadensminderungspflicht – etwa der Abgabe wahrheitswidriger Angaben gegenüber dem Versicherer – eine Obergrenze der Leistungsfreiheit von 5000 Euro. Hinzu kommt, dass die Verletzung besonders schwerwiegend sein muss. Wenn der Versicherungsnehmer in der Absicht gehandelt hat, sich oder einem Dritten einen rechtswidrigen Vermögensvorteil zu verschaffen, so haftet er lediglich in Höhe dieses Vorteils gem. § 7 III S. 1 AKB unbeschränkt. Daher ist die Konfliktlage des Versicherungsnehmers nicht mit einem Gemeinschuldner oder eines gem. § 807 ZPO zur Abgabe einer eidesstattlichen Versicherung verpflichteten Vollstreckungsschuldners vergleichbar[1095].
Ein weiterer wesentlicher Unterschied besteht in Folgendem: Nach der Gemeinschuldner-Entscheidung ist der Grundsatz der Selbstbezichtigungsfreiheit direkt anwendbar, während in den Fällen der Haftpflichtversicherer ein Zeugnisverweigerungsrecht des Sachbearbeiters aus dem *nemo-tenetur*-Recht des Beschuldigten abgeleitet werden muss. Eine derartige Drittwirkung wird aber abgelehnt, da die Selbstbezichtigungsfreiheit primär gegenüber den Strafverfolgungsbehörden gelten solle[1096]. Ob dieser Einwand durchschlägt, sei dahingestellt[1097]. Er verdeutlicht aber den strukturellen Unterschied im Sachverhalt.
Insgesamt trägt die Parallele daher nicht[1098]. In einer späteren Entscheidung hat das *Bundesverfassungsgericht* keinen Verfassungsverstoß darin erblicken können, dass § 53 I S. 1 Nr. 3 StPO die Haftpflichtversicherer nicht nennt[1099]. Zwar könne § 34 VVG i.V.m. § 7 I AKB eine Diskretionspflicht entnommen werden. Diese führe zu einem „gewissen Vertrauensverhältnis“[1100]. Ingesamt sei das Berufsbild des Haftpflichtversi-

---

1094 Eine mögliche Existenzgefährdung wird als Hauptargument für ein Zeugnisverweigerungsrecht angeführt: vgl. *Meeger*, VersR 1974, 945. S. auch *OLG Celle*, JR 1982, 476.

1095 S. *Geppert*, Jura 1995, 441 f.; vgl. aber auch *Rengier*, JR 1982, 478.

1096 *Geppert*, DAR 1981, 305 f. Ein Zeugnisverweigerungsrecht könne hier allenfalls auf den *fair-trial*-Grundsatz gestützt werden.

1097 Vgl. auch *Rengier*, Zeugnisverweigerungsrechte, S. 189.

1098 Ebenso: *Geppert*, Jura 1995, 439.

1099 *BVerfG*, ZfS 1982, 13 f.

1100 *BVerfG*, ZfS 1982, 13.; vgl. auch *D. Meyer*, MDR 1973, 813 f.

cherers aber nicht dem der anderen in § 53 I S. 1 Nr. 3 StPO Genannten vergleichbar. Ein Verstoß gegen den Gleichheitsgrundsatz aus Art. 3 I GG scheide damit aus. Die mitgeteilten Tatsachen berührten in der Regel nicht den Kernbereich der Privatsphäre des Versicherungsnehmers. Ebenfalls abgelehnt wird eine Verletzung von Art. 12 I GG, da durch das Fehlen eines Zeugnisverweigerungsrechts höchstens mittelbar die Berufsausübung tangiert sei[1101].
Die Feststellung, dass kein Verstoß gegen den Gleichheitsgrundsatz vorliegt, erscheint wie so häufig apodiktisch. Wenn man auf die gesellschaftliche Bedeutung der Haftpflichtversicherer abstellt, so lässt sich nicht eindeutig klären, ob diese nun genauso groß ist wie die Wichtigkeit der anderen Berufe nach § 53 I S. 1 Nr. 3 StPO. Wenig überzeugt aber die Aussage, dass das öffentliche Interesse hinsichtlich des Bestehens von Haftpflichtversicherungen geringer veranschlagt werden könne, weil es sich nur um Interessen Privater handele[1102]. Ohne ein funktionsfähiges Versicherungswesen in diesem Bereich kämen besonders im Bereich der Personenschäden hohe Sozialkosten auf den Staat zu, da die Unfallbeteiligten die Summen selbst kaum aufbringen könnten[1103].
Die Intensität der Vertrauensbeziehung ist regelmäßig geringer als bei den Berufsgeheimnisträgern nach § 53 I S. 1 Nr. 3 StPO, zumal es ganz überwiegend nicht zu einem persönlichen Kontakt mit dem Sachbearbeiter der Haftpflichtversicherung kommt[1104].
Die Erwähnung der Haftpflichtversicherer in § 203 I Nr. 6 StGB erzwingt jedenfalls noch kein Zeugnisverweigerungsrecht[1105].Gegen ein Zeugnisverweigerungsrecht *de lege ferenda* spricht vorrangig ein systematisches Argument[1106]: § 142 StGB erlegt dem Unfallbeteiligten neben einer passiven Feststellungs- eine aktive Vorstellungspflicht auf. Dieser muss angeben, dass die eigene Mitverursachung des Unfalls in Betracht kommt[1107]. Hiermit trifft der Gesetzgeber die verfassungsrechtlich zulässige Wertentscheidung, dass dem Schutzbedürfnis des Unfallgegners Vorrang vor einer üblicherweise straflosen Selbstbegünstigung eingeräumt wird[1108]. Diese Entscheidung strahlt auf das Verfahrensrecht aus:

1101 S. aber *Meeger*, VersR 1974, 949.
1102 So aber *D. Meyer*, MDR 1973, 814.
1103 S. *Geppert*, DAR 1981, 303 f.
1104 Zum Vertrauensverhältnis *Rengier*, Zeugnisverweigerungsrechte, S. 187 f.
1105 Zutreffend: *Geppert*, DAR 1981, 305.
1106 S. auch *Rengier*, JR 1982, 479.
1107 Vgl. *Lackner/Kühl*, § 142, Rn. 18.
1108 Vgl. *Wessels/Hettinger*, BT 1, Rn. 1003 m.w.N.

Die Zuerkennung eines Zeugnisverweigerungsrechts für den Haftpflichtversicherer würde dieser Wertung zuwiderlaufen.
Schließlich ist Folgendes zu beachten: Wenn sich der Versicherungsnehmer nicht selbst belasten will, so muss er einen Vermögensschaden von maximal 5000 Euro in Kauf nehmen. Zu Recht wird betont, dass dieser Nachteil nicht so schwer wiegt, dass der Versicherungsnehmer sich zwangsläufig selbst belasten müsste[1109]. Anders wäre der Fall zu beurteilen, wenn er unbegrenzt haftete.
Ingesamt scheint die Normierung eines Zeugnisverweigerungsrechts für Haftpflichtversicherer daher nicht erforderlich[1110].

3. Zeugnisverweigerungsrecht des Betriebsrates

Nach Ansicht des *Bundesverfassungsgerichts* ist es mit dem Grundgesetz vereinbar, dass den Betriebsräten kein Zeugnisverweigerungsrecht zusteht[1111]. Es fehle an der Vergleichbarkeit mit den Berufsgeheimnisträgern aus § 53 I StPO. Dies wird aus den Aufgaben aus § 80 I BetrVG abgeleitet. Er müsse in erster Linie darüber wachen, dass die zu Gunsten der Arbeitnehmer geltenden Regelungen eingehalten würden. Da er aber nicht als Rechtsvertreter des einzelnen Arbeitnehmers fungiere, habe dieser selbst bei der Aufklärung betriebsinterner Straftaten keinen gesteigerten Vertrauensschutz, der sich zu einem Zeugnisverweigerungsrecht verdichten könnte. Dies gelte selbst dann, wenn der Betriebsrat gesetzlich zur Verschwiegenheit verpflichtet sei.

4. Schiedsmann

Im Rahmen eines Privatklageverfahrens ist gem. § 380 StPO ein Sühneversuch vorgeschrieben. Der Schiedsmann kann später als Zeuge gehört werden. Zwar gehört der Sühneversuch formal nicht zum Privatklageverfahren der Strafprozessordnung, konstituiert aber eine wichtige Voraussetzung und steht daher in engem Zusammenhang mit diesem[1112]. Im Gegensatz zu den Berufsgeheimnisträgern von § 53 I StPO nimmt der Schiedsmann seine Aufgabe nicht im Interesse einer einzigen Partei wahr, sondern soll zwischen den Betroffenen vermitteln. Daher ist die

---

1109 *Geppert*, DAR 1981, 307.

1110 Ebenso *Rengier*, Zeugnisverweigerungsrechte, S. 190. S. aber auch *Rengier*, JR 1982, 479, wo er sich unter gewissen Umständen ein an § 54 StPO angelehntes Zeugnisverweigerungsrecht vorstellen könnte.

1111 S. *BVerfG*, NJW 1979, 1286.

1112 *BVerwG*, NJW 1964, 1089.

Verweigerung eines Zeugnisverweigerungsrechts gerechtfertigt[1113]. An diesem Ergebnis ändert sich dadurch nichts, dass der Schiedsmann gem. § 54 StPO einer Aussagegenehmigung bedarf.

5. Empirische Sozialforscher

Empirische Sozialforschung hat zum Gegenstand, durch unmittelbare Befragung und Beobachtung Auskünfte über das Verhalten und die Ansichten von Menschen zu gewinnen[1114]. Zu Recht wird der methodische Ansatz mit der Arbeit von Journalisten verglichen[1115]. Um valide Aussagen gewinnen zu können, muss regelmäßig ein Vertrauensverhältnis zu den Probanden aufgebaut werden[1116], sofern es sich nicht ausnahmsweise um verdeckte Untersuchungen handelt. Dies setzt voraus, dass der empirische Sozialforscher wirksamen Geheimnisschutz zusichern kann[1117].

Die Tätigkeit dient unmittelbar allgemeinen Interessen, während sich die Verbesserung individueller Umstände eher als indirekte Folge einstellen mag[1118]. *De lege lata* steht dem empirischen Sozialforscher bereits ein Zeugnisverweigerungsrecht zu, sofern die Voraussetzungen des § 53 I S. 1 Nr. 5 StPO und § 53 I S. 2 StPO vorliegen. Davon ist regelmäßig auszugehen. Die Frage lautet daher, ob der Schutz nach § 53 I S. 1 Nr. 5 StPO und § 53 I S. 2 StPO als ausreichend angesehen werden kann oder einer Verstärkung bedarf. Probleme entstehen insbesondere im Bereich des selbst recherchierten Materials.

Bei den bereits angesprochenen vor den Betroffenen geheim gehaltenen Studien, wie sie gerade im Bereich des kriminellen Milieus anzutreffen sein werden, entsteht auf diese Weise eine Gewährleistungslücke. Ein umfassendes Zeugnisverweigerungsrecht genießen bislang nur solche Forscher, die in öffentlichen Einrichtungen beschäftigt sind. Für sie gilt § 54 StPO[1119].

Es wird befürwortet, ein neu zu schaffendes Zeugnisverweigerungsrecht auf die Informationen zu erweitern, die dem Forscher im Rahmen seiner Untersuchung bekanntgeworden sind. Um Missbrauch zu verhindern,

---

1113 S. *BVerwG*, NJW 1964, 1089.

1114 S. *Rengier*, Zeugnisverweigerungsrechte, S. 205 m.w.N.

1115 *Rengier*, Zeugnisverweigerungsrechte, S. 201 m.w.N.

1116 S. Alternativ-Entwurf Zeugnisverweigerungsrechte, S. 48.

1117 Vgl. die Fallbeispiele bei *Rengier*, Zeugnisverweigerungsrechte, S. 199 f.

1118 Deutlich § 53 a-StPO-Entwurf des Alternativ-Entwurfes Zeugnisverweigerungsrechte, S. 47. S. auch *Rengier*, Zeugnisverweigerungsrechte, S. 202.

1119 S. *Rengier*, Zeugnisverweigerungsrechte, S. 204.

wird erwogen, durch eine besondere Forschungseinrichtung ein Anerkennungsverfahren durchführen zu lassen, die die Seriosität des Forschungsansatzes garantiert[1120]. Andere schlagen eine Begrenzung auf Hochschulen oder andere Einrichtungen, die unabhängige wissenschaftliche Forschung betreiben, vor[1121]. Eine Entbindungsmöglichkeit für den Betroffenen nach § 53 II StPO soll es – wie für die Medienschaffenden – nicht geben[1122].

Ob die Privilegierung der empirischen Sozialforscher gegenüber den Journalisten in dieser Weise notwendig ist, kann nur ein Vergleich zeigen. Bereits das Grundgesetz enthält eine wichtige Wertung: Während das Grundrecht aus Art. 5 I S. 2 GG gem. Art. 5 II GG durch die Vorschriften der allgemeinen Gesetze, den gesetzlichen Bestimmungen zum Schutz der Jugend und in dem Recht der persönlichen Ehre seine Grenze findet, kennt die Wissenschaftsfreiheit nach Art. 5 III GG nur verfassungsimmanente Schranken. Eine so genannte Schrankenleihe der Trias aus Art. 2 II GG oder ein Rückgriff auf 5 II GG scheidet bereits aus systematischen Gründen aus. Diese Wertung der Verfassung kennzeichnet die Wissenschaftsfreiheit mindestens als gleichwertiges Grundrecht[1123]. Zudem sei die Schutzbedürftigkeit des Probanden häufig höher einzustufen als diejenige eines Presseinformanten, da der Untersuchungsgegenstand oftmals stärker die Privatsphäre des Betroffenen berühre[1124]. Bei diesem Argument ist aber zu beachten, dass das Schutzbedürfnis des Probanden angesichts der vorrangigen allgemeinen Interessen an der Arbeit der empirischen Sozialforscher nur mittelbar eine Rolle spielt. Normativ ist es nur insoweit relevant, als durch eine Belastung des Vertrauensverhältnisses die Forschungstätigkeit nicht nur unerheblich gestört wird.

Aufgrund dieser Argumente erscheint die Ausdehnung auf die bekanntgewordenen Informationen als gerechtfertigt. Wegen des Schutzzwecks ist eine Entbindungsmöglichkeit durch den Betroffenen nach § 53 II StPO nicht angezeigt. Der Gesetzgeber sollte außerdem den Mut besitzen, nicht nur öffentlichen Forschungsstellen und unabhängigen Institu-

---

[1120] Vgl. *Rengier*, Zeugnisverweigerungsrechte, S. 206 f.

[1121] Alternativ-Entwurf Zeugnisverweigerungsrechte, S. 47 in § 53 a I Nr. 3 S. 1 StPO-Entwurf.

[1122] *Rengier*, Zeugnisverweigerungsrechte, S. 207; a.A. Alternativ-Entwurf Zeugnisverweigerungsrechte, S. 41 u. 47.

[1123] S. zu diesem Argument auch *Weigend*, Gutachten, C 105 f.; Alternativ-Entwurf Zeugnisverweigerungsrechte, S. 49.

[1124] *Rengier*, Zeugnisverweigerungsrechte, S. 202 f.

ten das Privileg einzuräumen. Eine solche Beschränkung wirft schwierige Abgrenzungsfragen auf und ist mit der Wertung von Art. 5 III GG nicht vereinbar. Eben so wenig passt eine derartige Eingrenzung in den systematischen Kontext des § 53 I S. 1 Nr. 5 StPO. Hier wird jegliche Form des Journalismus – unabhängig von Seriosität geschützt. Jedenfalls in Bezug auf Anvertrautes wäre ein Rückschritt in der Schutzintensität die Folge. Überhaupt leuchtet nicht ein, wieso private Forschungseinrichtungen oder Abteilungen von Großunternehmen nicht ebenso geschützt werden sollen. Art. 5 III GG gibt eine derartige Differenzierung nicht her. Eine mögliche Kommerzialisierung der Wissenschaft ist jedenfalls kein überzeugendes Gegenargument.

6. Tierärzte

Eine Fachtierärztin für Laboratoriumsdiagnostik machte in einem Ermittlungsverfahren gegen ihren Auftraggeber wegen Verstoßes gegen das Lebensmittelgesetz ein Zeugnisverweigerungsrecht geltend. Das *Bundesverfassungsgericht*[1125] lehnte es ab, Tierärzte unter den Ärztebegriff nach § 53 I S. 1 Nr. 3 StPO zu subsumieren. Dabei bediente es sich des grammatischen Argumentes, dass die Erwähnung von Zahnärzten zeige, dass nicht einmal alle Humanmediziner in den Genuss der Gewährleistung kämen. Weiterhin sei das Allgemeine Persönlichkeitsrecht des privaten Auftraggebers betroffen. Dieses Interesse sei umso schützenswerter, als gerade im Bereich der Lebensmittelkontrolle hohe Anforderungen zu stellen seien. Da mit dem Berufsbild des Tierarztes kein unmittelbarer Dienst am Menschen verbunden sei, unterscheide er sich wesentlich von den Berufsgeheimnisträgern nach § 53 I StPO. Ein Verstoß gegen Art. 3 I GG sei daher nicht ersichtlich. Ebenso wenig liege eine Verletzung von Art. 12 I GG vor, da weder die Berufswahl- noch die Berufsausübungsfreiheit durch die Zeugnispflicht berührt seien.
Eine Aufnahme des Tierarztes in den Katalog von § 53 I StPO erscheint daher überflüssig und sogar kontraproduktiv: Mancher Fleischhändler könnte sich durch das Zeugnisverweigerungsrecht in Sicherheit wiegen und versuchen, selbst verdorbene Lebensmittel abzusetzen, da er die Wahrscheinlichkeit einer Verurteilung als gering veranschlagen würde[1126].

[1125] *BVerfGE* 38, 312 ff. (Tierarzt).
[1126] Vgl. *Rengier*, Zeugnisverweigerungsrechte, S. 177.

V. Exkurs: Das Zeugnisverweigerungsrecht des Bundesbeauftragten für den Datenschutz

In der ersten Fassung des Bundesdatenschutzgesetzes vom 27. Januar 1977 war kein Zeugnisverweigerungsrecht für den Bundesbeauftragten für den Datenschutz enthalten. Schon bald wurde die Einführung eines derartigen Privilegs gefordert[1127]. Diesem rechtspolitischen Postulat entsprach schließlich die Novellierung im Jahre 1990[1128]. Seitdem formuliert § 23 IV BDSG wie folgt:

„Der Bundesbeauftragte ist berechtigt, über Personen, die ihm in seiner Eigenschaft als Bundesbeauftragter Tatsachen anvertraut haben, sowie über diese Tatsachen selbst das Zeugnis zu verweigern. Dies gilt auch für die Mitarbeiter des Bundesbeauftragten mit der Maßgabe, dass über die Ausübung dieses Rechts der Bundesbeauftragte entscheidet. Soweit das Zeugnisverweigerungsrecht des Bundesbeauftragten reicht, darf die Vorlegung oder Auslieferung von Akten oder anderen Schriftstücken von ihm nicht gefordert werden."

Zu beachten ist außerdem § 12 III BDSG, der dasselbe Recht den jeweiligen Landesbeauftragten für den Datenschutz einräumt. Diese wegweisende Gesetzesänderung, die der Bedeutung des informationellen Selbstbestimmungsrechts der Bürger gem. Art. 2 I GG i.V.m. Art. 1 I GG Rechnung trägt, wurde in der Literatur zur Änderung des BDSG kaum zur Kenntnis genommen. Vielfach wird sie nicht oder allenfalls kurz erwähnt[1129].

Zuvor wurde bereits ein Zeugnisverweigerungsrecht anerkannt[1130]. Vor Gericht konnte der Bundesbeauftragte demnach grundsätzlich nur aussagen, wenn er von dem Informanten dazu ermächtigt war. Diese Entbindung konstituierte allerdings keine Pflicht zur Aussage. Unter gewissen Umständen durfte er dennoch das Zeugnis verweigern. Diese letzteren Voraussetzungen wurden § 18 V S. 1 BDSG a. F. entnommen und waren jedoch restriktiv zu interpretieren.

Das Zeugnisverweigerungsrecht gem. § 23 IV BDSG soll die Position des Bürgers stärken: Dieser kann sich nunmehr an den Bundesbeauftragten für den Datenschutz wenden, ohne befürchten zu müssen, dass ande-

---

1127 *Bull*, Ziele, S. 49.

1128 Einen komprimierten, aber sehr informativen Überblick über die einzelnen Fassungen des Bundesdatenschutzgesetzes und über weitere Entwicklungen geben *Gola/Jaspers*, BDSG, S. 3 ff.

1129 S. etwa *Büllesbach*, NJW 1991, 2599.

1130 Vgl. dazu *Simitis/Dammann*[3], BDSG, § 18, Rn. 24.

re staatliche Stellen hierüber etwas erfahren[1131]. Andere sehen den vorrangigen Schutzzweck darin, dass die Position des Bundesbeauftragten für den Datenschutz gestärkt wird[1132]. Durch das Zeugnisverweigerungsrecht werde der Informationsfluss verbessert. Der Begriff der anvertrauten Tatsachen wird weit interpretiert[1133].

Anvertraut ist danach alles, was dem Bundesbeauftragten für den Datenschutz im Rahmen der Mitteilung bekannt wird. Inhaltlich erstreckt sich das Zeugnisverweigerungsrecht sowohl auf die Identität des betreffenden Bürgers als auch auf die Informationen selbst[1134]. Aus einem Umkehrschluss zu §§ 53 II StPO und 383 II ZPO wird gefolgert, dass eine „Entbindung“ nicht mit der Rechtswirkung erfolgen kann, dass eine Aussage abgelegt werden muss. Hat der Informant aber – etwa gem. § 21 BDSG – einen Anspruch auf Vertraulichkeit, so darf der Bundesbeauftragte für den Datenschutz sein Wissen staatlichen Stellen gegenüber nicht offenbaren[1135].

Widersprüchlich erscheint jedoch die Ansicht, dass bei einem Verzicht auf Geheimhaltung das Tatbestandsmerkmal der anvertrauten Tatsache entfallen soll, ein Zeugnisverweigerungsrecht dennoch besteht[1136]. Über die Ausübung des Rechts nach § 23 IV BDSG entscheidet der Beauftragte für den Datenschutz selbstständig[1137]. Dies gilt gem. § 23 IV S. 2 BDSG ebenso für die Aussagebefugnis der Mitarbeiter, denen nach § 23 IV S. 2 BDSG ein abgeleitetes Zeugnisverweigerungsrecht zusteht. Festzuhalten bleibt, dass der betroffene Bürger unter bestimmten Voraussetzungen eine Aussage verhindern, aber nicht erzwingen kann. Darüber hinaus gibt es Tatsachen, die dem Bundesbeauftragten für den Datenschutz amtlich bekannt geworden sind. Gem. § 23 V S. 3 BDSG muss das Bundesministerium des Inneren unter anderem für Zeugenaussagen eine Genehmigung erteilen.

[1131] *Dörr*, BDSG, § 24, Rn. 10; vgl. auch Gesetzentwurf der Bundesregierung vom 6. April 1989 (BT-Drucks. 11/4306, S. 47).

[1132] *Simitis/Dammann*[4], BDSG, § 23, Rn. 14 (17. Lieferung - Januar 1992). Der Schutz des informationellen Selbstbestimmungsrechts der Bürger wird als Nebenaspekt gesehen.

[1133] *Simitis/Dammann*[4], BDSG, § 23, Rn. 15 f. (17. Lieferung – Januar 1992).

[1134] *Simitis/Dammann*[4], BDSG, § 23, Rn. 19 (17. Lieferung – Januar 1992).

[1135] Vgl. *Simitis/Dammann*[4], BDSG, § 23, Rn. 24 (17. Lieferung – Januar 1992).

[1136] So aber: *Simitis/Dammann*[4], BDSG, § 23, Rn. 24 (17. Lieferung – Januar 1992) u. *Simitis/Dammann*[4], BDSG, § 23, Rn. 17 (17. Lieferung – Januar 1992).

[1137] *Simitis/Dammann*[4], BDSG, § 23, Rn. 35 (17. Lieferung – Januar 1992).

Diese soll aber gem. § 23 VI S. 1 BDSG nur verweigert werden können, wenn sie dem Wohle des Bundes oder eines deutschen Landes Nachteile bereiten oder die Erfüllung öffentlicher Aufgaben ernstlich gefährden oder erheblich erschweren würde. Über diese Regelung herrschten im Gesetzgebungsverfahren Meinungsverschiedenheiten. Nach einem Vorschlag sollte die Entbindungsmöglichkeit dem Bundesbeauftragten gem. §§ 61 und 62 BBG selbst zustehen, der als oberste Dienstbehörde i. S. v. § 96 StPO gegolten hätte[1138]. Die ministerielle Güterabwägung wird nicht durch das Zeugnisverweigerungsrecht nach § 23 IV BDSG und auch nicht durch die Stellung des Bundesbeauftragten für den Datenschutz als „Anwalt der Bürger“ in irgendeiner Weise beeinflusst oder gar präjudiziert[1139].

Vergleicht man die Regelungen von § 23 IV – VI BDSG mit der Strafprozessordnung, so lassen sich vorsichtig Parallelen ziehen: § 23 IV BDSG ähnelt § 53 I StPO. Bezüglich der Entbindung von der Schweigepflicht schlägt § 23 IV BDSG einen neuen Weg ein. Weder kann der Bundesbeauftragte für den Datenschutz frei über seine Aussage wie etwa der Geistliche gem. § 53 I S. 1 Nr. 1 StPO disponieren noch hat der Betroffene eine weitreichende Entbindungsmöglichkeit nach § 53 II StPO. Diese Mischkonstruktion könnte durchaus beispielhaften Charakter für Berufsgruppen besitzen, deren Tätigkeit im öffentlichen Interesse liegt. Auf diese Weise wird dem Allgemeinen Persönlichkeitsrecht des Betroffenen in Form des Rechts auf informationelle Selbstbestimmung ausreichend Rechnung getragen, da gegen seinen Willen Wissen nicht preisgegeben werden darf. Andererseits hat es der Bundesbeauftragte für den Datenschutz selbst in der Hand, ob er im Falle einer Entbindung die öffentlichen Interessen höher gewichtet und daher trotzdem nicht aussagen möchte.

Zweitens lässt sich eine deutliche funktionale Parallele zwischen § 23 V – VI BDSG und § 54 StPO ziehen. Zwar gehen beide Regelungen von einem unterschiedlichen Ausgangspunkt aus: Während im Rahmen von § 54 StPO sich die Aussagegenehmigung auf das bezieht, was der Amtsträger von einem Bürger erfahren hat, handelt es sich gem. § 23 V S. 1 BDSG stets um Tatsachen, die dem Bundesbeauftragten für den Datenschutz amtlich bekanntgeworden sind.

[1138] So § 25 des Gesetzentwurfs der SPD vom 13. Dezember 1988 (BT-Drucks. 11/3279, S. 14); vgl. aber auch den Gesetzentwurf der GRÜNEN vom 21. April 1988 (BT-Drucks. 11/2175, S. 2).

[1139] S. *Zöllner*, Datenschutzbeauftragte, S. 208 m. Nachweis zur Gegenmeinung.

Ob dieses ausgewogene System des Interessensausgleiches als Paradigma auf Berufsgeheimnisträger nach § 53 I StPO übertragen werden kann, ist dennoch zu bezweifeln. Zunächst kämen als Benefiziare eines derartigen Zeugnisverweigerungsrechts nur solche Personen in Betracht, bei denen das öffentliche Interesse an der Berufsausübung überwiegt. Dies sind nach den bisherigen Feststellungen Notare, Abgeordnete und Journalisten. Letztere aber sind in ihrer Berufsausübung unabhängig, so dass sie von vornherein als Adressaten ausscheiden. Der Bundesbeauftragte für den Datenschutz ist zwar kein Beamter im staatsrechtlichen Sinne, steht aber zum Bund in einem öffentlich-rechtlichen Amtsverhältnis eigener Art (vgl. § 22 IV S. 1 BDSG)[1140]. Im Hinblick auf die Entbindungsregelung von § 23 IV BDSG könnte das Modell auf Abgeordnete übertragen werden, während die Vorschriften von § 23 V – VI BDSG wegen des freien Mandats nach Art. 38 I S. 2 GG nicht passen. Wegen der Trennung in Anwalts- und Amtsnotare ist eine Anwendung auf diese Berufsgruppe nicht möglich.

VI. Schutzzweck von § 53 a StPO

Die Tätigkeit der Berufshelfer impliziert zwar keine direkte Ausübung von Kontrollrechten. Das Vertrauen des Beschuldigten zum jeweiligen Berufsgeheimnisträger wird größer sein als zu dessen Hilfsperson. Daher könnte eine Ungleichbehandlung gerechtfertigt sein. Andererseits würde etwa das Zeugnisverweigerungsrecht des Verteidigers unterlaufen[1141], da man ihn über seine Hilfsperson aushorchen dürfte. So gehört es zu den Aufgaben eines Verteidigers, eigene Ermittlungen anzustellen[1142].

Wegen des Schutzes vor Umgehung sollte § 53 a I StPO in seinem persönlichen Anwendungsbereich weit ausgelegt werden[1143]. Die Hilfspersonen leiten demnach ihre Schutzbedürftigkeit von den Zeugnisverweigerungsrechten der Berufsgeheimnisträger ab[1144]. Aus diesen Gründen wird unter Hinweis auf § 97 StPO ausgeführt, dass die Verhältnismäßigkeitsprüfung in § 100 d III 3 StPO regelmäßig zu Gunsten der Gehilfen

---

[1140] Vgl. *Zöllner*, Datenschutzbeauftragte, S. 33, der darauf hinweist, dass das Gleiche für den so genannten Stasi-Unterlagen-Beauftragten gem. § 35 V 1 StUG gilt (a.a.O, Fn. 61).

[1141] *Aichinger*, Fahndungsmethoden, S. 69; *Schäfer*, FS-Hanack, S. 92; *Rengier*, Zeugnisverweigerungsrechte, S. 35 m.w.N; *Welp*, Vertrauen, S. 293 ff.

[1142] *Schäfer*, FS-Hanack, S. 98.

[1143] *Schäfer*, FS-Hanack, S. 92 mit Berufsbeispielen und m.w.N.

[1144] *Görtz-Leible*, Beschlagnahmeverbote, S. 165; differenzierend *Lenckner*, NJW 1965, 324.

nach § 53 a I StPO ausfallen wird[1145]. Hier bietet sich ebenfalls ein Beweiserhebungsverbot an. Auf eine weitere Problematik ist hinzuweisen: § 53 a II StPO ordnet an, dass die Entbindungserklärung nach § 53 II StPO auch für die Hilfspersonen des Berufsgeheimnisträgers gilt. Das führt dazu, dass die Hilfsperson Tatsachen offenbaren muss, die möglicherweise weder dem Beschuldigten noch dem Berufsgeheimnisträger bekannt sind, obwohl der Berufsgeheimnisträger dem Beschuldigten zu dessen Entlastung unter Umständen gerade die Entbindung von der Pflicht zur Verschwiegenheit empfohlen hat. So könnte über ein Informationsdefizit des Berufsgeheimnisträgers die allein im Interesse des Beschuldigten stehende Entbindungserklärung zu seinen Ungunsten ausschlagen.

Wie oben bereits festgestellt darf die Informationsoffenbarung durch den Berufsgeheimnisträger nicht weitergehen, als es die Gestattung des Beschuldigten zulässt. Nichts anderes kann für die Hilfsperson gelten. Es kommt folglich eine teleologische Reduktion in Betracht, so dass Aussagen der Hilfsperson nur in dem Umfang zulässig sind, als sie kein Sonderwissen des Gehilfen gegenüber dem Beschuldigten beinhalten. Wenigstens sollte aus der Akzessorietät der Vorschrift des § 53 a I StPO zu § 53 I StPO zu schließen sein, dass eigenes Wissen der Hilfsperson, das nicht einmal dem Berufsgeheimnisträger bekannt ist, nicht offenbart werden darf: Dies ist ein Überbleibsel des originären Zeugnisverweigerungsrechts des Berufsgeheimnisträgers. Die teleologische Reduktion ist also zweistufig denkbar, wobei die erste Variante wegen der Stimmigkeit zu der Konzeption des Umfangs der Entbindungserklärung nach § 53 II StPO den Vorrang genießt.

VII. Zwischenergebnis

Im Rahmen der Schutzzweckbestimmung der Berufsgeheimnisträger aus § 53 I StPO hat sich durch die Einzelanalyse ergeben, dass ein unitarischer Ansatz zur Erklärung nicht herangezogen werden kann. Vielmehr ist es nur möglich, bestimmte Gruppen zusammenzufassen. Für dieses Verständnis hat die hier so bezeichnete Theorie vom öffentlichen Interesse einen wesentlichen Beitrag geleistet.

Im Einzelnen kann festgehalten werden: Das Zeugnisverweigerungsrecht des Geistlichen dient dem Schutz der ungestörten Ausübung der Seelsorgetätigkeit. Dagegen ist die besondere Stellung des Verteidigers Ausfluss seiner von der Strafprozessordnung eingeräumten Funktion und

[1145] *Schäfer*, FS-Hanack, S. 98.

sichert im Interesse des Beschuldigten das *nemo-tenetur*-Prinzip ab. Die Berufsgeheimnisträger des § 53 I S. 1 Nr. 3 StPO wurden entgegen des scheinbaren systematischen Zusammenhangs unterschiedlich eingeteilt. Von den Heilberufen sind rechtsberatende und vermögensorientierte Berufe abzugrenzen. Grundsätzlich wird durch § 53 I S. 1 Nr. 3 StPO dem Allgemeinen Persönlichkeitsrecht des Mandanten, Klienten oder Patienten Rechnung getragen, wenn auch in jeweils anderer Intensität. Eine Ausnahme macht der Notar: Seine Tätigkeit erfolgt schwerpunktmäßig im öffentlichen Interesse. Wegen der möglichen Berührung strafrechtlicher Fragen ist das Zeugnisverweigerungsrecht des Rechtsanwalts außerdem unter dem Gesichtspunkt des *nemo-tenetur*-Grundsatzes zu sehen. Dieses Prinzip und das Allgemeine Persönlichkeitsrecht sind auch beim Drogenberater gem. § 53 I S. 1 Nr. 3 b StPO einschlägig, während bei Schwangerschaftsberatern gem. § 53 I S. 1 Nr. 3 a StPO nur letzteres eine Rolle spielt. Im öffentlichen Interesse werden der Abgeordnete und der Journalist geschützt.

VIII. Regelungsvorschlag

Daneben sind im Einzelnen Novellierungsvorschläge angesprochen worden, die nun in einem Entwurf zu § 53 StPO zusammengefasst werden sollen. Dabei versteht sich dieser Entwurf weniger als abschließendes Konzept, sondern vielmehr als Diskussionsgrundlage, um für die notwendigen Reformschritte eine Richtung vorzugeben.

Insbesondere ist die Aufnahme weiterer Berufsgruppen nicht ausgeschlossen, sofern eine besondere Legitimation, wie sie das *Bundesverfassungsgericht* fordert, gegeben ist. Teilweise werden die Zeugnisverweigerungsrechte ausgeweitet, teilweise aber eingeschränkt.

Vor allem wird durch eine Neugliederung versucht, innerlich zusammengehörende Berufe in Gruppen zu ordnen und den Rechtsanwender somit bereits systematisch auf unterschiedliche Schutzzwecke hinzuweisen. Hierin spiegelt sich das Verständnis wieder, dass die Berufsgeheimnisträger nach § 53 StPO keineswegs als homogene Einheit zu betrachten sind und die jeweils betroffenen legitimen Schutzbedürfnisse als gleichwertig gelten können.

Was aus dieser Beobachtung für die Berücksichtigung der Zeugnisverweigerungsrechte bei den Ermittlungsmaßnahmen folgt, soll an dieser Stelle allerdings noch offen bleiben. Es wird zu klären sein, ob sich eine Hierarchie der Berufsgeheimnisträger im Hinblick auf ihre Schutzwürdigkeit mit einem eventuellen Mindestniveau ergibt oder ob sie trotz der notwendigen Differenzierungen in § 53 StPO ansonsten gleich zu behandeln sind.

§ 53 [Zeugnisverweigerungsrecht aus beruflichen Gründen]
(1) [1]Zur Verweigerung des Zeugnisses sind ferner berechtigt
1. Geistliche und hauptamtliche Repräsentanten von Weltanschauungsgemeinschaften über das, was ihnen in ihrer Eigenschaft als Seelsorger anvertraut worden oder bekanntgeworden ist;
2. Verteidiger des Beschuldigten über das, was ihnen in dieser Eigenschaft anvertraut worden oder bekanntgeworden ist;
3. Rechtsanwälte über das, was ihnen in dieser Eigenschaft anvertraut worden oder bekanntgeworden ist, Rechtsanwälten stehen dabei sonstige Mitglieder einer Rechtsanwaltskammer gleich;
4. Ärzte, Zahnärzte, Psychologische Psychotherapeuten, Kinder- und Jugendpsychotherapeuten, Apotheker und Hebammen über das, was ihnen in dieser Eigenschaft anvertraut worden oder bekanntgeworden ist;
5. Notare über das, was ihnen in dieser Eigenschaft anvertraut worden oder bekanntgeworden ist;
6. Mitglieder oder Beauftragte einer anerkannten Beratungsstelle nach den §§ 3 und 8 des Schwangerschaftskonfliktgesetzes sowie Ehe-, Familien-, Erziehungs- oder Jugendberater sowie Berater bei HIV-Erkrankungen und für Suchtfragen in einer Beratungsstelle, die von einer Behörde oder Körperschaft, Anstalt oder Stiftung des öffentlichen Rechts betrieben wird oder anerkannt ist[1146], über das, was ihnen in dieser Eigenschaft anvertraut worden oder bekanntgeworden ist;
7. Berater für Fragen der Betäubungsmittelabhängigkeit in einer Beratungsstelle, die eine Behörde oder eine Körperschaft, Anstalt oder Stiftung des öffentlichen Rechts anerkannt oder bei sich eingerichtet hat, über das, was ihnen in dieser Eigenschaft anvertraut worden oder bekanntgeworden ist[1147];

[1146] Hinsichtlich der neu aufgenommenen Berufe wird weitgehend auf die Formulierung des Alternativ-Entwurfs Zeugnisverweigerungsrechte, S. 40 ff. zurückgegriffen. Statt auf den Terminus „AIDS-Fragen“ sollte besser auf den umfassenderen Begriff der HIV-Erkrankungen abgestellt werden. Es erscheint sinnvoll, diese Beratungsberufe wegen des ähnlichen Schutzzweckes des Zeugnisverweigerungsrechts mit den Schwangerschaftskonfliktberatern in einer Ziffer zusammenzufassen.

[1147] Auf den ersten Blick erscheint die gesonderte Nennung von Beratern für Fragen der Betäubungsmittelabhängigkeit überflüssig, da diese schon unter den weiteren Begriff der Suchtberater gem. § 53 I S. 1 Nr. 6 StPO-E fallen. Den-

8. Mitglieder des Bundestages, eines Landtages oder einer zweiten Kammer über das, was ihnen in dieser Eigenschaft anvertraut worden oder bekanntgeworden ist[1148];
9. Empirische Sozialforscher über das, was ihnen in dieser Eigenschaft anvertraut worden oder bekanntgeworden ist;
10. Wirtschaftsprüfer, vereidigte Buchprüfer[1149], Steuerberater, Steuerbevollmächtigte und Patentanwälte über das, was ihnen in dieser Eigenschaft anvertraut worden oder bekanntgeworden ist, sie dürfen das Zeugnis nicht verweigern, wenn die Aussage zur Aufklärung einer Tat nach § 138 des Strafgesetzbuches[1150] beitragen soll, ein dringender Tat-

---

noch ist diese Gruppe eigenständig zu behandeln, da nur beim Missbrauch illegaler Drogen der angesprochene Schutzzweck des *nemo-tenetur*-Prinzips greift. Daher sind die Berater für Fragen der Betäubungsmittelabhängigkeit schutzwürdiger als etwa Berater bei Alkohol- oder Spielsucht.

1148 Diese thematische Erweiterung des Zeugnisverweigerungsrechts erscheint angesichts der Bedeutung der Abgeordneten – zumal in der Zusammenschau mit dem Schutz selbst recherchierten Materials durch Journalisten – als vertretbar. Es ist nicht einsichtig, warum einem Abgeordneten ein geringerer Schutz als einem Journalisten zustehen sollte, zumal häufig betont wird, dass gerade der Abgeordnete mehr Einfluss nehmen könnte, um Missstände abzustellen.
Um Missbrauch zu verhindern, sollte man weniger auf justizielle Eingriffe setzen, sondern vielmehr auf die Selbstheilungskräfte eines funktionierenden demokratischen Systems vertrauen. Bereits der Verdacht, dass ein Politiker seine Stellung missbraucht, um etwa Angehörigen der organisierten Kriminalität Vorteile zu verschaffen, führt zwangsläufig zur Beendigung der politischen Karriere. Insoweit reicht die öffentliche Meinung als Korrektiv gegen Missbrauch aus.
Insgesamt scheint es angebracht, die Unabhängigkeit der Abgeordneten auch durch ihre Rechtsstellung stärker zu betonen.

1149 Wird der Beruf des vereidigten Buchprüfers wie geplant abgeschafft, so kann die Streichung aus dem Katalog erfolgen.

1150 Gegen die Bezugnahme auf den Katalog des § 138 StGB kann man berechtigterweise einwenden, dass sich hier zahlreiche Straftatbestände finden, die thematisch zur Tätigkeit eines Steuerberaters oder Wirtschaftsprüfers nicht passen. Zu nennen ist hier etwa § 138 I Nr. 1 – 3 StGB (Staatsschutzdelikte). Ein Rekurs auf Betrug, Untreue, Steuerhinterziehung, Insolvenzstraftaten oder ähnliche Straftatbestände würde das Zeugnisverweigerungsrecht dieser Berufsgruppe gerade aushöhlen. Nimmt man auf § 138 StGB Bezug, so wird wie beim Journalisten die Relativität des Zeugnisverweigerungsrechts betont. Andererseits ist aber nur dann eine Strafverfolgung im Geheimnisbereich zulässig, wenn der Berufsgeheimnisträger bei geplanten Straftaten gem. § 138 StGB Anzeige erstatten müsste.

verdacht vorliegt und die Erforschung des Sachverhalts oder die Ermittlung des Aufenthaltsortes des Beschuldigten auf andere Weise aussichtslos wäre;

11. Personen, die bei der Vorbereitung, Herstellung oder Verbreitung von Chiffreanzeigen, Druckwerken, Rundfunksendungen, Filmberichten oder der Unterrichtung oder Meinungsbildung dienenden Informations- und Kommunikationsdiensten berufsmäßig mitwirken oder mitgewirkt haben.

[2]Die in Satz 1 Nr. 11 genannten Personen dürfen das Zeugnis verweigern über die Person des Verfassers oder Einsenders von Beiträgen und Unterlagen oder des sonstigen Informanten sowie über die ihnen im Hinblick auf ihre Tätigkeit gemachten Mitteilungen, über deren Inhalt sowie über den Inhalt selbst erarbeiteter Materialien und den Gegenstand berufsbezogener Wahrnehmungen. [3]Dies gilt nur, soweit es sich um Beiträge, Unterlagen, Mitteilungen und Materialien für den redaktionellen Teil, Chiffreanzeigen oder Werbesendungen oder redaktionell aufbereitete Informations- und Kommunikationsdienste handelt. [4]Die Berechtigung zur Zeugnisverweigerung der in Absatz 1 Satz 1 Nr. 11 Genannten über den Inhalt selbst erarbeiteter Materialien und den Gegenstand entsprechender Wahrnehmungen entfällt, wenn die Aussage zur Aufklärung einer Straftat gem. § 138 des Strafgesetzbuches beitragen soll, dringender Tatverdacht vorliegt und die Erforschung des Sachverhalts oder die Ermittlung des Aufenthaltsortes des Beschuldigten auf andere Weise aussichtslos wäre. [5]Der Zeuge kann jedoch auch in diesen Fällen die Aussage verweigern, soweit sie zur Offenbarung der Person des Verfassers oder Einsenders von Beiträgen und Unterlagen oder des sonstigen Informanten oder der ihm in Hinblick auf seine Tätigkeit nach Absatz 1 Satz 1 Nr. 11 gemachten Mitteilungen oder deren Inhalts führen würde.

(2) Die in Absatz 1 Satz 1 Nr. 2 bis 7 und 10 Genannten dürfen das Zeugnis nicht verweigern, wenn sie von der Verpflichtung zur Verschwiegenheit entbunden sind[1151].

Das ist nur bei Schwerstkriminalität erforderlich. Ob dagegen der Katalog des § 138 StGB selbst reformbedürftig erscheint, ist im Rahmen dieser Arbeit nicht zu untersuchen. Vgl. auch *Peters*, Zeugnisverweigerungsrecht, S. 57.

1151 Wie im geltenden Recht wird bei Abgeordneten keine Entbindungsmöglichkeit vorgesehen. Dies gilt auch für den empirischen Sozialforscher, dessen Tätigkeit derjenigen eines Journalisten vergleichbar ist.

(3) [1]Soweit die in Absatz 1 Satz 1 Genannten von ihrem Recht zur Verweigerung des Zeugnisses Gebrauch machen, darf Beweis über Aussagen, die diese Personen in anderen Verfahren zu dieser Sache gemacht haben, nicht erhoben werden. [2]Dies gilt nicht, soweit für die Aussage in dem anderen Verfahren ein Zeugnisverweigerungsrecht bestand[1152].

(4) Sagen Personen ohne Entbindungserklärung des Betroffenen gem. § 53 Absatz 2 Satz 1 aus, die nach § 203 des Strafgesetzbuches der Schweigepflicht unterliegen, so ist die Aussage nicht verwertbar und darf auch nicht als Spurenansatz für weitere Ermittlungen genutzt werden.

[1152] Hiermit werden zwei Gesetzesvorhaben zum Journalisten auf alle Berufsgeheimnisträger erweitert. S. Gesetzentwurf der Bundesregierung vom 25. Januar 2001 (BT-Drucks. 14/5166, S. 5). Vgl. auch den inhaltlich übereinstimmenden Vorschlag in BT-Drucks. 14/1602 (Entwurf eines Gesetzes zur Sicherung der Pressefreiheit der FDP-Fraktion vom 15. September 1999), S. 3. Zur Diskussion s. oben S. 187 f.

F. Zeugnisverweigerungsrechte und strafprozessuale Ermittlungsmaßnahmen

I. Möglichkeiten für ein System der Berücksichtigung der Zeugnisverweigerungsrechte bei Ermittlungsmaßnahmen

Zur Implementierung von Zeugnisverweigerungsrechten bei Ermittlungsmaßnahmen bieten sich verschiedene Regelungskonzepte an: Denkbar ist zunächst, an die Intensität der betreffenden Maßnahme anzuknüpfen.

Diesen Weg beschreitet der Gesetzgeber, wenn auch die Lösung in sich nicht konsistent verwirklicht erscheint. So ordnet er für die sehr intensive Maßnahme der akustischen Wohraumüberwachung gem. § 100 c I Nr. 3 StPO in § 100 d III S. 3 StPO ein umfassendes Beweiserhebungsverbot für Berufsgeheimnisträger an. Dagegen findet sich bei der weniger einschneidenden Anforderung der Verbindungsdaten gem. § 100 g StPO in § 100 h StPO die Regelung, dass nur Verteidiger, Geistliche und Abgeordnete von dem Eingriff ausgenommen werden.

Die Widersprüchlichkeit in der Regelung zeigt sich etwa an der Telefonüberwachung gem. § 100 a StPO. Von der Eingriffsstärke her kann man sie sicherlich zwischen § 100 c I Nr. 3 StPO und § 100 g StPO einordnen. Ausdrücklich gesetzlich vorgesehen ist für Berufsgeheimnisträger gar kein Erhebungsverbot.

Völlig gegensätzlich ist der Ansatz, der nicht die Eingriffsmaßnahmen als solche betrachtet, sondern die Schutzwürdigkeit der einzelnen Zeugnisverweigerungsrechte abstrakt bewertet und dann allgemeine Erhebungs- bzw. Verwertungsverbote in einer vor die Klammer gezogenen Vorschrift formuliert.

Schließlich ist die Konstruktion denkbar, dass beide Modelle miteinander kombiniert werden: Für die einzelnen Zeugnisverweigerungsrechte wird ein erforderlicher Mindeststandard formuliert. Sind etwa einzelne Zeugnisverweigerungsrechte auf Grund der ermittelten *ratio legis* weniger schutzbedürftig, so könnte für diese ein Verwertungsverbot ausreichend sein. Bei besonders intensiven strafprozessualen Maßnahmen hingegen könnte eine „Heraufstufung“ auf ein Beweiserhebungsverbot erforderlich werden.

Bevor auf diese Grundkonzeptionen näher eingegangen wird, soll zunächst eine kurze Bestandsaufnahme der Regelung *de lege lata* erfolgen. Dabei werden die Eingriffsmaßnahmen – soweit dies möglich ist – nach Gruppen und nach absteigender Intensität geordnet. Im Mittelpunkt steht die Frage, inwieweit das gesetzgeberische Konzept stringent verfolgt wurde.

1. Die akustische Wohnraumüberwachung

a) Vorbemerkung

Als eine der jüngsten Gesetzgebungsentwicklungen soll besonderes Augenmerk auf § 100 d III S. 3 StPO gelegt werden[1153]. Unabhängig von der Beurteilung, ob es sich bei § 100 c I Nr. 3 StPO um eine rechtswidrige Norm handelt, etwa weil sie sich auf verfassungswidriges Verfassungsrecht stützt[1154], wird in das Zentrum der Betrachtung gerückt, ob das Zusammenspiel der Kautelen und der Regelungen zu den Zeugnisverweigerungsrechten den Anforderungen von Art. 20 III GG und insbesondere des Verhältnismäßigkeitsprinzips gerecht werden. Die Tatbestandsvoraussetzungen in § 100 c I Nr. 3 StPO können nämlich eine Filterfunktion ausüben: Sind sie sehr restriktiv gefasst, so ist an die Berücksichtigung von Zeugnisverweigerungsrechten eventuell ein niedriger Maßstab anzulegen. Umgekehrt müssen §§ 52 ff. StPO stärker betont werden, wenn sich die Kautelen im Rahmen von § 100 c I Nr. 3 StPO als zu schwach erweisen. Bei dieser Prämisse wird die Regelungstechnik des Gesetzgebers zugrunde gelegt. Wie bereits festgestellt, orientiert er sich an der Eingriffsintensität einer Maßnahme. Dabei kann nicht nur abstrakt auf die Maßnahme als solche Bezug genommen werden. Vielmehr hängt die Eingriffsintensität in der Praxis entscheidend von den im Gesetz konkret formulierten Voraussetzungen ab.

b) Intensität des Eingriffs des § 100 c I Nr. 3 StPO

Strukturell ist zu beachten, dass die akustische Wohnraumüberwachung als heimlicher Eingriff besonders intensiv ist[1155]. Dadurch wird der Betroffene noch stärker zum Objekt der Zwangsmaßnahme[1156]. Teilweise wird in dem Moment der Heimlichkeit ein Menschenwürdeverstoß ge-

---

1153 Ausführlich zu den Eingriffsvoraussetzungen des § 100 c I Nr. 3 StPO *Bludovsky*, Problem, *M. Müller*, Lauschangriff und *Pinkenburg*, Informationsbeschaffung.

1154 Verneinend *BVerfGE* 109, (279), 309 ff.; s. aber das Sondervotum in *BVerfGE* 109, (279), 382 ff.

1155 Unkritisch zum Kriterium der Heimlichkeit in ähnlichem Zusammenhang: *BGH* JZ 1995, 843 (Sedlmayr); Heimlichkeit noch kein Verstoß gegen Art. 19 IV GG: *Raum/Palm*, JZ 1994, 451, Fn. 33.

1156 *Welp*, StV 1994, 164; vgl. auch *Wolter*, Aspekte, S. 28.

sehen oder wegen der Umgehung der Zeugnisverweigerungsrechte ein Verstoß gegen Art. 6 III EMRK angenommen[1157].

aa) Grundrechtseingriffe

Überboten wird der Eingriff nur noch durch freiheitsentziehende Maßnahmen[1158]. Berührt ist das Allgemeine Persönlichkeitsrecht in seinen speziellen Ausformungen, nämlich das Recht auf informationelle Selbstbestimmung[1159], das Recht auf Schutz der Privatsphäre[1160] und das Recht am eigenen Wort[1161]. Bei den Berufsgeheimnisträgern sind Grundrechte wie Art. 12 GG, Art. 5 GG oder etwa Art. 4 GG einschlägig[1162]. Dabei besteht Idealkonkurrenz zwischen dem Allgemeinen Persönlichkeitsrecht und Art. 13 GG und den anderen Grundrechten, da das Allgemeine Persönlichkeitsrecht wegen seines verstärkten Menschenwürdebezugs nicht etwa als Auffanggrundrecht wie Art. 2 I GG fungiert[1163]. Dies wird bereits an den unterschiedlichen Schranken deutlich.

bb) Subsidiaritätsklausel als Ausdruck des Verhältnismäßigkeitsgrundsatzes

Zu beachten ist die inflationäre Verwendung von Subsidiaritätsklauseln in der StPO[1164]. Scheinbar hat § 100 c I Nr. 3 StPO die schärfste Klausel (unverhältnismäßig erschwert oder aussichtslos)[1165]. Ein Rangverhältnis

---

1157 *Wolter*, FG-BGH 2000, S. 971; a.A. *BVerfGE* 109, (279), 324 f.

1158 *Krause*, FS-Hanack, S. 250.

1159 *Bernsmann/Jansen*, StV 1998, 221; *Raum/Palm*, JZ 1994, 452

1160 *BGHSt.* 31, 296, (299) (Raumgespräch) allerdings unter missverständlicher Ableitung des Allgemeinen Persönlichkeitsrechts aus Art. 2 I GG; *Bernsmann/Jansen*, StV 1998, 221.

1161 *BGHSt.* 31, 296, (299) (Raumgespräch); *Bernsmann/Jansen*, StV 1998, 221.

1162 Vgl. *Schily*, ZRP 1999, 131.

1163 So aber *Raum/Palm*, JZ 1994, 452, die aber für das Recht auf informationelle Selbstbestimmung eine Ausnahme machen wollen; vgl. zu Konkurrenzen bei § 53 StPO auch: *Schwabe*, JZ 1993, 874. Das *Bundesverfassungsgericht* stellt den Gesprächsinhalt, nicht den Charakter der Wohnung in den Vordergrund. Letzterer indiziert nur, ob ein Gespräch höchstpersönlich ist. Sobald Gespräche Höchstpersönliches betreffen, kommt es zu einer Kernbereichsverletzung des Art. 13 I GG (vgl. *BVerfGE* 109, (279), 320. Dadurch erfährt das Allgemeine Persönlichkeitsrecht im Rahmen des Art. 13 I GG eine Aufwertung.

1164 *Bernsmann/Jansen*, StV 1998, 220; *Vahle*, Kriminalistik 1998, 381; auch: *Welp*, StV 1994, 164 f.

1165 Von *Bernsmann/Jansen*, StV 1998, 220 f. als höchste Stufe (δ-Stufe) bezeichnet.

ist normativ schwer zu definieren, so könne nicht einmal generell gesagt werden, welches Subsidiaritätsverhältnis zwischen Wohnraumüberwachung und Untersuchungshaft bestehe[1166]. Doch hinter der Kautel „unverhältnismäßig erschwert" verbirgt sich kaum mehr als eine normale Verhältnismäßigkeitsprüfung[1167].
Zudem kann durch die Umgehung von Zeugnisverweigerungsrechten bei komplizierten Sachverhalten immer eine wesentliche Erleichterung der Ermittlungen erreicht werden[1168]. Teilweise wurde bezeichnenderweise bei Gesetzesvorschlägen nur auf das Kriterium der Aussichtslosigkeit abgestellt[1169]. Damit ist die Subsidiaritätsklausel in der Praxis kaum eingriffsbegrenzend anwendbar[1170].
Anderer Auffassung ist hier das *Bundesverfassungsgericht*[1171]: Die Subsidiaritätsklausel garantiere den *ultima-ratio*-Charakter der Maßnahme. Ausgangspunkt ist dabei die Formulierung des Art. 13 III GG, der von einer unverhältnismäßigen Erschwernis der Ermittlungsarbeiten spricht. Durch den Bezug auf die Aussichtslosigkeit anderer Maßnahmen in § 100 c I Nr. 3 StPO werde dieser grundgesetzlichen Formulierung ausreichend Rechnung getragen. Auch wenn in anderen Vorschriften der Strafprozessordnung wie etwa § 100 a StPO in den Subsidiaritätsklauseln von „Aussichtslosigkeit" gesprochen werde, so sei doch klar, dass § 100 c I Nr. 3 StPO das letzte Mittel bleibe. Denn ein widersprüchlicher Ringverweis sei vom Gesetzgeber offensichtlich nicht intendiert.

c) Betroffener Personenkreis

Auch die Größe des betroffenen Personenkreises ist im Rahmen der Angemessenheit problematisch, da ein völlig Unbeteiligter keine Einschränkung in seine Freiheitsrechte hinnehmen muss[1172]. Problematisch

---

1166 *Welp*, StV 1994, 165.

1167 Ähnlich *Bernsmann/Jansen*, StV 1998, 231 u. 221, die zu Recht feststellen, dass Subsidiaritätsklauseln der γ- und δ-Stufe beide auf „Erschwerung" abstellen" und damit dieser Ausdruck zur Abgrenzung nicht praktikabel ist. Ebenso unklar ist, was gilt, wenn zwei Subsidiaritätsklauseln derselben Wertigkeitsstufe in Konkurrenz treten: vgl. *Bernsmann/Jansen*, StV 1998, 221, Fn. 61.

1168 *Frister*, StV 1996, 455.

1169 *Hund*, ZRP 1995, 338.

1170 Kritisch auch: *Vahle*, Kriminalistik 1998, 381; a.A. *Schily*, ZRP 1999, 130.

1171 *BVerfGE* 109, (279), 342.

1172 *Raum/Palm*, JZ 1994, 454. *Wolter*, GA 1999, 169 f. Bedauerlicherweise geht der kriminalpolitische Trend in eine andere Richtung: vgl. etwa den mit Art. 1 I stellt sich § 100 c II S. 2 StPO dar, weil hiernach Wohnungen Dritter abgehört werden dürfen. Besonders das Merkmal „Verbindung" erscheint sehr unbestimmt[1173].

Das *Bundesverfassungsgericht* fordert Folgendes: Die Vorschriften des § 100 c I Nr. 3, II S. 4 und 5 sowie § 100 c III StPO müssten restriktiv ausgelegt werden, damit die Betroffenheit unverdächtiger Dritter auf ein Mindestmaß reduziert werde. Die Vermutung, dass es sich um Gespräche aus dem Kernbereich der privaten Lebensgestaltung handele, gelte nicht, wenn diese in einer vom Dritten angemieteten konspirativen Wohnung stattfänden.

Im Rahmen der Angemessenheit sei außerdem zu beachten, wie viele Personen von der Maßnahme berührt und wie intensiv diese Beeinträchtigungen seien[1174]. Die Intensität beruhe auf folgenden Umständen: Durchbrechung der Anonymität der Personen, Umfang der ausgespähten Daten und mögliche Nachteile durch die Überwachungsmaßnahme für die Betroffenen[1175]. Des Weiteren wird auf die Zahl der unverdächtigen Dritten und die Qualität der Wohnung (Privatwohnung oder Geschäftsräume) abgestellt. Die Überwachung Nichtverdächtiger schaffe das Risiko, Gegenstand staatlicher Ermittlungen zu sein, was zu dem allgemeinen Risiko, einem unberechtigten Verdacht ausgesetzt zu sein, hinzukomme[1176]. In den Berichten der Bundesregierung werde die Zahl der Nichtverdächtigen, die einer akustischen Wohnraumüberwachung ausgesetzt seien, mit rund 50 % angegeben[1177]. Dabei würden sogar nur die Wohnungsinhaber als formal Betroffene aufgefasst.

Außerdem erfassten die Strafverfolgungsbehörden naturgemäß sehr viel Alltagskommunikation ohne jegliche strafrechtliche Relevanz. Das *Bundesverfassungsgericht* schließt daraus auf Gefahren für die Gesellschaft als solche. Es könne zu Einschüchterungseffekten kommen, da bereits die Angst vor einer Überwachung eine unbefangene Kommunikation zu

---

GG unvereinbaren Vorschlag, Männer verdachtsunabhängig in einer Gendatei zu erfassen, um wirkungsvoller Sexualdelikte aufklären zu können (Innenpolitiker der CDU *Bosbach*, *Frankfurter Allgemeine Zeitung* vom 29. April 2001, S. 4).

1173 *Köhler*, ZStW 108 (1995), 43.

1174 *BVerfGE* 109, (279), 353 unter Berufung auf *BVerfGE* 100, (313), 376.

1175 *BVerfGE* 109, (279), 353 mit Hinweis auf *BVerfGE* 100, (313), 376; *BVerfGE* 107, (299), 320.

1176 *BVerfGE* 109, (279), 353 255 unter Hinweis auf *BVerfGE* 107, (299), 321.

1177 *BVerfGE* 109, (279), 354 mit Hinweis auf BT-Drucks. 14/8155, S. 8.

verhindern geeignet sei. Das Grundrecht des Art. 13 I GG bestehe insoweit auch im öffentlichen Interesse.
Da alleinige Zielperson der Maßnahme des § 100 c I Nr. 3 StPO der Beschuldigte sei, dürfe in seiner Abwesenheit keine Überwachung stattfinden. Alle Übrigen seien Dritte im Sinne von § 100 c II, III StPO.
Diesen Anforderungen genügten die Regelungen des § 100 c I Nr. 3 und § 100 c II S. 5 StPO. Daraus gehe klar hervor, dass nur Gespräche des Beschuldigten abgehört werden dürften, was auch für die Überwachung anderer Wohnungen als der des Beschuldigten im Sinne des § 100 c II S. 5 StPO zutreffe. Aus einem Umkehrschluss zu § 100 c III StPO ergebe sich, dass Dritte in größtmöglichem Umfange zu schonen seien.

d) Katalog des § 100 c I Nr. 3 StPO

Wegen der Unterschiedlichkeit der Delikte ist der Katalog fundamentaler Kritik aus dem Schrifttum ausgesetzt. Die Auswahl sei zu sehr von kriminaltaktischen Erwägungen bestimmt[1178]. Trotz des Gesetzeszwecks sind zahlreiche für die Organisierte Kriminalität nicht typische Delikte aufgenommen worden[1179]. Zudem ist die Erweiterung in das Belieben des einfachen Gesetzgebers gestellt[1180], der davon in der Vergangenheit etwa bei § 100 a StPO großen Gebrauch gemacht hat[1181].

1178 *Dittrich*, NStZ 1998, 337; *Krause*, FS-Hanack, S. 236; *Staechelin*, ZRP 1996, 433, Fn. 45.

1179 *Brodag*, Kriminalistik 1999, 745 f zählt als Praktiker §§ 253 IV S. 2 und 333 StGB auf, obwohl gerade die Schutzgelderpressung als Delikt der Organisierten Kriminalität *par excellence* anzusehen ist: *Hassemer*, DRiZ 1992, 358, Fn. 6; *Krey*, JR 1998, 1; vgl. auch *Suppert*, Studien, S. 237 f (Fn. 547). *Frister*, StV 1996, 455 nennt u.a. §§ 92 a II Nr.1 AuslG und 84 III AsylVfG; vgl. auch *Momsen*, ZRP 1998, 460. Zur Neuregelung der akustischen Wohnraumüberwachung bezüglich des phänomenologischen Anwendungsbereichs: *Meyer-Wieck*, NJW 2005, 2037 f.

1180 *Böttger/Pfeiffer (Böttger)*, ZRP 1994, 15; *Leutheusser-Schnarrenberger*, ZRP 1998, 90.

1181 *Staechelin*, ZRP 1996, 433 m.N (15 direkte Erweiterungen bis 1995). Den weiten Umfang des Katalogs herausstellend: *Rudolphi*, FS-Schaffstein, S. 433. Als gelungen betrachtet den Katalog des § 100 a StPO etwa: *Werle*, JZ 1991, 482. Die SPD-Fraktion im BT will allerdings auf Grundlage eines Gutachtens prüfen, ob in § 100 a StPO Streichungen vorzunehmen sind: vgl. *Brodersen*, NJW 2000, 2541, Fn. 37. Nach *Denninger*, StV 1998, 404 genügt der Katalog des § 100 c I Nr. 3 StPO Art. 13 III 1 GG.

In anderen Ländern ist eine Wohnraumüberwachung nur bei wirklicher Schwerstkriminalität möglich[1182]. Außerdem werde durch einen abstrakten Katalog nicht im Einzelfall berücksichtigt, ob nach dem Gesetzeszweck wirklich ein Bezug zur Organisierten Kriminalität vorliegt[1183]. Verschiedene Delikte begegnen Bedenken: So sei die Aufnahme von Vermögensdelikten unangemessen[1184]. Bei Tötungsdelikten hat nach US-Zahlen gerade die akustische Wohnraumüberwachung schlechte Erfolgsquoten[1185]. Typische Delikte der Organisierten Kriminalität sind: Bestechung, Bildung krimineller Vereinigungen, Erpressung und Unerlaubtes Glücksspiel[1186]. Es kommt hinzu, dass über die Aufnahme von § 129 StGB dessen Katalogtaten einbezogen sind[1187].
Hier sollte man wenigstens eine teleologische Reduktion auf die Delikte vornehmen, die selbst Katalogtaten nach § 100 c I Nr. 3 StPO darstellen. Problematisch erscheint, dass bei Teilnahme über die Milderungsmöglichkeiten der §§ 27 II, 49 I StGB Taten erfasst werden, die mit der gesetzlichen Mindeststrafe belegt werden können[1188]. Sogar der Verdacht auf Teilnahme oder eine Verbrechensverabredung nach § 30 II StGB zu einer Katalogtat berechtigen zum Abhören[1189]. Unter dem Gesichtspunkt der Höhe der Strafandrohung sind einige Staatsschutzdelikte wie §§ 84, 87, 88, 98 und 99 StGB sowie die Bestechungsdelikte angreifbar[1190]. Andererseits wird zu Recht darauf hingewiesen, dass gerade die Korruption auf längere Sicht eine der gefährlichsten Erscheinungsformen der Organisierten Kriminalität ist[1191]. Die Möglichkeit der alternativen Geldstrafe in minder schweren Fällen begegnet Bedenken[1192]. Straftaten des Terrorismus stellen nach gängiger Definition keine Organisierte Krimi-

1182 Für die USA: *Raum/Palm*, JZ 1994, 448; vgl. auch: *Hund*, ZRP 1995, 338.
1183 *Krause*, FS-Hanack, S. 239 f.
1184 *Glauben*, DRiZ 1993, 42; *Krause*, FS-Hanack, S. 237
1185 *Krause*, FS-Hanack, S. 237
1186 *Krause*, FS-Hanack, S. 229, Fn. 33.
1187 *Krause*, FS-Hanack, S. 237 m.N.
1188 *Krause*, FS-Hanack, S. 237 f.
1189 *Brodag*, Kriminalistik 1999, 746; vgl. auch: *Suppert*, Studien, S. 239, Fn. 554.
1190 *Dittrich*, NStZ 1998, 337 f.; *Krause*, FS-Hanack, S. 238, Fn. 68.
1191 *Krey*, JR 1998, 1.
1192 *Welp*, StV 1994, 162; die Geldwäsche wurde eigens im Strafmaß „hochgestuft“, um aufgenommen werden zu können: vgl. *Dittrich*, NStZ 1999, 338; *Eylmann/Kempf/Hamacher (Kempf)*, AnwBl. 1998, 189.

nalität dar[1193]. Wenn man mit der früheren Rechtsprechung den Bandenbegriff bei zwei Mitgliedern als erfüllt ansieht, können schon zwei Jugendliche, die sich zu Diebstahlstouren zusammengeschlossen haben, nach dem Katalog unter die Überwachung fallen[1194]. Als Restriktion wird vorgeschlagen, den Bandenbegriff i.S.d. § 129 StGB zu interpretieren[1195].
Typische Delikte der Organisierten Kriminalität wie Umweltdelikte[1196] oder die Gefahren des Plutoniumschmuggels[1197] (erfasst durch §§ 307 bis 312 StGB) werden nicht aufgeführt. Der Katalog wirkt wenig stimmig. Überzeugender wäre es, etwa auf die Liste der §§ 112, 112 a StPO zurückzugreifen[1198] oder die Taten nach § 138 StGB zu berücksichtigen. Es bietet sich an, § 129 a StGB als Maßstab zu nehmen, wie dies im Übrigen §§ 111 und 163 d StPO tun. Überhaupt erscheint systemwidrig, dass diese Maßnahmen den wohl strengsten Katalog haben[1199]. Dabei sollten nur Verbrechen[1200] Gegenstand des Katalogs sein können. In anderen Ländern gelten strenge Strafmaßgrenzen[1201]. Die Alternativen einer über einjährigen Freiheitsstrafenprognose im konkreten Fall[1202] oder

---

1193 Vgl. Nr. 2 der Gemeinsamen Richtlinie der Justizminister/-senatoren und der Innenminister/-senatoren der Länder über die Zusammenarbeit bei der Verfolgung der OK, zitiert bei: *Raum/Palm*, JZ 1994, 447; ebenso: *Dittrich*, NStZ 1998, 338.

1194 So *Krause*, FS-Hanack, S. 238 mit Rechtsprechungsnachweisen; so auch: *Welp*, StV 1994, 162.

1195 *Krause*, FS-Hanack, S. 238.

1196 Vgl. *Van de Reyt*, ZStW 107 (1995), 217.

1197 Nach *Krey*, JR 1998, 1 ist dies ein typisches Delikt der Organisierten Kriminalität.

1198 Eine entsprechende Regelung (Katalogtaten wie für Untersuchungshaft nach Art. 67 I nlStPO) war im niederländischen Gesetzentwurf für die akustische Wohnraumüberwachung vorgesehen: *Van de Reyt*, ZStW 107 (1995), 217

1199 Vgl.: *Bernsmann/Jansen*, StV 1998, 220.

1200 Kritisch zur Aufnahme von Vergehen: *Dittrich*, NStZ 1998, 337; *Frister*, StV 1996, 455; *Momsen*, ZRP 1998, 460; *Welp*, StV 1994, 162.

1201 In den Niederlanden nach dem Entwurf nach nur bei Taten, die mit mindestens acht Jahren Freiheitsstrafe bewehrt sind: vgl. *Van de Reyt*, ZStW 107 (1995), 219, wobei acht Jahre wohl die Mindestmaximalstrafe bezeichnet.

1202 Für ähnliche Konstruktion ebenfalls ablehnend: *Welp*, StV 1994, 162 f.; vgl. auch *Brodag*, Kriminalistik 1999, 746, der Verhältnismäßigkeitserwägungen anstellen will.

ein Kriterium wie in § 112 a I Nr. 2 StPO („die Rechtsordnung schwerwiegend beeinträchtigende Straftat")[1203] erscheinen zu unbestimmt. Diesen Bedenken trägt das *Bundesverfassungsgericht* Rechnung[1204]: Keinen Bestand hat der Straftatenkatalog, da er nicht nur „besonders schwere Straftaten" enthalte, wie dies Art. 13 III GG fordere. Maßgeblich für die Schwere einer Tat sei der Rang des betroffenen Rechtsgutes sowie die tatbestandlich umschriebenen Begehungsmodalitäten und Folgen. Insbesondere sei eine besonders schwere Straftat inhaltlich nicht mit dem Begriff einer Straftat von erheblicher Bedeutung gleichzusetzen. Der „mittlere Kriminalitätsbereich" müsse durch die Tat bereits nach oben hin verlassen worden sein. Dies gelte eben gerade wegen der großen Bedeutung des Grundrechts aus Art. 13 I GG und seinem Bezug zum Allgemeinen Persönlichkeitsrecht. Der Gesetzgeber könne aber auch Vergehen in den Katalog einbeziehen. Dies sei ihm durch den Wortlaut des Art. 13 III GG nicht verwehrt. Auch müssten die Straftaten nicht unbedingt der Organisierten Kriminalität zuzurechnen sein. Andererseits kann die Einbeziehung aber nicht gerechtfertigt werden, nur weil ein Delikt typisch für die Organisierte Kriminalität sei. Die Taten müssten abstrakt besonders schwer sein, da ansonsten die Restriktion des Art. 13 III GG leer laufe[1205].

1203 Für eine zusätzliche Verhältnismäßigkeitsprüfung im konkreten Fall: *Denninger*, StV 1998, 404.

1204 *BVerfGE* 109, (279), 343 ff.

1205 Wegen ihrer Zuordnung allenfalls zum mittleren Kriminalitätsbereich wird die Aufnahme folgender Delikte in den Katalog des § 100 c I Nr. 3 a bis e StPO als verfassungswidrig angesehen: Vorbereitung einer Fälschung von Zahlungskarten mit Garantiefunktion und Vordrucken für Europaschecks gem. § 152 b V i.V.m. § 149 I StGB, Vorbereitung einer Verschleppung gem. § 234 a III StGB, Geldwäsche, Verschleierung unrechtmäßig erlangter Vermögenswerte gem. § 261 I, II StGB, Bestechlichkeit gem. § 332 I sowie § 332 I i.V.m. § 332 III StGB, Bestechung gem. § 334 StGB, § 51 Waffengesetz (außer § 51 II Waffengesetz), § 52 I Nr. 1, 2 c und d, VI Waffengesetz, § 34 I bis III Außenwirtschaftsgesetz, § 19 I und III Nr. 1 Kriegswaffenkontrollgesetz, § 22 a I und III Kriegswaffenkontrollgesetz, § 30 b Betäubungsmittelgesetz i.V.m. § 129 StGB, Aufstachelung zum Angriffskrieg gem. § 80 a StGB, Verstoß gegen ein Vereinigungsverbot gem. § 85 StGB, Agententätigkeit zu Sabotagezwecken gem. § 87 StGB, verfassungsfeindliche Sabotage gem. § 88 StGB, Offenbaren von Staatsgeheimnissen gem. § 95 I StGB, Auskundschaften von Staatsgeheimnissen gem. § 96 II StGB, Landesverräterische Agententätigkeit gem. § 98 I S. 1 StGB, Geheimdienstliche Agententätigkeit gem. § 99 I StGB, Landesverräterische Fälschung gem. § 100 a I und II StGB, Bildung einer kriminellen

e) Verdachtsgrad

Der Verdachtsgrad „bestimmte Tatsachen" ist kaum geklärt; durch die Rechtsprechung ist dies wie bei 100 a StPO nicht zu erwarten[1206]. Dieser in der StPO mehrfach verwendete Begriff wird je nach Maßnahme unterschiedlich ausgelegt[1207], was zusätzlich gegen eine Konkretisierungsmöglichkeit spricht. Im Ergebnis wird diese Klausel bei § 100 c I Nr. 3 StPO als einfacher Tatverdacht auf konkreter Tatsachengrundlage ausgelegt[1208]. Da nach der Rechtsprechung des *Bundesverfassungsgerichts* der Verdachtsgrad umso höher sein muss, je stärker der Eingriff in die Beschuldigtenrechte ist[1209], kann die Verdachtsschwelle nicht als ausreichend angesehen werden. Zumal der Verdacht auch dann gegeben ist, wenn es überwiegend wahrscheinlich ist, dass der Beschuldigte die Tat nicht begangen hat[1210]. Dass einfacher Tatverdacht auch im Fall der Verstrickung nach § 100 d III S. 4 StPO gilt, ist erst recht kritisch zu bemerken[1211]. Nötig ist dringender Tatverdacht[1212] – wie etwa in den USA[1213].

Vereinigung in einem besonders schweren Fall gem. § 129 IV i.V.m. § 129 I StGB, Unterstützung einer terroristischen Vereinigung gem. § 129 a III sowie § 129 a V S. 1 2. Halbsatz und S. 2, jeweils auch i.V.m. § 129 b I StGB. Außerdem seien die Bezugnahmen auf nachstehende Vorschriften verfassungswidrig: § 152 a V i.V.m. § 149 I StGB, § 52 a Waffengesetz außer § 52 a II Waffengesetz in der Fassung des Gesetzes zur Änderung des Waffenrechts vom 31. Mai 1978 (BGBl. I, S. 641), § 53 I S. 1 Nr. 1, 2 S. 2 Waffengesetz in der Fassung des Gesetzes zur Änderung des Waffengesetzes vom 4. März 1976 (BGBl. I, S. 417), § 22 a I und III Kriegswaffenkontrollgesetz in der Fassung des Gesetzes zur Änderung des Waffenrechts vom 31. Mai 1978 (BGBl. I, S. 641; ehemals § 16 Kriegswaffenkontrollgesetz), § 129 a III StGB in der Fassung des Sechsten Gesetzes zur Reform des Strafrechts vom 26. Januar 1998 (BGBl. I, S. 164) sowie § 129 a III StGB in der bis zum 27. Dezember 2003 geltenden Fassung des Gesetzes zur Einführung des Völkerstrafgesetzbuches vom 26. Juni 2002 (BGBl. I, S. 2254); vgl. *BVerfGE* 109, (279), 348 f.

1206 So wegen des ineffektiven Rechtsschutzes bei § 100 a StPO *Krause*, FS-Hanack, S. 233.

1207 *Bernsmann/Jansen*, StV 1998, 219 f. m.w.N. zu verschiedenen Interpretationen in Fn. 38 (219).

1208 *Bernsmann/Jansen*, StV 1998, 220; *Brodag*, Kriminalistik 1999, 746 u. Fn. 17 (749); *Frister*, StV 1996, 455; *Vahle*, Kriminalistik 1998, 381 u. Fn. 9.

1209 *Krause*, FS-Hanack, S. 233 f. m. Rechtsprechungsnachweisen; vgl. zur entspr. „Je-desto-Formel" im Polizeirecht *Würtenberger/Heckmann/Riggert*, Rn. 284.

1210 *Frister*, StV 1996, 455; zustimmend *Momsen*, ZRP 1998, 460.

1211 *Momsen*, ZRP 1998, 461, Fn. 16.

1212 *Denninger*, StV 1998, 402 unter Hinweis auf § 15 IV HSOG. *Krause*, FS-Hanack, S 234 m.Verweis auf die (polizeirechtliche) Entscheidung des *Sächs-*

Es wird vorgeschlagen, „bestimmte Tatsachen" nur dann anzunehmen, wenn im konkreten Fall ein Verdachtsbezug zur Organisierten Kriminalität besteht[1214].

Der Verdachtsgrad des § 100 c I Nr. 3 StPO ist allerdings nach dem *Bundesverfassungsgericht* nicht zu beanstanden, da er wortgleich die entsprechende Kautel des Art. 13 III GG wiederhole[1215]. „Bestimmte Tatsachen" sei weniger als hinreichender oder dringender Tatverdacht. Es müssten vielmehr nur konkrete und in gewissem Umfang verdichtete Umstände als Tatsachenbasis für den Verdacht vorliegen[1216]. Diese Tatsachen seien sowohl im Antrag als auch in der Anordnung zu bezeichnen. Eine erhöhte Wahrscheinlichkeit für das Vorliegen einer Katalogtat wird als erforderlich angesehen. Ein dringender Tatverdacht sei nicht zu fordern, da anderenfalls die Tat bereits offensichtlich sein müsse und damit die Maßnahme der akustischen Wohnraumüberwachung fast gar keinen Anwendungsbereich mehr habe. Systematisch solle die Ermittlung durch § 100 c I Nr. 3 StPO erst einen gem. §§ 170 I bzw. 203 StPO notwendigen hinreichenden Verdacht bzw. einen dringenden Verdacht im Sinne des § 112 I S. 1 StPO erbringen.

Obwohl eine Erwähnung in Art. 13 III GG fehle, sei die Maßnahme auch zur Erforschung des Aufenthaltsortes des Beschuldigten zulässig. Das *Bundesverfassungsgericht* versteht dieses Fahndungsziel im Anschluss an die Gesetzesbegründung[1217] als Unterfall der Sachverhaltserforschung.

f) Kriterium der Organisierten Kriminalität

Dieser Begriff, der Angelpunkt der Diskussion war und häufig als Rechtfertigungsgrund für die Einführung der akustischen Wohnraumüberwachung genannt wurde[1218], taucht im Gesetz nicht mehr auf. Auch die eventuelle Berücksichtigung beispielsweise in der Angemessenheitsprüfung oder beim Tatverdacht begegnet Schwierigkeiten, da der Begriff

---

VerfGH, LKV 1996, 292; *Momsen*, ZRP 1998, 462; a.A. *Schily*, ZRP 1999, 130.

1213 *Raum/Palm*, JZ 1994, 448 (*probable cause*: für Katalogtat und als Erforderlichkeitsprognose für Wohnraumüberwachung).

1214 *Krause*, FS-Hanack, S. 240.

1215 *BVerfGE* 109, (279), 350 ff.

1216 *BVerfGE* 109, (279), 350 f. unter Hinweis auf *BVerfGE* 100, (313), 395.

1217 BT-Drucks. 13/8650, S. 5 u. BT-Drucks. 13/8651, S. 13.

1218 Sogar der Bestand des Staates sei in Gefahr: *Zachert*, DRiZ 1992, 356.

der Organisierten Kriminalität weitgehend ungeklärt ist[1219] und das Gefährdungspotential unterschiedlich bewertet wird[1220].
Als entscheidende, aber doch unscharfe Elemente werden genannt: Gewerbsmäßigkeit, Beteiligung von mehr als zwei Personen, Einflussnahme insbesondere auf den Staat[1221]. Obwohl es sich bei „Organisierter Kriminalität“ um einen deskriptiven, keinen juristischen Begriff handeln soll[1222], ist es nicht gelungen, ihm wirklich Konturen zu verleihen. Hinzu kommt die Schwierigkeit, im Einzelfall den Verdacht zu prognostizieren, dass Mitglieder der Organisierten Kriminalität beteiligt sind[1223]. Es ist daher festzustellen, dass in der Praxis dem Kriterium der Organisierten Kriminalität keine Bedeutung zukommt[1224].

g) Anordnungsdauer und Begründungspflicht

Hier erscheint die Anordnungsdauer von vier Wochen problematisch; in anderen Ländern wird nur für zwei Wochen die Anordnung ausgesprochen[1225]. Höchst angreifbar erscheint, dass die weitere Verlängerung de lege lata nicht davon abhängt, inwieweit die Maßnahme schon Erfolge gezeitigt hat und somit die Erforderlichkeit gar nicht thematisiert wird[1226].
Als unwahrscheinlich muss gelten, dass eine Korrektur über die Subsidiaritätsklausel oder die allgemeine Verhältnismäßigkeitsprüfung möglich ist[1227]. Es besteht keine gesetzliche Begründungspflicht (vgl. § 100 d I 2 StPO i.V.m. § 100 b II StPO), zumal der Rückgriff auf § 100 b StPO schon wegen der höheren Intensität des § 100 c I Nr. 3 StPO als nicht gelungen erscheint[1228].
Zudem wird dadurch Art. 19 IV GG nicht Rechnung getragen, da gerichtlich schwerlich etwas überprüft werden kann, was nicht hinreichend

---

1219 *BVerfGE* 109, (279), 338 ff.; kritisch: *Krause*, FS-Hanack, S. 239; *Raum/Palm*, JZ 1994, 447.
1220 Zweifelnd an der wirklichen Bedrohung: *Staechelin*, ZRP 1996, 432.
1221 Vgl. Nr. 2 der Gemeinsamen Richtlinie der Justizminister/-senatoren und der Innenminister/-senatoren der Länder über die Zusammenarbeit bei der Verfolgung der Organisierten Kriminalität, zitiert bei: *Raum/Palm*, JZ 1994, 447.
1222 *Schily*, ZRP 1999, 131.
1223 *Krause*, FS-Hanack, S. 239 f.
1224 *Krause*, FS-Hanack, S. 240.
1225 *Krause*, FS-Hanack, S. 240 mit Blick auf Belgien und m.w.N.
1226 *Krause*, FS-Hanack, S. 240 f.
1227 Dafür: *Krause*, FS-Hanack, S. 241.
1228 *Krause*, FS-Hanack, S. 241f.

dokumentiert ist[1229]. Zwar besteht ein strenger Richtervorbehalt. Da aber der Richter außer bei der Anordnung keine persönliche Verantwortung übernehmen muss (Benachrichtigung der Betroffenen; eigene Berichtspflicht mit namentlicher Veröffentlichung[1230]), ist genauso von einer extensiven Genehmigungspraxis wie bei der Telefonüberwachung[1231] auszugehen. Jedoch unternimmt nicht der Ermittlungsrichter die Auswertung der gefundenen Materialien[1232]. Im Gegensatz zu der Staatsanwaltschaft ist aber gerade ihm wegen seiner Prozessrolle eine unparteiliche Auswertung zuzutrauen[1233].

Dies erkennt die Rechtsprechung an[1234]: Zur Begründung der Erweiterung von § 252 StPO um ein Vernehmungsverbot von Polizisten und Staatsanwälten als Zeugen hatte sich die Rechtsprechung zunächst darauf gestützt, dass die StPO bei einer Vernehmung eines Zeugnisverweigerungsberechtigten durch diese Personen keine Belehrungspflicht kannte[1235]. Allerdings ist dieser Argumentation der Boden entzogen, da in der Folgezeit die Belehrungspflichten von Staatsanwaltschaft und Polizei statuiert wurden. Dennoch hielt die Rechtsprechung an der Unterscheidung zwischen richterlicher und nichtrichterlicher Vernehmung fest und begründete dies mit der Intention des Gesetzgebers. Dieser zeige durch die Regelungen von § 251 StPO, dass er zwischen diesen beiden Vernehmungsarten differenziere[1236].

Der Ermittlungsrichter muss nicht etwa genau die betroffenen Räume bezeichnen[1237]. Eine Genehmigung nach § 100 c I Nr. 3 StPO erfasst –

1229 *Krause*, FS-Hanack, S. 246.

1230 So in den USA: *Böttger/Pfeiffer*, ZRP 1994, 8 u. 13, die besonders die „*wiretap reports*" für sehr effizient halten; ebenso: *Dombek*, NJ 1998, 119; *Raum/Palm*, JZ 1994, 448 f.; kritisch auch: *Denninger*, StV 1998, 405; *Frister*, StV 1996, 456; *Welp*, StV 1994, 163.

1231 Vgl.: *Böttger/Pfeiffer*, ZRP 1994, 8 u. 14 (Schätzung für 1992: 500.000 Personen); gleiche Schätzung: *Welp*, StV 1994, 162; *Dombek*, NJ 1998, 119.

1232 So die Forderung *de lege ferenda* im Fall von Tagebüchern: *Wolter*, Aspekte, S. 28; vgl. auch: *Welp*, JZ 1972, 424 f. zu § 110.

1233 So für § 110 StPO: *Welp*, JZ 1972, 425 ff. gerade im Hinblick auf die Fernwirkungsproblematik. Die Staatsanwaltschaft ist im dienstlichen Verkehr auch nicht zur Verschwiegenheit gem. § 61 I BBG verpflichtet, so dass es viele potenzielle Mitwisser gibt: *Welp*, JZ 1972, 427.

1234 *BGHSt.* 21, (218), 219.

1235 Vgl. etwa *BGHSt.* 2, 99 ff.

1236 *BGHSt.* 21, (218), 219; vgl. zum Ganzen die Darstellung von *Friedrichs*, Verwertungsverbote, S. 105 f. m.w.N.

1237 *Van de Reyt*, ZStW 107 (1995), 219.

gleichsam als Annexkompetenz – die erforderlichen technischen Maßnahmen in der Wohnung[1238]. Gerade die erhöhte Verantwortung und Arbeitsbelastung des Richters lässt ihn in den USA mit Genehmigungen zurückhaltend sein[1239]. Angesichts dieser schwierigen Konstellation bei der Verhältnismäßigkeitsprüfung kann es nicht als ausreichend betrachtet werden, dass von den Gerichten die Anordnung einer bloßen Willkürkontrolle unterstellt wird[1240]. Hinzu kommt, dass im Eilverfahren gewonnene Beweise selbst bei richterlicher Nichtbestätigung verwertet werden dürfen[1241].
Der Richtervorbehalt des § 100 d II und IV S. 1 und S. 2 StPO hat vor dem *Bundesverfassungsgericht* Bestand[1242]. Wichtig ist allerdings, dass das Gericht bei der Anordnung der Maßnahme den Beschluss nachvollziehbar begründet. In dem Beschluss sind insbesondere auch die speziellen Räume zu bezeichnen, in denen die Überwachung zulässig sei, wenn andere Räume gar nicht in Betracht kämen. Es könnte außerdem erforderlich sein, bestimmte Personen wie engste Vertraute von der Maßnahme auszunehmen. Sobald eine gesetzliche Anordnungsvoraussetzung fortfalle, müsse das Gericht die Maßnahme abbrechen lassen. Diese regelmäßige gerichtliche Prüfung werde dadurch gewährleistet, dass gem. Art. 13 III S. 2 GG i.V.m. § 100 d IV S. 1 StPO eine Höchstfrist von vier Wochen für die Gültigkeit der Anordnung gelte.
Die Eilkompetenz des Vorsitzenden der Staatsschutzkammer gem. § 100 d II S. 2 und 3 StPO sei nicht zu beanstanden. Obwohl die Bestätigung der Kammer gem. § 100 d II S. 3 StPO nur für die Zukunft wirkt, sieht das *Bundesverfassungsgericht* keine Umgehungsgefahr. Anders als bei der Durchsuchung sei ein Erfolg einer akustischen Wohnraumüberwachung nicht schnell erreichbar und kaum innerhalb von drei Tagen zu erwarten.

h) Rechtsschutz

Der Rechtsschutz nach § 100 d VI StPO, der durch die Anerkennung des generellen Feststellungsinteresses als Fortschritt anzusehen ist, hat Schwächen: Wegen der weiten Ermessenspielräume bei der Anordnung der Maßnahme, ist der Rechtsschutz bereits verkürzt. Auch dass die Be-

---

1238 Anders in den Niederlanden: *Van de Reyt*, ZStW 107 (1995), 219.
1239 *Raum/Palm*, JZ 1994, 449.
1240 *Wolter*, FG-BGH 2000, S. 989 f. m.w.N.
1241 Kritisch: *Wolter*, FG-BGH 2000, S. 989 f.
1242 *BVerfGE* 109, (279), 357 ff.

nachrichtigung in § 101 StPO von der öffentlichen Sicherheit abhängig gemacht wird, ist mit Blick auf Art. 19 IV GG äußerst problematisch[1243]. Die Lehre vom Ermessensspielraum hat wegen der Gewaltenteilung im Verwaltungsverfahren ihre Berechtigung[1244]; im Strafverfahren darf sie wegen der hohen Eingriffsintensität nur sehr bedingt zugelassen werden[1245]. Zudem kann der nicht beschuldigte Bürger mitunter wegen § 100 d IV S. 3 StPO jahrelang auf eine Entscheidung warten[1246]. Für diesen Bürger ist es ohnehin schwierig, Rechtsschutz zu erlangen[1247], da er im Regelfall nicht einmal informiert sein wird[1248]. Dazu kommt, dass das Feststellungsinteresse dieses Betroffenen nach § 100 d VI StPO vom Gesetz nicht ausdrücklich angeordnet wird.
Weiterhin wird ihm die Akteneinsicht erschwert, weil hier – zu Recht – eine Abwägung mit dem Allgemeinen Persönlichkeitsrecht des Beschuldigten zu treffen ist[1249]. Diese Rechtsschutzverkürzungen wirken auf den Bürger entmutigend, und es ist daher die gleiche Tendenz wie bei § 100 a StPO zu erwarten, nämlich eine geringe gerichtliche Kontrolldichte. Diesen Nachteil kann die Tatsache nicht aufwiegen, dass jetzt nach der Intention des Gesetzgebers das sachverhaltsnähere Gericht entscheiden soll[1250].
Ob der Tenor der Verletzung des Allgemeinen Persönlichkeitsrechts ausreichende Sühne- und Abschreckungsfunktion hat, ist mehr als fraglich[1251]. Wegen fehlenden materiellen Schadens kommt eine Entschädigung nach dem StrEG nicht in Betracht[1252].
Nach dem *Bundesverfassungsgericht*[1253] verbürgt Art. 13 I GG i.V.m. Art 19 IV GG den Betroffenen einer akustischen Wohnraumüberwachung den Anspruch, im Nachhinein von den sie tangierenden Maßnahmen zu erfahren. Hier seien die Benachrichtigungspflichten gem. § 101 I StPO nicht ausreichend. Beteiligte im Sinne dieser Vorschrift sind nach

---

[1243] *Wolter*, GA 1999, 173; vgl. auch: *Denninger*, StV 1998, 402 u. 405.
[1244] Dazu statt vieler: *Schenke*, Verwaltungsprozessrecht, Rn. 735 ff.
[1245] *Krause*, FS-Hanack, S. 248.
[1246] *Krause*, FS-Hanack, S. 248.
[1247] Kritisch: *Krause*, FS-Hanack, S. 249.
[1248] *Welp*, StV 1994, 163.
[1249] *Krause*, FS-Hanack, S. 249.
[1250] Vgl. *Laser*, NStZ 2001, 123: der Rechtsweg nach §§ 23 ff. EGGVG ist durch die Spezialvorschrift des § 100 d VI StPO ausgeschlossen.
[1251] *Krause*, FS-Hanack, S. 250.
[1252] *Krause*, FS-Hanack, S. 250.
[1253] *BVerfGE* 109, (279), 363 ff.

dem *Bundesverfassungsgericht* nicht nur der Beschuldigte oder die Wohnungsinhaber, sondern auch Gäste und sonstige abgehörte Personen. Die Benachrichtigungspflicht könne wie die Grundrechte auch beschränkt werden. Eine Zurückstellung der Benachrichtigungspflicht sei jedenfalls dann nicht gerechtfertigt, wenn die öffentliche Sicherheit oder der weitere Einsatz eines nicht offen ermittelnden Beamten gefährdet ist. Nicht alle von der öffentlichen Sicherheit umfassten Schutzgüter könnten die Benachrichtigungspflicht zurücktreten lassen. Hier müsse der Gesetzgeber vielmehr konkrete Fallgruppen benennen. Dass ein Verdeckter Ermittler in einem anderen Verfahren nicht mehr einzusetzen sei, reiche auch nicht aus. Ansonsten bestehe die Möglichkeit, dass die Benachrichtigungspflicht auf unbestimmte Zeit ausgeschlossen sei. Außerdem müsse das Gericht entgegen § 101 I S. 2 StPO bei einer lang andauernden Zurückstellung der Benachrichtigung mehrfach eingeschaltet werden. Nach derzeitiger Praxis erfolge die Information des Betroffenen erst relativ spät.
Die Entscheidung durch das Prozessgericht über die Benachrichtigung nach der Erhebung der öffentlichen Klage verletzte den Anspruch auf rechtliches Gehör gem. Art. 103 I GG. § 101 I S. 3 2. Halbsatz StPO sei daher verfassungswidrig. Auf diese Weise werde das Recht des Beschuldigten beschnitten, sich zum Vorwurf der Anklage ausreichend äußern zu können. Bei der Überprüfung durch das Prozessgericht erfahre dieses aber von Ermittlungsergebnissen, die dem Beschuldigten unbekannt blieben. Dennoch könne aus der Sicht des Beschuldigten nicht ausgeschlossen werden, dass das Gericht selbst bei einem bestehenden Verwertungsverbot diese Kenntnisse seiner Urteilsfindung zu Grunde lege. Das Verfahrensgrundrecht des Art. 103 I GG wolle aber gerade sicherstellen, dass das Gericht einen nur ihm bekannten Sachverhalt nicht zum Nachteil des Beschuldigten benutze[1254].
Dagegen hat § 101 IV S. 1 StPO Bestand. Er regelt die Verwahrung der Akten bei der Staatsanwaltschaft. Außerdem müssen nach § 101 IV S. 2 StPO die Überwachungsergebnisse erst dann zu den Akten genommen werden, wenn die Benachrichtigungspflicht eintritt. Zwar könne die Zurückhaltung der Akten durch die Staatsanwaltschaft gegen den Grundsatz eines fairen Verfahrens verstoßen. Die Verteidigungsmöglichkeiten des Beschuldigten könnten dadurch nämlich beeinträchtigt sein, was gerade dann gelte, wenn das Material auch entlastende Informationen enthalte. Allerdings komme hier eine Rechtfertigung in Betracht, wenn be-

[1254] *BVerfGE* 109, (279), 370 unter Bezugnahme auf *BVerfGE* 63, (45), 59.

sondere Umstände vorlägen. Soweit die in § 101 I S. 1 StPO genannten Voraussetzungen der Verfassung entsprächen, sei die Regelung des § 101 IV S. 2 StPO zulässig.
Es bestehe auch ein dem Art. 19 IV GG genügender ausreichender nachträglicher Rechtsschutz, der für den Beschuldigten und den Wohnungsinhaber aus § 100 d VI StPO folge. Da damit der Rechtsschutz anderer Personen nicht eingeschränkt werden solle, könnten diese Betroffenen eine Beschwerde gem. § 304 StPO erheben. Das Rechtsschutzinteresse sei wegen eines tiefgreifenden Grundrechtseingriffs regelmäßig gegeben. Dieser werde schon abstrakt dadurch indiziert, dass die Anordnungsbefugnis einem Richter vorbehalten sei. § 100 d VI S. 2 1. Halbsatz StPO sei aber wiederum wegen des Verstoßes gegen das rechtliche Gehör insoweit verfassungswidrig, als der Beschuldigte noch nicht über die Ergebnisse der Maßnahme unterrichtet worden sei.

2. Ergebnis: Weiterer Grund

Das Gesetz in seiner jetzigen Form schützt insgesamt die Verfahrensrechte der Beteiligten nicht genügend. Dies bedeutet zwar noch nicht *eo ipso* die Verfassungswidrigkeit von § 100 c I Nr. 3 StPO[1255]. Es besteht die Gefahr, dass § 100 c I Nr. 3 StPO zu einer „Standardmaßnahme" wird[1256]. Der Vorschlag, bei Verfahrensverstößen Beweisverwertungsverbote anzunehmen[1257] und die Figur des hypothetischen rechtmäßigen Ersatzeingriffs nur noch ausnahmsweise zuzulassen[1258], wird in der Praxis nicht realisierbar sein. Gerade bei einer strafprozessualen Regelung muss der aus dem Rechtsstaatsprinzip abgeleitete Bestimmtheitsgrundsatz besonders berücksichtigt werden[1259]. Neben der Eingriffsintensität sprechen also gerade die zu niedrigen und nur bedingt einer Korrektur zugänglichen Eingriffsvoraussetzungen dafür, die Zeugnisverweigerungsrechte besonders zu betonen.
Aus diesen Gründen wird unter Hinweis auf § 97 StPO ausgeführt, dass die Verhältnismäßigkeitsprüfung in § 100 d III S. 3 StPO regelmäßig zu

---

[1255] *Denninger*, StV 1998, 405.

[1256] *Frister*, StV 1996, 457. Bislang ist von dem Mittel der akustischen Wohnraumüberwachung aber eher sparsam Gebrauch gemacht worden.

[1257] *Krause*, FS-Hanack, S. 243 selbst weist aber gerade auf die gegenteilige Praxis bei § 100 a StPO hin.

[1258] Völlig gegen diese Figur: *Krause*, FS-Hanack, S. 243, Fn. 87; *Wolter*, GA 1999, 180 m.N. will sie unter strengen Voraussetzungen zulassen.

[1259] Kritisch zur Aushöhlung des Bestimmtheitsgrundsatzes: *Wolter*, GA 1999, 166 f.; vgl. auch: *BGH*, JZ 1995, 843 (Sedlmayr); *Zachert*, DRiZ 1992, 356.

Gunsten der Gehilfen nach § 53 a I StPO ausfallen wird[1260]. Hier bietet sich ebenfalls ein Beweiserhebungsverbot an.

3. Verhältnismäßigkeitsprinzip des § 100 d III 3 StPO

An diesen Befunden für die Gruppen der §§ 52 I und 53 a I StPO könnte sich etwas ändern, wenn man die Einführung eines relativen Beweisverwertungsverbotes für gelungen hält[1261]. Generelle methodologische Einwände gegen das Verhältnismäßigkeitsprinzip, es sei zur Lösung von Wertkonflikten ungeeignet[1262], sind nicht schlüssig.

Es gibt kein anderes Mittel in der juristischen Praxis, um Prinzipienkonflikte besser zu lösen, zumal wenn man sich zu einer Interessen- und keiner Begriffsjurisprudenz bekennt[1263]. Im präventiven Bereich wird die Anwendung des Verhältnismäßigkeitsgrundsatzes für gut praktikabel gehalten[1264]. Prinzipiell kann im repressiven Bereich nichts anderes gelten[1265]. Gerade bei der Sicherung von Grundrechten kommt ihm eine wichtige Funktion zu, da mit seiner Hilfe grundrechtsbeschränkende Vorschriften wiederum eingeschränkt werden[1266]. Bei § 100 d III S. 3 StPO jedoch wird die Funktion des Verhältnismäßigkeitsgrundsatzes gerade in sein Gegenteil verkehrt: Er wird zur Relativierung von grundrechtsähnlichen Positionen eingesetzt[1267].

Bezeichnend ist bereits, Abwägungen im Bereich der Menschenwürde vornehmen zu wollen[1268]. Es wird sogar behauptet, hinter eine effektive

---

1260 *Schäfer*, FS-Hanack, S. 98.

1261 Das relative Beweisverwertungsverbot wurde auch in die Neuregelung gem. § 100 c VI S. 2 StPO aufgenommen (vgl. das Gesetz vom 24. Juni 2005 zur Umsetzung des Urteils des *Bundesverfassungsgerichts* vom 3. März 2004 – akustische Wohnraumüberwachung, BGBl. 1, S. 1841).

1262 Zu weitgehend *Köhler*, ZStW 108 (1995), 15 ff. m.w.N.

1263 Dazu rechtstheoretisch *Alexy*, Theorie, S. 143 ff.; kritisch zu der Möglichkeit einer rationalen Lösung von Prinzipienkonflikten *Kelsen*, Gerechtigkeit, S. 16.

1264 Vgl. *Bernsmann/Jansen*, StV 1998, 223.

1265 Vgl. *Werle*, JZ 1991, 487 zur Anwendung bei Zeugnisverweigerungsrechten.

1266 Paradebeispiel: Wechselwirkungslehre bei Art. 5 GG; vgl. *Pieroth/Schlink*, Grundrechte, Rn. 595 ff. m.w.N; s. auch *BGHSt.* 31, (296), 298 (Raumgespräch).

1267 *Wolter*, FG-BGH 2000, S. 988 m.N. Bezeichnend ist auch folgende Formulierung eines Praktikers: Es sei zu prüfen, ob das „Vertrauensverhältnis (...) nicht außer Verhältnis zu dem Interesse, den Sachverhalt zu erforschen bzw. den Aufenthalt des Täters zu ermitteln, steht." (*Brodag*, Kriminalistik 1999, 747); s. auch *Wolter*, GS-Meyer, S. 493 f.; *Wolter*, Beweisverbote, S. 337.

1268 *Hetzer*, ZRP 1998, 412.

Strafverfolgung müsse die Menschenwürde teilweise zurücktreten[1269]. Außerdem werde die Privatsphäre des Menschen nicht vollständig entblößt, da die Strafverfolgungsbehörde die Daten beispielsweise nicht an den Sozialhilfeträger weitergeben dürfen[1270].

Allerdings obliegt es nach der Wesentlichkeitstheorie dem Gesetzgeber, die entscheidenden Konflikte selbst zu regeln[1271]. Hier stellen sich schwierige Abwägungsfragen, mit denen selbst ein Richter überfordert sein könnte[1272]. Dass der Verhältnismäßigkeitsgrundsatz immer nur Mittel zur Lösung von Prinzipienkonflikten sein kann, eine Lösung aber nicht vorgibt[1273], demonstriert die Uneinigkeit der BGH-Senate im Bereich der Beweisverwertungsverbote[1274]. Das muss bereits als gewichtiger Einwand gegen § 100 d III S. 3 StPO[1275] gelten. Nimmt man die Wertung des Gesetzgebers ernst und setzt die Zeugnisverweigerungsrechte absolut[1276], dann sind sie abwägungsfest und dürfen nicht wie in § 100 d III S. 3 StPO durch das Verhältnismäßigkeitsprinzip relativiert werden[1277], im Übrigen nicht einmal zur Entlastung des Beschuldigten[1278]. Teilweise wird angenommen, dass bei nicht absichtlicher Umgehung ein Beweisverwertungsverbot ausreichen könnte[1279].

1269 *Cassardt*, ZRP 1997, 374; *Hetzer*, ZRP 1998, 412 hält dies für vertretbar; ähnlich *Meyer/Hetzer*, NJW 1998, 1029 m.w.N.

1270 *Cassardt*, ZRP 1997, 375.

1271 Vgl. auch *Wolter*, FG-BGH 2000, S. 970 u. 1005, der eine Lösung über den Grds. des Vorbehalts des Gesetzes in ähnlichen Fällen befürwortet. Dies gilt in besonderem Maße für den Konflikt zwischen Strafverfolgungsinteresse und Grundrechten (hier Pressefreiheit) *BVerfGE* 20, 162, (187).

1272 *K.-H. Groß*, StV 1996, 564; *Vahle*, Kriminalistik 1998, 381 spricht von „juristischer Kaffeesatzleserei".

1273 Dies ist der Trugschluss, von einer Form auf den Inhalt schließen zu können; vgl. auch *Köhler*, ZStW 108 (1995), 15; ebenso *Alexy*, Theorie, S. 152.

1274 Dazu mit Beispielen *Wolter*, FG-BGH 2000, S. 998 f.

1275 Kritisch zur Begrenzungsfunktion des § 100 d III S. 3 StPO auch *Schroth*, JuS 1998, 972.

1276 *Wolter*, GA 1999, 165 u. 168.

1277 *Wolter*, GA 1999, 167; allgemein *Wolter*, Aspekte, 23 f.; ähnlich auch *Böttger/Pfeiffer (Pfeiffer)*, ZRP 1994, 17, der generell für § 100 c I Nr. 3 StPO votiert.

1278 Vgl. in ähnlichem Zusammenhang; *Wolter*, GS-Meyer, S. 508.

1279 Hierzu tendiert *Wolter*, GA 1999, 168 unter Bezugnahme auf *Roxin*; ebenso *Wolter*, Beweisverbote, S. 337; für ein generelles Beweiserhebungsverbot *Welp*, StV 1994, 164.

Dem öffentlichen Recht ist indes eine Aufspaltung des subjektiven Prognoserahmens und der objektiven Lage eher fremd[1280], so dass man besser einheitlich auf die objektive Rechtsverletzung abstellen sollte. So vermeidet man, dass letztlich der Zufall wegen der *ex-ante*-Sicht des Ermittlungsbeamten darüber entscheidet, ob eine Beweiserhebung rechtmäßig erfolgt[1281]. Es kommt hinzu, dass Beweisverwertungsverbote zunehmend wegen der Wahrheitserforschungspflicht der Gerichte als Ausnahme angesehen werden[1282]. Selbst bei erheblichen Rechtsverstößen wird im Zweifel das Beweismittel zugelassen[1283]. Infolgedessen wird es bei § 100 d III S. 3 StPO wohl kaum zu einer restriktiven Praxis kommen. Einen Hinweis darauf gibt der Wortlaut des § 100 d III S. 3 StPO, der die Verwertung als den Regelfall nahe legt[1284]. Hinzu kommt, dass ein relatives Beweisverwertungsverbot dazu führt, dass das Vertrauensverhältnis zwischen Angehörigen beeinträchtigt wird[1285]. Selbst bei der Annahme eines absoluten Beweisverwertungsverbots[1286] wäre dies der Fall. Außerdem muss man beachten, dass die Verletzung der Privatsphäre irreversibel ist[1287] und ein nur ungenügender Rechtsschutz zur Verfügung steht. Zudem steht einer mittelbaren Verwertung nichts entgegen, da sich die Strafverfolgungsbehörde auf Grundlage ihrer Kenntnis andere Beweise verschaffen kann[1288]. So läuft das Verwertungsverbot leer. Es besteht also ein fundamentaler Unterschied zwischen Verwertungsverbot und Erhebungsverbot[1289].
Für das Verhältnismäßigkeitsprinzip scheint zu sprechen, dass eine abstrakte Bestimmung des Wesensgehalts der Menschenwürde sehr problematisch ist[1290]. Angesichts der Heimlichkeit und der damit verbunde-

---

[1280] Ausnahme nach h.M. beim Anscheinsstörer im Polizeirecht.

[1281] *Wolter*, FG-BGH 2000, S. 997.

[1282] Explizit *BGH* JZ 1995, 842 (Sedlmayr); kritisch *Wolter*, GA 1999, 180.

[1283] *Wolter*, FG-BGH 2000, S. 990; vgl. auch *Dombek*, NJ 1998, 119.

[1284] *Momsen*, ZRP 1998, 461.

[1285] Zutreffend *Denninger*, StV 1998, 405 f.; *Hassemer*, DRiZ 1992, 358; *Kretschmer*, Jura 1987, 590; vgl. auch *Böttger/Pfeiffer*, ZRP 1994, 15.

[1286] Für Ehegatten *Zachert*, DRiZ 1992, 356 u. Fn. 3, 357.

[1287] *Guttenberg*, NJW 1993, 570; *Leutheusser-Schnarrenberger*, ZRP 1998, 88 u. 91.

[1288] *Welp*, StV 1994, 164.

[1289] A.A. *Eylmann/Kempf/Hamacher (Eylmann)*, AnwBl. 1998, 191.

[1290] Vgl. *Cassardt*, ZRP 1997, 373 am Beispiel des Sondervotums der so genannten 2. Tagebuchentscheidung; *Guttenberg*, NJW 1993, 571; *Raum/Palm*, JZ 1994, 451; *Ruthig*, JuS 1998, 514; ausführlich zu Konkretisierungsversuchen *Lorz*, Grund- und Menschenrechtsverständnis, S. 275 ff.

nen Objektrolle der Beteiligten[1291], die *per se* noch keinen Menschenwürdeverstoß beinhaltet[1292], kann Folgendes festgehalten werden: Das Angehörigengespräch in der Wohnung gehört zum Kernbereich des Allgemeinen Persönlichkeitsrechts (Intimsphäre), da die Wohnung den letzten Rückzugsbereich des Menschen bildet[1293]. Dies ist zudem aus Art. 6 I GG ableitbar[1294]. Hierdurch wird nicht nur das *forum internum* geschützt, sondern gerade die intime Kommunikation zwischen Ehepartnern[1295]. Das materielle Strafrecht respektiert dies ebenfalls[1296]. Es wäre daher als verfehlt anzusehen, Kommunikation normativ der Sozialsphäre zuzuordnen[1297]. Begreift man Art. 13 GG als Grundrecht mit kommunikativer Schutzrichtung[1298], dann wird der Grundrechtsschutz noch weiter verstärkt. Zur Absicherung wird sogar die (deklaratorische) Anerkennung des Rechts auf Privatheit in der StPO gefordert[1299].
Grundrechte schützen die Betroffenen auf zwei Ebenen: einmal räumlich-gegenständlich (Art. 10 GG und Art. 13 GG) und zum anderen personal (in erster Linie das Allgemeine Persönlichkeitsrecht)[1300]. Situativ kann die Verstärkung der einen Schutzrichtung die Schwäche der anderen ausgleichen. Hinzu kommt, dass es keine Rechtfertigung für Aufop-

---

1291 *Denninger*, StV 1998, 402; *Guttenberg*, NJW 1993, 571; *Raum/Palm*, JZ 1994, 451.

1292 *Cassardt*, ZRP 1997, 373; nach st. Rechtsprechung muss noch das subjektive Element der Verachtung oder Erniedrigung hinzutreten *BVerfGE* 30, (1), 26; enger *Denninger*, StV 1998, 403; generell kritisch zum Kriterium der „Herabwürdigung" *Guttenberg*, NJW 1993, 572 f.

1293 Ebenso *BGHSt.* 31, (296), 300 (Raumgespräch); *Böttger/Pfeiffer (Böttger)*, ZRP 1994, 14; *Guttenberg*, NJW 1993, 572; *Hassemer*, DRiZ 1992, 358; *Kempf*, AnwBl. 1997, 651; *Momsen*, ZRP 1998, 462; *Raum/Palm*, JZ 1994, 451; *Wolter*, Aspekte, S. 25 u. Fn. 51; i.E. a.A. *OLG Düsseldorf*, NJW 1995, 976.

1294 *Kempf*, AnwBl. 1997, 651.

1295 *BGHSt.* 31, (296), 300 (Raumgespräch); vgl. *Hund*, ZRP 1995, 335; *Welp*, StV 1994, 164; vgl. auch SK-StPO-*Wolter*, Vor § 151, Rn. 132; s. auch *Petry*, Beweisverbote, S. 45 f.

1296 Keine Strafbarkeit nach §§ 185 ff. StGB; vgl. *BVerfG* StV 1994, 435 (Briefüberwachung in JVA); *Weigend*, Gutachten, C 69.

1297 So aber *Zachert*, DRiZ 1992, 356.

1298 So etwa *Momsen*, ZRP 1998, 461.

1299 *Wolter*, Aspekte, S. 24; früher wurde die Bedeutung des Allgemeinen Persönlichkeitsrechts unterschätzt: vgl. z.B. *Rudolphi*, FS-Schaffstein, S. 445 f.

1300 Dieser entscheidende Unterschied wird am klarsten von *Köhler*, ZStW 108 (1995), 26 herausgestellt.

ferung der Menschenwürde der nicht beteiligten Familienangehörigen gibt[1301]. Nicht zu unterschätzen ist die Gefahr der illegalen Verwendung der erhobenen Daten[1302]. Da Effektivitätserwägungen die Menschenwürde nicht relativieren dürfen[1303], ist der Einwand unbeachtlich, dass damit die akustische Wohnraumüberwachung ihren Sinn verliere[1304]. Man hat ferner der Tatsache Beachtung zu schenken, dass der Beschuldigte unter einem psychischen Druck steht, sich mit seinen Angehörigen zu besprechen[1305]. Dieser wird typischerweise so groß sein, dass er eine Qualität wie eine verbotene Täuschung nach § 136 a StPO erreichen wird. Der Angehörige wird zum „Ohr" der Strafverfolgung, die ihn qua überlegenen Wissens wie ein Werkzeug gegen den Beschuldigten einsetzt.

Damit ist eine Abwägung unter Verhältnismäßigkeitsgesichtspunkten unzulässig. Diese Entscheidung kann man nicht als „kriminalpolitische" Wertung abtun[1306]. Sie entspricht der Rechtsprechung des *Bundesverfassungsgerichts*[1307] und des *Bundesgerichtshofs*[1308], die gerade in Abwägungsfragen faktisch nicht nur wertinterpretierend, sondern wertsetzend tätig werden[1309]. Deren Judikate werden über Art. 3 I GG in gewissem Umfang für die spätere Rechtsprechung bindend[1310].

1301 *Guttenberg*, NJW 1993, 573.

1302 Allgemein *Böttger/Pfeiffer (Böttger)*, ZRP 1994, 15; zu denken wäre etwa an Erpressung oder an den Verkauf von Daten an Unternehmen oder Kriminelle; kritisch auch *Eylmann/Kempf/Hamacher (Hamacher)*, AnwBl. 1998, 186; *Momsen*, ZRP 1998, 461.

1303 Zum Unverfügbaren im Strafprozess *Wolter*, GS-Meyer, S. 510 ff., insb. S. 514.

1304 *Eylmann/Kempf/Hamacher (Kempf)*, AnwBl. 1998, 190

1305 Eine staatlich erzeugte Drucksituation wird als klassische Konstellation für die (analoge) Anwendung des § 252 StPO erachtet; vgl. *Sternberg-Lieben*, JZ 1995, 847.

1306 *Kretschmer*, Jura 1987, 589 f.

1307 Der Schutz der Privatsphäre genießt einen hohen Stellenwert in der ständigen Rechtsprechung des *BVerfG*: *BVerfGE* 6, (32), 41; *BVerfGE* 27, (1), 6 (Mikrozensus); *BVerfGE* 65, (40), 43 (Volkszählungsurteil); vgl. auch *BVerfGE* 6, (389), 433 („Homosexuellenurteil") sowie *BVerfGE* 80, (367), 373 f. u. insb. (382 f. [Sondervotum]) (Tagebuchfall) trotz ihrer antiliberalen Grundtendenz. *BVerfGE* 34, (239), 245 ff. (Tonbandfall) anerkennt die besondere Schutzwürdigkeit der Privatsphäre von Ehegatten in einer Konstellation, die der akustischen Wohnraumüberwachung vergleichbar ist.

1308 Wenigstens des 2. Senats; vgl. *BGHSt.* 31, 296 ff. (Raumgespräch).

1309 Dies ist insofern zulässige „gesetzesimmanente Rechtsfortbildung", weil diese Lösung von Wertkonflikten nicht *more geometrico* vorgezeichnet, aber inner-

Das Verhältnismäßigkeitsprinzip könnte eine tragende Rolle spielen, wenn man hinsichtlich der strafprozessualen Schutzwürdigkeit innerhalb des Wohnungsbegriffs differenzieren würde. Folgende Einteilung bietet sich an: Privatwohnungen[1311], Geschäftsräume sowie bemakelte Privatwohnungen und bemakelte Geschäftsräume nach § 104 II StPO[1312]. Dass die Schutzwürdigkeit unterschiedlich ausfallen kann, ist vom *Bundesverfassungsgericht* anerkannt[1313]. Bei generell unverdächtigen Privatwohnungen und Geschäftsräumen darf ein Eingriff nicht gestattet werden. Fraglich ist nur die Gruppe der bemakelten Örtlichkeiten. Der Begriff der Räume nach § 104 II StPO ist allerdings sehr umstritten und damit unbestimmt[1314]. Daher darf der Schutz für die bemakelte Privatwohnung nicht aufgegeben werden[1315]. Allein die bemakelten Geschäftsräume stellen sich als Grenzfall dar[1316]. Zwar gilt für sie der Schutz des Art. 13 I GG[1317].

Wegen des generell größeren Sozialbezugs sowie der Abgrenzungsschwierigkeiten etwa zu § 100 c I Nr. 2 StPO[1318], ist hier das Abhören bei Personen von § 52 I StPO zuzulassen. Darüber hinaus fehlt bemakelten Geschäftsräumen das Charakteristikum einer Wohnung im eigentli-

---

halb des Systems normativ möglich ist; vgl. *Larenz/Canaris*, Methodenlehre, S. 187 f.; *Pawlowski*, Einführung, Rn. 117 ff. zum Richter als „Ersatzgesetzgeber“.

1310 Aus diesem Grund besteht auch das RsprEinhG (Schönfelder Nr. 95b).

1311 Unterschiedliche Schutzwürdigkeit von Räumen innerhalb der Privatwohnung nimmt *Ransiek*, GA 1995, 32 f. an.

1312 Vgl. *Caesar/Gerhardt (Caesar)*, ZRP 1993, 67 sowie *Eisenberg*, NJW 1993, 1037 u. 1039.

1313 *BVerfGE* 32, (54), 75 f.

1314 *Kretschmer*, Jura 1987, 586 f u. Fn. 62 (587) m. N. zum Theorienstreit.

1315 A.A. *Krey/Haubrich*, JR 1992, 313 f. (Zulässigkeit auch ohne GG-Änderung).

1316 Zwischen Privatwohnungen (unzulässig) und Geschäftsräumen (zulässig) differenziert auch *Böttger/Pfeiffer (Böttger)*; ZRP 1994, 15; ähnlich *Caesar/Gerhardt (Caesar)*, ZRP 1993, 67; Hund, ZRP 1995, 336 ff.; vgl. auch den *SPD*-Gesetzesvorschlag zitiert bei *Welp*, StV 1994, 164; ähnlich *Cassardt*, ZRP 1997, 371; für eine – als Schutzbereichsverkürzung allerdings unzulässige – Herausnahme bemakelter Geschäftsräume aus Art. 13 GG *Zachert*, DRiZ 1992, 355 f.

1317 *Brodag*, Kriminalistik 1999, 745.

1318 Im Einzelfall kann durchaus fraglich sein, ob etwa eine halboffene Markthalle von Art. 13 GG als geschützt oder nicht geschützt anzusehen ist.

chen Wortsinn, nämlich der Privatsphärenbezug[1319]. Da derartige Räume den weitaus größten Teil der abgehörten Örtlichkeiten darstellen dürften[1320], behält § 100 d III S. 3 StPO noch einen sinnvollen Anwendungsbereich. Gewicht hat das Gegenargument, dass im präventiven Bereich keine derartige Unterscheidung getroffen wird[1321]. Ein „Rückzug" der Organisierten Kriminalität in Privatwohnungen ist zwar nicht ausgeschlossen[1322], birgt aber für die Organisierte Kriminalität größere Risiken als Treffen in Geschäftsräumen[1323]. Hier entsteht kein Bruch zu den Berufsgeheimnisträgern (Beweiserhebungsverbot) und ihren Gehilfen, da es für Ärzte und Anwälte durchaus erforderlich sein kann, dass sie an einem derartigen Ort praktizieren müssen. Eine solche Interpretation deckt sich mit der Beobachtung, dass die Schutzwürdigkeit der Berufsgeheimnisträger primär aus ihrer Tätigkeit zugunsten des Beschuldigten resultiert[1324], während § 52 I StPO auf dem Allgemeinen Persönlichkeitsrecht der Angehörigen beruht. Das Allgemeine Persönlichkeitsrecht wird erst durch den Wohnungsbezug entscheidend verstärkt[1325]. Dagegen kann nicht eingewandt werden, dass Art. 13 GG gem. Art. 18 GG nicht verwirkt werden könne, die Unschuldsvermutung gem. Art. 6 II EMRK gelte und Nichtverdächtige betroffen seien[1326].

Die beiden letzteren Argumente sind generelle Argumente gegen die akustische Wohnraumüberwachung. Der Katalog des Art. 18 GG bezieht sich nicht etwa auf niederrangige Grundrechte (vgl. etwa Art. 5 I 1 1. Halbsatz GG), sondern dient in seiner Auswahl dem Schutz der Freiheitlich Demokratischen Grundordnung[1327]. Außerdem kann die Unverletzlichkeit der Wohnung reflexhaft betroffen sein[1328], etwa wenn Art. 8 GG verwirkt wurde.

1319 *Guttenberg*, NJW 1993, 572. Deshalb werden Geschäftsräume vom *EuGH* auch nicht dem europäischen Grundrecht auf Unverletzlichkeit der Wohnung unterstellt vgl. *EuGH* Slg. 1989, 2859 (Hoechst AG ./. Kommission).

1320 Vgl. zu dieser Folgerung die US-Zahlen bei *Böttger/Pfeiffer*, ZRP 1994, 10.

1321 Vgl. *Ruthig*, JuS 1998, m.H auf § 23 Bad-Württ. PolG, anders aber § 31 VI Bad-Württ. PolG.

1322 Auf diese Gefahr weist eindringlich *Zachert*, DRiZ 1992, 356 hin.

1323 *Hund*, ZRP 1995, 337.

1324 Vgl. die Bedeutung des *nemo-tenetur*-Grundsatzes.

1325 *Denninger*, StV 1998, 406.

1326 So aber *Kretschmer*, Jura 1987, 581.

1327 Zum Schutzzweck *Jarass/Pieroth*, GG, Art. 18 Rn. 1.

1328 Eine solche Reflexwirkung ist zulässig, vgl. *Jarass/Pieroth*, GG, Art. 18, Rn. 6 mit Rechtsprechungsnachweis.

Durch die Beweisregeln des § 100 d III StPO ist nach dem *Bundesverfassungsgericht* nicht gewährleistet, dass der absolut geschützte Kernbereich der privaten Lebensgestaltung von Eingriffen der Strafverfolgungsbehörden frei gehalten werde[1329]. Beim Abhören von Gesprächen des Beschuldigten mit engsten Familienangehörigen, sonstigen engsten Vertrauten und einzelnen Berufsgeheimnisträgern sei die Wahrscheinlichkeit gegeben, dass höchstpersönliche Inhalte bekannt würden. Hier dürften Maßnahmen nur ergriffen werden, wenn konkrete Anhaltspunkte dafür bestünden, dass ausnahmsweise der Kernbereich der privaten Lebensgestaltung nicht betroffen sei. Als Beispiel wird die Tatbeteiligung des Gesprächspartners genannt. Dieser konkrete Verdacht auf solche Inhalte müsse bereits bei der Anordnung der akustischen Wohnraumüberwachung bestehen; er könne nicht erst durch die Maßnahme selbst begründet werden.
Die Regelung des § 100 d III S. 1 StPO, die ein Beweiserhebungsverbot zu Gunsten von Berufsgeheimnisträgern statuiert, sei ausreichend. Das *Bundesverfassungsgericht* lässt ausdrücklich offen, ob dieses Erhebungsverbot in diesem Umfang geboten war. Dem Gesetzgeber sei es jedenfalls nicht verwehrt, zusätzliche Beweisermittlungsverbote zu begründen, um besonders schützenswerte Vertrauensverhältnisse abzusichern.
Dagegen wird § 100 d III S. 3 StPO scharf kritisiert. Die sonstigen engsten Vertrauten würden hier vollkommen außen vor gelassen und hätten gar keinen Schutz. Zwar könnte möglicherweise über die Beweisregel des § 100 d III S. 2 StPO diese Lücke geschlossen werden. Denn wenn bei sonstigen engsten Vertrauten ohne Zeugnisverweigerungsberechtigung der Kernbereich der privaten Lebensgestaltung berührt sei, ergebe sich ein Verwertungsverbot[1330]. Hier sei zwar absehbar, dass sämtliche Erkenntnisse aus der Maßnahme einem Verwertungsverbot unterlägen, was bereits zu einem Erhebungsverbot führe. Dennoch habe der Gesetzgeber bei der Schaffung des § 100 d III S. 2 StPO nicht den Fall einer

[1329] *BVerfGE* 109, (279), 328 ff. Das *Bundesverfassungsgericht* dehnt nun diese Rechtsprechung auf die präventive Telefonüberwachung aus: *BVerfG*, 1 BvR 668/04 vom 27. Juli 2005, Absatz-Nr. 161 ff. Die Telekommunikationsüberwachung müsse unterbleiben, wenn Inhalte erfasst würden, die zum Kernbereich höchstpersönlicher Lebensgestaltung zählten. Erkenntnisse dürften nicht verwertet werden, sondern seien unverzüglich zu löschen, wenn es ausnahmsweise zu ihrer Erhebung gekommen sei.

[1330] *BVerfGE* 109, (279), 329 f. unter Berufung auf KK-*Nack*, § 100 c, Rn. 24; SK-StPO-*Rudolphi/Wolter*, § 100 d, Rn. 38.

Verletzung des Kernbereichs der privaten Lebensgestaltung sonstiger engster Vertrauter vor Augen gehabt. Statt dessen sollte hier nur der allgemeine Grundsatz normiert werden, dass eine Maßnahme, die lediglich zur Gewinnung unverwertbarer Erkenntnisse führen könne, schon nicht geeignet sei, das mit einer strafprozessualen Maßnahme verfolgte Ziel der Gewinnung von verwertbaren Erkenntnissen zu erreichen[1331].
Problematisch sei zudem, dass § 100 d III S. 2 StPO nur dann ein Erhebungsverbot anordne, wenn *sämtliche* Erkenntnisse von vornherein unverwertbar seien. Daher scheide wegen des eindeutigen Wortlautes eine verfassungskonforme Auslegung aus. Denn Gespräche zeichneten sich durch eine Gemengelage der Inhalte aus, so dass selbst bei Konversationen zwischen engsten Familienangehörigen nicht immer der absolute Kernbereich betroffen sei. Damit wäre § 100 d III S. 2 StPO auf die Gespräche mit sonstigen engsten Vertrauten praktisch niemals anwendbar.
Die Ausführungen des *Bundesverfassungsgerichts* zu § 100 d III StPO sind Meilensteine.
Zunächst fällt die Aussage ins Auge, dass der Personenkreis, der im Rahmen von Art. 13 I GG zu schützen ist, nicht automatisch mit der Gruppe der Zeugnisverweigerungsberechtigten zusammenfällt. Es geht hierbei nicht um eine teleologische Reduktion etwa des § 52 I StPO im Einzelfall[1332]. Diese wäre denkbar, wenn zwischen entfernten Angehörigen *in concreto* gar keine Vertrauensbeziehung bestünde. Vielmehr wird der Kreis derer, die von einem Beweiserhebungsverbot im Rahmen des Art. 13 I GG profitieren, erheblich erweitert. Eindeutig geht dies aus der Aufzählung hervor, wonach zum schutzwürdigen Personenkreis „engste Familienangehörige, sonstige engste Vertraute und einzelne Berufsgeheimnisträger" gehören[1333]. Sonstige engste Vertraute sind damit weder Familienmitglieder noch Berufsgeheimnisträger[1334]. Damit öffnet das *Bundesverfassungsgericht* die Schleusen für eine Anerkennung eines auf dem Allgemeinen Persönlichkeitsrecht beruhenden Beweiserhebungsverbots.
Um dieses Beweiserhebungsverbot vor Umgehung zu schützen, muss dem Gesprächspartner im Prozess insoweit ein Zeugnisverweigerungs-

1331 So *BVerfGE* 109, (279), 329 f. mit Hinweis auf *BT-Drucks.* 13/9661, S. 7.
1332 Vgl. auch *Weßlau*, Urteil, S. 62 f.
1333 *BVerfGE* 109, (279), 328 f.
1334 Dies folgt auch aus dem Verweis des *BVerfGE* 109, (279), 322 auf *BVerfGE* 90, (255), 260. Dort wird nämlich von „Familienangehörigen und Vertrauenspersonen" gesprochen.

recht zugebilligt werden. Anderenfalls hätte das Beweiserhebungsverbot bei § 100 c I Nr. 3 StPO keinen Sinn. Dies führt dazu, dass aus dem Allgemeinen Persönlichkeitsrecht unter gewissen Umständen direkt ein verfassungsunmittelbares Zeugnisverweigerungsrecht abgeleitet werden kann. Die Kritik, dass das *Bundesverfassungsgericht* sich bei der Entwicklung übergesetzlicher absoluter Zeugnisverweigerungsrechte systematisch bedenklich und dann auch inhaltlich problematisch an dem geltenden absoluten Verweigerungsrecht nach § 53 StPO orientiere und daher den verfassungsrechtlichen Aussageverweigerungsgrund zwangsläufig engherzig auslege[1335], ist somit sachlich durch die vorliegende Entscheidung überholt.

Insbesondere die Anerkennung von Beweisverboten, die aus der Verletzung von Grundrechten abgeleitet werden, greift die neueste strafprozessuale Dogmatik auf und wird einen nicht zu unterschätzenden Einfluss auf Rechtsprechung und Gesetzgebung haben. Es besteht die begründete Hoffnung, dass das Gebiet der Beweisverbote nun endlich auch vom Gesetzgeber in eine systematische Ordnung gebracht wird. Die vom *Bundesverfassungsgericht* geforderte Novellierung des § 100 d III StPO sollte als gedanklicher Ausgangspunkt für eine einheitliche Gesamtkonzeption genommen werden.

Entsprechendes gilt für den Bereich der Zeugnisverweigerungsrechte bei Ermittlungsmaßnahmen. Eine Regelung, gleich ob sie bei den einzelnen Ermittlungsmaßnahmen ansetzt oder als „AT-Vorschrift“ ausgestaltet wird, darf die dogmatischen Überlegungen des *Bundesverfassungsgerichts* nicht ignorieren.

Im Einzelnen lässt sich Folgendes ableiten: Ein Beweiserhebungsverbot für Berufsgeheimnisträger nach § 53 I StPO ist zulässig, aber nicht für alle dort aufgezählten Personen erforderlich. Damit wird die Möglichkeit eröffnet, innerhalb des Personenkreises von § 53 I StPO Abstufungen zu treffen. Überhaupt wendet sich das *Bundesverfassungsgericht* nicht generell gegen die Lösung, eine Schutzabstufung durch die Normierung von Beweiserhebungsverboten einerseits und (relativen) Beweisverwer-

---

[1335] Alternativ-Entwurf Zeugnisverweigerungsrechte, S. 61 und auch S. 62. Diese Kritik war zum damaligen Zeitpunkt größtenteils gerechtfertigt. Allerdings ist die Ableitung eines verfassungsimmanenten Zeugnisverweigerungsrechts aus Art. 38 I S. 1 GG hinsichtlich des Wahlgeheimnisses anerkannt. Es steht zu hoffen, dass das *Bundesverfassungsgericht* in der jetzt eingeschlagenen Richtung bleibt und in künftigen Entscheidungen die Anforderungen an ein verfassungsimmanentes Zeugnisverweigerungsrecht weiter konkretisiert.

tungsverboten andererseits vorzunehmen. Es ist also denkbar, etwa für den Verteidiger, den Abgeordneten und den Journalisten ein Beweiserhebungsverbot zu postulieren und es etwa für Ärzte bei einem relativen Beweisverwertungsverbot zu belassen. Auch dass nachträglich durch eine Abwägung über die Verwertung entschieden wird, kritisiert das *Bundesverfassungsgericht* nicht. Es ist nur darauf zu achten, dass der abwägungsfeste Kernbereich der privaten Lebensgestaltung stets durch ein Beweiserhebungsverbot abzusichern ist. Dies gilt für alle Personen der §§ 52 I und 53 I StPO sowie für die sonstigen engsten Vertrauten.

Die Bezugnahme auf die sonstigen engsten Vertrauten ist ein Paradigmenwechsel. Die überkommene Betrachtungsweise, die unter Hinweis auf §§ 52 I und 53 I StPO auf formalisierte Vertrauens- und Kommunikationsbeziehungen abstellt, wird durchbrochen zu Gunsten einer grundrechtsbezogenen konkreten Einzelfallprüfung.

Besonders hervorzuheben ist, dass eine Überwachung von Gesprächen des Beschuldigten mit Zeugnisverweigerungsberechtigten oder sonstigen engsten Vertrauten nur dann zulässig ist, wenn bereits zum Zeitpunkt der Anordnung ein konkreter Verdacht hinsichtlich nicht geschützter Gesprächsinhalte besteht. Die richterliche Anordnung muss also Gründe angeben, warum ausnahmsweise ein Gespräch mit einem Zeugnisverweigerungsberechtigten oder einem sonstigen engsten Vertrauten abgehört werden kann. Erfolgt dies nicht, greift das Erhebungsverbot, das ein Verwertungsverbot nach sich zieht.

Durch diese Konstruktion ist außerdem ausgeschlossen, dass rechtswidrig erhobene Daten überhaupt verwendet werden dürfen. Der Staat muss nämlich beweisen, dass ausnahmsweise das Beweiserhebungsverbot nicht einschlägig ist. Die Figur eines relativen Beweiserhebungsverbotes verhindert auf diese Weise, dass Gerichte rechtswidrig erlangte Beweismittel schließlich aufgrund subjektiver Abwägungsentscheidungen doch noch verwerten.

4. Reformüberlegungen

Die Zeugnisverweigerungsrechte gem. §§ 52 ff. StPO sind im Rahmen einer Gesamtkonzeption bei Ermittlungsmaßnahmen zu berücksichtigen. Eine isolierte Novellierung von § 100 d III StPO wäre nur der zweitbeste Weg[1336].

[1336] Der *Regierungsentwurf* von September 2004 (BT-Drucks. 15/34533, Anlage 1, S. 1 ff.) (s. *Roggan*, Lauschen, S. 111 ff.; zur Kritik: *Hirsch*, Bemerkungen, S. 87 ff.) sieht allerdings die weitest gehende Übernahme von § 100 d III StPO in

Hinsichtlich des Kernbereichs privater Lebensgestaltung liegt ein Konzept vor[1337], das sich an die Erwägungen des *Bundesverfassungsgerichts*

---

den neuen § 100 c VI StPO vor. Die Kollusionsausnahme wird dahingehend verändert, dass diese gem. § 100 c VI S. 3 StPO bei Beteiligung und nicht wie zuvor bei Teilnahme gelten soll. Diese gilt für alle Berufsgeheimnisträger nach § 53 I StPO, also auch für den Verteidiger. Damit wird weiterhin die Wertung des § 148 StPO unterlaufen. Der *Bundesgerichtshof* lehnt es nämlich ab, die Überwachungsfreiheit des fernmündlichen Verkehrs analog zu § 97 II S. 3 StPO bei Kollusionsverdacht einzuschränken (vgl. *BGHSt.* 33, (347), 350; *Weßlau*, Urteil, S. 65. Die Kategorien „engster Familienangehöriger" oder „sonstige engste Vertraute" erscheinen im *Regierungsentwurf* nicht. *Denninger*, Lauschangriff, S. 19, hält die Einführung dieser Begriffe in die StPO für unabdingbar (ebenso LR-*Schäfer*, § 100 c, Rn. 46*). Allgemein zu den Anforderungen einer Novellierung des § 100 c I Nr. 3 StPO: *Ruthig*, GA 2004, 600 ff.

Der *Referentenentwurf* vom 23. Juni 2004 (BMJ: RB3-4104/13 - R5 339/2004) sah zunächst in § 100 c VI StPO lediglich eine Ausnahme für den Verteidiger und den Geistlichen vor (zum *Referentenentwurf* s. *Hannich*, DRiZ 2004, 270; *Hirsch*, Bemerkungen, S. 92). Alle anderen Zeugnisverweigerungsrechte des § 53 I StPO sollten gem. § 100 c VII S. 1 StPO nur relativ geschützt sein. Die Maßnahme wäre lediglich dann unzulässig gewesen, „soweit nicht im Einzelfall unabweisbare Bedürfnisse einer wirksamen Strafverfolgung unter besonderer Beachtung des Grundsatzes der Verhältnismäßigkeit die Maßnahme und Verwertung ausnahmsweise erfordern". Ablehnend zu den Bestrebungen des Bundesrates, hinsichtlich der Berufsgeheimnisträger wieder zur Fassung des *Referentenentwurfs* vom 23. Juni 2004 (BMJ: RB3-4104/13 - R5 339/2004) zurückzukehren (vgl. BR-Drucks. 722/04): *Stellungnahme des Deutschen Anwaltvereins* Nr. 07/2005, S. 5.

Der Regierungsentwurf liegt mit minimalen Änderungen dem am 1. Juli 2005 in Kraft tretenden Gesetz vom 24. Juni 2005 zur Umsetzung des Urteils des *Bundesverfassungsgerichts* vom 3. März 2004 (akustische Wohnraumüberwachung), zu Grunde (vgl. BGBl. 1, S. 1841; s. auch BT-Drucks. 15/5737 vom 15. Juni 2005 zur Beschlussempfehlung des Vermittlungsausschusses).

[1337] *Regierungsentwurf* von September 2004 (BT-Drucks. 15/34533, Anlage 1, S. 1 ff.) in § 100 c IV StPO (s. *Roggan*, Lauschen, S. 114). Dieser lautet: „Die Maßnahme darf nur angeordnet werden, soweit aufgrund tatsächlicher Anhaltspunkte, insbesondere zu der Art der zu überwachenden Räumlichkeiten und dem Verhältnis der zu überwachenden Personen zueinander, anzunehmen ist, dass durch die Überwachung Äußerungen, die dem Kernbereich privater Lebensgestaltung zuzurechnen sind, nicht erfasst werden. Gespräche in Betriebs- oder Geschäftsräumen sind in der Regel nicht dem Kernbereich privater Lebensgestaltung zuzurechnen. Das Gleiche gilt für Gespräche über begangene Straftaten und Äußerungen, mittels derer Straftaten begangen werden." Dieses anlehnt. Dahinter steht die Überlegung, dass innerhalb des Wohnungsbegriffs bezüglich der Schutzwürdigkeit differenziert werden kann. Hier trifft das *Bundesverfassungsgericht*[1338] eine dreifache Einteilung und entwickelt im Schutzbereich des Art. 13 I GG eine neue Dreistufentheorie. Die reinen Geschäftsräume stehen auf der untersten Stufe der Schutzwürdigkeit. Deshalb wird es für zulässig gehalten, eine widerlegliche Vermutung dafür aufzustellen, dass Gespräche hier nicht dem absoluten Kernbereich des Persönlichkeitsrechts angehörten. Der Vorteil dieser Konstruktion liegt auf der Hand. Zum einen vermeidet das *Bundesverfassungsgericht* eine starre Regelung. Stattdessen wird der Interessenkonflikt flexibel aufgelöst. Es verkennt nicht die Problematik, dass eine Einschätzung des Gesprächsinhalts nach seiner Schutzwürdigkeit eben erst nach der Erhebung möglich erscheint. Um dieses Dilemma zu vermeiden, wird auf typisierende Merkmale zurückgegriffen. Dennoch besteht die Gefahr, dass diese Optimallösung in theoretischer Hinsicht den Rechtsanwender überfordert, zumal wenn die Maßnahme von Polizeibeamten durchgeführt wird. Die Abgrenzungsprobleme sind vielfältig. Fällt es beispielsweise unter den absolut geschützten Kernbereich des Allgemeinen Persönlichkeitsrechts, wenn jemand seinem Freund und Geschäftspartner, die wegen mafiöser Verwicklungen überwacht werden, in seinem Geschäftslokal von seiner neuesten Liaison erzählt? Muss dann die Überwachung abgebrochen werden, obwohl eine nicht geringe Wahrscheinlichkeit besteht, dass inkriminierende Tatsachen später folgen werden? Wenn die Überwachung abgebrochen wurde, wann darf sie dann wieder aufgenommen werden? Ist es gestattet, die Überwachung dieses konkreten Gesprächs überhaupt noch einmal fortzusetzen? Diese Fragen, die die wirkliche Problematik nur anreißen können, wer-

---

Beweiserhebungsverbot wird durch ein Beweisverwertungsverbot in § 100 c V StPO-RegE abgesichert. Kritisch *Perne*, DRiZ 2004, 287 ff. *Leutheusser-Schnarrenberger*, ZRP 2005, 2, weist darauf hin, dass in § 100 c IV StPO-RegE das Wort „soweit" statt des strikt bedingenden „wenn" verwendet wird. Hiermit solle der rechtliche Spielraum für die Umgehung des Überwachungsverbots geschaffen werden. *Leutheusser-Schnarrenberger*, ZRP 2005, 2, bemängelt des Weiteren, dass die Bundesregierung in § 100 c IV S. 2 StPO-RegE zwar die Bedingung für die Zulässigkeit der akustischen Wohnraumüberwachung, nicht aber für die Unzulässigkeit typisierend festlegt, indem auf die Betriebs- und Geschäftsräume verwiesen werde. Viel wichtiger wäre es nach ihrer Meinung gewesen, festzustellen, dass Wohnräume regelmäßig dem Kernbereich privater Lebensgestaltung zuzurechnen sind.

[1338] *BVerfGE* 109, (279), 320 ff.

den sich in der Praxis in aller Härte stellen. Ein Beispiel dafür, dass die Umsetzung derartiger rechtlicher Vorgaben bei der Überwachung funktionieren kann, bietet Kalifornien/USA[1339]. Es ist in diesem Zusammenhang wichtig zu bemerken, dass der Gesetzgeber in der Strafprozessordnung von einer derartigen Regelungstechnik nur sehr verhalten Gebrauch gemacht hat. Dort, wo das Allgemeine Persönlichkeitsrecht als Schutzzweck einer Norm zugrunde liegt, wie im Fall des § 52 I StPO, ist eine Durchbrechung der gesetzlich vorgenommenen Typisierung nicht möglich. Eine Abwägung, ob das Zeugnisverweigerungsrecht ausnahmsweise nicht besteht, würde die Beteiligten überfordern. Dies gilt insbesondere für eine polizeiliche Vernehmung. Auch § 100 d III S. 3 StPO statuiert kein Erhebungsverbot, das in Sonderfällen durchbrochen werden könnte, sondern ein relatives Beweisverwertungsverbot. Ein relatives Beweiserhebungsverbot, wie es das *Bundesverfassungsgericht* in seiner Entscheidung anregt, mutet wie die Quadratur des Kreises an. Es überfordert die prognostischen Fähigkeiten der Strafverfolgungsbehörden. Sinnvoller wäre hier die Anerkennung eines relativen Beweisverwertungsverbotes nach dem technischen Regelungsmuster des § 100 d III S. 3 StPO gewesen.

Auf der nächsten Stufe, nämlich den Arbeitsräumen, die auch zu Wohnzwecken genutzt werden, wird den Strafverfolgungsbehörden kein Orientierungspunkt an die Hand gegeben. Eine Vermutung in die eine oder andere Richtung existiert nicht. Damit verdoppeln sich die Schwierigkeiten. Zum einen ist zu eruieren, ob eine gemischte Nutzung vorliegt. Es kann hier nicht um integrierte Arbeitsräume in einer Privatwohnung gehen. Diese sind nämlich wegen der Einheitlichkeit der Betrachtung nach Auffassung des *Bundesverfassungsgerichts* uneingeschränkt dem Wohnungsbereich zuzuordnen. Es kann also nur um solche Geschäftsräume gehen, denen auch eine private Nutzung zukommt. Ist eine solche bereits dann gegeben, wenn der Wohnungsinhaber manchmal in seinen Räumen übernachtet, um sich unnötige Fahrten zu ersparen? Ist eine Mischnutzung gegeben, wenn in den Büroräumen private Partys gefeiert werden? Darüber hinaus ist zum zweiten eine Einzelfallprognose ohne jedes entscheidungsleitende und -erleichternde Präjudiz erforderlich. Hier wird wiederum eine Überforderung des ausführenden Personals nicht auszuschließen sein.

[1339] *Wolter/Schenke/Ruthig*, Zeugnisverweigerungsrechte, S. 521 ff. (USA/Kalifornien). *Geis*, CR 2004, 342, äußert Zweifel, ob die vom *Bundesverfassungsgericht* definierten Schranken in der Praxis beachtet werden.

Das *Bundesverfassungsgericht* schreibt zu dem Problem der Mischnutzungen nur zwei Sätze in seiner Begründung. Betrachtet man den Fall genauer, so wird man im Sinne des *Bundesverfassungsgerichts* insofern die zweite Stufe aufgeben können. Ein abstrakter Maßstab für die Mischnutzung, der abgrenzungsfähig genug wäre, lässt sich *a priori* – wie bereits geschildert – kaum auffinden. Deshalb muss auf den konkreten Anlass gesehen werden. Während der Geschäftszeiten spricht eine Vermutung für geschäftliches Handeln, während später – insbesondere bei Privatbesuchen – von außergeschäftlichen Treffen auszugehen ist. Dann sollten die beiden Vermutungsregelungen des *Bundesverfassungsgerichts* Platz greifen. Die Örtlichkeit ist also einmal in diesem Sinne rechtlich als „Geschäfts- bzw. Betriebsraum", ein anderes Mal als „Privatwohnung" zu klassifizieren. Diese doppelte Vermutung im konkreten Fall ist sicherlich auch problematisch, aber leichter anzuwenden als eine abstrakte Bewertung hinsichtlich der Nutzung und einer konkreten Prognose bezüglich der Gesprächsinhalte.
Auf der zweiten Stufe sollen aber des Weiteren die Räume stehen, die der Ausübung von Berufen dienen, die ein besonderes, den Bereich des Höchstpersönlichen betreffendes Vertrauensverhältnis voraussetzen. Aus der Formulierung ist nicht eindeutig zu schließen, dass hiermit nur die Berufsgeheimnisträger des § 53 I StPO angesprochen sind. Allerdings gehören sie sicher dazu. Daher ist diese Einstufung des *Bundesverfassungsgerichts* mehr als zweifelhaft, wenn man die Ausführungen wörtlich versteht. Jedenfalls in dem Fall, in denen echte Mandantenkontakte bestehen, würde demnach keine Vermutung für ein absolut schützenswertes Verhältnis sprechen. Damit schiede selbst eine Vermutung für die Schutzwürdigkeit eines Gesprächs zwischen Verteidiger und Beschuldigtem aus. Bereits jetzt schützt § 100 d III S. 1 StPO den Verteidiger absolut durch ein Erhebungsverbot. Bei allen anderen Ermittlungsmaßnahmen sperrt die *ratio legis* des § 148 I StPO jegliche Ermittlungstätigkeit in diesem geschützten Bereich. Die Ausnahmen bei Kollusionsverdacht – etwa § 97 II S. 3 StPO oder § 100 d III S. 4 1. Halbsatz StPO – sind mehr als fragwürdig und mit der Stellung des Verteidigers im Strafverfahren nicht vereinbar. Eine Grenze findet dieser Schutz erst dann, wenn ein Ausschluss nach §§ 138 a StPO ff. in Betracht kommt. Einen derartigen Rückfall hat das *Bundesverfassungsgericht* sicherlich nicht beabsichtigt, und er widerspräche auch vollkommen der liberalen Grundtendenz der Entscheidung. Der enigmatische Satz ist vielmehr einem Bemühen nach Systematisierung aus dem Blickwinkel des Woh-

nungsbegriffs geschuldet. Natürlich sind Kanzleiräume ähnlich wie Geschäftsräume zunächst einmal weniger schutzbedürftig als Privatwohnungen nach Art. 13 I GG. Durch das Hinzutreten weiterer Grundrechte oder sonstiger privilegierter Rechtspositionen kann es aber wie im Fall der Zeugnisverweigerungsrechte zu einer Schutzverdichtung kommen. § 100 d III S. 1 StPO schützt nämlich durch das angeordnete Beweiserhebungsverbot Kanzleiräume stärker als Privatwohnungen. Regelmäßig werden nach § 100 c I Nr. 3 StPO relevante Gespräche zwischen Berufsgeheimnisträgern und dem Mandanten bzw. Klienten in einem Geschäftsraum abgewickelt, während die Kommunikation zwischen Angehörigen nach § 52 I StPO in der Privatwohnung stattfindet. Dass das *Bundesverfassungsgericht* damit die systematische und insbesondere strafprozessuale Einbindung aus dem Blickfeld verliert, zeigt die Gefahr, bei einer Typisierung nach einem einzelnen Kriterium hin den Gesamtkontext zu missachten und zu Wertungswidersprüchen zu gelangen. Die Aussage des § 100 d III S. 1 – 3 StPO geht noch weiter. Das Kriterium der Wohnung spielt dann keine Rolle mehr, wenn Zeugnisverweigerungsberechtigte auf den Plan treten. Es wird nur nach der Person des Zeugnisverweigerungsberechtigten differenziert. Insofern ist § 100 d III S. 1 – 3 StPO trotz seiner sonstigen Schwächen hochmodern und der in der Entscheidung angedeuteten Konzeption des *Bundesverfassungsgerichts*, das es wenigstens an dieser Stelle scheinbar vertritt, eindeutig vorzuziehen. Dieses Missverständnis entsteht dadurch, dass das *Bundesverfassungsgericht* zunächst einmal eine allgemeine Regel hinsichtlich des Wohnungsbegriffs aufstellen möchte, um dann zu speziellen Fällen wie den Zeugnisverweigerungsberechtigten Stellung zu nehmen.

Schließlich wird auf einer dritten Ebene eine Vermutung für höchstpersönliche Gespräche aus dem Kernbereich des Persönlichkeitsrechts postuliert, wenn Unterhaltungen in Privatwohnungen stattfinden. Dass nicht nach Räumen unterschieden wird, erscheint plausibel. Nach dem englischen Sprichwort „*My home is my castle*" ist die Privatwohnung insgesamt als schützenswertes Refugium aufzufassen. Dass das Arbeiten mit Vermutungen bei der Beweiserhebung auf praktische Probleme stoßen wird, ist bereits hinlänglich erörtert worden.

II. Einführung eines kernbereichsbezogenen Zeugnisverweigerungsrechts als Konsequenz der Rechtsprechung des *Bundesverfassungsgerichts*

Die Weiterungen für den Bereich des Strafverfahrensrecht durch das Urteil des *Bundesverfassungsgerichts* sind bedeutend. Dabei ist es nicht ausreichend, nur im Hinblick auf die akustische Wohnraumüberwachung ein Erhebungsverbot für Informationen aus dem absolut geschützten Kernbereich des Allgemeinen Persönlichkeitsrechts zu etablieren, welches durch ein Beweisverwertungsverbot abgesichert wird. Vielmehr ist die Einführung einer Vorschrift, in der die Grenzen der Zeugenpflicht hinsichtlich des Allgemeinen Persönlichkeitsrechts allgemein gezogen werden, zu fordern[1340]. Auf diese Weise muss auch nicht der unscharfe Begriff des „engsten Vertrauten" in die StPO aufgenommen werden[1341]. Die Beziehung zwischen dem Beschuldigten und dem „engsten Vertrauten" ist eben gerade dann schutzwürdig, wenn das Allgemeine Persönlichkeitsrecht in seinem Kernbereich betroffen ist.

Für eine solche Regelung kann auf eine beachtliche Konzeption zurückgegriffen werden.

Der Alternativ-Entwurf Zeugnisverweigerungsrechte und Beschlagnahmefreiheit schlägt in § 55 StPO-E folgenden Regelungsentwurf für ein Zeugnisverweigerungsrecht bei besonders schutzwürdigen Grundrechten vor[1342]:

[1340] S. auch die *Stellungnahme des Deutschen Anwaltvereins* Nr. 07/2005, S. 15: Dort wird eine Ergänzung der Regelungen der §§ 52, 55 StPO angeregt. Solchen Zeugen, die nicht mit dem Beschuldigten verwandt sind, soll danach mindestens ein Auskunftsverweigerungsrecht insoweit zustehen, als sie nach Gesprächsinhalten gefragt werden, für welche die Definition des *Bundesverfassungsgerichts* hinsichtlich des Kernbereichs des Persönlichkeitsrechts zutrifft. Vgl. insbesondere auch den umfassenderen § 150 a S. 2 StPO-E (AE-EV, S. 59 f.), nach dem alle Ermittlungshandlungen, die die Würde des Menschen oder ein Grundrecht in seinem Kern verletzen, verboten sind.

[1341] *Weßlau*, Urteil, S. 63, wirft die Frage auf, wie der Begriff der „engsten Vertrauten" sinnvoll im Rahmen der StPO operationalisiert werden kann; s. auch *Ruthig*, GA 2004, 599. In § 35 I S. 1 StGB werden allerdings neben den Angehörigen i.S. des § 11 I Nr. 1 StGB andere dem Täter nahe stehende Personen genannt. Darunter fallen etwa: Verwandte, die nicht Angehörige sind, der Lebensgefährte, nahe Freunde und Hausgenossen, wenn sie dem Täter so verbunden sind, dass er eine Gefahr für jene auch für sich selbst als Drucksituation empfinden kann (vgl. *Tröndle/Fischer*, § 35, Rn. 7 m.w.N.).

[1342] Alternativ-Entwurf Zeugnisverweigerungsrechte, S. 57 f.

§ 55 [Zeugnisverweigerungsrecht bei besonders schutzwürdigen Grundrechten]

(1) [1]Jeder Zeuge kann das Zeugnis verweigern, soweit die Aussage
1. für ihn selbst oder eine andere Person eine dringende Lebensgefahr mit sich brächte;
2. für ihn selbst oder einen nahen Angehörigen die Gefahr mit sich brächte, wegen einer Straftat oder Ordnungswidrigkeit verfolgt zu werden;
3. zur Offenbarung von Informationen aus dem Kernbereich der Persönlichkeitssphäre des Zeugen oder einer anderen Person führen würde.
[2]Nahe Angehörige sind die in § 52 Abs. 1 bezeichneten Personen mit Ausnahme des dauernd getrennt lebenden oder geschiedenen Ehegatten.

(2) [1]Jeder Zeuge kann das Zeugnis verweigern, soweit die Aussage
1. für ihn selbst oder einen nahen Angehörigen eine dringende Gefahr für die körperliche Unversehrtheit, Freiheit oder wirtschaftliche Lebensgrundlage mit sich brächte oder
2. ihn selbst durch Offenbarung besonders schutzwürdiger Informationen, die insbesondere die Gesundheit oder das Sexualleben betreffen oder die zur Unehre gereichen, bloßstellen würde. [2]Ein Zeuge nach § 53 a Satz 1 Nr. 2 kann bezüglich selbstgesammelter Informationen das Zeugnis verweigern.

(3) [1]Das Gericht darf die Aussage nach Absatz 2 durch Beschluss anordnen, wenn sie dem Zeugen im Hinblick auf die Bedeutung der Sache zugemutet werden kann und wenn die Erforschung des Sachverhalts oder die Ermittlung des Aufenthalts des Beschuldigten auf andere Weise aussichtslos oder wesentlich erschwert wäre. [2]Dasselbe gilt für die Zeugnisverweigerung nach Absatz 1 Satz 1 Nr. 3, soweit es sich um die Person des Beschuldigten handelt. [3]Im Ermittlungsverfahren wird der Beschluß nach Satz 1 vom Richter getroffen. [4]Gegen den Beschluß ist die sofortige Beschwerde zulässig. [5]Vor der Entscheidung über die sofortige Beschwerde kann das Zeugnis nicht erzwungen werden.

(4) Die durch die Aussage nach Absatz 3 erlangten Informationen dürfen in anderen Strafverfahren nur dann verwendet werden, soweit auch dort die Voraussetzungen des Absatzes 3 Satz 1 oder 2 vorliegen.

(5) Soweit die Informationen zur Strafverfolgung nach Absatz 3 Satz 1 und 2 oder Absatz 4 nicht mehr erforderlich sind, ist Auskunft oder Akteneinsicht zu versagen, wenn nicht gesetzlich ein anderes bestimmt ist.

(6) [1]Der Zeuge ist über sein Zeugnisverweigerungsrecht zu belehren. [2]Die Belehrung erfolgt im Falle des Absatzes 1 Satz 1 Nr. 2 vor der Vernehmung. [3]In den übrigen Fällen ist der Zeuge unverzüglich zu belehren, sobald Anhaltspunkte für das Bestehen eines Zeugnisverweigerungsrechts nach Absatz 1 oder 2 erkennbar werden. [4]§ 52 Abs. 4 Satz 2 gilt entsprechend.

Dieser Normenvorschlag weist einige Neuerungen auf, die im Einzelnen nicht besprochen werden können[1343]. Genereller Zweck dieses Entwurfs ist es ausweislich der Begründung, im Sinne eines liberalen Ansatzes die fundamentalen Freiheitsrechte des Zeugen zu schützen. Der Zeuge soll endgültig aus dem Stande eines Beweismittels und allgemeinen Prozessbeteiligten zum Subjekt des Verfahrens werden[1344].
Im vorliegenden Kontext ist besonders § 55 I S. 1 Nr. 3 StPO-E von Bedeutung. Der Kernbereich des Persönlichkeitsrechts wird durch ein relatives Zeugnisverweigerungsrecht geschützt. Relativ ist dieses Zeugnisverweigerungsrecht deshalb, da gem. § 55 III S. 2 StPO-E bei dem Kernbereich des Beschuldigten eine Ausnahme vom Zeugnisverweigerungsrecht statuiert wird. Dies ist aber an die Voraussetzungen des § 55 III S. 1 StPO-E geknüpft. Zum absoluten Zeugnisverweigerungsrecht verdichtet sich die Vorschrift des § 55 I S.1 Nr. 3 StPO-E dann, wenn es um andere Personen als den Beschuldigten geht. Als *argumentum e contrario* folgt das aus § 55 III S. 2 StPO-E[1345].
Systematischen Bedenken begegnet allerdings die Relativierung des Zeugnisverweigerungsrechtes. Wenn tatsächlich der Menschenwürdekern des Allgemeinen Persönlichkeitsrechts des Beschuldigten betroffen ist, so ist nicht zu verstehen, wie hier verfassungsrechtlich sauber eine Abwägung mit den Strafverfolgungsinteressen vorgenommen werden könnte. Der Kernbereich ist in jeder Situation abwägungsfest. Die Menschenwürde ist für den Staat nicht disponibel[1346].

[1343] Vgl. aber die Begründung des Alternativ-Entwurfs Zeugnisverweigerungsrechte, S. 58 ff.
[1344] Alternativ-Entwurf Zeugnisverweigerungsrechte, S. 58.
[1345] Vgl. insbesondere Alternativ-Entwurf Zeugnisverweigerungsrechte, S. 58.
[1346] Inhaltlich ebenso Alternativ-Entwurf Zeugnisverweigerungsrechte, S. 63 f.

Der Alternativ-Entwurf begründet die Relativierung des Zeugnisverweigerungsrechts hinsichtlich des Beschuldigten wie folgt: Die Drittwirkung der Menschenwürdegarantie ende bei demjenigen, der allein aufgrund eines Informationseingriffs in den Kernbereich seiner Persönlichkeit überführt, sanktioniert oder auch freigesprochen werden kann[1347]. Dieses Argument ist nicht ungefährlich und widerspruchsbehaftet. Auch beim Beschuldigten darf es im Kernbereich keine Eingriffe geben. Ansonsten wäre eine Vorschrift wie § 136 a StPO obsolet. Das *Bundesverfassungsgericht* hat festgestellt, dass bei der akustischen Wohnraumüberwachung dieser Kernbereich auch und gerade in einem Gespräch zwischen dem Beschuldigten und einem Dritten tangiert sein kann. Dahinter darf nicht zurückgefallen werden. Eine Relativierung kommt niemals beim Betroffensein des Kernbereichs in Betracht, sondern nur dann, wenn sich das Gespräch ausschließlich in der Sozialsphäre bewegt.
Daneben führt die Ausnahmevorschrift des § 55 III S. 2 StPO-E dann zu Problemen, wenn ein Gespräch zwischen dem Zeugen und dem Beschuldigten vorliegt. Diese Daten sind bei einem Gespräch mit nahen Angehörigen oder sonstigen engsten Vertrauten nicht selten dem absoluten Kernbereich der Persönlichkeitssphäre zuzuordnen[1348]. Sie gehören, da häufig untrennbar miteinander verknüpft, sowohl zum Kernbereich der privaten Lebensgestaltung des Zeugen als auch des Beschuldigten. Es können aber Abgrenzungsschwierigkeiten entstehen, die die Norm unpraktikabel machen. Um die schwierige Frage zu vermeiden, ob Daten nun (ausschließlich) dem Beschuldigten zuzurechnen sind oder nicht, ist auf eine Relativierung des Zeugnisverweigerungsrechts im Sinne des Alternativentwurfs zu verzichten.
Aufgrund der Rechtsprechung des *Bundesverfassungsgerichtes* sollte in einem § 52 a StPO wenigstens hinsichtlich des Kernbereichs des Persönlichkeitsrechts ein absolutes Zeugnisverweigerungsrecht eingeführt werden[1349]. Im Wortlaut kann der gelungene Vorschlag des Alternativ-Entwurfs Zeugnisverweigerungsrechte übernommen werden[1350]. Da der

[1347] Alternativ-Entwurf Zeugnisverweigerungsrechte, S. 59 und insbesondere auch S. 64.

[1348] S. *BVerfGE* 109, (279), 321 ff.

[1349] Der Alternativ-Entwurf Zeugnisverweigerungsrechte, S. 59, hat sich mit der Einführung eines Zeugnisverbotes auseinandergesetzt, dieses aber verworfen.

[1350] Kritisch: *Jansen*, Zeugnisverweigerungsrecht, S. 211 ff. und insbesondere S. 212, Fn. 235. Dabei erscheint die Interpretation, dass das *Bundesverfassungsgericht* hinsichtlich aus Art. 1 I i.V.m. 2 I GG abgeleiteter Zeugnisverweige-

Schutzbereich der Menschenwürde nur im jeweiligen Einzelfall bestimmbar ist[1351], muss die Vorschrift naturgemäß generalklauselartig sein. Eine konkrete gesetzliche Definition würde den Schutzbereich verkürzen[1352]. Insoweit ergänzt § 52 a StPO den vorgestellten Novellierungsvorschlag des § 52 StPO[1353]. Entferntere Verwandte, die nunmehr nicht im Katalog des § 52 StPO aufgenommen sind, können durchaus nach § 52 a StPO ein Zeugnisverweigerungsrecht besitzen. Problematisch ist natürlich die Feststellung, ob im Einzelfall eine Kernbereichsverletzung vorliegt[1354]. Dies mutet das *Bundesverfassungsgericht* aber

---

rungsrechte stets eine Abwägung zulasse, vor dem Hintergrund der Entscheidung zur akustischen Wohnraumüberwachung hinfällig (so aber *Jansen*, Zeugnisverweigerungsrecht, S. 212).

1351 S. hierzu: *BVerfG*E 30, (1), 25.

1352 Ebenso für die Neuregelung der akustischen Wohnraumüberwachung: *Löffelmann*, NJW 2005, 2034.

1353 Außerdem ist § 52 a StPO in § 56 StPO aufzunehmen, da die Tatsache, auf der das Zeugnisverweigerungsrecht beruht, glaubhaft zu machen ist. S. auch Alternativ-Entwurf Zeugnisverweigerungsrechte, S. 76.

1354 S. *Perne*, DRiZ 2004, 286. Vgl. auch *Haas*, NJW 2004, 3083, der auf die Schwierigkeit hinweist, den Begriff der „engsten Vertrauten" zu bestimmen. Ausführlich *Stellungnahme des Deutschen Anwaltvereins* Nr. 07/2005, S. 10 ff. Dort wird insbesondere der *Regierungsentwurf* v. 24.09.2004 zu § 100 c VII i.V.m. Abs. V StPO kritisiert. In § 100 c V StPO-RegE wird angeordnet, dass das Abhören und Aufzeichnen unverzüglich zu unterbrechen ist, soweit sich während der Überwachung Anhaltspunkte dafür ergeben, dass Äußerungen aus dem Kernbereich privater Lebensgestaltung erfasst werden. Gem. § 100 c VII S. 1 StPO-RegE hat die Staatsanwaltschaft unverzüglich eine Entscheidung des anordnenden Gerichts über die Verwertbarkeit der erlangten Erkenntnisse herbeizuführen, soweit ein Verwertungsverbot nach § 100 c V StPO-RegE in Betracht kommt. In dieser Gesetzesfassung wirke sich der methodische Fehler aus, dass der Entwurf die allgemeinen Formulierungen des *Bundesverfassungsgerichts* schlicht übernehme. Es sei negativ, dass die Konkretisierung der Praxis überlassen bleibe, weil damit die sich bereits in § 100 c IV StPO-RegE abzeichnende Umkehr der Darlegungslast in dem Programm für die verfassungsrechtlich gebotenen Beweisverwertungsverbote institutionell verfestigt würde. Es sei unschwer vorauszusehen, dass in der Praxis ein „Probelauschen" durchgeführt werde, um die Kernbereichsbetroffenheit zu ermitteln (s. auch *Leutheusser-Schnarrenberger*, ZRP 2005, 2 f.). Der *Deutsche Anwaltverein* fordert eine Regelung, die eine stärkere Anbindung der Unterbrechungs- und Löschungspflicht sowie des Verwertungsverbots an die Entscheidungshoheit des Gerichts und an die für das Gericht geltenden Anordnungs- und Begründungsvoraussetzungen gem. § 100 d III StPO-RegE gewährleistet.

dem einfachen Rechtsanwender zwingend zu[1355]. Wenn bereits im Bereich des § 100 c I Nr. 3 StPO eine *ad-hoc*-Entscheidung über die Fortführung oder den Abbruch der Maßnahme als möglich angesehen wird, so muss dies erst recht für eine Vernehmung gelten. Grundsätzlich sind hier der Zeitdruck und die Gefahr, dass wesentliche Informationen unwiederbringlich verloren gehen, ungleich geringer. Die Vernehmung kann umfassend vorbereitet werden. Zudem steht das Instrument des § 56 StPO zur Verfügung, so dass vorab eine Klärung über den Umfang einer möglichen Kernbereichsbetroffenheit des Persönlichkeitsrechts des Zeugen möglich erscheint.

1. § 52 a [Zeugnisverweigerungsrecht bei Betroffensein des Kernbereichs der Persönlichkeitssphäre]

[1]Jeder Zeuge kann das Zeugnis verweigern, soweit die Aussage zur Offenbarung von Informationen aus dem absolut geschützten Kernbereich der Persönlichkeitssphäre des Zeugen oder einer anderen Person führte. [2]Der Zeuge ist unverzüglich über sein Zeugnisverweigerungsrecht zu belehren, sobald Anhaltspunkte für das Bestehen des Zeugnisverweigerungsrechts nach Satz 1 erkennbar werden.

2. Existenz eines abgrenzbaren Kernbereichs

Der vorstehende Gesetzesentwurf zu § 52 a StPO ist freilich nur dann sinnvoll, wenn man die Existenz eines abgrenzbaren Kernbereichs des Allgemeinen Persönlichkeitsrechts für gesichert hält[1356]. Diese dogmati-

---

1355 Im Bereich von Art. 13 GG wird der Rechtsprechung des *Bundesverfassungsgerichts* auch in anderen Rechtsgebieten mangelnde Praktikabilität vorgeworfen: So etwa *Zimmermann*, ZPO, S. 355 zu *BVerfG*, NJW 1979, 1539 betreffend Art. 13 II GG (vgl. auch *Thomas/Putzo*, ZPO, § 758 a, Rn. 1). Auf Basis dieser Entscheidung ist § 758 a ZPO (richterliche Durchsuchungsanordnung bei der Pfändung entgegen § 758 ZPO) geschaffen worden. Praktikabilitätserwägungen spielen jedoch allenfalls eine untergeordnete Rolle. Die Zulässigkeit des Eingriffs ist vor dem Hintergrund des Grundrechts zu bestimmen und nicht das Grundrecht vor dem Hintergrund des Eingriffs zu definieren. Ist ein Eingriff praktisch nicht mehr durchführbar, weil ansonsten das Grundrecht verletzt würde, so hat er zu unterbleiben.

1356 Vgl. dazu ausführlich – auch zur Gegenmeinung – SK-StPO-*Wolter*, Vor § 151, Rn. 131 ff. m.w.N. Eng verwandt mit dieser Problematik ist die Frage, ob die Menschenwürdegarantie des Art. 1 I GG in einen unantastbaren Kernbereich und einen abwägungsoffenen Randbereich geteilt werden kann (so neuerdings *Herdegen*, in: Maunz/*Dürig*/*Herzog*/*Scholz*, GG, Art. 1, Rn. 43 ff.; dagegen: *Petersen*, KJ 2004, 319 f.).

sche Auffassung steht jedenfalls hinter § 100 c IV und V StPO des *Regierungsentwurfes*[1357]. Damit ist die Rechtsprechung des *Bundesgerichtshofes* unvereinbar, nach der das informationelle Selbstbestimmungsrecht in vollem Umfang einer Güterabwägung zugänglich ist[1358]. Besonders hervorzuheben sind in diesem Zusammenhang die Ausführungen des *Bundesverfassungsgerichts* zur Abgrenzung des unantastbaren Kernbereichs der Persönlichkeitssphäre im Verhältnis zum Sozialbereich[1359]. Der Einzelne konstituiere seine Persönlichkeit nämlich in erster Linie im Wechselspiel mit anderen, also in der Kommunikation[1360].

Als wichtigen Anhaltspunkt für die Menschenwürderelevanz des Gesprächsinhalts wird neben der Art der Räumlichkeit die Anwesenheit von Personen des persönlichen Vertrauens gedeutet. Dabei rekurriert das *Bundesverfassungsgericht* auf Art. 6 I und II GG. Hervorgehoben wird die Kommunikation mit Ehepartnern. Hier bestehe die Erwartung, dass Außenstehende von den Inhalten keine Kenntnis erhalten würden. Gleiches gelte für andere engste Familienangehörige wie Geschwister und Verwandte in gerader Linie, insbesondere wenn sie im selben Haushalt lebten[1361].

Darüber hinaus umfasse der Schutz des Kernbereichs privater Lebensgestaltung auch die Kommunikation mit anderen Personen des besonderen Vertrauens. Zwischen den Zeugnisverweigerungsberechtigten nach §§ 52 I und 53 I StPO und dieser Gruppe bestehe keine absolute Deckungsgleichheit. Denn die aus dem Kernbereich privater Lebensgestaltung folgenden Abhörverbote seien nicht identisch mit den strafprozessualen Zeugnisverweigerungsrechten. § 52 I StPO sei nicht zum Schutz des Vertrauensverhältnisses zwischen den dort genannten Angehörigen

---

[1357] *Regierungsentwurf* von September 2004 (BT-Drucks. 15/34533, Anlage 1, S. 1 ff.); s. *Roggan*, Lauschen, S. 114 f.

[1358] Vgl. *BGH*St. 29, (23), 25; *BGH*St. 34, (397), 401. Gegen die Auffassung des *Bundesgerichtshofes* SK-StPO-*Wolter*, Vor § 151, Rn. 25; *Zöller*, Informationssysteme, S. 43 f. S. auch Alternativ-Entwurf Zeugnisverweigerungsrechte, S. 60.

[1359] Ebenso: *Leutheusser-Schnarrenberger*, Rechtsstaat, S. 100.

[1360] *BVerfG*E 109, (279), 321; vgl. zum Kernbereich *Denninger*, Lauschangriff, S. 13 ff. und *Gusy*, JuS 2004, 457 ff. Der Kernbereich der privaten Lebensgestaltung kann nach *BVerfG*, 1 BvR 668/04 vom 27. Juli 2005, Absatz-Nr. 161 ff. auch bei der präventiven Telekommunikationsüberwachung berührt sein. Die Rechtsprechung wird also über Art. 13 GG hinaus explizit auf Art. 10 I GG unter Bezugnahme auf den Menschenwürdekern dieses Grundrechts ausgedehnt.

[1361] *BVerfG*E 109, (279), 322.

und dem Beschuldigten geschaffen worden. Vielmehr solle vorrangig auf die Zwangslage des Zeugen Rücksicht genommen werden, der einer Wahrheitspflicht unterliege und befürchten müsse, einem Angehörigen zu schaden. Das Zeugnisverweigerungsrecht knüpfe an das formale Kriterium des Verwandtschaftsverhältnisses und nicht an ein besonderes Vertrauensverhältnis an, wie es insbesondere auch zu engen persönlichen Freunden bestehen könne.

Bei den Berufsgeheimnisträgern des § 53 I StPO hingegen sei dem Grundgedanken nach das Vertrauensverhältnis zwischen dem Zeugen und dem Beschuldigten geschützt. Jedoch erfolge dieser Schutz nicht in allen Fällen des § 53 I StPO wegen der Menschenwürde des Beschuldigten oder seines Gesprächspartners. In einem besonders hervorgehobenen Fall treffe diese Annahme aber zu, nämlich beim Geistlichen. Der Schutz der Beichte oder Gespräche mit Beichtcharakter gehöre zum verfassungsrechtlichen Menschenwürdegehalt der Religionsausübung nach Art. 4 I und II GG. Beim Strafverteidiger sei ebenfalls der Wahrung der Menschenwürde eine wesentliche Funktion zuzubilligen. Der Strafverteidiger habe nämlich darauf zu achten, dass der Beschuldigte nicht zum reinen Objekt des Strafverfahrens herabgewürdigt werde. Bei ärztlichen Konsultationen könne im Einzelfall der Kernbereich privater Lebensgestaltung betroffen sein[1362]. Die Zeugnisverweigerungsrechte der Presseangehörigen und der Parlamentsabgeordneten wiesen demgegenüber keinen unmittelbaren Bezug zum Kernbereich privater Lebensgestaltung auf, sondern bestünden, um die Funktionsfähigkeit der Institutionen zu gewährleisten.

Nicht jede vage Aussage, die irgendwie mit einer Straftat in Verbindung stehen könnte, berechtigt bereits zum Abhören. Wichtig ist auch, dass eine Bestimmung der Schutzwürdigkeit maßgeblich nach dem Gesprächsinhalt vorgenommen wird[1363]. Ein Gespräch allein schafft noch keinen Sozialbezug, der zur Abwägung berechtigt. Damit ist klargestellt, dass der Kernbereich nicht nur den Bereich des *forum internum* umfasst[1364]. Es kommt vielmehr auf die Personen, Gesprächspartner und die ausgetauschten Informationen an. Beispielsweise muss bei konsequenter Anwendung dieser Grundsätze die Beurteilung folgenden Falls revidiert werden: Entgegen bisheriger Praxis darf ein Abschiedsbrief eines erfolg-

---

1362 *BVerfGE* 109, (279), 322 f. unter Bezugnahme auf *BVerfGE* 32, (373), 379.

1363 S. *Weßlau*, Urteil, S. 50 f.; vgl. ferner die *Stellungnahme des Deutschen Anwaltvereins* Nr. 07/2005, S. 3.

1364 Vgl. insbesondere LR-*Schäfer*, § 100 c, Rn. 13* ff.

losen Suizidenten, in dem er seiner Ehefrau Straftaten gesteht, nicht mehr ohne Weiteres im Strafverfahren verwendet werden[1365]. Der pauschale Hinweis auf einen doppelten Sozialbezug, nämlich die geschilderten Straftaten einerseits und eine Kommunikation mit seiner Ehefrau andererseits, reicht jedenfalls nicht aus. Für einen solchen Abschiedsbrief muss vielmehr – gerade wegen seines höchstpersönlichen Charakters – eine besonders starke Vermutung für das Betroffensein des Kernbereichs privater Lebensgestaltung gelten, so dass eine Kenntnisnahme selbst in einem derartigen Fall kaum jemals möglich sein wird. Die Rechtmäßigkeit hängt nämlich sachlogisch davon ab, dass bereits *ex ante* die Vermutung widerlegt werden konnte. Eine *ex-post*-Betrachtung wäre schließlich die Denaturierung eines relativen Beweiserhebungsverbots zu einem relativen Beweisverwertungsverbot. Ein derartiger Anhaltspunkt könnte etwa die Mitteilung des Beschuldigten vor seiner geplanten Selbsttötung an einen Freund sein, dass er beabsichtige, in naher Zukunft über sein gesamtes Tun umfassend Rechenschaft ablegen zu wollen. Jeder, dem er geschadet habe, werde dann wissen, wie sehr er seine Verfehlungen bereue.

III. Relatives Zeugnisverweigerungsrecht zur Absicherung der Sozialsphäre?

Nach Einführung des § 52 a StPO ist der Kernbereich der persönlichen Lebensgestaltung hinreichend abgesichert. Des Weiteren sieht die Strafprozessordnung in der Norm des § 68 a I StPO vor, dass Fragen nach Tatsachen, die dem Zeugen oder einer Person, die im Sinne des § 52 I StPO sein Angehöriger ist, zur Unehre gereichen können oder deren persönlichen Lebensbereich betreffen, nur gestellt werden sollen, wenn es unerlässlich ist. Ergänzt wird diese Vorschrift durch § 171 b GVG, der den Ausschluss der Öffentlichkeit zum Schutz der Persönlichkeitsrechte ermöglicht. Weitere Absicherungen enthalten §§ 68, 241 II, 241 a II, III StPO sowie § 172 GVG. Alle diese Ausnahmen stehen im Ermessen des Gerichts.

Zwischen § 52 a StPO und den bestehenden Normen befindet sich nach Auffassung des Alternativentwurfs Zeugnisverweigerungsrechte eine

[1365] *Leutheusser-Schnarrenberger*, Rechtsstaat, S. 108, vermutet, dass die Tagebuchentscheidung des *Bundesverfassungsgerichts* (*BVerfGE* 80, 367) im Lichte des „Lauschangriffurteils" heute anders ausfallen würde. In diesem Zusammenhang spricht die *Stellungnahme des Deutschen Anwaltvereins* Nr. 07/2005, S. 2 f. von einem Paradigmenwechsel.

Schutzlücke, die durch § 55 II StPO-E geschlossen werden soll[1366]. Die dort angesprochenen Daten seien im Sinne der Sphärentheorie der zweiten Sphäre zuzurechnen. Betroffen sind hier insbesondere die Grundrechte aus Art. 2 II, 5 I S. 2, 12 I, 14 I GG. Für diese Fälle wird ein relatives Zeugnisverweigerungsrecht etabliert, das aber gem. § 55 III StPO-E durchbrochen werden kann. Der Leitgedanke besteht darin, die Zeugenrechte zu stärken, da in der Praxis vielfach selbst dann Fragen als unerlässlich angesehen würden, wenn der Kernbereich der Persönlichkeitssphäre betroffen sei[1367].

Für die Einführung einer derartigen Regelung spricht der Rechtsvergleich: In der österreichischen Strafprozessordnung gibt es neben den Vernehmungsverboten und den Zeugnisentschlagungsrechten[1368] die sogenannten Zeugnisverweigerungsrechte[1369]. Letztere sind in § 153 der österreichischen Strafprozessordnung enthalten[1370] und § 55 II, III StPO-E vergleichbar. Insbesondere bestehen sie nur relativ.

Trotzdem ist die Einführung von § 55 II, III StPO-E abzulehnen[1371]. Die sofortige Beschwerde nach § 55 III S. 4 StPO-E und der Folge in § 55 III S. 5 StPO-E gegen die Anordnung der Aussage durch das Gericht

---

1366 Alternativ-Entwurf Zeugnisverweigerungsrechte, S. 64 ff.

1367 Alternativ-Entwurf Zeugnisverweigerungsrechte, S. 65.

1368 Diese entsprechen den deutschen Zeugnisverweigerungsrechten.

1369 Vgl. *Bertel/Venier*, Grundriss, Rn. 326 ff.

1370 § 153 der österreichischen Strafprozessordnung lautet:

(1) Wenn die Ablegung des Zeugnisses oder die Beantwortung einer Frage für den Zeugen oder einen seiner Angehörigen (§ 152 Abs. 1 Z. 2) Schande oder die Gefahr eines unmittelbaren und bedeutenden vermögensrechtlichen Nachteils mit sich brächte, und er deshalb das Zeugnis verweigert, so soll er nur zum Zeugnis verhalten werden, wenn dies wegen der besonderen Bedeutung seiner Aussage unerlässlich ist.

(2) Eine durch eine strafbare Handlung in ihrer Geschlechtssphäre verletzte Person kann die Beantwortung von Fragen nach Umständen aus ihrem höchstpersönlichen Lebensbereich sowie nach Einzelheiten der strafbaren Handlung, deren Schilderung sie für unzumutbar hält, verweigern. In diesem Fall ist nach Abs. 1 vorzugehen.

(3) Sobald sich Anhaltspunkte für die Möglichkeit einer Zeugnisverweigerung nach Abs. 1 oder 2 zeigen, hat der Untersuchungsrichter den Zeugen hierüber zu belehren.

1371 Dagegen ist die Einführung eines relativen Beweisverwertungsverbotes nach § 55 II S. 1 Nr. 2 StPO-E bei Tatsachen aus dem persönlichen Lebensbereich erwägenswert, um das Persönlichkeitsrecht des Zeugen in anderen Strafverfahren abzusichern.

kann zu erheblichen Verzögerungen des Prozesses führen[1372]. Die bestehenden Regelungen sind extensiv so auszulegen, dass die Grundrechte des Zeugen in der Ermessensentscheidung hinreichend berücksichtigt werden[1373]. Auf diese Weise kann man die Schutzlücke bereits *de lege lata* schließen. Insbesondere ist der „persönliche Bereich“ in § 68 a I StPO weit zu interpretieren: Tatsachen etwa, die die in § 55 III Nr. 1 StPO-E genannten Rechtsgüter dringend gefährden, sind in den Schutz einzubeziehen. Ein Umkehrschluss aus § 68 III S. 1 StPO (Berücksichtigung nur bei der Vernehmung zur Person) ist nämlich nicht zwingend.

IV. Zeugnisverweigerungsrechte und weitere Maßnahmen

1. Analoge Anwendung des § 100 d StPO auf § 100 c I Nr. 2 StPO

Möglicherweise kommt bereits *de lege lata* eine analoge Anwendung von § 100 d III StPO auf den Fall des § 100 c I Nr. 2 StPO in Betracht[1374]. Gegen einen Amtsträger, den Verteidiger, einen Abgeordneten oder einen Journalisten[1375] als Verbindungsperson des Beschuldigten darf sich nach einer Auffassung[1376] die Überwachungsmaßnahme des § 100 c I Nr. 2 StPO bereits *de lege lata* nicht richten. Dieses Ergebnis wird durch eine Lückenschließung im Wege der Aufnahme von Rechtsgedanken in anderen Geheimnisschutz- und Vertrauensschutzregeln bzw. durch verfassungskonforme Reduktion erreicht. Da der *Bundesgerichtshof* bezüglich der Angehörigen-Überwachung im Besuchsraum einer U-Haft-Vollzugsanstalt die analoge Anwendung des § 100 d III S. 3 StPO zugelassen hat[1377], wird für die übrigen durch § 53 StPO begünstigten Berufsträger befürwortet, wenigstens das Beweisverwertungsverbot des § 100 d III S. 3 StPO, möglicherweise sogar das Beweiserhe-

---

[1372] S. aber Alternativ-Entwurf Zeugnisverweigerungsrechte, S. 73 f.

[1373] Zu § 68 a StPO vgl. auch *Rautenberg*, L 46. Das Tatbestandsmerkmal der Unerlässlichkeit werde von der Rechtsprechung so extensiv interpretiert, dass die Wahrheitserforschung einseitig auf Kosten der Zeugeninteressen profitiere. Der Deutsche Juristentag hat deshalb die Rechtsprechung in einem Beschluss dazu aufgerufen, von ihrer bisherigen Linie abzuweichen und einer restriktiveren Auslegung des § 68 a StPO den Vorzug zu geben, s. 62. DJT (1998) Beschlüsse II 2 d, L 65.

[1374] Für eine behutsame analoge Anwendung von § 100 d III StPO auf § 100 c I Nr. 2 StPO *Eisenberg*, Beweisrecht, Rn. 2302.

[1375] SK-StPO-*Rudolphi/Wolter*, § 100 d, Rn. 27.

[1376] SK-StPO-*Rudolphi/Wolter*, § 100 c, Rn. 14 f.

[1377] *BGH*, NStZ 1999, 146

bungsverbot des § 100 d III S. 1 StPO sachentsprechend eingreifen zu lassen[1378].

Für den Verteidiger jedenfalls folgt aus § 148 StPO ein absolutes Beweiserhebungsverbot[1379]. Gleiches gilt wegen Art. 47 GG für den Abgeordneten[1380]. Ein verfassungsunmittelbares Zeugnisverweigerungsrecht für den Journalisten als Ausfluss von Art. 5 I S. 2 GG wird hinsichtlich § 100 a StPO und § 12 FAG a. F. vom *Bundesverfassungsgericht* abgelehnt[1381]. Für § 100 c I Nr. 2 StPO, der § 100 a StPO in seiner Eingriffsintensität vergleichbar ist[1382], ergibt sich demnach kein aus der Verfassung zwingend zu beachtendes Zeugnisverweigerungsrecht des Journalisten. Dem Grundrecht der Pressefreiheit muss aber im Sinne der Wechselwirkungslehre bei der Abwägung im Rahmen der Verhältnismäßigkeitsprüfung Bedeutung zugemessen werden[1383].

Für eine Analogie zu § 100 d III StPO hinsichtlich der Angehörigen und der weiteren Berufsgeheimnisträger müsste zunächst eine planwidrige Lücke vorliegen. Diese muss nachgewiesen werden, bloßes Schweigen des Gesetzgebers soll nicht ausreichen[1384]. Dieser hat zum einen § 100 d III StPO in Teilen bewusst § 97 StPO nachgebildet. Er ließ sich somit von systematischen Erwägungen leiten. Zum anderen ist dem Gesetzgeber wie bei § 100 a StPO keine „Vergesslichkeit" nachzuweisen und deshalb keine Lücke ersichtlich. Schon früher hat der Gesetzgeber mit dem Verweis von § 100 b II StPO auf § 95 II StPO gezeigt, dass er sich der Problematik der Zeugnisverweigerungsberechtigten durchaus bewusst war. Wenn man Verwertungsverbote in der Systematik der StPO

1378 SK-StPO-*Rudolphi/Wolter*, § 100 c, Rn. 15.

1379 *Schäfer*, FS-Hanack, S. 98 f. Dies ist beim vergleichbaren § 100 a StPO anerkannt: *Welp*, FS-Gallas, S. 421. Ein absolutes Beweisverwertungsverbot für die übrigen Berufsgeheimnisträger fordert *Weigend*, Gutachten, C 118.

1380 Zu beachten ist, dass auch bezüglich des abgeleiteten Zeugnisverweigerungsrechts der Hilfspersonen des Verteidigers und des Abgeordneten gem. § 53 a StPO ein Erhebungsverbot gilt.

1381 Vgl. *BVerfG*, NJW 2003, 1793 f.; *Kugelmann*, NJW 2003, 1777 ff. S. auch die Anmerkungen von *Gusy*, NStZ 2003, 399 ff., *Janz*, JuS 2003, 1063 ff. und *Pöppelmann/Jehmlich*, AfP 2003, 218 ff.

1382 S. SK-StPO-*Rudolphi/Wolter*, § 100 d, Rn. 34.

1383 *BVerfG*, NJW 2003, 1793 f.

1384 *Werle*, JZ 1991, 485; dagegen *Rudolphi*, FS-Schaffstein, S. 435.

als Ausnahme ansieht, hätte der Gesetzgeber diese erst recht ausdrücklich regeln müssen[1385].

Fraglich ist, ob bereits am historischen Willen des Gesetzgebers die Analogie scheitern muss. In der Methodenlehre wird zwischen zwei Auslegungsvarianten unterschieden: der subjektiven und der objektiven historischen Auslegung[1386]. Nach der subjektiven Theorie, die auf den tatsächlichen Willen des Gesetzgebers abstellt, ist eine Analogie ausgeschlossen. Die objektive Variante abstrahiert von den Auffassungen des historischen Gesetzgebers und leitet dessen „Willen" aus den grundsätzlichen Systemüberlegungen ab. Schranke ist die Wortlautgrenze[1387]. Als Auslegungsmaßstab dient neben der StPO die objektive Wertordnung des GG. Für diese Ansicht spricht, dass die historische Auslegung regelmäßig lediglich als bekräftigende Hilfsargumentation zum Zuge kommt[1388]. Normativ betrachtet besteht bei § 100 c I Nr. 2 StPO eine Lücke, da der Gesetzgeber der Bedeutung der Zeugnisverweigerungsrechte überhaupt nicht Rechnung getragen hat.

Eine Analogie setzt darüber hinaus eine vergleichbare Interessenlage voraus. Im Fall des § 100 c I Nr. 2 StPO wird ein Beweiserhebungsverbot wegen der Parallele zu §§ 136, 136 a StPO und dem Allgemeinen Persönlichkeitsrecht vertreten[1389].

Typische Abhörobjekte im Rahmen von § 100 c I Nr. 2 StPO sind etwa Kraftfahrzeuge[1390]. Zwar sind in diesem Fall die Rechte auf informationelle Selbstbestimmung und am eigenen Wort berührt[1391]; das Recht auf Privatheit tritt aber im Vergleich zu Wohnungen i.S.d. § 100 c I Nr. 3 StPO deutlich zurück.

Für das nichtöffentlich geführte Gespräch bietet sich weiterhin eine Parallele zu Telefonaten an, wobei § 100 c I Nr. 2 StPO teilweise als der

---

1385 So zu V-Leuten *BGH*, JZ 1995, 843 (Sedlmayr); *Weigend*, Gutachten, C 117 f. äußert Verwunderung darüber, dass die Zeugnisverweigerungsrechte bei § 100 c I Nr. 2 StPO nicht gesetzlich berücksichtigt wurden.

1386 Ausführlich *Jescheck/Weigend*, Strafrecht AT, § 17 IV 2 (S. 156 f.) m.w.N.

1387 S. a. *Welp*, FS-Gallas, S. 420; in diese Richtung für § 100 d III S. 3 StPO analog bei § 100 c I Nr. 2 StPO *BGH*, NStZ 1998, 147; den systematischen Ansatz bei der Lückenfüllung betonend: *Rudolphi*, FS-Schaffstein, S. 435 f.

1388 Vgl. als Beispiel aus der Rechtsprechung etwa *BGHSt*. 31, (296), 298 (Raumgespräch).

1389 *Köhler*, ZStW 108 (1995), 37.

1390 Diese unterfallen nicht Art. 13 I GG, vgl. *LG Stendal*, NStZ 1994, 556; zustimmend *Mahnkopf/Döring*, NStZ 1994, 557.

1391 Vgl. *Bernsmann/Jansen*, StV 1998, 222.

stärkere Eingriff gesehen wird[1392]. Die Gesprächsteilnehmer sind sich darüber im Klaren, dass ein Dritter technisch sehr einfach mithören kann[1393]. Dadurch wird das Kriterium der Heimlichkeit relativiert. Faktisch haben sie sich damit in die Sozialsphäre begeben. Dass Kommunikation in der Sozialsphäre tendenziell weniger schützenswert ist, zeigt die Regelung des § 201 StGB und die Möglichkeit, das öffentlich gesprochene Wort zu Zwecken der Strafverfolgung uneingeschränkt zu verwerten.

Andere schlagen ein relatives Beweisverwertungsverbot nach § 100 d III S. 3 StPO vor[1394]. Man kann dies mit einem Erst-Recht-Schluss von der eingriffsintensiveren Maßnahme des § 100 c I Nr. 3 StPO auf den weniger belastenden § 100 c I Nr. 2 StPO begründen[1395]. Durch ein Beweiserhebungsverbot würde zudem eine an sich zulässige Maßnahme nach § 100 c I Nr. 2 StPO praktisch blockiert[1396]. Für die Lösung muss Folgendes beachtet werden: Je geringer sich der Sozialbezug darstellt, desto schützenswerter ist das nichtöffentlich gesprochene Wort. Eine Analogie zu § 100 d III S. 1 StPO, also ein Beweiserhebungsverbot für Angehörige nach § 52 I StPO, erscheint dann angemessen, wenn der Betreffende aufgrund staatlicher Maßnahmen keine Wahl hat, seinen Kommunikationsort selbst auszuwählen. Widersprüchlich wäre es, den Grad der Schutzwürdigkeit allein an dem Wohnungsbegriff festzumachen. Der Häftling beispielsweise hat kein Hausrecht am Besucherraum[1397].

Damit entfällt aber noch nicht seine schutzwürdige Privatsphäre[1398]. Ihm bleibt praktisch keine andere Möglichkeit des persönlichen Umgangs mit seinen Angehörigen als im Besucherraum der Justizvollzugsanstalt. Sobald sich das Allgemeine Persönlichkeitsrecht derart verdichtet und in seinem Menschenwürdekern bedroht ist[1399], kann es auf Art. 13 GG nicht mehr ankommen. Es wird allgemein zugestanden, dass keine Totalausforschung stattfinden darf[1400]. Um den staatlichen Interessen, die

---

[1392] *Bernsmann/Jansen*, StV 1998, 222; *Suppert*, Studien, S. 240, Fn. 559 m.w.N; für Gleichwertigkeit *K.-H. Groß*, StV 1996, 566.
[1393] *BGHSt.* (GrS) 42, (139), 154 (Hörfalle); *Raum/Palm*, JZ 1994, 452.
[1394] In diese Richtung *Wolter*, GA 1999, 167.
[1395] Vgl. *BGH*, NStZ 1998, 146.
[1396] *Wolter*, GA 1999, 167.
[1397] *BGH*, NStZ 1998, 145; *Roxin*, NStZ 1999, 150.
[1398] So aber im Ergebnis *BGH*, NStZ 1998, 146.
[1399] So beispielsweise für die Haftzelle *Roxin*, NStZ 1999, 151.
[1400] *BGH*, NStZ 1998, 147.

besonders bei der Untersuchungshaft vorliegen[1401], Rechnung zu tragen, bedarf es jedenfalls keiner heimlichen Abhörmaßnahme. Die Anwesenheitsbefugnisse eines Beamten reichen hierfür aus. Das Argument, der Menschenwürdegehalt sei nicht verletzt, wenn die Verhältnismäßigkeit gewahrt ist[1402], muss als zirkulär verworfen werden. Die Zulässigkeit der Maßnahme ist nämlich vom absolut zu setzenden Menschenwürdegehalt des Allgemeinen Persönlichkeitsrechts her zu bestimmen. M.E. ist in einer solchen Lage für ein Beweiserhebungsverbot zugunsten der Angehörigen, also eine Analogie zu § 100 d III S. 1 StPO, zu votieren.
Eine andere Situation ist gegeben, wenn sich jemand ohne staatlichen Zwang außerhalb einer Wohnung unterhält. Wegen der verminderten Schutzwürdigkeit reicht die analoge Anwendung[1403] bzw. die Heranziehung des Rechtsgedankens von § 100 d III S. 3 StPO (relatives Beweisverwertungsverbot) für Angehörige und die anderen Berufsgeheimnisträger *de lege lata* aus. Von der höheren Eingriffsintensität des § 100 c I Nr. 2 StPO im Vergleich zu §§ 94 ff. StPO wäre zur Vermeidung eines Wertungswiderspruches mit § 97 I StPO zwar systematisch ein Beweiserhebungsverbot bzw. ein absolutes Beweisverwertungsverbot[1404] vertretbar. Allerdings sind die Interessen der Strafverfolgung angemessen zu berücksichtigen, zumal der Kernbereich des Allgemeinen Persönlichkeitsrechts nicht betroffen ist[1405]. Ansonsten würden die Ermittlungsbemühungen zu sehr behindert[1406]. In der Regel wird aber eine Unverwertbarkeit anzunehmen sein: § 100 d III S. 3 StPO ist nämlich mit Blick auf die den Verhältnismäßigkeitsgrundsatz fundierenden Grundrechte und

---

1401 *BGH*, NStZ 1998, 147.

1402 *BGH*, NStZ 1998, 147.

1403 SK-StPO-*Rudolphi/Wolter*, § 100 d, Rn. 32 weist auf die Problematik einer schematischen Analogiebildung zu § 100 d III StPO hin. Diese Vorschrift sei hinsichtlich des umfassenden Schutzes aller Berufsgeheimnisträger in § 100 d III S. 1 StPO zu weit, im Hinblick auf das nur relative Beweisverwertungsverbot für die Hilfspersonen gem. § 53 a StPO in § 100 d III S. 3 StPO zu eng gefasst. Das abgeleitete Zeugnisverweigerungsrecht der Hilfspersonen des Verteidigers und des Abgeordneten ist verfassungsrechtlich zwingend über ein Beweiserhebungsverbot zu schützen.

1404 Dies fordert *Weigend*, Gutachten, C 118 u. 131.

1405 *Wolter*, Beweisverbote, S. 337; *Weigend*, Gutachten, C 118, Fn. 398; s. auch *Beulke*, Jura 1986, 643.

1406 S. auch SK-StPO-*Rudolphi/Wolter*, § 100 d, Rn. 28: Beim Verteidiger dagegen ist es hinzunehmen, dass das Überwachungsverbot über das Schutzziel hinausgeraten kann, etwa dann, wenn das unzulässig mit einem Peilsender versehene Kraftfahrzeug des Verteidigers von einem Dritten benutzt wird.

die unverzichtbaren Erfordernisse eines fairen Verfahrens bei tiefgreifenden Grundrechtseingriffen ohnehin verfassungskonform so eng auszulegen, dass die Belange der Sachverhaltserforschung und der Ermittlung des Beschuldigtenaufenthaltsortes nur in Ausnahmefällen in Betracht kommen[1407].

2. Analoge Anwendung von § 100 d III S. 3 StPO auf § 100 c I Nr. 1 StPO

Hier gilt auf jeden Fall für den Verteidiger wegen § 148 StPO sowie den Abgeordneten wegen Art. 47 GG ein absolutes Beweiserhebungsverbot[1408]. Im Ganzen könnte man bereits *de lege lata* den Gedanken des § 100 d III S. 3 StPO für §§ 52 I, 53 I, 53 a I StPO auf § 100 c I Nr. 1 StPO übertragen[1409]. Wegen der geringeren Eingriffsintensität des § 100 c I Nr. 1 StPO gegenüber § 100 c I Nr. 2 und 3 StPO erscheint ein relatives Beweisverwertungsverbot für alle Gruppen als noch angemessen.

3. § 100 a StPO

Die Telefonüberwachung gem. § 100 a StPO ist eine wichtige Ermittlungsmaßnahme, die in den vergangenen Jahren immer stärker an Bedeutung gewonnen hat. Von ihrer Intensität ist sie als kommunikationsorientierter Eingriff unterhalb der Eingriffsschwelle von § 100 c I Nr. 3 StPO, aber oberhalb von § 100 g StPO angesiedelt[1410]. Im Gegensatz zu diesen beiden Vorschriften findet sich in § 100 a StPO aber überhaupt keine Berücksichtigung von Zeugnisverweigerungsrechten. Dies ist ein offener Wertungswiderspruch[1411].

Besondere Brisanz gewinnt diese Erkenntnis vor dem Hintergrund, dass der Rechtsschutz gegen § 100 a StPO defizitär ist und nach mancher Ansicht den Anforderungen der Rechtsweggarantie nach Art. 19 IV GG

[1407] S. SK-StPO-*Rudolphi/Wolter*, § 100 d, Rn. 32 m.w.N.

[1408] Vgl. auch *Schäfer*, FS-Hanack, S. 98 f. und insbesondere SK-StPO-*Rudolphi/Wolter*, § 100 c, Rn. 14 f.

[1409] In diese Richtung auch SK-StPO-*Rudolphi/Wolter*, § 100 c, Rn. 7a und SK-StPO-*Rudolphi/Wolter*, § 100 c, Rn. 14 f.

[1410] A.A. hinsichtlich des alten § 12 FAG *Mörlein*, Schutz, S. 43 f., da diese Maßnahme zu dieser Zeit aus technischen Gründen noch nicht zu einer gezielten Sachverhaltserforschung geeignet gewesen sei. Allgemein zu Verwertungsverboten bei der Telefonüberwachung: *Wolter*, GS-Kaufmann, S. 761 ff.

[1411] S. auch SK-StPO-*Rudolphi*, § 100 a, Rn. 17; *Mörlein*, Schutz, S. 90 und insbesondere S. 109 f.

nicht genügt[1412]. Deshalb wurde wiederholt versucht, unter Zuhilfenahme anderer Normen diesem Missstand abzuhelfen. Im Folgenden wird nun nachgezeichnet, inwieweit Zeugnisverweigerungsrechte bereits *de lege lata* im Rahmen von § 100 a StPO anzuerkennen sind.

a) Berufsgeheimnisträger

Häufig wird nach dem jeweiligen Berufsgeheimnisträger gem. § 53 I S. 1 Nr. 3 StPO differenziert. Dabei unterscheiden sich die zugrunde gelegten Schutzzwecküberlegungen beträchtlich. Im Vordergrund der Betrachtung steht dabei der Verteidiger. Die Überwachung seines Fernsprech- und Fernschreibanschlusses wird als generell unzulässig verworfen[1413].

Gestützt wird dieses allgemein anerkannte Ergebnis auf § 148 StPO, der den freien Verkehr zwischen Beschuldigtem und seinem Verteidiger garantiert[1414]. Nach zutreffender Ansicht gilt dies sogar für den Fall, dass der Verteidiger unter dem Verdacht der Teilnahme steht. In dieser Konstellation muss auf den Verteidigerausschluss nach § 138 StPO zurückgegriffen werden. § 148 StPO ist also allgemein als *lex specialis* einzuordnen. Daher ist der *lex-posterior*-Grundsatz nicht anwendbar, obwohl § 100 a StPO später in die Strafprozessordnung eingefügt worden ist[1415].

Daneben wird dieses Ergebnis auf ein *argumentum e fortiori* gestützt: Wenn schon die weniger belastende Beschlagnahme zu Lasten des Verteidigers untersagt sei, so müsse dies erst recht für die Telefonüberwachung gelten[1416]. Dieser letzteren Argumentation kann allerdings nur bedingt gefolgt werden. Zum einen unterscheiden sich die Maßnahmen nicht unerheblich voneinander[1417]; zum anderen müsste diese Folgerung dann für die übrigen Berufsgeheimnisträger und die Angehörigen gelten, was aber weithin abgelehnt wird.

Nach der Rechtsprechung des *Bundesgerichtshofs* ist eine Überwachung des Verteidigeranschlusses dann unzulässig, wenn er nicht tat- oder teilnahmeverdächtig ist[1418]. Dieses Erhebungsverbot greift selbst dann Platz, sofern der Verteidiger der Strafvereitelung zugunsten seines Mandanten

---

1412 Vgl. *Globig*, StV 1994, 287.
1413 SK-StPO-*Rudolphi*, § 100 a, Rn. 19.
1414 *BGH*, NStZ 1988, 562; s. auch *Gross-Spreitzer*, Grenzen, S. 98 f.
1415 S. *Mörlein*, Schutz, S. 96.
1416 *Beulke*, Jura 1986, 645.
1417 S. dazu *Werle*, JZ 1991, 485 f.
1418 *BGHSt*. 33, (347), 350.

bezichtigt wird[1419]. Insgesamt bleibt die Rechtsprechung damit hinter dem erforderlichen Schutz des Verkehrsrechts zurück[1420]. Wie bereits betont, ist der Verteidiger bis zum Ausschluss von jeglicher Überwachung freizustellen.

Das Zeugnisverweigerungsrecht des Abgeordneten ist verfassungsrechtlich über Art. 47 GG fundiert und muss daher aus normhierarchischen Gründen in der Strafprozessordnung beachtet werden. Daraus ergibt sich, dass eine Maßnahme nach § 100 a StPO gegen einen Abgeordneten als unzulässig einzustufen ist[1421]. Um eine wirksame Verbrechensaufklärung nicht zu hintertreiben, soll dieses Privileg nach mancher Ansicht nur so lange bestehen, wie die Amtszeit des Abgeordneten dauert[1422]. Diese Einschränkung, die Art. 47 GG nicht nahe legt, ist zweifelhaft.

Während die Berücksichtigung eines Zeugnisverweigerungsrechts für Verteidiger und Abgeordnete in seiner Substanz weitgehend außer Streit steht, ist die Privilegierung anderer in § 53 I StPO genannter Personen höchst umstritten[1423].

Für den Journalisten wird von der Rechtsprechung am Wortlaut des § 100 a StPO festgehalten und damit die Berücksichtigung eines Zeugnisverweigerungsrechts verneint[1424]. Wenn man allerdings im Rahmen von § 100 c I Nr. 3 StPO unter modifizierender Heranziehung des Rechtsgedankens von § 100 d III StPO im Wege einer verfassungskonformen Auslegung ein Beweiserhebungsverbot für den Journalisten bejaht, so muss dies bei der gleichgewichtigen Telefonüberwachung nach § 100 a StPO ebenfalls gelten[1425]. Verfassungsrechtlich zwingend sind aber nur die Zeugnisverweigerungsrechte des Verteidigers und des Abgeordneten durch ein Beweiserhebungsverbot zu beachten[1426].

1419 *BGHSt.* 33, (347), 351.

1420 Vgl. auch *Welp*, NStZ 1986, 297.

1421 Vgl. SK-StPO-*Rudolphi*, § 100 a, Rn. 20; *Rudolphi*, FS-Schaffstein, S. 443 f.; ebenso im Ergebnis *Gross-Spreitzer*, Grenzen, S. 102 ff.: a.A. – jedenfalls hinsichtlich einer Ableitung aus § 97 StPO – *Werle*, JZ 1991, 487.

1422 So *Gross-Spreitzer*, Grenzen, S. 106.

1423 Ablehnend etwa SK-StPO-*Rudolphi*, § 100 a, Rn. 21.

1424 Vgl. etwa *LG Frankfurt*, NJW 1996, 1009 („Fall Schneider); vgl. auch die Überlegungen von *Gross-Spreitzer*, Grenzen, S. 106 ff.

1425 S. insbesondere SK-StPO-*Rudolphi/Wolter*, § 100 c, Rn. 14 f. und SK-StPO-*Rudolphi/Wolter*, § 100 d, Rn. 34.

1426 Vgl. auch *Wolter/Schenke/Zöller*, Zeugnisverweigerungsrechte, S. 346 ff. Unter Hinweis auf eine fehlende Lücke wird eine Analogie für andere Zeugnisverweigerungsberechtigte *de lege lata* abgelehnt.

Vereinzelt wird vertreten, dass die Überwachung des Geistlichen nach § 100 a StPO bereits *de lege lata* mit der Funktion der Kirche in der Gesellschaft als letztes Refugium unzulässig sei, sofern er nicht selbst als Beschuldigter in Betracht kommt[1427]. Hier gilt Entsprechendes wie für den Journalisten.
Für den Rechtsanwalt war *de lege ferenda* auf Initiative des Deutschen Anwaltvereins die Einführung eines Überwachungsverbots geplant, welches letztlich aber nicht verwirklicht wurde[1428]. Als Ausnahme sollte die Anordnung der Telefonüberwachung gegen einen beschuldigten Anwalt zulässig sein.
Durch diese Privilegierung wollte man das Vorfeld der Verteidigung absichern, um bereits die erste Kontaktaufnahme zwischen dem Beschuldigten und seinem Rechtsanwalt lückenlos zu schützen. Es ist zweifelhaft, inwieweit bereits im geltenden Recht ein Überwachungsverbot angenommen werden kann. Nur von geringer Aussagekraft ist die Formulierung, die in den Materialien zu einer möglichen Regelung benutzt wird. Nach dem Vorschlag des Deutschen Anwaltvereins sollte eine „Klarstellung" erfolgen[1429]. Nach diesem Verständnis war der projektierte Schutz bereits durch die systematische Betrachtung in der Strafprozessordnung selbst angelegt. Allerdings ist nach Auffassung des *Bundesverfassungsgerichts* die Einbeziehung des Rechtsanwalts aus verfassungsrechtlicher Perspektive nicht zwingend geboten[1430], so dass eine Ableitung wie bei dem Abgeordneten ausscheiden muss.
Insgesamt ist damit der Schutz der Berufsgeheimnisträger nur sehr fragmentarisch verwirklicht und bleibt hinsichtlich des Geistlichen sogar noch hinter §§ 100 g, h StPO zurück. Im Folgenden sollen nun kurz methodologische Möglichkeiten diskutiert werden, ob dennoch eine Erweiterung über den Wortlaut des § 100 a StPO bereits *de lege lata* verwirklichbar ist.
Zunächst kommt eine Analogie zu § 100 d III S. 3 StPO in Betracht. Ein Bedürfnis dafür ist unbestreitbar vorhanden, insbesondere wenn man den breit gefassten Katalog des § 100 a StPO miteinbezieht[1431]. Hinzu kommt, dass durch die jetzige Regelung der Konflikt in materiellrechtli-

---

[1427] S. *Gross-Spreitzer*, Grenzen, S. 94 ff. und insbesondere S. 98.
[1428] S. BT-Drucks. 7/1261, S. 24; vgl. auch *Zuck*, NJW 1969, 913.
[1429] Vgl. BT-Drucks. 7/1261, S. 24
[1430] *BVerfGE* 30, (1), 32 („Abhörurteil"); zustimmend *Niemöller/Schuppert*, AöR 107 (1982), 440.
[1431] Vgl. bereits *Rudolphi*, FS-Schaffstein, S. 433.

cher Hinsicht mit § 203 StGB nicht überzeugend aufgelöst werden kann[1432]. Überträgt man beispielsweise die Grundsätze der Beschlagnahmefreiheit, so wäre eine Überwachung der Berufsgeheimnisträger als Nachrichtenmittler nur in den Kollusionsfällen des § 97 II S. 3 StPO zulässig[1433]. Auch wenn man die Analogie unter Berufung auf die vergleichbare Interessenslage vertritt, die aus einer Gesamtschau der Normen der §§ 52 ff., 100 d III, 100 g, h, 97 oder 148 StPO folgt[1434], so fehlt es doch nach häufiger Einschätzung an einer Regelungslücke[1435]. Aus dem Schweigen des Gesetzgebers kann nicht *per se* auf eine planwidrige Lücke geschlossen werden; vielmehr legt die Gesetzesbegründung nahe, dass der Kreis der einbezogenen Dritten im Sinne einer effektiven Strafverfolgung möglichst weit gezogen werden sollte[1436]. Insofern könnte eine Korrektur über eine Analogie ausscheiden, zumal die Rechtsprechung eine solche im Gegensatz zu § 100 c I Nr. 2 StPO ablehnt. Es tritt allerdings ein offener Wertungswiderspruch zu Tage: Eine Ungleichbehandlung der vergleichbaren Maßnahmen nach § 100 a StPO und § 100 c I Nr. 2 StPO bezüglich der Zeugnisverweigerungsrechte ist sachlich nicht gerechtfertigt[1437]. Somit ist *de lege lata* entsprechend § 100 d III S. 3 StPO im Rahmen von § 100 a StPO von einem relativen Beweisverwertungsverbot für alle übrigen Berufsgeheimnisträger nach § 53 I StPO und deren Hilfspersonen auszugehen. Dieses Ergebnis kann jedenfalls durch verfassungskonforme Auslegung erzielt werden, da hinter den Zeugnisverweigerungsrechten Grundrechte stehen[1438]. Dass für diese Gruppen kein Erhebungsverbot aus der Verfassung abgeleitet werden kann, bedeutet im Umkehrschluss noch nicht, dass ein relatives Verwertungsverbot – etwa hinsichtlich des Allgemeinen Persönlichkeitsrechts der Angehörigen – nicht zwingend zu beachten wäre. Im Übrigen ist auch eine Analogie nicht ausgeschlossen[1439]. Eine Regelungslücke ist nämlich bei normativer Betrachtung bereits dann gegeben, wenn in einer Norm die grundsätzlichen gesetzgeberischen Wertungen nicht verwirklicht sind.

[1432] S. auch *Rudolphi*, FS-Schaffstein, S. 440.
[1433] S. KK-*Nack*, § 100 a, Rn. 31; so *Rudolphi*, FS-Schaffstein, S. 444 f. für die Berufsgeheimnisträger nach § 53 I S. 1 Nr. 3 und Nr. 1 StPO.
[1434] S. auch schon *Rudolphi*, FS-Schaffstein, S. 435 f.
[1435] S. *Wolter/Schenke/Zöller*, Zeugnisverweigerungsrechte, S. 348 m.w.N.
[1436] Vgl. *Werle*, JZ 1991, 484 f.
[1437] SK-StPO-*Rudolphi/Wolter*, § 100 d, Rn. 34.
[1438] SK-StPO-*Rudolphi/Wolter*, § 100 d, Rn. 32 und 34.
[1439] Kritisch zur Analogie SK-StPO-*Rudolphi/Wolter*, § 100 d, Rn. 32.

Folgt man dieser Auffassung nicht, kann man schließlich nur noch an den Wortlaut der Vorschrift und hier insbesondere an die Subsidiaritätsklausel anknüpfen, die Ausdruck des stets zu beachtenden Verhältnismäßigkeitsgrundsatzes ist[1440]. Nimmt man diese Kautel ernst, so dürfen die Beziehungen zwischen dem Beschuldigten und Berufsgeheimnisträgern erst als *ultima ratio* erforscht werden[1441]. Auf diese Weise wird wenigstens ein höheres Schutzniveau für die Berufsgeheimnisträger erreicht. Kommen mehrere Berufsgeheimnisträger als Betroffene in Frage, so sind die bereits angestellten Schutzzweckerwägungen zu beachten. Ohne an dieser Stelle bereits ins Detail zu gehen, so kann doch festgehalten werden, dass beispielsweise zunächst der Steuerberater überwacht werden muss, bevor man Informationen durch die Maßnahme des § 100 a StPO mithilfe des Rechtsanwalts oder gar des Geistlichen erhebt. Aufgrund des eindeutigen Wortlauts von § 100 a StPO ist ein weitergehender Schutz zurzeit nicht möglich, was die Notwendigkeit einer stimmigen Gesamtregelung umso mehr vor Augen treten lässt.
Eine einschränkende Auslegung lässt sich nicht über den Begriff des „Betroffenen" oder des „Nachrichtenmittlers" in § 100 a StPO erzielen. Beide Begriffe geben bereits vom Wortlaut her keinen Anlass zu der Vermutung, dass der Gesetzgeber bestimmte Gruppen – etwa Beteiligte am Strafverfahren wie den Verteidiger oder andere Berufsgeheimnisträger – von der Überwachung ausnehmen wollte[1442].

b) Angehörige gem. § 52 I StPO

Nach dem Wortlaut scheidet eine Einbeziehung der Angehörigen nach § 52 I StPO nach jetziger Gesetzeslage im Rahmen von § 100 a StPO aus. Dieses Ergebnis wird fast allgemein geteilt[1443], da ansonsten die Maßnahme der Telefonüberwachung praktisch leer liefe[1444]. Aus Gründen der Gleichbehandlung der Maßnahmen von § 100 c I Nr. 2 StPO und § 100 a StPO ist für die Angehörigen jedoch genau wie für die Be-

---

[1440] Vgl. insbesondere *Mörlein*, Schutz, S. 99 f.

[1441] Ähnlich für den Rechtsanwalt *Waldowski*, AnwBl. 1975, 108. In diese Richtung auch LR-*Meyer*, § 100 a, Rn. 11.

[1442] S. zu diesem Ansatzpunkt *Mörlein*, Schutz, S. 100 f.

[1443] Vgl. etwa den Fall von BGH NStZ 1988, 563; KK-*Nack*, § 100 a, Rn. 33; SK-StPO-*Rudolphi*, § 100 a, Rn. 22; *Rudolphi*, FS-Schaffstein, S. 445; ebenso *Gross-Spreitzer*, Grenzen, S. 112 ff.

[1444] S. *Beulke*, Jura 1986, 643.

rufsgeheimnisträger außer dem Verteidiger und dem Abgeordneten ein relatives Beweisverwertungsverbot bereits *de lege lata* anzunehmen[1445].

4. § 12 FAG a. F. und §§ 100 g und 100 h StPO

§ 12 FAG, der bis zum 31.12.2001 galt, regelte die Zulässigkeit der Übermittlung von so genannten Verbindungsdaten an die Strafverfolgungsbehörden, die bei der Nutzung von Telekommunikationsleistungen entstehen. Zeugnisverweigerungsrechte wurden durch § 12 FAG nicht berücksichtigt[1446]. An der Frage der Zeugnisverweigerungsrechte scheiterte denn auch eine weitere Verlängerung der Vorschrift. Sie ist durch § 100 g StPO und § 100 h StPO ersetzt worden[1447], in denen das Zeugnisverweigerungsrecht bestimmter Berufsgeheimnisträger, nämlich des Geistlichen, Verteidigers und Abgeordneten, zu einem Beweiserhebungsverbot führt. Das Beweiserhebungsverbot wird durch ein Beweisverwertungsverbot gem. § 100 h II S. 1 2. Halbsatz StPO abgesichert. Dies ist dadurch bedingt, dass in der Praxis bei der Anordnung der Auskunftserteilung das Bestehen eines Zeugnisverweigerungsrechts oder

---

1445 Vgl. SK-StPO-*Rudolphi/Wolter*, § 100 d, Rn. 34. Vgl. nunmehr auch *BVerfG*, 1 BvR 668/04 vom 27. Juli 2005, Absatz-Nr. 161 ff. Bei der präventiven Telekommunikationsüberwachung wird ein Erhebungsverbot für Daten aus dem absolut geschützten Kernbereich der privaten Lebensgestaltung bejaht. Erst recht muss dies für Maßnahmen nach § 100 a StPO gelten. Dieses verfassungsimmanente Beweiserhebungsverbot, das aus Art. 10 I GG folgt, ist zwingend zu beachten: Ist eine Überwachung dennoch erfolgt, so müssen die Erkenntnisse unverzüglich gelöscht werden und stehen für eine weitere Verwendung nicht zur Verfügung.

1446 Hinsichtlich § 12 FAG entsprechender Vorschriften und der Berücksichtigung von Zeugnisverweigerungsrechten im Ausland und auf europäischer Ebene: *Wolter/Schenke/Huber*, Zeugnisverweigerungsrechte, S. 371 ff.; *Wolter/Schenke/Cornils*, Zeugnisverweigerungsrechte, S. 379 ff. (Dänemark); *Wolter/Schenke/Huber*, Zeugnisverweigerungsrechte, S. 391 ff. (Wales); *Wolter/Schenke/Günther/Tuennemann*, Zeugnisverweigerungsrechte, S. 405 ff. (Frankreich); *Wolter/Schenke/Ricercatore*, Zeugnisverweigerungsrechte, S. 417 ff. (Italien); *Wolter/Schenke/van Riel*, Zeugnisverweigerungsrechte, S. 431 ff. (Niederlande); *Wolter/Schenke/Günther*, Zeugnisverweigerungsrechte, S. 465 ff. (Österreich); *Wolter/Schenke/Nita*, Zeugnisverweigerungsrechte, S. 481 ff. (Polen); *Wolter/Schenke/Demko*, Zeugnisverweigerungsrechte, S. 493 ff. (Schweiz); *Wolter/Schenke/Ruthig*, Zeugnisverweigerungsrechte, S. 521 ff. (USA/Kalifornien).

1447 S. zur Neuregelung insbesondere *Hilger*, GA 2002, 228 ff.; s. auch *Eckhardt*, DuD 2002, 198 ff.

dessen Umfang häufig schwer erkennbar sein wird[1448]. Gem. § 100 h II S. 2 StPO entfällt dieses Privileg aber dann, wenn die zur Verweigerung des Zeugnisses Berechtigten einer Teilnahme oder einer Begünstigung, Strafvereitelung oder Hehlerei verdächtig sind. Allerdings ist diese Regelung befristet: Gem. Art. 1 des Gesetzes zur Verlängerung der Geltungsdauer der §§ 100 g, 100 h StPO v. 09.12.2004[1449] treten §§ 100 g, h StPO mit Wirkung zum 1. Januar 2008 außer Kraft.

Die Intensität der Maßnahme nach § 100 g StPO und § 100 h StPO wird unterschiedlich beurteilt. Häufig wird die Eingriffsschwelle als relativ gering oder jedenfalls geringer als nach § 100 a StPO[1450] angesehen, da nur Verbindungsdaten, aber keine Gesprächsinhalte betroffen seien. Der Auffassung kann man in dieser Allgemeinheit nicht zustimmen: Bereits aus der Tatsache, dass überhaupt ein Gespräch geführt wurde, lassen sich mitunter inkriminierende Schlüsse ziehen, die für den Beschuldigten belastender als der Inhalt eines nach § 100 a StPO abgehörten Telefonats sein kann.

Zu denken ist hier etwa an ein Gespräch, das ein Beschuldigter mit seinem Verteidiger führt, bevor ihm die Ermittlungsbehörden eine Straftat zur Last legen. Dort wird der Schluss auf eine Schuld des Beschuldigten nahe liegen. Außerdem ermöglicht die vorliegende Maßnahme eine Standortbestimmung des Täters und die Erstellung eines – wenn auch – unvollständigen Bewegungsbildes[1451].

Die Berücksichtigung von lediglich drei Berufsgeheimnisträgern, nämlich des Geistlichen, Verteidigers und Abgeordneten, in § 100 g StPO und § 100 h StPO erscheint inkonsequent. § 53 I StPO selbst stellt keine Hierarchie der Zeugnisverweigerungsberechtigten auf. Es bleibt unklar, warum es gerade diese Berufsgeheimnisträger sind, die in den verstärkten Schutz eines Beweiserhebungsverbotes gelangen.

Der Mannheimer Arbeitskreis Strafprozessrecht und Polizeirecht (ASP) hatte demgegenüber eine andere Regelung vorgeschlagen. § 100 h II StPO-E lautet: „[1]In den Fällen des § 53 Abs. 1 Nr. 2, 4 und Nr. 5 ist das Verlangen einer Auskunft über Telekommunikationsverbindungen, die von dem oder zu dem zur Verweigerung des Zeugnisses Berechtigten oder für diesen von oder zu dessen Berufshelfer (§ 53 a) hergestellt werden, unzulässig. [2]Eine dennoch erlangte Auskunft darf nicht verwertet

---

1448 Vgl. *Meyer-Goßner*, § 100 h, Rn. 9; s. auch *Bizer*, DuD 2002, 237.

1449 S. BGBl. I, S. 3231.

1450 *Weßlau*, StV 2001, 598.

1451 *Weßlau*, StV 2001, 597.

werden. [3]Dies gilt nicht, wenn die gem. § 53 Abs. 1 Nr. 4 und Nr. 5 zur Verweigerung des Zeugnisses Berechtigten einer Beteiligung oder einer Begünstigung, Strafvereitelung oder Hehlerei verdächtig sind."[1452]
Angesprochen werden hier also der Verteidiger, der Abgeordnete und der Journalist.
Die Gesetzgebungsmaterialien zu § 100 g StPO und § 100 h StPO geben hierzu folgende Erklärung[1453]: Die Beschränkung auf diesen überschaubaren Personenkreis sei sachgerecht. Die Aufnahme des Geistlichen wird mit dem besonderen, kultureller Tradition entsprechendem Vertrauen in die absolute Privatheit einer Kontaktaufnahme zu einem Seelsorger begründet. Für den Verteidiger und den Abgeordneten spreche, dass sie im Rahmen der demokratischen Verfassung bedeutsame staatskonstituierende Kontrollfunktionen wahrnähmen. Andererseits wird in den Materialien ausgeführt, dass die Vorschrift deshalb befristet sei, um „für die Berücksichtung der Zeugnisverweigerungsrechte ein geschlossenes und den Anforderungen aller heimlichen Ermittlungsmaßnahmen gerecht werdendes Regelungskonzept"[1454] erarbeiten zu können.
Dabei will sich der Gesetzgeber auf die Arbeit von Forschergremien stützen[1455]. Damit wird inzident eingeräumt, dass auch die Regelung des § 100 h II StPO noch weit von einer abschließenden, alle Problemkreise angemessen berücksichtigenden Regelung entfernt ist. In der Literatur wird teilweise sehr dezidiert Kritik an der Auswahl der berücksichtigten Zeugnisverweigerungsberechtigten geübt: Insbesondere sei nicht einsichtig, wieso dem Journalisten nicht ebenso eine staatskontrollierende Rolle zugebilligt werden könnte wie dem Abgeordneten und dem Verteidiger[1456]. Hinsichtlich des Geistlichen wird kritisiert, dass die gegebene Begründung, die auf das Vertrauen in die absolute Privatheit ebenso auf den Arzt oder Psychotherapeuten angewendet werden könne[1457]. Der Geistlichenschutz ist verfassungsrechtlich nicht zwingend geboten[1458].

1452 *Wolter/Schenke*, Zeugnisverweigerungsrechte, S. 362.
1453 Vgl. Beschlussempfehlung und Bericht des Rechtsausschusses vom 28. November 2001 (BT-Drucks. 124/7679, S. 9.
1454 Gesetzentwurf der Bundesregierung vom 1. Oktober 2001 (BT-Drucks. 14/7008, S. 8 und insbesondere S. 2).
1455 Vgl. dazu Gesetzentwurf der Bundesregierung vom 1. Oktober 2001 (BT-Drucks. 14/7008, S. 8).
1456 *Wollweber*, NJW 2002, 1555; vgl. auch SK-StPO-*Wolter*, § 100 h, Rn. 4.
1457 *Wollweber*, NJW 2002, 1555.
1458 S. SK-StPO-*Wolter*, § 100 h, Rn. 4.

Die Ungleichbehandlung der Zeugnisverweigerungsberechtigten aus § 53 I StPO ist nur haltbar, wenn ein sachlicher Grund hierfür angegeben werden kann. Einen solchen Grund hat die (hier so bezeichnete) „Theorie des öffentlichen Interesses" angegeben. Allerdings zählt sie als besonders schutzwürdige Gruppen den Verteidiger, den Abgeordneten und den Journalisten auf. Diese erfüllen für das Gemeinwesen sehr wesentliche Funktionen.
In § 100 h StPO fehlt aber gerade der Journalist. Bereits für § 12 FAG ist teilweise vertreten worden, dass das Grundrecht der Pressefreiheit jedenfalls dann Vorrang genieße und die Auskunftserteilung damit nicht gefordert werden könne, wenn eine Beschlagnahme gem. § 97 StPO unzulässig wäre[1459]. Auf dieser Linie befindet sich auch das *Bundesverfassungsgericht*. Ein Zeugnisverweigerungsrecht des Journalisten im Bereich von § 100 a StPO und § 12 FAG a. F. lasse sich jedenfalls nicht unmittelbar aus der Verfassung ableiten[1460]. In § 97 StPO habe der Gesetzgeber dem Gewahrsamsmoment eine wichtige Rolle zugewiesen. Dieser Gedanke des § 97 StPO wird verallgemeinert. Für die Schutzbedürftigkeit des Journalisten bei einer Maßnahme nach § 12 FAG a. F. erscheint es dem *Bundesverfassungsgericht* von größter Bedeutung, inwieweit Gewahrsam an Informationen vorliegt.
Gerade die Verbindungsdaten befänden sich aber bei einem Dritten. Die Schutzbedürftigkeit sei also niedriger einzuschätzen als im Bereich von § 97 StPO. Dass der Journalist indirekt zum Gehilfen der Staatsanwalt werden könnte, versucht das *Bundesverfassungsgericht* mit dem Argument zu entkräften, dass eine aktive Mitwirkung des Journalisten bei der Aufklärung gewisser Straftaten nicht erzwungen werde. Insbesondere Informationen in der Herrschaftssphäre des Journalisten seien weiterhin umfassend geschützt[1461].
Die gesetzlichen Voraussetzungen für die Zulässigkeit der Erhebung von Verbindungsdaten seien streng genug, so dass Art. 5 I S. 2 GG keine weiter gehenden gesetzlichen Vorkehrungen zum Schutz journalistischer Recherchen verlange. Die Ausstrahlungswirkung des Art. 5 I S. 2 GG

[1459] S. *Stenger*, CR 1990, 794.
[1460] *BVerfG*, NJW 2003, 1793 f.; s. aber SK-StPO-*Wolter*, § 100 g, Rn. 3 und SK-StPO-*Wolter*, § 100 h, Rn. 4.
[1461] Kritisch *Pöppelmann/Jehmlich*, AfP 2003, 229.

müsse aber bei der Prüfung der Voraussetzungen der jeweiligen Anordnung hinreichend beachtet werden[1462].

Die Lösung, die das *Bundesverfassungsgericht* unter Rückgriff auf das Verhältnismäßigkeitsprinzip sucht, kann nicht nur auf Zustimmung stoßen. Zwar sind dadurch „elastische“, einzelfalladäquate Ergebnisse zu erzielen.

Wenig überzeugt jedoch der systematische Hinweis auf § 97 StPO. Dieser Schluss ist schon wegen der Verschiedenheit der Maßnahmen nicht einleuchtend. §§ 100 g, h StPO sind eher mit § 100 a StPO zu vergleichen. Überträgt man die Grundsätze des Bundesverfassungsgerichts auf die Telefonüberwachung, so zeigt sich, wie zweifelhaft ein solcher Ansatz ist. Es wäre nämlich sehr fern liegend, den Gewahrsam an gesprochenen Worten zu thematisieren. Das Gewahrsamsprinzip lässt sich auf die heimlichen Ermittlungsmaßnahmen nicht einfach übertragen[1463]. Da das Gespräch zwischen den Teilnehmern besteht und ihre Sphäre nicht verlässt, könnte man bei diesem Verständnis der Gesetzessystematik eine Analogie zu § 97 II StPO erwägen. Ebenso handelt es sich um eine bloße Zufälligkeit, dass die Verbindungsdaten bei einer dritten Stelle gespeichert sind. Dies zeigt folgende Überlegung: Wären diese Daten selbst – etwa auf dem Computer oder dem tragbaren Telefon des Journalisten ausschließlich gespeichert, so müsste nach der Entscheidung des *Bundesverfassungsgerichts* die Bewertung anders ausfallen. Ein sachlicher Grund hierfür ist schwer ersichtlich. Zum anderen lässt sich *ex ante* nicht bestimmen, ob die Verbindungsdaten privater Natur sind oder dem Schutz von § 53 I S. 2 StPO unterfallen, womit sich die Maßnahme wenigstens teilweise von einer Durchsuchung unterscheidet[1464].

Stattdessen ist der Geistliche aufgenommen. Man kann sich des Eindrucks nur schwer erwehren, dass hier weniger sachliche Überlegungen eine Rolle gespielt haben, sondern eine gezielte Lobbyarbeit[1465]. Die Schutzzweckuntersuchung hat gezeigt, dass eine Differenzierung zwischen den einzelnen Berufsgeheimnisträgern nicht sinnvoll ist. Es ist freilich anerkennenswert, dass der Gesetzgeber die Problematik der Zeugnisverweigerungsrechte bei § 100 g StPO – im Gegensatz zu § 12

1462 *BVerfG*, NJW 2003, 1794 f.; für eine verfassungskonforme, restriktive Auslegung dagegen *Kugelmann*, NJW 2003, 1779.

1463 *Gusy*, NStZ 2003, 402.

1464 So *Gusy*, NStZ 2003, 402.

1465 Die Einflussnahme von Interessengruppen wurde bereits bei der Entstehung von § 100 d StPO kritisch gesehen.

FAG – überhaupt thematisiert hat. Er hätte aber nicht auf halbem Weg stehen bleiben sollen, sondern alle Berufsgeheimnisträger des § 53 I StPO in den Schutz eines Beweiserhebungsverbotes nach § 100 h II StPO einbeziehen müssen. Dabei wäre allerdings je nach Schutzwürdigkeit des jeweiligen Zeugnisverweigerungsberechtigten ein Beweiserhebungsverbot, bzw. ein absolutes oder relatives Beweisverwertungsverbot zu etablieren gewesen.

Die Ausnahme bei Kollusionsverdacht bezieht sich sogar auf den Verteidiger. Dies ist systematisch schwerlich haltbar, da in solchen Fällen gem. § 138 StPO ein Verteidigerausschluss zu erfolgen hätte[1466]. Konsequenterweise vermeidet der Vorschlag des Mannheimer Arbeitskreises Strafprozessrecht und Polizeirecht (ASP) diesen Widerspruch, indem er in § 100 h II S. 3 StPO-E nur auf die Berufsgeheimnisträger aus § 53 I S. 1 Nr. 4 und 5 StPO Bezug nimmt[1467].

Problematisch erscheint, dass der Gesetzgeber (wie in § 100 d III StPO) die Berufsgeheimnisträger und ihre Hilfspersonen aus § 53 a StPO gesondert behandelt. Während in § 100 d III StPO der Hilfspersonen wenigstens erwähnt werden (wenn auch in unzureichendem Maße), so fehlen sie in § 100 h StPO ganz[1468]. Vielleicht liegt hier die Vorstellung zugrunde, dass Berufsgeheimnisträger und Hilfsperson dieselben Telekommunikationseinrichtungen benutzen.

In nicht wenigen Fällen wird allerdings keine Durchwahl etwa zu dem Verteidiger möglich sein, sondern seine Sekretärin das Gespräch entgegennehmen und es weiterleiten. Streng genommen und rein am Wortlaut des § 100 h II StPO orientiert, wäre die Kenntnis dieses Gesprächs als Beweismittel zulässig. Dies widerspräche aber dem Sinn und Zweck von § 100 g II StPO. *De lege ferenda* sind daher die Hilfspersonen in den Schutzbereich von § 100 g II StPO durch eine ausdrückliche Regelung einzubeziehen. *De lege lata* wird man dieses Ergebnis methodisch durch eine teleologische Extension erzielen können.

Schließlich werden die Angehörigen des Beschuldigten völlig ausgeblendet. Diese gesetzgeberische Entscheidung ist vor dem Erkenntniswert von Verbindungsdaten mit Angehörigen – etwa der Ehefrau – ver-

---

[1466] Bei Wegfall des Kollusionsverdachts tritt ein Verwertungsverbot ein (s. SK-StPO-*Wolter*, § 100 h, Rn. 3).

[1467] S. *Wolter/Schenke*, Zeugnisverweigerungsrechte, S. 362; vgl. auch SK-StPO-*Wolter*, § 100 g, Rn. 11.

[1468] Vgl. auch SK-StPO-*Wolter*, § 100 g, Rn. 11 und SK-StPO-*Wolter*, § 100 h, Rn. 6.

ständlich. Gerade hier wird eine Standortbestimmung oder ein Bewegungsbild gute Aufschlüsse zulassen, ob das Alibi des Beschuldigten, er habe sich bei seinem Angehörigen oder in dessen Nähe befunden, stichhaltig ist. Hier wie genauso wenig in der übrigen Strafprozessordnung darf jedoch eine Zweckmäßigkeitsüberlegung stillschweigend die Beschneidung von Grundrechten rechtfertigen. Da § 52 I StPO den gleichen Schutzzweck wie § 53 I StPO verfolgt, nämlich die Selbstbezichtigungsfreiheit des Beschuldigten abzusichern, erscheint eine Unterscheidung zwischen den Berufsgeheimnisträgern und den Angehörigen als willkürlich und darf nicht durchgeführt werden. Im Hinblick darauf ist das Gesetz also nachbesserungsbedürftig.
Die Gleichsetzung der Betroffenen aus § 52 I StPO mit den Gruppen der Zeugnisverweigerungsberechtigten gem. §§ 53 I, 53 a StPO ist nach dem hier vertretenen dogmatischen Ansatz wenigstens nicht ausgeschlossen. Hiergegen kann man den nicht vollkommen unberechtigten Einwand erheben, dass durch eine solch weitgehende Privilegierung die Strafverfolgungsinteressen des Staates bei Schwerstkriminalität zu sehr in den Hintergrund treten.
Fraglich ist, wie man Abhilfe schaffen kann. In Betracht käme ein relatives Beweisverwertungsverbot für gewisse Angehörige. Dies wäre vor dem Hintergrund der gesetzgeberischen Intention konsequent: Die Zuerkennung von Zeugnisverweigerungsrechten orientiert sich an der Eingriffsstärke der Maßnahme. Im Gegensatz zu § 100 d III StPO ist die Intensität der Beschaffung der Verbindungsdaten stets gleich groß, während bei der Wohnraumüberwachung leichtere und schwerwiegendere Eingriffe bereits unter dem Zeitaspekt leicht denkbar sind. Es macht einen erheblichen Unterschied, ob die Wohnung etwa zur Tag- oder Nachtzeit observiert wird.
Wenn man ein relatives Beweisverwertungsverbot ablehnt, so scheint nur noch das „Alles-oder-Nichts-Prinzip" greifen zu können: Entweder etabliert man für die Angehörigen ein Beweiserhebungsverbot oder man lässt bei bestimmten besonders schweren Straftaten die Zeugnisverweigerungsrechte ganz zurücktreten. Wenn man diese Lösung wählt, erscheint der letztere Weg insgesamt der Problematik besser gerecht zu werden.
Bei einigen Delikten sollte die Erhebung von Verbindungsdaten daher zulässig sein. Vorzuschlagen wären hier Verbrechen, die im Mindestmaß mit einer Freiheitsstrafe von fünf Jahren bedroht sind. Durch die

Angabe eines konkreten Strafmindestmaßes erspart man sich den Rekurs auf Kataloge wie § 138 StGB, über den sich streiten lässt.
Dieser materielle Ansatz vermeidet zwar die Schwierigkeiten einer formellen Betrachtungsweise, die auf das Verhältnismäßigkeitsprinzip rekurriert; andererseits bleibt dann die Möglichkeit einer detaillierten Einzelfallabwägung, wie sie bei relativen Beweisverwertungsverboten stattfinden kann, verwehrt.
Gegenüber den gerade diskutierten Korrekturmöglichkeiten für §§ 100 g, h StPO ist es aber vorzugswürdig, eine einheitliche Vorschrift im Allgemeinen Teil zur Berücksichtigung von Zeugnisverweigerungsrechten bei Ermittlungsmaßnahmen zu schaffen.
Dabei wird nicht mehr nach der Eingriffsintensität der jeweiligen Maßnahme differenziert, sondern von den Zeugnisverweigerungsrechten als Fixpunkten ausgegangen. Dies wird dem Charakter der Zeugnisverweigerungsrechte besser gerecht, weil ihnen als Substrat Grundrechtsverbürgungen zu Grunde liegen.

5. Sonderkonstellation: Zeugnisverweigerungsberechtigter und Dritter (Sedlmayr-Konstellation) - Lösung über § 252 StPO analog?

Betrachtet wird nun die vom *Bundesgerichtshof* entschiedene Konstellation, dass ein V-Mann einen Angehörigen gem. § 52 I StPO aushorcht[1469].
Obwohl sich die Verlobte im Hauptverfahren auf ihr Zeugnisverweigerungsrecht nach § 52 I StPO berief, hielt das *Landgericht* die Aussagen der V-Leute für verwertbar. Der *Bundesgerichtshof* hatte sich mit der Rechtsfrage auseinanderzusetzen, ob unter Umständen eine Umgehung des Zeugnisverweigerungsrechts der Verlobten gem. § 52 I StPO in Betracht komme. Die Verteidigung hatte in der Verwertung der Aussagen eine Verletzung von § 252 StPO analog gesehen. Dieser Rechtsansicht folgte der *Bundesgerichtshof* nicht und verwarf die Revision.
Hauptargument des Gerichts ist, dass ein V-Mann keine Vernehmungen durchführt und für eine analoge Anwendung des § 252 StPO zumindest eine vernehmungsähnliche Situation gegeben sein müsse[1470]. Zutreffend ist die Beobachtung, dass der *Bundesgerichtshof* von der zeugenfreundlichen restriktiven Anwendung von § 252 StPO abrückt und den Straf-

[1469] Vgl. *BGH*, JZ 1995, 841 ff. (Sedlmayr); s. besonders *Wolter/Schenke/Nack*, Zeugnisverweigerungsrechte, S. 29 ff.
[1470] Vgl. *BGH*, JZ 1995, 842 (Sedlmayr).

verfolgungsinteressen mehr Raum zubilligt[1471]. Dennoch nehmen manche eine Verletzung von § 52 I StPO an[1472]. Die analoge Anwendung von § 252 StPO erscheint zumindest diskussionswürdig[1473].
Die V-Leute waren nach dem Verpflichtungsgesetz vom 2. März 1974 förmlich verpflichtet worden. Daher seien sie der Verlobten nicht in amtlicher Funktion entgegengetreten. Der *Bundesgerichtshof* begründet dies knapp mit einem rein formal-systematischen Argument. Er verweist auf § 11 I Nr. 4 a StGB[1474]: Nach dieser Vorschrift schließt die besondere Verpflichtung für den öffentlichen Dienst die Amtsträgereigenschaft aus.
Dies ist allerdings in erster Linie eine Statusfrage, die die Rechtsbeziehung zwischen dem Staat und den V-Leuten betrifft. Von entscheidender Bedeutung ist dagegen, ob das Verhalten der V-Leute den Ermittlungsbehörden zurechenbar ist. Auch die Einschaltung Privater kann nämlich unzulässig sein. Daher überzeugt es wenig, wenn der *Bundesgerichtshof* die Zurechnung aufgrund seines formalistischen Vernehmungsbegriffs sogar generell ablehnt, selbst wenn die V-Leute „gezielt auf die Angeklagten und deren Umfeld angesetzt und straff geführt werden". Es sind durchaus Konstellationen denkbar, in denen auf diese Weise eine Vernehmung vermieden werden kann.
Kritik in der Literatur erregt in diesem Zusammenhang besonders die Umgehung der Belehrungspflicht nach § 52 III S. 1 StPO[1475]. Gerade deshalb ist der Angehörige in Fällen dieser Art besonders schutzbedürftig[1476]. Für jene Mindermeinung könnte außerdem sprechen, dass ein Dritter als Werkzeug der Ermittlungsorgane tätig wird. In Anlehnung an die Figur der mittelbaren Täterschaft im materiellen Strafrecht besitzt die Strafverfolgungsbehörde Wissensherrschaft[1477]. Fraglich ist, welche

---

1471 So *Friedrichs*, Verwertungsverbote, S. 55 mit ausführlicher Analyse von *BGHSt*. 29, 230 ff. In diesem Fall lag allerdings die Annahme einer Vernehmung nahe, da ein Streifenpolizist in amtlicher Funktion das nachts angetroffene Tatopfer, ein zwölfjähriges Mädchen, gezielt befragt hatte.

1472 *Weiler*, GA 1996, 110; *Wolter*, FG-BGH 2000, S. 972.

1473 Dagegen beim V-Mann *BGH*, JZ 1995, 842 (Sedlmayr); zustimmend *Sternberg-Lieben*, JZ 1995, 844, der aber methodisch wohl eher eine teleologische Extension im Auge hat (vgl. 847).

1474 *BGH*, JZ 1995, 842 (Sedlmayr).

1475 So *Sternberg-Lieben*, JZ 1995, 845; *Weiler*, GA 1996, 110 m.N.

1476 *Friedrichs*, Verwertungsverbote, S. 57.

1477 Diese Parallele ziehen auch *Schlüchter/Radbruch*, NStZ 1995, 355, die sie aber i. E. ablehnen.

Anforderungen man an die Führung des V-Mannes zu stellen hat. Weit verbreitet ist die Ansicht, dass eine lediglich „passive Vernehmung" wie etwa bei der Wohnraumüberwachung nicht ausreiche[1478]. In diesem Fall werde kein für die Annahme des § 252 StPO (analog) nötiger psychischer Druck seitens des Staats auf den Zeugen ausgeübt. Vielmehr entäußere sich der Zeuge seiner Kenntnisse freiwillig und verzichte damit konkludent auf § 252 StPO[1479]. Es gehöre zum allgemeinen Lebensrisiko, dass derartige Äußerungen nachteilig verwendet werden können[1480]. Anderseits gewinnt die Sichtweise an Boden, dass beim Beschuldigten nur seine sprachliche „Selbstinterpretation" zur Beweisgrundlage erhoben werden darf[1481]. Teilweise wird vertreten, dass Heimlichkeit des Vorgehens bereits mit List und Täuschung gleichzusetzen sei[1482]. Dies käme qualitativ einem Verstoß gegen §§ 69 III, 136 a StPO gleich[1483]. Der Betroffene kann gegen die Ermittlungsmaßnahme nichts unterneh-

---

[1478] *M. Müller*, Lauschangriff, S. 201; generell restriktiv *BGH*, NStZ 1995, 557; *BGHSt.* (GrS) 42, 139, (146 ff.) (Hörfalle); *Schlüchter/Radbruch*, NStZ 1995, 354 f. m.w.N zur Gegenmeinung (funktionaler Vernehmungsbegriff). *Gusy*, StV 1995, 450 nimmt eine Vernehmung an, wenn eine Duldungspflicht des Betroffenen bei der Anhörung besteht. Auch hier wird also das Moment des Drucks auf den Beschuldigten als entscheidend angesehen. Einen weiten Vernehmungsbegriff vertritt auch *Weiler*, GA 1996, 108. Fraglich ist überhaupt, ob es bei einer so genannten unoffenen Befragung auf das Merkmal der Vernehmung ankommen kann: s. *Fezer*, NStZ 1996, 289. Zu beachten ist jedoch, dass bei § 100 c I Nr. 3 StPO das Moment der Heimlichkeit eine besondere Rolle spielt.

[1479] *BGH*, JZ 1995, 842 (Sedlmayr); *Gollwitzer*, JR 1995, 470.

[1480] Zum Beschuldigten *Krey*, JR 1998, 4 f. m.N.; Votum des Generalbundesanwalts in *BGHSt.* (GrS) 42, 139, (143) (Hörfalle); differenzierend *Fezer*, NStZ 1996, 289 f. u. *Pawlik*, GA 1998, 386.

[1481] *Köhler*, ZStW 108 (1995), 24 f.; diesem sehr weitgehenden Ansatz ist im Prinzip zuzustimmen.

[1482] *Hassemer*, DRiZ 1992, 358; für die Sedlmayr-Konstellation *Wolter*, FG-BGH 2000, S. 977, vgl. dort zu genauer Unterscheidung zwischen List und Täuschung; ablehnend in ähnlicher Konstellation *BGHSt.* (GrS) 42, 139, (149) (Hörfalle).

[1483] In diesem Zusammenhang ist zu berücksichtigen, dass manche V-Leuten und Verdeckten Ermittlern verbieten wollen, Angehörige nach § 52 I StPO auszuhorchen. Außerdem wird darüber nachgedacht, wenigstens die Verwertungsregelung des § 100 d III S. 3 StPO auf diese Konstellation zu übertragen. Derartige Beschlussvorlagen fanden aber keine Mehrheit auf dem Deutschen Juristentag, vgl. 62. DJT (1998), L 201.

men und sich keinen Beschränkungen unterwerfen[1484], was dem Publizitätserfordernis öffentlichen Handelns widerspricht[1485]. Zudem besteht die Gefahr, dass § 52 III S. 2 StPO leer läuft[1486].
Der *Bundesgerichtshof* trifft eine weitere Differenzierung: Er unterscheidet danach, ob das Zeugnisverweigerungsrecht des Betroffenen bereits ausgeübt worden ist oder nicht. Im letzteren Fall soll die analoge Anwendung von § 252 StPO von vornherein ausscheiden. Der *Bundesgerichtshof* beruft sich dabei auf den Schutzzweck von § 52 StPO, weil er § 252 StPO richtigerweise als Umgehungsschutz für die Zeugnisverweigerungsrechte versteht. Allerdings sieht er die *ratio legis* von § 52 I StPO vorrangig im Schutz eines Rollenkonflikts des Angehörigen begründet. Daraus zieht das Gericht den Schluss, dass bei einem Gespräch außerhalb einer Vernehmung dieser Konflikt gar nicht vorliege. Vielmehr beruhe jede Äußerung auf Freiwilligkeit.
Die Betrachtungsweise des *Bundesgerichtshofes* ist aber – abgesehen von der einseitigen Definition des Schutzzwecks von § 52 StPO – nicht überzeugend: Von Freiwilligkeit kann nicht gesprochen werden, falls der Zeuge entgegen seinen Vorstellungen den Angehörigen, wenn auch mittelbar, vor den Ermittlungsbehörden belastet[1487]. Dieser Irrtum ist näm-

---

1484 *Guttenberg*, NJW 1993, 570.

1485 *Fezer*, NStZ 1996, 289; Köhler, ZStW 108 (1995), 29 f.; eingehend *Rohe*, Informationsgewinnung, S. 141 ff., einschränkend für das Ermittlungsverfahren *BGHSt.* (GrS) 42, 139, (150) (Hörfalle).

1486 Dies räumt auch *Sternberg-Lieben*, JZ 1995, 846 ein.

1487 Ähnlich: *Friedrichs*, Verwertungsverbote, S. 57. In diesem Zusammenhang ist auf *EGMR*, StV 2003, 257 zu verweisen. Der *Europäische Gerichtshof für Menschenrechte* hatte einen Fall zu entscheiden, in dem ein britischer Staatsangehöriger von einem Zellennachbarn ausgehorcht wurde. Die Polizei hatte diesen Mitinhaftierten, der regelmäßig als Spitzel fungierte, auf den unter Mordverdacht stehenden Beschuldigten angesetzt. Der Beschuldigte gab schließlich gegenüber dem Mithäftling zu, dass er zur fraglichen Zeit am Tatort gewesen sei. Der *EGMR* entschied, dass das Schweigerecht des Beschuldigten, das von Art. 6 I S. 1 EMRK gewährleistet wird, missachtet worden sei. Dies gelte immer dann, wenn in derartigen Konstellationen dem Beschuldigten durch einen Agenten des Staates selbstbelastende Aussagen entlockt würden. Ein Entlocken kommt namentlich dann in Betracht, wenn ein besonderes Verhältnis, also etwa eine Angehörigenbeziehung, besteht, das die Wahrscheinlichkeit erhöht, dass sich der Beschuldigte offenbaren wird. Unter Berücksichtigung dieser Rechtsprechung ist die Beurteilung der Freiwilligkeit durch den *BGH* als sehr zweifelhaft zu sehen.

lich beachtlich. Objektiv war eine Konfliktsituation gegeben[1488]. Ansonsten lässt die Rechtsprechung auch einen potenziellen Konflikt genügen. Die Aussage gegenüber einem staatlich gelenkten V-Mann kommt außerdem in der Konsequenz einem Verzicht auf die Ausübung des Zeugnisverweigerungsrechts nach § 52 I StPO gleich. Dieser Verzicht ist aber kein bloßes tatsächliches Einverständnis, sondern vielmehr von normativen Gesichtspunkten geprägt, damit er wirksam sein kann. Dies zeigt bereits die Notwendigkeit einer Belehrung.
Überdies ist das konzeptionelle Verständnis der Freiwilligkeit mehr als fraglich: Freiwilligkeit wird so verstanden, dass keine hoheitliche Stelle unmittelbaren Druck auf das Aussageverhalten des Angehörigen ausübt. Hierbei wird die Fallgestaltung des „sanften Zwangs" vollkommen übersehen: Erinnert sei in diesem Zusammenhang nur an die so genannten „Romeo"-Fälle. Durch die Gesprächslenkung der V-Leute, die auch unbewusst geschehen kann, wird der Angehörige regelmäßig zur Preisgabe von mehr Informationen gebracht, als er eigentlich hätte offenbaren wollen[1489].
Des Weiteren sollte ein anderes Problem nicht übersehen werden: Fraglich ist, ob ein bloßes Schweigen des Zeugen im Ermittlungsverfahren bereits als Ausübung des Zeugnisverweigerungsrechts gesehen werden kann. Wer dies wie Teile der Literatur verneint und eine ausdrückliche Erklärung fordert[1490], würde den Anwendungsbereich von § 252 StPO generell verkürzen[1491]. Der *Bundesgerichtshof* lässt allerdings in solchen Fällen das Schweigen als Ausübung des Zeugnisverweigerungsrechts genügen[1492]. Angreifbar ist seine Ansicht jedoch insofern, als die Zulässigkeit des V-Mann-Einsatzes letztlich davon abhängt, ob überhaupt eine Vernehmung stattgefunden hat. Dies kann dazu führen, dass vor dem Hintergrund der Verwertungsproblematik aus taktischen Gründen zunächst nur verdeckt ermittelt wird und auf diese Weise das Zeugnisverweigerungsrecht des Angehörigen tatsächlich umgangen wird.
Wenig überzeugend ist die Argumentation des *Bundesgerichtshofes*, dass eine auf Verfassungsprinzipien gestützte Ausweitung von Beweiserhebungs- oder Beweisverwertungsverboten wegen des Rechtsstaatsprinzips bedenklich sei. Die Notwendigkeit einer verfassungskonformen

1488 *Friedrichs*, Verwertungsverbote, S. 56.
1489 So überzeugend: *Friedrichs*, Verwertungsverbote, S. 57
1490 *Alsberg/Nüsse/Meyer*, S. 452.
1491 *Friedrichs*, Verwertungsverbote, S. 113 ff.
1492 *BGH*, StV 1987, 188.

Einschränkung des V-Mann-Einsatzes ergibt sich gerade aufgrund der uneindeutigen Gesetzeslage. Der *Bundesgerichtshof* verweist in diesem Zusammenhang auf die Tatsache, dass der Gesetzgeber eine Neuregelung im Gesetz zur Bekämpfung des illegalen Rauschgifthandels und anderer Erscheinungsformen der Organisierten Kriminalität vom 15. Juli 1992 unterlassen hat.
Da die Regelung der Zeugnisverweigerungsrechte in der StPO allerdings ziemlich unsystematisch geschehen ist und als in sich keineswegs stimmig bezeichnet werden kann[1493], sollte auf dieses Argument nur wenig Gewicht gelegt werden. Gerade bei Bestehen einer unklaren und fragmentarischen gesetzlichen Rechtslage ist der Rekurs auf übergeordnete Prinzipien aber unabdingbar[1494]. Tragender Grund für die Entscheidung des *Bundesgerichtshofes* scheint dagegen die Höhergewichtung von Strafverfolgungsinteressen zu sein[1495].
Im Ergebnis ist die Verwertbarkeit der Ergebnisse beim Einsatz von V-Leuten im Prozess *de lege lata* eine Frage der Einzelfallabwägung. Zutreffend erkennt der *Bundesgerichtshof*, dass der Schutzzweck von § 52 I StPO in die Überlegungen einfließen muss. Als berücksichtigungswerte Gesichtspunkte spielen vor allem die Führung des V-Manns, die Beziehungsintensität zwischen V-Mann und dem Angehörigen sowie die Schwere der untersuchten Straftat eine Rolle[1496].
Das *Bundesverfassungsgericht* stellt hingegen fest, dass selbst eine gezielte Nachfrage einer V-Person nach einer erfolgten Spontanäußerung des Angehörigen bereits eine Maßnahme sei, die einer speziellen gesetzlichen Ermächtigungsgrundlage bedürfe[1497]. Die hierin liegende Missachtung des Vertrauensverhältnisses zwischen einem Beschuldigten und seinen Angehörigen gem. § 52 StPO enthalte einen Verstoß gegen das Prinzip des fairen Verfahrens, da der in verschiedenen Vorschriften des Strafverfahrensrecht garantierte Schutz eines Angehörigenverhältnisses – etwa nach §§ 52 I und III, 97 I, 100 d III 3, 252 StPO – in seinem

[1493] *Wolter/Schenke*, Zeugnisverweigerungsrechte, S. 5 ff.
[1494] Dies wird daran deutlich, dass bereits bei der Ausfüllung von Generalklauseln die objektive Werteordnung des Grundgesetzes in besonders hohem Maße Berücksichtigung zu finden hat. Umso mehr muss dies in einem Fall wie dem vorliegenden gelten.
[1495] Vgl. auch *Friedrichs*, Verwertungsverbote, S. 57 f.
[1496] Vgl. die Argumentation des *BGH*, JZ 1995, 843 (Sedlmayr); zustimmend *Friedrichs*, Verwertungsverbote, S. 56.
[1497] *BVerfG*, NStZ 2000, 490 (Sedlmayr).

Kernbestand zu den rechtsstaatlich unverzichtbaren Erfordernissen eines fairen Verfahrens zähle[1498].

Es ist höchst problematisch, aus diesem *obiter dictum* des *Bundesverfassungsgerichts*[1499] den Schluss zu ziehen, dass beim Einsatz einer V-Person gegenüber Angehörigen stets von einer Verletzung des Zeugnisverweigerungsrechts auszugehen ist. Nach dem *Bundesverfassungsgericht* beruht die Missachtung der Zeugnisverweigerungsrechte nämlich gerade darauf, dass keine gesetzliche Grundlage für den Einsatz einer V-Person besteht. Die Zeugnisverweigerungsrechte sind Ausfluss der Grundrechte und eines fairen Verfahrens. In diese wird durch den V-Person-Einsatz jedenfalls dann eingegriffen, wenn die V-Person nachfragt[1500]. Ein solcher qualifizierter Grundrechtseingriff bedarf aber der Rechtfertigung. Nach dem Grundsatz des Vorbehalts des Gesetzes ist eine spezielle Ermächtigungsgrundlage notwendig[1501]. Daraus folgt, dass bei einer vorhandenen Regelung der V-Personen die Maßnahme möglicherweise sogar dann zulässig wäre, selbst wenn diese Norm keine Absicherung der Zeugnisverweigerungsrechte enthalten würde[1502].

Für die Rechtslage *de lege lata* ist keine eindeutige Ableitung aus dem *obiter dictum* zu ziehen[1503]. Es bietet sich folgende Differenzierung an: Unzulässig ist die Ausforschung eines Angehörigen dann, wenn im konkreten Fall eine Umgehung des Zeugnisverweigerungsrechts vorliegt[1504]. Dies ist sicherlich bei erkennbarem Missbrauch der Fall[1505], wenn der Angehörige also eine Äußerung gegenüber der V-Person bereits abgelehnt oder sich auf sein Zeugnisverweigerungsrecht im Ermittlungsverfahren berufen hat[1506]. Nimmt man nicht bereits die Unzulässigkeit des V-Personen-Einsatzes gegenüber Zeugnisverweigerungsberechtigten

---

1498 *BVerfG*, NStZ 2000, 490 (Sedlmayr).

1499 Die Verfassungsbeschwerde wurde abgewiesen, da sie nicht den Begründungsanforderungen von §§ 23 I S. 2, 92 BVerfGG genügte; vgl. *BVerfG*, NStZ 2000, 490 (Sedlmayr).

1500 Vgl. *Rogall*, NStZ 2000, 493 und 493, Fn. 46

1501 S. auch *Wolter/Schenke/Nack*, Zeugnisverweigerungsrechte, S. 30.

1502 Vgl. zur Notwendigkeit einer Ermächtigungsgrundlage *Rogall*, NStZ 2000, 492 f.

1503 S. auch *Rogall*, NStZ 2000, 493 und 493, Fn. 46.

1504 Vgl. *Rogall*, NStZ 2000, 493.

1505 Vgl. *Rogall*, NStZ 2000, 493.

1506 Insoweit ist die Berufung auf das Zeugnisverweigerungsrecht hinreichende, aber nicht notwendige Bedingung, um von einer Umgehung des Zeugnisverweigerungsrechts auszugehen.

mangels Ermächtigungsgrundlage an, sondern stützt sie bis zum Erlass einer Regelung auf die §§ 161, 163 StPO[1507], sind auch hier die bereits vorgetragenen Wertungen zu berücksichtigen. Gegenüber dem Abgeordneten und dem Verteidiger ist die Maßnahme aus Verfassungsgründen unzulässig. Für die übrigen Berufsgeheimnisträger und die Angehörigen ist ein relatives Beweisverwertungsverbot nach dem Rechtsgedanken des § 100 d III S. 3 StPO anzunehmen, da der Einsatz von V-Personen einer Maßnahme nach § 100 a StPO oder § 100 c I Nr. 2 StPO an Eingriffsintensität nicht nachsteht. Im Rahmen der Abwägung spielt dann eine Rolle, ob sich der Angehörige gegenüber der V-Person spontan geäußert hat oder ob ein Missbrauch im gerade beschriebenen Sinne gegeben ist. Im *Sedlmayr*-Fall ist nach der Tendenz des *Bundesverfassungsgerichts* davon auszugehen, dass die aus der späteren Nachfrage der V-Person gewonnenen Erkenntnisse unverwertbar sind[1508]. Dies ist nach der vorgestellten Konzeption nicht mit einer analogen Anwendung von § 252 StPO, sondern mit dem Rechtsgedanken des § 100 d III S. 3 StPO zu begründen.

6. § 97 StPO

§ 97 StPO normiert die Beschlagnahmefreiheit. Aufgrund der ausdifferenzierten Regelung wird diese Vorschrift häufig als Anhaltspunkt für die Berücksichtigung von Zeugnisverweigerungsrechten bei Ermittlungsmaßnahmen genommen. Da die Beschlagnahme nach § 94 StPO grundsätzlich in Kenntnis des Betroffenen, mithin offen, durchgeführt wird, ist sie schon aus diesem Grund mit den heimlichen Ermittlungsmaßnahmen nicht ohne weiteres vergleichbar. Wie schon öfter betont, kommt hinzu, dass das Gewahrsamserfordernis nicht auf Kommunikationsorientierte Eingriffe wie § 100 a StPO oder §§ 100 g, h StPO übertragen werden kann, ohne vollkommen sinnentleert zu werden.

Gerade im Hinblick auf einen Novellierungsvorschlag lohnt es sich dennoch, § 97 StPO genauer zu analysieren, da der Gesetzgeber hier wiederum grundsätzliche Wertungen formuliert. Dabei wird auf Einzelprobleme nicht vertieft eingegangen. Gem. § 97 I Nr. 1 StPO unterliegen der Beschlagnahme nicht solche schriftlichen Mitteilungen, die zwischen dem Beschuldigten und Personen nach §§ 52 I oder 53 I S. 1 Nr. 1 bis 3 b StPO erfolgt sind.

[1507] So etwa *Meyer-Goßner*, § 163, Rn. 34 a m.w.N.; *Rogall*, NStZ 2000, 493.
[1508] Vgl. aber *Fezer*, NStZ 1996, 290 (für § 100 a StPO).

Zunächst fällt auf, dass das Gesetz bestimmte Berufsgeheimnisträger und die Angehörigen gleichstellt und damit ein gleich großes Schutzbedürfnis postuliert. Im Gegensatz zu §§ 52, 53 StPO wird aber nicht jeder Angehörige bzw. Mandant oder Klient erfasst, sondern nur der Beschuldigte. Aus dieser Tatsache wird gefolgert, dass § 97 StPO auch eine Schutzvorschrift für den Beschuldigten darstelle, dem ein mittelbarer Zwang zur Selbstbelastung erspart werden solle[1509]. § 97 I Nr. 2 und 3 StPO enthalten Ergänzungen für den sachlichen Anwendungsbereich: Danach wird die Beschlagnahmefreiheit für die in § 97 I Nr. 1 StPO genannten Berufsgeheimnisträger auf Aufzeichnungen über anvertraute Mitteilungen des Beschuldigten und schließlich auf vom Zeugnisverweigerungsrecht nach § 53 I S. 1 Nr. 1 bis 3 b StPO geschützte Gegenstände einschließlich der ärztlichen Untersuchungsbefunde erweitert. Hiermit wird das Vertrauensverhältnis umfassend abgesichert.
Zentrales Merkmal der Beschlagnahmefreiheit ist das in § 97 II S. 1 StPO niedergelegte Gewahrsamserfordernis. Danach gelten die Beschränkungen der Beschlagnahme nur dann, wenn sich die Gegenstände im Gewahrsam des zur Verweigerung des Zeugnisses Berechtigten befinden. Über den Wortlaut hinaus wurde dieses Erfordernis allerdings eingeschränkt. Beispielsweise kann § 97 II S. 1 StPO für den Verteidiger wegen § 148 StPO keine Geltung beanspruchen[1510].
Problematisch ist der Fall, wenn sich die Gegenstände im Gewahrsam des Beschuldigten befinden[1511]. Sieht man § 97 StPO auch als Schutzvorschrift für den Beschuldigten, so müsste hier die Beschlagnahmefreiheit Platz greifen. Folgerichtig wird eine Ausnahme für Verteidigungsunterlagen gemacht, die sich beim Beschuldigten befinden. Wollte man diese bei ihm beschlagnahmen, so unterliefe man die Selbstbezichtigungsfreiheit und das Recht auf effektive Verteidigung nach Art. 6 EMRK i.V.m. Art. 2 I GG und Art. 20 III GG.
Eine weitere Modifikation des Gewahrsamsgrundsatzes enthält § 97 II S. 2 StPO, der den Gewahrsam von Beratungsstellen und Krankenanstalten demjenigen der jeweiligen Berufsgeheimnisträger gleichstellt, um auf diese Weise zu verhindern, dass bloße organisatorische Aspekte der Aktenverwaltung negative Auswirkungen auf den Gewährleistungsumfang von § 97 StPO zeitigen.

[1509] SK-StPO-*Rudolphi*, § 97, Rn. 2 m.w.N.
[1510] S. SK-StPO-*Rudolphi*, § 97, Rn. 9.
[1511] S. dazu *Kapp/Roth*, ZRP 2003, 404 ff.

Sehr wichtig und paradigmatisch für die Neuregelung der Zeugnisverweigerungsrechte ist die Kollusionsausnahme des § 97 II S. 3 StPO. Danach entfällt die Beschlagnahmefreiheit, wenn der betreffende Zeugnisverweigerungsberechtigte einer Teilnahme oder einer Begünstigung, Strafvereitelung oder Hehlerei verdächtig ist. Problematisch erscheinen einerseits der niedrige Verdachtsgrad und andererseits der Rückgriff auf Anschlussdelikte. Gerade für den Strafverteidiger lässt sich der Vorwurf etwa der Strafvereitelung leicht konstruieren. Daher wird mit Rücksicht auf § 148 StPO ein höherer Verdachtsgrad gefordert und eine „echte Beteiligung" verlangt[1512]. Nach dieser Vorschrift sind vom Schutz außerdem *instrumenta* und *producta sceleris* ausgenommen.
Einen Sonderstatus genießt der Abgeordnete, für den nach § 97 III StPO die Beschlagnahmefreiheit so weit wie sein Zeugnisverweigerungsrecht nach § 53 I S. 1 Nr. 4 StPO reicht. Damit gelten für ihn die Einschränkungen des § 97 StPO bereits aus systematischen Gründen nicht. Es erstreckt sich somit auf Kontakte mit allen Personen, nicht nur mit dem Beschuldigten des Verfahrens. Das Gewahrsamserfordernis nach § 97 II S. 1 StPO beansprucht keine Gültigkeit. Ebenso wenig kann die Beschlagnahmefreiheit bei Kollusionsverdacht entfallen[1513]. Der Abgeordnete kommt also nach § 97 III StPO in den Genuss des höchsten Schutzniveaus von allen Zeugnisverweigerungsberechtigten. § 97 IV StPO schließlich dehnt die Beschlagnahmefreiheit auf die Berufshelfer der Zeugnisverweigerungsberechtigten nach § 53 a StPO aus.
Eine eigene Regelung wurde hinsichtlich des Journalisten in § 97 V StPO getroffen. Im Gegensatz zum Abgeordneten wird wiederum auf das Gewahrsamserfordernis zurückgegriffen. Neu ist, dass nunmehr auch selbst recherchiertes Material – in den von § 53 II S. 2 StPO gesetzten Grenzen – nicht der Beschlagnahme unterliegt. Denn über die dynamische Verweisung von § 97 V S. 1 StPO ist § 53 I S. 2 StPO erfasst[1514]. Hinzu tritt die Tatsache, dass ein Kollusionsverdacht nicht automatisch die Beschlagnahmefreiheit entfallen lässt.
In § 97 V S. 2 2. Halbsatz StPO wurde eine Abwägungsklausel integriert, nach der ein Ausschluss des Privilegs nach § 97 V S. 1 StPO nur dann erfolgt, wenn die Beschlagnahme unter Berücksichtigung der Grundrechte aus Art. 5 I S. 2 GG nicht außer Verhältnis zur Bedeutung

[1512] Vgl. KK-*Nack*, § 97, Rn. 39.
[1513] S. zu diesen Punkten SK-StPO-*Rudolphi*, § 97, Rn. 58 m.w.N.
[1514] So ausdrücklich Gesetzentwurf der Bundesregierung vom 25. Januar 2002 (BT-Drucks. 14/5166, S. 10); vgl. auch *Kunert*, NStZ 2002, 174.

der Sache steht. Die negative Formulierung verweist darauf, dass die Verhältnismäßigkeit des Eingriffs positiv festgestellt werden muss. Insoweit trägt der Gesetzgeber der Wechselwirkungslehre des *Bundesverfassungsgerichts* Rechnung. Da in der Praxis nicht immer die Verhältnismäßigkeitsprüfung ihren gebührenden Rang erhielt, ist diese Gesetzeserweiterung uneingeschränkt zu begrüßen[1515]. Als zusätzliche Absicherung ist die etwa aus § 100 a StPO bekannte Subsidiaritätsklausel eingefügt worden. Bei aller Kritik an der Formulierung kann sie dennoch zu einem schonenderen Umgang der Strafverfolgungsbehörden mit den Medien beitragen.

Formell abgesichert wird § 97 V StPO durch § 98 I S. 2 StPO, der für die Anordnung einer Beschlagnahme gegenüber Journalisten einen Richtervorbehalt festschreibt, soweit die Räume einer Redaktion, eines Verlages, einer Druckerei oder Rundfunkanstalt betroffen sind. Im Fall der übrigen Zeugnisverweigerungsberechtigten kann die Anordnung gem. § 98 I S. 1 StPO im Eilfall auch durch die Staatsanwaltschaft und ihre Hilfsbeamten nach § 152 GVG ergehen. Insgesamt ist der Schutz des Journalisten damit im Vergleich zu den übrigen Zeugnisverweigerungsberechtigten herausgehoben, bleibt aber hinter dem Standard des Abgeordneten zurück.

Der Alternativentwurf Zeugnisverweigerungsrechte sieht für die bereits angedeuteten Probleme im Bereich der Beschlagnahmefreiheit mit § 97 StPO-E ein überzeugendes Regelungskonzept vor[1516]. Der Vorschlag lautet:

§ 97. Beschlagnahmefreie Gegenstände

(1) Der Beschlagnahme unterliegen nicht

1. schriftliche Mitteilungen zwischen dem Beschuldigten und den Personen, die nach § 52 oder § 53 das Zeugnis verweigern dürfen;

2. Aufzeichnungen, welche die in § 53 Genannten über die ihnen vom Beschuldigten anvertrauten Mitteilungen oder über andere Umstände gemacht haben, auf die sich das Zeugnisverweigerungsrecht erstreckt;

3. andere aus der Kommunikation zwischen dem Beschuldigten und den zur Verweigerung des Zeugnisses nach § 53 Berechtigten hervorgegangene Gegenstände einschließlich der ärztlichen Untersuchungsbefunde.

[1515] S. aber auch *Kunert*, NStZ 2002, 173.

[1516] S. Alternativ-Entwurf Zeugnisverweigerungsrechte, S. 82 ff.

(2) [1]Diese Beschränkungen gelten nur, wenn die Gegenstände im Gewahrsam des Beschuldigten oder einer zur Verweigerung des Zeugnisses berechtigten Person sind oder wenn sie im Gewahrsam der Post oder einer anderen mit der Beförderung oder Übermittlung betrauten Stelle sind und Tatsachen vorliegen, aus denen zu schließen ist, daß sie der Kommunikation des Beschuldigten mit einer zur Verweigerung des Zeugnisses berechtigten Person dienen. [2]Der Beschlagnahme unterliegen auch nicht Gegenstände, auf die sich das Zeugnisverweigerungsrecht der Ärzte erstreckt, wenn sie im Gewahrsam einer Krankenanstalt sind, sowie Gegenstände, auf die sich das Zeugnisverweigerungsrecht der in § 53 Abs. 1 Nr. 4 und 5 genannten Personen erstreckt, wenn sie im Gewahrsam der in dieser Vorschrift bezeichneten Beratungsstelle sind; Satz 1 gilt sinngemäß für die Beförderung und Übermittlung von und zur Krankenanstalt sowie von und zur Beratungsstelle.

(3) [1]Die Beschränkungen der Beschlagnahme gelten nicht, wenn und so lange bestimmte Tatsachen den dringenden Verdacht begründen, daß die zur Verweigerung des Zeugnisses Berechtigten an der den Gegenstand der Untersuchung bildenden Tat teilgenommen oder hierzu eine Begünstigung, Strafvereitelung oder Hehlerei begangen haben oder daß die Gegenstände durch eine Straftat hervorgebracht oder zur Begehung einer Straftat gebraucht oder bestimmt sind oder aus einer Straftat herrühren. [2]Bestätigt sich der Verdacht im Laufe des weiteren Verfahrens nicht, so sind die Gegenstände zurückzugeben und dürfen nicht verwendet werden; Abschriften oder Kopien sind unter Aufsicht der Staatsanwaltschaft unverzüglich zu vernichten.

(4) Soweit das Zeugnisverweigerungsrecht des Bundespräsidenten (§ 54 Abs. 8) oder der Mitglieder des Bundestages, eines Landtages oder einer zweiten Kammer reicht (§ 53 a Satz 1 Nr. 1), ist die Beschlagnahme von Schriftstücken unzulässig.

(5) [1]Soweit das Zeugnisverweigerungsrecht der in § 53 a Satz 1 Nr. 2 genannten Personen reicht, ist die Beschlagnahme von Schriftstücken, die sich im Gewahrsam dieser Personen oder der Redaktion, des Verlages, der Druckerei oder der Rundfunkanstalt befinden, unzulässig. [2]Soweit das Zeugnisverweigerungsrecht der in § 53 a Satz 1 Nr. 3 genannten Personen reicht, gilt dasselbe für Schriftstücke, die sich im Gewahrsam dieser Personen, der Hochschule oder der anderen Einrichtung

befinden. [3]Absatz 2 Satz 2, 2. Halbsatz und Absatz 3 gelten entsprechend.

(6) Die Absätze 1 bis 3 sind entsprechend anzuwenden, soweit die in § 53 Abs. 4 und § 53 a Satz 2 Genannten das Zeugnis verweigern dürfen.

(7) Für die Beschlagnahme von Ton-, Bild- und Datenträgern, Abbildungen und anderen Darstellungen gelten die Absätze 1 bis 6 entsprechend.

Insbesondere wird nicht mehr allein an den Gewahrsam des Zeugnisverweigerungsberechtigten angeknüpft. Stattdessen unterliegen Gegenstände auch dann dem Privileg von § 97 StPO, wenn sie sich beim Beschuldigten selbst oder im Gewahrsam der Post oder einer anderen mit der Beförderung oder Übermittlung betrauten Stelle befinden, sofern Anzeichen erkennbar sind, dass diese Gegenstände aus der Kommunikation zwischen einem Zeugnisverweigerungsberechtigten und dem Beschuldigten herrühren (vgl. § 97 II S.1 StPO-E).
Dies wird damit begründet, dass die gesamte Kommunikation als schutzbedürftig und schutzwürdig zu erachten sei und die Zufälligkeit der örtlichen Aufbewahrung keinen sachlichen Grund für eine überzeugende Differenzierung abgebe[1517].
Ein weiteres Problem ergibt sich, wenn Zeugnisverweigerungsberechtigte untereinander kommunizieren. Dies ist denkbar im Verhältnis zwischen Angehörigen und dem Arzt oder dem Verteidiger des Beschuldigten. Den Schutz dieser Vertrauensverhältnisse will der Alternativentwurf der Rechtsprechung überlassen – wobei eine Anlehnung an die Grundsätze von § 97 StPO-E postuliert wird. Die Beteiligten könnten sich dadurch selber schützen, indem sie bei Äußerungen Zurückhaltung übten[1518].
Diese Argumentation überzeugt nicht. Im Verhältnis zwischen Angehörigen wird eine derartige Zurückhaltung als Misstrauen ausgelegt werden, die die bestehende Vertrauensbasis entweder schwer belastet oder sogar zerstören kann, zumal bereits das bekannte strafrechtliche Verfahren psychologischen Druck bedeutet. Im Verhältnis von Angehörigen zu Berufsgeheimnisträgern ist das Problem sogar noch größer. Der Berufsgeheimnisträger wird häufig auf Informationen aus dem Umfeld ange-

---

[1517] Alternativ-Entwurf Zeugnisverweigerungsrechte, S. 84 f.
[1518] Alternativ-Entwurf Zeugnisverweigerungsrechte, S. 85.

wiesen sein. Beispielsweise kann dies zur effektiven Verteidigung oder schlüssigen Anamnese erforderlich werden. Ein Regelungsvorschlag wäre daher angebracht gewesen.
Sinnvolle Erweiterungen enthält der Entwurf insoweit, als er das Beschlagnahmeprivileg auf den Bundespräsidenten erweitert (vgl. § 97 IV StPO-E) und in sachlicher Hinsicht nicht nur schriftliche Mitteilungen schützt, sondern gem. § 97 VII StPO-E das Beschlagnahmeverbot auch auf Ton-, Bild- und Datenträger, Abbildungen und andere Darstellungen ausdehnt. Zu Recht wird betont, dass entsprechend der vergleichbaren Regelungen des § 11 III StGB neue technische Entwicklungen wie etwa die *e-mail* ihren Niederschlag finden müssen, weil ansonsten empfindliche Schutzlücken entstünden[1519].
Schließlich ist wichtig, dass bei Kollusionsverdacht das Privileg der Beschlagnahmefreiheit erst dann entfällt, wenn ein dringender Tatverdacht vorliegt (§ 97 III StPO-E). Wie bereits dargelegt, besteht anderenfalls die Gefahr des Missbrauchs durch die Strafverfolgungsbehörden. Eine grundsätzliche Neubewertung der Schutzbedürftigkeit einzelner Zeugnisverweigerungsberechtigter erfolgt dagegen nicht. Es wird vielmehr an dem Prinzip festgehalten, dass die Zeugnisverweigerungsberechtigten, deren Schutz aus dem Allgemeinen Persönlichkeitsrecht des Betreffenden abgeleitet werden kann, die Beschlagnahmefreiheit nur im Verhältnis zum Beschuldigten geltend machen können. Dagegen gilt für Abgeordnete und den Bundespräsidenten eine umfassende Privilegierung. Die Journalisten sind hinsichtlich des Gewährleistungsumfangs wie in der jetzigen Gesetzesregelung zwischen diesen beiden Gruppen angesiedelt.

7. § 99 StPO – Die Postbeschlagnahme

Trotz der Ähnlichkeit mit der Maßnahme nach § 94 StPO findet sich für die Postbeschlagnahme nach § 99 StPO keine dem § 97 StPO entsprechende Regelung im Gesetz. § 97 StPO ist bereits aus seiner systematischen Stellung heraus eindeutig nicht auf § 99 StPO direkt anwendbar, obwohl sowohl § 97 StPO als auch § 99 StPO den Begriff der Beschlagnahme verwenden.
Eine analoge Anwendung von § 97 StPO scheitert daran, dass es unter Berücksichtigung des gesetzgeberischen Konzepts an einer Vergleichbarkeit fehlt: In § 97 II S. 1 StPO wird gerade an den Gewahrsam des Zeugnisverweigerungsberechtigten angeknüpft. Dagegen liegt der Gewahrsam im Anwendungsbereich von § 99 StPO bei der Post oder sons-

---

1519 Alternativ-Entwurf Zeugnisverweigerungsrechte, S. 86 f.

tigen Beförderungsunternehmen[1520]. Wenn man die Erwägungen des Alternativ-Entwurfs Zeugnisverweigerungsrechte einbezieht, dann überzeugt der Gewahrsamsbegriff als Differenzierungskriterium nicht. Dennoch ist *de lege lata* die Entscheidung des Gesetzgebers zu respektieren. Es bieten sich allenfalls Korrekturen an.
Wiederum ist auf § 148 StPO zurückzukommen. Die Freiheit des Verkehrs zwischen Beschuldigtem und Verteidiger überspielt das Gewahrsamserfordernis. Wie im Fall von § 97 StPO reicht auch hier nicht der Verdacht einer bloßen Begünstigung, Strafvereitelung oder Hehlerei seitens des Verteidigers aus. Wenn man nicht sogar jegliche Überwachung bis zum Verteidigerausschluss unterbinden will, wofür gute Gründe sprechen, so müssen wenigstens Hinweise auf eine Mittäterschaft, Beihilfe oder Anstiftung des Verteidigers vorliegen[1521].
Die Reichstagskommission wollte bei der zweiten Lesung des Entwurfs der Strafprozessordnung eine Ausnahme von § 99 StPO für den Verteidiger etablieren[1522]. Dass dieser Vorschlag keinen Eingang in das Gesetz fand, lag vermutlich daran, dass einerseits die Gefahr eines kollusiven Zusammenwirkens zwischen Verteidiger und dem Beschuldigten nicht Tür und Tor geöffnet werden sollte und dass ansonsten eine dritte Person unter dem Namen des Verteidigers ungehindert mit dem Beschuldigten korrespondieren könnte.
Schließlich ist von der Maßnahme aus verfassungsrechtlichen Gründen bereits *de lege lata* der Abgeordnete auszunehmen.

8. §§ 98 a, b StPO – Rasterfahndung

Bei der Rasterfahndung werden die Zeugnisverweigerungsrechte vom Gesetzgeber berücksichtigt. Im Gegensatz zur Postbeschlagnahme wird hinsichtlich der Rasterfahndung in § 98 b I S. 7 StPO unter anderem auf § 97 StPO verwiesen[1523]. Damit entsteht ein weiterer offener Wertungswiderspruch. Als Unterscheidungskriterium muss die Berufung auf das Gewahrsamserfordernis ausscheiden. Auch bei der Rasterfahndung befinden sich die Daten nicht im Gewahrsam des von der Maßnahme Be-

---

[1520] Vgl. auch KK-*Nack*, § 99, Rn. 11; s. aber auch *Glaser*, Handbuch, Bd. II, S. 293 f., Fn. 29.

[1521] Vgl. KK-*Nack*, § 99, Rn. 11.

[1522] Vgl. hierzu im Einzelnen *Welp*, Überwachung, S. 189 f. m.w.N.

[1523] S. zur Rasterfahndung insbesondere *Wolter/Schenke/Weßlau*, Zeugnisverweigerungsrechte, S. 282 f.

troffenen, sondern etwa in Kundenkarteien beispielsweise von Elektrizitätswerken[1524].
Es ist ferner nicht einzusehen, warum die grundsätzlich zumindest gleich belastende Maßnahme der Postbeschlagnahme geringeren Anforderungen unterliegt als die Rasterfahndung. Dabei darf aber nicht übersehen werden, dass der Gesetzgeber in der Rasterfahndung den stärkeren Eingriff sieht. Dies zeigt sich bereits an den erhöhten anderweitigen Eingriffsvoraussetzungen. So verlangt § 98 a I S. 1 StPO das Vorliegen einer Katalogtat aus bestimmten Bereichen, wobei die Straftat selbst noch von erheblicher Bedeutung sein muss. Dagegen ist einzuwenden, dass bei der Rasterfahndung standardisierte Daten erhoben werden, während in den Fällen von § 94 StPO und § 95 StPO eher Daten aus der engeren Persönlichkeitssphäre betroffen sind. Es macht einen erheblichen Unterschied, ob nach bestimmten Schemata und Gesichtspunkten vorgefilterte Massendaten analysiert werden oder ob die Strafverfolgungsbehörden aus der brieflichen Korrespondenz mitunter in sehr intime Geschehnisse Einblick gewinnen.
Auch wenn die Maßnahmen nicht vergleichbar sind, so wird im Hinblick auf die Telefonüberwachung die Diskrepanz im gesetzgeberischen Schutzkonzept noch augenfälliger. Am Telefon wird sich der Betroffene noch leichter aussprechen, da man das gesprochene Wort als flüchtig empfindet.

9. Weitere Maßnahmen

In der Diskussion um eine weitergehende Berücksichtigung von Zeugnisverweigerungsrechten werden wiederholt die Einrichtung von Kontrollstellen auf Straßen und Plätzen gem. § 111 StPO, die Identitätsfeststellung nach § 163 b StPO, die Schleppnetzfahndung gem. § 163 d StPO, die Ausschreibung zur polizeilichen Beobachtung gem. § 163 e StPO sowie die längerfristige Observation gem. § 163 f StPO erwähnt. Allen diesen Ermittlungsmaßnahmen ist gemeinsam, dass sie keine Aussage darüber enthalten, inwieweit von §§ 52 ff. StPO geschützte Personen vom Anwendungsbereich ausgenommen sind. Die Verteidigerausnahme ist jedenfalls auf alle angesprochenen Maßnahmen bereits nach jetziger Gesetzeslage auszudehnen, sofern kein Fall „echter Beteiligung“ vorliegt. Wiederum ausgenommen ist wegen Art. 47 GG der Abgeordnete. Für andere Berufsgeheimnisträger oder Angehörige lässt sich bislang nur eine Lösung über eine strenge Handhabung des Verhältnismäßig-

[1524] Vgl. zu diesem Beispiel *Roxin*, Strafverfahrensrecht, § 10 II B, S. 57 f.

keitsgrundsatzes erzielen. Eine positivierte Einbruchsstelle ist die Subsidiaritätsklausel. Da diese Maßnahmen prinzipiell von wesentlich geringerer Grundrechtsintensität sind, stellt das Gesetz geringere Anforderungen. So ist nach § 163 e I S. 3 StPO die Ausschreibung zur Beobachtung gegen Kontaktpersonen bereits dann zulässig, wenn die Erforschung des Sachverhalts oder die Ermittlung des Aufenthaltsortes des „Täters“[1525] auf andere Weise erheblich weniger Erfolg versprechend oder wesentlich erschwert wäre. Gerade die erste Variante setzt die Schwelle so niedrig an, dass die Erfüllung dieser Voraussetzung in der Praxis leicht zu begründen ist. Damit bieten derartige Subsidiaritätsklauseln grundsätzlich nur einen geringen Schutz[1526]. Mithin ist auch diese mittelbare Absicherung der Zeugnisverweigerungsrechte zu gering, die im Rahmen der Verhältnismäßigkeitsprüfung zu berücksichtigen sind.

V. Schlussfolgerung: Konzeption des Gesetzgebers

Durch die Betrachtung der einzelnen Ermittlungsmaßnahmen ist der Befund erhärtet worden, dass der Gesetzgeber hinsichtlich der Berücksichtigung von Zeugnisverweigerungsrechten grundsätzlich nach der Intensität der jeweiligen Maßnahme differenziert[1527].

Jedoch sind Bruchstellen zu Tage getreten: Störend fällt ins Gewicht, dass die Personen gem. §§ 52 ff. StPO teilweise bei schwächeren Maßnahme besser geschützt sind als gegenüber stärkeren Eingriffen. Damit entsteht die Gefahr, dass Zeugnisverweigerungsrechte umgangen werden. Die Auswahl der Zeugnisverweigerungsberechtigten ist ebenfalls systematisch nicht widerspruchsfrei gelungen. Dies gilt besonders für die Berufsgeheimnisträger nach § 53 StPO. Dabei ist zu beachten, dass das Zeugnisverweigerungsrecht des Verteidigers und Abgeordneten sowie von ihren Hilfspersonen aus Verfassungsgründen stets zu beachten ist. Korrekturen hinsichtlich der Angehörigen und der übrigen Berufsge-

---

1525 Fast durchgängig wird dieser der Unschuldsvermutung zuwiderlaufende Terminus anstelle von „Beschuldigtem“ benutzt. Das *Bundesverfassungsgericht* wendet sich ebenfalls gegen diesen Begriff im Ermittlungsverfahren, wenn es das Wort „Täter“ in Anführungszeichen setzt (vgl. *BVerfG*E 109, (279), 352).

1526 Vgl. auch KK-*Schoreit*, § 163 e Rn. 17.

1527 Im materiellen Strafrecht existiert – allerdings unter anderem Vorzeichen – eine ähnliche Abstufung hinsichtlich der Angehörigen i.S. des § 11 I Nr. 1 StGB. Während eine Strafvereitelung gem. § 258 StGB zu Gunsten eines Angehörigen straflos bleibt, ist gem. § 258 a III StGB die Angehörigenbegünstigung strafbar. § 258 a StGB ist gleichzeitig Sonderdelikt und Qualifikation zu § 258 StGB (vgl. *Tröndle/Fischer*, § 258 a, Rn. 1 m.w.N.).

heimnisträger können über die Heranziehung des Rechtsgedankens von § 100 d III S. 1 StPO vorgenommen werden. Wegen des Allgemeinen Persönlichkeitsrechts sind auch „engste Vertraute“ in den Schutz einzubeziehen, was der Gesetzgeber bislang unterlassen hat. Hier bietet sich die Einführung eines eigenen Zeugnisverweigerungsrechts an.

G. Entwurf des Mannheimer Arbeitskreises als mögliches Alternativmodell

Der Mannheimer Arbeitskreis für Strafprozessrecht und Polizeirecht (ASP) war mit einer Gutachtenerstellung betraut worden, um ein stimmiges Gesamtkonzept für die Zeugnisverweigerungsrechte bei Ermittlungsmaßnahmen zu erarbeiten[1528].

Der Vorschlag[1529] lautet folgendermaßen:

§ 53 b StPO-E

(1)[1]Soweit das Zeugnisverweigerungsrecht in den Fällen des § 53 Abs. 1 Satz 1 Nr. 2, 4 und 5, § 53 a reicht, ist eine Maßnahme nach den §§ 99, 100 a, 100 c, 100 g, 110 a, 111, 163 b, 163 d bis 163 f unzulässig. [2]Dennoch erlangte Erkenntnisse dürfen nicht zu Lasten des Beschuldigten verwertet werden.

(2) Soweit das Zeugnisverweigerungsrecht in den Fällen des § 53 Abs. 1 Satz 1 Nr. 1, 3 bis 3 b, § 53 a reicht, dürfen Erkenntnisse, die durch eine in Absatz 1 Satz 1 bezeichnete Maßnahme erlangt worden sind, nicht zu Lasten des Beschuldigten verwertet werden.

(3)[1]Erkenntnisse, die durch eine in Absatz 1 Satz 1 bezeichnete Maßnahme von einer in § 52 genannten Person erlangt worden sind, dürfen zu Lasten des Beschuldigten nur verwertet werden, wenn dies nicht außer Verhältnis zum Interesse an der Erforschung des Sachverhalts oder der Ermittlung des Aufenthaltsortes des Täters steht. [2]Durch eine verdeckte Befragung solcher Personen veranlasste Angaben dürfen nicht zu Lasten des Beschuldigten verwertet werden.

1528 Dieser Entwurf kann über den freien Buchhandel nicht bezogen werden. Zustimmend zum Entwurf: *Stellungnahme des Deutschen Anwaltvereins* Nr. 07/2005, S. 15. In der *Gemeinsamen Stellungnahme der Strafverteidigerverbände* Nr. 13/2004, S. 7, machen sich die Strafverteidigerverbände den Regelungsvorschlag zu eigen und bitten das Bundesministerium der Justiz, die überzeugenden Ergebnisse bald möglichst in einer Gesetzesinitiative umzusetzen.

1529 *Wolter/Schenke*, Zeugnisverweigerungsrechte, S. 3 f. (Entwurf eines ... Gesetzes zur Änderung der Strafprozessordnung (§§ 53, 97 Abs. 3, § 100 d Abs. 3, § 100 h Abs. 2 StPO-E vom Mai 2002).

(4) [1]Die Verwertungsverbote nach Absatz 1 bis 3 erstrecken sich auf weitere Erkenntnisse, die durch die dort bezeichneten Erkenntnisse erlangt worden sind. [2]Unzulässig ist auch deren Verwertung für weitere Ermittlungen gegen den zur Verweigerung des Zeugnisses Berechtigten und gegen sonstige Personen, auf die sich dessen Zeugnisverweigerungsrecht erstreckt.

(5) [1]Die Beschränkungen nach Absatz 1 bis 4 gelten nicht, wenn die nach den §§ 52, 53 Abs. 1 Satz 1 Nr. 1, 3 bis 3 b, 5, § 53 a zur Verweigerung des Zeugnisses Berechtigten einer Beteiligung oder einer Begünstigung, Strafvereitelung oder Hehlerei verdächtig sind; im Falle des § 53 Abs. 1 Satz 1 Nr. 5 gilt § 97 Abs. 5 Satz 2 zweiter Halbsatz sinngemäß.

Des Weiteren sieht der Vorschlag die Novellierung von § 97 III StPO und § 100 d III StPO vor:

§ 97 Abs. 3 StPO-E
(3) Soweit das Zeugnisverweigerungsrecht des Verteidigers des Beschuldigten (§ 53 Abs. 1 Satz 1 Nr. 2) und der Mitglieder des Bundestages, eines Landtages oder einer zweiten Kammer (§ 53 Abs. 1 Satz I Nr. 4) reicht, ist die Beschlagnahme von Schriftstücken unzulässig.

§ 100 d Abs. 3 StPO-E
(3) Über die Verwertbarkeit von Erkenntnissen aus einer Maßnahme nach § 100 c Abs. 1 Nr. 3 entscheidet, auch im Falle des § 53 b, im vorbereitenden Verfahren das in Absatz 2 Satz 1 bezeichnete Gericht.

Zudem soll § 100 h Abs. 2 StPO aufgehoben und Absatz 3 in Absatz 2 überführt werden.

I. Analyse dieses Novellierungsvorschlags und Begründung[1530]

Der Mannheimer Arbeitskreis knüpft nicht an die Intensität einer Maßnahme, sondern an die Schutzbedürftigkeit der einzelnen Zeugnisverweigerungsrechte an und ermöglicht damit ein neues Verständnis. Dabei wird zwischen den einzelnen Zeugnisverweigerungsberechtigten differenziert. Entsprechend der Theorie des öffentlichen Interesses sind Ver-

[1530] Hierzu *Wolter/Schenke*, Zeugnisverweigerungsrechte, S. 5 ff.

teidiger, Abgeordneter und Journalist herausgehoben und genießen besonderen Schutz.
Gem. § 53 b I S. 1 StPO-E wird für diese drei Berufsgeheimnisträger (und ihre Berufshelfer gem. § 53 a StPO) bereits ein Erhebungsverbot statuiert, das in § 53 b I S. 2 StPO-E durch ein Beweisverwertungsverbot zusätzlich abgesichert wird. Verteidiger und Parlamentarier nähmen eine für die demokratische Verfassung der Bundesrepublik Deutschland überragende staatskonstituierende Kontrollfunktion wahr; wegen des erheblichen Interesses der Allgemeinheit am Institut der freien Presse wird der Journalist dem Verteidiger und Parlamentarier weitgehend gleichgestellt[1531]. Einzig für den Journalisten existiert gem. § 53 b V 2. Halbsatz StPO-E unter Verweis auf den geltenden § 97 V S. 2 2. Halbsatz StPO eine Ausnahme bei Kollusionsverdacht.
Auf der zweiten Schutzebene folgen die übrigen Berufsgeheimnisträger einschließlich ihrer Berufshelfer (vgl. § 53 b II StPO-E). Die vergleichsweise geringere Schutzbedürftigkeit wird dadurch deutlich, dass zu ihren Gunsten ein bloßes Beweisverwertungsverbot besteht.
Die geringste Schutzintensität genießen die Angehörigen nach § 52 I StPO. Hier bedient sich der Entwurf – ähnlich wie in § 100 d III S. 3 StPO einer Verhältnismäßigkeitsprüfung. Erst nach einer Abwägung kann überhaupt ein Verwertungsverbot greifen. Wegen dieser Abhängigkeit wird es als „relatives Beweisverwertungsverbot“ bezeichnet. Der abgeschwächte Schutz wird folgendermaßen begründet: Das Zeugnisverweigerungsrecht des § 52 I StPO ist thematisch unbegrenzt, außerdem seien keine öffentlichen (Berufs-)Interessen betroffen und zudem existiere keine Schweigepflicht entsprechend § 53 II StPO[1532].
Es fällt auf, dass die Subsidiaritätsklausel anders als in der bisher üblichen gesetzlichen Terminologie formuliert wird. Eine Verwertung darf danach nur erfolgen, wenn diese nicht „außer Verhältnis zum Interesse an der Erforschung des Sachverhalts oder der Ermittlung des Aufenthaltsortes des Täters steht“. Damit wird wie bereits in § 100 d III S. 3 StPO das zweifelhafte Erfordernis einer aussichtslosen anderweitigen Ermittlungsmöglichkeit (s. etwa § 100 a S. 2 StPO) aufgegeben. Neu ist, dass ausdrücklich nur die Verwertung zu Lasten des Beschuldigten untersagt wird. Damit wird der Schutzzweck eindeutig auf die Interessen

---

[1531] S. *Wolter/Schenke*, Zeugnisverweigerungsrechte, S. 6 f.
[1532] *Wolter/Schenke*, Zeugnisverweigerungsrechte, S. 7 f. Diese Ausführungen beziehen sich allerdings auf die Sedlmayr-Problematik, sind aber wohl verallgemeinerungsfähig.

der Angehörigen festgelegt. Denn der Beschuldigte selbst hat im Strafverfahren stets die Möglichkeit, auch entlastendes Material zurückzuhalten. Im Bereich der Zeugnisverweigerungsrechte räumt ihm dies die Dispositionsbefugnis gem. § 53 II StPO hinsichtlich der Berufsgeheimnisträger ein. Der Entwurf geht allerdings darüber hinaus und dehnt diese Beweisregel auch auf die Fälle der Berufsgeheimnisträger aus.
Hinsichtlich der Angehörigen wird eine Sonderkonstellation in den Blick genommen, die sich aus der „Sedlmayr"-Entscheidung ergibt. Um einen effektiven Umgehungsschutz zu gewährleisten, wird in § 53 b III S. 2 StPO-E angeordnet, dass bei einer verdeckten Befragung von Angehörigen für den Beschuldigten nachteilige Informationen nicht verwertet werden dürfen. Begründet wird dies unter Bezugnahme auf die Entscheidung des *Bundesverfassungsgerichts*, um den Kernbestand des Angehörigenverhältnisses und den Grundsatz des fairen Verfahrens vor staatlichen Eingriffen zu sichern[1533].
Die Auswahl der Ermittlungsmaßnahmen in § 53 b StPO-E spart nur wenige aus. Nicht erfasst sind Maßnahmen, die nach §§ 161, 163 StPO zulässig sind sowie die Zeugenvernehmung, die Beschlagnahme und die Rasterfahndung. Für die beiden letzten Maßnahmen existieren umfassende Regelungen zum Schutz der Zeugnisverweigerungsrechte. Es wird hervorgehoben, dass §§ 52 ff. StPO den Ausgangspunkt für alle Überlegungen hinsichtlich der Berücksichtigung von Zeugnisverweigerungsrechten liefern, damit gleichsam einer Regelung wie § 53 b StPO-E in logischer Betrachtung vorgelagert seien[1534].
Neuartig ist die umfassende Regelung in § 53 b IV StPO-E. § 53 b IV S. 1 StPO-E regelt die Problematik der sog. Fernwirkung. Auch mittelbar erlangte Erkenntnisse dürfen zu Lasten des Beschuldigten nicht verwertet werden[1535]. § 53 b IV S. 2 StPO-E betrifft die Unverwertbarkeit der erlangten Erkenntnisse als Spurenansätze[1536]. Dies gilt nicht nur für den Beschuldigten selbst, sondern nach § 53 b IV S. 2 StPO-E auch für den Zeugnisverweigerungsberechtigten. Dazu kommt, dass darüber hinaus Drittbeziehungen zwischen den Zeugnisverweigerungsberechtigten geschützt werden, weil in den Schutz zudem sonstige Personen einbezogen sind, auf die sich dessen Zeugnisverweigerungsrecht erstreckt.

[1533] Vgl. *Wolter/Schenke*, Zeugnisverweigerungsrechte, S. 7.
[1534] S. *Wolter/Schenke*, Zeugnisverweigerungsrechte, S. 8.
[1535] *Wolter/Schenke*, Zeugnisverweigerungsrechte, S. 16.
[1536] *Wolter/Schenke*, Zeugnisverweigerungsrechte, S. 16.

In § 53 b V StPO-E wird schließlich eine Ausnahme bei Kollusionsverdacht aufgenommen. Hier wird wiederum in drei Gruppen differenziert. Grundsätzlich entfällt der Schutz nach § 53 b I bis IV StPO-E, wenn die Zeugnisverweigerungsberechtigten einer Beteiligung oder einer Begünstigung, Strafvereitelung oder Hehlerei verdächtig sind. Ausgenommen sind der Abgeordnete und der Verteidiger. Für den Journalisten ergibt sich insoweit eine Abweichung, als auf § 97 V S. 2 StPO verwiesen wird. Damit steht die Ausnahme unter dem Vorbehalt einer Verhältnismäßigkeitsprüfung im Sinne der Wechselwirkungstheorie des *Bundesverfassungsgerichts*.

II. Kritische Würdigung

Die Leistung des Regelungsvorschlags ist nicht zu unterschätzen. Grund- und Verfahrensrechte erhalten eine deutliche Stärkung. Der Aussage, dass des Weiteren zum ersten Mal eine übergreifende Konzeption zu den Beweiserhebungs- und Verwertungsverboten im Strafprozessrecht vorgestellt wird[1537], ist beizupflichten.
Die Notwendigkeit einer solchen Gesamtkonzeption ist unbestritten, ganz gleich ob man sie einer Vorschrift im Allgemeinen Teil oder in den einzelnen Eingriffsmaßnahmen selbst verortet. Die Kritik bezieht sich auf technische Details und vor allem auf die Gewichtung der einzelnen Zeugnisverweigerungsrechte.

1. Fernwirkung und Spurenansätze

§ 53 b IV S. 1 StPO-E schafft Rechtssicherheit in der Grauzone der Fernwirkung. Im Gegensatz zu der Rechtsprechung des *Bundesgerichtshofs*[1538] wird eine umfassende Fernwirkung etabliert[1539]. Es fragt sich, ob diese Regelung nicht zu starr ist und die Ermittlungstätigkeit zu sehr behindert. Auch der strukturelle Unterschied zu einer Fernwirkung nach der so genannten „*fruit of the poisonous tree doctrine*“ muss hier eine Rolle spielen: Im amerikanischen Recht erfüllt die Anerkennung einer (gewissen) Fernwirkung bei Verfahrensverstößen die Funktion, auf die

---

[1537] *Wolter/Schenke*, Zeugnisverweigerungsrechte, S. 8 f.

[1538] Der Bundesgerichtshof hat bislang nur ausnahmsweise eine Fernwirkung anerkannt, nämlich im Fall des Art. 1 § 7 III des G-10-Gesetzes (vgl. *BGHSt.* 29, (244), 247).

[1539] Ebenso *BVerfGE* 109, (279), 331 bei Verstoß gegen ein Überwachungsverbot im Rahmen der akustischen Wohnraumüberwachung, das den Kernbereich der privaten Lebensgestaltung verletzt. S. insbesondere *Weßlau*, Urteil, S. 56.

Strafverfolgungsbehörden disziplinierend einzuwirken. Sie ist also eine Sanktion für rechtswidriges Verhalten, weniger eine Schutzvorschrift für den Beschuldigten.

In der deutschen Diskussion werden dagegen stets Bezüge zu Normen wie den §§ 136, 136 a StPO hergestellt und damit auf die Schutzbedürftigkeit des Beschuldigten selbst abgestellt. Die Verfolgung individueller Verfehlungen von Ermittlungsbeamten ist dagegen Aufgabe des Disziplinarrechts und des Strafrechts.

Unter diesen Zweckbestimmungen ergibt sich für das deutsche Recht folgende Folgerung: Der Beschuldigte hat jedenfalls keinen Anspruch darauf, wegen unter Umständen geringfügiger formaler Fehler privilegiert zu werden. § 53 b IV S. 1 StPO-E ist unter diesem Aspekt nicht zu beanstanden, da die Verwertungsverbote nach § 53 b I bis III StPO-E wesentliche Vorschriften darstellen, die Grundrechtspositionen absichern.

§ 53 b IV S. 2 StPO-E bezieht sich dagegen auf die sog. Spurenansätze. Diese Regelung liegt ebenfalls auf der Linie des *Bundesverfassungsgerichts.* Im Bereich der akustischen Wohnraumüberwachung ist die Verwendung von Überwachungsergebnissen als Spurenansätze unzulässig, wenn diese Resultate unter Verletzung des unantastbaren Bereichs der privaten Lebensgestaltung erlangt worden sind[1540].

2. Ausnahme bei Kollusionsverdacht

Dass die Zeugnisverweigerungsrechte von Abgeordneten und Verteidigern nicht wegen eines Kollusionsverdachts verwirkt werden können, überzeugt. Für den Abgeordneten ergibt sich diese Folgerung aus Art. 47 GG, während zu Gunsten des Verteidigers wiederum § 148 StPO greift. Im Übrigen fällt auf, dass nicht mehr zwischen Angehörigen und Berufsgeheimnisträgern differenziert wird. Nach dem Stufenmodell auf Tatbestandsseite wäre es schlüssiger, den Berufsgeheimnisträgern den Schutz nur im Fall einer „echten Beteiligung“ zu versagen, während für die Angehörigen ein Ausschluss bei Begünstigung, Strafvereitelung oder Hehlerei in Betracht zu ziehen wäre. Dennoch ist an der Konzeption des Mannheimer Arbeitskreises festzuhalten. Es besteht nämlich zwischen sukzessiver Beteiligung und Anschlussdelikten ein großes Abgrenzungsproblem. Diese schwierige rechtliche Wertung würde dann aber über den Umfang des Zeugnisverweigerungsrechts entscheiden, so dass

---

[1540] *BVerfGE* 109, (279), 331; vgl. auch *Bergemann*, Telekommunikationsüberwachung, S. 81 und *Weßlau*, Urteil, S. 56 f.

aus Gründen der Rechtssicherheit die Anschlusstaten einzubeziehen sind.

3. Die Auswahl der Ermittlungsmaßnahmen

Es erscheint nicht zwingend, § 97 StPO und den darauf verweisenden § 98 b I S. 7 StPO in ihrer bisherigen Form bestehen zu lassen. Zwar unterscheidet sich die Beschlagnahme wesentlich von anderen Ermittlungsmaßnahmen. Nimmt man jedoch § 99 StPO in eine derartige Vorschrift auf, so sollte man § 97 StPO inkorporieren. Diese Kritik ist nicht bloß regelungsästhetischer Natur.

§ 97 StPO ist wie gezeigt vor allem in Hinblick auf das Gewahrsamserfordernis nicht mehr zeitgemäß. Während dieses durch die Hinzunahme von § 99 StPO in § 53 b StPO-E für die Postbeschlagnahme faktisch aufgegeben wird, würde es in § 97 StPO fortleben. Diesem Wertungswiderspruch kann nur durch eine einheitliche Regelung abgeholfen werden.

Auch im Einzelnen ergeben sich Unstimmigkeiten. Nach § 97 II S. 3 StPO gilt eine Ausnahme von der Beschlagnahmefreiheit für die so genannten *producta* und *instrumenta sceleris*. § 53 b V StPO-E enthält keine derartige Regelung. So lange sich diese Gegenstände auf dem Postweg vom Beschuldigten zum Angehörigen befänden, unterlägen sie nicht der Beschlagnahme. Sobald sie beim Angehörigen eingetroffen sind, greift die Ausnahme des § 97 II S. 3 StPO. Dies überzeugt nicht. Obwohl der Gewahrsam im Falle des § 97 StPO stärker im Sinne der gesetzlichen Konzeption ist, wird der Postgewahrsam privilegiert. Diesem Widerspruch kann möglicherweise durch eine teleologische Reduktion von § 99 StPO abgeholfen werden. Vorteilhafter wäre es aber, wenn man für die Fälle der § 94 StPO und § 99 StPO eine einheitliche Regelung treffen würde.

Redaktionell müsste auf jeden Fall der Verteidiger aus § 97 II S. 3 StPO gestrichen werden, um die Vorschrift über den Kollusionsverdacht mit dem Entwurf von § 97 III StPO in Einklang zu bringen.

Auf der anderen Seite sind hinsichtlich der Beschlagnahme zahlreiche Sonderregelungen nötig, wie sie sich etwa in § 97 I Nr. 2, Nr. 3 StPO oder § 97 II S. 2 StPO finden. Wenn man am Gewahrsamserfordernis festhalten und dennoch den Regelungsgehalt von § 97 StPO in den neuzuschaffenden § 53 b StPO-E transferieren möchte, so wäre ein umfangreicher Abs. 6 nötig, was der Übersichtlichkeit nicht gerade zuträglich wäre. Verzichtet man dagegen auf eine dem § 97 II S. 1 StPO-E entspre-

chende Regelung, so werden § 97 II S. 2 StPO und 97 V S. 1 StPO zumindest überflüssig. Ein Zusatzabsatz müsste dann nur den sachlichen Geltungsbereich klären, also insbesondere, welche Gegenstände über schriftliche Mitteilungen hinaus der Beschlagnahmefreiheit unterliegen. Vorzugswürdig ist indes die Konzeption des Alternativ-Entwurfs Zeugnisverweigerungsrechte, in der das Gewahrsamserfordernis lediglich modifiziert wird. Deshalb ist die Einführung eines § 53 c StPO erwägenswert[1541].
Hinsichtlich der polizeilichen Generalklausel gilt Folgendes: Soweit Maßnahmen wie etwa die Tätigkeit einer V-Person[1542] auf die polizeiliche Generalklausel gem. § 163 I StPO und nicht auf eine spezielle Ermächtigungsgrundlage gestützt werden und damit eine Grundrechtsrelevanz besteht, muss der Schutz der Zeugnisverweigerungsrechte Platz greifen. Außerdem ist hierbei an die kurzfristige Observation zu denken, die unterhalb der Eingriffsschwelle des § 100 c I Nr. 1 b StPO und insbesondere des § 163 f StPO bleibt[1543]. Aufgrund der technischen Möglichkeiten ist es immer wieder denkbar, dass sich die Strafverfolgungsbehörden einer Methode bedienen, deren Zulässigkeit zunächst auf die Generalklausel gestützt wird, bevor es zu einer speziellen Regelung kommt. Vom rein dogmatischen Standpunkt mag eine solche Maßnahme *per se* rechtswidrig sein, kann aber dennoch die (zeitweilige) Akzeptanz von Praxis und Rechtsprechung finden. Daher sollte die klarstellende Formulierung in § 53 b StPO-E aufgenommen werden, dass die Vorschrift für Eingriffe nach der polizeilichen Generalklausel gilt, soweit im Einzelfall ein Grundrechtseingriff nicht auszuschließen ist.

4. Verwertung zu Gunsten des Beschuldigten

Aus dem Umkehrschluss zu § 53 b I S. 2, § 53 b II a. E., § 53 b III S. 2 StPO-E ergibt sich, dass erhobene Daten aus Ermittlungsmaßnahmen zu Gunsten des Beschuldigten stets in das Strafverfahren eingeführt werden dürfen. Diese wohlgemeinte Ausnahme ist in dieser Form problema-

---

[1541] Da in diesem neu zu schaffenden § 53 c StPO nur die Beschlagnahmefreiheit, nicht die Ermittlungsmaßnahme an sich geregelt wird, ist die Vorschrift systematisch im Allgemeinen Teil als Ergänzung zu § 53 b StPO-E zu verorten.

[1542] S. dazu insbesondere *Roxin*, Strafverfahrensrecht, § 10 B II, Rn. 29. Die Eingriffsbefugnis von V-Leuten auf §§ 161 I, 163 StPO zu stützen, ist wegen der Grundrechtsintensität mehr als zweifelhaft. Deshalb sollte – gerade um dem Grundsatz vom Vorbehalt des Gesetzes Rechnung zu tragen – eine dem § 110 a StPO entsprechende Regelung geschaffen werden.

[1543] Vgl. allgemein *Beulke*, Strafprozeßrecht, Rn. 104 m.w.N.

tisch. Zwar besteht nicht die Gefahr, dass sich aus dem verwertbaren Material Spurenansätze für weitere Ermittlungen zu Lasten des Beschuldigten ergeben. Dies wird durch die Verwertungsverbote des § 53 b I bis III i.V.m. IV S. 1 StPO-E verhindert. Allerdings können auf diese Weise Tatsachen ans Licht kommen, die der Beschuldigte aus persönlichen Gründen auf jeden Fall verschweigen wollte und die bei Bekanntwerden für sein weiteres Leben höchst nachteilige Folgen zeitigen können, etwa über seinen Geisteszustand oder sonstige Erkrankungen. Ähnliches gilt etwa für Daten aus dem intimen Lebensumfeld. Beispielsweise wird ein außereheliches Verhältnis aufgedeckt, was im Endeffekt die familiären Beziehungen des Beschuldigten stärker beeinflusst als die wahrscheinliche Bewährungs- oder gar Geldstrafe.

Diese Belastungen sind aber nicht geboten. Ausgangspunkt für die Beurteilung dieser Regelung bilden wiederum §§ 52 ff. StPO. Es kommt darauf an, wer über die Informationen verfügen darf. Die Dispositionsbefugnis steht gem. § 53 II StPO dem Beschuldigten zu, während die Angehörigen nach § 52 I StPO selbstverantwortlich entscheiden können, ob sie eine Aussage treffen wollen. Hier hat der Entwurf keine Parallele hergestellt. Stattdessen werden bei Informationen zu Gunsten des Beschuldigten nur seine Interessen auf einen für ihn günstigen Ausgang des Strafverfahrens ins Blickfeld genommen. Jedenfalls die Wertung von § 53 II StPO wird dadurch nicht gebührend berücksichtigt. Konsequenter wäre es, die Verwertung von objektiv günstigen Tatsachen in § 53 b I S. 2 StPO-E gleichlaufend zu § 53 II StPO von der Zustimmung des Beschuldigten selbst abhängig zu machen, während die Entscheidung in den Fällen von § 53 b II a. E. StPO-E und § 53 b III S. 2 StPO-E den Angehörigen überlassen werden muss.

5. Schutz von Drittbeziehungen

Der Entwurf nimmt keine Stellung zu der Frage, inwieweit die Vertrauensbeziehungen von Berufsgeheimnisträgern und Angehörigen des Beschuldigten geschützt sind, soweit Personen von §§ 52 I, 53 I, 53 a I StPO miteinander in Kontakt treten.

Darunter ist etwa folgender Fall zu subsumieren: Die Ehefrau des Beschuldigten berät sich mit dessen Arzt, ohne dass zwischen Arzt und Ehefrau eine Patientenbeziehung besteht. Hier befindet sich im Schutzsystem eine empfindliche Lücke. Diese Vertrauensverhältnisse müssen relativ geschützt werden: Erlangte Erkenntnisse dürfen nicht im Verfahren gegen den Beschuldigten, wohl aber in anderen Strafverfahren verwendet werden, sofern dies unter Berücksichtigung anderer Beweisverbote möglich ist.

6. Kernpunkt: Gewichtung der einzelnen Zeugnisverweigerungsrechte

Kernpunkt des Regelungsentwurfs ist aber die Gewichtung der Zeugnisverweigerungsrechte. Auch wenn das Gesetz Anhaltspunkte dafür bietet, welche Gruppen nach §§ 52 ff. StPO einen höheren Schutz genießen müssen, so ist eine derartige Rangbildung hinsichtlich der Zeugnisverweigerungsrechte niemals mathematisch exakt durchführbar. Dennoch erscheint es zweckmäßig und richtig, Zeugnisverweigerungsrechte je nach einschlägiger *ratio legis* zu gewichten. Ansonsten kann man den vorhandenen Unterschieden nicht Rechnung tragen.

Der Entwurf übernimmt die Wertungen der Theorie des öffentlichen Interesses. Die Schwachstellen dieses Ansatzes sind bereits aufgezeigt worden. Ausgehend von der in dieser Arbeit vorgelegten Schutzzweckuntersuchung soll daher ein Alternativmodell entworfen werden.

III. Hierarchisierung von Zeugnisverweigerungsrechten

Zunächst muss der Versuch unternommen werden, eine Hierarchie der Zeugnisverweigerungsrechte zu erstellen. Dass dies niemals *more geometrico* geschehen kann, muss stets betont werden. Der Vorschlag ist denn auch weniger eine streng logische Deduktion als eine Gewichtung anhand von Wertungsgesichtspunkten. Um einen nahezu vollständigen Überblick zu gewinnen, werden die Zeugnisverweigerungsrechte eingeordnet, deren Einführung *de lege ferenda* empfohlen wird.

Zutreffend wurde erkannt, dass die Zeugnisverweigerungsrechte des Verteidigers und des Abgeordneten des höchsten Schutzes bedürfen. Für das Zeugnisverweigerungsrecht des Abgeordneten ist das vitale öffentliche Interesse entscheidend. Daher erscheint es gerechtfertigt, den Journalisten ebenfalls zu den besonders privilegierten Berufsgeheimnisträgern zu zählen. Dagegen spricht nicht die Ungeklärtheit und fehlende Abgrenzbarkeit des Personenkreises sowie das Fehlen von „Bezugspersonen“ mit einem Verfügungsrecht über die Geheimhaltungsbedürftigkeit des vom Journalisten selbst recherchierten Materials[1544]. Die praktische Schwierigkeit, den personalen Gewährleistungsumfang zu bestimmen, ist Konsequenz des weiten Schutzbereiches der Pressefreiheit in

---

[1544] So aber allerdings: *Gemeinsame Stellungnahme der Strafverteidigerverbände* Nr. 13/2004, S. 8.

Art. 5 I S. 2 GG. Daraus folgt eine nicht zu restriktive Auslegung im Bereich der Strafprozessordnung. Das Fehlen eines Mandanten oder Klienten im klassischen Sinne hat der Journalist mit dem Abgeordneten gemeinsam.

Dennoch sind Journalist und Abgeordneter nicht vollkommen gleichrangig. Der (geringe) Abstand wird aber dadurch gewahrt, dass der Journalist hinsichtlich des selbst recherchierten Materials kein vollumfassendes Zeugnisverweigerungsrecht besitzt und eine Kollusionsausnahme besteht.

Die zweite Ableitungslinie geht von der Selbstbezichtigungsfreiheit des Beschuldigten aus. Aus diesem Grund ist der Verteidiger besonders zu schützen und nicht etwa, weil seine Aufgabe besonders staatstragende Funktion hätte. Deshalb müssen die beiden anderen Berufsgeheimnisträger, deren Zeugnisverweigerungsrecht auf dem *nemo-tenetur*-Prinzip fußt, gleichermaßen privilegiert werden, nämlich der Rechtsanwalt[1545] und der Drogenberater.

Die Selbstbezichtigungsfreiheit ist für diese beiden letztgenannten Gruppen nicht die alleinige Grundlage für die Zuerkennung des Rechts aus § 53 I StPO. Daher wäre ein abgeschwächterer Schutz durchaus diskutabel. Zieht man die Parallele zum Verhältnis zwischen Abgeordneten und Journalisten, so läge es nahe, den Schutz von Drogenberater und Rechtsanwalt wenigstens hinsichtlich der Ermittlungsmaßnahmen einzuschränken. Zu bedenken ist, dass anderenfalls die Arbeit der Strafverfolgungsbehörden empfindlich behindert wird.

Dennoch ist eine derartige Einschränkung mit folgendem Argument abzulehnen: Der Schutz des Beschuldigten bildet eines der zentralen Anliegen der Strafprozessordnung. Daher darf seine Verteidigung – auch und gerade aus dem Gesichtspunkt des fairen Verfahrens heraus – nicht stärker als unbedingt notwendig beschnitten werden. Die Selbstbezichtigungsfreiheit ist dabei von so hoher Bedeutung, dass sie vor jeder Aushöhlung bewahrt werden muss.

Dieses Ergebnis benachteiligt auch nicht den Journalisten in einer nach Art. 3 I GG relevanten Weise: Im Gegensatz zum Beschuldigten und

---

[1545] Die *Gemeinsame Stellungnahme der Strafverteidigerverbände* Nr. 13/2004, S. 7 erwägt hinsichtlich des Abgeordneten eine Gleichstellung mit dem Rechtsanwalt auf einem geringeren Schutzniveau. Die hier vorgenommene Aufwertung des Rechtsanwaltes erscheint daher unter Gleichbehandlungsaspekten gerechtfertigt, zumal der Parlamentarier wegen Art. 47 GG umfassend zu schützen ist.

dessen „Hilfspersonen“ kommt er nicht regelmäßig mit den Strafverfolgungsbehörden in Kontakt. Er hat ein weites, von staatlichen Eingriffen unbehelligtes Aufgabenfeld. Natürlich ändert diese Bewertung nichts daran, dass er im konkreten Strafverfahren besonders schützenswert ist. Dennoch wird die Pressefreiheit durch die teilweise Verwertung von selbst recherchiertem Material im Strafverfahren nicht gänzlich entwertet. Beim Verteidiger, Rechtsanwalt und Drogenberater liefe aber eine Inanspruchnahme für die Strafverfolgungsmaßnahmen auf die Zerstörung des Vertrauensverhältnisses zu dem Mandanten und damit zu einer Funktionsentleerung ihres Berufes hinaus.
In diese Spitzengruppe tritt aber noch der Geistliche, da die seelsorgerliche Tätigkeit durch das immer noch gültige Konkordat umfassend geschützt wird. Gäbe es diesen völkerrechtlich bindenden Vertrag nicht, so müsste die Abwägung vermutlich anders ausfallen. Dann würde er wertungsmäßig eher mit den Heilberufen gleichzusetzen sein[1546]. Zwar besteht ein besonderes öffentliches Interesse am vertrauensvollen und vertraulichen Zugang zu einem Seelsorger[1547], wobei der Schutz der Beichte oder der Gespräche mit Beichtcharakter zum verfassungsrechtlichen Menschenwürdegehalt des Art. 4 I, II GG gehört[1548], aber die sonstige seelsorgerliche Tätigkeit besitzt keinen staatskonstituierenden, demokratierelevanten Stellenwert wie die Arbeit von Abgeordneten und Journalisten. Zu beachten ist in diesem Zusammenhang die Trennung von Kirche und Staat, wie sie in Art. 140 GG i.V.m. Art. 137 I WRV zum Ausdruck kommt. Bei der Zuerkennung eines relativen Beweisverwertungsverbotes für Geistliche wäre wie folgt zu differenzieren: Aufgrund der Zugehörigkeit zum Menschenwürdekern von Art. 4 I, II GG wären Erkenntnisse aus Beichtgesprächen stets unverwertbar, während eine Abwägung mit Strafverfolgungsinteressen hinsichtlich der sonstigen seelsorgerlichen Tätigkeit stattfinden könnte.
Ferner gehört zu den besonders schutzwürdigen Zeugnisverweigerungsrechten § 52 a StPO, da hier der absolut geschützte Bereich der privaten Lebensgestaltung des Zeugen betroffen ist.

1546 Vgl. aber auch *Wolter/Schenke*, Zeugnisverweigerungsrechte, S. 55 und insbesondere S. 55, Fn. 42, wo die Gleichstellung des Geistlichen und des Journalisten erwogen wird.

1547 *Wolter/Schenke*, Zeugnisverweigerungsrechte, S. 48 unter Verweis auf die „Frage der Vergebung jenseits der irdischen Instanzen“.

1548 S. *BVerfGE* 109, (279), 322.

Zu der zweiten Gruppe zählen neben den Heilberufen außerdem Schwangerschaftsberater. Die Tätigkeit all dieser Berufsgeheimnisträger hat einen sehr starken Bezug zum Allgemeinen Persönlichkeitsrecht des Beschuldigten. Trotz des abweichenden Schutzzwecks steht der empirische Sozialforscher auf dieser Stufe. Wenn auch der persönliche Kontakt zu den Probanden regelmäßig nicht so intensiv wie bei den Heilberufen ausfällt, so gleicht dies doch das große öffentliche Interesse an dieser Tätigkeit aus.
Auf der dritten Ebene finden sich die vermögensorientierten Berufe, also Wirtschaftsprüfer, vereidigte Buchprüfer, Steuerberater, Steuerbevollmächtigte und Patentanwälte. Auch der Notar zählt hierher. Das Allgemeine Persönlichkeitsrecht des Beschuldigten ist in ungleich geringerem Maße betroffen, zumal es sich hier prinzipiell um sehr spezialisierte, häufig standardisierte Dienstleistungen höherer Art handelt, die im Gegensatz zu der Arbeit der Heilberufe regelmäßig nicht so viele Facetten des Persönlichkeitsbildes des Beschuldigten erfassen.
Die Einordnung der Angehörigen bereitet Schwierigkeiten. Während sich die Schutzbedürftigkeit der Berufsgeheimnisträger in weiten Teilen ausdifferenzieren lässt, so erscheinen die Personen nach § 52 I StPO als monolithischer Block, der einer weiteren Aufgliederung kaum zugänglich zu sein scheint. Als Unterscheidungskriterium ist das bloße Verwandtschaftsverhältnis sicherlich nicht geeignet. Das Verhältnis zu einem guten Freund kann enger sein als zu Geschwistern, ja sogar als zu den Eltern oder dem Ehepartner. Eine pauschale Zuordnung scheitert an den individuellen Lebensverhältnissen. Diese Zuordnung muss von der Stärke der persönlichen Bindung ausgehen. Technisch gesprochen kommt es darauf an, wie stark das Allgemeine Persönlichkeitsrecht jeweils betroffen ist. Es liegt nun nahe, angesichts der Aporie einer Einteilung nach dem Verwandtschaftsverhältnis auf eine Einzelfallbeurteilung mithilfe des Verhältnismäßigkeitsprinzips zurückzugreifen. In dieser Weise sucht der Entwurf des ASP in § 53 b III S. 1 StPO-E die Lösung.
Die Unschärfe und teilweise Beliebigkeit der Handhabung des Verhältnismäßigkeitsgrundsatzes führt aber unweigerlich zu der Frage, ob es nicht Konstellationen gibt, in denen von vornherein eine Abwägung zugunsten der zeugnisverweigerungsberechtigten Angehörigen ausfallen muss. Da subjektive Kriterien – etwa die Frage, ob eine Beziehung „intakt“ ist – wegen der Konturlosigkeit und mangelnden Messbarkeit nicht in Betracht kommen, muss auf objektive Anhaltspunkte abgestellt werden.

Als Einteilungsgesichtspunkt kommt hier insbesondere das Vorhandensein einer häuslichen Gemeinschaft in Betracht. In der heutigen Zeit, in der das Zusammenleben von Verwandten regelmäßig nicht mehr eine finanzielle Notwendigkeit ist, sondern vielmehr eigenen Entschlüssen entspringt, ergibt sich eine erste Vermutung für eine engere und vertraulichere Beziehung. Der Vorteil einer solchen Konzeption ist, dass dadurch typisierend alternative Lebensgemeinschaften zwischen Verwandten erfasst werden, beispielsweise die Geschwister, die ihren Lebensabend gemeinsam verbringen oder die Ehefrau, die ihren kranken Schwiegervater pflegt.

Diese Bezugnahme auf das Kriterium der häuslichen Gemeinschaft findet sich in der Rechtsordnung an zahlreichen Stellen, beispielsweise in § 563 II S. 3 BGB oder § 116 VI S. 1 SGB X. § 563 II S. 3 BGB ordnet an, dass Familienangehörige, die mit dem verstorbenen Mieter einen gemeinsamen Hausstand geführt haben, in das Mietverhältnis selbst dann eintreten, wenn sie keine Erben sind. § 116 VI S. 1 SGB X bestimmt, dass kein gesetzlicher Forderungsübergang gem. § 116 I SGB X vom Geschädigten auf den Versicherungsträger oder Träger der Sozialhilfe stattfindet, wenn der Schädiger Familienangehöriger ist und zum Zeitpunkt des Schadensereignisses mit dem Geschädigten oder seinen Hinterbliebenen in häuslicher Gemeinschaft gelebt hat. Andere Angehörige werden nicht privilegiert. § 1567 I Satz 1 BGB unterstellt dann ein Getrenntleben der Ehegatten, wenn zwischen ihnen keine häusliche Gemeinschaft besteht und ein Ehegatte sie erkennbar nicht herstellen will, weil er die eheliche Lebensgemeinschaft ablehnt. § 138 I Nr. 3 InsO definiert als nahe stehende Personen solche, die mit dem Schuldner in häuslicher Gemeinschaft leben oder im letzten Jahr vor der anfechtbaren Rechtshandlung gelebt haben. Gem. § 208 S. 2 BGB ist die Verjährung über § 208 S. 1 BGB hinaus bis zur Beendigung der häuslichen Gemeinschaft gehemmt, wenn der Gläubiger von Ansprüchen wegen Verletzung der sexuellen Selbstbestimmung bei Beginn der Verjährung mit dem Schuldner in häuslicher Gemeinschaft lebt[1549]. Auch im Strafrecht findet sich in § 247 StGB eine Bezugnahme auf die „häusliche Gemeinschaft“. An dieses Tatbestandsmerkmal knüpft § 15 I Nr. 8 AO die Angehörigeneigenschaft von Pflegeeltern und Pflegekindern[1550]. Schließlich kann

[1549] Vgl. außerdem im Familienrecht § 1619 BGB (Dienstleistungen in Haus und Geschäft) und im Erbrecht § 1969 I S. 1 BGB (Dreißigster).

[1550] Vgl. auch § 15 II Nr. 3 AO.

eine Garantenstellung aus besonderem Vertrauensverhältnis bei der Haushaltsgemeinschaft gegeben sein[1551].
Es darf natürlich nicht übersehen werden, dass der Angehörigenbegriff in den einzelnen Rechtsmaterien unterschiedlich definiert ist und von der Strafprozessordnung abweicht. Aus diesen Vorschriften erhellt allerdings, dass der Gesetzgeber bei einem Zusammenleben von Angehörigen bzw. anderer Personen generell eine engere Bindung annimmt. In strafprozessualer Hinsicht ist von einer wesentlichen Verstärkung des Allgemeinen Persönlichkeitsrechts auszugehen[1552].
Insgesamt erscheint es zulässig zu sein, jedenfalls im Fall der häuslichen Gemeinschaft von einem ermittlungsfesten Zeugnisverweigerungsrecht auszugehen. Diese Angehörigen sind von der Funktion des Zeugnisverweigerungsrechts her und der normativen Fundierung von § 52 I StPO im Allgemeinen Persönlichkeitsrecht[1553] wenigstens der zweiten Gruppe gleichzustellen. Eine Ausnahme ergibt sich aber dann, wenn in die Rechtsgüter des Zeugen unmittelbar durch einen Angehörigen eingegriffen wird, wie dies insbesondere bei den Opferzeugen der Fall ist. Hier sollte durch das Gesetz eine Ausnahme statuiert werden und die Frage der Verwertung von Beweisen einer allgemeinen Verhältnismäßigkeitsprüfung unterliegen.
Das *Bundesverfassungsgericht* geht in seiner Entscheidung zur akustischen Wohnraumüberwachung noch einen Schritt weiter. Es bestehe eine widerlegliche Vermutung dafür, dass in der Privatwohnung Gespräche zwischen Ehegatten, den engsten Angehörigen, nämlich Geschwistern und Verwandten in gerader Linie, den Kernbereich der privaten Lebensgestaltung beträfen. Diese gelte umso mehr, wenn sie im gleichen Haushalt lebten[1554]. Daher wird ein relatives Beweiserhebungsverbot notwendig.
Liegt gar ein Fall des § 52 a S. 1 StPO-E vor, so ist ein absolutes Beweiserhebungsverbot zu gewähren. Der Kernbereich der privaten Lebensgestaltung ist nämlich abwägungsfest.

[1551] S. *Tröndle/Fischer*, § 13, Rn. 9 m.w.N.
[1552] Vgl. auch *BVerfG*E 109, (279), 322: Es handelt sich vor allen Dingen dann um eine Kommunikation im höchstpersönlichen Bereich, wenn Gespräche des Beschuldigten mit anderen engsten Familienangehörigen stattfinden, „etwa Geschwistern und Verwandten in gerader Linie, **insbesondere wenn sie im selben Haushalt leben**" (Hervorhebung durch den *Verfasser*).
[1553] Unter Umständen wird bei Eingriffen sogar der Kernbereich des Allgemeinen Persönlichkeitsrechts tangiert.
[1554] *BVerfG*E 109, (279), 322 f.

Im Übrigen erscheint es für andere Personen gem. § 52 I StPO ausreichend, dass familiäre Bindungen im Rahmen einer Abwägung berücksichtigt werden. Dies gilt sogar für die nächsten Angehörigen. Insoweit sind sie der zweiten Gruppe der Berufsgeheimnisträger gleichzustellen.

H. Regelungsentwurf

Die Ergebnisse sollen in einem Regelungsentwurf zusammengefasst werden, der sich in seiner Struktur an den Vorschlag des Mannheimer Arbeitskreises Strafprozessrecht und Polizeirecht anlehnt.

Vorstellbar wäre aber auch die Synthese der bisherigen Konzeption des Gesetzgebers mit den Ansätzen des Mannheimer Arbeitskreises Strafprozessrecht und Polizeirecht: Es wird zunächst ein unantastbarer Besitzstand der Zeugnisverweigerungsrechte bei Ermittlungsmaßnahmen formuliert, der Mindestanforderungen stellt. Bei besonders schwerwiegenden Eingriffen in weitere Grundrechte – beispielsweise in Art. 13 GG im Rahmen der Wohnraumüberwachung – werden dann die Anforderungen im Einzelnen noch einmal gesteigert. Relative Beweisverwertungsverbote für die Angehörigen können sich so zu Erhebungsverboten verdichten.

Ein solches Mischkonzept geht von der Prämisse aus, dass sich die Eingriffe in die spezifischen Grundrechte und die Zeugnisverweigerungsrechte nicht bloß quantitativ aufsummieren, sondern zu einer neuen Qualität der Grundrechtsbeeinträchtigung führen, der mit entsprechend strengen Gegenmaßnahmen zu begegnen ist. Für diese These ist geltend zu machen, dass sich die Angehörigen bzw. Berufsgeheimnisträger und der Beschuldigte in bestimmten geschützten Sphären besonders sicher fühlen und damit ihr Vertrauensverhältnis *in concreto* besonders stark ausgeprägt sein wird. Diesem Umstand tragen die Kautelen, die den „einfachen" Eingriff in die Grundrechte wie Art. 10 GG oder Art. 13 GG schonend gestalten sollen, nicht genügend Rechnung, weil sie auf diese besondere Situation nicht zugeschnitten sind.

Die Entscheidung des *Bundesverfassungsgerichts* zur akustischen Wohnraumüberwachung geht ebenfalls in diese Richtung. Gerade wegen der Bedeutung des Grundrechts aus Art. 13 I GG sind die Zeugnisverweigerungsrechte besonders zu schützen. Es wäre also denkbar, nur hinsichtlich § 100 c I Nr. 3 StPO für die Angehörigen ein relatives Beweiserhebungsverbot zu statuieren, da hier regelmäßig der Kernbereich der privaten Lebensgestaltung betroffen sein wird. Bei weniger gravierenden Maßnahmen könnte ein relatives Beweisverwertungsverbot ausreichen.

Dennoch erscheint eine derartige Mischlösung nicht sinnvoll. Das Hauptmanko ist darin zu sehen, dass kein wirksamer Schutz vor Umgehung der Zeugnisverweigerungsrechte besteht. Nur durch eine gleichmäßige und umfassende Berücksichtigung von §§ 52 ff. StPO bei allen Ermittlungsmaßnahmen kann das tatsächliche Vertrauensverhältnis zwi-

schen dem Beschuldigten und den Zeugnisverweigerungsberechtigten vor Belastungen bewahrt bleiben. Anderenfalls müssten sich die Betroffenen stets genau überlegen, ob der Weg der Kontaktaufnahme vor Ausspähungen wirklich sicher ist. Besonders für die Berufsgeheimnisträger wäre diese Situation misslich. Daraus könnte eine nicht hinnehmbare Verunsicherung resultieren. Aus diesem Grund ist der vom Mannheimer Arbeitskreis Polizeirecht und Strafprozessrecht gewählte Ansatz vorzugswürdig.
Da auf den in dieser Arbeit erstellten Entwurf hinsichtlich einer Novellierung der §§ 52, 53 StPO und Einfügung von § 52 a StPO Bezug genommen wird, sollen diese Vorschriften dem Konzept vorangestellt werden.

I. § 52 [Zeugnisverweigerungsrechte aus persönlichen Gründen]

(1) Zur Verweigerung des Zeugnisses sind berechtigt
1. der zivilrechtlich wirksam Verlobte des Beschuldigten;
2. der Ehegatte des Beschuldigten; der geschiedene Ehegatte darf das Zeugnis verweigern, wenn die Aussage den Zeitraum der Ehe betrifft,
3. der Lebenspartner des Beschuldigten; nach Aufhebung der Lebenspartnerschaft darf der ehemalige Lebenspartner das Zeugnis verweigern, wenn die Aussage den Zeitraum der Lebenspartnerschaft betrifft,
4. wer mit dem Beschuldigten in gerader Linie oder in der Seitenlinie im zweiten Grad verwandt ist.

(2) Ein Zeugnisverweigerungsrecht besteht nicht, wenn der Zeuge selbst Opfer der Straftat ist.

(3) Wie Absatz 2 des jetzigen § 52 StPO.

(4) Wie Absatz 3 des jetzigen § 52 StPO.

II. § 52 a [Zeugnisverweigerungsrecht bei Betroffensein des Kernbereichs der Persönlichkeitssphäre]

[1]Jeder Zeuge kann das Zeugnis verweigern, soweit die Aussage zur Offenbarung von Informationen aus dem absolut geschützten Kernbereich der Persönlichkeitssphäre des Zeugen oder einer anderen Person führen würde. [2]Der Zeuge ist unverzüglich über sein Zeugnisverweigerungsrecht zu belehren, sobald Anhaltspunkte für das Bestehen des Zeugnisverweigerungsrechts nach Satz 1 erkennbar werden.

III. § 53 [Zeugnisverweigerungsrecht aus beruflichen Gründen]

(1) [1]Zur Verweigerung des Zeugnisses sind ferner berechtigt

1. Geistliche und hauptamtliche Repräsentanten von Weltanschauungsgemeinschaften über das, was ihnen in ihrer Eigenschaft als Seelsorger anvertraut worden oder bekanntgeworden ist;
2. Verteidiger des Beschuldigten über das, was ihnen in dieser Eigenschaft anvertraut worden oder bekanntgeworden ist;
3. Rechtsanwälte über das, was ihnen in dieser Eigenschaft anvertraut worden oder bekanntgeworden ist, Rechtsanwälten stehen dabei sonstige Mitglieder einer Rechtsanwaltskammer gleich;
4. Ärzte, Zahnärzte, Psychologische Psychotherapeuten, Kinder- und Jugendpsychotherapeuten, Apotheker und Hebammen über das, was ihnen in dieser Eigenschaft anvertraut worden oder bekanntgeworden ist;
5. Notare über das, was ihnen in dieser Eigenschaft anvertraut worden oder bekanntgeworden ist;
6. Mitglieder oder Beauftragte einer anerkannten Beratungsstelle nach den §§ 3 und 8 des Schwangerschaftskonfliktgesetzes sowie Ehe-, Familien-, Erziehungs- oder Jugendberater sowie Berater bei HIV-Erkrankungen und für Suchtfragen in einer Beratungsstelle, die von einer Behörde oder Körperschaft, Anstalt oder Stiftung des öffentlichen Rechts betrieben wird oder anerkannt ist, über das, was ihnen in dieser Eigenschaft anvertraut worden oder bekanntgeworden ist;
7. Berater für Fragen der Betäubungsmittelabhängigkeit in einer Beratungsstelle, die eine Behörde oder eine Körperschaft, Anstalt oder Stiftung des öffentlichen Rechts anerkannt oder bei sich eingerichtet hat, über das, was ihnen in dieser Eigenschaft anvertraut worden oder bekanntgeworden ist;
8. Mitglieder des Bundestages, eines Landtages oder einer zweiten Kammer über das, was ihnen in dieser Eigenschaft anvertraut worden oder bekanntgeworden ist;
9. Empirische Sozialforscher über das, was ihnen in dieser Eigenschaft anvertraut worden oder bekanntgeworden ist;
10. Wirtschaftsprüfer, vereidigte Buchprüfer, Steuerberater, Steuerbevollmächtigte und Patentanwälte über das, was ihnen in dieser Eigenschaft anvertraut worden oder bekanntgeworden ist, sie dürfen das Zeugnis nicht verweigern, wenn die Aussage zur Aufklärung einer Tat nach § 138 des Strafgesetzbuches beitragen soll, ein dringender Tatverdacht vorliegt und die Erforschung des Sachverhalts oder die Ermittlung

des Aufenthaltsortes des Beschuldigten auf andere Weise aussichtslos wäre;
11. Personen, die bei der Vorbereitung, Herstellung oder Verbreitung von Chiffreanzeigen, Druckwerken, Rundfunksendungen, Filmberichten oder der Unterrichtung oder Meinungsbildung dienenden Informations- und Kommunikationsdiensten berufsmäßig mitwirken oder mitgewirkt haben.
[2]Die in Satz 1 Nr. 11 genannten Personen dürfen das Zeugnis verweigern über die Person des Verfassers oder Einsenders von Beiträgen und Unterlagen oder des sonstigen Informanten sowie über die ihnen im Hinblick auf ihre Tätigkeit gemachten Mitteilungen, über deren Inhalt sowie über den Inhalt selbst erarbeiteter Materialien und den Gegenstand berufsbezogener Wahrnehmungen. [3]Dies gilt nur, soweit es sich um Beiträge, Unterlagen, Mitteilungen und Materialien für den redaktionellen Teil, Chiffreanzeigen oder Werbesendungen oder redaktionell aufbereitete Informations- und Kommunikationsdienste handelt. [4]Die Berechtigung zur Zeugnisverweigerung der in Absatz 1 Satz 1 Nr. 11 Genannten über den Inhalt selbst erarbeiteter Materialien und den Gegenstand entsprechender Wahrnehmungen entfällt, wenn die Aussage zur Aufklärung einer Straftat gem. § 138 des Strafgesetzbuches beitragen soll, dringender Tatverdacht vorliegt und die Erforschung des Sachverhalts oder die Ermittlung des Aufenthaltsortes des Beschuldigten auf andere Weise aussichtslos wäre. [5]Der Zeuge kann jedoch auch in diesen Fällen die Aussage verweigern, soweit sie zur Offenbarung der Person des Verfassers oder Einsenders von Beiträgen und Unterlagen oder des sonstigen Informanten oder der ihm in Hinblick auf seine Tätigkeit nach Absatz 1 Satz 1 Nr. 11 gemachten Mitteilungen oder deren Inhalts führen würde.

(2) Die in Absatz 1 Satz 1 Nr. 2 bis 7 und 10 Genannten dürfen das Zeugnis nicht verweigern, wenn sie von der Verpflichtung zur Verschwiegenheit entbunden sind.

(3) [1]Soweit die in Absatz 1 Satz 1 Genannten von ihrem Recht zur Verweigerung des Zeugnisses Gebrauch machen, darf Beweis über Aussagen, die diese Personen in anderen Verfahren zu dieser Sache gemacht haben, nicht erhoben werden. [2]Dies gilt nicht, soweit für die Aussage in dem anderen Verfahren ein Zeugnisverweigerungsrecht bestand.

(4) Sagen Personen ohne Entbindungserklärung des Betroffenen gem. § 53 Absatz 2 Satz 1 aus, die nach § 203 des Strafgesetzbuches der Schweigepflicht unterliegen, so ist die Aussage nicht verwertbar und darf auch nicht als Spurenansatz für weitere Ermittlungen genutzt werden.

IV. § 53 b [Zeugnisverweigerungsrechte bei Ermittlungsmaßnahmen]

1. Gesetzestext

§ 53 b [Zeugnisverweigerungsrechte bei Ermittlungsmaßnahmen]
(1) [1]Soweit das Zeugnisverweigerungsrecht in den Fällen des § 53 Abs. 1 Satz 1 Nr. 1, 2, 3, 7, 8 und 11, § 53 a reicht, ist eine Maßnahme nach den §§ 98 a, 99, 100 a, 100 c, 100 g, 110 a, 111, 163 b, 163 d bis 163 f unzulässig. [2]Gleiches gilt, wenn ein Zeugnisverweigerungsrecht nach § 52 a Satz 1 besteht. [3]Die in Satz 1 bezeichneten Maßnahmen sind nur zulässig, soweit der Kernbereich der persönlichen Lebensgestaltung einer in § 52 Absatz 1 genannten Person nicht betroffen ist. [4]Dennoch erlangte Erkenntnisse dürfen nicht zu Lasten des Beschuldigten verwertet werden. [5]Die Verwertung dennoch erlangter Erkenntnisse zu Gunsten des Beschuldigten bedarf dessen Zustimmung. [6]In den Fällen des Satzes 2 und Satzes 3 muss der jeweils betroffene Zeugnisverweigerungsberechtigte die Zustimmung erteilen. [7]Ist durch eine Maßnahme das Zeugnisverweigerungsrecht des § 53 Absatz 1 Satz 1 Nr. 1, 8 und 11 betroffen, bedarf eine Verwertung zu Gunsten des Beschuldigten der Zustimmung der dort bezeichneten Personen. [8]Entsprechendes gilt für Maßnahmen nach §§ 161, 163, wenn sie Grundrechtsrelevanz besitzen.

(2) Soweit das Zeugnisverweigerungsrecht in den Fällen des § 53 Absatz 1 Satz 1 Nr. 4, 6 und 9, § 53 a reicht, dürfen Erkenntnisse, die durch eine in Absatz 1 Satz 1 bezeichnete Maßnahme erlangt worden sind, nicht zu Lasten des Beschuldigten verwertet werden. [2]Die Verwertung dennoch erlangter Erkenntnisse zu Gunsten des Beschuldigten bedarf dessen Zustimmung. [3]Die Zustimmung ist im Fall des § 53 Absatz 1 Satz 1 Nr. 11 von der Zustimmung der dort bezeichneten Person abhängig. [4]Erkenntnisse, die durch eine in Absatz 1 Satz 1 bezeichnete Maßnahme von einer in § 52 Absatz 1 genannten Person erlangt worden sind, dürfen zu Lasten des Beschuldigten nicht verwertet werden, wenn der Beschul-

digte mit der in § 52 Absatz 1 genannten Person in häuslicher Gemeinschaft lebt. [5]Satz 3 findet keine Anwendung, sofern der Beschuldigte verdächtig ist, eine Straftat gegen einen Angehörigen nach § 52 Absatz 1 begangen zu haben, mit dem er in häuslicher Gemeinschaft lebt. [6]Die Verwertung dennoch erlangter Erkenntnisse zu Gunsten des Beschuldigten bedarf neben dessen Zustimmung auch der Zustimmung der in § 52 Absatz 1 bezeichneten Person.

(3)[1]Erkenntnisse, die durch eine in Absatz 1 Satz 1 bezeichnete Maßnahme von einer in § 53 Absatz 1 Satz 1 Nr. 5 und 10 oder einer in § 52 Absatz 1 genannten Person erlangt worden sind, dürfen zu Lasten des Beschuldigten nur verwertet werden, wenn dies nicht außer Verhältnis zum Interesse an der Erforschung des Sachverhalts oder der Ermittlung des Aufenthaltsortes des Täters steht. [2]Durch eine verdeckte Befragung solcher Personen veranlasste Angaben dürfen nicht zu Lasten des Beschuldigten verwertet werden. [3]Sind Erkenntnisse entgegen den Sätzen 1 und 2 verwertbar, so bedarf die Verwertung der Zustimmung. Die Verwertung dennoch erlangter Erkenntnisse zu Gunsten des Beschuldigten bedarf der Zustimmung der in § 53 Absatz 1 Satz 1 Nr. 5 und 10 oder § 52 bezeichneten Person.

(4) [1]Die Verwertungsverbote nach Absatz 1 bis 3 erstrecken sich auf weitere Erkenntnisse, die durch die dort bezeichneten Erkenntnisse erlangt worden sind. [2]Unzulässig ist auch deren Verwertung für weitere Ermittlungen gegen den zur Verweigerung des Zeugnisses Berechtigten und gegen sonstige Personen, auf die sich dessen Zeugnisverweigerungsrecht erstreckt. [3]Werden durch Maßnahmen nach Absatz 1 Erkenntnisse gewonnen, die Kontakte zwischen Zeugnisverweigerungsberechtigten nach §§ 52, 53, 53 a betreffen, so sind diese gegen den Beschuldigten nur unter den Voraussetzungen der Absätze 1 bis 3 verwertbar. [4]Sind in §§ 53 und 53 a bezeichnete Personen nach Absatz 4 Satz 3 betroffen, so müssen diese gegenüber dem Beschuldigten ein Zeugnisverweigerungsrecht besitzen.

(5) [1]Die vorstehenden Beschränkungen gelten nicht, wenn die in § 53 Abs. 1 S. 1 Nr. 1, 3, 7 und 11, Absatz 2 und Absatz 3 genannten Zeugnisverweigerungsberechtigten einer Beteiligung oder einer Begünstigung, Strafvereitelung, Hehlerei oder Geldwäsche dringend verdächtig sind. [2]Die Maßnahme ist im Fall des § 53 Abs. 1 S. 1 Nr. 11 dennoch

nur zulässig, wenn sie unter Berücksichtigung der Grundrechte aus Art. 5 Abs. 1 Satz 2 des Grundgesetzes nicht außer Verhältnis zur Bedeutung der Sache steht und die Erforschung des Sachverhaltes oder die Ermittlung des Aufenthaltsortes des Täters auf andere Weise aussichtslos wäre[1555]. [3]Bestätigt sich der Verdacht im Laufe des weiteren Verfahrens nicht, so ist eine Verwendung nach Satz 1 oder Satz 2 ausgeschlossen.

2. Kurze Erläuterung des Gesetzvorschlages

Da die Leitlinien des Gesetzesvorschlages bereits ausführlich erläutert worden sind, beschränken sich die folgende Ausführungen nur auf eine kurze Zusammenfassung der Grundideen in § 53 b StPO.

Zu § 53 b Absatz 1 Satz 1: Entgegen dem Vorschlag des ASP wird der Personenkreis der schützenswerten Berufsgeheimnisträger erheblich erweitert, nämlich um hauptamtliche Repräsentanten von Weltanschauungsgemeinschaften gem. § 53 I S. 1 Nr. 1 StPO-E, Rechtsanwälte und sonstige Mitglieder einer Rechtsanwaltskammer gem. § 53 I S. 1 Nr. 3 StPO-E und bestimmte Berater für Fragen der Betäubungsmittelabhängigkeit gem. § 53 I S. 1 Nr. 7 StPO-E. Der Katalog der Maßnahmen ist um die §§ 98 a, sowie 161, 163 StPO[1556] erweitert worden. Diesbezüglich läuft der Verweis in § 98 b StPO I S. 7 auf § 97 StPO leer und ist daher zu streichen. Für die Beschlagnahmefreiheit wird aus genannten Gründen anschließend ein Gesetzesentwurf vorgestellt. Die Regelungen der §§ 100 c I Nr. 3 ff., die die akustische Wohnraumüberwachung betreffen, sind vom Gesetzgeber nach den Maßgaben des *Bundesverfassungsgerichts* zu ändern. Der Verweis auf § 53 a StPO gilt selbstverständlich nur für die Hilfspersonen der jeweils genannten Berufsgeheimnisträger.

Zu § 53 b Absatz 1 Satz 2: Hier wird auf die neue Regelung des § 52 a S. 1 StPO Bezug genommen. § 52 a StPO trägt der Rechtsprechung des *Bundesverfassungsgerichts* zum Großen Lauschangriff Rechnung. Der Kernbereich der persönlichen Lebensgestaltung ist für jeden Zeugen, unabhängig vom Bestehen eines Zeugnisverweigerungsrechts nach §§ 52 I oder 53 I StPO, von staatlichen Eingriffen freizuhalten. Damit muss aber, um eine Umgehung zu verhindern, ein Zeugnisverweigerungsrecht

---

[1555] Hiermit wird § 97 V S. 2 2. Halbsatz StPO geltender Fassung für alle Ermittlungsmaßnahmen fruchtbar gemacht.

[1556] Vgl. zu §§ 161, 163 StPO § 53 b I S. 8 StPO.

bei Vernehmungen korrespondieren. Es handelt sich gleichsam um eine Umkehrung des freilich nur auf die Beschlagnahme bezogenen Satzes: „Was der Mund nicht offenbaren muss, darf der Hand nicht entrissen werden." Diese Tabusphäre wird durch die Regelung für alle genannten Ermittlungsmaßnahmen abgesichert. Dabei handelt es sich um ein absolutes Beweiserhebungsverbot. Wenn die Voraussetzungen des § 52 a I StPO-E vorliegen, dann ist ein Eingriff stets unzulässig. Dabei ist das Beweiserhebungsverbot auch nach der Rechtsprechung des *Bundesverfassungsgerichts* nicht bloß auf Eingriffe in das Grundrecht aus Art. 13 GG beschränkt. In einer neueren Entscheidung wird ein Erhebungsverbot sogar im Bereich der präventiven Telekommunikationsüberwachung bejaht[1557]. Das *Bundesverfassungsgericht* macht deutlich, dass die Ausführungen zur akustischen Wohnraumüberwachung über Art. 13 GG hinaus allgemein gültig sind. Es kommt also nicht auf die abstrakte Eingriffsintensität der jeweiligen Ermittlungsmaßnahme an. Eine solche ist vielmehr immer dann unzulässig, wenn der Menschenwürdekern des jeweils betroffenen Grundrechts verletzt wird.

1557 *BVerfG*, 1 BvR 668/04 vom 27. Juli 2005, Absatz-Nr. 161 ff. Nach dieser Entscheidung erscheint die Einführung einer dem § 53 b I S. 2 StPO-E entsprechenden Norm auch bei präventiven Maßnahmen in den Polizeigesetzen der Länder erforderlich (vgl. für die akustische Wohnraumüberwachung gem. § 5 IV Nr. 2 SächsVSG *SächsVerfGH*, Urteil vom 17. Juni 2005 – Vf. 67-II-04, S. 27 f., abrufbar unter www.sachsen.de; *Leutheusser-Schnarrenberger*, DuD 2005, 324). Sofern durch einen Eingriff stets der Menschenwürdekern eines Grundrechts wie etwa beim Beichtgeheimnis berührt wird, sind Zeugnisverweigerungsrechte hinsichtlich von Standardmaßnahmen im präventiven Bereich zwingend zu etablieren (ebenso: *Kötter*, DÖV 2005, 231; vgl. allgemein zu Zeugnisverweigerungsrechten im Polizeirecht: *Wolter/Schenke/Ruthig*, Zeugnisverweigerungsrechte, S. 247 ff., insbesondere S. 255 ff.; *Wolter/Schenke/R. Schenke*, Zeugnisverweigerungsrechte, S. 272 ff. und 303 ff.). Da Kommunikationsinhalte, die in unmittelbarem Bezug zu konkreten strafbaren Handlungen wie Angaben über die Planung bevorstehender Straftaten stehen, nicht dem Kernbereich unterfallen, wird die Gefahrenabwehr zumindest theoretisch nicht beeinträchtigt. In der Praxis wird die von der Polizei zu treffende Prognoseentscheidung aber stets große Probleme aufwerfen. Daher ist nach dem *Bundesverfassungsgericht* das Risiko hinzunehmen, dass Kommunikation aus dem Kernbereich privater Lebensgestaltung erfasst wird, wenn das gefährdete Rechtsgut einen besonders hohen Rang hat und konkrete Anhaltspunkte den Schluss auf einen unmittelbaren Bezug zur künftigen Begehung von Straftaten zulassen.

Der Schluss liegt nahe, dass bereits *de lege lata* ein verfassungsimmanentes Beweiserhebungsverbot bei allen strafprozessualen Ermittlungsmaßnahmen besteht, die den Kernbereich der privaten Lebensgestaltung betreffen[1558]. Deshalb ist die hier vorgeschlagene Regelung des § 53 b I S. 2 StPO-E deklaratorisch.

Zu § 53 b Absatz 1 Satz 3: Ebenfalls der Entscheidung des *Bundesverfassungsgerichts* zur akustischen Wohnraumüberwachung ist diese Norm geschuldet. Dabei besteht eine widerlegliche Vermutung dafür, dass im Verhältnis zwischen engsten Familienangehörigen grundsätzlich der Kernbereich der persönlichen Lebensgestaltung in Frage steht. Mit der vorgeschlagenen Novellierung des § 52 I StPO wird diese Vermutung für alle dort genannten Angehörigen ausgedehnt, da der Katalog eine erhebliche Kürzung erfahren hat und nur noch den engsten Familienkreis erfasst[1559]. Die Strafverfolgungsbehörden können aber im Einzelfall dennoch Ermittlungsmaßnahmen ergreifen, wenn konkrete Anhaltspunkte gegeben sind, dass es sich ausnahmsweise etwa nicht um ein den Kernbereich betreffendes Gespräch handelt. Die Beweislast trifft dabei die Strafverfolgungsbehörden, wie die negative Formulierung in Absatz 1 Satz 3 zum Ausdruck bringt. Bei einem Richtervorbehalt sind die konkreten Anhaltspunkte bereits abstrakt in der Anordnung niederzulegen, wie es das *Bundesverfassungsgericht* für die akustische Wohnraumüberwachung für notwendig erklärt hat.
Die Einbeziehung aller Maßnahmen mag auf den ersten Blick zu weit gehen. Beispielsweise wird nach einer Beobachtung, die den §§ 161, 163 StPO unterfällt, der Kernbereich der privaten Lebensgestaltung selten betroffen sein. Denkbar wäre, die Vermutung nur für die akustische Wohnraumüberwachung als eingriffsintensivster Maßnahme in Betracht zu ziehen. Das Wesen der Zeugnisverweigerungsrechte nach § 52 I StPO mit ihrem grundrechtlichen Substrat lässt es jedoch als angemessen erscheinen, die Vermutung und die damit verbundene Beweislastverlagerung auf die staatlichen Behörden auf alle durch § 53 b I StPO genannten Ermittlungsmaßnahmen zu erstrecken. Damit soll das Bewusstsein

---

1558 Insofern ist die Neuregelung des § 100 c IV, V StPO (vgl. BGBl. I, 2005, S. 1841) bloß für die akustische Wohnraumüberwachung nicht ausreichend.

1559 Der Personenkreis des § 52 I StPO deckt sich nun mit den engsten Verwandten nach *BVerfGE* 109, (279), 322. Denkbar wäre es allerdings, die Vermutung nur bei Bestehen einer häuslicher Gemeinschaft gelten zu lassen (vgl. *BVerfGE* 109, (279), 322).

bei den Strafverfolgungsbehörden verstärkt werden, dass bei jedem grundrechtsrelevanten Eingriff eine Rechtfertigung nötig ist. Der Umfang der Rechtfertigungspflicht wird regelmäßig um so geringer sein, desto schwächer der in Rede stehende Grundrechtseingriff wiegt.
§ 53 b I S. 3 StPO ist klarstellender Natur. Ohne diese Norm würden im Einklang mit der Entscheidung des *Bundesverfassungsgerichts* zur akustischen Wohnraumüberwachung die Angehörigenzeugnisverweigerungsrechte im Kernbereich der persönlichen Lebensgestaltung über § 53 b I S. 2 StPO berücksichtigt. Durch den Verweis auf § 52 a StPO bestünde dann ein Beweiserhebungsverbot.

Zu § 53 b Absatz 1 Satz 4: Die Beweiserhebungsverbote werden durch ein unselbstständiges Beweisverwertungsverbot abgesichert. Dadurch ist klargestellt, dass über die Verwertbarkeit keinerlei Abwägung mehr stattfindet, wenn sie zu Lasten des Beschuldigten verwendet werden könnten.

Zu § 53 b Absatz 1 Satz 5: Entgegen dem Vorschlag des ASP ist auch bei entlastendem Material die Zustimmung des Beschuldigten erforderlich. Nur auf diese Weise kann gewährleistet werden, dass das Schweigerecht des Beschuldigten nicht umgangen wird.

Zu § 53 b Absatz 1 Satz 6: Da die Informationsherrschaft den Zeugnisverweigerungsberechtigten nach § 52 I StPO-E zusteht, kann der Beschuldigte über die Daten nicht verfügen, selbst wenn sie ihn entlasten sollten.
Zu § 53 b Absatz 1 Satz 7: Für die Berufsgeheimnisträger nach § 53 I S. 1 Nr. 1, 8 und 11 StPO-E gibt es keine Entbindungsmöglichkeit nach § 53 II StPO-E. Daher kann im Rahmen der Ermittlungsmaßnahmen der Beschuldigte über die Daten nicht disponieren. Es soll aber den genannten Berufsgeheimnisträgern freistehen, zur Entlastung des Beschuldigten beizutragen.

Zu § 53 b Absatz 1 Satz 8: Um keine Schutzlücken entstehen zu lassen, sind auch Maßnahmen nach der Generalermittlungsklausel der §§ 161, 163 StPO miteinzubeziehen. Zu denken ist hierbei etwa an die kurzfristige Observation.

Zu § 53 b Absatz 2 Satz 1, 2 und 3: Auf der zweiten Stufe der Schutzwürdigkeit wird ein absolutes Beweisverwertungsverbot für Informationen etabliert, die den Beschuldigten belasten könnten. Dies gilt für die Heilberufe nach § 53 I Nr. 4 StPO-E, Angehörige einer Schwangerschaftsberatungsstelle und für sonstige Berater nach § 53 I Nr. 6 StPO-E sowie für empirische Sozialforscher. Die Verwertung zu Gunsten des Beschuldigten hängt wiederum von dessen Zustimmung ab. Hinsichtlich des empirischen Sozialforschers ist eine Zustimmung des Beschuldigten wiederum ausgeschlossen; dieser kann aber eine Freigabe zu Gunsten des Beschuldigten erklären.

Zu § 53 b Absatz 2 Satz 4: Die Angehörigen nach § 52 I StPO, die mit dem Beschuldigten in häuslicher Gemeinschaft leben, sind besonders schutzwürdig. Hier ist zwar nicht schon die Erhebung der Informationen, aber die Verwertung unzulässig. Relevant wird dies in Fällen, in denen beispielsweise bei der akustischen Wohnraumüberwachung das Gespräch eines Angehörigen und eines Dritten mit dem Beschuldigten abgehört wird. Ist der Kernbereich des Allgemeinen Persönlichkeitsrechts nicht betroffen, so gilt kein Erhebungsverbot. Zwar ist das Gespräch mit dem in häuslicher Gemeinschaft lebenden Angehörigen nicht verwertbar, dies gilt aber nicht für die Bemerkungen zwischen dem Beschuldigten und dem Dritten. Das absolute Beweisverwertungsverbot sichert somit das Zeugnisverweigerungsrecht des Angehörigen, lässt aber Raum für eine strafprozessuale Ermittlungstätigkeit.

Zu § 53 b Absatz 2 Satz 5: Absatz 2 Satz 5 normiert eine Ausnahme hinsichtlich der sog. Opferzeugen.

Zu § 53 b Absatz 2 Satz 6: Diese Norm ist wiederum wegen der Dispositionsbefugnis der Angehörigen notwendig. Es handelt sich um eine Parallelvorschrift zu § 53 b II S. 2 StPO. Auch zu Gunsten des Beschuldigten dürfen die Kenntnisse nur dann verwertet werden, wenn außer dem Beschuldigten auch die betroffenen Angehörigen zustimmen.

Zu § 53 b Absatz 3: Auf der niedrigsten Schutzstufe stehen die vermögensbezogenen Berufe nach § 53 I S. 1 Nr. 5 StPO und der Notar nach § 53 I S. 1 Nr. 10 StPO. Gleiches gilt für die Angehörigen, wenn auf sie nicht Absatz 1 oder Absatz 2 Anwendung findet. Fasst man den Katalog des § 52 I StPO sehr eng, so hat Absatz 3 nur eine geringe praktische

Bedeutung. Er gilt dann, wenn weder der Kernbereich der persönlichen Lebensgestaltung betroffen ist noch eine häusliche Gemeinschaft besteht. Will man allerdings an der heutigen Formulierung des § 52 I StPO festhalten oder den Katalog sogar noch erweitern, so vergrößert sich der Anwendungsbereich naturgemäß. Die Verwertung zu Gunsten des Beschuldigten ist entsprechend wie in den Absätzen 1 und 2 geregelt.

Zu § 53 b Absatz 4 Satz 1 und 2: Hier werden die Vorschläge des ASP unverändert übernommen.

Zu § 53 b Absatz 4 Satz 3: Geregelt werden hier Fälle, in denen Zeugnisverweigerungsberechtigte untereinander kommunizieren[1560]. Beispielsweise bespricht der Arzt einen Befund mit der Ehefrau des Beschuldigten oder der Bruder des Beschuldigten tauscht sich mit dem Verteidiger aus. Es entstünde eine eklatante Schutzlücke, wenn die Strafverfolgungsbehörden in diese Beziehungen eingreifen dürften. Um einer Umgehung vorzubeugen, sind diese Kontakte in gleicher Weise zu schützen wie die Beziehungen des Beschuldigten zu den einzelnen Zeugnisverweigerungsberechtigten.

Zu § 53 b Absatz 4 Satz 4: Die Berufsgeheimnisträger müssen im konkreten Fall ein Zeugnisverweigerungsrecht gegenüber dem Beschuldigten besitzen. Geschützt wird also nicht das Gespräch der Ehefrau mit einem beliebigen Arzt, sondern nur mit dem Arzt des Beschuldigten.

Zu § 53 b Absatz 5 Satz 1: Ein dringender Verdacht ist hinsichtlich der Kollusionsausnahme zu fordern. Ansonsten wären die Kautelen der übrigen Absätze zu leicht zu unterlaufen. Gerade der Begünstigungsverdacht lässt sich stets sehr einfach konstruieren. Möglich wäre daher auch eine Beschränkung auf Fälle der Beteiligung gewesen. Um aber keine privilegierten Schutzzonen für Anschlusstaten zu schaffen, ist es besser,

---

[1560] Ähnlich: *Stellungnahme des Deutschen Anwaltvereins* Nr. 07/2005, S. 15: „Soweit das *Bundesverfassungsgericht* nunmehr die Inhalte der Gespräche mit Geistlichen und Strafverteidigern mit der Vermutung versehen hat, jenem absolut geschützten Kernbereich anzugehören, sollte auch eine gesetzliche Klarstellung erfolgen, dass nicht nur diese Berufsgeheimnisträger selbst, sondern auch die jeweiligen Gesprächspartner in der Rolle des Zeugen insoweit ein Schweigerecht haben." Vgl. zur Problematik auch die im Rahmen der Novellierung der Beschlagnahmefreiheit erörterten Ausführungen des Alternativ-Entwurfs Zeugnisverweigerungsrechte, S. 85.

diese dennoch einzubeziehen und einem Missbrauch durch einen höheren Verdachtgrad entgegenzuwirken. Das *Bundesverfassungsgericht* bezeichnet zwar einen dringenden Tatverdacht im Bereich der Ermittlungsmaßnahmen als systemfremd[1561]. Blickt man hingegen auf andere Rechtsordnungen, so wird deutlich, dass dort etwa zur Zulässigkeit der Telefonüberwachung dieser Verdachtsgrad gefordert wird[1562]. Eine ähnliche Formulierung wählt der Arbeitskreis Zeugnisverweigerungsrechte und Beschlagnahmefreiheit. In § 97 III S. 1 StPO-E heißt es[1563]: „Die Beschränkungen der Beschlagnahme gelten nicht, wenn und so lange bestimmte Tatsachen den dringenden Verdacht begründen, daß die zur Verweigerung des Zeugnisses Berechtigten an der den Gegenstand der Untersuchung bildenden Tat teilgenommen oder hierzu eine Begünstigung, Strafvereitelung oder Hehlerei begangen haben (...).“
Die Kollusionsausnahme erfolgt außerdem abgestuft und ist damit im Einklang mit der vorgestellten „Hierarchie“ der Zeugnisverweigerungsrechte. Für den Verteidiger und Abgeordneten ist § 53 b V S. 1 StPO nicht anwendbar. Ebenso wenig wird das Zeugnisverweigerungsrecht nach § 52 a StPO eingeschränkt. Zwar wäre hier eine Kollusionsausnahme diskutabel. Geschützt wird durch § 52 a StPO aber der Menschenwürdekern des Allgemeinen Persönlichkeitsrechts, in den ein staatlicher Eingriff immer rechtswidrig ist. Diese Rechtsposition ist unverwirkbar; gegenüber dem Staat kann nur der Zeuge auf sie verzichten[1564].

1561 Vgl. *BVerfGE* 109, (279), 351 f.

1562 Vgl. § 104 des Zürcher Gesetzes betreffend den Strafprozess (Strafprozessordnung) vom 4. Mai 1919 in der geltenden Fassung:
„Die Untersuchungs- oder die Anklagebehörde kann den Post- und Fernmeldeverkehr des Angeschuldigten oder Verdächtigen überwachen sowie ihm gegenüber technische Überwachungsgeräte im Sinne von Art. 179bis ff. StGB einsetzen lassen, wenn
1. ein Verbrechen oder ein Vergehen verfolgt wird, dessen Schwere oder Eigenart den Eingriff rechtfertigt.
2. bestimmte Tatsachen die zu überwachende Person als Täter oder Teilnehmer dringend verdächtig machen und
3. die notwendigen Abklärungen ohne die Überwachung wesentlich erschwert würden oder andere Untersuchungshandlungen erfolglos geblieben sind.
Die Überwachung des Post- und Fernmeldeverkehrs ist unter den Voraussetzungen der Ziffern 2 und 3 ausserdem zulässig, wenn eine mit Hilfe des Telefons begangene Straftat verfolgt wird.“

1563 Alternativ-Entwurf Zeugnisverweigerungsrechte, S. 12.

1564 S. hierzu auch Alternativ-Entwurf Zeugnisverweigerungsrechte, S. 59.

Beim Journalisten ist gem. § 53 b V S. 2 StPO eine Abwägung erforderlich. Uneingeschränkt gilt § 53 b V S. 1 StPO für die übrigen Zeugnisverweigerungsberechtigten. Dass der Geistliche, der Rechtsanwalt und der Drogenberater mit den übrigen Berufsgeheimnisträgern trotz des eingeräumten Beweiserhebungsverbotes gleichgestellt werden, unterstreicht, dass sie im Rang unter dem Journalisten stehen. Da hinsichtlich des Zeugnisverweigerungsrechts des Drogenberaters und des Rechtsanwalts der *nemo-tenetur*-Grundsatz nur partieller Schutzzweck ist, ist eine Gleichstellung mit dem Verteidiger hier nicht mehr angebracht.
Die Kollusionsausnahme wird außerdem um den Straftatbestand der Geldwäsche gem. § 261 StGB erweitert. Diese Vorschrift wurde durch Art. 1 Nr. 19 OrgKG v. 15.07.1992 in das StGB eingefügt[1565]. Geldwäsche ist wie Begünstigung, Strafvereitelung und Hehlerei eine typische Nachtat. Durch § 261 StGB sollen gerade Strafbarkeitslücken geschlossen werden, die die §§ 257 ff. StGB bei Geldwäschevorgängen deshalb offen lassen, weil die betroffenen Gegenstände nicht stets aus gegen fremdes Vermögen gerichtete Taten stammen, es sich um nicht mehr erfasste Surrogate oder nicht um Sachen, sondern um Guthaben, Forderungen und dergleichen handelt oder es an der jeweils vorausgesetzten Absicht mangelt[1566]. Dass § 261 StGB in § 97 II S. 3 StPO und § 100 d III S. 4 StPO nicht erwähnt wird, ist möglicherweise auf die Neuheit der Vorschrift zurückzuführen.

Zu § 53 b Absatz 5 Satz 2: Hiermit wird § 97 V S. 2 2. Halbsatz StPO geltender Fassung für alle Ermittlungsmaßnahmen fruchtbar gemacht, die das Zeugnisverweigerungsrecht des Journalisten gem. § 53 I S. 1 Nr. 11 StPO betreffen.

Zu § 53 b Absatz 5 Satz 3: § 53 b V S. 3 StPO-E übernimmt den Regelungsgedanken des § 97 III S. 2 StPO-E des Alternativ-Entwurfs Zeugnisverweigerungsrechte, der aber über den Bereich der Beschlagnahmefreiheit auf alle relevanten Ermittlungsmaßnahmen ausgedehnt wird. Auch dadurch soll einem Missbrauch durch die Strafverfolgungsbehörden entgegengewirkt werden.

[1565] S. BGBl. I, S. 1302.
[1566] *Wessels/Hillenkamp*, BT 2, Rn. 894 m.w.N.

V. § 53 c [Beschlagnahmefreiheit aufgrund von Zeugnisverweigerungsrechten][1567]

(1) Der Beschlagnahme unterliegen nicht

1. schriftliche Mitteilungen zwischen dem Beschuldigten und den Personen, die nach § 52 Abs. I oder § 53 Abs. I S. 1 Nr. 1 bis 7 und 10 das Zeugnis verweigern dürfen;
2. schriftliche Mitteilungen zwischen dem Beschuldigten und anderen Personen, soweit ein Zeugnisverweigerungsrecht nach § 52 a Abs. I besteht[1568].
3. Aufzeichnungen, welche die in § 53 Abs. 1 S. 1 Nr. 1 bis 7 und 10 Genannten über die ihnen vom Beschuldigten anvertrauten Mitteilungen oder über andere Umstände gemacht haben, auf die sich das Zeugnisverweigerungsrecht erstreckt;
4. andere aus der Kommunikation zwischen dem Beschuldigten und den zur Verweigerung des Zeugnisses nach § 53 Abs. S. 1 Nr. 1 bis 7 und 10 Berechtigten hervorgegangene Gegenstände einschließlich der ärztlichen Untersuchungsbefunde.

[1567] Der Inhalt von § 97 StPO-E des Alternativ-Entwurfs Zeugnisverweigerungsrechte wird damit im Wesentlichen übernommen (S. Alternativ-Entwurf Zeugnisverweigerungsrechte, S. 11 ff). Nach dem Vorbild des Mannheimer Arbeitskreises Strafprozessrecht und Polizeirecht ist insbesondere die Gewichtung der Zeugnisverweigerungsrechte beibehalten worden. Zwar lässt sich dagegen einwenden, dass ein systematischer Bruch im Verhältnis zu den anderen Ermittlungsmaßnahmen entsteht, da dort die Personen gem. §§ 52 ff. StPO weniger umfassend geschützt sind. Wenn der Gesetzgeber jedoch bereits ein höheres Schutzniveau etabliert hat, erscheint es gerechtfertigt, diesen Standard zu übernehmen. Denkbar wäre allerdings auch, die Beschlagnahmefreiheit nach den Grundsätzen des hier vorgelegten Entwurfs einzuschränken. Die Grundwertungen des § 53 b StPO sind aber übernommen: Gem. § 53 c III StPO wird die Beschlagnahmefreiheit für den Verteidiger und den Abgeordneten gegenüber den anderen Berufsgruppen thematisch erweitert, wodurch ihre Sonderposition unterstrichen wird. Der Verweis in § 53 c VI StPO auf § 53 b Abs. IV S. 3 und S. 4 StPO übernimmt die Regelung für den Kollusionsverdacht. Während für Verteidiger, Abgeordnete und Zeugnisverweigerungsberechtigte nach § 52 a StPO keine Ausnahme besteht, wird diese für den Journalisten unter einen Abwägungsvorbehalt gestellt, während die Kollusionsausnahme für die Angehörigen und sonstigen Berufsgeheimnisträger voll zum Tragen kommt.

[1568] Da § 52 a S. 1 StPO-E lediglich ein thematisches und kein umfassendes Zeugnisverweigerungsrecht schafft, gilt die Beschlagnahmefreiheit nur dann, wenn der Kernbereich der persönlichen Lebensgestaltung betroffen ist. Vgl. auch § 97 a I Nr. 1 StPO-E des Alternativ-Entwurfs Zeugnisverweigerungsrechte, S. 14.

(2) [1]Diese Beschränkungen gelten nur, wenn die Gegenstände im Gewahrsam des Beschuldigten oder einer zur Verweigerung des Zeugnisses berechtigten Person sind und Tatsachen vorliegen, aus denen zu schließen ist, dass sie der Kommunikation des Beschuldigten mit einer zur Verweigerung des Zeugnisses berechtigten Person dienen. [2]Der Beschlagnahme unterliegen auch nicht Gegenstände, auf die sich das Zeugnisverweigerungsrecht der Berechtigten nach § 53 Abs. I S. 1 Nr. 4[1569] erstreckt, wenn sie im Gewahrsam einer Krankenanstalt sind, sowie Gegenstände, auf die sich das Zeugnisverweigerungsrecht der in § 53 Abs. 1 S. 1 Nr. 6 und 7 genannten Personen erstreckt, wenn sie im Gewahrsam der in dieser Vorschrift bezeichneten Beratungsstelle sind[1570].

(3) Soweit das Zeugnisverweigerungsrecht einer der in § 53 Abs. 1 S. 1 Nr. 2 und Nr. 8[1571] bezeichneten Personen reicht, ist die Beschlagnahme von Schriftstücken unzulässig.

(4) [1]Soweit das Zeugnisverweigerungsrecht der in § 53 Abs. 1 S. 1 Nr. 11 genannten Personen reicht, ist die Beschlagnahme von Schriftstücken, die sich im Gewahrsam dieser Personen oder der Redaktion, des Verlages, der Druckerei oder der Rundfunkanstalt befinden, unzulässig.

[1569] Im Gegensatz zum Alternativ-Entwurf Zeugnisverweigerungsrechte, S. 12 sind nicht nur Ärzte, sondern sämtliche Heilberufe in den Schutzbereich einzubeziehen, damit etwa auch die Aufzeichnungen klinisch arbeitender Psychologen der Beschlagnahmefreiheit unterliegen.

[1570] Der Alternativ-Entwurf Zeugnisverweigerungsrechte, S. 12 regelt im Rahmen der Beschlagnahmefreiheit zudem Fälle, in denen sich die Mitteilung im Gewahrsam der Post oder einer anderen mit der Beförderung oder Übermittlung betrauten Stelle befindet. Aufgrund des Verweises in § 53 b I S. 1 StPO-E auf § 99 StPO wird die Postbeschlagnahme dort einbezogen, so dass eine entsprechende Regelung in § 53 c StPO-E nicht aufzunehmen ist. Für die Einbeziehung der Postbeschlagnahme wird geltend gemacht, dass es widersprüchlich erschiene, bei der Maßnahme nach § 100 a StPO ein Beweiserhebungs- bzw. Beweisverwertungsverbot im Anschluss an die Zeugnisverweigerungsrechte zu etablieren, aber nicht bei der Postbeschlagnahme (s. *Wolter/Schenke*, Zeugnisverweigerungsrechte, S. 8).

[1571] Durch die Bezugnahme auf § 53 Abs. 1 S. 1 Nr. 2 und Nr. 8 StPO wird inhaltlich der Novellierungsvorschlag zu § 97 III StPO des ASP übernommen. Dadurch wird das verfassungsrechtlich fundierte Zeugnisverweigerungsrecht des Verteidigers gestärkt. S. *Wolter/Schenke*, Zeugnisverweigerungsrechte, S. 4 und 17.

[2]Sind Personen nach § 53 Abs. 1 S. 1 Nr. 9 betroffen, so gilt dasselbe für Schriftstücke, die sich im Gewahrsam der Forschungseinrichtung befinden, für die diese Personen tätig sind oder tätig waren.

(5) Für die Beschlagnahme von Ton-, Bild- und Datenträgern, Abbildungen und anderen Darstellungen gelten die Absätze 1 bis 4 entsprechend[1572].

(6) § 53 b Abs. IV S. 3 und S. 4 gilt entsprechend.

(7) [1]§ 53 b Abs. 5 gilt entsprechend[1573]. [2]Die Beschränkungen der Beschlagnahme entfallen des Weiteren, wenn Gegenstände durch eine Straftat hervorgebracht oder zur Begehung einer Straftat gebraucht oder bestimmt sind oder aus einer Straftat herrühren.

[1572] Vgl. § 97 VII StPO-E des Alternativ-Entwurfs Zeugnisverweigerungsrechte, S. 13. Dadurch gilt die Beschlagnahmefreiheit für die bezeichneten Gegenstände nicht mehr nur im Rahmen von § 97 V S. 1 StPO, sondern generell.

[1573] Damit wird auf die Ausnahmen bei Kollusionsverdacht verwiesen.

I. Resümee

Im Rahmen dieser Arbeit wurde es unternommen, ein Gesamtkonzept für die Berücksichtigung von Zeugnisverweigerungsrechten bei Ermittlungsmaßnahmen zu entwickeln. Das geltende Gesetz ist hier vielfach widersprüchlich und trägt der jeweiligen Schutzbedürftigkeit der nach §§ 52 ff. StPO privilegierten Personen nicht ausreichend Rechnung.

Hierzu waren zunächst die Schutzzwecke der Zeugnisverweigerungsrechte nach §§ 52 ff. StPO zu bestimmen. Die *ratio legis* ist für die Angehörigen im Allgemeinen Persönlichkeitsrecht zu sehen. Der bestehende Katalog des § 52 StPO, der eine Typisierung enthält, ist angesichts der gesellschaftlichen Veränderungen seit Schaffung der Strafprozessordnung im Hinblick auf diesen Schutzzweck zu weit. Das Zeugnisverweigerungsrecht ist künftig nur noch den engsten Angehörigen zu gewähren. Es entfällt allerdings dann, wenn der Zeuge selbst Opfer der Straftat ist. Hierdurch soll im Sinne eines umfassenden Opferschutzes erreicht werden, dass Familiendelikte geahndet werden können. Das jetzige Wahlrecht stürzt das Opfer in tiefe Konflikte und privilegiert letztlich den Täter.

Den Zeugnisverweigerungsrechten aus § 53 I StPO liegt kein einheitlicher Schutzzweck zu Grunde. Die Zeugnisverweigerungsrechte nach § 53 I StPO dienen aber ebenfalls der Absicherung von Grundrechtspositionen. Es ist hinsichtlich der einzelnen Berufe zu differenzieren: Das Zeugnisverweigerungsrecht des Geistlichen dient dem Schutz der ungestörten Ausübung der Seelsorgetätigkeit. Dagegen ist die besondere Stellung des Verteidigers Ausfluss seiner von der Strafprozessordnung eingeräumten Funktion und sichert im Interesse des Beschuldigten das *nemo-tenetur*-Prinzip ab. Die Berufsgeheimnisträger des § 53 I S. 1 Nr. 3 StPO wurden entgegen des scheinbaren systematischen Zusammenhangs unterschiedlich eingeteilt. Von den Heilberufen sind rechtsberatende und vermögensorientierte Berufe abzugrenzen. Grundsätzlich wird durch § 53 I S. 1 Nr. 3 StPO dem Allgemeinen Persönlichkeitsrecht des Mandanten, Klienten oder Patienten Rechnung getragen, wenn auch in jeweils anderer Intensität. Eine Ausnahme macht der Notar: Seine Tätigkeit erfolgt schwerpunktmäßig im öffentlichen Interesse. Wegen der möglichen Berührung strafrechtlicher Fragen ist das Zeugnisverweigerungsrecht des Rechtsanwalts außerdem unter dem Gesichtspunkt des *nemo-tenetur*-Grundsatzes zu sehen. Dieses Prinzip und das Allgemeine Persönlichkeitsrecht sind auch beim Drogenberater gem. § 53 I S. 1 Nr. 3 b StPO einschlägig, während bei Schwangerschaftsberatern gem. § 53

I S. 1 Nr. 3 a StPO nur letzteres eine Rolle spielt. Aus Gründen des öffentlichen Interesses werden der Abgeordnete und der Journalist geschützt.
Der Katalog des § 53 I S. 1 StPO ist um einige Personengruppen zu erweitern: Den Geistlichen sind hauptamtliche Repräsentanten von Weltanschauungsgemeinschaften gleichzustellen. Außerdem werden empirische Sozialforscher sowie verschiedene Beratungsberufe aufgenommen. Hinsichtlich der vermögensbezogenen Berufsgruppen wird eine Ausnahme eingeführt: Sie dürfen das Zeugnis nicht verweigern, wenn die Aussage zur Aufklärung einer Tat nach § 138 StGB beitragen soll, ein dringender Tatverdacht vorliegt und die Erforschung des Sachverhalts oder die Ermittlung des Aufenthaltsortes des Beschuldigten auf andere Weise aussichtslos wäre.
Bei der Überprüfung, inwieweit der Gesetzgeber die Zeugnisverweigerungsrechte bei Ermittlungsmaßnahmen bereits berücksichtigt hat, wurde festgestellt, dass die Regelungen insgesamt systematisch nicht stimmig sind und einer Novellierung dringend bedürfen. Bereits *de lege lata* bestehen absolute Beweiserhebungsverbote aus Verfassungsgründen für den Abgeordneten und den Verteidiger. Die übrigen Berufsgeheimnisträger und die Angehörigen können weitgehend durch Übertragung des Rechtsgedankens von § 100 d III S. 3 StPO geschützt werden. Für sie gilt also ein relatives Beweisverwertungsverbot.
Die Entscheidung des *Bundesverfassungsgerichts* zur akustischen Wohnraumüberwachung lässt die Einführung eines Zeugnisverweigerungsrechts nötig werden, das den Kernbereich der privaten Lebensgestaltung absichert.
Auf Grundlage eines Gesetzentwurfes, den der Arbeitskreis Strafprozessrecht und Polizeirecht vorgelegt hatte, wurde eine neue Konzeption entwickelt. Sie geht davon aus, dass ein Rangverhältnis zwischen den einzelnen Zeugnisverweigerungsrechten besteht. Infolgedessen sind verschiedene Anforderungen an die jeweiligen Zeugnisverweigerungsrechte zu stellen. Um den notwendigen Schutz zu gewährleisten, reicht – bei Beeinträchtigung der Zeugnisverweigerungsrechte – die Skala von absoluten Beweiserhebungs- bis zu relativen Beweisverwertungsverboten. Dabei wurde es unternommen, bisherige Wertungswidersprüche zu überwinden.
Ausgehend vom Schutzzweck der jeweiligen Zeugnisverweigerungsrechte wird eine abgestufte Regelung getroffen. Ein Beweiserhebungsverbot wird für Verteidiger, Geistliche und hauptamtliche Repräsentan-

ten von Weltanschauungsgemeinschaften, Rechtsanwälte, Drogenberater, Abgeordnete und Journalisten sowie deren Hilfspersonen etabliert. Dieses wird durch ein Beweisverwertungsverbot flankiert. Ist der Kernbereich der privaten Lebensgestaltung einer Person betroffen, so gilt Gleiches. Es macht keinen Unterschied, ob es sich um einen Angehörigen oder sonstigen engsten Vertrauten handelt. In diesen Fällen ist zum Schutz des Kernbereichs der Persönlichkeitssphäre sogar die Verwertung zu Gunsten des Beschuldigten nur mit Zustimmung der jeweiligen Personen möglich.

Ein absolutes Verwertungsverbot wird für Erkenntnisse aus Ermittlungsmaßnahmen normiert, wenn Angehörige der Heilberufe, Schwangerschaftsberater oder empirische Sozialforscher vom Eingriff betroffen werden. Auf gleicher Stufe stehen Angehörige, die mit dem Beschuldigten in häuslicher Gemeinschaft leben, soweit sie nicht selbst Opfer der Straftat sind.

Am wenigsten schützenswert sind Notare, Vertreter von vermögensbezogenen Berufen und sonstige Angehörige. Hier reicht ein relatives Beweisverwertungsverbot aus.

Die Kollusionsausnahme wird auf das Delikt der Geldwäsche erweitert. Allerdings sind die Anforderungen größtenteils höher, bevor die Zeugnisverweigerungsberechtigten den Schutz der Beweisverbote verlieren. Diese Voraussetzungen sind nach der jeweiligen Schutzbedürftigkeit abgestimmt.

Bezüglich der Beschlagnahmefreiheit wird der Gesetzentwurf des Arbeitskreises Zeugnisverweigerungsrechte mit minimalen Änderungen übernommen.

Generell gilt: Nur an wenigen Stellen ist der Garantieumfang der Zeugnisverweigerungsrechte zurückgenommen worden. Dies geschah beispielsweise, um für einen effektiven Opferschutz zu sorgen. Insgesamt aber ist eine sinnvolle Ausweitung der Zeugnisverweigerungsrechte bezweckt, weil trotz der Bedrohungen durch den internationalen Terrorismus und die Organisierte Kriminalität die Grundrechte nicht weiter ausgehöhlt werden dürfen. Um es mit den Worten des amerikanischen Schriftstellers *John Steinbeck* zu formulieren: Der Gebrauch der Freiheit muss ständig geübt werden, damit man ihn nicht verlernt.

Literaturverzeichnis

Alexy, Robert
Theorie der Grundrechte, 3. Auflage, Frankfurt am Main 1996

Alsberg/Nüse/Meyer
Max Alsberg/Karl-Heinz Nüse/Karlheinz Meyer, Der Beweisantrag im Strafprozeß, 5., völlig neubearbeitete und erweiterte Auflage, Köln/Berlin/Bonn/München 1983

Alternativ-Entwurf eines Strafgesetzbuches(Besonderer Teil)
Sexualdelikte, Straftaten gegen Ehe, Familie und Personenstand, Straftaten gegen den religiösen Frieden und die Totenruhe, vorgelegt von Jürgen Baumann et al., Tübingen 1968

Alternativ-Entwurf Reform des Ermittlungsverfahrens
vorgelegt von Britta Bannenberg et. al., München 2001

Alternativ-Entwurf Zeugnisverweigerungsrechte und Beschlagnahmefreiheit
vorgelegt von Jürgen Baumann et al., München 1996

Alternativkommentar
Kommentar zum Grundgesetz für die Bundesrepublik Deutschland, herausgegeben von Erhard Denninger, Wolfgang Hoffmann-Riem, Hans-Peter Schneider, Ekkehart Stein, Band 1 (Vor Art. 1 - Art. 17) und Band 2 (Art. 18 - Art. 80 a), 3. Auflage, Neuwied/Kriftel August 2002 (2. Aktualisierungslieferung)

Alternativkommentar
Kommentar zur Strafprozeßordnung, Gesamtherausgeber Rudolf Wassermann, Band 1 (§§ 1 - 93) und Band 2, Teilband 1 (§§ 94 - 212 b), Neuwied/Kriftel/Berlin 1992

Appel, Reinhard
Der Schutz des Informanten aus der Sicht von Presse und Rundfunk, in: Strafrechtlicher Schutz der Informationsquellen in Presse und Rundfunk von Günter Erkel, Reinhard Appel, Otto Theisen, Karl Peters (Vortragsveranstaltung vom 6. und 7. Juni 1975), München 1975, S. 19 - 35

Baier, Helmut
Verfassungsunmittelbare Zeugnisverweigerungsrechte bestimmter Berufsgruppen als Gebot des Persönlichkeitsschutzes?, JR 1999, 495 - 500

Baier, Helmut
Erläuterung zu BGH, Urteil v. 10.2.2000 – 4 StR 616/99 (LG Dortmund), JA 2000, 833 - 836

Baier, Helmut
Kein strafprozessuales Zeugnisverweigerungsrecht mehr für Wirtschaftsprüfer?, wistra 2000, 165 - 171

Baumann, Jürgen
Et respice finem – Ein Beitrag zum Zeugnisverweigerungsrecht von Geistlichen nach § 53 I Nr. 1 StPO - BGH, NJW 1990, 3283, JuS 1991, 466 - 468

Beling, Ernst v.
Anmerkung zu RG, 3. Senat vom 6. Oktober 1924, 3 D 753/24, JW 1925, 1001- 1002, in: JW 1925, 1001 - 1002

Bergemann, Nils
Die Telekommunikationsüberwachung nach der Entscheidung des Bundesverfassungsgerichts zum „großen Lauschangriff", in: Lauschen im Rechtsstaat, Berlin 2004, herausgegeben von Frederik Roggan, S. 69 - 86

Bernsmann/Jansen
Klaus Bernsmann/Kirsten Jansen: Heimliche Ermittlungsmethoden und ihre Kontrolle – Ein systematischer Überblick, StV 1998, 217 - 231

Bertel/Venier
Christian Bertel/Andreas Venier: Grundriss des österreichischen Strafprozessrechts, achte, neu bearbeitete Auflage, Wien 2004

Beulke, Werner
Der Verteidiger im Strafverfahren: Funktionen und Rechtsstellung, Frankfurt am Main 1980

Beulke, Werner
Überwachung des Fernsprechanschlusses des Verteidigers, Jura 1986, 642 - 649

Beulke, Werner
Strafprozeßrecht, 5., neubearbeitete Auflage, Heidelberg 2001

Bialek, Anne
Das strafprozessuale Zeugnisverweigerungsrecht aus persönlichen Gründen unter besonderer Berücksichtigung von Schutzzweck und Enumerationsprinzip, Frankfurt am Main 2000

Binder, Detlev
Rechtsprobleme des Einsatzes technischer Mittel gem. §§ 100 c, d StPO und des Lauschangriffs, Bonn 1996

Bizer, Johann
Verpflichtung zur Herausgabe von TK-Verbindungsdaten an den Staatsanwalt, DuD 2002, 237

Bludovsky, Oliver
Rechtliche Probleme bei der Beweiserhebung und Beweisverwertung im Zusammenhang mit dem Lauschangriff nach § 100c Abs. 1 Nr.3 StPO, Frankfurt am Main 2002

Böttger/Pfeiffer
Andreas Böttger/Christian Pfeiffer: Der Lauschangriff in den USA und in Deutschland, ZRP 1994, 7 - 17

Bonner Kommentar zum Grundgesetz
herausgegeben von Rudolf Dolzer, Klaus Vogel und Karin Graßhof, Band 1 (Einleitung – Art. 5) und Band 5 (Art. 38 - Art. 49), Heidelberg März 2003 (Stand: 104. Lieferung)

Borchert, Hans-Ulrich
Der Abgeordnete des Deutschen Bundestages im G 10-Verfahren, DÖV 1992, 58 - 62

Braun, Johann
„Ein neues familienrechtliches Institut", JZ 2002, 23 - 31

Brauns, Uwe
Anmerkung zu BGH, Urteil v. 20. 2.1985 – 2 StR 561/84 – BGHSt. 33, 148, in: JA 1985, 548 - 551

Bringewat, Peter
Zeugnisverweigerungsrecht und Beschlagnahmefreiheit des Verteidigers, NJW 1974, 1740 - 1743

Brocker, Lars
Anmerkung zu BVerfG, Urteil des 2. Senats v. 30.07.2003 – 2 BvR 508/01 u. a., DVBl. 2003, 1316 – 1321, in: DVBl. 2003, 1321 - 1323

Brodag, Wolf-Dietrich
Die akustische Wohnraumüberwachung, Kriminalistik 1999, 745 - 749

Brodersen, Kilian
Das Strafverfahrensänderungsgesetz 1999, NJW 2000, 2536 - 2542

Bruns, Hans-Jürgen
Ungeklärte verfahrensrechtliche Fragen des Contergan-Prozesses, in: Festschrift für Reinhart Maurach zum 70. Geburtstag, herausgegeben von Friedrich-Christian Schroeder und Heinz Zipf, Karlsruhe 1972, S. 469 – 486

Büllesbach, Alfred
Das neue Bundesdatenschutzgesetz, NJW 1991, 2593 – 2600

Bull, Hans Peter
Ziele und Mittel des Datenschutzes, Königstein 1981

Burghard, Waldemar
Debatten und Diskussionen, Kriminalistik 2001, 691

Caesar/Gerhardt
Peter Caesar/Rudolf Gerhardt: Plädoyer gegen den „großen Lauschangriff", ZRP 1993, 67 - 69 [zitiert: Caesar/Gerhardt (entsprechender Gesprächsteilnehmer)]

Cassardt, Gunnar
Zur Aufklärung mit technischen Mitteln in Wohnungen, ZRP 1997, 370 - 376

Cornils, Karin
Dänemark (Länderbericht), in: Zeugnisverweigerungsrechte bei (verdeckten) Ermittlungsmaßnahmen, vorgelegt vom Arbeitskreis Strafprozessrecht und Polizeirecht (ASP) bei dem Mannheimer Institut für deutsches und europäisches Strafprozessrecht und Polizeirecht (ISP), herausgegeben von Jürgen Wolter und Wolf-Rüdiger Schenke, Berlin 2002, S. 379 - 390

Cramer, Peter
Das Zeugnisverweigerungsrecht von Presse und Rundfunk, Tübingen 1968

Cramer, Steffen
Anmerkung zu OLG Koblenz, Beschluß v. 6.7.1995 – 2 Ws 391/95, StV 1995, 570, in: WiB 1996, 185 – 186

Cramer, Steffen
Strafprozessuale Verwertbarkeit ärztlicher Gutachten aus anderen Verfahren, NStZ 1996, 209 - 214

Cramer, Steffen
Anmerkung zu § 81 f II 3 StPO, NStZ 1998, 498 - 500

Dach, R. Peter
Zur Kontrolle von Abgeordnetenpost durch den Verfassungsschutz, ZRP 1992, 1 - 4

Dahs/Langkeit
Hans Dahs/Jochen Langkeit: Demontage des Zeugnisverweigerungsrechts?, StV 1992, 492 - 496

Dallinger, Wilhelm
Gerichtsverfassung und Strafverfahren (II. Teil), JZ 1953, 432 - 442

Dallmeyer, Jens
Erläuterung zu BGH, Urteil v. 23.9.1999 – 4 StR 189/99 (LG Stendal), JA 2000, 275 - 278

Dallmeyer, Jens
Anmerkung zu BGH, Urteil v. 22.12.1999 – 3 StR 401/99 (LG Dortmund), JZ 2000, 683 f., in: JA 2000, 544 f.

Demko, Daniela
Schweiz (Länderbericht) Zeugnisverweigerungsrechte bei (verdeckten) Ermittlungsmaßnahmen, vorgelegt vom Arbeitskreis Strafprozessrecht und Polizeirecht (ASP) bei dem Mannheimer Institut für deutsches und europäisches Strafprozessrecht und Polizeirecht (ISP), herausgegeben von Jürgen Wolter und Wolf-Rüdiger Schenke, Berlin 2002, S. 493 - 520

Delitz, Manfred
Zweifelsfragen zum neuen strafprozessualen Zeugnisverweigerungsrecht der Presse, AfP 1976, 106 - 107

Delitz, Manfred
Zeugnisverweigerungsrecht und Beschlagnahmeprivileg der Presse unter besonderer Berücksichtigung des anglo-amerikanischen Rechts, München 1976

Denninger, Erhard
Lauschangriff – Anmerkungen eines Verfassungsrechtlers, StV 1998, 401 - 406

Denninger, Erhard
Der „große Lauschangriff" auf dem Prüfstand der Verfassung, in: Lauschen im Rechtsstaat, Berlin 2004, herausgegeben von Frederik Roggan, S. 13 - 24

Deutscher Anwaltverein
Stellungnahme des Deutschen Anwaltvereins durch den Strafrechtsausschuss zur Notwendigkeit einer Gesetzesänderung in der StPO auf der Grundlage der Entscheidung des BVerfG vom 03.03.2004 (BVerfGE 109, 279 ff.) und dem Regierungsentwurf vom 24.09.2004 für ein Gesetz zur Umsetzung des Urteils bei der Regelung der „akustischen Wohnraumüberwachung" (RegE), Stellungnahme Nr. 07/2005, Berlin Januar 2005

Dittrich, Joachim
Der „Große Lauschangriff" – diesseits und jenseits der Verfassung, NStZ 1998, 336 - 338

Dörr, Dieter
Durchsuchung und Beschlagnahme in Medienangelegenheiten, AfP 1994/1995, 378 -382

Dörr/Schmidt
Erwin Dörr/Dietmar Schmidt: Neues Bundesdatenschutzgesetz: Handkommentar, 2. neue, überarbeitete Auflage, Köln 1992

Dohna, Graf zu Alexander
§ 39. Insbesondere: Redefreiheit, Immunität und Zeugnisverweigerungsrecht, in: Handbuch des Deutschen Staatsrechts, herausgegeben von Gerhard Anschütz und Richard Thoma, Erster Band, Tübingen 1930, S. 439 - 449

Dombek, Bernhard
Der Große Lauschangriff – Hysterie oder Abscheu?, NJ 1998, 119

Dreier, Horst
Grundgesetz (Kommentar), Band II, Art. 20 - Art. 82, Tübingen 1998

Dünnebier, Hanns
Zur Tagebuchentscheidung des Bundesgerichtshofs, MDR 1964, 965 - 968

Eckhardt, Jens
Neue Regelungen der TK-Überwachung, DuD 2002, 197 - 201

Edinger, Thomas
Zu viel des Guten, DRiZ 2000, 202 - 203

Ehlers, Hans
Durchsuchung – Beschlagnahme – Bankgeheimnis, BB 1978, 1513 - 1515

Eisenberg, Ulrich
Straf(verfahrens-)rechtliche Maßnahmen gegenüber „Organisiertem Verbrechen“, NJW 1993, 1033 - 1039

Eisenberg, Ulrich
Unzulässigkeit der Nebenklage Minderjähriger gegen ihren Willen, GA 1998, 32 - 39

Eisenberg, Ulrich
Beweisrecht der StPO: Spezialkommentar, 3., vollständig überarbeitete und verschiedentlich erweiterte Auflage, München 1999

Endriß, Rainer
Zeugnisverweigerungsrecht für Drogenberater, ZRP 1989, 45 - 49

Erkel, Günter
Der Bundesgesetzgeber und das Zeugnisverweigerungsrecht, in: Strafrechtlicher Schutz der Informationsquellen in Presse und Rundfunk von Günter Erkel, Reinhard Appel, Otto Theisen, Karl Peters (Vortragsveranstaltung vom 6. und 7. Juni 1975), München 1975, S. 5 - 18

Erkel/Appel/Theisen/Peters
Diskussionsbericht, in: Strafrechtlicher Schutz der Informationsquellen in Presse und Rundfunk von Günter Erkel, Reinhard Appel, Otto Theisen, Karl Peters (Vortragsveranstaltung vom 6. und 7. Juni 1975), München 1975, S. 65 - 68

Eser, Albin
§ 71 – Schutz von Religion und Kirchen im Strafrecht und im Verfahrensrecht, in: Handbuch des Staatskirchenrechts der Bundesrepublik Deutschland, 2., grundlegend neubearbeitete Auflage, Berlin 1995, S. 1019 - 1045

Eylmann/Kempf /Hamacher
Horst Eylmann/Eberhard Kempf/Peter Hamacher: Anwaltsblattgespräch – Stichwort: „Großer Lauschangriff“, AnwBl. 1998, 185 - 193 [zitiert: Eylmann/Kempf/Hamacher (betreffender Gesprächsteilnehmer)]

Fezer, Gerhard
Anmerkung zu BVerfG, Beschluß v. 10.05.1983 – 1 BvR 385/81, JZ 1983, 795 - 797, in: JZ 1983, 797 - 800

Fezer, Gerhard
Strafprozessrecht, Band 2 (Schwerpunkte Hauptverfahren, Rechtsmittel), München 1986

Fezer, Gerhard
Anmerkung zu BGH, Vorlagebeschluß v. 20.12.1995 – 5 StR 680/94 (vgl. NStZ 1996, 200 - 202)

Fezer, Gerhard
Rechtsprechung des Bundesgerichtshofs zum Strafverfahrensrecht – Teil 1, JZ 1996, 603 - 614

Fischer, Thomas
Die Fortwirkung von Zeugnisverweigerungsrechten nach Verfahrenstrennung, JZ 1992, 570 - 575

Flum/Wieland
Joachim Flum/Hermann Wieland: Der praktische Fall – Strafrechtsklausur: Unfaires Spielen am Geldspielautomaten, JuS 1991, 947 - 953

Foth, E.
Anmerkung zu BGH, Urteil v. 8.3.1979 – 4 StR 634/78, JR 1980, 123 – 124, in: JR 1980, 124 - 125

Freund, Herbert
§ 97 II n. F. StPO – eine ungewollte Gesetzesänderung?, NJW 1975, 2057 - 2059

Frey/Hoyos/Stahlberg
Dieter Frey/Carl Graf Hoyos/Dagmar Stahlberg: Angewandte Psychologie, Weinheim 1992

Friedrich-Marczyk, Marion
Erläuterung zu BVerfG, Beschl. v. 4.3.1981 – 2 BvR 195/81 = DÖV 81, 379, in: JA 1982, 46 - 47

Friedrichs, Anne
Verwertungsverbote bei partieller Zeugnisverweigerung gem. § 52 StPO, Göttingen 1996

Frisch, Wolfgang
Ausschluß und Ablehnung des Staatsanwalts, in: Festschrift für Hans-Jürgen Bruns zum 70. Geburtstag, herausgegeben von Wolfgang Frisch und Werner Schmid, Köln/Berlin/Bonn/München 1978, S. 385 - 414

Frister, Helmut
Das Gesetzesvorhaben der Bundesregierung zur Einführung des großen Lauschangriffs, StV 1996, 454 - 457

Füllkrug, Michael
Der Verlobte im Strafprozeß, StV 1986, 37 f.

Fürmann, Jochen
Das Zeugnisverweigerungsrecht der StPO – eine Übersicht, JuS 2004, 303 - 307

Fuhrmann, Hans
Reform des Presserechts, JR 1963, 459 - 461

Gärditz/Stuckenberg
Klaus F. Gärditz/Carl-Friedrich Stuckenberg: Zur Funktion und Ratio der Zeugnisverweigerungsrechte im Strafverfahren, in: Zeugnisverweigerungsrechte bei (verdeckten) Ermittlungsmaßnahmen, vorgelegt vom Arbeitskreis Strafprozessrecht und Polizeirecht (ASP) bei dem Mannheimer Institut für deutsches und europäisches Strafprozessrecht und Polizeirecht (ISP), herausgegeben von Jürgen Wolter und Wolf-Rüdiger Schenke, Berlin 2002, S. 99 - 133

Geis, Ivo
Angriff auf drei Ebenen: Verfassung, Strafprozessordnung und Überwachungspraxis, CR 2004, 338 - 342

Gelder, Alfons van
Die Verfassungswidrigkeit der landespresserechtlichen Zeugnisverweigerungsrechte, JZ 1969, 698 - 700

Gemeinsame Stellungnahme der Strafverteidigerverbände
Gemeinsame Stellungnahme der Strafverteidigerverbände (Deutscher Anwaltverein durch den Strafrechtsausschuss und die Arbeitsgemeinschaft Strafrecht, Bundesrechtsanwaltskammer durch den Strafrechtsausschuss, Organisationsbüro der Strafverteidigervereinigungen, Deutscher Strafverteidiger e.V.) zum Vorschlag des Arbeitskreises Strafprozessrecht und Polizeirecht (ASP) für ein StPO-Änderungsgesetz (§§ 53 b, 97 Abs. 3, 100 d Abs. 3, 100 h Abs. 2 StPO-E) vom Mai 2002 zur Sicherung der Vertrauenssphäre gegen Umgehung der Zeugnisverweigerungsrechte durch heimliche Ermittlungsmaßnahmen (Berichterstatter: Rainer Hamm), Stellungnahme Nr. 13/2004, Berlin März 2004

Geppert, Klaus
Beschlagnahme von Schadenakten privater (Kraftfahrzeug-) Haftpflichtversicherer im (Verkehrs-)Strafprozeß, DAR 1981, 301 - 307

Geppert, Klaus
Welche Bedeutung hat die Nichtbeachtung strafprozessualer Vorschriften für die Strafbarkeit nach den §§ 153 ff StGB?, Jura 1988, 496 - 499

Geppert, Klaus
Der Zeugenbeweis (Schluß), Jura 1991, 132 - 141

Geppert, Klaus
Zur Verwertung selbstbelastender Angaben eines Versicherungsnehmers und späteren Beschuldigten im nachfolgenden Strafverfahren, Jura 1995, 439 - 442

Gerhardt, Erwin
Grundgesetz und publizistisches Zeugnisverweigerungsrecht, FuR 1975, 154 - 158

Gerhardt, Erwin
Zur Unbeschränktheit des Zeugnisverweigerungsrechts der Mitarbeiter von Presse und Rundfunk, MDR 1976, 461 - 462

Gern, Alfons
Kommunalrecht Baden-Württemberg, 8., neu-bearbeitete Auflage, Baden-Baden 2001

Glasenapp, Helmuth von
Die fünf Weltreligionen, Düsseldorf/Köln 1963

Glaser, Julius
Handbuch des Strafprozesses, Zweiter Band, Leipzig 1885

Glauben, Paul
Beschlagnahme von Filmmaterial für polizeiliche Ermittlungen, DRiZ 1988, 352

Glauben, Paul
Kann der „Große Lauschangriff“ zulässig sein?, DRiZ 1993, 41 - 42

Globig, Klaus
Anmerkung zu OLG Koblenz, Beschluss v. 21.12.1993 – 3 VAs 25/93, StV 1994, 285 f., in: StV 1994, 286 f.

Göppinger, Hans
Die Entbindung von der Schweigepflicht und die Herausgabe oder Beschlagnahme von Krankenblättern, NJW 1958, 241 - 245

Görtz-Leible, Monika
Die Beschlagnahmeverbote des § 97 Abs. 1 StPO im Lichte der Zeugnisverweigerungsrechte, Tübingen 2000

Gössel, Karl Heinz
Die Beweisverbote im Strafrecht, in: Festschrift für Paul Bockelmann zum 70. Geburtstag, herausgegeben von Arthur Kaufmann, Günter Bemmann, Detlef Kraus, Klaus Volk, München 1979, S. 801 - 817

Gössel, Karl Heinz
Die Beweisverbote im Strafverfahrensrecht der Bundesrepublik Deutschland, GA 1991, 483 - 511

Gola/Jaspers
Peter Gola/Andreas Jaspers: Das neue BDSG im Überblick, Frechen 2001

Gollwitzer, Walter
Anmerkung zu BGH, Urt. v. 29.10.1991 – 1 StR 334/90 (= BGHSt. 38, 96), JR 1993, 213 – 215, in: JR 1993, 215 - 217

Gollwitzer, Walter
Anmerkung zu BGH, Urt. v. 21.7.1994 – 1 StR 83/94 (LG München I), NStZ 1994, 593 ff., in: JR 1995, 469 - 472

Groß, Karl-Heinz
Verteidiger, Abgeordnete und Journalisten als verbotene unfreiwillige Medien zur strafprozessualen Aufklärung, StV 1996, 559 - 566

Groß, Rolf
Die Verfassungsmäßigkeit des Zeugnisverweigerungsrechts der Presse, NJW 1968, 2368 - 2370

Groß, Rolf
Neuregelung des journalistischen Zeugnisverweigerungsrechts, NJW 1975, 1763 - 1765

Groß, Rolf
Pressestrafrechlichte Verantwortung, NJW 1978, 918 - 920

Groß, Rolf
Zum journalistischen Zeugnisverweigerungsrecht, ZUM 1994, 214 - 224

Gross-Spreitzer, Gabriele
Die Grenzen der Telefonüberwachung nach §§ 100a, 100b StPO unter Berücksichtigung der Aussageverweigerungsrechte im Strafprozess, Heidelberg 1987

Günther, Andreas
Österreich (Länderbericht), in: Zeugnisverweigerungsrechte bei (verdeckten) Ermittlungsmaßnahmen, vorgelegt vom Arbeitskreis Strafprozessrecht und Polizeirecht (ASP) bei dem Mannheimer Institut für deutsches und europäisches Strafprozessrecht und Polizeirecht (ISP), herausgegeben von Jürgen Wolter und Wolf-Rüdiger Schenke, Berlin 2002, S. 465 - 480

Günther/Tünnemann
Andreas Günther/Anne Tünnemann, Frankreich (Länderbericht), in: Zeugnisverweigerungsrechte bei (verdeckten) Ermittlungsmaßnahmen, vorgelegt vom Arbeitskreis Strafprozessrecht und Polizeirecht (ASP) bei dem Mannheimer Institut für deutsches und europäisches Strafprozessrecht und Polizeirecht (ISP), herausgegeben von Jürgen Wolter und Wolf-Rüdiger Schenke, Berlin 2002, S. 405 - 415

Gusy, Christoph
Anmerkung zu BGH, Urt. v. 21.7.1994 – 1 StR 83/94 (LG München I), NStZ 1994, 593 ff., in: StV 1995, 449 f.

Gusy, Christoph
Verfassungsfragen bei Zeugnisverweigerungsrechten im Polizeirecht, in: Zeugnisverweigerungsrechte bei (verdeckten) Ermittlungsmaßnahmen, vorgelegt vom Arbeitskreis Strafprozessrecht und Polizeirecht (ASP) bei dem Mannheimer Institut für deutsches und europäisches Strafprozessrecht und Polizeirecht (ISP), herausgegeben von Jürgen Wolter und Wolf-Rüdiger Schenke, Berlin 2002, S. 149 – 158

Gusy, Christoph
Das Fernmeldegeheimnis von Pressemitarbeitern als Grenze strafprozessualer Ermittlungen, NStZ 2003, 399 - 403

Guttenberg, Ulrich
Die heimliche Überwachung von Wohnungen, NJW 1993, 567 - 576

Haas, Günter
Zeugnisverweigerungsrecht des Geistlichen, NJW 1990, 3253 - 3254

Haas, Günter
Der „Große Lauschangriff" – klein geschrieben, NJW 2004, 3082 - 3084

Haffke, Bernhard
Einschränkung des Beschlagnahmeprivilegs des Verteidigers durch den Rechtsgedanken der Verwirkung?, NJW 1975, 808 - 813

Hahn, Carl
Die gesamten Materialien zur Strafprozeßordnung und dem Einführungsgesetz zu derselben vom 1. Februar 1877, erste Abteilung, Berlin 1880

Hamm, Rainer
Vom Grundrecht der Medien auf das Fischen im Trüben, NJW 2001, 269 - 271

Hanack, Ernst-Walter
Die Rechtsprechung des Bundesgerichtshofs zum Strafverfahrensrecht, JZ 1971, 126 - 128

Hanack, Ernst-Walter
Anmerkung zu BGH, Beschluss v. 22.10.1980 – 2 StR 612/80, JR 1981, 432 – 433, in: JR 1981, 433 - 435

Hanack, Ernst-Walter
Anmerkung zu BGH, Urteil v. 20. 2.1985 – 2 StR 561/84 – BGHSt. 33, 148, in: JR 1986, 35 – 38

Hannich, Rolf
Verfassungsrechtliche Grenzen der akustischen Wohnraumüberwachung, DRiZ 2004, 270

Haß, Gerhard
Bemerkungen zum Zeugnisverweigerungsrecht des Geistlichen nach der StPO, SchlHA 1973, 164 - 165

Hassemer, Winfried
Anmerkung zu BGH, Urteil v. 25.3.1980 – 5 StR 36/80 – NJW 1980, 1533, JuS 1980, 765, in: JuS 1980, 764 - 765

Hassemer, Winfried
Anmerkung zu BGH, Urteil v. 20.3.1990 – 1 StR 693/89 (Mannheim), JuS 1990, 1023, in: JuS 1990, 1023 - 1024

Hassemer, Winfried
Anmerkung zu BGH, 1. Strafsenat Urt. vom 3. Dezember 1991 g. T. – 1 StR 120/90 (LG Memmingen), in: JuS 1992, 703 - 706

Hassemer, Winfried
Warum man den „Großen Lauschangriff“ nicht führen sollte, DRiZ 1992, 357 - 358

Hassemer, Winfried
Anmerkung zu BGH, Urteil v. 29.10.1991 – 1 StR 334/90 (LG Konstanz) und BGH, Urteil v. 13.2.1992 – 4 STR 638/91 (LG Dortmund), JuS 1992, 706 - 707

Hauser, Robert
Der Zeugenbeweis im Strafprozeß mit Berücksichtigung des Zivilprozesses, Zürich 1974

Hauser/Schweri
Robert Hauser/Erhard Schweri: Schweizerisches Strafprozessrecht, 5., neu überarbeitete und ergänzte Auflage, Basel 2002

Heidelberger Kommentar
Kommentar zur Strafprozessordnung, herausgegeben von Michael Lemke, Christoph Krehl, Hans-Joachim Kurth, Erardo Christoforo Rautenberg und Dieter Temming, 3., neubearbeitete Auflage, Heidelberg 2001

Heine, Heinrich
Zur Geschichte der Religion und Philosophie in Deutschland, herausgegeben von Jürgen Ferner, Stuttgart 1997

Heitzer
Besteht ein Zeugnisverweigerungsrecht für den Gehilfen des Parlamentariers?, NJW 1952, 89 - 90

Hellmann, Uwe
Strafprozessrecht, Heidelberg 1998

Helm, Albert
Das strafprozessuale Zeugnisverweigerungsrecht von Journalisten im amerikanischen und im deutschen Recht, Nürnberg 1980

Helmken, Dierk
Eheliche Vergewaltigung, ZRP 1993, 459 - 462

Hennemann, Ludwig
Pressefreiheit und Zeugnisverweigerungsrecht, Berlin 1978

Hesse, Anja
Beweisverbote, DuD 1998, 166

Hesse, Konrad
Grundzüge des Verfassungsrechts der Bundesrepublik Deutschland, Neudruck der 20. Auflage, Heidelberg 1999

Hetzer, Wolfgang
Der „große Lauschangriff“ – Sicherheit statt Freiheit (zu Leutheusser-Schnarrenberger, ZRP 1998, 87), ZRP 1998, 411 - 412

Hetzer, Wolfgang
V-Mann-Einsatz im Niemandsland?, Kriminalistik 2001, 690 - 699

Hiendl, Hans
Darf bei Alkoholverkehrsdelikten der die Blutprobe entnehmende Arzt vor dem Gericht die Aussage über den klinischen Befund verweigern?, NJW 1958, 2100 f.

Hilger, Hans
Verdeckte Ermittler, V-Leute, in: Festschrift für Ernst-Walter Hanack zum 70. Geburtstag, herausgegeben von Udo Ebert, Peter Rieß, Claus Roxin, Eberhard Wahle, Berlin/New York 1999, S. 207 - 220

Hilger, Hans
Gesetzgebungsbericht: §§ 100 g, 100 h StPO, die Nachfolgeregelungen zu § 12 FAG, in Kraft, GA 2002, 228 - 231

Hirsch, Burkhard
Bemerkungen zu den Entwürfen eines Gesetzes zur Umsetzung des Urteils des Bundesverfassungsgerichts v. 30. März 2004, in: Lauschen im Rechtsstaat, Berlin 2004, herausgegeben von Frederik Roggan, S. 87 - 98

Hirsch, Hans Joachim
Ehre und Beleidigung, Karlruhe 1967

Hoffmann, Diether
Zum Zeugnisverweigerungsrecht der Angehörigen eines Verstorbenen, MDR 1990, 111 - 113

Huber, Barbara
Ermittlungsmaßnahmen und Zeugnisverweigerungs-rechte im supranationalen Bereich, in: Zeugnisverweigerungsrechte bei (verdeckten) Ermittlungsmaßnahmen, vorgelegt vom Arbeitskreis Strafprozessrecht und Polizeirecht (ASP) bei dem Mannheimer Institut für deutsches und europäisches Strafprozessrecht und Polizeirecht (ISP), herausgegeben von Jürgen Wolter und Wolf-Rüdiger Schenke, Berlin 2002, S. 371 - 377

Huber, Barbara
England und Wales (Länderbericht), in: Zeugnisverweigerungsrechte bei (verdeckten) Ermittlungsmaßnahmen, vorgelegt vom Arbeitskreis Strafprozessrecht und Polizeirecht (ASP) bei dem Mannheimer Institut für deutsches und europäisches Strafprozessrecht und Polizeirecht (ISP), herausgegeben von Jürgen Wolter und Wolf-Rüdiger Schenke, Berlin 2002, S. 391 - 403

Huber, Franz
Straftaten unter Angehörigen, Kriminalistik 1991, 633 - 636

Hund, Horst
Der Einsatz technischer Mittel in Wohnungen, ZRP 1995, 334 - 338

Huppertz, Herbert
Zeugnisverweigerungsrecht, Beschlagnahme- und Durchsuchungsverbot zugunsten des Rundfunks im Strafprozess, München 1971

Ipsen, Knut
Völkerrecht, 4. völlig neu bearbeitete Auflage, München 1999

Jacob, Joachim
Journalismus im Spannungsfeld zwischen Pressefreiheit und Datenschutz, DuD 1998, 65 - 68

Jacob, Joachim
Zeugnisverweigerungsrecht für Medienmitarbeiter, DuD 2000, 256

Jagusch, Heinrich
Pressefreiheit, Redaktionsgeheimnis, Bekanntmachen von Staatsgeheimnissen, NJW 1963, 177 - 183

Jansen, Kirsten
Das Zeugnisverweigerungsrecht aus § 52 StPO für besondere persönliche Nähe- und Vertrauensverhältnisse, Berlin 2004

Janz, Norbert
Erteilung von Auskünften über die Verbindungsdaten der Telefongespräche von Journalisten – BVerfG, NJW 2003, 1787, JuS 2003, 1063 - 1066

Jarass, Hans
Grenzen des Zugriffs der Strafverfolgungsbehörden auf Presse- und Rundfunkfreiheit, AfP 1977, 214 - 216

Jarass, Hans
Konflikte zwischen Polizei und Presse bei Demonstrationen, JZ 1983, 280 - 284

Jarass/Pieroth
Grundgesetz für die Bundesrepublik Deutschland (Kommentar), 6. Auflage, München 2002

Jung, Heike
Anmerkung zu BGH, Urteil v. 28.10.1992 – 3 StR 367/92 (LG Wuppertal) – JuS-Kartei § 53 StPO Nr. 93/1, in: JuS 1993, 698 f.

Kaiser, Eberhard
Die Verfassungsmäßigkeit des Zeugnisverweigerungsrechts der Presse, NJW 1968, 1260 - 1264

Kant, Immanuel
Kritik der reinen Vernunft, herausgegeben von Wilhelm Weischedel, Band 3, Darmstadt 1983

Kapp/Roth
Thomas Kapp/Alexander Roth: Der Beschuldigtengewahrsam als Einschränkung des Beschlagnahmeverbots, ZRP 2003, 404 - 407

Karlsruher Kommentar
Karlsruher Kommentar zur Strafprozeßordnung und zum Gerichtsverfassungsgesetz, herausgegeben von Gerd Pfeiffer, 5., neu bearbeitete Auflage, München 2003

Kaufmann, Arthur
Anmerkung zu OLG Nürnberg, Beschluß v. 17.8.1956 – Ws 267/55, JR 1958, 272 – 274, in: JR 1958, 272 f.

Kelsen, Hans
Was ist Gerechtigkeit?, herausgegeben von Robert Walter, Stuttgart 2000

Kempf, Eberhard
Ein letztes Wort gegen den großen Lauschangriff, AnwBl. 1997, 651

Kerscher, Helmut
Strafjustiz contra Medien – Ein Anachronismus, NJW 1997, 1350 - 1351

Kett-Straub, Gabriele
Zeugnisverweigerungsrecht für Kinder auch gegenüber „Nenn-" und Pflegeeltern, ZRP 2005, 46 - 50

Klein, Hans Hugo
§ 41 – Status des Abgeordneten, in: Handbuch des Staatsrechts der Bundesrepublik Deutschland, herausgegeben von Josef Isensee und Paul Kirchhof, Band II, zweite durchgesehene Auflage, Heidelberg 1998

Kleinknecht, Theodor
Die Beweisverbote im Strafprozeß, NJW 1966, 1537 - 1545

Knapp, Wolfgang
Der Verteidiger, ein Organ der Rechtspflege?, Köln/Berlin/Bonn/ München 1974

Köhler, Michael
Prozeßrechtsverhältnis und Ermittlungseingriffe, ZStW 108 (1995), S. 10 - 47

Köhler, Michael
Anmerkung zu BGH, Beschluß v. 7.6.1995 – 2 BJs 127/93 – 7 StB 16/95 (Blockhütten-Fall), StV 1996, 185 – 186, in: StV 1996, 186 - 187

Kötter, Matthias
Novellierung der präventiven Wohnraumüberwachung?, DÖV 2005, 225 - 234

Kohlhaas, Max
Das Zeugnisverweigerungsrecht der Journalisten, NJW 1958, 41 - 44

Kohlhaas, Max
Anmerkung zu OLG Celle, Beschluß 5. StS v. 30.9.1964 – 3 Ws 362/64, JR 1965, 107 – 109, in: JR 1965, 109 f.

Kohlhaas, Max
Das Zeugnisverweigerungsrecht der Journalisten, in: Festschrift für Martin Löffler zum 75. Geburtstag, herausgegeben vom Studienkreis für Presserecht und Pressefreiheit, München 1980, S. 143 - 150

Kranz, Stefan
Der zukünftige eingetragene Lebenspartner als „Verlobter“ i. S. v. § 52 Abs. 1 Nr. 1 StPO und § 11 Abs. 1 Nr. 1 lit. a) StGB, StV 2004, 518 - 520

Krause, Daniel-M.
Großer Lauschangriff – Anmerkungen eines Verteidigers zur gesetzlichen Ausgestaltung in der Strafprozeßordnung, in: Festschrift für Ernst-Walter Hanack zum 70. Geburtstag, herausgegeben von Udo Ebert, Peter Rieß, Claus Roxin, Eberhard Wahle, Berlin/New York 1999, S. 221 - 251

Krekeler, Wilhelm
Beeinträchtigungen der Rechte des Mandanten durch Strafverfolgungsmaßnahmen gegen den Rechtsanwalt, NJW 1977, 1417 - 1426

Kretschmer, Joachim
Der große Lauschangriff auf die Wohnung als strafprozessuale Ermittlungsmaßnahme, Jura 1997, 581 - 590

Kreuzer, Arthur
Zeugnisverweigerungsrecht für Drogenberater, in: Festschrift für Horst Schüler-Springorum zum 65. Geburtstag, herausgegeben von Peter-Alexis Albrecht, Alexander P. F. Ehlers, Franziska Lamott, Christian Pfeiffer, Hans-Dieter Schwind, Michael Walter, Köln/Berlin/Bonn/München 1993, S. 527 - 540

Krey, Volker
Rechtsprobleme beim Einsatz verdeckter Ermittler einschließlich der elektronischen Überwachung (Lauschangriff) zu ihrem Schutz und als Instrument der Strafverfolgung in Deutschland, JR 1998, 1 - 7

Krey/Haubrich
Volker Krey/Edgar Haubrich: Zeugenschutz, Rasterfahndung, Lauschangriff, Verdeckte Ermittler, JR 1992, 309 - 315

Kühl, Kristian
Freie Beweiswürdigung des Schweigens des Angeklagten und der Untersuchungsverweigerung eines angehörigen Zeugen – BGHSt 32, 140, JuS 1986, 115 - 122

Kühne, Hans-Heiner
Anmerkung zu BGH, Urteil v. 22.12.1999 – 3 StR 401/99 (LG Dortmund), JZ 2000, 683 f., in: JZ 2000, 684

Kühne, Hans-Heiner
Strafprozeßlehre, 4., neubearbeitete und erweiterte Auflage, Heidelberg 1993

Kugelmann, Dieter
Die Vertraulichkeit journalistischer Kommunikation und das BVerfG, NJW 2003, 1777 - 1780

Kunert, Karl Heinz
Das Gesetz über das Zeugnisverweigerungsrecht der Mitarbeiter von Presse und Rundfunk, MDR 1975, 885 - 893

Kunert, Karl Heinz
Erweitertes Zeugnisverweigerungsrecht der Medienmitarbeiter, NStZ 2002, 169 - 224

Kunkis, Jürgen
Überjustizialisierung durch die Rechtsprechung im Bereich der Strafrechtspflege, DRiZ 1993, 185 - 192

Lackner/Kühl
Strafgesetzbuch (Kommentar), herausgegeben von Karl Lackner und Kristian Kühl, 25., neu bearbeitete Auflage, München 2004

Lamprecht, Rolf
Wieviel ist das Arztgeheimnis noch wert?, ZRP 1989, 290 - 293

Larenz/Canaris
Karl Larenz/Claus-Wilhelm Canaris: Methodenlehre der Rechtswissenschaft, dritte, neu bearbeitete Auflage, Berlin/Heidelberg/New York 1995

Larenz/Wolf
Karl Larenz/Manfred Wolf, Allgemeiner Teil des Bürgerlichen Rechts, achte, neubearbeitete und erweiterte Auflage, München 1997

Laser, Andrea
Das Rechtsschutzsystem gegen strafprozessuale Zwangsmaßnahmen, NStZ 2001, 120 - 124

Leipziger Kommentar
Strafgesetzbuch (Großkommentar), herausgegeben von Hans-Heinrich Jescheck, Wolfgang Ruß, Günther Willms, zehnte, völlig neu bearbeitete Auflage, Fünfter Band (§§ 185 - 262), Berlin/New York 1989

Lenckner, Theodor
Aussagepflicht, Schweigepflicht und Zeugnisverweigerungsrecht, NJW 1965, 321 - 327

Leonhard
Das Beichtgeheimnis, seine Stellung im Strafprozeß und im Strafvollzuge, ZStW 26 (1906), 405 - 457

Leutheusser-Schnarrenberger, Sabine
Der „große Lauschangriff" – Sicherheit statt Freiheit, ZRP 1998, 87 - 91

Leutheusser-Schnarrenberger, Sabine
Rechtsstaat und großer Lauschangriff, in: Lauschen im Rechtsstaat, Berlin 2004, herausgegeben von Frederik Roggan, S. 99 - 109

Leutheusser-Schnarrenberger, Sabine
Der Gesetzentwurf der Bundesregierung zum „großen Lauschangriff", ZRP 2005, 1 – 3

Leutheusser-Schnarrenberger, Sabine
Verfassungsrechtliche Schranken des Großen Lauschangriffs, DuD 2005, 323 - 327

Lichtenberg/Schücking
Peter Lichtenberg/Prosper Schücking: Zeugnisverweigerungsrecht für Mitarbeiter in anerkannten Beratungsstellen für Aids- und Suchtfragen, ZRP 1989, 243 - 246

Ling, Michael
Zum Geistlichenprivileg im Strafrecht, GA 2001, 325 - 332

Link /de Wall
Christoph Link/Heinrich de Wall: Parlamentarisches Untersuchungsrecht und Kirchenfreiheit, JZ 1992, 1152 - 1160

Löffelmann, Markus
Die Neuregelung der akustischen Wohnraumüberwachung, NJW 2005, 2033- 2036

Löffler, Martin
Das Chiffregeheimnis und die Unteilbarkeit der Pressefreiheit, AfP 1975, 730 f.

Löffler, Martin
Lücken und Mängel im neuen Zeugnisverweigerungs- und Beschlagnahmerecht von Presse und Rundfunk, NJW 1978, 912 - 916

Löffler/Ricker
Martin Löffler/Reinhart Ricker: Handbuch des Presserechts, 4., neu bearbeitete Auflage, München 2000

Löwe/Rosenberg
Die Strafprozeßordnung und das Gerichtsverfassungsgesetz (Großkommentar), herausgegeben von Peter Rieß, 24., neubearbeitete Auflage, Erster Band (§§ 1 - 111 n), Berlin/New York 1988

Lorenz, Frank Lucien
Beschlagnahme von Krankenunterlagen – Prozessuale Anmerkungen zur Memmingen-Entscheidung des BGH, MDR 1992, 313 - 318

Lorz, Ralph Alexander
Modernes Grund- und Menschenrechtsverständnis und die Philosophie der Freiheit Kants, Stuttgart/München/Hannover/Berlin/Weimar 1993

Maeffert, Uwe
Plädoyer im zweiten Verfahren gegen Monika Böttcher (ehemalige Weimar), StV 1998, 461 - 466

Mahnkopf/Döring
Hans-Jürgen Mahnkopf/André Döring: Anmerkung zu LG Stendal, Beschluß v. 12.4.1993 – 501 Qs 49/94, in: NStZ 1994, 556 f.

Maier, Alexandra
§ 250 StPO: Vorrang des Zeugenbeweises nur bei Zeugenpflicht, KJ 1997, 322 - 329

Mangoldt/Klein
Hermann v. Mangoldt/Friedrich Klein, Das Bonner Grundgesetz, vierte, vollständig neubearbeitete Auflage, Band 2: Artikel 20 - 78, München 2000

Mathy, Klaus
Das Recht der Presse, 3., überarbeitete und erweiterte Auflage, Köln 1984

Maunz/Dürig/Herzog/Scholz
Theodor Maunz/Günter Dürig/Roman Herzog/Rupert Scholz: Grundgesetz (Kommentar), Band 1 (Art. 1 - Art. 11) und Band 3 (Art. 20a - Art. 53), München Februar 2003 (Stand: 42. Ergänzungslieferung)

Meeger, Josef
Die Beschlagnahme von Schadenakten der Haftpflichtversicherer unter dem Blickwinkel verfassungsrechtlicher Zulässigkeit – ein Beitrag zur Neuordnung des Zeugnisverweigerungsrechts, VersR 1974, 945 - 949

Meier, Bernd-Dieter
Kinder als Opfer von Straftaten, GA 1995, 151 - 168

Meyer, Dieter
Zeugnisverweigerungsrecht analog §§ 53, 53a StPO auch für private Haftpflichtversicherer, MDR 1973, 812 - 814

Meyer, Jürgen
Zeugnisverweigerungsrecht für Suchtberater, ZRP 1989, 423 - 427

Meyer, Jürgen
Anmerkung zu Ermittlungsrichter des BGH, Beschl. v. 20.11.1989, II BGs 355/89 – 1 BJs 209/89-4, BGHSt. 36, 299 ff., in: JR 1990, 433 - 436

Meyer-Goßner
Lutz Meyer-Goßner: Kommentar zur Strafprozeßordnung, 47., neu bearbeitete Auflage, München 2004

Meyer/Hetzer
Jürgen Meyer/Wolfgang Hetzer: Neue Gesetze gegen die Organisierte Kriminalität, NJW 1998, 1017 - 1029

Meyer-Wieck, Hannes
Der große Lauschangriff – Anmerkungen aus empirischer Sicht, NJW 2005, 2037 - 2039

Mezger, Edmund
Anmerkung zu RG 2. Senat v. 19. Januar 1928; 2 D 984/27, JW 1928, 2142 – 2144, in: JW 1928, 2143 - 2144

Michalowski, Sabine
Schutz der Vertraulichkeit strafrechtlich relevanter Patienteninformationen, ZStW 109 (1997), 519 - 544

Möhl, Hans Peter
Das Zeugnisverweigerungsrecht der Presse im Straf- und Disziplinarverfahren, Bad Godesberg 1963

Mörlein, Wolfgang
Der Schutz des Vertrauensverhältnisses zwischen Verteidiger und Beschuldigtem im Rahmen des § 100a StPO, München 1993

Momsen, Carsten
Der „große Lauschangriff", ZRP 1998, 459 - 463

Müller, Martin
Der sogenannte „Große Lauschangriff" – Eine Untersuchung zu den Rechtsproblemen der Einführung der elektronischen Wohnraumüberwachung zur Beweismittelgewinnung, Marburg 2000

Münch/Kunig
Ingo von Münch/Philip Kunig, Grundgesetz-Kommentar, Band 2 (Art. 21 - 69), 3., neubearbeitete Auflage, München 1995

Münchener Kommentar
Münchener Kommentar zur Zivilprozessordnung, herausgegeben von Gerhard Lüke und Peter Wax, 2. Auflage 2000, Band 2 (§§ 355 - 802), München 2000

Nack, Armin
§ 52 StPO – Sedlmayr-Problem, in: Zeugnisverweigerungsrechte bei (verdeckten) Ermittlungsmaßnahmen, vorgelegt vom Arbeitskreis Strafprozessrecht und Polizeirecht (ASP) bei dem Mannheimer Institut für deutsches und europäisches Strafprozessrecht und Polizeirecht (ISP), herausgegeben von Jürgen Wolter und Wolf-Rüdiger Schenke, Berlin 2002, S. 29 - 31

Nack, Armin
Zeugnisverweigerung und verdeckte Ermittlungen, in: Zeugnisverweigerungsrechte bei (verdeckten) Ermittlungsmaßnahmen, vorgelegt vom Arbeitskreis Strafprozessrecht und Polizeirecht (ASP) bei dem Mannheimer Institut für deutsches und europäisches Strafprozessrecht und Polizeirecht (ISP), herausgegeben von Jürgen Wolter und Wolf-Rüdiger Schenke, Berlin 2002, S. 199 - 214

Neuheuser, Stephan
Babyklappe und anonyme Geburt, ZRP 2003, 216 - 217

Neumann, Hansgeorg
Das berufliche Zeugnisverweigerungsrecht des Abgeordneten – eine Essentiale der Opposition, ZParl 2000, 797 - 804

Niemöller/Schuppert
Martin Niemöller/Gunnar Folke Schuppert: Die Rechtsprechung des BVerfG zum Strafverfahrensrecht, AöR 1982 (107), 387 - 498

Nita, Barbara
Polen (Länderbericht), in: Zeugnisverweigerungsrechte bei (verdeckten) Ermittlungsmaßnahmen, vorgelegt vom Arbeitskreis Strafprozessrecht und Polizeirecht (ASP) bei dem Mannheimer Institut für deutsches und europäisches Strafprozessrecht und Polizeirecht (ISP), herausgegeben von Jürgen Wolter und Wolf-Rüdiger Schenke, Berlin 2002, S. 481 - 491

Nolte, Dirk
Aussagegenehmigung für Abgeordnete des Bundestages, MDR 1989, 514 - 515

Obermayer, Klaus
Beichtgeheimnis, in: EvStL, 3., neubearbeitete und erweiterte Auflage in 2 Bänden, Band 1, Stuttgart 1987, S. 186 - 187

Ostermeyer, Helmut
Anmerkung zu BGH, Beschl. V. 2.4.1968 – 5 StR 153/68 (LG Berlin) (Leitsatz), NJW 1968, 1789, in: NJW 1968, 1789 f.

Otto, Eberhard
Das Zeugnisverweigerungsrecht des Angehörigen (§ 52 StPO) im Verfahren gegen mehrere Beschuldigte, NStZ 1991, 220 - 223

Otto/Petersen
Harro Otto/Harald Petersen: Examensklausur Strafrecht, Jura 1999, 480 - 484

Paeffgen, Hans-Ullrich
Zeugnisverweigerungsrechte und heimliche Informationserhebung, in: Festschrift für Peter Rieß zum 70. Geburtstag am 4. Juni 2002, Berlin/New York 2002, S. 413 - 438

Paeffgen, Hans-Ulrich
Zeugnisverweigerungsrechte und Verfassung, in: Zeugnisverweigerungsrechte bei (verdeckten) Ermittlungsmaßnahmen, vorgelegt vom Arbeitskreis Strafprozessrecht und Polizeirecht (ASP) bei dem Mannheimer Institut für deutsches und europäisches Strafprozessrecht und Polizeirecht (ISP), herausgegeben von Jürgen Wolter und Wolf-Rüdiger Schenke, Berlin 2002, S. 215 - 238

Palandt
Bürgerliches Gesetzbuch, Kommentar, bearbeitet von Peter Bassenge et. al., 64. neubearbeitete Auflage, München 2005

Pauli, Andreas
Der Schutz von Presse und Rundfunk vor dem Zugriff staatlicher Verfolgungsorgane, München 1988

Paulus, Rainer
Dogmatik der Verteidigung, NStZ 1992, 305 - 311

Pawlik, Michael
Verdeckte Ermittlungen und das Schweigerecht des Beschuldigten – Zu den Anwendungsgrenzen der §§ 136 Abs. I Satz 2 und 136a StPO, GA 1998, 378 - 389

Pawlowski, Hans-Martin
Einführung in die Juristische Methodenlehre, 2., neubearbeitete Auflage, Heidelberg 2000

Pelchen, Georg
Anmerkung zu BGH, Beschluss v. 17.5.1983 – 1 StR 160/83 (LG Regensburg), NStZ 1983, 564, in: NStZ 1983, 564 f.

Perne, Volker
„Großer Lauschangriff", DRiZ 2004, 286 - 289

Peters, Karl
Anmerkung zu BGH, Urt. v. 5.1.1968 – 4 StR 425/67, JR 1968, 429, in: JR 1968, 429 - 430

Peters, Karl
Die Strafprozeßordnung und das Zeugnisverweigerungsrecht, das Beschlagnahme- und Durchsuchungsverbot, in: Strafrechtlicher Schutz der Informationsquellen in Presse und Rundfunk von Günter Erkel, Reinhard Appel, Otto Theisen, Karl Peters (Vortragsveranstaltung vom 6. und 7. Juni 1975), München 1975, S. 51 - 63

Peters, Karl
Seelsorge und Strafvollzug, JR 1975, 402 - 407

Petersen, Niels
Auf dem Weg zur zweckrationalen Relativität des Menschenwürdeschutzes, KJ 2004, 316 - 326

Petry, Horst
Beweisverbote im Strafprozeß, Darmstadt 1971

Pieroth/Schlink
Bodo Pieroth/Bernhard Schlink: Grundrechte, 20., neubearbeitete Auflage, Heidelberg 2004

Pinkenburg, Hartmut
Polizeiliche Informationsbeschaffung und Privatsphäre, Frankfurt am Main 2000

Pöppelmann, Benno
„Kunstgriffe" der Justiz, AfP 1996/1997, 485 - 494

Pöppelmann/Jehmlich
Benno Pöppelmann/Karina Jehmlich: Zum Schutz der beruflichen Kommunikation von Journalisten, AfP 2003, 218 - 233

Prittwitz, Cornelius
Das Zeugnisverweigerungsrecht des Angehörigen und seine Wirkung für Mitbeschuldigte, NStZ 1986, 64 - 66

Ranft, Otfried
Das strafprozessuale Zeugnisverweigerungsrecht des Angehörigen bei Inanspruchnahme der Hilfe des Jugendamtes und des Vormundschaftsrichters, Jura 1999, 522 - 527

Ranft Otfried
Die auf Verletzung des § 252 StPO gestützte Revisionsrüge bei Verzicht des Zeugen auf das Verwertungsverbot, Jura 2000, 628 - 634

Ranft, Otfried
Ausübung des Zeugnisverweigerungsrechts in der Hauptverhandlung bei gleichzeitigem Verzicht auf das Verwertungsverbot des § 252 StPO, NJW 2001, 1305 - 1309

Ransiek, Andreas
Strafprozessuale Abhörmaßnahmen und verfassungsrechtlicher Schutz der Wohnung – ein rechtsvergleichender Blick, GA 1995, 23 - 34

Raum/Palm
Betram Raum/Franz Palm: Zur verfassungsrechtlichen Problematik des „Großen Lauschangriffs“, JZ 1994, 447 - 454

Rautenberg, Erardo Cristoforo
Referat (Generalthema: Empfehlen sich gesetzliche Änderungen, um Zeugen und andere nicht beschuldigte Personen im Strafprozeß besser vor Nachteilen zu bewahren?), herausgegeben von der Ständigen Deputation des Deutschen Juristentages, in: Verhandlungen des Zweiundsechzigsten Deutschen Juristentages, Band II/1 (Bremen 1998) (Sitzungsberichte – Referate und Beschlüsse), München 1998, L 43 - L 62

Rebmann, Kurt
Beschlagnahme von terroristischen „Bekennerschreiben“ bei Presseunternehmen, in: Festschrift für Gerd Pfeiffer zum Abschied aus dem Amt als Präsident des Bundesgerichtshofes, herausgegeben von Otto Friedrich Freiherr von Gamm, Peter Raisch und Klaus Tiedemann, Köln/Berlin/Bonn/München 1988, S. 225 - 237

Rehbinder, Manfred
Aktuelle Probleme aus dem Recht der Massenmedien, FuR 1980, 113 - 121

Rehbinder, Manfred
Rechtspolitisches zum Quellenschutz der Medien durch Zeugnisverweigerungsrecht im Strafprozeß, in: Festschrift für Dietrich Oehler zum 70. Geburtstag, herausgegeben von Rolf Dietrich Herzberg, Köln/Berlin/Bonn/München 1985, S. 411- 421

Reissenberger, Michael
„ZDF-Beschluß – unzumutbar“, DRiZ 1988, 149

Rengier, Rudolf
Die Zeugnisverweigerungsrechte im geltenden und künftigen Strafverfahrensrecht, Paderborn/München/Wien/Zürich 1979

Rengier, Rudolf
Die Reichweite des § 53 Abs. 1 Nr. 5 StPO zum Schutze des namentlich preisgegebenen, aber unauffindbaren Informanten, JZ 1979, 797 - 800

Rengier, Rudolf
Grundlegende Verwertungsprobleme bei den §§ 252, 168 c, 251 StPO, Jura 1981, 299 - 307

Rengier, Rudolf
Anmerkung zu OLG Celle, Urt. v. 16.2.1982 – 1 Ss 605/81, JR 1982, 475 – 477, in: JR 1982, 477 - 479

Rengier, Rudolf
Anmerkung zu BGH Urt. v. 4.11.1986 – 1 StR 498/86 (LG Stuttgart) (Leitsatz), StV 1988, 465, in: StV 1988, 465 - 468

Rengier, Rudolf
Anmerkung zu BGH, Beschl v. 20.3.1997 – 5 StR 243/96, NStZ 1998, 46 f., in: NStZ 1998, 47 - 49

Reyt, Ingrid van de
Die Regelung des „großen Lauschangriffs“ und anderer Abhörmaßnahmen in den Niederlanden, ZStW 107 (1995), 207 - 221

Ricercatore, Paola Maggio
Italien (Länderbericht), in: Zeugnisverweigerungsrechte bei (verdeckten) Ermittlungsmaßnahmen, vorgelegt vom Arbeitskreis Strafprozessrecht und Polizeirecht (ASP) bei dem Mannheimer Institut für deutsches und europäisches Strafprozessrecht und Polizeirecht (ISP), herausgegeben von Jürgen Wolter und Wolf-Rüdiger Schenke, Berlin 2002, S. 417 – 429

Riehle, Eckart
Datenschutz, Zeugnisverweigerungsrecht und Schweigepflicht in der Familienmediation, ZfJ 2003, 184 - 187

Riekenbrauk, Klaus
Babyklappen und Zeugnisverweigerungsrecht, ZfJ 2003, 136 - 144

Riel, Bas van
Niederlande (Länderbericht), in: Zeugnis-verweigerungsrechte bei (verdeckten) Ermittlungsmaßnahmen, vorgelegt vom Arbeitskreis Strafprozessrecht und Polizeirecht (ASP) bei dem Mannheimer Institut für deutsches und europäisches Strafprozessrecht und Polizeirecht (ISP), herausgegeben von Jürgen Wolter und Wolf-Rüdiger Schenke, Berlin 2002, S. 431 - 463

Rössner, Dieter
Referat (Generalthema: Empfehlen sich gesetzliche Änderungen, um Zeugen und andere nicht beschuldigte Personen im Strafprozeß besser vor Nachteilen zu bewahren?), herausgegeben von der Ständigen Deputation des Deutschen Juristentages, Band II/1 (Bremen 1998) in: Verhandlungen des Zweiundsechzigsten Deutschen Juristentages (Sitzungsberichte – Referate und Beschlüsse), München 1998, L 9 - L 28

Rogall, Klaus
Der Beschuldigte als Beweismittel gegen sich selbst, Berlin 1977

Rogall, Klaus
Gegenwärtiger Stand und Entwicklungstendenzen der Lehre von den strafprozessualen Beweisverboten, ZStW 91 (1979), 1 - 44

Rogall, Klaus
Anmerkung zu BGH, Urteil v. 20.2.1985 – 2 StR 561/84 (LG Wiesbaden), in: NStZ 1985, 372 - 375

Rogall, Klaus
Über die Folgen der rechtswidrigen Beschaffung des Zeugenbeweises im Strafprozeß, JZ 1996, 944 - 955

Rogall, Klaus
Anmerkung zu BVerfG – 3. Kammer des 2. Senats, Beschluß v. 1.3.2000 – 2 BvR 2017 u. 2039/94 (Sedlmayr), NStZ 2000, 489 f., in: NStZ 2000, 490 - 493

Rogall, Klaus
Artenschutz für Medienmitarbeiter?, in: Jus humanum – Grundlagen des Rechts und Strafrecht, Festschrift für Ernst-Joachim Lampe zum 70. Geburtstag, herausgegeben von Dieter Dölling, Berlin 2003, 805 - 837

Roggan, Frederik
Lauschen im Rechtsstaat, Berlin 2004

Rose/Witt
Gabriele Rose/Olaf Witt: Fälle zu den Beweisverwertungsverboten, JA 1998, 400 - 406

Rotsch, Friederike
Der Schutz der journalistischen Recherche im Strafprozessrecht, Frankfurt am Main 2000

Roxin, Claus
Strafverfahrensrecht, 25., völlig neu bearbeitete Auflage, München 1998

Roxin, Claus
Anmerkung zu BGH, Urt. v. 24.7. 1998 – 3 StR 78/98 (LG Lübeck) u. BGH, Urt. v. 21.7. 1998 – 5 StR 302/97 (SchwurGer Berlin), NStZ 1999, 147 - 149, in: NStZ 1999, 149 - 151

Rudolphi, Hans-Joachim
Grenzen der Überwachung des Fernmeldeverkehrs nach den §§ 100a, 100b StPO, in: Festschrift für Friedrich Schaffstein zum 70. Geburtstag, herausgegeben von Gerald Grünwald, Olaf Miehe, Hans-Joachim Rudolphi und Hans-Ludwig Schreiber, Göttingen 1975, S. 433 - 453

Rudolphi, Hans-Joachim
Anmerkung zu BGH, Urt. v. 13.11.1997 – 4 StR 404/97 (LG Schwerin), NStZ 1998, 471 f., in: NStZ 1998, 472 - 474

Ruthig, Josef
Die Unverletzlichkeit der Wohnung (Art. 13 GG n.F.), JuS 1998, 506 - 516

Ruthig, Josef
Der Schutz von Vertrauensverhältnissen im Polizeirecht, in: Zeugnisverweigerungsrechte bei (verdeckten) Ermittlungsmaßnahmen, vorgelegt vom Arbeitskreis Strafprozessrecht und Polizeirecht (ASP) bei dem Mannheimer Institut für deutsches und europäisches Strafprozessrecht und Polizeirecht (ISP), herausgegeben von Jürgen Wolter und Wolf-Rüdiger Schenke, Berlin 2002, S. 247 - 262

Ruthig, Josef
USA/Kalifornien (Länderbericht), in: Zeugnisverweigerungsrechte bei (verdeckten) Ermittlungsmaßnahmen, vorgelegt vom Arbeitskreis Strafprozessrecht und Polizeirecht (ASP) bei dem Mannheimer Institut für deutsches und europäisches Strafprozessrecht und Polizeirecht (ISP), herausgegeben von Jürgen Wolter und Wolf-Rüdiger Schenke, Berlin 2002, S. 521 - 577

Ruthig, Josef
Verfassungsrechtliche Grenzen der heimlichen Datenerhebung aus Wohnungen – Zugleich Besprechung von BVerfG, Urteil vom 3.3.2004, GA 2004, 587 - 607

Sachs, Michael
Anmerkung zu BVerfG, Urteil des 2. Senats v. 30.07.2003 – 2 BvR 508/01 u. a., DVBl. 2003, 1316 – 1321, in: JuS 2004, 71 - 74

Salgo, Ludwig
Brauchen wir den Anwalt des Kindes? – Vorüberlegungen, ZfJ 1985, 259 - 273

Schäfer, Gerhard
Die Praxis des Strafverfahrens: an Hand einer Akte, 5., völlig überarbeitete Auflage, Stuttgart 1992

Schäfer, Gerhard
Zum Schutz der Verteidigung gegen Zugriffe der Strafverfolgungsorgane, in: Festschrift für Ernst-Walter Hanack zum 70. Geburtstag, herausgegeben von Udo Ebert, Peter Rieß, Claus Roxin, Eberhard Wahle, Berlin/New York 1999, S. 77 - 103

Schaub, Dora
Zur Strafverfahrensproblematik bei minderjährigen Zeugen und Beschuldigten aus vormundschaftsrechtlicher Sicht, FamRZ 1966, 134 - 137

Scheffler, Uwe
Strafvereitelung und die Grenzen des Zeugnisverweigerungsrechts des Verteidigers, StV 1992, 299 - 301

Schelter, Kurt
Verbrechensbekämpfung mit elektronischen Mitteln – ein Tabu?, ZRP 1994, 52 – 57

Schenke, Ralf P.
Präventivpolizeiliche Überwachung der Telekommunikation de lege lata und de lege ferenda, in: Zeugnisverweigerungsrechte bei (verdeckten) Ermittlungsmaßnahmen, vorgelegt vom Arbeitskreis Strafprozessrecht und Polizeirecht (ASP) bei dem Mannheimer Institut für deutsches und europäisches Strafprozessrecht und Polizeirecht (ISP), herausgegeben von Jürgen Wolter und Wolf-Rüdiger Schenke, Berlin 2002, S. 265 - 278

Schenke, Wolf-Rüdiger
Verwaltungsprozeßrecht, 7. neu bearbeitete Auflage, Heidelberg 2000

Scherer, Joachim
Journalistisches Zeugnisverweigerungsrecht, Beschlagnahme in Redaktionsräumen und die Pressefreiheit, EuGRZ 1979, 412 - 419

Schilling, Georg
Strafprozessuales Zeugnisverweigerungsrecht für Sozialarbeiter, Sozialpädagogen und Psychologen?, JZ 1976, 617 - 622

Schily, Otto
Nachbesserungsbedarf bei der Wohnraumüberwachung?, ZRP 1999, 129 - 132

Schlüchter, Ellen
Das Strafverfahren, 2., überarbeitete und ergänzte Auflage, Köln/Berlin/Bonn/München 1983

Schlüchter/Radbruch
Ellen Schlüchter/Jochen Radbruch: Anmerkung zu BGH, Urt. v. 21.7.1994 – 1 StR 83/94 (LG München I), NStZ 1994, 593 ff., in: NStZ 1995, 354 f.

Schmidt, Eberhard
Die Verletzung der Belehrungspflicht gemäß § 55 II StPO als Revisionsgrund, JZ 1958, 596 - 601

Schmidt, Eberhard
Anmerkung zu BGH, Urteil v. 26.6.68 – 2 StR 277/68, JR 1969, 192 – 193, in: JR 1969, 193 - 194

Schmidt-Bleibtreu/Klein
Bruno Schmidt-Bleibtreu/Franz Klein, Kommentar zum Grundgesetz für die Bundesrepublik Deutschland, neu bearbeitete und erweiterte 7. Auflage, Neuwied/Frankfurt am Main 1990

Schmitt, Petra
Die Berücksichtigung der Zeugnisverweigerungsrechte nach §§ 52, 53 StPO bei den auf Beweisgewinnung gerichteten Zwangsmaßnahmen, Berlin 1992

Schneider, Bernd
Die „verteidigende" Nebenklage – eine Antwort auf die „angreifende" Verteidigung, StV 1998, 456 - 461

Schnur, Roman
Pressefreiheit, VVDStRL 22 (1965), 101 - 155

Schöneborn, Christian
Die Beweisverbotsproblematik der §§ 52 Abs. 2, 55 Abs. 2 StPO im Lichte des § 68 Satz 2 StPO, MDR 1974, 457 - 458

Schroeder, Friedrich-Christian
Strafprozessrecht, 3., neu bearbeitete Auflage, München 2001

Schünemann, Bernd
Der strafrechtliche Schutz von Privatgeheimnissen, ZStW 90 (1978), 11 - 63

Schünemann, Bernd
Der deutsche Strafprozeß im Spannungsfeld von Zeugenschutz und materieller Wahrheit, StV 1998, 391 - 401

Schulenberg, Matthias
Anmerkung zu BGH, Beschluß vom 20. November 1989 Aktenzeichen II BGs 355/89 – StPO 1975 § 53 I Nr. 5 Journalistisches Zeugnisverweigerungsrecht, ZUM 1990, 466 - 468

Schulte, Klaus
Volksvertreter als Geheimnisträger, Zeugnisverweigerungsrecht und Verschwiegenheitspflicht des Abgeordneten des Deutschen Bundestags, Köln 1987

Schulz, Andrea
Neue Variationen über ein Thema: Abgeordnetenimmunität und Zwangsmaßnahmen im strafrechtlichen Ermittlungsverfahren, DÖV 1991, 448 - 455

Schulz/Korte
Wolfgang Schulz/Benjamin Korte: Die offene Flanke der Medienprivilegien, AfP 2000, 530 - 533

Schwab, Dieter
Familienrecht, 11., neubearbeitete Auflage, München 2001

Schwabe, Jürgen
Die polizeiliche Datenerhebung in oder aus Wohnungen mit Hilfe technischer Mittel, JZ 1993, 867 - 874

Seelmann, Ulrich
Der Begriff des Geistlichen im Strafprozeßrecht, ZevKR 49 (2004), 639 - 644

Sichtermann
Anmerkung zu LG Frankfurt, Beschluß v. 25.11.1953 – 5/7 Qs 183/53, NJW 1954, 688 - 690, in: NJW 1954, 688 f.

Simitis, Spiros
Kommentar zum Bundesdatenschutzgesetz, 3. völlig neubearbeitete Auflage, Baden-Baden 1981

Simitis, Spiros
Kommentar zum Bundesdatenschutzgesetz, 4,. völlig neu bearbeitete Auflage, Baden-Baden 1992

Soehring, Jörg
Das Recht der journalistischen Praxis, Stuttgart 1990

Soiné/Engelke
Michael Soiné/Hans-Georg Engelke: Das Gesetz zur Harmonisierung des Schutzes gefährdeter Zeugen (Zeugenschutz-Harmonisierungsgesetz – ZSHG), NJW 2002, 470 - 476

Solbach, Günter
Kann der Arzt von seiner Schweigepflicht entbunden werden, wenn sein Patient verstorben oder willensunfähig ist?, DRiZ 1978, 204 - 207

Spelthahn, Ingrid H.
Das Zeugnisverweigerungsrecht von Angehörigen eines Mitbeschuldigten, Frankfurt am Main 1997

Spendel, Günter
Beweisverbote im Strafprozeß, NJW 1966, 1102 - 1108

Staechelin, Gregor
Der „Große Lauschangriff" der dritten Gewalt, ZRP 1996, 430 - 433

Stegemann/Martens
Rahel Stefanie Stegemann/Friederike Martens: Zum Zeugnisverweigerungsrecht für Drogenberater, StV 1989, 325 - 328

Stein, Albert
Das strafprozessuale Schweigerecht von Seelsorgehelfern, ZevKR 21 (1976), 418 - 422

Steinmeister, Ingrid
„Eingetragene gleichgeschlechtliche Lebensgemeinschaft" – Eine Hülle ohne Rechte, ZRP 1996, 214 - 219

Stenger, Hans-Jürgen
Mailboxen, CR 1990, 786 - 794

Stenglein, W.
Lehrbuch des Deutschen Strafprozessrechtes, Stuttgart 1887

Stern, Klaus
Das Staatsrecht der Bundesrepublik Deutschland, Band 1, zweite, völlig neubearbeitete Auflage, München 1984

Sternberg-Lieben, Detlev
Anmerkung zu BGH, Urt. v. 21.7.1994 (LG München I), JZ 1995, 841 - 844 (Sedlmayr), in: JZ 1995, 844 - 847

Stolleis, Michael
Rechtsfragen der Telefonseelsorge, ZevKR 17 (1972), 279 - 299

Stromberg, Eberhard
Über das Zeugnisverweigerungsrecht und die Genehmigungsbedürftigkeit von Zeugenaussagen kirchlicher Bediensteter – mit einem Ausblick auf die zu erwartende Erweiterung des § 53 StPO, MDR 1974, 892 - 895

Stumpf, Olav
Gibt es im materiellen Recht ein Verteidigerprivileg?, NStZ 1997, 7 - 12

Suppert, Hartmut
Studien zur Notwehr und „notwehrähnlichen Lage", Bonn 1973

Systematischer Kommentar
Systematischer Kommentar zur Strafprozeßordnung und zum Gerichtsverfassungsgesetz, herausgegeben von Hans-Joachim Rudolphi, Wolfgang Frisch, Helmut Frister, Hans-Ullrich Paeffgen, Klaus Rogall, Ellen Schlüchter, Edda Weßlau, Wolfgang Wohlers und Jürgen Wolter, Band 1 (§ 1 - § 150) und Band 2 (Vor § 151 - § 259) Neuwied/Kriftel/Berlin Dezember 2002 (Stand: 29. Aufbaulieferung)

Teske, Doris
Strafverfahrensrecht: Schlüsse aus befugter Zeugnisverweigerung (Erläuterung zu BGH, Urt. v. 18.9.1984 – 4 StR 535/84, NStZ 1985, 87), JA 1985, 311 f.

Theisen, Otto
Der Schutz des Redaktionsgeheimnisses und das Interesse an der Sachaufklärung, in: Strafrechtlicher Schutz der Informationsquellen in Presse und Rundfunk von Günter Erkel, Reinhard Appel, Otto Theisen, Karl Peters (Vortragsveranstaltung vom 6. und 7. Juni 1975), München 1975, S. 37 - 50

Thies, Reinhard
Die Zuständigkeit des Bundes und der Länder zur gesetzlichen Regelung des Zeugnisverweigerungsrechtes der Presse, Tübingen 1969

Thomas/Putzo
Heinz Thomas/Hans Putzo, Zivilprozessordnung mit Gerichtsverfassungsgesetz, den Einführungsgesetzen und europarechtlichen Vorschriften, Kommentar, 26., neubearbeitete Auflage, München 2004

Tröndle/Fischer
Herbert Tröndle/Thomas Fischer: Strafgesetzbuch und Nebengesetze, Kommentar, 52., neu bearbeitete Auflage, München 2004

Vahle, Jürgen
Ein Koloß auf tönernen Füßen, Kriminalistik 1998, 378 - 382

Verhandlungen des Zweiundsechzigsten Deutschen Juristentages
herausgegeben von der Ständigen Deputation des Deutschen Juristentages, Band II/1 und Band II/2 (Bremen 1998) (Sitzungsberichte – Diskussion und Beschlußfassung), München 1998

Vogel, Joachim
Examensklausur Strafrecht, Jura 1996, 265 – 270

Wach, Adolf
Das Recht der Zeugnisverweigerung, GS 66 (1905), 1 - 27

Waldowski, Hans-Jürgen
Durchsuchung und Beschlagnahme in der Anwaltskanzlei, AnwBl 1975, 106 - 110

Weigend, Thomas
Anmerkung zu BGH, Urteil v. 29.6.1989 – 4 StR 201/89 (LG Saarbrücken), JZ 1990, 47 f., in JZ 1990, 48 - 49

Weigend, Thomas
Empfehlen sich gesetzliche Änderungen, um Zeugen und andere nicht beschuldigte Personen im Strafprozeßrecht besser vor Nachteilen zu bewahren?, Gutachten C, in: Verhandlungen des Zweiundsechzigsten Deutschen Juristentages (Bremen 1998), herausgegeben von der Ständigen Deputation des Deutschen Juristentages, Band I (Gutachten), München 1998, C 1 - 131

Weiler, Edgar
Befragung von Beschuldigten oder aussageverweigerungsberechtigten Zeugen im Ermittlungsverfahren durch V-Leute, GA 1996, 101 - 116

Welp, Jürgen
Die Geheimsphäre des Verteidigers in ihren strafprozessualen Funktionen, in: Festschrift für Wilhelm Gallas zum 70. Geburtstag, herausgegeben von Karl Lackner, Heinz Leferenz, Eberhard Schmidt, Jürgen Welp und Ernst Amadeus Wolff, Berlin/New York 1973, S. 391 - 425

Welp, Jürgen
„Vereinfachter“ Geheimnisschutz im Strafverfahren?, JZ 1972, 423 - 428

Welp, Jürgen
Die strafprozessuale Überwachung des Post- und Fernmeldeverkehrs, Heidelberg 1974

Welp, Jürgen
Abhörverbote zum Schutz der Strafverteidigung, NStZ 1986, 294 - 299

Welp, Jürgen
Der SPD-Entwurf eines Zweiten Gesetzes zur Bekämpfung der organisierten Kriminalität, StV 1994, 161 - 166

Welp, Jürgen
Anmerkung zu BGH, 4. Strafsenat Urt. vom 7. März 1996 g. K. – 4 StR 737/95 (LG Kaiserslautern), BGHSt. 42, 73 - 78, in: JR 1997, 35 - 38

Welp, Jürgen
Vertrauen und Kontrolle, in: „Großer Lauschangriff“, herausgegeben von Gabriele Zwiehoff, Baden-Baden 2000, S. 281 - 302

Werle, Gerhard
Schutz von Vertrauensverhältnissen bei der strafprozessualen Fernmeldeüberwachung?, JZ 1991, 482 - 488

Wessels/Hettinger
Johannes Wessels/Michael Hettinger: Strafrecht Besonderer Teil/1, 22., neubearbeitete Auflage, Heidelberg 1999

Wessels/Hillenkamp
Johannes Wessels/Thomas Hillenkamp: Strafrecht Besonderer Teil/2, 21., neubearbeitete Auflage, Heidelberg 1999

Weßlau, Edda
Rezension zu Jürgen Welp, Überwachung und Kontrolle. Telekommunikationsdaten als Gegenstand strafprozessualer Überwachung, in: StV 2001, 596 - 598

Weßlau, Edda
Die Berücksichtigung von Zeugnisverweigerungsrechten bei Maßnahmen nach den §§ 98 a, 99, 110 a StPO, in: Zeugnisverweigerungsrechte bei (verdeckten) Ermittlungsmaßnahmen, vorgelegt vom Arbeitskreis Strafprozessrecht und Polizeirecht (ASP) bei dem Mannheimer Institut für deutsches und europäisches Strafprozessrecht und Polizeirecht (ISP), herausgegeben von Jürgen Wolter und Wolf-Rüdiger Schenke, Berlin 2002, 279 - 287

Weßlau, Edda
Das Urteil des Bundesverfassungsgerichts zur akustischen Wohnraumüberwachung, in: Lauschen im Rechtsstaat, Berlin 2004, herausgegeben von Frederik Roggan, S. 47 – 67

Wichmann, Hermann
Das Berufsgeheimnis als Grenze des Zeugenbeweises, Frankfurt am Main 2000

Widmaier, Gunter
Dokumentation zu der vorstehend abgedruckten Entscheidung (BGH, Urt. v. 29.10.1991 – 1 StR 334/90 (LG Konstanz), NStZ 1992, 195 f.), NStZ 1992, 196 - 201

Widmaier, Gunter
Referat (Generalthema: Empfehlen sich gesetzliche Änderungen, um Zeugen und andere nicht beschuldigte Personen im Strafprozeß besser vor Nachteilen zu bewahren?), in: Verhandlungen des Zweiundsechzigsten Deutschen Juristentages, herausgegeben von der Ständigen Deputation des Deutschen Juristentages, Band II/1 (Bremen 1998) (Sitzungsberichte – Referate und Beschlüsse), München 1998, L 29 - L 42

Wieczoreck, Bernhard
Zivilprozessordnung und Gerichtsverfassungsgesetz, zweite, erweiterte und verbesserte Auflage, Berlin 1966

Wolfrum, Rüdiger
Indemnität im Kompetenzkonflikt zwischen Bund und Ländern, DÖV 1982, 674 - 680

Wollweber, Harald
Verbindungsdaten der Telekommunikation im Visier der Strafverfolgungsbehörden, NJW 2002, 1554 - 1556

Wolter, Jürgen
Verwertungsverbote bei zulässiger Telefonüberwachung, in: Gedächtnisschrift für Armin Kaufmann, herausgegeben von Gerhard Dornseifer, Eckhard Horn, Georg Schilling, Wolfgang Schöne, Eberhard Struensee, Diethart Zielinski, Köln/Berlin/Bonn/München 1989, S. 761 - 780

Wolter, Jürgen
Menschenwürde und Freiheit im Strafprozeß, in: Gedächtnisschrift für Karlheinz Meyer, herausgegeben von Klaus Geppert und Diether Dehnicke, Berlin/New York 1990, S. 493 - 516

Wolter, Jürgen
Aspekte einer Strafprozeßreform bis 2007, München 1991

Wolter, Jürgen
Datenschutz und Strafprozeß, ZStW 107 (1995), 793 - 842

Wolter, Jürgen
Nichtverdächtige und Zufallsfunde im modernen Strafverfahren, in: Zur Theorie und Systematik des Strafprozeßrechts (Rudolphi-Symposium), herausgegeben von Jürgen Wolter, Neuwied/Kriftel/Berlin 1995, S. 49 - 79

Wolter, Jürgen
Grundrechtliche Beweisverbote und europäisches Ermittlungsverfahren, in: Einwirkungen der Grundrechte auf das Zivilrecht, Öffentliche Recht und Strafrecht: Mannheimer Fakultätstagung über 50 Jahre Grundgesetz, herausgegeben von Jürgen Wolter, Eibe Riedel, Jochen Taupitz, Heidelberg 1999, S. 319 - 341

Wolter, Jürgen
35 Jahre Verfahrensrechtskultur und Strafprozeßverfassungsrecht in Ansehung von Freiheitsentziehung, (DNA-)Identifizierung und Überwachung, GA 1999, 158 - 181

Wolter, Jürgen
Beweisverbote und Umgehungsverbote zwischen Wahrheitserforschung und Ausforschung, in: 50 Jahre Bundesgerichtshof – Festgabe aus der Wissenschaft, herausgegeben von Claus-Wilhelm Canaris, Andreas Heldrich, Klaus J. Hopt, Claus Roxin, Karsten Schmidt, Gunter Widmaier, Band IV. Strafrecht, Strafprozeßrecht, herausgegeben von Claus Roxin und Gunter Widmaier, München 2000, S. 963 - 1009

Wolter, Jürgen
Zur Verbindung von Strafprozessrecht und Polizeirecht, in: Festschrift für Klaus Rolinski zum 70. Geburtstag am 11. Juli 2002, herausgegeben von Hans-Heiner Kühne, Heike Jung, Arthur Kreuzer und Jürgen Wolter, Baden-Baden 2002, S. 273 - 285

Wolter/Schenke
Zeugnisverweigerungsrechte bei (verdeckten) Ermittlungsmaßnahmen, vorgelegt vom Arbeitskreis Strafprozessrecht und Polizeirecht (ASP) bei dem Mannheimer Institut für deutsches und europäisches Strafprozessrecht und Polizeirecht (ISP), herausgegeben von Jürgen Wolter und Wolf-Rüdiger Schenke, Berlin 2002

Würtenberger, Thomas
Der Schutz des Berufsgeheimnisses und das Zeugnisverweigerungsrecht des Sozialarbeiters, in: Gedächtnisschrift Hans Peters, herausgegeben von H. Conrad, H. Jahrreiß, H. Mosler, H. C. Nipperdey, J. Salzwedel, Berlin/Heidelberg/New York 1967, S. 923 - 937

Würtenberger, Thomas
Anmerkung zu BVerfG, Beschluß v. 19.7.1972 – 2 BvL 7/71, JZ 1973, 780 - 784, in: JZ 1973, 784 - 786

Würtenberger/Heckmann/Riggert
Thomas Würtenberger/Dirk Heckmann/Rainer Riggert, Polizeirecht in Baden-Württemberg, 3., neubearbeitete Auflage, Heidelberg 1997

Würtenberger/Schenke
Thomas Würtenberger/Ralf P. Schenke: Der Schutz von Vertrauensverhältnissen im Polizeirecht der Länder, in: Zeugnisverweigerungsrechte bei (verdeckten) Ermittlungsmaßnahmen, vorgelegt vom Arbeitskreis Strafprozessrecht und Polizeirecht (ASP) bei dem Mannheimer Institut für deutsches und europäisches Strafprozessrecht und Polizeirecht (ISP), herausgegeben von Jürgen Wolter und Wolf-Rüdiger Schenke, Berlin 2002, S. 303 - 323

Zachert, Hans-Ludwig
Elektronische Überwachung der Wohnung als Mittel zur Bekämpfung Organisierter Kriminalität, DRiZ 1992, 355 - 357

Zimmermann, Walter
ZPO-Fallrepetitorium, 4., neu bearbeitete Auflage, Heidelberg 2002

Zöller, Mark Alexander
Informationssysteme und Vorfeldmaßnahmen von Polizei, Staatsanwaltschaft und Nachrichtendiensten: zur Vernetzung von Strafverfolgung und Kriminalitätsverhütung im Zeitalter von multimedialer Kommunikation und Persönlichkeitsschutz, Heidelberg 2002

Zöller, Mark Alexander
Zeugnisverweigerungsrechte und heimliche Ermittlungsmaßnahmen im Strafprozessrecht – zur Situation de lege lata, in: Zeugnisverweigerungsrechte bei (verdeckten) Ermittlungsmaßnahmen, vorgelegt vom Arbeitskreis Strafprozessrecht und Polizeirecht (ASP) bei dem Mannheimer Institut für deutsches und europäisches Strafprozessrecht und Polizeirecht (ISP), herausgegeben von Jürgen Wolter und Wolf-Rüdiger Schenke, Berlin 2002, S. 325 - 357

Zöllner, Dieter
Der Datenschutzbeauftragte im Verfassungssystem: Grundsatzfragen der Datenschutzkontrolle, Berlin 1995

Zuck, Rüdiger
Abhörgesetz und Anwaltschaft, NJW 1969, 911 - 913

Studien zum Internationalen, Europäischen und Öffentlichen Recht

Herausgegeben von Eibe Riedel

Band 1 Christian Jutzi: Das Brandwaffenprotokoll. Regelungen und Verbindlichkeit. 1997.

Band 2 Jutta Schumann: Faktische Gleichberechtigung. Die Grundgesetzerweiterung des Art. 3 II S. 2. 1997.

Band 3 Christian Keim: Der institutionelle Rahmen im Wettbewerbsrecht der Europäischen Union und mögliche Reformmodelle. Eine Darstellung des europäischen institutionellen Gefüges und eine Entwicklung eines neuen Modells durch Vergleich mit dem institutionellen Rahmen in den USA, Deutschland, Großbritannien und Frankreich. 1998.

Band 4 Andreas Torka: Nichtnavigatorische Wassernutzungen. Mechanismen der Internationalen Zusammenarbeit. Von der Konfrontation über die Kooperation zu koadministrativen Formen der Zusammenarbeit. 1999.

Band 5 Markus Reimann: Die nicht-navigatorische Nutzung internationaler Süßwasserressourcen im Umweltvölkerrecht. 1999.

Band 6 Felix William Stoecker: NGOs und die UNO. Die Einbindung von Nichtregierungsorganisationen (NGOs) in die Strukturen der Vereinten Nationen. 2000.

Band 7 Torsten Weigt: Die ökologische Aktion zur Vermeidung und Bekämpfung transnationaler Umweltkatastrophen. Ein Beitrag zu Möglichkeiten und Problemen der Durchsetzung umweltschützender Verpflichtungen im Völkerrecht. 2000.

Band 8 Markus Tjaden: Genanalyse als Verfassungsproblem. Zulässigkeit genanalytischer Anwendungen im Lichte von Menschenwürde und genetischem Selbstbestimmungsrecht. 2001.

Band 9 Thorsten Wagner: Funktion und praktische Auswirkungen der richterlichen Vorlagen an den Gerichtshof der Europäischen Gemeinschaften. Dargestellt an Beispielen aus der Rechtsprechung zur Anwendung und Auslegung der Richtlinie 77/187/EWG und deren Einfluss auf das deutsche Recht. 2001.

Band 10 Thomas F. Kremer: Die "wissenschaftliche Rechtsphilosophie" Carl Magnus Bergbohms. Versuch einer analytisch-kritischen Rekonstruktion. 2001.

Band 11 Hüseyin Özcan: Rundfunkfreiheit in Deutschland und in der Türkei. Unter Berücksichtigung der Staatsferne des Rundfunks. 2002.

Band 12 Valentin Aichele: Nationale Menschenrechtsinstitutionen. Ein Beitrag zur nationalen Implementierung von Menschenrechten. 2003.

Band 13 Seong-Woo Ji: Die Ausgestaltung der Rundfunkfreiheit im dualen System. Eine rechtsvergleichende Untersuchung zum deutschen und koreanischen Verfassungsrecht. 2004.

Band 14 Andreas Blüthner: Welthandel und Menschenrechte in der Arbeit. The Compatibility of Human Rights at Work with the WTO-System. 2004.

Band 15 Christoph Steiner: Das Recht auf soziale Gesundheitsversorgung. Unter besonderer Berücksichtigung des Artikel 9 ICESCR. 2004.

Band 16 Joachim Spalcke: Arzneimittelzulassungsverfahren in der Europäischen Union und den Vereinigten Staaten von Amerika. Entwicklung und Harmonisierung. 2004.

Band 17 Bernd Neumann: Zeugnisverweigerungsrechte und strafprozessuale Ermittlungsmaßnahmen. 2005.

Kolibri 360 GmbH
Ferdinand-Jühlke-Straße 7
99095 Erfurt, Deutschland
produktsicherheit@kolibri360.de

Druck:
CPI Druckdienstleistungen GmbH
im Auftrag der
Kolibri 360 GmbH
Ferdinand-Jühlke-Str. 7
99095 Erfurt